中国劳动统计年鉴

CHINA LABOUR STATISTICAL YEARBOOK

2012

国家统计局人口和就业统计司
人力资源和社会保障部规划财务司 编

Compiled By

Department of Population and Employment Statistics
National Bureau of Statistics, P.R.C

Department of Planning and Finance,
Ministry of Human Resources and Social Security, P.R.C

中国统计出版社
China Statistics Press

图书在版编目（CIP）数据

中国劳动统计年鉴. 2012 / 国家统计局人口和就业统计司，人力资源和社会保障部规划财务司编. -- 北京 : 中国统计出版社, 2012.10
ISBN 978-7-5037-6731-9

Ⅰ. ①中… Ⅱ. ①国… ②人… Ⅲ. ①劳动经济－统计资料－中国－2012－年鉴 Ⅳ. ①F249.2-54

中国版本图书馆 CIP 数据核字（2012）第 248538 号

中国劳动统计年鉴—2012

作　　者 / 国家统计局人口和就业统计司，人力资源和社会保障部规划财务司编
责任编辑 / 徐　涛
封面设计 / 李雪燕
出版发行 / 中国统计出版社
通信地址 / 北京市丰台区西三环南路甲 6 号　邮政编码/100073
电　　话 / 邮购（010）63376909　书店（010）68783171
网　　址 / http://csp.stats.gov.cn
印　　刷 / 北京市华正印刷有限公司
经　　销 / 新华书店
开　　本 / 880×1230 毫米　1/16
字　　数 / 936 千字
印　　张 / 29.25
版　　别 / 2013 年 2 月第 1 版
版　　次 / 2013 年 2 月第 1 次印刷
定　　价 / 260.00 元

本书附同版本 CD-ROM 一张，光盘内容以书面文字为准。
中国统计版图书，如有印装错误，本社发行部负责调换。

《中国劳动统计年鉴-2012》编委会和编辑部工作人员

编委会

主　任： 张为民

副主任： 冯乃林　李保国

编　委：（以姓氏笔划为序）

于弘文　李慧民　张志斌　桑助来　梁尔卫　彭永涛

靳　宏

编辑部

总 编 辑： 张志斌

副总编辑： 桑助来

编辑工作人员：（以姓氏笔划为序）

于　丛　冯振君　刘　丹　刘　娟　刘　鹏　刘泽波

李　京　李　晨　李志龙　杨建春　杨剑青　张建文

周永波　庞　莉　项声闻　柏明茹　饶志刚　袁　辉

夏　萍　郭　徽　唐远志　崔　尧　蒽晶文

责任编辑： 徐　涛

CHINA LABOUR STATISTICAL YEARBOOK-2012

Editorial Board and Staff

编辑说明

《中国劳动统计年鉴—2012》是一部全面反映中华人民共和国劳动经济情况的资料性年刊。本刊收集了2011年全国和各省、自治区、直辖市的有关劳动统计数据。主要指标还编有历年统计数据。

全书共分为14个部分：1.综合；2.就业与失业；3.城镇单位就业人员和工资总额；4.国有单位就业人员和工资总额；5.城镇集体单位就业人员和工资总额；6.其他单位就业人员和工资总额；7.乡镇企业就业人员；8.职业培训与技能鉴定；9.劳动关系；10.社会保障；11.工会工作；12.香港资料；13.澳门资料；14.台湾资料。书末还附有国外有关资料和主要统计指标解释。

参与本书编辑或提供资料的单位除国家统计局、人力资源和社会保障部外，还有农业部和全国总工会。

本书资料的取得形式主要有国家和部门的报表统计、行政记录和抽样调查。全国劳动力、就业人员等资料是运用有关资料推算的，有的资料分项相加不等于总计。望读者使用时予以注意。

恳请广大读者对本书提出宝贵意见。

《中国劳动统计年鉴》编辑部

二〇一二年十二月

PREFACE

China Labour Statistical Yearbook 2012 is an annual statistics publication, which is comprehensively reported the labour economic situation for 2011 and some main indicators series for historically years at nation and provinces, autonomous regions and municipalities levels and parts of cities.

The book is organized into 14 parts, which are:1.General Survey; 2.Employment and Unemployment; 3.Employment and Tatal Wages in Urban Units; 4.Employment and Tatal Wages in State-owned Units; 5.Employment and Tatal Wages in Urban Collective-owned Units; 6.Employment and Tatal Wages in Other Ownership Units; 7.Employment in Township and Village Enterprises; 8. Vocational Training and Skill Appraisal; 9.Labour Relation; 10.Social Security; 11.Trade Union Works; 12.Main Indicators of Hong Kong; 13.Main Indicators of Macao; 14.Main Indicators of Taiwan. In addition, Main Indicators of Other Countries and Explanatory Notes on Main Statistical Indicators are provided in the end of the book.

Besides National Bureau of Statistical and Ministry of Human Resources and Social Security, Ministry of Agriculture and All-China Federation of Trade Unions also participate in the compiling work of this book.

Data resources of this book mainly come from state and departments reporting system, administration records and sampling surveys. Since the information of labor resources and employment for the whole country are calculated according to relevant data, they are not equal to the add-results of all sub-items.

China Labour Statistical Yearbook—2012 Editorial Staff

December 2012

图1　人口及就业情况
POPULATION AND EMPLOYMENT

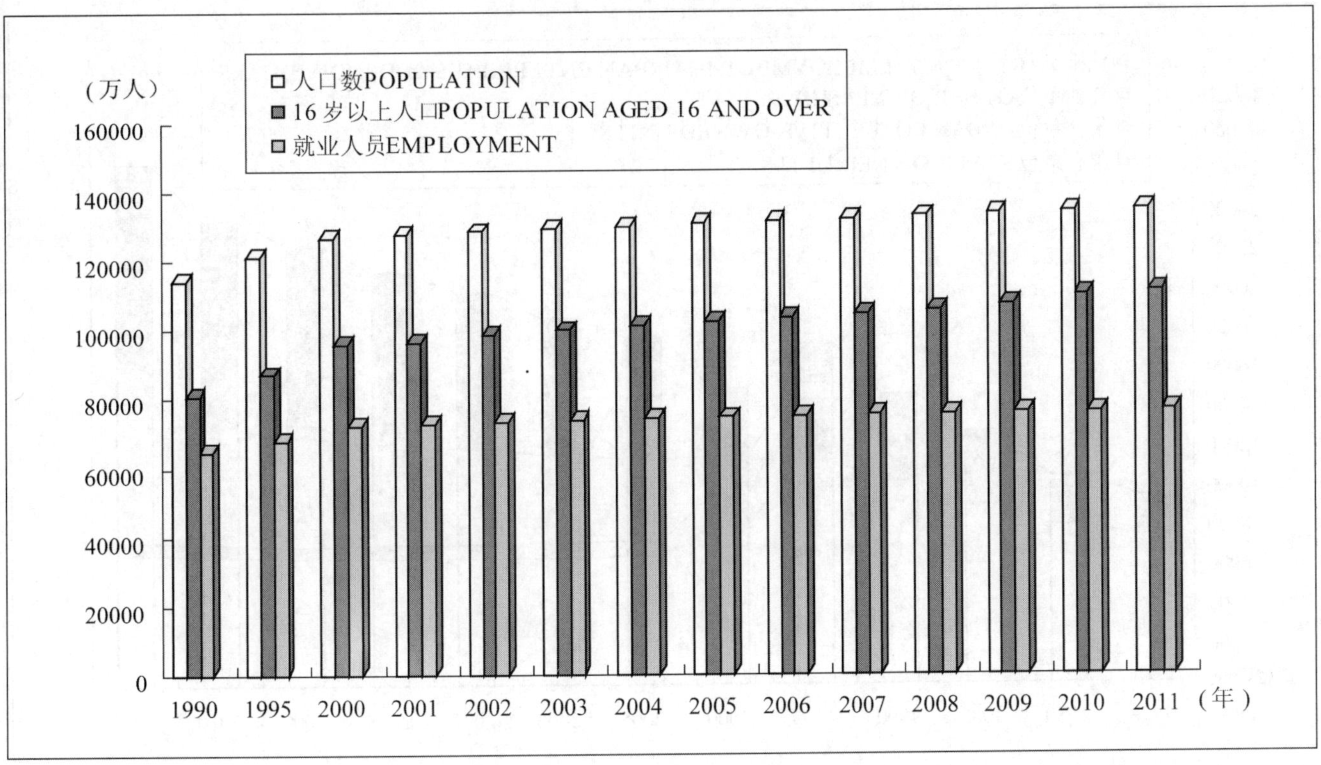

图2　就业人员产业构成
COMPOSITION OF EMPLOYMENT BY INDUSTRY

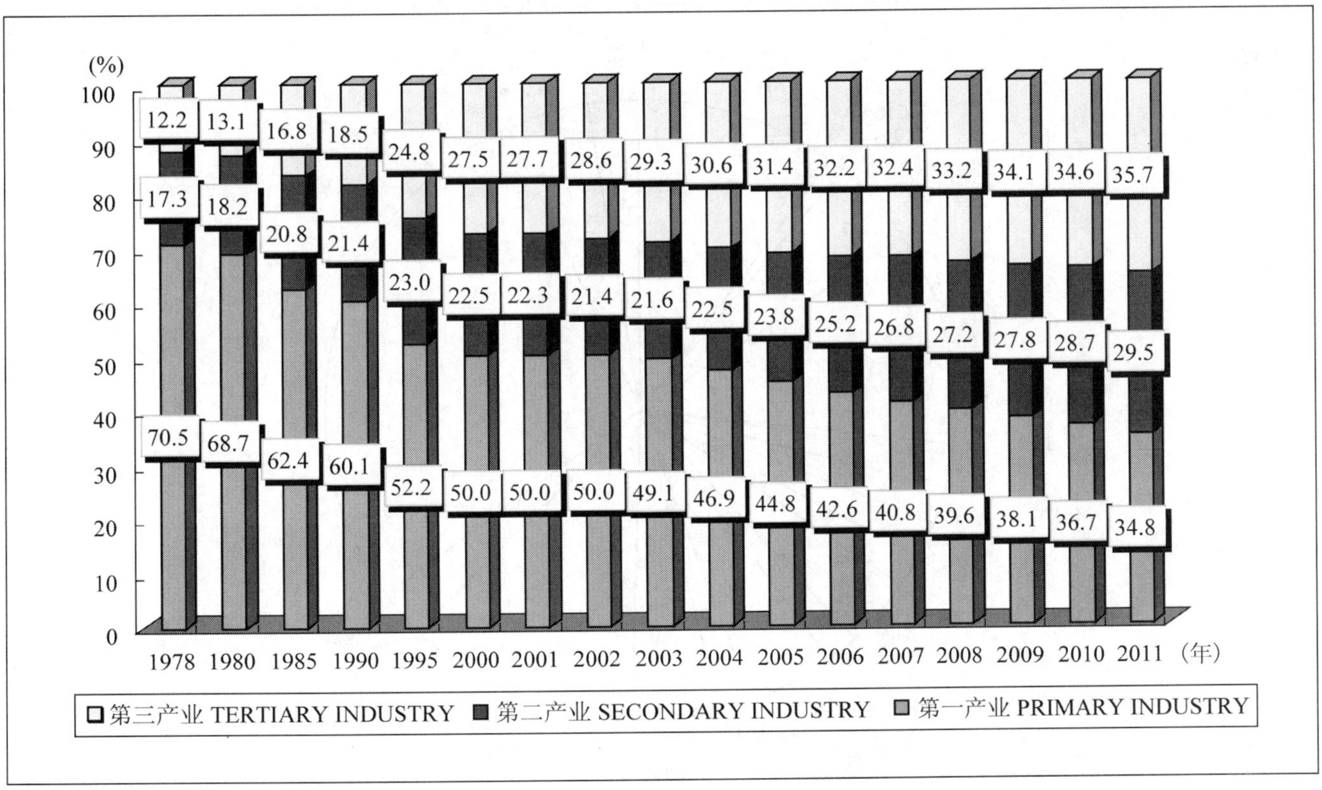

图3　城镇就业人员登记注册类型构成
COMPOSITION OF URBAN EMPLOYMENT BY OWNERSHIP

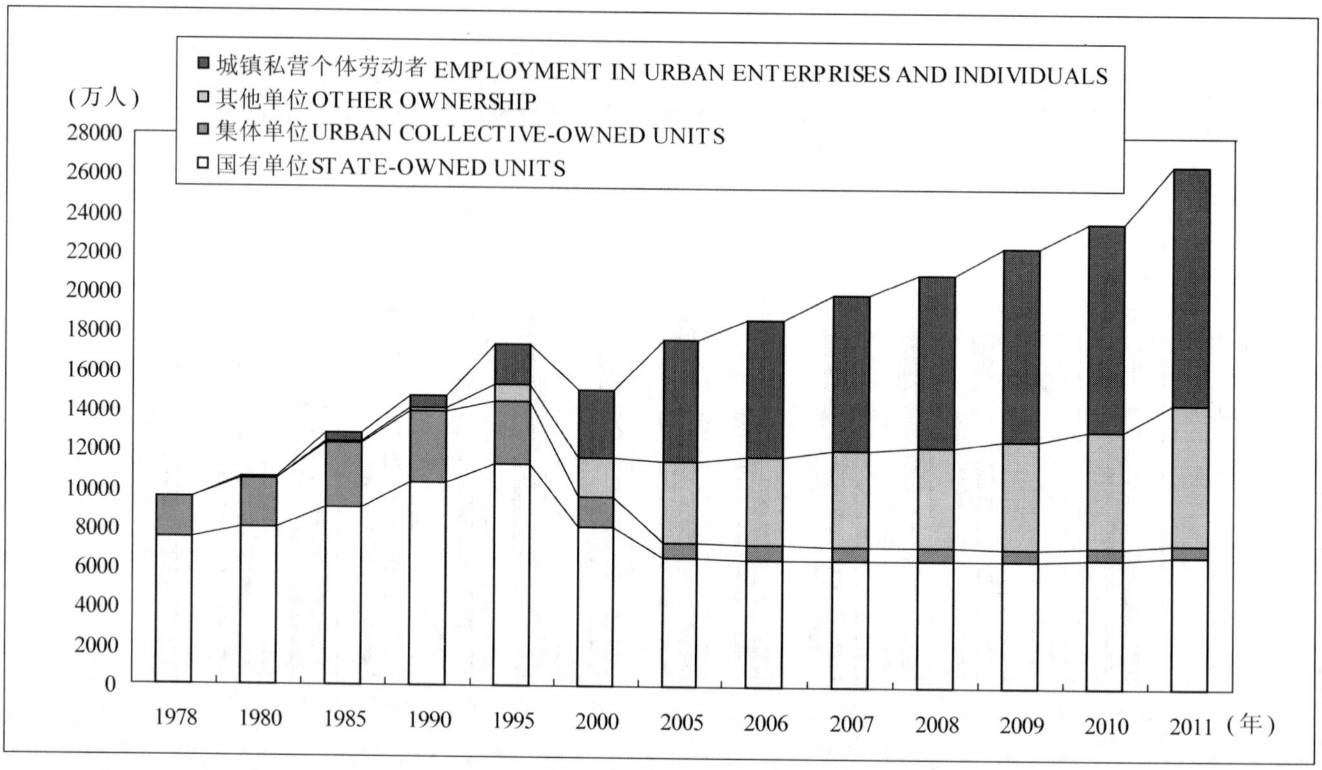

图4　2011年城镇单位就业人员行业构成
COMPOSITION OF EMPLOYMENT IN URBAN UNITS (2011)

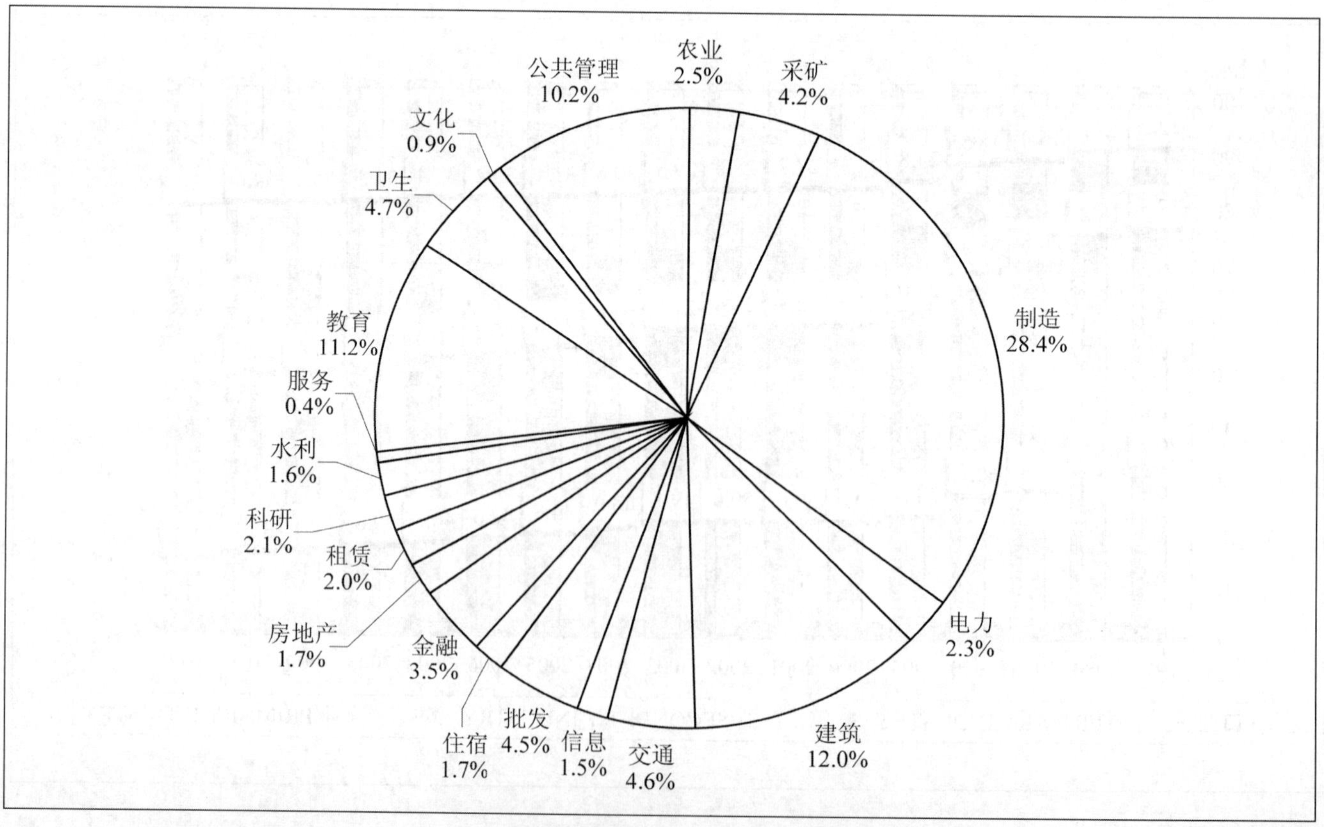

图5 2011年城镇单位女性就业人员占就业人员比重
PROPORTION OF FEMALE EMPLOYMENT IN URBAN UNITS BY SECTOR (2011)

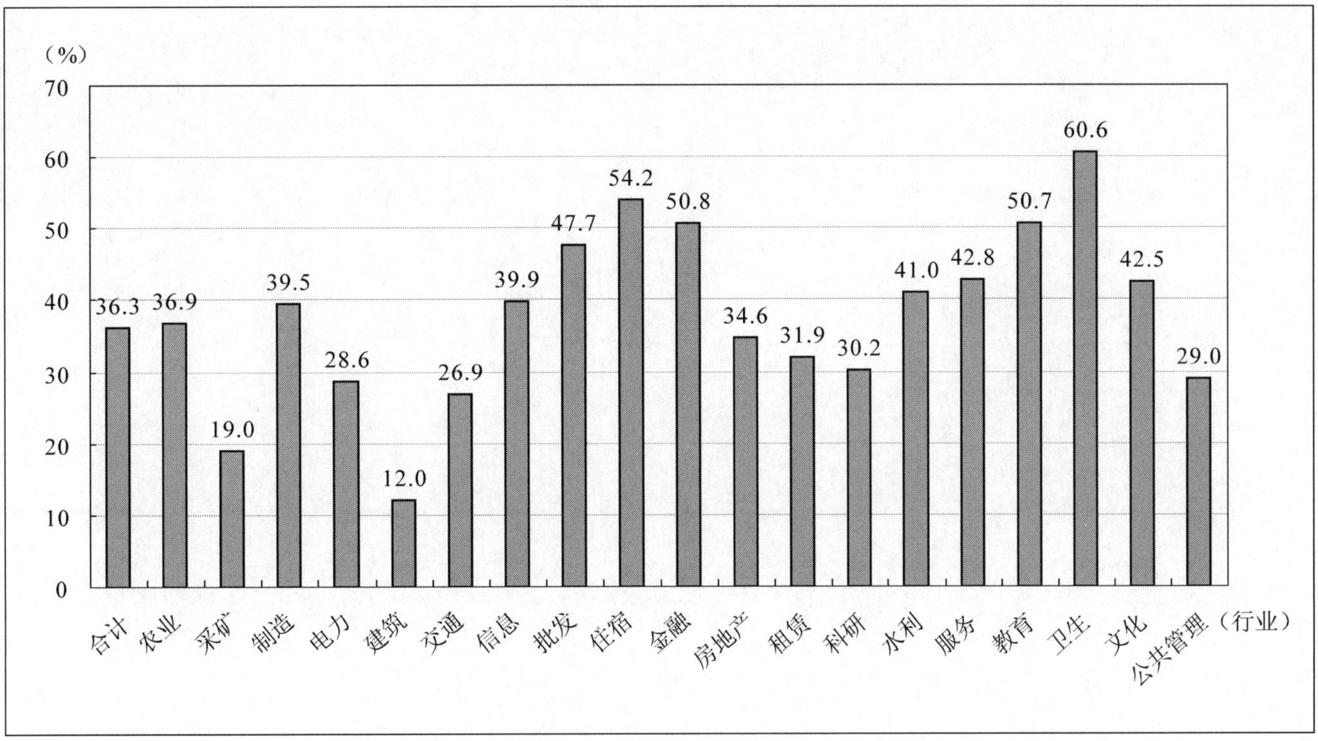

目　录
CONTENTS

一、综　合
GENERAL SURVEY

二、就业与失业

EMPLOYMENT AND UNEMPLOYMENT

三、城镇单位就业人员和工资总额
EMPLOYMENT AND TOTAL WAGES IN URBAN UNITS

四、国有单位就业人员和工资总额
EMPLOYMENT AND TOTAL WAGES IN STATE-OWNED UNITS

五、城镇集体单位就业人员和工资总额
EMPLOYMENT AND TOTAL WAGES IN URBAN COLLECTIVE-OWNED UNITS

六、其他单位就业人员和工资总额
EMPLOYMENT AND TOTAL WAGES IN OTHER OWNERSHIP UNITS

七、乡镇企业就业人员
EMPLOYMENT IN TOWNSHIP AND VILLAGE ENTERPRISES

八、职业培训与技能鉴定
VOCATIONAL TRAINING AND SKILL APPRAISAL

九、劳动关系
LABOUR RELATION

十、社会保障
SOCIAL SECURITY

十一、工会工作
TRADE UNION WORKS

十二、香港资料
MAIN INDICATORS OF HONG KONG

十三、澳门资料
MAIN INDICATORS OF MACAO

十四、台湾资料
MAIN INDICATORS OF TAIWAN

附录一、国外有关资料
MAIN INDICATORS OF OTHER COUNTRIES

一、综　合

GENERAL SURVEY

1-1 全国劳动统计主要指标

MAIN INDICATORS OF NATIONAL LABOUR STATISTICS

指　　标	Item	2010	2011	2011年比上年增长 % Increase Rate (2010=100)
总人口(万人)	**Total Population (10 000 persons)**	**134091**	**134735**	**0.5**
16岁以上人口数(万人)	**Population Above 16(10 000 persons)**	**110011**	**110932**	**0.8**
经济活动人口(万人)	**Economically Active Population(10 000 persons)**	**78388**	**78579**	**0.2**
全国就业人员年末人数(万人)	**Employment (end of year, 10 000 persons)**	**76105**	**76420**	**0.4**
城镇就业人员	Urban Employment	34687	35914	3.5
单位就业人员	Unit Employment	13051.5	14413.3	10.4
#国有单位	State-owned Units	6516.4	6704.2	2.9
集体单位	Collective-owned Units	597.5	603.1	0.9
其他单位	Other Ownership Units	5937.6	7106.0	19.7
城镇私营和个体就业人员	Employment in Urban Private Enterprises and Individuals	10538.4	12138.8	15.2
乡村就业人员	Rural Employment	41418	40506	-2.2
城镇单位就业人员工资总额(亿元)	**Total Wages of the Urban Units Employment (100 million yuan)**	**47269.9**	**59954.7**	**26.8**
#国有单位	State-owned Units	24886.4	28954.8	16.3
集体单位	Collective-owned Units	1433.7	1737.4	21.2
其他单位	Other Ownership Units	20949.7	29262.4	39.7
城镇单位就业人员平均工资(元)	**Average Wage of the Urban Units Employment (yuan)**	**36539**	**41799**	**14.4**
#国有单位	State-owned Units	38359	43483	13.4
集体单位	Collective-owned Units	24010	28791	19.9
其他单位	Other Ownership Units	35801	41323	15.4
在岗职工平均工资(元)	**Average wage of staff and workers**	**37147**	**42452**	**14.3**
#国有单位	State-owned Units	39471	44695	13.2
集体单位	Collective-owned Units	24430	29261	19.8
其他单位	Other Ownership Units	35843	41449	15.6
城镇登记失业人员年末人数(万人)	**Urban Registered Unemployment (10 000 persons)**	**908**	**922**	**1.5**
非经济活动人口(万人)	**Noneconomically Active Population (10 000 persons)**	**31623**	**32353**	**2.3**

注:自2009年始，“城镇单位就业人员工资总额”和“城镇单位就业人员平均工资”即为2008年及以前的“城镇单位就业人员劳动报酬”和“城镇单位就业人员平均劳动报酬”。往年本年鉴及相关资料中1994-2008年城镇单位就业人员劳动报酬和平均劳动报酬指标与此指标统计口径相同(以下各表同)。

a)Since 2009, “Total wages of the urban units employment” and “Average wage of the urban units employment” refer to “Earnings of the urban units employment” and “Average earning of the urban units employment” before 2008. Statistical coverage of “Earnings of the urban units employment” and “Average earning of the urban units employment” in this previous yearbook and relevant books from 1994 to 2008 are the same with the indicators above(The same applies to the tables followings).

1-2 人口数及构成(年末数)

POPULATION AND COMPOSITION (End of Year)

单位：万人、% (10 000 persons,%)

年 份 Year	总人口 Total Population	按性别分 Grouped by Sex				按城乡分 Grouped by Residence			
		男 Male		女 Female		城镇 Urban		乡村 Rural	
		人口数 Population	比重 Proportion	人口数 Population	比重 Proportion	人口数 Population	比重 Proportion	人口数 Population	比重 Proportion
1952	57482	29833	51.9	27649	48.1	7163	12.5	50319	87.5
1957	64653	33469	51.8	31184	48.2	9949	15.4	54704	84.6
1962	67295	34517	51.3	32778	48.7	11659	17.3	55636	82.7
1965	72538	37128	51.2	35410	48.8	13045	18.0	59493	82.0
1970	82992	42686	51.4	40306	48.6	14424	17.4	68568	82.6
1971	85229	43819	51.4	41410	48.6	14711	17.3	70518	82.7
1972	87177	44813	51.4	42364	48.6	14935	17.1	72242	82.9
1973	89211	45876	51.4	43335	48.6	15345	17.2	73866	82.8
1974	90859	46727	51.4	44132	48.6	15595	17.2	75264	82.8
1975	92420	47564	51.5	44856	48.5	16030	17.3	76390	82.7
1976	93717	48257	51.5	45460	48.5	16341	17.4	77376	82.6
1977	94974	48908	51.5	46066	48.5	16669	17.6	78305	82.4
1978	96259	49567	51.5	46692	48.5	17245	17.9	79014	82.1
1979	97542	50192	51.5	47350	48.5	18495	19.0	79047	81.0
1980	98705	50785	51.5	47920	48.6	19140	19.4	79565	80.6
1981	100072	51519	51.5	48553	48.5	20171	20.2	79901	79.8
1982	101654	52352	51.5	49302	48.5	21480	21.1	80174	78.9
1983	103008	53152	51.6	49856	48.4	22274	21.6	80734	78.4
1984	104357	53848	51.6	50509	48.4	24017	23.0	80340	77.0
1985	105851	54725	51.7	51126	48.3	25094	23.7	80757	76.3
1986	107507	55581	51.7	51926	48.3	26366	24.5	81141	75.5
1987	109300	56290	51.5	53010	48.5	27674	25.3	81626	74.7
1988	111026	57201	51.5	53825	48.5	28661	25.8	82365	74.2
1989	112704	58099	51.6	54605	48.5	29540	26.2	83164	73.8
1990	114333	58904	51.5	55429	48.5	30195	26.4	84138	73.6
1991	115823	59466	51.3	56357	48.7	31203	26.9	84620	73.1
1992	117171	59811	51.0	57360	49.0	32175	27.5	84996	72.5
1993	118517	60472	51.0	58045	49.0	33173	28.0	85344	72.0
1994	119850	61246	51.1	58604	48.9	34169	28.5	85681	71.5
1995	121121	61808	51.0	59313	49.0	35174	29.0	85947	71.0
1996	122389	62200	50.8	60189	49.2	37304	30.5	85085	69.5
1997	123626	63131	51.1	60495	48.9	39449	31.9	84177	68.1
1998	124761	63604	51.0	61157	49.0	41608	33.4	83153	66.6
1999	125786	64126	51.0	61660	49.0	43748	34.8	82038	65.2
2000	126743	65437	51.6	61306	48.4	45906	36.2	80837	63.8
2001	127627	65672	51.5	61955	48.5	48064	37.7	79563	62.3
2002	128453	66115	51.5	62338	48.5	50212	39.1	78241	60.9
2003	129227	66556	51.5	62671	48.5	52376	40.5	76851	59.5
2004	129988	66976	51.5	63012	48.5	54283	41.8	75705	58.2
2005	130756	67375	51.5	63381	48.5	56212	43.0	74544	57.0
2006	131448	67728	51.5	63720	48.5	58288	44.3	73160	55.7
2007	132129	68048	51.5	64081	48.5	60633	45.9	71496	54.1
2008	132802	68357	51.5	64445	48.5	62403	47.0	70399	53.0
2009	133450	68647	51.4	64803	48.6	64512	48.3	68938	51.7
2010	134091	68748	51.3	65343	48.7	66978	49.9	67113	50.1
2011	134735	69068	51.3	65667	48.7	69079	51.3	65656	48.7

1-3 国内生产总值及构成
GROSS DOMESTIC PRODUCT AND COMPOSITION

年 份 Year	国内生产总值 Gross Domestic Product	第一产业 Primary Industry	第二产业 Secondary Industry	第三产业 Tertiary Industry
一、绝对数(亿元) Value (100 million yuan)				
1978	3645.2	1027.5	1745.2	872.5
1980	4545.6	1371.6	2192.0	982.0
1985	9016.0	2564.4	3866.6	2585.0
1986	10275.2	2788.7	4492.7	2993.8
1987	12058.6	3233.0	5251.6	3574.0
1988	15042.8	3865.4	6587.2	4590.3
1989	16992.3	4228.0	7278.0	5486.3
1990	18667.8	5062.0	7717.4	5888.4
1991	21781.5	5342.2	9102.2	7337.1
1992	26923.5	5866.6	11699.5	9357.4
1993	35333.9	6963.8	16454.4	11915.7
1994	48197.9	9572.7	22445.4	16179.8
1995	60793.7	12135.8	28679.5	19978.5
1996	71176.6	14015.4	33835.0	23326.2
1997	78973.0	14441.9	37543.0	26988.1
1998	84402.3	14817.6	39004.2	30580.5
1999	89677.1	14770.0	41033.6	33873.4
2000	99214.6	14944.7	45555.9	38714.0
2001	109655.2	15781.3	49512.3	44361.6
2002	120332.7	16537.0	53896.8	49898.9
2003	135822.8	17381.7	62436.3	56004.7
2004	159878.3	21412.7	73904.3	64561.3
2005	184937.4	22420.0	87598.1	74919.3
2006	216314.4	24040.0	103719.5	88554.9
2007	265810.3	28627.0	125831.4	111351.9
2008	314045.4	33702.0	149003.4	131340.0
2009	340902.8	35226.0	157638.8	148038.0
2010	401512.8	40533.6	187383.2	173596.0
2011	471563.7	47712.0	220591.6	203260.1
二、构成(%) Composition (%)				
1978	100.0	28.2	47.9	23.9
1980	100.0	30.2	48.2	21.6
1985	100.0	28.4	42.9	28.7
1986	100.0	27.2	43.7	29.1
1987	100.0	26.8	43.6	29.6
1988	100.0	25.7	43.8	30.5
1989	100.0	25.1	42.8	32.1
1990	100.0	27.1	41.3	31.6
1991	100.0	24.5	41.8	33.7
1992	100.0	21.8	43.4	34.8
1993	100.0	19.7	46.6	33.7
1994	100.0	19.8	46.6	33.6
1995	100.0	19.9	47.2	32.9
1996	100.0	19.7	47.5	32.8
1997	100.0	18.3	47.5	34.2
1998	100.0	17.6	46.2	36.2
1999	100.0	16.5	45.8	37.7
2000	100.0	15.1	45.9	39.0
2001	100.0	14.4	45.1	40.5
2002	100.0	13.7	44.8	41.5
2003	100.0	12.8	46.0	41.2
2004	100.0	13.4	46.2	40.4
2005	100.0	12.1	47.4	40.5
2006	100.0	11.1	47.9	40.9
2007	100.0	10.8	47.3	41.9
2008	100.0	10.7	47.4	41.8
2009	100.0	10.3	46.2	43.4
2010	100.0	10.1	46.7	43.2
2011	100.0	10.1	46.8	43.1

1-4 国内生产总值指数、就业人员平均工资和城镇居民消费价格指数
INDICES OF GROSS DOMESTIC PRODUCT,AVERAGE WAGE AND URBAN CONSUMER PRICE INDEX

(上年=100) (preceding year=100)

年 份 Year	国内生产总值指数 Indices of Gross Domestic Product	就业人员平均工资指数 Index of Average Wage of the Urban Units Employment		城镇居民消费价格指数 Urban Consumer Price Index
		货币工资 Money Wage	实际工资 Real Wage	
1979	107.6	108.6	106.7	101.9
1980	107.8	114.1	106.1	107.5
1981	105.2	101.3	98.9	102.5
1982	109.1	103.4	101.5	102.0
1983	110.9	103.5	101.4	102.0
1984	115.2	117.9	114.7	102.7
1985	113.5	117.9	105.3	111.9
1986	108.8	115.8	108.3	107.0
1987	111.6	109.8	101.0	108.8
1988	111.3	119.7	99.2	120.7
1989	104.1	110.8	95.2	116.3
1990	103.8	110.6	109.2	101.3
1991	109.2	109.3	104.0	105.1
1992	114.2	115.9	106.7	108.6
1993	114.0	124.3	107.1	116.1
1994	113.1	134.6	107.7	125.0
1995	110.9	118.9	101.8	116.8
1996	110.0	111.8	102.8	108.8
1997	109.3	107.8	104.5	103.1
1998	107.8	115.5	116.2	99.4
1999	107.6	111.7	113.2	98.7
2000	108.4	112.2	111.3	100.8
2001	108.3	116.1	115.3	100.7
2002	109.1	114.2	115.4	99.0
2003	110.0	112.9	111.9	100.9
2004	110.1	114.0	110.4	103.3
2005	111.3	114.3	112.5	101.6
2006	112.7	114.6	112.9	101.5
2007	114.2	118.5	113.4	104.5
2008	109.6	116.9	110.7	105.6
2009	109.2	111.6	112.6	99.1
2010	110.4	113.3	109.8	103.2
2011	109.2	114.4	108.6	105.3

注：1994年及以前为城镇单位职工平均工资数(以下各表同)。
a)Data before 1994 are staff and workers figures(The same as in the following tables).

1-5 全国就业人员年末人数

NUMBER OF EMPLOYMENT AT THE YEAR-END

单位：万人、%

(10 000 persons,%)

年 份 Year	就业人员 Employment		城 镇 就业人员 Urban Employment	乡 村 就业人员 Rural Employment	按三次产业分 Group by Industry			构成(以合计为100) Percentage(total=100)		
	合 计 Total	占人口比重 Percentage of Total Population			第一产业 Primary Industry	第二产业 Secondary Industry	第三产业 Tertiary Industry	第一产业 Primary Industry	第二产业 Secondary Industry	第三产业 Tertiary Industry
1952	20729	36.1	2486	18243	17317	1531	1881	83.5	7.4	9.1
1953	21364	36.3	2754	18610	17747	1715	1902	83.1	8.0	8.9
1954	21832	36.2	2744	19088	18151	1882	1799	83.1	8.6	8.3
1955	22328	36.3	2802	19526	18592	1913	1823	83.3	8.6	8.1
1956	23018	36.6	2993	20025	18544	2468	2006	80.6	10.7	8.7
1957	23771	36.8	3205	20566	19309	2142	2320	81.2	9.0	9.8
1958	26600	40.3	5300	21300	15490	7076	4034	58.2	26.6	15.2
1959	26173	38.9	5389	20784	16271	5402	4500	62.2	20.6	17.2
1960	25880	39.1	6119	19761	17016	4112	4752	65.7	15.9	18.4
1961	25590	38.9	5336	20254	19747	2856	2987	77.2	11.2	11.6
1962	25910	38.5	4537	21373	21276	2059	2575	82.1	8.0	9.9
1963	26640	38.5	4603	22037	21966	2038	2636	82.5	7.6	9.9
1964	27736	39.3	4828	22908	22801	2183	2752	82.2	7.9	9.9
1965	28670	39.5	5136	23534	23396	2408	2866	81.6	8.4	10.0
1966	29805	40.0	5354	24451	24297	2600	2908	81.5	8.7	9.8
1967	30814	40.3	5446	25368	25165	2661	2988	81.7	8.6	9.7
1968	31915	40.6	5630	26285	26063	2743	3109	81.7	8.6	9.7
1969	33225	41.2	5825	27400	27117	3030	3078	81.6	9.1	9.3
1970	34432	41.5	6312	28120	27811	3518	3103	80.8	10.2	9.0
1971	35620	41.8	6868	28752	28397	3990	3233	79.7	11.2	9.1
1972	35854	41.1	7200	28654	28283	4276	3295	78.9	11.9	9.2
1973	36652	41.1	7388	29264	28857	4492	3303	78.7	12.3	9.0
1974	37369	41.1	7687	29682	29218	4712	3439	78.2	12.6	9.2
1975	38168	41.3	8222	29946	29456	5152	3560	77.2	13.5	9.3

注：全国就业人员1990年及以后的数据根据劳动力调查、人口普查推算，2001年及以后数据根据第六次人口普查数据重新修订(下表同)。

a) From 1990 to 2000, the total number of employed persons were estimated according to Labour Force Survey and Population Census, since 2001, were revised according to the 6th National Population Census. The same applies to the following tables.

1-5 续表 continued

单位：万人、% (10 000 persons,%)

年份 Year	就业人员 Employment 合计 Total	占人口比重 Percentage of Total Population	城镇就业人员 Urban Employment	乡村就业人员 Rural Employment	按三次产业分 Group by Industry 第一产业 Primary Industry	第二产业 Secondary Industry	第三产业 Tertiary Industry	构成(以合计为100) Percentage(total=100) 第一产业 Primary Industry	第二产业 Secondary Industry	第三产业 Tertiary Industry
1976	38834	41.4	8692	30142	29443	5611	3780	75.8	14.5	9.7
1977	39377	41.5	9127	30250	29340	5831	4206	74.5	14.8	10.7
1978	40152	41.7	9514	30638	28318	6945	4890	70.5	17.3	12.2
1979	41024	42.1	9999	31025	28634	7214	5177	69.8	17.6	12.6
1980	42361	42.9	10525	31836	29122	7707	5532	68.7	18.2	13.1
1981	43725	43.7	11053	32672	29777	8003	5945	68.1	18.3	13.6
1982	45295	44.6	11428	33867	30859	8346	6090	68.1	18.4	13.5
1983	46436	45.1	11746	34690	31151	8679	6606	67.1	18.7	14.2
1984	48197	46.2	12229	35968	30868	9590	7739	64.0	19.9	16.1
1985	49873	47.1	12808	37065	31130	10384	8359	62.4	20.8	16.8
1986	51282	47.7	13292	37990	31254	11216	8811	60.9	21.9	17.2
1987	52783	48.3	13783	39000	31663	11726	9395	60.0	22.2	17.8
1988	54334	48.9	14267	40067	32249	12152	9933	59.3	22.4	18.3
1989	55329	49.1	14390	40939	33225	11976	10129	60.1	21.6	18.3
1990	64749	56.6	17041	47708	38914	13856	11979	60.1	21.4	18.5
1991	65491	56.5	17465	48026	39098	14015	12378	59.7	21.4	18.9
1992	66152	56.5	17861	48291	38699	14355	13098	58.5	21.7	19.8
1993	66808	56.4	18262	48546	37680	14965	14163	56.4	22.4	21.2
1994	67455	56.3	18653	48802	36628	15312	15515	54.3	22.7	23.0
1995	68065	56.2	19040	49025	35530	15655	16880	52.2	23.0	24.8
1996	68950	56.3	19922	49028	34820	16203	17927	50.5	23.5	26.0
1997	69820	56.5	20781	49039	34840	16547	18432	49.9	23.7	26.4
1998	70637	56.6	21616	49021	35177	16600	18860	49.8	23.5	26.7
1999	71394	56.8	22412	48982	35768	16421	19205	50.1	23.0	26.9
2000	72085	56.9	23151	48934	36043	16219	19823	50.0	22.5	27.5
2001	72797	57.0	24123	48674	36399	16234	20165	50.0	22.3	27.7
2002	73280	57.0	25159	48121	36640	15682	20958	50.0	21.4	28.6
2003	73736	57.1	26230	47506	36204	15927	21605	49.1	21.6	29.3
2004	74264	57.1	27293	46971	34830	16709	22725	46.9	22.5	30.6
2005	74647	57.1	28389	46258	33442	17766	23439	44.8	23.8	31.4
2006	74978	57.0	29630	45348	31941	18894	24143	42.6	25.2	32.2
2007	75321	57.0	30953	44368	30731	20186	24404	40.8	26.8	32.4
2008	75564	56.9	32103	43461	29923	20553	25087	39.6	27.2	33.2
2009	75828	56.8	33322	42506	28890	21080	25857	38.1	27.8	34.1
2010	76105	56.8	34687	41418	27931	21842	26332	36.7	28.7	34.6
2011	76420	56.7	35914	40506	26594	22544	27282	34.8	29.5	35.7

1-6 分行业就业人员年末人数
EMPLOYMENT AT THE YEAR-END BY SECTOR

单位：万人 (10 000 persons)

年 份 Year	合 计 Total	农、林、牧、渔业 Farming, Forestry, Animal Husbandry and Fishery	采掘业 Mining and Quarrying	制造业 Manufacturing	电力、煤气及水的生产和供应业 Production and Supply of Electricity, Gas and Water	建筑业 Construction	地质勘查业、水利管理业 Geological Prospecting & Water Conservancy	交通运输、仓储及邮电通信业 Transport, Storage, Post and Tele-communications
1978	40152	28318	652	5332	107	854	178	750
1980	42361	29122	697	5899	118	993	188	805
1985	49873	31130	795	7412	142	2035	197	1279
1986	51282	31254	809	8019	152	2236	197	1376
1987	52783	31663	819	8359	164	2384	200	1453
1988	54334	32249	832	8652	177	2491	204	1521
1989	55329	33225	842	8547	180	2407	199	1522
1990	64749	34117	882	8624	192	2424	197	1566
1991	65491	34956	905	8839	203	2482	199	1617
1992	66152	34795	898	9106	215	2660	202	1674
1993	66808	33966	932	9295	240	3050	144	1688
1994	67455	33386	915	9613	246	3188	139	1864
1995	68065	33018	932	9803	258	3322	135	1942
1996	68950	32909	902	9763	273	3408	129	2013
1997	69820	33095	868	9612	283	3449	129	2062
1998	70637	33232	721	8319	283	3327	116	2000
1999	71394	33493	667	8109	285	3412	111	2022
2000	72085	33355	597	8043	284	3552	110	2029
2001	73025	32974	561	8083	288	3669	105	2037
2002	73740	32487	558	8307	290	3893	98	2084

1-6 续表 continued

单位：万人 (10 000 persons)

年 份 Year	批发和零售贸易、餐饮业 Wholesale and Retail Trade & Catering Services	金融、保险业 Finance and Insurance	房地产业 Real Estate Trade	社会服务业 Social Services	卫生、体育和社会福利业 Health Care, Sporting and Social Welfare	教育、文化艺术和广播电影电视业 Education, Culture and Arts, Radio, Film and Television	科学研究和综合技术服务业 Scientific Research and Polytechnical Services	国家机关政党机关和社会团体 Government Agencies, Party Agencies and Social Organizations	其 他 Others
1978	1140	76	31	179	363	1093	92	467	521
1980	1363	99	37	276	389	1147	113	527	588
1985	2306	138	36	401	467	1273	144	799	1319
1986	2413	152	38	466	482	1324	152	873	1338
1987	2576	170	39	501	496	1375	158	925	1502
1988	2743	194	42	534	508	1403	161	971	1655
1989	2770	205	43	550	518	1426	165	1022	1709
1990	2839	218	44	594	536	1457	173	1079	1798
1991	2998	234	48	604	553	1497	179	1136	1910
1992	3209	248	54	643	565	1520	183	1148	2313
1993	3459	270	66	543	416	1210	173	1030	3740
1994	3921	264	74	626	434	1436	178	1033	4155
1995	4292	276	80	703	444	1476	182	1042	4484
1996	4511	292	84	747	458	1513	183	1093	4563
1997	4795	308	87	810	471	1557	186	1093	4862
1998	4645	314	94	868	478	1573	178	1097	5118
1999	4751	328	96	923	482	1568	173	1102	4969
2000	4686	327	100	921	488	1565	174	1104	5643
2001	4737	336	107	976	493	1568	165	1101	5852
2002	4969	340	118	1094	493	1565	163	1075	6245

1-7 各地区分登记注册类型城镇就业人员年末人数及构成(2011年)
URBAN EMPLOYMENT AND COMPOSITION AT THE YEAR-END BY REGISTRATION STATUS AND REGION(2011)

单位：万人 (10 000 persons)

地区	Region	合计 Total	国有单位 State-owned Units	集体单位 Collective-owned Units	其他单位 Other Ownership Units	私营企业 个体 Private Enterprises, Individuals	构成（以合计为100）Composition(Total=100) 国有单位 State-owned Units	集体单位 Collective-owned Units	其他单位 Other Ownership Units	私营企业 个体 Private Enterprises Individuals
全国总计	**National**	**35914.0**	**6704.2**	**603.1**	**7106.0**	**12138.8**	**25.2**	**2.3**	**26.8**	**45.7**
北京	Beijing	1026.3	188.7	20.1	477.1	340.4	18.4	2.0	46.5	33.2
天津	Tianjin	397.2	85.9	8.8	173.5	128.9	21.6	2.2	43.7	32.5
河北	Hebei	905.0	322.5	22.2	210.7	349.6	35.6	2.5	23.3	38.6
山西	Shanxi	589.3	243.8	24.8	141.1	179.7	41.4	4.2	23.9	30.5
内蒙古	Inner Mongolia	517.1	173.1	8.5	80.8	254.7	33.5	1.6	15.6	49.3
辽宁	Liaoning	1141.8	303.8	34.1	241.7	562.2	26.6	3.0	21.2	49.2
吉林	Jilin	557.2	170.9	9.6	97.4	279.4	30.7	1.7	17.5	50.1
黑龙江	Heilongjiang	786.8	333.6	16.1	116.5	320.6	42.4	2.1	14.8	40.7
上海	Shanghai	864.6	147.2	10.4	339.7	367.3	17.0	1.2	39.3	42.5
江苏	Jiangsu	2200.8	291.0	31.2	489.1	1389.5	13.2	1.4	22.2	63.1
浙江	Zhejiang	1851.8	224.1	28.5	743.1	856.1	12.1	1.5	40.1	46.2
安徽	Anhui	831.7	219.0	18.3	174.2	420.2	26.3	2.2	20.9	50.5
福建	Fujian	1042.3	161.7	15.6	419.1	446.0	15.5	1.5	40.2	42.8
江西	Jiangxi	679.3	200.4	18.7	125.2	334.9	29.5	2.8	18.4	49.3
山东	Shandong	1754.5	437.0	60.8	552.7	704.0	24.9	3.5	31.5	40.1
河南	Henan	1286.7	400.2	51.7	387.2	447.6	31.1	4.0	30.1	34.8
湖北	Hubei	1143.5	292.3	18.2	275.6	557.4	25.6	1.6	24.1	48.7
湖南	Hunan	1041.7	275.0	27.8	248.6	490.3	26.4	2.7	23.9	47.1
广东	Guangdong	2601.9	423.9	62.8	751.5	1363.7	16.3	2.4	28.9	52.4
广西	Guangxi	621.7	209.5	18.7	113.4	280.1	33.7	3.0	18.2	45.0
海南	Hainan	175.4	53.3	3.6	28.2	90.3	30.4	2.1	16.1	51.5
重庆	Chongqing	692.9	131.0	11.0	195.2	355.7	18.9	1.6	28.2	51.3
四川	Sichuan	1057.7	346.5	33.8	233.8	443.7	32.8	3.2	22.1	41.9
贵州	Guizhou	358.2	170.5	7.7	62.8	117.2	47.6	2.1	17.5	32.7
云南	Yunnan	725.3	192.0	10.9	147.2	375.3	26.5	1.5	20.3	51.7
西藏	Tibet	61.4	21.9	0.4	1.1	38.1	35.6	0.6	1.7	62.0
陕西	Shaanxi	640.6	263.5	15.2	114.9	246.9	41.1	2.4	17.9	38.5
甘肃	Gansu	335.2	150.0	7.5	41.8	135.9	44.8	2.2	12.5	40.5
青海	Qinghai	104.8	41.6	1.9	17.2	44.2	39.7	1.8	16.4	42.2
宁夏	Ningxia	131.0	37.9	0.8	22.2	70.2	28.9	0.6	16.9	53.6
新疆	Xinjiang	428.4	192.3	3.4	83.7	149.0	44.9	0.8	19.5	34.8

1-8　分登记注册类型城镇单位就业人员年末人数及构成
EMPLOYMENT AND COMPOSITION IN URBAN UNITS BY REGISTRATION STATUS(End of Year)

单位：万人　　(10 000 persons)

年　份 Yesr	合　计 Total	国有单位 State-owned Units	集体单位 Collective-owned Units	其他单位 Other Owner-ship Units	构成(以合计为100) Composition(Total=100)		
					国有单位 State-owned Units	集体单位 Collective-owned Units	其他单位 Other Owner-ship Units
1962	4321	3309	1012		76.6	23.4	
1965	4965	3738	1227		75.3	24.7	
1970	6216	4792	1424		77.1	22.9	
1971	6787	5318	1469		78.4	21.6	
1975	8198	6426	1772		78.4	21.6	
1978	9499	7451	2048		78.4	21.6	
1979	9967	7693	2274		77.2	22.8	
1980	10444	8019	2425		76.8	23.2	
1981	10940	8372	2568		76.5	23.5	
1982	11281	8630	2651		76.5	23.5	
1983	11515	8771	2744		76.2	23.8	
1984	11890	8637	3216	37	72.6	27.0	0.3
1985	12358	8990	3324	44	72.7	26.9	0.4
1986	12809	9333	3421	55	72.9	26.7	0.4
1987	13214	9654	3488	72	73.1	26.4	0.5
1988	13608	9984	3527	97	73.4	25.9	0.7
1989	13742	10108	3502	132	73.5	25.5	1.0
1990	14059	10346	3549	164	73.6	25.2	1.2
1991	14508	10664	3628	216	73.5	25.0	1.5
1992	14792	10889	3621	282	73.6	24.5	1.9
1993	14849	10920	3393	536	73.5	22.9	3.6
1994	14849	10890	3211	747	73.3	21.6	5.0
1995	15301	11261	3147	894	73.6	20.6	5.8
1996	15221	11244	3016	962	73.9	19.8	6.3
1997	15036	11044	2883	1109	73.5	19.2	7.4
1998	12696	9058	1963	1675	71.3	15.5	13.2
1999	12130	8572	1712	1846	70.7	14.1	15.2
2000	11612	8102	1499	2011	69.8	12.9	17.3
2001	11166	7640	1291	2235	68.4	11.6	20.0
2002	10985	7163	1122	2700	65.2	10.2	24.6
2003	10970	6876	1000	3094	62.7	9.1	28.2
2004	11099	6710	897	3492	60.5	8.1	31.5
2005	11404	6488	810	4106	56.9	7.1	36.0
2006	11713	6430	764	4519	54.9	6.5	38.6
2007	12024	6424	718	4882	53.4	6.0	40.6
2008	12193	6447	662	5084	52.9	5.4	41.7
2009	12573	6420	618	5535	51.1	4.9	44.0
2010	13052	6516	597	5938	49.9	4.6	45.5
2011	14413	6704	603	7106	51.4	4.6	54.4

注：1994年及以前为职工数(以下各表同)。

a)Data before 1994 are staff and workers figures(The same as in the following tables).

1-9 分行业城镇单位就业人员年末人数
EMPLOYMENT IN URBAN UNITS BY SECTOR(End of Year)

单位：万人 (10 000 persons)

年 份 Year	合 计 Total	农、林、牧、渔业 Farming, Forestry, Animal Husbandry and Fishery	采掘业 Mining and Quarrying	制造业 Manufacturing	电力、煤气及水的生产和供应业 Production and Supply of Electricity, Gas and Water	建筑业 Construction	地质勘查业、水利管理业 Geological Prospecting and Water Conservancy	交通运输、仓储及邮电通信业 Transport, Storage,Post and Tele-communications
1994	15258.5	690.6	914.6	5491.6	245.9	1112.3	138.6	859.8
1995	15300.8	669.4	921.4	5493.1	257.9	1090.1	134.6	848.5
1996	15221.1	631.3	891.8	5344.0	272.8	1069.7	128.9	853.2
1997	15036.2	629.2	856.8	5129.9	283.3	1037.4	129.0	850.5
1998	12695.7	562.5	707.3	3826.1	282.9	878.1	116.2	721.5
1999	12130.2	536.5	655.2	3554.3	285.0	814.8	111.4	704.2
2000	11612.5	516.4	585.2	3300.7	283.8	780.1	110.2	680.4
2001	11165.8	483.2	548.2	3070.1	287.8	774.0	104.9	651.6
2002	10985.2	455.2	542.7	2980.7	289.6	803.2	97.7	639.5

1-9 续表 continued

单位：万人 (10 000 persons)

年 份 Year	批发和零售贸易、餐饮业 Wholesale and Retail Trade & Catering Services	金融、保险业 Finance and Insurance	房地产业 Real Estate Trade	社会服务业 Social Services	卫生、体育和社会福利业 Health Care, Sporting and Social Welfare	教育、文化艺术和广播电影电视业 Education, Culture and Arts, Radio, Film and Television	科学研究和综合技术服务业 Scientific Research and Polytechnical Services	国家机关政党机关和社会团体 Government Agencies, Party Agencies and Social Organizations	其 他 Others
1994	1863.6	264.0	74.4	458.9	433.6	1435.9	177.5	1032.9	64.5
1995	1855.9	276.3	79.6	461.4	444.3	1476.1	181.9	1041.7	68.8
1996	1830.0	291.9	84.3	472.1	457.5	1512.6	182.7	1092.6	105.8
1997	1796.1	308.2	86.9	494.3	471.1	1556.7	185.8	1093.1	127.8
1998	1286.6	313.5	93.7	470.4	477.7	1573.3	177.5	1096.5	111.9
1999	1141.5	328.5	96.6	476.0	482.0	1567.8	173.6	1102.1	100.9
2000	1009.5	326.8	100.4	483.5	488.1	1565.8	174.5	1103.8	103.1
2001	874.2	335.9	107.5	491.4	493.0	1567.9	165.0	1100.9	110.1
2002	774.5	339.8	118.4	521.0	493.2	1565.1	162.7	1074.7	127.0

1-10　分行业城镇单位就业人员(国有单位)

EMPLOYMENT IN URBAN UNITS BY SECTOR(State-owned Units,End of Year)

单位：万人　　(10 000 persons)

年　份 Year	合　计 Total	农、林、牧、渔业 Farming, Forestry, Animal Husbandry and Fishery	采掘业 Mining and Quarrying	制造业 Manufacturing	电力、煤气及水的生产和供应业 Production and Supply of Electricity, Gas and Water	建筑业 Construction	地质勘查业、水利管理业 Geological Prospecting and Water Conservancy	交通运输、仓储及邮电通信业 Transport, Storage,Post and Tele-communications
1994	11213.9	663.7	828.3	3345.0	230.8	654.5	136.4	699.7
1995	11260.5	642.6	839.0	3347.9	238.3	627.9	132.5	699.1
1996	11243.6	605.5	813.6	3238.6	251.2	616.1	126.7	705.6
1997	11044.2	605.1	776.8	3028.2	258.0	598.0	125.9	706.1
1998	9058.1	541.1	600.7	1900.7	243.2	462.8	114.0	601.5
1999	8572.1	517.2	529.0	1665.2	240.1	419.0	109.2	585.8
2000	8101.9	496.2	451.3	1432.1	234.1	391.7	108.0	566.5
2001	7639.9	464.5	404.6	1210.0	231.9	357.6	102.8	536.2
2002	7162.9	433.4	350.4	994.9	223.5	320.6	95.6	518.2

1-10　续表　continued

单位：万人　　(10 000 persons)

年　份 Year	批发和零售贸易、餐饮业 Wholesale and Retail Trade & Catering Services	金融、保险业 Finance and Insurance	房地产业 Real Estate Trade	社　会服务业 Social Services	卫生、体育和社会福利业 Health Care, Sporting and Social Welfare	教育、文化艺术和广播电影电视业 Education, Culture and Arts, Radio, Film and Television	科学研究和综合技术服务业 Scientific Research and Polytechnical Services	国家机关政党机关和社会团体 Government Agencies, Party Agencies and Social Organizations	其　他 Others
1994	1066.7	198.7	60.2	313.2	372.3	1412.4	167.5	1023.4	41.0
1995	1072.2	204.8	62.9	321.0	383.2	1443.0	170.0	1033.1	43.1
1996	1064.7	210.7	64.6	335.4	394.8	1486.2	168.7	1084.3	76.9
1997	1045.7	217.6	65.3	352.6	407.6	1502.7	170.2	1087.2	97.2
1998	706.0	217.5	65.1	331.7	417.0	1519.7	159.5	1091.1	86.4
1999	620.3	226.5	64.0	330.7	422.6	1512.9	157.0	1097.2	75.4
2000	544.0	223.4	63.3	326.7	427.3	1508.4	151.2	1098.9	78.7
2001	460.6	221.7	63.4	322.6	433.4	1507.7	141.9	1097.0	83.9
2002	380.4	216.2	61.3	327.4	437.8	1497.2	139.1	1071.0	96.0

1-11 分行业城镇单位就业人员(城镇集体单位)
EMPLOYMENT IN URBAN UNITS BY SECTOR
(Urban Collective-owned Units,End of Year)

单位：万人 (10 000 persons)

年份 Year	合计 Total	农、林、牧、渔业 Farming, Forestry, Animal Husbandry and Fishery	采掘业 Mining and Quarrying	制造业 Manufacturing	电力、煤气及水的生产和供应业 Production and Supply of Electricity, Gas and Water	建筑业 Construction	地质勘查业、水利管理业 Geological Prospecting and Water Conservancy	交通运输、仓储及邮电通信业 Transport, Storage,Post and Tele-communications
1994	3285.4	24.3	83.0	1541.5	9.1	440.7	2.1	151.0
1995	3146.7	23.7	78.3	1438.3	9.2	440.3	2.0	139.5
1996	3015.8	21.8	73.8	1364.8	10.8	424.0	2.1	135.7
1997	2882.7	19.9	73.1	1261.3	11.3	404.1	3.0	127.0
1998	1963.2	16.2	49.3	758.4	10.8	321.4	2.1	81.3
1999	1711.8	14.6	42.5	636.8	9.7	291.2	2.0	69.1
2000	1499.3	13.9	35.1	531.7	9.4	272.5	1.9	58.4
2001	1291.0	11.8	30.9	437.1	8.4	255.2	1.6	49.1
2002	1122.0	10.9	30.7	357.1	7.1	231.3	1.4	41.4

1-11 续表 continued

单位：万人 (10 000 persons)

年份 Year	批发和零售贸易、餐饮业 Wholesale and Retail Trade & Catering Services	金融、保险业 Finance and Insurance	房地产业 Real Estate Trade	社会服务业 Social Services	卫生、体育和社会福利业 Health Care, Sporting and Social Welfare	教育、文化艺术和广播电影电视业 Education, Culture and Arts, Radio, Film and Television	科学研究和综合技术服务业 Scientific Research and Polytechnical Services	国家机关政党机关和社会团体 Government Agencies, Party Agencies and Social Organizations	其他 Others
1994	732.3	62.8	6.5	107.9	60.9	22.7	8.5	9.5	22.7
1995	707.3	67.5	6.7	99.3	60.7	32.1	8.7	8.7	24.3
1996	678.5	73.2	7.7	90.3	62.1	25.0	10.4	8.4	27.5
1997	647.6	77.4	7.9	90.4	62.8	52.6	10.5	5.9	27.8
1998	424.5	72.1	7.2	72.4	59.6	51.7	9.7	5.3	21.2
1999	355.0	71.8	7.5	68.9	58.2	52.2	8.3	4.8	19.2
2000	292.5	70.4	6.8	64.2	59.4	53.3	7.9	4.9	17.0
2001	223.2	69.1	6.9	59.1	57.7	55.2	5.3	3.9	16.6
2002	174.7	66.9	8.0	52.9	52.5	58.3	4.8	3.4	20.5

1-12 分行业城镇单位就业人员(其他单位)
EMPLOYMENT IN URBAN UNITS BY SECTOR
(Other Ownership Units,End of Year)

单位：万人 (10 000 persons)

年 份 Year	合 计 Total	农、林、牧、渔业 Farming, Forestry, Animal Husbandry and Fishery	采掘业 Mining and Quarrying	制造业 Manufacturing	电力、煤气及水的生产和供应业 Production and Supply of Electricity, Gas and Water	建筑业 Construction	地质勘查业、水利管理业 Geological Prospecting and Water Conservancy	交通运输、仓储及邮电通信业 Transport, Storage,Post and Tele-communications
1994	759.2	2.6	3.3	605.1	6.1	17.1		9.1
1995	893.6	3.2	4.0	706.8	10.3	22.0		9.8
1996	961.7	4.0	4.4	740.5	10.8	29.5		12.0
1997	1109.4	4.2	6.9	840.4	14.1	35.3		17.4
1998	1674.5	5.2	57.3	1167.1	28.9	93.8	0.1	38.7
1999	1846.3	4.8	83.7	1252.2	35.2	104.6	0.2	49.2
2000	2011.3	6.4	98.8	1336.9	40.4	115.9	0.3	55.6
2001	2234.9	6.9	112.7	1423.0	47.5	161.2	0.5	66.2
2002	2700.3	10.9	161.6	1628.7	58.9	251.3	0.7	79.8

1-12 续表 continued

单位：万人 (10 000 persons)

年 份 Year	批发和零售贸易、餐饮业 Wholesale and Retail Trade & Catering Services	金融、保险业 Finance and Insurance	房地产业 Real Estate Trade	社 会 服务业 Social Services	卫生、体育和社会福利业 Health Care, Sporting and Social Welfare	教育、文化艺术和广播电影电视业 Education, Culture and Arts, Radio, Film and Television	科学研究和综合技术服务业 Scientific Research and Polytechnical Services	国家机关政党机关和社会团体 Government Agencies, Party Agencies and Social Organizations	其 他 Others
1994	64.6	2.4	7.6	37.8	0.4	0.7	1.5		0.7
1995	76.3	3.9	9.9	41.2	0.4	0.9	3.1		1.4
1996	86.8	8.0	12.0	46.4	0.5	1.4	3.6		1.5
1997	102.8	13.3	13.7	51.3	0.6	1.5	5.1		2.7
1998	156.1	23.9	21.3	66.3	1.1	1.9	8.3		4.4
1999	166.3	30.2	25.1	76.4	1.2	2.7	8.3		6.3
2000	173.0	33.0	30.3	92.6	1.4	4.1	15.3		7.4
2001	190.4	45.1	37.2	109.7	1.9	5.0	17.8		9.7
2002	219.4	56.8	49.0	140.7	3.0	9.6	18.8		11.0

1-13 分行业城镇单位就业人员年末人数
URBAN UNITS EMPLOYMENT BY SECTOR

单位：万人 (10 000 persons)

登记注册类型 Registration Status 年 份 Year	合 计 Total	农、林、牧、渔业 Agriculture, Forestry, Farming of Animals and Fishery	采矿业 Mining	制造业 Manufacturing	电力、燃气及水的生产和供应业 Production and Distribution of Electricity, Gas and Water	建筑业 Construction
全 国 National						
2003	10969.7	484.5	488.3	2980.5	297.6	833.7
2004	11098.9	466.1	500.7	3050.8	300.6	841.0
2005	11404.0	446.3	509.2	3210.9	299.9	926.6
2006	11713.2	435.2	529.7	3351.6	302.5	988.7
2007	12024.4	426.3	535.0	3465.4	303.4	1050.8
2008	12192.5	410.1	540.4	3434.3	306.5	1072.6
2009	12573.0	373.7	553.7	3491.9	307.7	1177.5
2010	13051.5	375.7	562.0	3637.2	310.5	1267.5
2011	14413.3	359.5	611.6	4088.3	334.7	1724.8
国有单位 State-owned Units						
2003	6875.6	457.7	264.3	870.7	224.1	299.3
2004	6709.9	439.4	268.8	746.3	219.3	281.2
2005	6488.2	423.5	241.3	614.0	209.5	272.5
2006	6430.5	414.2	241.7	554.0	208.8	262.8
2007	6423.5	406.3	232.8	518.1	202.4	271.3
2008	6447.0	392.1	242.9	485.5	203.1	267.7
2009	6420.2	356.1	243.7	437.8	198.6	262.7
2010	6516.4	357.4	234.1	416.5	203.9	278.7
2011	6704.2	340.9	250.3	397.8	215.0	333.2
集体单位 Collective-owned units						
2003	999.9	14.1	27.7	296.6	7.0	217.3
2004	897.2	12.5	27.1	259.6	6.6	198.1
2005	809.9	9.1	24.8	221.9	6.1	186.9
2006	763.6	7.1	25.1	203.9	6.0	184.9
2007	718.4	6.0	23.2	182.1	5.6	181.5
2008	661.8	4.9	22.2	165.2	5.1	169.2
2009	618.1	4.9	17.6	148.5	5.1	163.7
2010	597.5	4.4	18.8	134.4	5.2	161.7
2011	603.1	4.0	20.4	124.1	5.5	187.4
其他单位 Other Ownership units						
2003	3094.3	12.7	196.3	1813.2	66.5	317.1
2004	3491.8	14.1	204.8	2044.9	74.7	361.7
2005	4105.9	13.7	243.1	2374.9	84.4	467.2
2006	4519.1	13.9	262.9	2593.7	87.8	540.9
2007	4882.4	14.1	279.0	2765.2	95.4	598.0
2008	5083.7	13.1	275.3	2783.6	98.4	635.6
2009	5534.7	12.6	292.4	2905.6	103.9	751.2
2010	5937.6	14.0	309.1	3086.2	101.4	827.1
2011	7106.0	14.6	340.9	3566.4	114.2	1204.2

1-13 续表 1 continued

单位：万人 (10 000 persons)

地 区	交通运输、仓储和邮政业 Traffic, Transport, Storage and post	信息传输、计算机服务和软件业 Information Transfer, Computer and Software	批发和零售业 Wholesale and Retail Trade	住宿和餐饮业 Accommodation and Restaurants	金融业 Finance	房地产业 Real Estate	租赁和商务服务业 Tenancy and Business Services
全 国 National							
2003	636.5	116.8	628.1	172.1	353.3	120.2	183.5
2004	631.8	123.7	586.7	177.1	356.0	133.4	194.4
2005	613.9	130.1	544.0	181.2	359.3	146.5	218.5
2006	612.7	138.2	515.7	183.9	367.4	153.9	236.7
2007	623.1	150.2	506.9	185.8	389.7	166.5	247.2
2008	627.3	159.5	514.4	193.2	417.6	172.7	274.7
2009	634.4	173.8	520.8	202.1	449.0	190.9	290.5
2010	631.1	185.8	535.1	209.2	470.1	211.6	310.1
2011	662.8	212.8	647.5	242.7	505.3	248.6	286.6
国有单位 State-owned Units							
2003	492.8	72.0	301.0	73.4	208.1	52.2	106.0
2004	473.4	74.1	259.6	70.5	196.4	50.9	107.9
2005	443.3	65.8	214.7	67.5	177.5	47.5	114.6
2006	433.0	65.6	186.7	63.8	165.1	45.0	121.0
2007	432.0	62.5	174.1	58.6	161.4	45.2	120.5
2008	424.5	63.0	160.7	56.6	155.4	43.5	125.9
2009	413.9	64.6	144.2	55.2	146.0	43.5	125.4
2010	403.3	62.5	137.3	54.6	144.3	45.4	131.5
2011	415.9	67.0	145.7	56.3	146.3	47.6	127.9
集体单位 Collective-owned units							
2003	38.7	1.8	128.6	16.2	67.0	7.4	30.2
2004	34.1	1.3	108.9	15.0	66.6	7.8	30.7
2005	30.6	1.4	89.9	13.7	63.8	8.2	35.2
2006	27.2	1.1	77.4	12.7	62.1	8.0	34.1
2007	24.6	0.9	69.0	11.6	61.3	7.7	34.4
2008	22.2	0.8	58.6	11.0	60.1	7.4	33.1
2009	20.6	1.1	52.5	10.4	53.1	8.7	36.7
2010	19.8	1.0	48.0	9.6	52.1	9.2	37.6
2011	17.5	1.3	46.8	10.0	50.2	8.6	31.8
其他单位 Other Ownership units							
2003	105.0	43.0	198.6	82.5	78.3	60.6	47.3
2004	124.4	48.3	218.3	91.6	93.1	74.7	55.8
2005	140.0	62.8	239.4	100.1	117.9	90.9	68.7
2006	152.6	71.5	251.6	107.3	140.2	101.0	81.6
2007	166.4	86.8	263.8	115.7	167.0	113.6	92.3
2008	180.6	95.7	295.0	125.6	202.0	121.8	115.7
2009	199.9	108.1	324.2	136.5	249.9	138.7	128.4
2010	208.0	122.3	349.9	145.1	273.7	157.1	140.9
2011	229.4	144.5	455.0	176.5	308.9	192.4	126.9

1-13 续表 2 continued

单位：万人 (10 000 persons)

地 区	科学研究、技术服务和地质勘查业 Scientific Research, Technical Service and Geologic Perambulation	水利、环境和公共设施管理业 Management of Water Conservancy, Environment and Public Establishment	居民服务和其他服务业 Resident Services and Other Services	教 育 Education	卫生、社会保障和社会福利业 Sanitation, Social Security and Social Welfare	文化体育和娱乐业 Culture, Sports and Entertainment	公共管理和社会组织 Public Management and Social Organization
全 国 National							
2003	221.9	172.5	52.8	1442.8	485.8	127.8	1171.0
2004	222.1	176.1	54.2	1466.8	494.7	123.4	1199.0
2005	227.7	180.4	53.9	1483.2	508.9	122.5	1240.8
2006	243.4	193.5	57.4	1520.9	542.8	125.0	1291.2
2007							
2008	257.0	197.3	56.5	1534.0	563.6	126.0	1335.0
2009	272.6	205.7	58.8	1550.4	595.8	129.5	1394.3
2010	292.3	218.9	60.2	1581.8	632.5	131.4	1428.5
2011	298.5	230.3	59.9	1617.8	679.1	135.0	1467.6
国有单位 State-owned Units							
2003	185.1	155.3	22.1	1378.3	430.9	117.0	1165.1
2004	188.6	158.0	24.2	1409.7	437.9	111.9	1191.8
2005	188.5	161.0	24.9	1424.9	452.4	110.5	1234.3
2006	193.0	165.4	27.7	1448.0	466.8	110.1	1257.5
2007	197.5	169.8	28.7	1462.9	483.2	111.3	1285.0
2008	201.6	172.8	28.8	1481.9	501.2	110.9	1328.8
2009	209.4	178.3	28.3	1490.6	529.9	111.9	1380.0
2010	219.6	189.9	28.9	1517.4	562.6	113.1	1415.6
2011	218.2	198.0	30.7	1540.9	606.0	113.8	1452.7
集体单位 Collective-owned units							
2003	4.8	10.7	15.2	57.1	51.2	3.2	5.0
2004	4.5	10.2	13.5	43.1	50.0	2.8	4.8
2005	3.8	9.6	10.3	40.2	48.3	2.5	3.5
2006	3.5	10.0	9.8	36.0	48.8	2.3	3.6
2007	3.4	10.2	8.9	34.3	48.7	2.3	2.9
2008	3.4	10.8	8.8	24.6	49.8	2.3	2.4
2009	4.2	10.5	8.2	17.4	49.9	2.2	2.7
2010	4.2	10.5	7.8	17.5	51.4	2.2	2.2
2011	3.7	10.8	6.0	19.1	51.5	2.0	2.4
其他单位 Other Ownership units							
2003	32.0	6.5	15.6	7.4	3.6	7.5	0.8
2004	29.0	7.9	16.5	14.0	6.8	8.7	2.5
2005	35.5	9.8	18.7	18.1	8.2	9.6	3.0
2006	38.9	11.6	19.0	20.4	9.8	10.0	4.4
2007	42.5	13.5	19.8	23.7	11.0	11.5	3.3
2008	52.0	13.7	19.0	27.5	12.6	12.7	3.8
2009	59.0	16.8	22.3	42.3	16.0	15.4	11.6
2010	68.6	18.5	23.5	46.8	18.6	16.2	10.7
2011	76.5	21.5	23.1	57.7	21.6	19.2	12.5

1-14　分登记注册类型城镇单位女性就业人员年末人数
FEMALE EMPLOYMENT IN URBAN UNITS BY REGISTRATION STATUS AND REGION(End of Year)

单位：万人　　(10 000 persons)

年份 Year	地区 Region	合计 Total	国有单位 State-owned Units	城镇集体单位 Urban Collective-owned Units	其他单位 Other Ownership Units
2003		4156.1	2529.6	383.9	1242.6
2004		4227.3	2480.7	336.7	1410.0
2005		4324.6	2399.3	299.1	1626.2
2006		4445.7	2386.9	277.7	1781.1
2007		4540.3	2383.0	254.5	1902.8
2008		4579.6	2401.7	234.2	1943.7
2009		4678.5	2391.6	212.7	2074.2
2010		4861.5	2447.4	205.2	2208.9
2011		5227.7	2522.4	195.9	2509.4
北京	Beijing	270.8	79.2	8.4	183.2
天津	Tianjin	90.9	29.4	2.5	59.0
河北	Hebei	206.3	133.2	8.5	64.6
山西	Shanxi	139.7	93.2	10.2	36.4
内蒙古	Inner Mongolia	96.9	68.1	3.6	25.2
辽宁	Liaoning	204.6	110.7	11.4	82.5
吉林	Jilin	100.6	65.6	4.0	31.0
黑龙江	Heilongjiang	164.6	123.5	5.2	35.9
上海	Shanghai	191.6	55.5	3.9	132.2
江苏	Jiangsu	335.2	117.7	13.2	204.3
浙江	Zhejiang	345.8	89.8	9.8	246.2
安徽	Anhui	131.4	70.5	6.1	54.8
福建	Fujian	234.1	60.3	5.2	168.6
江西	Jiangxi	123.2	68.7	5.1	49.4
山东	Shandong	374.8	158.9	18.2	197.7
河南	Henan	291.6	154.8	18.5	118.3
湖北	Hubei	196.8	102.4	5.7	88.6
湖南	Hunan	181.5	99.4	6.7	75.5
广东	Guangdong	505.4	166.3	17.6	321.4
广西	Guangxi	122.8	82.4	4.7	35.7
海南	Hainan	32.8	20.3	1.0	11.6
重庆	Chongqing	106.4	46.8	3.1	56.4
四川	Sichuan	207.2	123.4	9.5	74.3
贵州	Guizhou	78.5	56.1	2.1	20.4
云南	Yunnan	120.4	74.0	3.1	43.4
西藏	Tibet	8.2	7.7	0.2	0.4
陕西	Shaanxi	139.7	95.1	4.3	40.4
甘肃	Gansu	67.4	52.4	2.1	13.0
青海	Qinghai	21.3	15.6	0.6	5.0
宁夏	Ningxia	22.2	15.2	0.3	6.7
新疆	Xinjiang	114.9	86.4	1.2	27.3

1-15 分行业城镇单位女性就业人员年末人数
FEMALE EMPLOYMENT IN URBAN UNITS BY SECTOR(End of Year)

单位：万人 (10 000 persons)

年份 Year	合计 Total	农、林、牧、渔业 Farming, Forestry, Animal Husbandry and Fishery	采掘业 Mining and Quarrying	制造业 Manufacturing	电力、煤气及水的生产和供应业 Production and Supply of Electricity, Gas and Water	建筑业 Construction	地质勘查业、水利管理业 Geological Prospecting and Water Conservancy	交通运输、仓储及邮电通信业 Transport, Storage, Post and Telecommunications
1994	5799.1	259.3	229.4	2460.7	75.8	205.9	34.3	219.7
1995	5889.0	252.6	238.9	2482.1	81.1	207.1	33.5	221.5
1996	5883.3	237.8	233.4	2391.7	86.3	208.1	32.2	227.9
1997	5824.8	238.4	222.5	2286.3	90.3	203.6	32.6	232.1
1999	4613.4	201.5	173.6	1541.9	91.6	150.8	29.4	197.2
2000	4411.3	195.6	152.8	1425.3	91.0	144.0	29.5	193.3
2001	4225.7	181.0	138.5	1318.4	91.7	136.8	28.4	184.4
2002	4156.2	169.0	137.2	1282.8	91.4	137.2	26.4	180.8

1-15 续表 continued

单位：万人 (10 000 persons)

年份 Year	批发和零售贸易、餐饮业 Wholesale and Retail Trade & Catering Services	金融、保险业 Finance and Insurance	房地产业 Real Estate Trade	社会服务业 Social Services	卫生、体育和社会福利业 Health Care, Sporting and Social Welfare	教育、文化艺术和广播电影电视业 Education, Culture and Arts, Radio, Film and Television	科学研究和综合技术服务业 Scientific Research and Polytechnical Services	国家机关政党机关和社会团体 Government Agencies, Party Agencies and Social Organizations	其他 Others
1994	853.5	104.5	24.3	213.1	239.1	561.3	60.5	234.3	23.4
1995	858.3	111.3	26.6	215.2	247.5	588.0	61.4	238.3	25.6
1996	855.3	120.1	28.9	221.6	257.0	622.1	61.8	258.6	40.5
1997	841.2	128.1	30.4	230.4	265.6	650.3	62.7	257.9	52.4
1999	528.0	140.4	32.6	211.5	274.4	680.6	57.1	266.1	36.7
2000	461.2	141.2	34.2	210.4	278.2	689.3	57.9	268.8	38.5
2001	394.1	149.6	36.1	209.7	283.5	704.5	54.1	273.5	41.4
2002	347.5	155.9	40.4	217.0	286.0	712.9	54.4	271.2	46.0

1-16　各地区分行业城镇单位女性就业人员年末人数

FEMALE EMPLOYMENT IN URBAN UNITS BY SECTOR AND REGION

单位：万人　　(10 000 persons)

地　区	Region	合　计 Total	农、林、牧、渔业 Agriculture, Forestry, Farming of Animals and Fishery	采矿业 Mining	制造业 Manufacturing	电力、燃气及水的生产和供应业 Production and Distribution of Electricity, Gas and Water	建筑业 Construction
	2005	4324.6	165.7	113.0	1397.5	91.3	134.2
	2006	4445.7	163.5	115.0	1464.0	91.3	138.1
	2007	4540.3	157.3	109.7	1495.0	90.7	142.4
	2008	4579.6	148.9	105.1	1444.3	90.1	149.3
	2009	4678.5	136.1	107.6	1447.9	89.8	157.4
	2010	4861.5	137.8	105.5	1501.3	91.6	165.9
	2011	5227.7	132.5	115.9	1613.3	95.7	206.5
北　京	Beijing	270.8	1.0	0.9	39.3	2.2	7.6
天　津	Tianjin	90.9	0.2	2.1	42.4	1.1	3.8
河　北	Hebei	206.3	2.1	5.0	42.7	5.5	6.2
山　西	Shanxi	139.7	0.9	15.0	21.7	3.2	4.5
内蒙古	Inner Mongolia	96.9	8.8	3.6	13.9	3.4	2.7
辽　宁	Liaoning	204.6	10.6	6.9	53.0	4.2	8.1
吉　林	Jilin	100.6	5.2	2.8	19.4	2.3	2.1
黑龙江	Heilongjiang	164.6	33.8	8.9	22.2	4.3	5.9
上　海	Shanghai	191.6	0.4	0.0	72.2	1.4	3.8
江　苏	Jiangsu	335.2	3.9	3.6	159.2	3.4	7.7
浙　江	Zhejiang	345.8	0.4	0.3	167.6	3.2	15.1
安　徽	Anhui	131.4	2.2	3.9	31.8	2.7	6.9
福　建	Fujian	234.1	1.9	1.4	134.3	2.8	13.4
江　西	Jiangxi	123.2	3.6	1.5	38.4	3.5	7.2
山　东	Shandong	374.8	1.6	16.5	147.4	6.1	12.9
河　南	Henan	291.6	2.6	12.2	70.7	6.3	14.1
湖　北	Hubei	196.8	3.8	2.7	62.3	5.6	12.6
湖　南	Hunan	181.5	2.0	1.6	42.3	3.9	9.1
广　东	Guangdong	505.4	2.7	0.8	238.2	5.2	10.0
广　西	Guangxi	122.8	3.8	1.2	23.8	2.8	4.0
海　南	Hainan	32.8	5.0	0.3	3.3	0.6	0.5
重　庆	Chongqing	106.4	0.4	1.3	27.5	2.2	9.9
四　川	Sichuan	207.2	1.3	4.4	50.4	5.2	15.3
贵　州	Guizhou	78.5	0.5	1.9	13.2	2.2	3.1
云　南	Yunnan	120.4	3.7	2.6	20.2	3.0	7.2
西　藏	Tibet	8.2	0.1	0.0	0.3	0.3	0.3
陕　西	Shaanxi	139.7	1.4	5.6	28.8	3.1	5.0
甘　肃	Gansu	67.4	1.6	2.0	10.3	2.3	2.4
青　海	Qinghai	21.3	0.6	0.5	3.5	0.4	1.0
宁　夏	Ningxia	22.2	1.0	1.1	3.3	1.0	0.4
新　疆	Xinjiang	114.9	25.5	5.4	10.0	2.3	3.4

1-16 续表 1 continued

单位：万人 (10 000 persons)

地区	Region	交通运输、仓储和邮政业 Traffic, Transport, Storage and post	信息传输、计算机服务和软件业 Information Transfer, Computer and Software	批发和零售业 Wholesale and Retail Trade	住宿和餐饮业 Accommodation and Restaurants	金融业 Finance	房地产业 Real Estate	租赁和商务服务业 Tenancy and Business Services
	2005	171.0	48.7	242.3	98.9	172.0	48.3	74.0
	2006	164.7	52.4	230.3	99.5	178.6	50.8	78.0
	2007	169.3	58.5	228.8	100.8	192.9	56.0	82.1
	2008	171.5	61.9	237.2	105.2	209.1	58.5	93.8
	2009	171.2	66.0	239.6	109.2	225.8	64.2	97.5
	2010	168.8	71.3	249.7	113.2	237.7	72.4	104.1
	2011	178.6	84.9	308.7	131.5	256.8	86.0	91.6
北京	Beijing	15.1	18.0	30.2	14.9	17.6	13.6	22.1
天津	Tianjin	2.3	0.9	6.3	2.0	3.9	1.2	0.8
河北	Hebei	6.6	2.6	11.1	2.9	12.3	1.8	1.3
山西	Shanxi	5.7	2.3	7.1	2.7	7.7	0.7	1.8
内蒙古	Inner Mongolia	4.1	2.1	3.8	1.6	5.5	0.8	0.9
辽宁	Liaoning	7.9	3.8	10.3	4.0	11.7	4.0	4.8
吉林	Jilin	3.3	2.1	4.2	1.8	5.2	1.7	1.3
黑龙江	Heilongjiang	6.2	2.6	6.9	2.0	6.6	1.8	1.6
上海	Shanghai	8.0	3.0	24.1	8.6	14.6	5.1	6.1
江苏	Jiangsu	10.3	3.9	17.3	6.6	14.9	3.0	3.9
浙江	Zhejiang	7.2	5.3	19.4	10.0	17.7	5.4	7.6
安徽	Anhui	4.9	1.8	7.9	2.4	7.7	2.0	1.1
福建	Fujian	4.7	2.1	9.1	4.9	7.0	3.2	2.0
江西	Jiangxi	4.1	1.4	6.1	2.0	5.6	1.2	1.1
山东	Shandong	9.5	3.4	25.1	7.1	17.2	4.4	3.1
河南	Henan	9.1	2.5	18.7	5.9	11.8	3.9	3.5
湖北	Hubei	7.3	2.3	14.4	5.0	7.6	2.5	1.4
湖南	Hunan	6.7	2.7	8.4	5.2	10.6	3.2	3.5
广东	Guangdong	16.4	7.4	25.3	15.6	22.5	10.9	8.7
广西	Guangxi	4.9	1.7	5.7	2.4	5.2	1.7	3.1
海南	Hainan	1.3	0.4	1.9	2.8	1.1	1.2	0.6
重庆	Chongqing	4.4	1.1	8.2	4.1	6.4	2.5	1.3
四川	Sichuan	7.2	2.5	8.3	3.2	10.7	2.1	1.8
贵州	Guizhou	2.8	1.2	4.3	1.8	3.3	1.5	1.0
云南	Yunnan	3.9	1.7	9.1	4.0	4.6	1.9	2.2
西藏	Tibet	0.2	0.1	0.2	0.2	0.4	0.0	0.1
陕西	Shaanxi	5.2	3.3	7.2	4.3	7.2	2.2	1.4
甘肃	Gansu	3.2	0.8	2.7	1.1	3.3	0.5	0.9
青海	Qinghai	1.3	0.3	1.1	0.5	1.0	0.3	0.3
宁夏	Ningxia	1.1	0.3	0.9	0.3	1.5	0.4	0.4
新疆	Xinjiang	3.7	1.1	3.5	1.6	4.5	1.2	1.9

1-16 续表 2 continued

单位：万人 (10 000 persons)

地 区	Region	科学研究、技术服务和地质勘查业 Scientific Research, Technical Service and Geologic Perambulation	水利、环境和公共设施管理业 Management of Water Conservancy, Environment and Public Establishment	居民服务和其他服务业 Resident Services and Other Services	教 育 Education	卫生、社会保障和社会福利业 Sanitation, Social Security and Social Welfare	文化体育和娱乐业 Culture, Sports and Entertainment	公共管理和社会组织 Public Management and Social Organization
	2005	71.6	73.5	21.6	713.2	300.9	50.1	336.9
	2006	74.9	76.6	21.9	733.8	312.9	50.7	348.6
	2007	75.6	79.2	22.1	747.7	324.1	52.1	356.0
	2008	80.0	80.9	24.7	759.4	336.8	52.5	370.2
	2009	85.6	84.1	24.0	775.0	354.9	54.6	388.0
	2010	92.1	89.5	26.4	795.0	379.8	55.8	403.7
	2011	90.0	94.3	25.6	820.8	411.4	57.4	426.1
北 京	Beijing	17.2	3.4	3.8	24.9	15.6	7.9	15.6
天 津	Tianjin	1.6	1.0	2.0	9.5	5.4	0.7	3.9
河 北	Hebei	2.5	4.1	0.9	54.0	18.3	2.3	24.2
山 西	Shanxi	2.2	3.1	0.3	29.3	10.4	2.1	19.0
内蒙古	Inner Mongolia	1.6	3.6	0.7	19.2	7.5	1.5	11.7
辽 宁	Liaoning	4.1	5.6	1.2	30.7	16.7	2.2	14.8
吉 林	Jilin	2.0	3.5	0.4	21.2	10.5	1.6	9.9
黑龙江	Heilongjiang	3.5	3.7	2.5	25.3	12.6	1.7	12.6
上 海	Shanghai	3.8	2.2	1.1	17.1	11.9	2.2	6.0
江 苏	Jiangsu	3.5	5.2	0.4	45.1	24.6	2.4	16.3
浙 江	Zhejiang	4.2	4.3	0.6	36.3	22.3	2.9	15.8
安 徽	Anhui	2.0	2.8	0.2	24.7	13.5	1.3	11.6
福 建	Fujian	1.8	1.8	0.4	23.4	10.6	1.5	7.8
江 西	Jiangxi	1.4	2.4	0.2	20.4	9.7	1.2	12.2
山 东	Shandong	3.3	4.9	1.7	51.1	27.2	2.6	29.7
河 南	Henan	3.9	5.0	0.8	59.4	24.8	2.9	33.5
湖 北	Hubei	3.1	3.6	0.7	27.4	18.0	2.1	14.5
湖 南	Hunan	2.3	3.8	0.6	33.0	19.6	2.2	20.7
广 东	Guangdong	5.6	6.0	3.1	62.6	32.9	3.9	27.5
广 西	Guangxi	2.2	3.8	0.3	28.6	15.2	1.3	11.1
海 南	Hainan	0.5	1.1	0.2	5.9	2.8	0.5	2.8
重 庆	Chongqing	1.3	1.8	0.4	17.6	7.5	1.1	7.3
四 川	Sichuan	4.3	4.4	0.4	38.8	21.5	1.8	23.6
贵 州	Guizhou	1.2	1.9	0.5	17.5	7.9	0.8	11.9
云 南	Yunnan	2.0	2.5	0.4	25.0	11.2	1.5	13.7
西 藏	Tibet	0.2	0.1	0.0	1.9	0.8	0.2	2.8
陕 西	Shaanxi	4.5	3.6	0.6	27.6	12.1	2.1	14.5
甘 肃	Gansu	1.4	1.5	0.1	14.7	6.1	1.0	11.5
青 海	Qinghai	0.7	0.4	0.1	3.7	2.1	0.3	3.1
宁 夏	Ningxia	0.4	0.8	0.0	4.1	2.1	0.3	2.8
新 疆	Xinjiang	1.7	2.3	1.0	20.7	9.9	1.4	13.5

1-17 分细行业城镇单位女性就业人员占就业人员比重(2011年)
PROPORTION OF FEMALE EMPLOYMENT IN URBAN UNITS BY SECTOR(2011)

以就业人员为100　　(total employment=100)

项　目	Item	合　计 Total	国有单位 State-owned Units	城镇集体单　位 Urban Collective-owned Units	其他单位 Other Ownership Units
全国总计	**National Total**	**36.3**	**37.6**	**32.5**	**35.3**
农、林、牧、渔业	**Agriculture,Forestry,Farming of Animals and Fishing**	**36.9**	**29.6**	**31.6**	**28.3**
农业	Agriculture	41.8	29.6	33.9	25.7
林业	Forestry	29.8	48.2	30.0	35.3
畜牧业	Farming of Animals	40.1	48.7	37.8	36.8
渔业	Fishing	25.9	28.3	20.5	47.3
农、林、牧、渔服务业	Service Activities for Agriculture, Forestry, Farming of Animals and Fishing	30.0	28.1	31.1	44.6
采矿业	**Mining**	**19.0**	**51.7**	**16.2**	**35.2**
煤炭开采和洗选业	Mining and Washing of Coal	15.6	42.3	14.1	49.3
石油和天然气开采业	Extraction of Petroleum and Natural Gas	31.0	36.9	13.8	31.8
黑色金属矿采选业	Mining of Ferrous Metal Ores	19.6	41.8	25.0	54.8
有色金属矿采选业	Mining of Non-ferrous Metal Ores	19.6	29.7	21.1	41.3
非金属矿采选业	Mining and Processing of Nonmetal Ores	22.2	40.4	15.4	36.6
其他矿采选业	Mining of Other Ores n.e.c	25.1	31.5	30.0	41.2
制造业	**Manufacturing**	**39.5**	**29.6**	**41.2**	**32.3**
农副食品加工业	Processing of Food from Agricultural Products	42.8	21.3	38.5	38.6
食品制造业	Manufacture of Foods	47.5	16.0	46.0	15.9
饮料制造业	Manufacture of Beverage	37.3	32.1	47.8	39.1
烟草制品业	Manufacture of Tobacco	37.7	19.7	45.5	17.4
纺织业	Manufacture of Textile	61.7	20.7	56.7	15.3
纺织服装、鞋、帽制造业	Manufacture of Textile Wearing Apparel, Footware and Caps	65.6	26.9	57.2	29.1
皮革、毛皮、羽毛(绒)及其制品业	Manufacture of Leather,Fur,Feather and Its Products	58.9	25.1	63.6	18.8
木材加工及木、竹、藤、棕、草制品业	Processing of Timbers,Manufacture of Wood, Bamboo,Rattan,Palm,and Straw Products	37.2	29.6	32.8	18.9
家具制造业	Manufacture of Furniture	35.4	32.4	35.8	21.1
造纸及纸制品业	Manufacture of Paper and Paper Products	36.6	38.4	38.9	23.5
印刷业和记录媒介的复制	Printing,Reproduction of Recording Media	43.2	36.9	48.4	40.5
文教体育用品制造业	Manufacture of Articles for Culture, Education and Sport Activity	58.0	36.1	52.4	43.7
石油加工、炼焦及核燃料加工业	Processing of Petroleum ,Coking,Processing of Nucleus Fuel	28.8	56.0	45.5	48.0

1-17 续表 1 continued

以就业人员为100 (total employment=100)

项 目	Item	合 计 Total	国有单位 State-owned Units	城镇集体单位 Urban Collective-owned Units	其他单位 Other Ownership Units
化工原料及化学制品制造业	Manufacture of Chemical Raw Material and Chemical Products	32.0	61.8	38.2	37.2
医药制造业	Manufacture of Medicines	46.9	47.0	44.9	41.7
化学纤维制造业	Manufacture of Chemical Fiber	39.6	27.6	54.2	62.1
橡胶制品业	Manufacture of Rubber	38.0	33.6	43.6	65.9
塑料制品业	Manufacture of Plastic	45.1	34.0	46.6	58.9
非金属矿物制品业	Manufacture of Non-metallic Mineral Products	28.9	39.0	32.8	38.6
黑色金属冶炼及压延加工业	Manufacture and Processing of Ferrous Metals	21.4	46.3	29.1	35.5
有色金属冶炼及压延加工业	Manufacture & Processing of Non-ferrous Metals	25.1	31.0	38.8	36.7
金属制品业	Manufacture of Metal Products	30.4	32.1	37.1	43.7
通用设备制造业	Manufacture of General Purpose Machinery	27.2	45.1	32.8	58.3
专用设备制造业	Manufacture of Special Purpose Machinery	28.6	36.3	45.0	27.5
交通运输设备制造业	Manufacture of Transport Equipment	26.7	39.7	33.2	31.8
电气机械及器材制造业	Manufacture of Electrical Machinery & Equipment	41.9	31.5	39.7	47.1
通信设备、计算机及其他电子设备制造业	Manufacture of Communication Equipment, Computer and Other Electronic Equipment	47.9	27.0	51.6	39.7
仪器仪表及文化、办公用机械制造业	Manufacture of Measuring Instrument and Machinery for Cultural Activity & Office Work	45.3	21.2	53.4	37.7
工艺品及其他制造业	Manufacture of Artwork,Other Manufacture n.e.c	53.1	24.8	51.8	45.4
废弃资源和废旧材料回收加工业	Recycling and Disposal of Waste	30.5	24.2	42.4	28.9
电力、燃气及水的生产和供应业	**Production and Distribution of Electricity, Gas and Water**	**28.6**	**26.2**	**29.0**	**21.2**
电力、热力的生产和供应业	Production and Supply of Electric Power and Heat Power	26.1	26.8	25.8	24.8
燃气生产和供应业	Production and Distribution of Gas	33.3	26.2	36.5	30.3
水的生产和供应业	Production and Distribution of Water	38.5	29.2	34.1	26.9
建筑业	**Construction**	**12.0**	**36.8**	**13.8**	**28.2**
房屋和土木工程建筑业	Construction of Building & Civil Engineering	11.7	32.8	13.2	26.6
建筑安装业	Architectural Installation	14.4	37.1	19.7	42.6
建筑装饰业	Architectural Decoration	15.0	20.2	14.9	48.2
其他建筑业	Other Construction	11.1	28.8	21.2	46.4
交通运输、仓储和邮政业	**Traffic,Transport,Storage and Post**	**26.9**	**26.1**	**28.5**	**54.0**
铁路运输业	Transport Via Railway	18.5	33.2	40.5	29.6
道路运输业	Transport Via Road	30.7	39.7	28.4	28.2
城市公共交通业	Urban Public Traffic	27.2	14.1	19.6	26.0
水上运输业	Water Transport	18.3	13.8	24.7	33.4
航空运输业	Air Transport	35.1	16.2	29.2	36.2
管道运输业	Transport Via Pipeline	28.1	16.6	29.2	11.1

1-17 续表 2 continued

以就业人员为100 (total employment=100)

项 目	Item	合 计 Total	国有单位 State-owned Units	城镇集体单位 Urban Collective-owned Units	其他单位 Other Ownership Units
装卸搬运和其他运输服务业	Loading,Unloading,Portage and Other Transport Services	28.5	15.1	27.2	10.8
仓储业	Storage	28.9	26.7	34.9	13.0
邮政业	Post	40.7	18.0	50.9	14.9
信息传输、计算机服务和软件业	**Information Transfer, Computer Services and Software**	**39.9**	**30.9**	**43.4**	**9.7**
电信和其他信息传输服务业	Telecom & Other Information Transfer Services	43.1	30.7	46.8	27.3
计算机服务业	Computer Services	35.1	18.2	26.8	22.2
软件业	Software Industry	33	35.9	41.5	30.8
批发和零售业	**Wholesale and Retail Trade**	**47.7**	**32.5**	**40.0**	**24.8**
批发业	Wholesale	39.9	25.7	35.8	17.9
零售业	Retail Trade	55.3	28.4	43.5	34.6
住宿和餐饮业	**Accommodation and Restaurants**	**54.2**	**42.9**	**56.3**	**19.8**
住宿业	Accommodation	54.7	40.9	57.6	30.3
餐饮业	Restaurants	53.5	41.3	52.9	29.2
金融业	**Finance**	**50.8**	**32.0**	**43.0**	**25.4**
银行业	Bank	48.0	32.0	43.0	39.4
证券业	Securities	40.6	38.6	33.8	44.4
保险业	Insurance	57.3	34.1	55.9	35.5
其他金融活动	Other Financial Activities	49.4	48.5	37.6	33.0
房地产业	**Real Estate**	**34.6**	**53.4**	**35.6**	**51.4**
#房地产开发经营	Real Estate Exploitation Management	33.4	53.5	29.5	43.2
物业管理	Management Concerning Dwelling	34.5	52.5	36.7	57.6
房地产中介服务	Real Estate Agency Service	43.5	47.6	39.9	54.3
租赁和商务服务业	**Tenancy and Business Services**	**31.9**	**45.8**	**27.3**	**55.0**
租赁业	Tenancy	25.9	39.2	45.5	53.6
商务服务业	Business Service	32.1	55.7	27.1	53.6
科学研究、技术服务和地质勘查业	**Scientific Research,Technical Service and Geologic Perambulation**	**30.2**	**52.0**	**30.8**	**51.5**
研究与实验发展	Research and Experimental Development	33.5	34.5	35.8	40.8
#自然科学研究与实验发展	Research and Experimental Development on Physical Science	35.5	31.4	44.9	57.6
工程和技术研究与实验发展	Research and Experimental Development on Engineering and Technical Research	30.6	34.7	35.1	48.3
农业科学研究与实验发展	Research and Experimental Development on Agricultural Science Research	32.6	41.9	27.2	34.6
医学研究与实验发展	Research and Experimental Development on Medical Research	50.1	25.4	49.2	33.8
社会人文科学研究与实验发展	Research and Experimental Development on Social Science and Humanities	40.3	39.1	42.9	34.4

1-17 续表 3 continued

以就业人员为100 (total employment=100)

项 目	Item	合 计 Total	国有单位 State-owned Units	城镇集体单位 Urban Collective-owned Units	其他单位 Other Ownership Units
专业技术服务业	Professional Technique Services	29.4	25.3	29.9	44.0
#气象服务	Weather Services	35.1	30.2	34.7	39.7
地震服务	Earthquake Services	31.7	33.2	47.6	20.8
海洋服务	Ocean Services	24.5	35.3	28.6	40.3
测绘服务	Plotting Services	29.1	30.4	21.9	30.1
技术检测	Technique Detection	35.3	32.6	35.7	35.2
环境监测	Environmental Monitoring	36.5	52.6	40.1	38.1
工程技术与规划管理	Engineering Technic & Programming Management	27.0	39.9	26.1	31.8
科技交流和推广服务业	Services of Science and Technique Intercommunion and Generalization	33.1	30.1	31.2	36.3
地质勘查业	Geologic Perambulation	23.7	34.9	27.1	45.8
水利、环境和公共设施管理业	**Management of Water Conservancy, Environment and Public Establishment**	**41.0**	**31.7**	**47.4**	**48.2**
水利管理业	Management of Water Conservancy	28.2	24.7	25.5	28.1
环境管理业	Environmental Management	48.9	28.4	53.0	47.9
公共设施管理业	Management of Public Establishment	37.3	34.3	32.2	27.1
居民服务和其他服务业	**Resident Services and Other Services**	**42.8**	**36.6**	**40.9**	**20.6**
居民服务业	Resident Services	44.7	28.0	36.5	32.9
其他服务业	Other Services	41.1	32.2	44.0	39.4
教育	**Education**	**50.7**	**23.4**	**54.1**	**35.0**
#初等教育	Primary Education	54.3	40.9	52.4	25.6
中等教育	Secondary Education	47.4	28.2	45.0	34.9
高等教育	Higher Education	44.8	48.9	51.0	26.4
卫生、社会保障和社会福利业	**Sanitation,Social Security & Social Welfare**	**60.6**	**38.0**	**55.6**	**38.1**
卫生	Sanitation	61.1	36.7	55.6	31.9
社会保障业	Social Security	46.6	42.8	47.5	44.4
社会福利业	Social Welfare	52.9	28.3	58.5	35.4
文化体育和娱乐业	**Culture, Sports and Entertainment**	**42.5**	**50.5**	**44.5**	**51.4**
新闻出版业	Journalism and Publishing Activities	43.7	54.3	47.8	51.0
广播、电影、电视和音像业	Broadcasting,Movies,Television and Audiovisual Activities	38.4	47.3	38.3	51.7
文化艺术业	Culture and Art	46.5	44.5	44.2	55.8
体育	Sports Activities	34.7	60.9	41.1	58.1
娱乐业	Entertainment	48.1	61.5	54.2	51.0
公共管理和社会组织	**Public Management & Social Organization**	**29.0**	**46.6**	**41.4**	**50.0**
#中国共产党机关	Chinese Communist Party Organs	25.0	52.1		62.9
国家机构	Organ of State	28.9	41.9	37.0	63.2
人民政协和民主党派	People's Political Consultative Conference and Democratic Parties	25.9	42.8		47.6
群众社团、社会团体和宗教组织	Mass Communities, Social Communities and Religion Organizations	41.7	38.3	42.4	60.2

1-18 分登记注册类型城镇单位就业人员工资总额及指数
TOTAL WAGES AND INDEX OF EMPLOYED PERSONS BY REGISTRATION STATUS

年 份 Year	工资总额(亿元) Total Wages (100 million yuan)				指数(以上年为100) Index (preceding year=100)			
	合 计 Total	国有单位 State-owned Units	集体单位 Collective-owned Units	其他单位 Other Owner-ship Units	合 计 Total	国有单位 State-owned Units	集体单位 Collective-owned Units	其他单位 Other Owner-ship Units
1962	254.3	213.6	40.7		90.6	87.5	111.2	
1965	282.3	235.3	47.0		107.1	105.0	118.4	
1970	334.3	277.5	56.8		103.6	105.5	95.3	
1971	364.0	302.0	62.0		108.9	108.8	109.2	
1972	409.6	340.0	69.6		112.5	112.6	112.3	
1973	429.1	353.3	75.8		104.8	103.9	108.9	
1974	441.9	370.9	71.0		103.0	105.0	93.7	
1975	463.5	386.1	77.4		104.9	104.1	109.0	
1976	489.2	406.1	83.1		105.5	105.2	107.4	
1977	514.8	425.7	89.1		105.2	104.8	107.2	
1978	568.9	468.7	100.2		110.5	110.1	112.5	
1979	646.7	529.5	117.2		113.7	113.0	117.0	
1980	772.4	627.9	144.5		119.4	118.6	123.3	
1981	820.0	660.4	159.6		106.2	105.2	110.4	
1982	882.0	708.9	173.1		107.6	107.3	108.5	
1983	934.6	748.1	186.5		106.0	105.5	107.7	
1984	1133.4	875.8	254.0	3.6	121.3	117.1	136.2	
1985	1383.0	1064.8	312.3	5.9	122.0	121.6	123.0	163.9
1986	1659.7	1288.5	362.8	8.4	120.0	121.0	116.2	142.4
1987	1881.1	1459.3	409.1	12.7	113.3	113.3	112.8	151.2
1988	2316.2	1807.1	487.6	21.5	123.1	123.8	119.2	169.3
1989	2618.5	2050.2	534.4	33.9	113.1	113.5	109.6	157.7
1990	2951.1	2324.1	581.0	46.0	112.7	113.4	108.7	135.7
1991	3323.9	2594.9	658.6	70.4	112.6	111.7	113.4	153.0
1992	3939.2	3090.4	743.2	105.6	118.5	119.1	112.8	150.0
1993	4916.2	3812.7	849.9	253.6	124.8	123.4	114.4	240.2
1994	6656.4	5177.4	1023.3	455.6	135.4	135.8	120.4	179.7
1995	8055.8	6172.6	1210.6	672.6	118.8	117.4	115.6	142.2
1996	8964.4	6893.3	1269.4	801.7	111.3	111.7	104.9	119.2
1997	9602.4	7323.9	1283.9	994.5	107.1	106.2	101.1	124.0
1998	9540.2	6934.6	1054.9	1550.7	99.4	94.7	82.2	155.9
1999	10155.9	7289.9	995.8	1870.1	106.5	105.1	94.4	120.6
2000	10954.7	7744.9	950.7	2259.1	107.9	106.2	95.5	120.8
2001	12205.4	8515.2	898.5	2791.7	111.4	109.9	94.5	123.6
2002	13638.1	9138.0	863.9	3636.2	111.7	107.3	96.1	130.3
2003	15329.6	9911.9	867.1	4550.6	112.4	108.5	100.4	125.1
2004	17615.0	11038.2	876.2	5700.6	114.9	111.4	101.0	125.3
2005	20627.1	12291.7	906.4	7429.0	117.1	111.4	103.4	130.3
2006	24262.3	13920.6	983.8	9357.9	117.6	113.3	108.5	126.0
2007	29471.5	16689.1	1108.1	11674.3	121.5	119.9	112.6	124.8
2008	35289.5	19487.9	1203.2	14598.4	119.7	116.8	108.6	125.0
2009	40288.2	21862.7	1273.3	17152.1	114.2	112.2	105.8	117.5
2010	47269.9	24886.4	1433.7	20949.7	117.3	113.8	112.6	122.1
2011	59954.7	28954.8	1737.4	29262.4	126.8	116.3	121.2	139.7

1-19 分行业城镇单位就业人员工资总额（1995-2002年）
TOTAL WAGES OF EMPLOYED PERSONS IN URBAN UNITS (1995-2002)

单位：亿元 (100 million yuan)

登记注册类型 Registration Status / 年 份 Year	合 计 Total	农、林、牧、渔业 Farming, Forestry, Animal Husbandry and Fishery	采掘业 Mining and Quarrying	制造业 Manufacturing	电力、煤气及水的生产和供应业 Production and Supply of Electricity, Gas and Water	建筑业 Construction	地质勘查业、水利管理业 Geological Prospecting and Water Conservancy	交通运输、仓储及邮电通信业 Transport, Storage, Post and Telecommunications
全 国 National								
1995	8055.8	234.1	519.0	2804.2	197.5	629.2	80.2	577.7
1996	8964.4	251.3	568.8	2984.0	235.6	668.3	84.4	659.8
1997	9602.4	269.7	577.9	3044.6	269.8	696.9	92.0	719.1
1998	9540.2	257.8	517.6	2792.1	294.8	659.6	92.7	708.5
1999	10155.9	260.4	498.6	2836.4	325.6	662.2	98.0	768.5
2000	10954.7	268.9	498.4	2966.7	363.3	699.1	108.4	837.7
2001	12205.4	278.5	531.1	3088.5	416.7	750.9	115.4	918.9
2002	13638.1	289.9	597.6	3343.9	470.8	838.0	118.6	1016.7
国有单位 State-owned Units								
1995	6172.6	225.2	489.6	1764.3	180.0	412.0	79.3	518.4
1996	6893.3	240.4	538.2	1855.7	214.1	436.0	83.4	593.4
1997	7323.9	258.9	544.5	1813.7	243.0	451.5	90.1	644.3
1998	6934.6	247.9	457.1	1368.3	249.6	388.4	91.1	619.8
1999	7289.9	250.1	415.6	1293.4	267.5	377.5	96.4	659.0
2000	7744.9	255.7	382.5	1260.0	291.0	389.0	106.6	711.9
2001	8515.2	265.7	387.7	1190.5	325.2	378.9	113.6	762.7
2002	9138.0	272.7	372.5	1098.9	349.0	365.1	115.9	821.9
集体单位 Collective-owned units								
1995	1210.6	6.8	27.4	523.7	6.7	202.5	0.8	49.0
1996	1269.4	8.0	28.3	534.1	8.9	212.1	1.0	52.1
1997	1283.9	7.7	29.8	513.5	9.9	218.8	1.9	51.0
1998	1054.9	7.0	22.3	389.3	10.1	188.7	1.5	42.0
1999	995.8	7.0	19.3	343.6	9.5	183.9	1.5	39.6
2000	950.7	7.7	17.5	309.3	9.9	188.7	1.4	34.5
2001	898.5	6.8	17.5	270.6	10.5	188.0	1.2	31.4
2002	863.9	7.0	18.6	244.8	9.1	179.0	1.4	28.8
其他单位 Other Ownership units								
1995	672.6	2.2	2.0	516.1	10.7	14.7		10.3
1996	801.7	2.8	2.3	594.3	12.6	20.2		14.3
1997	994.5	3.0	3.7	717.4	16.9	26.6		23.8
1998	1550.7	3.0	38.2	1034.5	35.0	82.5		46.7
1999	1870.1	3.4	63.7	1199.5	48.5	100.9	0.2	69.9
2000	2259.1	5.5	98.4	1397.3	62.4	121.4	0.4	91.3
2001	2791.7	6.1	125.8	1627.4	81.0	184.0	0.6	124.8
2002	3636.2	10.2	206.6	2000.2	112.7	293.9	1.4	166.1

1-19 续表 continued

单位：亿元 (100 million yuan)

登记注册类型 Registration Status 年 份 Year	批发和零售贸易、餐饮业 Wholesale and Retail Trade & Catering Services	金融、保险业 Finance and Insurance	房地产业 Real Estate Trade	社 会 服务业 Social Services	卫生、体育和社会福利业 Health Care, Sporting and Social Welfare	教育、文化艺术和广播电影电视业 Education, Culture and Arts, Radio, Film and Television	科学研究和综合技术服务业 Scientific Research and Polytechnical Services	国家机关政党机关和社会团体 Government Agencies, Party Agencies and Social Organizations	其 他 Others
全 国 National									
1995	771.9	199.6	56.8	274.2	256.0	727.1	123.4	563.1	41.5
1996	835.9	243.4	69.2	317.3	306.1	849.0	145.3	676.8	69.3
1997	864.0	295.3	78.7	372.0	351.6	970.0	165.6	748.6	86.7
1998	768.0	332.4	95.5	399.6	400.3	1106.7	179.1	840.8	94.8
1999	745.6	388.5	110.4	446.6	460.6	1275.0	200.6	977.5	101.5
2000	742.8	434.3	124.7	502.5	525.4	1435.9	233.7	1097.5	115.3
2001	732.5	524.7	149.0	587.9	629.3	1746.1	267.7	1325.6	142.4
2002	745.5	612.4	180.5	701.0	718.7	2033.7	304.5	1485.9	180.4
国有单位 State-owned Units									
1995	477.8	152.3	42.1	188	226.3	714.2	115.5	558.6	28.9
1996	514.2	181.5	49.7	220.7	271.2	836.2	134.0	672.7	52.2
1997	530.3	213.9	54.8	258.0	311.9	946.4	152.1	745.0	65.4
1998	438.9	235.3	60.4	269.8	358.0	1080.8	161.7	837.1	70.3
1999	417.5	267.0	65.5	296.6	413.4	1244.3	181.0	973.6	71.8
2000	410.0	300.4	72.1	319.0	473.6	1401.5	199.5	1093.1	78.9
2001	384.4	350.2	80.9	358.4	571.2	1699.0	229.6	1322.0	95.3
2002	365.8	398.1	86.2	392.6	658.0	1970.7	261.0	1482.1	127.7
集体单位 Collective-owned units									
1995	239.6	42.6	4.3	45.2	29.3	12.0	4.9	4.5	11.1
1996	254.8	49.4	5.0	44.1	34.3	11.6	6.6	4.1	15.0
1997	249.9	58.1	5.9	50.1	38.9	22.1	6.6	3.6	16.3
1998	196.0	58.4	6.3	44.6	40.4	23.6	6.2	3.7	15.0
1999	174.8	64.2	7.9	46.3	45.0	27.3	6.4	3.8	15.7
2000	154.6	67.4	7.1	46.6	49.4	29.6	7.0	4.3	15.5
2001	125.5	74.3	7.2	47.3	54.6	39.2	4.6	3.7	16.2
2002	107.9	81.9	9.0	46.5	56.0	46.3	4.6	3.4	19.6
其他单位 Other Ownership units									
1995	54.5	4.7	10.4	41.0	0.4	0.8	3.0		1.5
1996	67.0	12.5	14.5	52.5	0.6	1.3	4.7		2.1
1997	83.8	23.3	17.9	63.9	0.8	1.5	6.8		5.0
1998	133.1	38.7	28.8	85.2	1.9	2.3	11.3		9.5
1999	153.3	57.2	37.1	103.7	2.2	3.4	13.1		13.9
2000	178.3	66.5	45.5	136.8	2.4	4.8	27.2		21.0
2001	222.6	100.3	60.8	182.2	3.6	7.9	33.6		31.0
2002	271.8	132.4	85.3	261.9	4.7	16.7	38.8		33.5

1-20 分行业城镇单位就业人员工资总额（2003-2011年）

TOTAL WAGES OF EMPLOYED PERSONS IN URBAN UNITS (2003-2011)

单位：亿元 (100 million yuan)

登记注册类型 Registration Status / 年 份 Year	合 计 Total	农、林、牧、渔业 Agriculture, Forestry, Farming of Animals and Fishery	采矿业 Mining	制造业 Manufacturing	电力、燃气及水的生产和供应业 Production & Distribution of Electricity Gas & Water	建筑业 Construction	交通运输、仓储和邮政业 Traffic, Transport, Storage and post
全 国 National							
2003	15329.6	335.8	662.9	3772.7	552.0	965.9	1008.0
2004	17615.0	351.2	831.8	4316.4	646.8	1081.3	1144.7
2005	20627.1	368.7	1031.2	5056.6	741.8	1324.7	1279.5
2006	24262.3	403.3	1259.6	6035.8	858.0	1612.1	1471.5
2007	29471.5	464.6	1500.5	7241.2	1012.7	1946.2	1727.9
2008	35289.5	516.4	1847.3	8498.9	1180.4	2313.6	2006.3
2009	40288.2	537.4	2089.1	9302.2	1283.5	2837.9	2234.9
2010	47269.9	627.1	2458.8	11140.8	1468.3	3471.5	2541.9
2011	59954.7	697.7	3174.2	15031.4	1755.7	5596.4	3074.1
国有单位 State-owned Units							
2003	9911.9	314.4	368.5	1111.8	403.8	384.3	793.0
2004	11038.2	327.6	463.2	1082.7	459.1	404.6	853.6
2005	12291.7	346.5	500.3	1048.1	505.4	442.4	918.3
2006	13920.6	378.8	588.6	1126.3	586.1	488.3	1024.3
2007	16689.1	437.1	675.5	1231.2	673.6	571.1	1185.9
2008	19487.9	486.8	854.8	1353.5	781.8	643.8	1329.6
2009	21862.7	505.1	932.2	1391.9	836.7	731.9	1446.8
2010	24886.4	590.0	1041.5	1525.7	974.9	892.2	1612.6
2011	28954.8	654.1	1333.5	1720.5	1141.3	1218.4	1939.6
集体单位 Collective-owned units							
2003	867.1	8.6	19.9	227.8	10.2	180.2	31.6
2004	876.2	8.6	23.4	224.9	11.1	181.2	30.1
2005	906.4	7.2	27.9	215.6	11.1	188.9	30.3
2006	983.8	6.8	34.6	225.5	11.8	210.8	30.3
2007	1108.1	7.0	40.1	237.9	13.0	246.5	32.4
2008	1203.2	6.6	44.4	259.6	13.9	265.6	33.8
2009	1273.3	7.6	35.4	265.4	15.1	284.9	36.4
2010	1433.7	8.0	44.5	281.1	17.7	327.7	39.6
2011	1737.4	8.8	61.1	313.4	19.8	471.8	43.7
其他单位 Other Ownership units							
2003	4550.6	12.8	274.5	2433.0	138.0	401.4	183.4
2004	5700.6	15.0	345.3	3008.8	176.6	495.5	261.0
2005	7429.0	15.0	503.1	3792.9	225.4	693.3	330.9
2006	9357.9	17.7	636.3	4683.9	260.2	913.0	416.9
2007	11674.3	20.5	784.9	5772.0	326.1	1128.6	509.6
2008	14598.4	23.0	948.0	6885.9	384.7	1404.2	643.0
2009	17152.1	24.7	1121.5	7644.9	431.6	1821.1	751.7
2010	20949.7	29.1	1372.8	9334.0	475.7	2251.6	889.8
2011	29262.4	34.7	1779.6	12997.5	594.7	3906.2	1090.7

1-20 续表 1 continued

单位：亿元 (100 million yuan)

登记注册类型 Registration Status 年份 Year	信息传输、计算机服务和软件业 Information Transfer, Computer and Software	批发和零售业 Wholesale and Retail Trade	住宿和餐饮业 Accommodation and Restaurants	金融业 Finance	房地产业 Real Estate	租赁和商务服务业 Tenancy and Business Services	科学研究、技术服务和地质勘查业 Scientific Research, Technical Service & Geologic Perambulation
全国 National							
2003	356.0	696.3	190.9	734.4	202.7	305.2	454.4
2004	404.3	770.5	221.2	866.7	243.3	351.4	514.6
2005	491.8	832.0	249.8	1047.7	293.0	449.8	614.0
2006	587.4	920.0	280.0	1292.9	338.4	565.6	736.9
2007	699.1	1061.8	314.6	1670.3	426.2	668.9	923.9
2008	862.8	1323.9	371.2	2202.9	520.8	893.7	1154.6
2009	996.2	1509.2	418.9	2658.8	607.8	1021.4	1350.6
2010	1171.7	1783.0	484.6	3219.0	745.6	1198.5	1619.3
2011	1475.6	2594.8	655.2	4007.0	1052.5	1325.3	1879.6
国有单位 State-owned Units							
2003	179.0	338.0	76.6	447.4	82.2	157.7	368.5
2004	200.6	336.7	85.5	497.2	87.3	174.9	426.6
2005	193.8	338.2	90.2	542.1	92.2	213.0	488.3
2006	212.6	349.9	95.5	573.8	96.0	246.3	575.5
2007	223.9	376.0	96.6	697.9	112.0	281.2	713.0
2008	242.5	423.6	108.8	805.6	121.6	344.3	850.4
2009	273.2	451.6	117.4	822.5	132.6	380.2	980.1
2010	289.8	499.6	130.8	940.3	152.9	435.3	1151.7
2011	336.9	607.8	161.8	1077.7	205.1	498.8	1294.2
集体单位 Collective-owned units							
2003	2.3	87.0	13.8	93.9	8.8	32.5	6.2
2004	2.3	80.8	14.1	107.8	9.9	35.2	6.1
2005	3.4	74.6	13.8	118.6	11.0	45.3	6.8
2006	2.9	71.8	14.6	134.8	12.4	47.9	8.2
2007	2.6	74.0	14.8	157.7	14.0	54.6	8.4
2008	2.2	76.4	16.8	187.1	15.3	57.1	10.4
2009	3.5	78.3	17.4	197.1	19.5	69.3	14.1
2010	3.8	80.9	18.1	228.3	22.7	77.8	15.5
2011	5.3	93.1	23.4	263.5	25.2	77.7	17.7
其他单位 Other Ownership units							
2003	174.7	271.3	100.5	193.2	111.7	115.1	79.7
2004	201.4	353.1	121.6	261.7	146.0	141.2	82.0
2005	294.5	419.2	145.8	386.9	189.8	191.5	118.8
2006	372.0	498.3	170.0	584.3	230.0	271.3	153.2
2007	472.6	611.8	203.1	814.8	300.2	333.1	202.6
2008	618.2	823.9	245.7	1210.3	383.9	492.3	293.9
2009	719.5	979.3	284.0	1639.2	455.7	571.9	356.4
2010	878.1	1202.5	335.7	2050.4	570.0	685.4	452.1
2011	1133.4	1893.8	470.0	2665.8	822.3	748.8	567.7

1-20 续表 2 continued

单位：亿元 (100 million yuan)

登记注册类型 Registration Status 年 份 Year	水利、环境和公共设施管理业 Management of Water Conservancy, Environment & Public Establishment	居民服务和其他服务业 Resident Services and Other Services	教 育 Education	卫生、社会保障和社会福利业 Sanitation, Social Security and Social Welfare	文化体育和娱乐业 Culture, Sports and Entertainment	公共管理和社会组织 Public Management and Social Organization
全 国 National						
2003	202.6	66.4	2035.9	782.1	217.9	1787.6
2004	226.1	71.8	2346.2	902.3	251.5	2072.7
2005	257.3	85.1	2690.8	1047.8	275.8	2489.6
2006	289.8	102.5	3127.8	1226.1	314.9	2839.7
2007	352.2	115.8	3917.2	1496.6	378.1	3553.8
2008	413.8	132.1	4556.1	1789.3	429.3	4276.0
2009	474.3	146.8	5338.6	2095.3	488.5	4896.8
2010	555.9	168.4	6136.5	2506.4	543.7	5428.8
2011	659.8	197.9	6938.8	3078.6	642.1	6118.1
国有单位 State-owned Units						
2003	182.5	32.6	1970.1	717.2	202.5	1781.7
2004	202.3	37.4	2274.2	827.5	233.2	2064.1
2005	229.0	43.3	2604.2	962.0	253.6	2480.9
2006	254.4	57.4	3027.3	1121.2	288.9	2829.5
2007	308.0	62.5	3782.4	1371.4	345.6	3544.3
2008	360.7	75.8	4416.4	1637.6	386.9	4263.5
2009	411.9	81.7	5154.6	1910.9	432.3	4869.2
2010	481.2	92.6	5919.7	2277.1	478.5	5400.2
2011	566.0	113.8	6651.3	2803.9	550.1	6079.9
集体单位 Collective-owned units						
2003	10.6	13.1	53.0	59.4	3.0	5.2
2004	10.5	12.1	45.2	64.3	3.1	5.5
2005	10.4	11.3	50.8	71.3	3.4	4.6
2006	11.8	12.2	55.1	83.9	3.2	5.1
2007	13.4	12.8	71.6	98.6	4.0	5.0
2008	16.5	14.2	55.6	118.6	4.6	4.7
2009	17.8	15.2	48.0	136.2	5.0	7.1
2010	19.4	16.4	54.7	166.3	5.4	5.9
2011	22.5	14.9	68.2	192.9	6.1	8.4
其他单位 Other Ownership units						
2003	9.5	20.7	12.8	5.4	12.3	0.7
2004	13.3	22.4	26.8	10.4	15.3	3.1
2005	17.9	30.5	35.8	14.5	18.8	4.1
2006	23.6	33.0	45.4	21.0	22.7	5.1
2007	30.8	40.6	63.2	26.6	28.6	4.5
2008	36.6	42.1	84.1	33.1	37.9	7.8
2009	44.6	50.0	136.1	48.1	51.1	20.6
2010	55.3	59.5	162.1	63.0	59.9	22.7
2011	71.3	69.2	219.3	81.8	85.9	29.8

1-21 分登记注册类型城镇单位就业人员平均工资及指数
AVERAGE WAGE AND INDEX OF EMPLOYED PERSONS BY REGISTRATION STATUS

年 份	平均工资(元) Average Wage (yuan)				指数（以上年为100） Index (preceding year=100)			
Year	合 计 Total	国有单位 State-owned Units	城镇集体单 位 Urban Collective-owned Units	其他单位 Other Ownership Units	合 计 Total	国有单位 State-owned Units	城镇集体单 位 Urban Collective-owned Units	其他单位 Other Ownership Units
1952	445	446	348					
1957	624	637	571		103.8	104.4	104.4	
1962	551	592	405		108.0	110.2	106.6	
1965	590	652	398		100.7	98.6	111.2	
1970	561	609	405		97.6	98.5	92.3	
1971	560	597	429		99.8	98.0	105.9	
1972	588	622	465		105.0	104.2	108.4	
1973	587	614	489		99.8	98.7	105.2	
1974	584	622	441		99.5	101.3	90.2	
1975	580	613	453		99.3	98.6	102.7	
1976	575	605	464		99.1	98.7	102.4	
1977	576	602	478		100.2	99.5	103.0	
1978	615	644	506		106.8	107.0	105.9	
1979	668	705	542		108.6	109.5	107.1	
1980	762	803	623		114.1	113.9	114.9	
1981	772	812	642		101.3	101.1	103.0	
1982	798	836	671		103.4	103.0	104.5	
1983	826	865	698		103.5	103.5	104.0	
1984	974	1034	811	1048	117.9	119.5	116.2	
1985	1148	1213	967	1436	117.9	117.3	119.2	137.0
1986	1329	1414	1092	1629	115.8	116.6	112.9	113.4
1987	1459	1546	1207	1879	109.8	109.3	110.5	115.3
1988	1747	1853	1426	2382	119.7	119.9	118.1	126.8
1989	1935	2055	1557	2707	110.8	110.9	109.2	113.6
1990	2140	2284	1681	2987	110.6	111.1	108.0	110.3
1991	2340	2477	1866	3468	109.3	108.5	111.0	116.1
1992	2711	2878	2109	3966	115.9	116.2	113.0	114.4
1993	3371	3532	2592	4966	124.3	122.7	122.9	125.2
1994	4538	4797	3245	6302	134.6	135.8	125.2	126.9
1995	5348	5553	3934	7728	118.9	117.3	121.1	119.9
1996	5980	6207	4312	8521	111.8	111.8	109.6	110.3
1997	6444	6679	4516	9092	107.8	107.6	104.7	106.7
1998	7446	7579	5314	9241	115.5	113.5	117.7	101.6
1999	8319	8443	5758	10142	111.7	111.4	108.4	109.8
2000	9333	9441	6241	11238	112.2	111.8	108.4	110.8
2001	10834	11045	6851	12437	116.1	117.0	109.8	110.7
2002	12373	12701	7636	13486	114.2	115.0	111.5	108.4
2003	13969	14358	8627	14843	112.9	113.0	113.0	110.1
2004	15920	16445	9723	16519	114.0	114.5	112.7	111.3
2005	18200	18978	11176	18362	114.3	115.4	114.9	111.2
2006	20856	21706	12866	21004	114.6	114.4	115.1	114.4
2007	24721	26100	15444	24271	118.5	120.2	120.0	115.6
2008	28898	30287	18103	28552	116.9	116.0	117.2	117.6
2009	32244	34130	20607	31350	111.6	112.7	113.8	109.8
2010	36539	38359	24010	35801	113.3	112.4	116.5	114.2
2011	41799	43483	28791	41323	114.4	113.4	119.9	115.4

1-22 分行业城镇单位就业人员平均工资（1995-2002年）
AVERAGE WAGE OF EMPLOYED PERSONS IN URBAN UNITS BY SECTOR (1995-2002)

单位：元 (yuan)

年 份 Year	合 计 Total	农、林、牧、渔业 Farming, Forestry, Animal Husbandry and Fishery	采掘业 Mining and Quarrying	制造业 Manufacturing	电力、煤气及水的生产和供应业 Production and Supply of Electricity, Gas and Water	建筑业 Construction	地质勘查业、水利管理业 Geological Prospecting and Water Conservancy	交通运输、仓储及邮电通信业 Transport, Storage, Post and Telecommunications
全 国 National								
1995	5348	3516	5743	5199	7829	5755	5953	6910
1996	5980	4045	6477	5673	8803	6242	6571	7833
1997	6444	4306	6825	5979	9641	6652	7147	8527
1998	7446	4532	7228	7118	10457	7434	7916	9714
1999	8319	4808	7507	7874	11487	7945	8793	10825
2000	9333	5142	8317	8836	12801	8668	9590	12170
2001	10834	5676	9541	9891	14471	9415	10904	13987
2002	12373	6314	10992	11152	16296	10212	12226	15818
国有单位 State-owned Units								
1995	5553	3520	5933	5347	7720	6453	5977	7511
1996	6207	4031	6709	5792	8686	6961	6601	8482
1997	6679	4297	7086	6006	9527	7363	7166	9189
1998	7579	4525	7485	6950	10298	8129	7934	10180
1999	8443	4787	7718	7578	11210	8686	8815	11141
2000	9441	5087	8258	8513	12419	9431	9617	12418
2001	11045	5633	9426	9550	14001	10189	10952	14099
2002	12701	6234	10580	10825	15636	11139	12219	15758
集体单位 Collective-owned units								
1995	3934	2926	3675	3730	7438	4673	4283	3593
1996	4312	3805	3956	4018	8315	5103	4780	3977
1997	4516	3939	4160	4134	9045	5476	6343	4067
1998	5314	4359	4577	5004	9434	5940	6966	5130
1999	5758	4863	4556	5326	9795	6279	7555	5682
2000	6241	5529	4867	5726	10680	6822	7464	5807
2001	6851	5626	5515	6101	12233	7225	7622	6311
2002	7636	6434	6036	6757	12912	7698	9579	6895
其他单位 Other Ownership units								
1995	7728	7264	5221	7483	10740	6862	5503	10825
1996	8521	7514	5238	8175	12036	7044	5870	12240
1997	9092	7192	5385	8640	12204	7617	5961	14095
1998	9241	5817	6745	8797	12179	8988	7070	12077
1999	10142	6877	7646	9592	13843	9508	8953	14366
2000	11238	8600	9827	10450	15513	10330	13483	16399
2001	12437	8649	11087	11361	17192	11120	11583	18826
2002	13486	9392	12846	12338	19212	11291	18115	20900

1-22 续表 continued

单位：元 (yuan)

年 份 Year	批发和零售贸易、餐饮业 Wholesale and Retail Trade & Catering Services	金融、保险业 Finance and Insurance	房地产业 Real Estate Trade	社 会 服务业 Social Services	卫生、体育和社会福利业 Health Care, Sporting and Social Welfare	教育、文化艺术和广播电影电视业 Education, Culture and Arts, Radio, Film and Television	科学研究和综合技术服务业 Scientific Research and Polytechnical Services	国家机关政党机关和社会团体 Government Agencies, Party Agencies and Social Organizations	其 他 Others
全 国 National									
1995	4260	7357	7351	6037	5831	4999	6818	5484	6250
1996	4674	8402	8405	6839	6758	5699	7981	6286	7143
1997	4872	9665	9269	7642	7566	6332	8953	6939	6862
1998	5884	10595	10402	8523	8445	7101	10112	7721	8497
1999	6436	11901	11579	9393	9625	8188	11501	8920	10153
2000	7188	13178	12551	10386	10832	9224	13374	9978	11205
2001	8207	15628	14074	11996	12821	11210	16220	12061	12862
2002	9439	18023	15384	13582	14652	13073	18792	13844	14212
国有单位 State-owned Units									
1995	4567	7558	6861	5932	5980	5026	6807	5486	6827
1996	4941	8638	7861	6676	6932	5714	7941	6296	7563
1997	5141	9904	8554	7406	7757	6402	8921	6943	6854
1998	6132	10801	9368	8142	8651	7182	10061	7725	8178
1999	6647	11865	10374	8975	9856	8278	11440	8925	9635
2000	7364	13215	11462	9709	11156	9341	13059	9983	10049
2001	8162	15678	12897	11130	13243	11339	16048	12071	11293
2002	9371	18313	14144	12067	15121	13237	18792	13858	13258
集体单位 Collective-owned Units									
1995	3461	6432	6643	4659	4869	3722	5871	5213	4848
1996	3838	6858	6740	4979	5602	4609	6738	5009	5667
1997	3901	7570	7654	5676	6264	4226	6805	6166	5761
1998	4530	8074	9056	6195	6846	4556	7000	6952	7049
1999	4820	8941	10391	6640	7775	5310	7921	7922	8124
2000	5110	9571	10270	7221	8347	5642	9198	8811	9007
2001	5450	10707	10516	7902	9474	7192	9522	9304	9638
2002	6017	12283	11315	8849	10680	8042	10228	10199	9642
其他单位 Other Ownership Units									
1995	7403	13035	10996	10189	9518	9149	10080		11629
1996	7976	16495	12426	11708	12182	9592	13372		14185
1997	8264	18194	13726	12747	13914	10386	14659		18939
1998	8492	16419	14142	13012	16691	12367	14773		22038
1999	9137	19375	15021	13777	18281	13477	16240		22977
2000	10235	20904	15402	15086	18158	12413	18916		28972
2001	11634	23300	16791	16839	18482	16449	19523		32267
2002	12349	23772	17613	18947	16114	17854	20879		31279

1-23 分行业城镇单位就业人员平均工资（2003-2011年）
AVERAGE WAGE OF EMPLOYED PERSONS IN URBAN UNITS BY SECTOR (2003-2011)

单位：元 (yuan)

登记注册类型 Registration Status 年 份 Year	合 计 Total	农、林、牧、渔业 Agriculture, Forestry, Farming of Animals and Fishery	采矿业 Mining	制造业 Manufacturing	电力、燃气及水的生产和供应业 Production & Distribution of Electricity, Gas & Water	建筑业 Construction	交通运输、仓储和邮政业 Traffic, Transport, Storage and post
全 国 National							
2003	13969	6884	13627	12671	18574	11328	15753
2004	15920	7497	16774	14251	21543	12578	18071
2005	18200	8207	20449	15934	24750	14112	20911
2006	20856	9269	24125	18225	28424	16164	24111
2007	24721	10847	28185	21144	33470	18482	27903
2008	28898	12560	34233	24404	38515	21223	32041
2009	32244	14356	38038	26810	41869	24161	35315
2010	36539	16717	44196	30916	47309	27529	40466
2011	41799	19469	52230	36665	52723	32103	47078
国有单位 State-owned Units							
2003	14358	6819	13819	12520	18030	12495	15973
2004	16445	7417	17198	14374	20933	14076	17938
2005	18978	8122	20843	16831	24105	16032	20716
2006	21706	9145	24827	20117	28145	18166	23723
2007	26100	10706	29177	23671	33355	20963	27606
2008	30287	12384	35564	27471	38567	23394	31259
2009	34130	14160	38626	31142	42160	27750	34976
2010	38359	16522	44904	36386	47724	31777	40097
2011	43483	19253	53387	43031	53333	36071	47318
集体单位 Collective-owned units							
2003	8627	6127	7194	7594	14774	8311	8100
2004	9723	7027	8628	8581	16898	9111	8777
2005	11176	8042	11067	9671	18323	10071	9920
2006	12866	9789	13626	10978	19880	11428	11062
2007	15444	11490	17131	12985	23237	13611	13102
2008	18103	13546	19813	15455	27603	15641	15062
2009	20607	15392	20075	17620	29369	17565	17538
2010	24010	18156	23791	20841	33851	20210	19882
2011	28791	21887	30114	25031	36122	25027	24927
其他单位 Other Ownership units							
2003	14843	10077	14285	13596	20805	12227	17573
2004	16519	10332	17308	14944	23757	13271	21165
2005	18362	10952	21044	16294	26822	14593	23968
2006	21004	12677	24513	18394	29663	16780	27578
2007	24271	14686	28291	21210	34314	18825	30892
2008	28552	17400	34246	24401	38968	21767	36041
2009	31350	19456	38640	26617	41931	24325	37883
2010	35801	21359	44907	30609	47164	27522	43176
2011	41323	23851	52703	36360	52377	32097	48362

1-23 续表 1 continued

单位：元 (yuan)

登记注册类型 Registration Status 年份 Year	信息传输、计算机服务和软件业 Information Transfer, Computer and Software	批发和零售业 Wholesale and Retail Trade	住宿和餐饮业 Accommodation and Restaurants	金融业 Finance	房地产业 Real Estate	租赁和商务服务业 Tenancy and Business Services	科学研究、技术服务和地质勘查业 Scientific Research, Technical Service & Geologic Perambulation
全 国 National							
2003	30897	10894	11198	20780	17085	17020	20442
2004	33449	13012	12618	24299	18467	18723	23351
2005	38799	15256	13876	29229	20253	21233	27155
2006	43435	17796	15236	35495	22238	24510	31644
2007	47700	21074	17046	44011	26085	27807	38432
2008	54906	25818	19321	53897	30118	32915	45512
2009	58154	29139	20860	60398	32242	35494	50143
2010	64436	33635	23382	70146	35870	39566	56376
2011	70918	40654	27486	81109	42837	46976	64252
国有单位 State-owned Units							
2003	24969	10937	10482	21267	15749	15042	19775
2004	27389	12724	12137	25063	17215	16470	22711
2005	29935	15492	13428	30396	19449	19076	25989
2006	32747	18444	14851	34727	21324	20804	30023
2007	36277	21450	16432	43465	25073	23800	36456
2008	38947	25983	19091	52309	27683	27418	42643
2009	42379	30908	21177	56719	30800	30431	47277
2010	46402	35814	23864	66014	33967	33680	53235
2011	50401	41337	28756	74650	43814	39447	60316
集体单位 Collective-owned units							
2003	12486	6610	8356	14023	12002	10896	12962
2004	17633	7312	9311	16209	12793	11639	13441
2005	24524	8261	10145	18560	13259	13230	18053
2006	24058	9256	11453	21694	15625	14204	23058
2007	24875	10686	12897	25881	18557	16329	24823
2008	27892	12906	15149	31358	20856	17547	29988
2009	30904	14777	16569	37453	22516	19276	33025
2010	37576	16816	18808	44154	24617	20981	37538
2011	40344	19982	23327	52984	29661	24499	47764
其他单位 Other Ownership units							
2003	41911	13665	12425	25374	18898	25742	25591
2004	43474	16265	13553	28513	19933	27581	29233
2005	48602	17709	14692	33307	21331	29040	34523
2006	53807	19959	15922	42687	23181	34514	40707
2007	56392	23594	17780	51553	27004	37443	48861
2008	65686	28358	19800	62044	31556	43406	57827
2009	68067	30717	21064	67574	33311	45078	61697
2010	74178	35109	23505	77445	37102	50179	67716
2011	81005	42596	27313	88882	43183	60406	76446

1-23 续表 2 continued

单位：元 (yuan)

登记注册类型 Registration Status 年 份 Year	水利、环境和公共设施管理业 Management of Water Conservancy, Environment and Public Establishment	居民服务和其他服务业 Resident Services and Other Services	教 育 Education	卫生、社会保障和社会福利业 Sanitation, Social Security and Social Welfare	文化体育和娱乐业 Culture, Sports and Entertainment	公共管理和社会组织 Public Management and Social Organization
全 国 National						
2003	11774	12665	14189	16185	17098	15355
2004	12884	13680	16085	18386	20522	17372
2005	14322	15747	18259	20808	22670	20234
2006	15630	18030	20918	23590	25847	22546
2007	18383	20370	25908	27892	30430	27731
2008	21103	22858	29831	32185	34158	32296
2009	23159	25172	34543	35662	37755	35326
2010	25544	28206	38968	40232	41428	38242
2011	28868	33169	43194	46206	47878	42062
国有单位 State-owned Units						
2003	11782	14419	14371	16741	17340	15382
2004	12850	16366	16217	19061	20955	17406
2005	14254	17323	18388	21500	23110	20270
2006	15517	20548	21027	24298	26374	22608
2007	18293	21744	25997	28719	31210	27790
2008	21000	26443	29925	33075	34993	32350
2009	23161	28874	34678	36575	38749	35491
2010	25478	32417	39166	41112	42367	38387
2011	28812	36923	43436	47185	48690	42230
集体单位 Collective-owned units						
2003	10030	8683	9330	11610	9424	10293
2004	10433	8910	10559	12869	10953	11454
2005	11051	10690	12670	14826	13635	12906
2006	11948	12170	15338	17325	14169	14129
2007	13312	14476	21010	20442	17414	17002
2008	15413	16412	22645	24028	19686	18941
2009	16891	18509	27515	27618	22177	26039
2010	18551	20818	31486	32645	24796	26957
2011	20987	24834	36355	37853	30051	35277
其他单位 Other Ownership units						
2003	14392	14038	17986	15110	16565	8763
2004	16645	13893	19964	15789	18002	12617
2005	18681	16502	20664	18084	19926	14036
2006	20388	17410	23099	21225	22712	11765
2007	23390	21014	27494	24600	25384	13994
2008	26869	20566	31211	28831	29567	21586
2009	27154	22877	32663	30579	32898	17849
2010	30217	25536	35282	34672	37107	21392
2011	33331	30287	38912	38803	44958	23891

1-24 分行业城镇单位就业人员平均货币工资指数（1995-2002年）
INDICES OF MONEY AVERAGE EARNING OF EMPLOYED PERSONS IN URBAN UNITS BY SECTOR (1995-2002)

上年=100 (preceding year=100)

年 份 Year	合 计 Total	农、林、牧、渔业 Farming, Forestry, Animal Husbandry and Fishery	采掘业 Mining and Quarrying	制造业 Manufacturing	电力、煤气及水的生产和供应业 Production and Supply of Electricity, Gas and Water	建筑业 Construction	地质勘查业、水利管理业 Geological Prospecting and Water Conservancy	交通运输、仓储及邮电通信业 Transport, Storage, Post and Telecommunications
全 国 National								
1995	118.9	124.5	123.2	121.2	127.3	118.1	109.5	121.9
1996	111.8	115.0	112.8	109.1	112.4	108.5	110.4	113.4
1997	107.8	106.5	105.4	105.4	109.5	106.6	108.8	108.9
1998	115.5	105.2	105.9	119.1	108.5	111.8	110.8	113.9
1999	111.7	106.1	103.9	110.6	109.8	106.9	111.1	111.4
2000	112.2	106.9	110.8	112.2	111.4	109.1	109.1	112.4
2001	116.1	110.4	114.7	111.9	113.0	108.6	113.7	114.9
2002	114.2	111.2	115.2	112.7	112.6	108.5	112.1	113.1
国有单位 State-owned Units								
1995	117.3	124.6	122.4	118.8	126.3	118.3	109.4	121.6
1996	111.8	114.5	113.1	108.3	112.5	107.9	110.4	112.9
1997	107.6	106.6	105.6	103.7	109.7	105.8	108.6	108.3
1998	113.5	105.3	105.6	115.7	108.1	110.4	110.7	110.8
1999	111.4	105.8	103.1	109.0	108.9	106.9	111.1	109.4
2000	111.8	106.3	107.0	112.3	110.8	108.6	109.1	111.5
2001	117.0	110.7	114.1	112.2	112.7	108.0	113.9	113.5
2002	115.0	110.7	112.2	113.4	111.7	109.3	111.6	111.8
集体单位 Collective-owned units								
1995	121.1	116.2	131.5	121.1	129.9	118.7	115.9	115.5
1996	109.6	130.0	107.6	107.7	111.8	109.2	111.6	110.7
1997	104.7	103.5	105.2	102.9	108.8	107.3	132.7	102.3
1998	117.7	110.7	110.0	121.0	104.3	108.5	109.8	126.1
1999	108.4	111.6	99.5	106.4	103.8	105.7	108.5	110.8
2000	108.4	113.7	106.8	107.5	109.0	108.6	98.8	102.2
2001	109.8	101.8	113.3	106.5	114.5	105.9	102.1	108.7
2002	111.5	114.4	109.4	110.8	105.6	106.5	125.7	109.3
其他单位 Other Ownership units								
1995	119.9	129.2	123.1	120.8	131.6	116.0	126.2	120.3
1996	110.3	103.4	100.3	109.2	112.1	102.7	106.7	113.1
1997	106.7	95.7	102.8	105.7	101.4	108.1	101.6	115.2
1998	101.6	80.9	125.3	101.8	99.8	118.0	118.6	85.7
1999	109.8	118.2	113.4	109.0	113.7	105.8	126.6	119.0
2000	110.8	125.1	128.5	108.9	112.1	108.6	150.6	114.2
2001	110.7	100.6	112.8	108.7	110.8	107.6	85.9	114.8
2002	108.4	108.6	115.9	108.6	111.7	101.5	156.4	111.0

1-24 续表 continued

上年=100 (preceding year=100)

年 份 Year	批发和零售贸易、餐饮业 Wholesale and Retail Trade & Catering Services	金融、保险业 Finance and Insurance	房地产业 Real Estate Trade	社 会服务业 Social Services	卫生、体育和社会福利业 Health Care, Sporting and Social Welfare	教育、文化艺术和广播电影电视业 Education, Culture and Arts, Radio, Film and Television	科学研究和综合技术服务业 Scientific Research and Polytechnical Services	国家机关政党机关和社会团体 Government Agencies, Party Agencies and Social Organizations	其 他 Others
全 国 National									
1995	120.3	109.9	117.1	119.3	114.4	111.2	111.3	111.5	120.5
1996	109.7	114.2	114.3	113.3	115.9	114.0	117.1	114.6	114.3
1997	104.2	115.0	110.3	111.7	112.0	111.1	112.2	110.4	96.1
1998	120.8	109.6	112.2	111.5	111.6	112.1	112.9	111.3	123.8
1999	109.4	112.3	111.3	110.2	114.0	115.3	113.7	115.5	119.5
2000	111.7	110.7	108.4	110.6	112.5	112.7	116.3	111.9	110.4
2001	114.2	118.6	112.1	115.5	118.4	121.5	121.3	120.9	114.8
2002	115.0	115.3	109.3	113.2	114.3	116.6	115.9	114.8	110.5
国有单位 State-owned Units									
1995	118.5	108.3	115.0	116.7	114.1	111.4	110.1	111.4	119.3
1996	108.2	114.3	114.6	112.5	115.9	113.7	116.7	114.8	110.8
1997	104.0	114.7	108.8	110.9	111.9	112.0	112.3	110.3	90.6
1998	119.3	109.1	109.5	109.9	111.5	112.2	112.8	111.3	119.3
1999	108.4	109.9	110.7	110.2	113.9	115.3	113.7	115.5	117.8
2000	110.8	111.4	110.5	108.2	113.2	112.8	114.2	111.9	104.3
2001	110.8	118.6	112.5	114.6	118.7	121.4	122.9	120.9	112.4
2002	114.8	116.8	109.7	108.4	114.2	116.7	117.1	114.8	117.4
集体单位 Collective-owned Units									
1995	122.2	114.0	126.8	125.7	115.6	109.1	125.5	120.8	120.1
1996	110.9	106.6	101.5	106.9	115.1	123.8	114.8	96.1	116.9
1997	101.6	110.4	113.6	114.0	111.8	91.7	101.0	123.1	101.7
1998	116.1	106.7	118.3	109.1	109.3	107.8	102.9	112.7	122.4
1999	106.4	110.7	114.7	107.2	113.6	116.5	113.2	114.0	115.3
2000	106.0	107.0	98.8	108.8	107.4	106.3	116.1	111.2	110.9
2001	106.7	111.9	102.4	109.4	113.5	127.5	103.5	105.6	107.0
2002	110.4	114.7	107.6	112.0	112.7	111.8	107.4	109.6	100.0
其他单位 Other Ownership Units									
1995	112.2	120.7	113.3	115.7	130.8	111.0	125.3		117.6
1996	107.7	126.5	113.0	114.9	128.0	104.8	132.7		122.0
1997	103.6	110.3	110.5	108.9	114.2	108.3	109.6		133.5
1998	102.8	90.2	103.0	102.1	120.0	119.1	100.8		116.4
1999	107.6	118.0	106.2	105.9	109.5	109.0	109.9		104.3
2000	112.0	107.9	102.5	109.5	99.3	92.1	116.5		126.1
2001	113.7	111.5	109.0	111.6	101.8	132.5	103.2		111.4
2002	106.1	102.0	104.9	112.5	87.2	108.5	106.9		96.9

1-25 分行业城镇单位就业人员平均货币工资指数（2004-2011年）
INDICES OF MONEY AVERAGE EARNING OF EMPLOYED PERSONS IN URBAN UNITS BY SECTOR (2004-2011)

上年=100 (preceding year=100)

登记注册类型 Registration Status / 年份 Year	合计 Total	农、林、牧、渔业 Agriculture, Forestry, Farming of Animals and Fishery	采矿业 Mining	制造业 Manufacturing	电力、燃气及水的生产和供应业 Production & Distribution of Electricity, Gas & Water	建筑业 Construction	交通运输、仓储和邮政业 Traffic, Transport, Storage and post
全国 National							
2004	114.0	108.9	123.1	112.5	116.0	111.0	114.7
2005	114.3	109.5	121.9	111.8	114.9	112.2	115.7
2006	114.6	112.9	118.0	114.4	114.8	114.5	115.3
2007	118.5	117.0	116.8	116.0	117.8	114.3	115.7
2008	116.9	115.8	121.5	115.4	115.1	114.8	114.8
2009	111.6	114.3	111.1	109.9	108.7	113.8	110.2
2010	113.3	116.4	116.2	115.3	113.0	113.9	114.6
2011	114.4	116.5	118.2	118.6	111.4	116.6	116.3
国有单位 State-owned Units							
2004	114.5	108.8	124.5	114.8	116.1	112.7	112.3
2005	115.4	109.5	121.2	117.1	115.2	113.9	115.5
2006	114.4	112.6	119.1	119.5	116.8	113.3	114.5
2007	120.2	117.1	117.5	117.7	118.5	115.4	116.4
2008	116.0	115.7	121.9	116.1	115.6	111.6	113.2
2009	112.7	114.3	108.6	113.4	109.3	118.6	111.9
2010	112.4	116.7	116.3	116.8	113.2	114.5	114.6
2011	113.4	116.5	118.9	118.3	111.8	113.5	118.0
集体单位 Collective-owned units							
2004	112.7	114.7	119.9	113.0	114.4	109.6	108.4
2005	114.9	114.4	128.3	112.7	108.4	110.5	113.0
2006	115.1	121.7	123.1	113.5	108.5	113.5	111.5
2007	120.0	117.4	125.7	118.3	116.9	119.1	118.4
2008	117.2	117.9	115.7	119.0	118.8	114.9	115.0
2009	113.8	113.8	113.8	113.8	113.8	113.8	113.8
2010	116.5	118.0	118.5	118.3	115.3	115.1	113.4
2011	119.9	120.5	126.6	120.1	106.7	123.8	125.4
其他单位 Other Ownership units							
2004	111.3	102.5	121.2	109.9	114.2	108.5	120.4
2005	111.2	106.0	121.6	109.0	112.9	110.0	113.2
2006	114.4	115.8	116.5	112.9	110.6	115.0	115.1
2007	115.6	115.8	115.4	115.3	115.7	112.2	112.0
2008	117.6	118.5	121.0	115.0	113.6	115.6	116.7
2009	109.8	111.8	112.8	109.1	107.6	111.8	105.1
2010	114.2	109.8	116.2	115.0	112.5	113.1	114.0
2011	115.4	115.4	115.4	115.4	115.4	115.4	115.4

1-25 续表 1 continued

上年=100 (preceding year=100)

登记注册类型 Registration Status 年 份 Year	信息传输、计算机服务和软件业 Information Transfer, Computer and Software	批发和零售业 Wholesale and Retail Trade	住宿和餐饮业 Accommodation and Restaurants	金融业 Finance	房地产业 Real Estate	租赁和商务服务业 Tenancy and Business Services	科学研究、技术服务和地质勘查业 Scientific Research, Technical Service & Geologic Perambulation
全 国 National							
2004	108.3	119.4	112.7	116.9	108.1	110.0	114.2
2005	116.0	117.2	110.0	120.3	109.7	113.4	116.3
2006	111.9	116.6	109.8	121.4	109.8	115.4	116.5
2007	109.8	118.4	111.9	124.0	117.3	113.5	121.5
2008	115.1	122.5	113.3	122.5	115.5	118.4	118.4
2009	105.9	112.9	108.0	112.1	107.1	107.8	110.2
2010	110.8	115.4	112.1	116.1	111.3	111.5	112.4
2011	110.1	120.9	117.6	115.6	119.4	118.7	114.0
国有单位 State-owned Units							
2004	109.7	116.3	115.8	117.8	109.3	109.5	114.8
2005	109.3	121.8	110.6	121.3	113.0	115.8	114.4
2006	109.4	119.1	110.6	114.2	109.6	109.1	115.5
2007	110.8	116.3	110.6	125.2	117.6	114.4	121.4
2008	107.4	121.1	116.2	120.3	110.4	115.2	117.0
2009	108.8	119.0	110.9	108.4	111.3	111.0	110.9
2010	109.5	115.9	112.7	116.4	110.3	110.7	112.6
2011	108.6	115.4	120.5	113.1	129.0	117.1	113.3
集体单位 Collective-owned units							
2004	141.2	110.6	111.4	115.6	106.6	106.8	103.7
2005	139.1	113.0	109.0	114.5	103.6	113.7	134.3
2006	98.1	112.0	112.9	116.9	117.8	107.4	127.7
2007	103.4	115.4	112.6	119.3	118.8	115.0	107.7
2008	112.1	120.8	117.5	121.2	112.4	107.5	120.8
2009	110.8	114.5	109.4	119.4	108.0	109.9	110.1
2010	121.6	113.8	113.5	117.9	109.3	108.8	113.7
2011	107.4	118.8	124.0	120.0	120.5	116.8	127.2
其他单位 Other Ownership units							
2004	103.7	119.0	109.1	112.4	105.5	107.1	114.2
2005	111.8	108.9	108.4	116.8	107.0	105.3	118.1
2006	110.7	112.7	108.4	128.2	108.7	118.8	117.9
2007	104.8	118.2	111.7	120.8	116.5	108.5	120.0
2008	116.5	120.2	111.4	120.3	116.9	115.9	118.4
2009	103.6	108.3	106.4	108.9	105.6	103.9	106.7
2010	109.0	114.3	111.6	114.6	111.4	111.3	109.8
2011	109.2	121.3	116.2	114.8	116.4	120.4	112.9

1-25 续表 2 continued

上年=100 (preceding year=100)

登记注册类型 Registration Status 年份 Year	水利、环境和公共设施管理业 Management of Water Conservancy, Environment and Public Establishment	居民服务和其他服务业 Resident Services and Other Services	教育 Education	卫生、社会保障和社会福利业 Sanitation, Social Security and Social Welfare	文化体育和娱乐业 Culture, Sports and Entertainment	公共管理和社会组织 Public Management and Social Organization
全国 National						
2004	109.4	108.0	113.4	113.6	120.0	113.1
2005	111.2	115.1	113.5	113.2	110.5	116.5
2006	109.1	114.5	114.6	113.4	114.0	111.4
2007	117.6	113.0	123.9	118.2	117.7	123.0
2008	114.8	112.2	115.1	115.4	112.3	116.5
2009	109.7	110.1	115.8	110.8	110.5	109.4
2010	110.3	112.1	112.8	112.8	109.7	108.3
2011	113.0	117.6	110.8	114.8	115.6	110.0
国有单位 State-owned Units						
2004	109.1	113.5	112.8	113.9	120.8	113.2
2005	110.9	105.8	113.4	112.8	110.3	116.5
2006	108.9	118.6	114.4	113.0	114.1	111.5
2007	117.9	105.8	123.6	118.2	118.3	122.9
2008	114.8	121.6	115.1	115.2	112.1	116.4
2009	110.3	109.2	115.9	110.6	110.7	109.7
2010	110.0	112.3	112.9	112.4	109.3	108.2
2011	113.1	113.9	110.9	114.8	114.9	110.0
集体单位 Collective-owned units						
2004	104.0	102.6	113.2	110.8	116.2	111.3
2005	105.9	120.0	120.0	115.2	124.5	112.7
2006	108.1	113.8	121.1	116.9	103.9	109.5
2007	111.4	118.9	137.0	118.0	122.9	120.3
2008	115.8	113.4	107.8	117.5	113.0	111.4
2009	109.6	112.8	121.5	114.9	112.7	137.5
2010	109.8	112.5	114.4	118.2	111.8	103.5
2011	113.1	119.3	115.5	116.0	121.2	130.9
其他单位 Other Ownership units						
2004	115.7	99.0	111.0	104.5	108.7	144.0
2005	112.2	118.8	103.5	114.5	110.7	111.2
2006	109.1	105.5	111.8	117.4	114.0	83.8
2007	114.7	120.7	119.0	115.9	111.8	118.9
2008	114.9	97.9	113.5	117.2	116.5	154.3
2009	101.1	111.2	104.7	106.1	111.3	82.7
2010	111.3	111.6	108.0	113.4	112.8	119.8
2011	110.3	118.6	110.3	111.9	121.2	111.7

1-26 分行业城镇单位就业人员平均实际工资指数（1995-2002年）
INDICES OF REAL AVERAGE WAGE OF EMPLOYED PERSONS IN URBAN UNITS BY SECTOR (1995-2002)

上年=100 (preceding year=100)

年 份 Year	合 计 Total	农、林、牧、渔业 Farming, Forestry, Animal Husbandry and Fishery	采掘业 Mining and Quarrying	制造业 Manufacturing	电力、煤气及水的生产和供应业 Production and Supply of Electricity, Gas and Water	建筑业 Construction	地质勘查业、水利管理业 Geological Prospecting and Water Conservancy	交通运输、仓储及邮电通信业 Transport, Storage, Post and Telecommunications
全 国 National								
1995	101.8	106.6	105.5	103.8	109.0	101.1	93.8	104.3
1996	102.8	105.7	103.7	100.3	103.3	99.7	101.5	104.2
1997	104.5	103.3	102.2	102.2	106.2	103.4	105.5	105.6
1998	116.2	105.9	106.5	119.8	109.1	112.4	111.4	114.6
1999	113.2	107.5	105.2	112.1	111.3	108.3	112.5	112.9
2000	111.3	106.1	109.9	111.3	110.6	108.2	108.2	111.5
2001	115.3	109.6	113.9	111.2	112.3	107.9	112.9	114.1
2002	115.4	112.4	116.4	113.9	113.7	109.6	113.3	114.2
国有单位 State-owned Units								
1995	100.4	106.7	104.8	101.7	108.1	101.2	93.7	104.1
1996	102.7	105.3	103.9	99.6	103.4	99.1	101.5	103.8
1997	104.4	103.4	102.4	100.6	106.4	102.6	105.3	105.1
1998	114.2	105.9	106.3	116.4	108.7	111.1	111.4	111.5
1999	112.9	107.2	104.5	110.5	110.3	108.3	112.6	110.9
2000	110.9	105.4	106.1	111.4	109.9	107.7	108.2	110.6
2001	116.2	110.0	113.4	111.4	112.0	107.3	113.1	112.7
2002	116.2	111.8	113.4	114.5	112.8	110.4	112.7	112.9
集体单位 Collective-owned units								
1995	103.7	99.5	112.6	103.7	111.3	101.6	99.2	98.8
1996	100.7	119.5	98.9	99.0	102.7	100.4	102.6	101.7
1997	101.6	100.4	102.0	99.8	105.5	104.1	128.7	99.2
1998	118.4	111.3	110.7	121.8	104.9	109.1	110.5	126.9
1999	109.8	113.0	100.9	107.8	105.2	107.1	109.9	112.2
2000	107.5	112.8	106.0	106.7	108.2	107.8	98.0	101.4
2001	109.0	101.0	112.5	105.8	113.7	105.2	101.4	107.9
2002	112.6	115.5	110.6	111.9	106.6	107.6	126.9	110.4
其他单位 Other Ownership units								
1995	102.6	110.6	105.4	103.4	112.7	99.3	108.1	103.0
1996	101.3	95.1	92.2	100.4	103.0	94.3	98.0	103.9
1997	103.5	92.8	99.7	102.5	98.3	104.9	98.5	111.7
1998	102.3	81.4	126.0	102.4	100.4	118.7	119.3	86.2
1999	111.2	119.8	114.9	110.5	115.2	107.2	128.3	120.5
2000	109.9	124.1	127.5	108.1	111.2	107.8	149.4	113.2
2001	109.9	99.9	112.0	108.0	110.1	106.9	85.3	114.0
2002	109.5	109.7	117.0	109.7	112.9	102.6	158.0	112.1

1-26 续表 continued

上年=100 (preceding year=100)

年 份 Year	批发和零售贸易、餐饮业 Wholesale and Retail Trade & Catering Services	金融、保险业 Finance and Insurance	房地产业 Real Estate Trade	社 会 服务业 Social Services	卫生、体育和社会福利业 Health Care, Sporting and Social Welfare	教育、文化艺术和广播电影电视业 Education, Culture and Arts, Radio, Film and Television	科学研究和综合技术服务业 Scientific Research and Polytechnical Services	国家机关政党机关和社会团体 Government Agencies, Party Agencies and Social Organizations	其 他 Others
全 国 National									
1995	103.0	94.1	100.3	102.1	97.9	95.2	95.3	95.4	103.1
1996	100.8	105.0	105.1	104.1	106.5	104.8	107.6	105.4	105.0
1997	101.1	111.6	107.0	108.4	108.6	107.8	108.8	107.1	93.2
1998	121.5	110.3	112.9	112.2	112.3	112.8	113.6	111.9	124.6
1999	110.8	113.8	112.8	111.7	115.5	116.8	115.2	117.1	121.1
2000	110.8	109.9	107.5	109.7	111.6	111.8	115.4	111.0	109.5
2001	113.4	117.8	111.4	114.7	117.5	120.7	120.4	120.0	114.0
2002	116.2	116.5	110.4	114.4	115.4	117.8	117.0	115.9	111.6
国有单位 State-owned Units									
1995	101.5	92.7	98.4	100.0	97.7	95.4	94.3	95.3	102.1
1996	99.4	105.0	105.3	103.4	106.5	104.5	107.2	105.5	101.8
1997	100.9	111.2	105.5	107.6	108.5	108.7	109.0	107.0	87.9
1998	120.0	109.7	110.2	110.6	112.2	112.9	113.5	111.9	120.0
1999	109.8	111.3	112.2	111.7	115.4	116.8	115.2	117.1	119.4
2000	109.9	110.5	109.6	107.3	112.3	111.9	113.2	111.0	103.5
2001	110.1	117.8	111.7	113.8	117.9	120.5	122.0	120.1	111.6
2002	116.0	118.0	110.8	109.5	115.3	117.9	118.3	116.0	118.6
集体单位 Collective-owned Units									
1995	104.6	97.6	108.6	107.6	99.0	93.4	107.5	103.4	102.8
1996	101.9	98.0	93.3	98.2	105.7	113.8	105.5	88.3	107.4
1997	98.6	107.1	110.1	110.6	108.5	88.9	98.0	119.4	98.6
1998	116.8	107.3	119.0	109.8	110.0	108.5	103.5	113.4	123.1
1999	107.8	112.2	116.3	108.6	115.1	118.1	114.6	115.5	116.8
2000	105.2	106.2	98.1	107.9	106.5	105.4	115.2	110.3	110.0
2001	105.9	111.1	101.7	108.7	112.7	126.6	102.8	104.9	106.3
2002	111.5	115.9	108.7	113.1	113.9	112.9	108.5	110.7	101.1
其他单位 Other Ownership Units									
1995	96.0	103.4	97.0	99.0	112.0	95.0	107.3		100.7
1996	99.0	116.3	103.9	105.6	117.6	96.4	121.9		112.1
1997	100.5	107.0	107.1	105.6	110.8	105.0	106.3		129.5
1998	103.4	90.8	103.7	102.7	120.7	119.8	101.4		117.1
1999	109.0	119.6	107.6	107.3	111.0	110.4	111.4		105.6
2000	111.1	107.0	101.7	108.6	98.5	91.4	115.6		125.1
2001	112.9	110.7	108.3	110.8	101.1	131.6	102.5		110.6
2002	107.2	103.1	106.0	113.7	88.1	109.6	108.0		97.9

1-27 分行业城镇单位就业人员平均实际工资指数（2004-2011年）
INDICES OF REAL AVERAGE EARNING OF EMPLOYED PERSONS IN URBAN UNITS BY SECTOR (2004-2011)

上年=100 (preceding year=100)

登记注册类型 Registration Status 年 份 Year	合 计 Total	农、林、牧、渔业 Agriculture, Forestry, Farming of Animals and Fishery	采矿业 Mining	制造业 Manufacturing	电力、燃气及水的生产和供应业 Production & Distribution of Electricity, Gas & Water	建筑业 Construction	交通运输、仓储和邮政业 Traffic, Transport, Storage and post
全 国 National							
2004	110.3	105.4	119.2	108.9	112.3	107.5	111.1
2005	112.5	107.7	120.0	110.0	113.1	110.4	113.9
2006	112.9	111.3	116.3	112.7	113.2	112.9	113.6
2007	113.4	112.0	111.8	111.0	112.7	109.4	110.8
2008	110.7	109.7	115.0	109.3	109.0	108.7	108.7
2009	112.6	115.3	112.1	110.8	109.6	114.8	111.2
2010	109.8	112.8	112.6	111.7	109.5	110.4	111.0
2011	108.6	110.6	112.2	112.6	105.8	110.7	110.5
国有单位 State-owned Units							
2004	110.9	105.3	120.5	111.1	112.4	109.1	108.7
2005	113.6	107.8	119.3	115.2	113.3	112.1	113.7
2006	112.7	111.0	117.4	117.8	115.1	111.7	112.9
2007	115.1	112.0	112.5	112.6	113.4	110.4	111.4
2008	109.9	109.5	115.4	109.9	109.5	105.7	107.2
2009	113.7	115.3	109.5	114.3	110.3	119.6	112.9
2010	108.9	113.1	112.6	113.2	109.7	111.0	111.1
2011	107.7	110.7	112.9	112.3	106.1	107.8	112.1
集体单位 Collective-owned units							
2004	109.1	111.0	116.1	109.4	110.7	106.1	104.9
2005	113.1	112.6	126.2	110.9	106.7	108.8	111.2
2006	113.4	120.0	121.3	111.9	106.9	111.8	109.9
2007	114.9	112.3	120.3	113.2	111.9	114.0	113.4
2008	111.0	111.6	109.5	112.7	112.5	108.8	108.9
2009	114.8	114.8	114.8	114.8	114.8	114.8	114.8
2010	112.9	114.3	114.8	114.6	111.7	111.5	109.9
2011	113.9	114.5	120.2	114.1	101.3	117.6	119.1
其他单位 Other Ownership units							
2004	107.7	99.3	117.3	106.4	110.5	105.1	116.6
2005	109.4	104.3	119.7	107.3	111.1	108.2	111.5
2006	112.7	114.1	114.8	111.2	109.0	113.3	113.4
2007	110.6	110.9	110.5	110.4	110.7	107.4	107.2
2008	111.4	112.2	114.6	108.9	107.5	109.5	110.5
2009	110.8	112.8	113.8	110.0	108.5	112.7	106.0
2010	110.7	106.4	112.6	111.4	109.0	109.6	110.4
2011	109.6	109.6	109.6	109.6	109.6	109.6	109.6

1-27 续表 1 continued

上年=100 (preceding year=100)

登记注册类型 Registration Status 年 份 Year	信息传输、计算机服务和软件业 Information Transfer, Computer and Software	批发和零售业 Wholesale and Retail Trade	住宿和餐饮业 Accommodation and Restaurants	金融业 Finance	房地产业 Real Estate	租赁和商务服务业 Tenancy and Business Services	科学研究、技术服务和地质勘查业 Scientific Research, Technical Service & Geologic Perambulation
全 国 National							
2004	104.8	115.6	109.1	113.2	104.6	106.5	110.6
2005	114.2	115.4	108.2	118.4	107.9	111.6	114.5
2006	110.3	115.0	108.2	119.7	108.2	113.8	114.8
2007	105.1	113.3	107.1	118.7	112.3	108.6	116.2
2008	109.0	116.0	107.3	116.0	109.3	112.1	112.1
2009	106.8	113.8	108.9	113.0	108.0	108.8	111.1
2010	107.4	111.9	108.6	112.5	107.8	108.0	108.9
2011	104.5	114.8	111.6	109.8	113.4	112.8	108.2
国有单位 State-owned Units							
2004	106.2	112.6	112.1	114.1	105.8	106.0	111.2
2005	107.6	119.8	108.9	119.4	111.2	114.0	112.6
2006	107.8	117.3	109.0	112.6	108.0	107.5	113.8
2007	106.0	111.3	105.9	119.8	112.5	109.5	116.2
2008	101.7	114.7	110.0	114.0	104.6	109.1	110.8
2009	109.7	120.0	111.9	109.4	112.2	111.9	111.8
2010	106.1	112.3	109.2	112.8	106.9	107.2	109.1
2011	103.2	109.6	114.4	107.4	122.5	111.2	107.6
集体单位 Collective-owned units							
2004	136.7	107.1	107.9	111.9	103.2	103.4	100.4
2005	136.9	111.2	107.2	112.7	102.0	111.9	132.2
2006	96.7	110.4	111.2	115.2	116.1	105.8	125.8
2007	98.9	110.5	107.8	114.2	113.7	110.0	103.0
2008	106.2	114.4	111.2	114.7	106.4	101.8	114.4
2009	111.8	115.5	110.4	120.5	108.9	110.9	111.1
2010	117.8	110.3	110.0	114.2	105.9	105.5	110.1
2011	102.0	112.8	117.8	114.0	114.4	110.9	120.8
其他单位 Other Ownership units							
2004	100.4	115.2	105.6	108.8	102.1	103.7	110.6
2005	110.0	107.2	106.7	115.0	105.3	103.6	116.2
2006	109.1	111.1	106.8	126.3	107.1	117.1	116.2
2007	100.3	113.1	106.9	115.6	111.5	103.8	114.9
2008	110.3	113.8	105.5	114.0	110.7	109.8	112.1
2009	104.5	109.3	107.3	109.9	106.5	104.7	107.6
2010	105.6	110.8	108.1	111.1	107.9	107.9	106.4
2011	103.7	115.2	110.4	109.0	110.5	114.3	107.2

1-27 续表 2 continued

上年=100 (preceding year=100)

登记注册类型 Registration Status 年 份 Year	水利、环境和公共设施管理业 Management of Water Conservancy, Environment and Public Establishment	居民服务和其他服务业 Resident Services and Other Services	教 育 Education	卫生、社会保障和社会福利业 Sanitation, Social Security and Social Welfare	文化体育和娱乐业 Culture, Sports and Entertainment	公共管理和社会组织 Public Management and Social Organization
全 国 National						
2004	105.9	104.6	109.7	110.0	116.2	109.5
2005	109.4	113.3	111.7	111.4	108.7	114.6
2006	107.5	112.8	112.9	111.7	112.4	109.8
2007	112.6	108.1	118.5	113.2	112.7	117.7
2008	108.7	106.3	109.0	109.3	106.3	110.3
2009	110.7	111.1	116.8	111.8	111.5	110.3
2010	106.9	108.6	109.3	109.3	106.3	104.9
2011	107.3	111.7	105.3	109.1	109.8	104.5
国有单位 State-owned Units						
2004	105.6	109.9	109.2	110.2	117.0	109.5
2005	109.2	104.2	111.6	111.0	108.5	114.6
2006	107.3	116.9	112.7	111.4	112.5	109.9
2007	112.8	101.3	118.3	113.1	113.3	117.6
2008	108.7	115.2	109.0	109.1	106.2	110.2
2009	110.7	111.1	116.8	111.8	111.5	110.3
2010	106.6	108.8	109.4	108.9	105.9	104.8
2011	107.4	108.2	105.3	109.0	109.1	104.5
集体单位 Collective-owned units						
2004	100.7	99.3	109.6	107.3	112.5	107.7
2005	104.3	118.1	118.1	113.4	122.5	110.9
2006	106.5	112.2	119.3	115.1	102.4	107.9
2007	106.6	113.8	131.1	112.9	117.6	115.2
2008	109.6	107.4	102.1	111.3	107.1	105.5
2009	110.6	113.8	122.6	116.0	113.7	138.7
2010	106.4	109.0	110.9	114.5	108.3	100.3
2011	107.4	113.3	109.7	110.1	115.1	124.3
其他单位 Other Ownership units						
2004	112.0	95.8	107.5	101.2	105.2	139.4
2005	110.5	116.9	101.9	112.7	108.9	109.5
2006	107.6	104.0	110.2	115.7	112.3	82.6
2007	109.8	115.5	113.9	110.9	107.0	113.8
2008	108.8	92.7	107.5	111.0	110.3	146.1
2009	102.0	112.2	105.6	107.0	112.3	83.4
2010	107.8	108.2	104.7	109.9	109.3	116.1
2011	104.8	112.6	104.7	106.3	115.1	106.1

1-28 分地区全国就业人员受教育程度构成
EDUCATIONAL ATTAINMENT COMPOSITION OF EMPLOYMENT BY REGION

单位：% (%)

地 区	Region	合 计 Total			未上过学 Illiterate	小 学 Primary School	初 中 Junior School	高 中 Senior School	大学专科 College	大学本科 University	研究生 Graduate
			男 Male	女 Female							
全 国	**National**	**100.0**	**55.3**	**44.7**	**2.0**	**19.6**	**48.7**	**16.7**	**7.6**	**4.9**	**0.44**
北 京	Beijing	100.0	58.2	41.8	0.4	3.4	22.0	23.9	17.9	25.6	6.77
天 津	Tianjin	100.0	63.8	36.2	0.5	8.7	41.5	22.6	13.3	12.4	1.07
河 北	Hebei	100.0	55.1	44.9	1.0	14.6	57.4	15.8	6.8	4.1	0.24
山 西	Shanxi	100.0	61.7	38.3	0.6	10.1	57.4	19.0	8.4	4.4	0.13
内蒙古	Inner Mongolia	100.0	59.4	40.6	2.0	17.2	46.7	17.5	11.2	5.0	0.28
辽 宁	Liaoning	100.0	57.1	42.9	0.6	15.6	57.1	13.2	7.7	5.5	0.34
吉 林	Jilin	100.0	55.5	44.5	1.4	17.6	53.7	14.9	6.8	5.2	0.45
黑龙江	Heilongjiang	100.0	55.7	44.3	1.4	21.6	55.1	12.4	5.6	3.8	0.09
上 海	Shanghai	100.0	58.9	41.1	0.6	7.1	36.9	23.2	15.7	14.6	1.83
江 苏	Jiangsu	100.0	53.5	46.5	1.9	17.4	47.5	19.5	7.7	5.4	0.56
浙 江	Zhejiang	100.0	57.0	43.0	1.8	20.6	45.9	15.8	9.1	6.4	0.46
安 徽	Anhui	100.0	53.3	46.7	4.7	25.6	50.6	10.4	5.5	2.9	0.30
福 建	Fujian	100.0	57.2	42.8	1.7	22.3	43.0	17.3	8.5	6.7	0.52
江 西	Jiangxi	100.0	53.3	46.7	1.1	19.7	55.6	15.6	4.9	3.0	0.17
山 东	Shandong	100.0	55.6	44.4	1.4	17.5	46.5	20.6	8.5	5.0	0.38
河 南	Henan	100.0	52.4	47.6	2.8	16.8	56.3	15.4	5.6	2.9	0.16
湖 北	Hubei	100.0	55.5	44.5	1.7	18.8	45.9	19.5	8.4	5.2	0.46
湖 南	Hunan	100.0	56.8	43.2	0.7	14.9	46.8	22.8	9.6	4.8	0.28
广 东	Guangdong	100.0	55.8	44.2	0.7	14.1	49.4	23.3	7.8	4.4	0.28
广 西	Guangxi	100.0	53.4	46.6	1.0	21.3	56.6	13.1	5.3	2.5	0.19
海 南	Hainan	100.0	55.7	44.3	1.9	13.5	53.8	19.3	7.0	4.3	0.14
重 庆	Chongqing	100.0	53.9	46.1	2.3	31.8	41.3	13.2	6.7	4.3	0.40
四 川	Sichuan	100.0	53.5	46.5	2.5	26.7	48.3	13.7	5.5	3.2	0.20
贵 州	Guizhou	100.0	53.3	46.7	7.6	33.3	43.1	7.6	5.0	3.2	0.20
云 南	Yunnan	100.0	54.1	45.9	4.9	42.4	35.4	8.5	5.1	3.5	0.16
西 藏	Tibet	100.0	57.9	42.1	5.3	34.8	31.2	10.2	9.9	8.6	
陕 西	Shaanxi	100.0	56.3	43.7	1.5	12.4	50.5	19.6	10.0	5.4	0.63
甘 肃	Gansu	100.0	53.9	46.1	4.3	28.7	41.8	13.7	7.0	4.2	0.33
青 海	Qinghai	100.0	57.9	42.1	7.0	26.1	35.7	14.5	9.7	6.7	0.31
宁 夏	Ningxia	100.0	58.3	41.7	5.7	21.2	44.0	14.2	8.9	5.6	0.42
新 疆	Xinjiang	100.0	58.8	41.2	0.7	26.4	42.8	14.2	10.9	4.7	0.33

资料来源：2011年11月劳动力调查资料(下同)。
Data Resource: 2011.11 Survey (the same as below).

1-29 分地区全国男性就业人员受教育程度构成
EDUCATIONAL ATTAINMENT COMPOSITION OF MALE EMPLOYMENT BY REGION

单位：% (%)

地 区	Region	合 计 Total	未上过学 Illiterate	小 学 Primary School	初 中 Junior School	高 中 Senior School	大学专科 College	大学本科 University	研究生 Graduate
全 国	**National**	**100.0**	**1.0**	**16.9**	**50.3**	**18.6**	**7.7**	**5.1**	**0.47**
北 京	Beijing	100.0	0.2	3.3	23.5	25.4	16.6	23.6	7.33
天 津	Tianjin	100.0	0.2	8.2	43.6	22.4	13.2	11.2	1.09
河 北	Hebei	100.0	0.7	12.3	58.7	17.8	6.6	3.8	0.26
山 西	Shanxi	100.0	0.4	9.0	59.6	19.6	7.4	4.0	0.11
内蒙古	Inner Mongolia	100.0	0.7	15.0	49.2	19.0	11.6	4.4	0.23
辽 宁	Liaoning	100.0	0.5	14.3	58.6	13.7	7.2	5.4	0.39
吉 林	Jilin	100.0	0.9	15.8	54.5	16.6	7.0	4.9	0.35
黑龙江	Heilongjiang	100.0	1.0	19.4	56.2	13.9	5.9	3.5	0.11
上 海	Shanghai	100.0	0.3	6.0	38.6	25.3	14.4	13.5	2.01
江 苏	Jiangsu	100.0	0.9	13.5	48.4	22.9	7.9	5.7	0.71
浙 江	Zhejiang	100.0	1.0	19.3	47.5	17.7	8.0	6.0	0.47
安 徽	Anhui	100.0	2.7	21.1	54.7	11.7	5.9	3.5	0.39
福 建	Fujian	100.0	0.6	18.3	46.4	18.7	8.4	7.1	0.52
江 西	Jiangxi	100.0	0.7	14.6	56.4	19.1	5.6	3.4	0.15
山 东	Shandong	100.0	0.6	14.2	47.3	23.4	8.6	5.4	0.38
河 南	Henan	100.0	1.0	13.8	58.6	17.9	5.6	2.9	0.12
湖 北	Hubei	100.0	1.1	15.0	47.9	21.2	9.1	5.2	0.50
湖 南	Hunan	100.0	0.5	14.0	46.8	23.6	9.6	5.1	0.35
广 东	Guangdong	100.0	0.5	11.6	48.2	26.3	8.3	4.9	0.20
广 西	Guangxi	100.0	0.5	17.6	58.8	15.1	5.2	2.6	0.23
海 南	Hainan	100.0	0.7	10.1	53.5	23.0	7.8	4.8	0.11
重 庆	Chongqing	100.0	1.7	29.6	42.6	14.0	6.8	4.8	0.52
四 川	Sichuan	100.0	1.4	24.8	50.3	14.4	5.4	3.5	0.17
贵 州	Guizhou	100.0	2.5	28.5	51.1	8.8	5.5	3.5	0.17
云 南	Yunnan	100.0	2.0	39.9	40.0	9.1	5.1	3.8	0.19
西 藏	Tibet	100.0	5.0	35.0	35.7	9.8	7.3	7.1	
陕 西	Shaanxi	100.0	1.0	10.6	51.1	21.1	9.8	5.6	0.71
甘 肃	Gansu	100.0	1.9	24.4	44.6	17.0	7.1	4.6	0.38
青 海	Qinghai	100.0	3.7	23.9	39.4	16.2	9.3	7.2	0.34
宁 夏	Ningxia	100.0	4.2	19.1	46.9	15.4	8.6	5.4	0.41
新 疆	Xinjiang	100.0	0.6	26.3	44.8	14.3	9.6	4.2	0.33

1-30 分地区全国女性就业人员受教育程度构成
EDUCATIONAL ATTAINMENT COMPOSITION OF FEMALE EMPLOYMENT BY REGION

单位：% (%)

地 区	Region	合 计 Total	未上过学 Illiterate	小 学 Primary School	初 中 Junior School	高 中 Senior School	大学专科 College	大学本科 University	研究生 Graduate
全 国	**National**	**100.0**	**3.2**	**23.1**	**46.7**	**14.3**	**7.6**	**4.7**	**0.39**
北 京	Beijing	100.0	0.6	3.5	19.9	21.9	19.6	28.4	6.00
天 津	Tianjin	100.0	1.0	9.4	37.9	22.9	13.4	14.5	1.04
河 北	Hebei	100.0	1.3	17.6	56.0	13.4	7.2	4.4	0.21
山 西	Shanxi	100.0	0.8	11.8	54.0	18.1	10.2	5.0	0.16
内蒙古	Inner Mongolia	100.0	3.9	20.5	43.1	15.3	10.8	6.0	0.34
辽 宁	Liaoning	100.0	0.8	17.3	55.1	12.5	8.3	5.7	0.28
吉 林	Jilin	100.0	2.0	19.9	52.8	12.8	6.5	5.4	0.57
黑龙江	Heilongjiang	100.0	1.9	24.3	53.8	10.5	5.3	4.1	0.07
上 海	Shanghai	100.0	1.2	8.7	34.5	20.3	17.7	16.1	1.57
江 苏	Jiangsu	100.0	3.1	21.9	46.5	15.6	7.5	5.1	0.39
浙 江	Zhejiang	100.0	2.8	22.3	43.9	13.2	10.5	6.9	0.43
安 徽	Anhui	100.0	7.0	30.8	46.0	8.9	5.0	2.1	0.20
福 建	Fujian	100.0	3.2	27.7	38.4	15.4	8.6	6.1	0.52
江 西	Jiangxi	100.0	1.4	25.5	54.8	11.6	4.0	2.6	0.20
山 东	Shandong	100.0	2.5	21.6	45.4	17.1	8.5	4.5	0.38
河 南	Henan	100.0	4.9	20.0	53.8	12.7	5.6	2.8	0.21
湖 北	Hubei	100.0	2.5	23.4	43.5	17.4	7.6	5.2	0.42
湖 南	Hunan	100.0	1.0	16.0	46.9	21.8	9.6	4.5	0.18
广 东	Guangdong	100.0	1.1	17.2	50.9	19.4	7.3	3.8	0.37
广 西	Guangxi	100.0	1.6	25.6	54.0	10.9	5.4	2.4	0.15
海 南	Hainan	100.0	3.3	17.8	54.3	14.7	6.1	3.6	0.17
重 庆	Chongqing	100.0	3.0	34.5	39.8	12.2	6.6	3.6	0.27
四 川	Sichuan	100.0	3.7	28.8	46.1	12.9	5.5	2.8	0.23
贵 州	Guizhou	100.0	13.5	38.8	34.0	6.2	4.5	2.8	0.23
云 南	Yunnan	100.0	8.3	45.4	30.1	7.8	5.0	3.3	0.12
西 藏	Tibet	100.0	5.8	34.5	24.9	10.8	13.3	10.7	
陕 西	Shaanxi	100.0	2.0	14.7	49.8	17.6	10.3	5.0	0.53
甘 肃	Gansu	100.0	7.2	33.8	38.4	9.8	6.9	3.6	0.26
青 海	Qinghai	100.0	11.5	29.2	30.7	12.1	10.2	6.1	0.27
宁 夏	Ningxia	100.0	7.7	24.1	39.9	12.6	9.4	5.9	0.44
新 疆	Xinjiang	100.0	0.8	26.5	40.1	14.0	12.8	5.6	0.33

1-31 按年龄、性别分的全国就业人员受教育程度构成
EDUCATIONAL ATTAINMENT COMPOSITION OF EMPLOYMENT BY AGE AND SEX

单位：% (%)

年 龄 Age	合 计 Total	未上过学 Illiterate	小 学 Primary School	初 中 Junior School	高 中 Senior School	大学专科 College	大学本科 University	研究生 Graduate
总计 Total	**100.0**	**2.0**	**19.6**	**48.7**	**16.7**	**7.6**	**4.9**	**0.4**
16-19	100.0	0.3	7.8	67.5	21.8	2.3	0.3	
20-24	100.0	0.3	4.7	50.6	25.7	13.0	5.7	0.1
25-29	100.0	0.2	5.4	48.2	20.3	13.9	11.1	0.9
30-34	100.0	0.4	8.5	50.2	19.8	11.2	8.8	1.1
35-39	100.0	0.6	12.5	55.4	16.8	8.6	5.6	0.6
40-44	100.0	0.8	18.0	56.0	14.9	6.0	4.0	0.4
45-49	100.0	1.1	19.7	53.2	17.1	5.3	3.2	0.3
50-54	100.0	2.3	29.4	43.3	18.4	4.5	2.0	0.1
55-59	100.0	4.8	46.3	37.0	8.3	2.6	1.0	0.1
60-64	100.0	8.6	60.3	26.8	3.4	0.6	0.3	0.0
65+	100.0	17.2	64.3	16.3	1.7	0.3	0.2	0.0
男 Male	**100.0**	**1.0**	**16.9**	**50.3**	**18.6**	**7.7**	**5.1**	**0.5**
16-19	100.0	0.3	7.7	68.1	21.9	1.9	0.1	
20-24	100.0	0.3	4.4	52.6	26.7	10.9	5.0	0.0
25-29	100.0	0.2	4.9	48.1	21.8	13.7	10.6	0.8
30-34	100.0	0.2	7.0	49.7	21.8	11.2	8.9	1.2
35-39	100.0	0.4	10.1	55.5	18.5	8.8	6.1	0.6
40-44	100.0	0.5	13.8	57.3	16.9	6.4	4.6	0.5
45-49	100.0	0.4	14.2	55.1	19.6	6.2	4.0	0.5
50-54	100.0	0.8	21.3	46.1	23.4	5.7	2.5	0.2
55-59	100.0	1.7	37.2	44.3	11.4	3.8	1.5	0.1
60-64	100.0	3.5	55.6	34.3	5.3	0.9	0.4	0.0
65+	100.0	9.4	66.4	21.2	2.3	0.4	0.2	0.0
女 Female	**100.0**	**3.2**	**23.1**	**46.7**	**14.3**	**7.6**	**4.7**	**0.4**
16-19	100.0	0.3	8.1	66.7	21.5	2.9	0.4	
20-24	100.0	0.2	5.0	48.5	24.5	15.3	6.4	0.1
25-29	100.0	0.2	5.9	48.5	18.5	14.1	11.8	1.1
30-34	100.0	0.6	10.2	50.8	17.4	11.1	8.8	1.1
35-39	100.0	0.8	15.4	55.3	14.8	8.3	4.9	0.5
40-44	100.0	1.2	22.8	54.5	12.6	5.5	3.2	0.2
45-49	100.0	2.0	26.5	50.9	13.9	4.3	2.2	0.2
50-54	100.0	4.5	41.3	39.1	11.0	2.7	1.4	0.0
55-59	100.0	9.2	59.5	26.4	3.7	0.8	0.3	0.0
60-64	100.0	15.5	66.7	16.6	0.7	0.3	0.1	0.0
65+	100.0	29.0	61.0	9.0	0.7	0.1	0.1	0.0

1-32 按受教育程度、性别分的全国就业人员年龄构成

AGE COMPOSITION OF EMPLOYMENT BY EDUCATIONAL ATTAINMENT AND SEX

单位：%　　(%)

年 龄 Age	合 计 Total	未上过学 Illiterate	小 学 Primary School	初 中 Junior School	高 中 Senior School	大学专科 College	大学本科 University	研究生 Graduate
总计 Total	**100.0**	**100.0**	**100.0**	**100.0**	**100.0**	**100.0**	**100.0**	**100.0**
16-19	2.5	0.4	1.0	3.4	3.2	0.8	0.1	
20-24	10.9	1.4	2.6	11.3	16.8	18.7	12.7	1.9
25-29	11.3	1.0	3.1	11.2	13.7	20.5	25.5	24.0
30-34	11.6	2.3	5.0	12.0	13.7	17.0	21.0	30.0
35-39	13.4	3.9	8.5	15.2	13.4	15.0	15.2	17.6
40-44	15.2	6.5	13.9	17.4	13.5	11.9	12.3	12.6
45-49	13.0	7.3	13.0	14.2	13.2	9.1	8.5	10.3
50-54	6.9	8.1	10.3	6.1	7.6	4.0	2.9	2.0
55-59	7.4	18.1	17.6	5.7	3.7	2.5	1.5	1.4
60-64	4.1	17.8	12.6	2.3	0.8	0.3	0.2	0.2
65+	3.8	33.2	12.5	1.3	0.4	0.2	0.1	0.1
男 Male	**100.0**	**100.0**	**100.0**	**100.0**	**100.0**	**100.0**	**100.0**	**100.0**
16-19	2.4	0.7	1.1	3.2	2.8	0.6	0.1	
20-24	10.3	2.9	2.7	10.8	14.8	14.7	10.2	1.1
25-29	11.1	1.8	3.2	10.6	13.0	19.9	23.3	19.0
30-34	11.4	2.3	4.8	11.2	13.3	16.7	20.0	28.2
35-39	13.2	5.6	7.9	14.6	13.1	15.2	16.0	17.9
40-44	14.8	8.1	12.1	16.8	13.4	12.3	13.5	14.8
45-49	13.0	5.1	11.0	14.3	13.7	10.5	10.4	13.7
50-54	7.4	6.0	9.3	6.8	9.3	5.5	3.7	3.0
55-59	8.0	13.7	17.5	7.0	4.9	4.0	2.3	2.1
60-64	4.3	14.9	14.1	2.9	1.2	0.5	0.3	0.2
65+	4.1	38.9	16.3	1.7	0.5	0.2	0.2	0.2
女 Female	**100.0**	**100.0**	**100.0**	**100.0**	**100.0**	**100.0**	**100.0**	**100.0**
16-19	2.5	0.3	0.9	3.6	3.8	1.0	0.2	
20-24	11.7	0.9	2.5	12.1	19.9	23.6	15.9	3.1
25-29	11.4	0.6	2.9	11.9	14.7	21.2	28.5	31.5
30-34	11.9	2.4	5.3	13.0	14.4	17.5	22.2	32.8
35-39	13.5	3.3	9.0	16.0	13.9	14.8	14.0	17.2
40-44	15.7	5.9	15.5	18.2	13.7	11.4	10.6	9.3
45-49	12.9	8.1	14.8	14.0	12.5	7.3	6.0	5.3
50-54	6.3	9.0	11.2	5.3	4.8	2.2	1.8	0.5
55-59	6.8	19.7	17.6	3.9	1.8	0.7	0.4	0.3
60-64	3.9	19.0	11.2	1.4	0.2	0.1	0.1	0.1
65+	3.4	31.0	9.0	0.7	0.2	0.1	0.1	0.1

1-33 按行业、性别分的全国就业人员受教育程度构成
EDUCATIONAL ATTAINMENT COMPOSITION OF EMPLOYMENT BY SECTOR AND SEX

单位：% (%)

受教育程度	Educational Attainment	合 计 Total	农、林、牧、渔业 Farming, Forestry, Animal Husbandry and Fishery	采矿业 Mining and Quarrying	制造业 Manufacturing	电力、热力、燃气及水生产和供应业 Production and Distribution of Electricity Power, Heat Power, Gas and Water	建筑业 Construction	批发和零售业 Wholesale and Retail
总 计	**Total**	**100.0**	**100.0**	**100.0**	**100.0**	**100.0**	**100.0**	**100.0**
未上过学	Illiterate	2.0	4.3	0.6	0.5	0.3	0.6	0.5
小 学	Primary School	19.6	35.5	12.0	10.6	3.0	17.2	8.6
初 中	Junior School	48.7	53.3	48.9	54.1	28.4	60.9	48.7
高 中	Senior School	16.7	6.3	23.5	23.3	31.6	14.7	28.2
大学专科	College	7.6	0.5	10.0	7.9	22.3	4.3	9.8
大学本科	University	4.9	0.11	4.6	3.4	13.1	2.3	3.9
研究生	Graduate	0.4	0.00	0.4	0.2	1.2	0.1	0.2
男	**Male**	**100.0**	**100.0**	**100.0**	**100.0**	**100.0**	**100.0**	**100.0**
未上过学	Illiterate	1.0	2.2	0.6	0.3	0.0	0.5	0.3
小 学	Primary School	16.9	32.1	12.8	8.5	3.5	16.3	8.2
初 中	Junior School	50.3	56.7	50.7	52.2	31.1	62.7	48.3
高 中	Senior School	18.6	8.3	22.8	26.2	31.9	14.9	28.1
大学专科	College	7.7	0.5	8.9	8.6	20.4	3.5	10.3
大学本科	University	5.1	0.2	4.0	3.8	11.8	1.9	4.6
研究生	Graduate	0.5	0.0	0.3	0.3	1.2	0.1	0.3
女	**Female**	**100.0**	**100.0**	**100.0**	**100.0**	**100.0**	**100.0**	**100.0**
未上过学	Illiterate	3.2	6.2	0.5	0.8	1.1	1.1	0.7
小 学	Primary School	23.1	38.8	8.0	13.3	1.6	23.0	9.0
初 中	Junior School	46.7	50.1	40.0	56.6	21.2	47.9	49.1
高 中	Senior School	14.3	4.4	27.5	19.5	30.9	13.3	28.4
大学专科	College	7.6	0.4	15.5	7.0	27.6	9.8	9.4
大学本科	University	4.7	0.1	7.6	2.8	16.5	4.7	3.3
研究生	Graduate	0.4	0.00	0.9	0.1	1.1	0.2	0.1

注：劳动力调查自2011年开始使用新国民经济行业分类。
Note: The new industry classification has been used since 2011 in the Labour Force Survey (same as below).

1-33 续表 1 continued

单位：% (%)

受教育程度	Educational Attainment	交通运输、仓储和邮政业 Transport, Storage, Post & Telecommunication	住宿和餐饮业 Hotel and Catering Services	信息传输、软件和信息技术服务业 Information Transfer, Software and Information Technical Services	金融业 Banking	房地产业 Real Estate	租赁和商务服务业 Leasing and Business Services	科学研究和技术服务业 Information Transfer, Software and Information Technical Services
总　计	**Total**	**100.0**	**100.0**	**100.0**	**100.0**	**100.0**	**100.0**	**100.0**
未上过学	Illiterate	0.4	0.6	0.4	0.1	0.3	0.3	0.2
小　学	Primary School	8.4	11.1	7.2	3.2	4.8	4.2	3.3
初　中	Junior School	49.9	55.5	45.1	22.6	29.7	27.1	15.2
高　中	Senior School	25.9	24.3	26.7	21.7	29.5	26.4	19.4
大学专科	College	10.8	6.5	11.6	26.9	20.4	22.5	23.5
大学本科	University	4.6	2.1	8.3	23.5	14.4	17.5	29.0
研究生	Graduate	0.2	0.0	0.8	2.0	0.8	2.0	9.5
男	**Male**	**100.0**	**100.0**	**100.0**	**100.0**	**100.0**	**100.0**	**100.0**
未上过学	Illiterate	0.4	0.3	0.2	0.0	0.1	0.3	0.1
小　学	Primary School	8.6	8.4	6.3	2.2	4.2	4.4	3.7
初　中	Junior School	54.1	54.9	42.2	23.0	30.9	29.1	15.4
高　中	Senior School	24.9	27.2	27.1	21.8	32.1	28.5	17.8
大学专科	College	8.5	7.1	12.0	26.2	18.1	19.8	23.3
大学本科	University	3.4	2.1	11.0	24.0	13.5	15.9	30.6
研究生	Graduate	0.2		1.2	2.7	1.1	2.0	9.1
女	**Female**	**100.0**	**100.0**	**100.0**	**100.0**	**100.0**	**100.0**	**100.0**
未上过学	Illiterate	0.2	0.9	0.6	0.2	0.6	0.3	0.2
小　学	Primary School	7.2	13.4	8.1	4.1	5.8	4.0	2.6
初　中	Junior School	29.7	56.0	48.0	22.3	27.9	24.4	14.9
高　中	Senior School	30.5	21.7	26.4	21.7	25.4	23.5	22.4
大学专科	College	21.8	5.9	11.1	27.5	24.0	26.2	23.8
大学本科	University	10.3	2.0	5.5	22.9	16.0	19.7	26.1
研究生	Graduate	0.2	0.1	0.3	1.4	0.3	1.9	10.1

1-33 续表 2 continued

单位：% (%)

受教育程度	Educational Attainment	水利、环境和公共设施管理业 Water Conservancy, Environment and Public Utility Management	居民服务、修理和其他服务业 Resident Services, Repair and Other Services	教 育 Education	卫生和社会工作 Sanitation and Society	文化、体育和娱乐业 Culture Sports and Entertainment	公共管理、社会保障和社会组织 Public Management, Social Security and Social Organization	国际组织 International Organizations
总 计	**Total**	**100.0**	**100.0**	**100.0**	**100.0**	**100.0**	**100.0**	**100.0**
未上过学	Illiterate	1.7	1.2	0.2	0.2	0.2	0.2	
小 学	Primary School	13.2	12.2	3.0	3.7	3.7	2.1	1.8
初 中	Junior School	29.9	54.3	15.3	16.1	22.3	12.3	7.6
高 中	Senior School	28.3	23.6	18.3	22.1	25.4	22.9	31.1
大学专科	College	16.0	6.0	27.4	31.8	26.4	32.4	47.1
大学本科	University	9.9	2.5	31.9	23.4	20.1	28.1	12.2
研究生	Graduate	1.1	0.1	3.9	2.7	2.0	1.9	0.3
男	**Male**	**100.0**	**100.0**	**100.0**	**100.0**	**100.0**	**100.0**	**100.0**
未上过学	Illiterate	1.3	0.8	0.2	0.2	0.2	0.2	
小 学	Primary School	9.6	10.2	3.3	5.1	3.4	1.8	2.0
初 中	Junior School	27.4	55.3	16.0	20.3	25.0	13.3	8.5
高 中	Senior School	32.7	24.7	18.2	23.1	26.0	23.8	31.1
大学专科	College	17.0	6.4	26.6	25.1	24.6	31.7	47.6
大学本科	University	10.7	2.5	31.5	23.2	19.1	27.4	10.6
研究生	Graduate	1.4	0.1	4.2	2.9	1.8	1.9	0.3
女	**Female**	**100.0**	**100.0**	**100.0**	**100.0**	**100.0**	**100.0**	**100.0**
未上过学	Illiterate	2.4	1.8	0.2	0.3	0.2	0.3	
小 学	Primary School	18.5	15.0	2.7	2.6	4.0	2.7	
初 中	Junior School	33.4	53.0	14.8	12.7	19.4	10.3	
高 中	Senior School	21.9	22.2	18.4	21.3	24.7	21.3	31.1
大学专科	College	14.7	5.5	28.0	37.2	28.4	33.8	42.9
大学本科	University	8.6	2.5	32.2	23.5	21.1	29.6	26.0
研究生	Graduate	0.6	0.0	3.8	2.5	2.2	1.9	

1-34 按职业、性别分的全国就业人员受教育程度构成
EDUCATIONAL ATTAINMENT COMPOSITION OF EMPLOYMENT BY OCCUPATION AND SEX

单位：% (%)

受教育程度	Educational Attainment	合计 Total	单位负责人 Unit Head	专业技术人员 Professional and Technical Personnel	办事人员和有关人员 Clerk and Related Workers	商业、服务业人员 Business Service Personnel	农林牧渔水利业生产人员 Agriculture and Water Conservancy Labors	生产运输设备操作人员及有关人员 Production, Transport Equipment Operators and Related Workers	其他 Others
总计	**Total**	**100.0**	**100.0**	**100.0**	**100.0**	**100.0**	**100.0**	**100.0**	**100.0**
未上过学	Illiterate	2.0	0.3	0.2	0.3	0.6	4.3	0.6	1.2
小学	Primary School	19.6	4.8	3.8	4.1	9.6	35.4	13.1	12.8
初中	Junior School	48.7	33.8	21.1	20.0	50.3	53.4	59.1	44.7
高中	Senior School	16.7	26.5	22.3	26.1	26.6	6.4	20.4	23.7
大学专科	College	7.6	18.2	26.3	27.3	9.1	0.5	5.1	11.9
大学本科	University	4.9	15.0	23.6	20.7	3.6	0.1	1.7	5.4
研究生	Graduate	0.4	1.5	2.8	1.5	0.2	0.0	0.1	0.3
男	**Male**	**100.0**	**100.0**	**100.0**	**100.0**	**100.0**	**100.0**	**100.0**	**100.0**
未上过学	Illiterate	1.0	0.1	0.1	0.3	0.4	2.2	0.4	1.7
小学	Primary School	16.9	4.6	4.3	4.7	8.6	31.8	11.7	14.1
初中	Junior School	50.3	33.7	23.5	22.7	50.0	56.7	58.7	43.9
高中	Senior School	18.6	27.3	22.1	26.3	27.2	8.5	22.0	23.7
大学专科	College	7.7	17.6	23.1	25.3	9.6	0.6	5.4	11.3
大学本科	University	5.1	15.2	23.8	19.1	4.2	0.2	1.7	5.2
研究生	Graduate	0.5	1.5	3.1	1.5	0.2	0.0	0.1	0.2
女	**Female**	**100.0**	**100.0**	**100.0**	**100.0**	**100.0**	**100.0**	**100.0**	**100.0**
未上过学	Illiterate	3.2	0.6	0.2	0.3	0.9	6.2	0.9	0.2
小学	Primary School	23.1	5.6	3.4	2.9	10.7	38.8	16.1	10.2
初中	Junior School	46.7	34.0	18.6	15.1	50.7	50.2	59.8	46.5
高中	Senior School	14.3	23.7	22.5	25.7	26.0	4.4	17.1	23.8
大学专科	College	7.6	20.3	29.5	30.8	8.6	0.4	4.4	13.3
大学本科	University	4.7	14.2	23.4	23.7	3.1	0.1	1.6	5.7
研究生	Graduate	0.4	1.6	2.4	1.5	0.2		0.1	0.3

1-35 按受教育程度、性别分的全国就业人员职业构成
OCCUPATION COMPOSITION OF EMPLOYMENT BY EDUCATIONAL ATTAINMENT AND SEX

单位: % (%)

受教育程度	Educational Attainment	合计 Total	单位负责人 Unit Head	专业技术人员 Professional and Technical Personnel	办事人员和有关人员 Clerk and Related Workers	商业、服务业人员 Business Service Personnel	农林牧渔水利业生产人员 Agriculture and Water Conservancy Labors	生产运输设备操作人员及有关人员 Production, Transport Equipment Operators and Related Workers	其他 Others
总 计	**Total**	**100.0**	**2.0**	**9.9**	**5.4**	**19.5**	**39.4**	**23.6**	**0.3**
未上过学	Illiterate	100.0	0.3	0.8	0.8	6.1	84.8	7.0	0.2
小 学	Primary School	100.0	0.5	1.9	1.1	9.6	70.9	15.8	0.2
初 中	Junior School	100.0	1.4	4.3	2.2	20.2	43.1	28.6	0.3
高 中	Senior School	100.0	3.1	13.2	8.4	31.0	15.0	28.8	0.4
大学专科	College	100.0	4.7	34.0	19.3	23.3	2.5	15.7	0.4
大学本科	University	100.0	6.0	47.5	22.8	14.4	0.9	8.0	0.3
研究生	Graduate	100.0	6.8	62.1	19.0	7.9	0.2	3.8	0.2
男	**Male**	**100.0**	**2.8**	**9.0**	**6.2**	**17.7**	**34.7**	**29.2**	**0.3**
未上过学	Illiterate	100.0	0.4	1.2	2.0	6.3	76.6	12.9	0.6
小 学	Primary School	100.0	0.7	2.3	1.7	9.0	65.6	20.3	0.3
初 中	Junior School	100.0	1.8	4.2	2.8	17.6	39.1	34.1	0.3
高 中	Senior School	100.0	4.0	10.7	8.8	25.9	15.8	34.4	0.4
大学专科	College	100.0	6.3	27.2	20.6	22.2	2.7	20.5	0.5
大学本科	University	100.0	8.3	42.5	23.6	14.6	1.1	9.6	0.3
研究生	Graduate	100.0	8.5	59.1	20.4	7.1	0.4	4.5	0.2
女	**Female**	**100.0**	**1.0**	**10.9**	**4.4**	**21.7**	**45.1**	**16.7**	**0.2**
未上过学	Illiterate	100.0	0.2	0.7	0.4	6.0	88.0	4.7	0.0
小 学	Primary School	100.0	0.2	1.6	0.6	10.1	75.8	11.6	0.1
初 中	Junior School	100.0	0.7	4.4	1.4	23.6	48.4	21.3	0.2
高 中	Senior School	100.0	1.7	17.1	7.8	39.3	13.9	19.9	0.3
大学专科	College	100.0	2.7	42.7	17.7	24.6	2.3	9.7	0.3
大学本科	University	100.0	3.1	54.2	21.9	14.1	0.7	5.8	0.2
研究生	Graduate	100.0	4.2	66.7	16.9	9.2		2.8	0.2

1-36 按年龄、性别分的全国就业人员就业身份构成

COMPOSITION OF EMPLOYMENT STATUS BY AGE AND SEX

单位：%　　　　(%)

年龄 Age	合计 Total	雇员 Employee	雇主 Employer	自营劳动者 Self-employed	家庭帮工 Unpaid Familial Worker
总计 Total	**100.0**	**46.2**	**3.9**	**47.4**	**2.5**
16-19	100.0	59.9	1.4	35.3	3.4
20-24	100.0	65.5	2.0	29.3	3.3
25-29	100.0	61.8	3.6	31.9	2.8
30-34	100.0	56.1	5.3	36.2	2.4
35-39	100.0	50.0	5.4	42.2	2.4
40-44	100.0	43.8	5.1	48.5	2.6
45-49	100.0	42.2	4.7	50.6	2.5
50-54	100.0	36.5	3.6	57.8	2.1
55-59	100.0	25.6	2.6	70.1	1.7
60-64	100.0	13.5	1.8	82.7	1.9
65+	100.0	7.5	0.9	89.7	1.9
男 Male	**100.0**	**48.9**	**5.0**	**45.0**	**1.1**
16-19	100.0	56.9	1.1	37.8	4.3
20-24	100.0	64.6	2.5	29.9	3.0
25-29	100.0	63.2	4.3	30.9	1.6
30-34	100.0	58.0	6.7	34.6	0.8
35-39	100.0	52.5	6.9	40.1	0.5
40-44	100.0	46.5	6.7	46.3	0.6
45-49	100.0	47.2	6.2	46.0	0.5
50-54	100.0	45.3	4.7	49.4	0.6
55-59	100.0	34.9	3.6	60.9	0.6
60-64	100.0	18.3	2.7	78.1	1.0
65+	100.0	10.0	1.3	87.4	1.3
女 Female	**100.0**	**42.7**	**2.5**	**50.5**	**4.2**
16-19	100.0	63.4	1.8	32.3	2.5
20-24	100.0	66.5	1.4	28.6	3.6
25-29	100.0	60.0	2.7	33.0	4.2
30-34	100.0	53.8	3.7	38.1	4.3
35-39	100.0	47.0	3.5	44.8	4.7
40-44	100.0	40.8	3.3	51.1	4.9
45-49	100.0	36.0	2.7	56.3	5.0
50-54	100.0	23.8	2.0	70.0	4.2
55-59	100.0	12.1	1.0	83.6	3.3
60-64	100.0	7.0	0.8	89.0	3.2
65+	100.0	3.8	0.3	93.1	2.8

1-37　按就业身份、性别分的全国就业人员年龄构成

AGE COMPOSITION OF EMPLOYMENT BY EMPLOYMENT STATUS AND SEX

单位：%　　(%)

年龄 Age	合计 Total	雇员 Employee	雇主 Employer	自营劳动者 Self-employed	家庭帮工 Unpaid Familial Worker
总计 Total	**100.0**	**100.0**	**100.0**	**100.0**	**100.0**
16-19	2.5	3.2	0.9	1.8	3.4
20-24	10.9	15.5	5.5	6.7	14.4
25-29	11.3	15.1	10.2	7.6	12.6
30-34	11.6	14.1	15.8	8.9	11.2
35-39	13.4	14.5	18.3	11.9	12.9
40-44	15.2	14.4	19.9	15.5	15.6
45-49	13.0	11.9	15.5	13.8	13.1
50-54	6.9	5.5	6.3	8.4	5.7
55-59	7.4	4.1	4.9	11.0	5.1
60-64	4.1	1.2	1.9	7.1	3.2
65+	3.8	0.6	0.9	7.2	2.9
男 Male	**100.0**	**100.0**	**100.0**	**100.0**	**100.0**
16-19	2.4	2.8	0.5	2.0	9.4
20-24	10.3	13.6	5.1	6.9	28.7
25-29	11.1	14.4	9.4	7.7	16.3
30-34	11.4	13.5	15.1	8.8	7.8
35-39	13.2	14.2	18.2	11.8	6.1
40-44	14.8	14.1	19.7	15.2	7.9
45-49	13.0	12.6	16.1	13.4	6.5
50-54	7.4	6.8	6.9	8.1	4.2
55-59	8.0	5.7	5.8	10.8	4.3
60-64	4.3	1.6	2.2	7.4	3.9
65+	4.1	0.8	1.1	8.0	5.0
女 Female	**100.0**	**100.0**	**100.0**	**100.0**	**100.0**
16-19	2.5	3.8	1.8	1.6	1.5
20-24	11.7	18.2	6.4	6.6	9.8
25-29	11.4	16.1	12.3	7.5	11.4
30-34	11.9	15.0	17.5	9.0	12.2
35-39	13.5	14.9	18.5	12.0	15.1
40-44	15.7	14.9	20.3	15.8	18.1
45-49	12.9	10.8	14.0	14.4	15.3
50-54	6.3	3.5	5.0	8.7	6.2
55-59	6.8	1.9	2.7	11.3	5.3
60-64	3.9	0.6	1.2	6.9	2.9
65+	3.4	0.3	0.4	6.3	2.2

1-38 按受教育程度、性别分的全国就业人员就业身份构成
COMPOSITION OF EMPLOYMENT STATUS BY EDUCATIONAL ATTAINMENT AND SEX

单位：% (%)

受教育程度	Educational Attainment	合计 Total	雇员 Employee	雇主 Employer	自营劳动者 SelfEmployed	家庭帮工 Unpaid Familial Worker
总计	**Total**	**100.0**	**46.2**	**3.9**	**47.4**	**2.5**
未上过学	Illiterate	100.0	9.9	0.8	87.5	1.8
小学	Primary School	100.0	18.9	1.9	76.9	2.3
初中	Junior School	100.0	39.6	4.1	53.2	3.1
高中	Senior School	100.0	66.3	6.4	24.7	2.6
大学专科	College	100.0	89.0	4.4	5.7	1.0
大学本科	University	100.0	94.8	2.7	2.1	0.4
研究生	Graduate	100.0	97.6	1.6	0.8	
男	**Male**	**100.0**	**48.9**	**5.0**	**45.0**	**1.1**
未上过学	Illiterate	100.0	15.8	1.8	81.7	0.8
小学	Primary School	100.0	22.8	2.6	73.7	0.9
初中	Junior School	100.0	41.9	5.1	51.8	1.1
高中	Senior School	100.0	64.1	7.6	26.9	1.4
大学专科	College	100.0	87.2	5.5	6.4	0.9
大学本科	University	100.0	93.5	3.5	2.6	0.5
研究生	Graduate	100.0	97.2	2.0	0.8	
女	**Female**	**100.0**	**42.7**	**2.5**	**50.5**	**4.2**
未上过学	Illiterate	100.0	7.6	0.5	89.7	2.3
小学	Primary School	100.0	15.5	1.2	79.8	3.5
初中	Junior School	100.0	36.6	2.7	55.1	5.6
高中	Senior School	100.0	69.7	4.5	21.4	4.4
大学专科	College	100.0	91.2	3.0	4.7	1.2
大学本科	University	100.0	96.6	1.5	1.5	0.4
研究生	Graduate	100.0	98.2	1.0	0.7	

1-39 按就业身份、性别分的全国就业人员受教育程度构成
EDUCATIONAL ATTAINMENT COMPOSITION BY EMPLOYMENT STATUS AND SEX

单位：% (%)

受教育程度	Educational Attainment	合 计 Total	雇 员 Employee	雇 主 Employer	自营劳动者 SelfEmployed	家庭帮工 Unpaid Familial Worker
总 计	**Total**	**100.0**	**100.0**	**100.0**	**100.0**	**100.0**
未上过学	Illiterate	2.0	0.4	0.4	3.6	1.5
小 学	Primary School	19.6	8.1	9.4	31.8	17.9
初 中	Junior School	48.7	41.8	50.8	54.7	59.5
高 中	Senior School	16.7	24.0	27.4	8.7	17.1
大学专科	College	7.6	14.7	8.5	0.9	3.2
大学本科	University	4.9	10.1	3.3	0.2	0.8
研究生	Graduate	0.4	0.9	0.2	0.0	
男	**Male**	**100.0**	**100.0**	**100.0**	**100.0**	**100.0**
未上过学	Illiterate	1.0	0.3	0.4	1.8	0.7
小 学	Primary School	16.9	7.8	8.8	27.6	14.1
初 中	Junior School	50.3	43.1	50.8	58.0	52.2
高 中	Senior School	18.6	24.5	28.0	11.1	24.4
大学专科	College	7.7	13.7	8.3	1.1	6.6
大学本科	University	5.1	9.7	3.5	0.3	2.1
研究生	Graduate	0.5	0.9	0.2	0.0	
女	**Female**	**100.0**	**100.0**	**100.0**	**100.0**	**100.0**
未上过学	Illiterate	3.2	0.6	0.6	5.7	1.7
小 学	Primary School	23.1	8.3	11.0	36.4	19.1
初 中	Junior School	46.7	40.0	50.7	51.0	61.8
高 中	Senior School	14.3	23.4	25.7	6.1	14.8
大学专科	College	7.6	16.1	8.9	0.7	2.1
大学本科	University	4.7	10.7	2.9	0.1	0.4
研究生	Graduate	0.4	0.9	0.2	0.0	

1-40 按年龄、性别分的城镇就业人员就业身份构成
COMPOSITION OF URBAN EMPLOYMENT STATUS BY AGE AND SEX

单位：%　　(%)

年龄 Age	合 计 Total	雇 员 Employee	雇 主 Employer	自营劳动者 SelfEmployed	家庭帮工 Unpaid Familial Worker
总计 Total	**100.0**	**67.0**	**5.7**	**24.6**	**2.7**
16-19	100.0	77.3	1.1	17.7	3.9
20-24	100.0	78.8	2.4	15.6	3.2
25-29	100.0	76.1	4.6	16.8	2.4
30-34	100.0	71.8	6.9	19.0	2.4
35-39	100.0	67.8	7.3	22.5	2.4
40-44	100.0	63.1	7.2	26.8	2.8
45-49	100.0	62.7	6.8	27.5	3.0
50-54	100.0	60.8	5.4	31.5	2.3
55-59	100.0	51.5	4.8	41.4	2.4
60-64	100.0	30.7	4.6	61.1	3.5
65+	100.0	19.7	2.9	71.7	5.7
男 Male	**100.0**	**67.0**	**6.9**	**25.0**	**1.2**
16-19	100.0	74.1	1.2	20.5	4.2
20-24	100.0	76.0	3.0	17.6	3.3
25-29	100.0	75.0	5.3	18.2	1.5
30-34	100.0	70.8	8.1	20.4	0.7
35-39	100.0	67.0	8.9	23.6	0.5
40-44	100.0	62.8	8.7	27.9	0.6
45-49	100.0	64.7	8.3	26.4	0.6
50-54	100.0	66.4	6.1	26.7	0.8
55-59	100.0	60.2	5.4	33.5	0.8
60-64	100.0	37.3	6.0	55.0	1.7
65+	100.0	24.8	3.8	67.2	4.3
女 Female	**100.0**	**66.9**	**4.2**	**24.1**	**4.8**
16-19	100.0	81.0	1.1	14.3	3.6
20-24	100.0	81.6	1.8	13.5	3.1
25-29	100.0	77.5	3.8	15.2	3.5
30-34	100.0	73.0	5.4	17.3	4.4
35-39	100.0	68.8	5.3	21.1	4.8
40-44	100.0	63.5	5.3	25.5	5.7
45-49	100.0	60.0	4.8	29.0	6.2
50-54	100.0	49.0	3.7	41.8	5.4
55-59	100.0	30.6	3.3	60.0	6.1
60-64	100.0	19.7	2.2	71.4	6.7
65+	100.0	11.8	1.4	78.8	8.0

1-41 按就业身份、性别分的城镇就业人员年龄构成
AGE COMPOSITION OF URBAN EMPLOYMENT BY EMPLOYMENT STATUS AND SEX

单位：% (%)

年龄 Age	合 计 Total	雇 员 Employee	雇 主 Employer	自营劳动者 SelfEmployed	家庭帮工 Unpaid Familial Worker
总计 Total	**100.0**	**100.0**	**100.0**	**100.0**	**100.0**
16-19	2.2	2.5	0.4	1.5	3.1
20-24	12.0	14.1	5.0	7.6	14.2
25-29	13.4	15.3	10.8	9.2	11.9
30-34	13.9	14.9	16.7	10.8	12.0
35-39	15.1	15.3	19.3	13.8	13.2
40-44	16.0	15.1	20.2	17.5	16.6
45-49	12.9	12.1	15.4	14.5	14.1
50-54	6.2	5.6	5.8	8.0	5.2
55-59	4.9	3.7	4.1	8.2	4.2
60-64	2.0	0.9	1.6	4.9	2.5
65+	1.4	0.4	0.7	4.1	3.0
男 Male	**100.0**	**100.0**	**100.0**	**100.0**	**100.0**
16-19	2.1	2.3	0.4	1.7	7.3
20-24	10.6	12.1	4.6	7.5	29.9
25-29	12.9	14.4	9.9	9.4	16.4
30-34	13.5	14.3	15.8	11.0	8.1
35-39	14.9	14.9	19.3	14.0	6.2
40-44	15.7	14.7	20.0	17.6	7.7
45-49	13.2	12.8	15.9	13.9	7.1
50-54	7.4	7.4	6.6	8.0	4.9
55-59	6.0	5.4	4.7	8.1	4.1
60-64	2.2	1.2	1.9	4.7	3.0
65+	1.5	0.6	0.8	4.1	5.4
女 Female	**100.0**	**100.0**	**100.0**	**100.0**	**100.0**
16-19	2.3	2.8	0.6	1.4	1.7
20-24	13.8	16.8	5.8	7.7	9.0
25-29	14.1	16.3	12.8	8.9	10.4
30-34	14.5	15.8	18.4	10.4	13.3
35-39	15.4	15.8	19.3	13.5	15.5
40-44	16.4	15.6	20.8	17.4	19.6
45-49	12.6	11.3	14.3	15.2	16.4
50-54	4.6	3.4	4.1	8.0	5.3
55-59	3.3	1.5	2.6	8.3	4.3
60-64	1.7	0.5	0.9	5.0	2.4
65+	1.3	0.2	0.4	4.2	2.1

1-42 按受教育程度、性别分的城镇就业人员就业身份构成
COMPOSITION OF URBAN EMPLOYMENT STATUS BY EDUCATIONAL ATTAINMENT AND SEX

单位：% (%)

受教育程度	Educational Attainment	合计 Total	雇员 Employee	雇主 Employer	自营劳动者 SelfEmployed	家庭帮工 Unpaid Familial Worker
总 计	**Total**	**100.0**	**67.0**	**5.7**	**24.6**	**2.7**
未上过学	Illiterate	100.0	25.3	2.9	66.9	4.9
小 学	Primary School	100.0	35.9	4.5	55.3	4.2
初 中	Junior School	100.0	55.0	6.4	34.9	3.7
高 中	Senior School	100.0	74.3	7.1	16.0	2.6
大学专科	College	100.0	89.6	4.7	4.8	0.9
大学本科	University	100.0	95.0	2.8	1.9	0.4
研究生	Graduate	100.0	97.7	1.5	0.8	
男	**Male**	**100.0**	**67.0**	**6.9**	**25.0**	**1.2**
未上过学	Illiterate	100.0	29.4	4.5	64.8	1.2
小 学	Primary School	100.0	38.9	5.9	53.5	1.6
初 中	Junior School	100.0	55.3	7.4	35.9	1.3
高 中	Senior School	100.0	72.4	8.3	17.8	1.4
大学专科	College	100.0	87.7	5.9	5.6	0.8
大学本科	University	100.0	93.7	3.7	2.3	0.4
研究生	Graduate	100.0	97.4	1.8	0.8	
女	**Female**	**100.0**	**66.9**	**4.2**	**24.1**	**4.8**
未上过学	Illiterate	100.0	23.2	2.0	68.0	6.8
小 学	Primary School	100.0	32.9	3.1	57.2	6.8
初 中	Junior School	100.0	54.5	5.1	33.4	7.0
高 中	Senior School	100.0	77.1	5.3	13.3	4.3
大学专科	College	100.0	91.8	3.1	3.9	1.1
大学本科	University	100.0	96.6	1.6	1.4	0.4
研究生	Graduate	100.0	98.2	1.1	0.8	

1-43 按就业身份、性别分的城镇就业人员受教育程度构成
EDUCATIONAL ATTAINMENT COMPOSITION OF URBAN EMPLOYMENT BY EMPLOYMENT STATUS AND SEX

单位：% (%)

受教育程度	Educational Attainment	合 计 Total	雇 员 Employee	雇 主 Employer	自营劳动者 SelfEmployed	家庭帮工 Unpaid Familial Worker
总 计	**Total**	**100.0**	**100.0**	**100.0**	**100.0**	**100.0**
未上过学	Illiterate	0.8	0.3	0.4	2.2	1.4
小 学	Primary School	9.9	5.3	7.8	22.3	15.3
初 中	Junior School	39.3	32.2	44.1	55.7	53.7
高 中	Senior School	24.9	27.6	31.0	16.2	23.4
大学专科	College	14.4	19.2	11.7	2.8	4.9
大学本科	University	9.9	14.0	4.8	0.8	1.3
研究生	Graduate	0.9	1.3	0.2	0.0	
男	**Male**	**100.0**	**100.0**	**100.0**	**100.0**	**100.0**
未上过学	Illiterate	0.5	0.2	0.3	1.2	0.5
小 学	Primary School	8.8	5.1	7.5	18.8	12.1
初 中	Junior School	39.8	32.9	43.0	57.2	43.9
高 中	Senior School	26.2	28.3	31.7	18.7	31.4
大学专科	College	14.0	18.3	11.9	3.1	9.2
大学本科	University	9.9	13.8	5.2	0.9	3.0
研究生	Graduate	1.0	1.4	0.3	0.0	
女	**Female**	**100.0**	**100.0**	**100.0**	**100.0**	**100.0**
未上过学	Illiterate	1.2	0.4	0.6	3.5	1.8
小 学	Primary School	11.4	5.6	8.4	27.1	16.3
初 中	Junior School	38.7	31.4	46.6	53.7	56.9
高 中	Senior School	23.1	26.6	29.3	12.7	20.7
大学专科	College	14.9	20.4	11.1	2.4	3.5
大学本科	University	9.9	14.3	3.8	0.6	0.7
研究生	Graduate	0.8	1.2	0.2	0.0	

1-44 按年龄、性别分的城镇就业人员行业构成
SECTOR COMPOSITION OF URBAN EMPLOYMENT BY AGE AND SEX

单位：% (%)

年龄 Age	合计 Total	农、林、牧、渔业 Farming, Forestry, Animal Husbandry and Fishery	采矿业 Mining and Quarrying	制造业 Manufacturing	电力、热力、燃气及水生产和供应业 Production and Distribution of Electricity Power, Heat Power, Gas and Water	建筑业 Construction	批发和零售业 Wholesale and Retail
总计 Total	**100.0**	**13.4**	**1.7**	**22.9**	**1.4**	**6.1**	**15.1**
16-19	100.0	13.4	0.6	38.2	0.2	4.3	13.6
20-24	100.0	9.1	1.0	30.2	0.7	4.6	16.8
25-29	100.0	7.4	1.1	25.2	1.4	5.1	17.1
30-34	100.0	7.5	1.6	23.6	1.7	5.2	17.3
35-39	100.0	9.5	1.9	23.5	1.6	6.4	16.0
40-44	100.0	12.8	2.3	21.6	1.7	7.4	15.0
45-49	100.0	14.3	2.6	20.6	1.5	7.4	13.5
50-54	100.0	19.5	2.6	17.2	1.6	7.6	11.8
55-59	100.0	31.0	1.3	15.9	1.5	6.6	9.4
60-64	100.0	51.7	0.7	11.7	0.5	5.8	8.3
65+	100.0	65.2	0.2	6.7	0.2	3.4	8.3
男 Male	**100.0**	**11.8**	**2.5**	**23.3**	**1.7**	**9.1**	**12.5**
16-19	100.0	15.3	1.0	39.1	0.4	6.9	9.0
20-24	100.0	9.4	1.8	31.8	0.8	7.3	13.2
25-29	100.0	7.0	1.6	27.2	1.7	7.8	13.7
30-34	100.0	6.8	2.2	24.4	2.2	7.9	13.8
35-39	100.0	8.2	2.7	23.2	2.0	9.4	13.6
40-44	100.0	11.1	3.3	20.7	2.1	11.0	13.1
45-49	100.0	11.4	3.6	20.8	1.8	10.7	11.7
50-54	100.0	14.2	3.3	18.9	2.0	9.9	10.7
55-59	100.0	21.9	1.6	17.9	2.0	8.8	9.6
60-64	100.0	43.7	1.1	14.1	0.7	8.7	8.4
65+	100.0	58.6	0.2	7.8	0.2	5.5	8.6
女 Female	**100.0**	**15.6**	**0.7**	**22.4**	**0.9**	**2.2**	**18.4**
16-19	100.0	11.1	0.1	37.1	0.1	1.2	19.0
20-24	100.0	8.8	0.2	28.6	0.5	1.8	20.5
25-29	100.0	8.0	0.4	22.8	1.0	1.9	21.3
30-34	100.0	8.4	0.9	22.6	1.1	1.8	21.7
35-39	100.0	11.1	0.9	23.9	1.2	2.7	18.9
40-44	100.0	15.1	1.1	22.7	1.3	2.8	17.5
45-49	100.0	18.4	1.2	20.2	1.0	2.8	16.0
50-54	100.0	30.8	1.0	13.5	0.8	2.7	14.1
55-59	100.0	52.6	0.6	11.1	0.3	1.3	9.1
60-64	100.0	65.2	0.1	7.7	0.2	0.8	8.3
65+	100.0	75.6	0.0	5.0	0.2	0.3	8.0

1-44 续表 1 continued

单位：% (%)

年龄 Age	交通运输、仓储和邮政业 Transport, Storage, Post & Telecommunication	住宿和餐饮业 Hotel and Catering Services	信息传输、软件和信息技术服务业 Information Transfer, Software and Information Technical Services	金融业 Banking	房地产业 Real Estate	租赁和商务服务业 Leasing and Business Services	科学研究和技术服务业 Scientific Research and Technical Service
总计 Total	**5.5**	**4.1**	**4.8**	**2.4**	**1.2**	**1.6**	**0.9**
16–19	2.4	9.0	4.6	1.3	0.6	0.5	0.3
20–24	4.2	5.2	6.6	3.0	1.4	2.1	0.8
25–29	5.5	4.1	6.3	3.3	1.2	2.5	1.3
30–34	5.7	3.9	5.7	2.5	1.2	1.8	1.1
35–39	6.2	4.3	4.9	2.3	1.0	1.4	0.9
40–44	6.3	3.9	4.2	2.4	1.1	1.5	0.8
45–49	6.0	3.7	3.7	2.2	1.1	1.3	0.9
50–54	5.6	3.4	3.1	1.9	1.8	1.4	1.0
55–59	4.6	2.6	2.9	1.3	1.7	1.1	0.7
60–64	2.5	2.6	1.7	0.4	1.0	1.0	0.4
65+	2.0	1.1	2.0	0.3	0.4	0.6	0.4
男 Male	**7.7**	**3.3**	**4.3**	**2.1**	**1.3**	**1.7**	**1.0**
16–19	3.2	8.3	3.2	1.4	0.7	0.7	0.6
20–24	5.8	5.0	6.0	2.5	1.3	1.9	0.7
25–29	7.5	3.7	6.1	2.8	1.3	2.2	1.4
30–34	8.3	3.5	5.1	2.1	1.4	2.1	1.3
35–39	9.1	3.5	4.4	1.9	1.1	1.5	1.2
40–44	9.1	2.8	3.6	2.2	1.1	1.6	0.9
45–49	8.3	2.4	3.1	2.1	1.2	1.4	1.1
50–54	7.4	2.6	2.9	1.9	2.0	1.7	1.0
55–59	6.0	2.1	2.8	1.5	2.0	1.3	0.8
60–64	3.7	2.2	1.8	0.4	1.3	1.0	0.4
65+	2.9	1.2	2.3	0.5	0.6	0.9	0.6
女 Female	**2.6**	**5.0**	**5.5**	**2.8**	**1.0**	**1.6**	**0.7**
16–19	1.5	9.8	6.3	1.1	0.4	0.2	
20–24	2.6	5.5	7.3	3.6	1.4	2.3	0.8
25–29	3.0	4.5	6.6	4.0	1.1	2.8	1.1
30–34	2.6	4.4	6.4	3.0	1.1	1.5	0.8
35–39	2.6	5.3	5.6	2.7	1.0	1.4	0.7
40–44	2.8	5.2	4.9	2.6	1.0	1.3	0.7
45–49	2.9	5.5	4.4	2.5	0.9	1.2	0.6
50–54	1.6	4.9	3.7	1.9	1.3	0.8	0.9
55–59	1.3	3.9	3.3	0.8	0.9	0.4	0.2
60–64	0.5	3.4	1.6	0.5	0.6	0.9	0.3
65+	0.6	0.9	1.6	0.1		0.0	

1-44 续表 2 continued

单位：% (%)

年龄 Age	水利、环境和公共设施管理业 Water Conservancy, Environment and Public Utility Management	居民服务、修理和其他服务业 Resident Services, Repair and Other Services	教 育 Education	卫生和社会工作 Sanitation and Society	文化、体育和娱乐业 Culture Sports and Entertainment	公共管理、社会保障和社会组织 Public Management, Social Security and Social Organization	国际组织 International Organizations
总计 Total	**0.7**	**3.3**	**4.1**	**3.3**	**1.5**	**6.0**	**0.02**
16-19	0.2	4.7	1.7	1.7	1.5	1.2	
20-24	0.3	3.3	2.4	2.7	2.0	3.5	0.01
25-29	0.5	3.2	4.5	3.5	1.7	5.1	0.05
30-34	0.6	2.9	5.7	4.0	1.8	6.1	0.04
35-39	0.8	3.3	4.2	3.4	1.4	7.0	0.03
40-44	0.7	3.3	4.1	3.2	1.4	6.4	0.00
45-49	0.9	3.5	4.4	3.4	1.4	7.6	0.02
50-54	1.2	3.1	4.3	3.2	1.3	8.5	0.01
55-59	1.4	3.5	3.5	2.9	1.3	6.8	0.06
60-64	1.3	3.5	1.8	2.0	0.6	2.3	
65+	0.4	2.7	1.2	2.5	0.8	1.5	0.04
男 Male	**0.7**	**3.2**	**3.0**	**2.4**	**1.4**	**7.0**	**0.04**
16-19	0.2	5.6	0.7	0.9	1.6	1.1	
20-24	0.3	4.0	1.1	1.4	1.8	3.9	0.01
25-29	0.5	3.6	2.7	2.1	1.4	5.7	0.08
30-34	0.6	3.0	4.0	2.8	1.6	7.1	0.07
35-39	0.8	2.9	3.1	2.5	1.2	7.8	0.04
40-44	0.7	2.9	3.0	2.4	1.2	7.4	0.00
45-49	0.7	2.8	3.7	2.9	1.2	8.9	0.03
50-54	1.2	2.9	3.5	2.8	1.2	9.7	0.01
55-59	1.5	3.2	3.9	2.8	1.4	8.7	0.06
60-64	1.3	3.5	1.8	2.4	0.6	2.9	
65+	0.6	2.6	1.2	2.8	1.2	1.8	0.06
女 Female	**0.7**	**3.4**	**5.5**	**4.4**	**1.8**	**4.6**	**0.01**
16-19	0.1	3.6	2.9	2.7	1.4	1.2	
20-24	0.3	2.6	3.8	4.1	2.3	3.0	
25-29	0.4	2.6	6.8	5.2	2.1	4.4	0.01
30-34	0.5	2.9	7.8	5.6	2.0	4.9	
35-39	0.8	3.7	5.7	4.5	1.5	5.9	0.01
40-44	0.7	3.7	5.5	4.2	1.6	5.2	0.01
45-49	1.1	4.3	5.3	4.2	1.8	5.8	0.01
50-54	1.1	3.6	5.8	4.2	1.4	5.8	
55-59	1.1	4.0	2.6	3.1	1.1	2.3	0.06
60-64	1.2	3.6	1.8	1.3	0.8	1.3	
65+	0.1	2.9	1.3	2.2	0.1	1.0	

1-45 按行业、性别分的城镇就业人员年龄构成
AGE COMPOSITION OF URBAN EMPLOYMENT BY SECTOR AND SEX

单位：% (%)

年龄 Age	合 计 Total	农、林、牧、渔业 Farming, Forestry, Animal Husbandry and Fishery	采矿业 Mining and Quarrying	制造业 Manufacturing	电力、热力、燃气及水生产和供应业 Production and Distribution of Electricity Power, Heat Power, Gas and Water	建筑业 Construction	批发和零售业 Wholesale and Retail
总计 Total	**100.0**	**100.0**	**100.0**	**100.0**	**100.0**	**100.0**	**100.0**
16–19	2.2	2.2	0.7	3.6	0.4	1.5	1.9
20–24	12.0	8.1	7.0	15.8	5.7	9.0	13.4
25–29	13.4	7.4	8.3	14.7	13.1	11.2	15.3
30–34	13.9	7.8	12.8	14.3	16.8	11.8	16.0
35–39	15.1	10.7	16.5	15.4	17.5	15.8	16.0
40–44	16.0	15.3	21.4	15.1	19.7	19.4	16.0
45–49	12.9	13.8	19.4	11.6	13.5	15.6	11.6
50–54	6.2	9.0	9.2	4.7	7.2	7.8	4.9
55–59	4.9	11.2	3.7	3.4	5.2	5.2	3.0
60–64	2.0	7.5	0.8	1.0	0.7	1.8	1.1
65+	1.4	6.9	0.1	0.4	0.2	0.8	0.8
男 Male	**100.0**	**100.0**	**100.0**	**100.0**	**100.0**	**100.0**	**100.0**
16–19	2.1	2.7	0.9	3.5	0.4	1.6	1.5
20–24	10.6	8.5	7.7	14.5	5.0	8.6	11.2
25–29	12.9	7.7	8.5	15.0	12.3	11.0	14.1
30–34	13.5	7.8	11.9	14.1	16.8	11.7	14.9
35–39	14.9	10.3	16.2	14.8	16.7	15.4	16.2
40–44	15.7	14.7	20.6	14.0	18.8	19.1	16.4
45–49	13.2	12.7	19.3	11.8	13.4	15.6	12.3
50–54	7.4	9.0	9.9	6.0	8.6	8.1	6.4
55–59	6.0	11.2	3.9	4.6	6.9	5.8	4.6
60–64	2.2	8.0	1.0	1.3	0.9	2.1	1.4
65+	1.5	7.5	0.1	0.5	0.2	0.9	1.0
女 Female	**100.0**	**100.0**	**100.0**	**100.0**	**100.0**	**100.0**	**100.0**
16–19	2.3	1.6	0.2	3.8	0.2	1.2	2.4
20–24	13.8	7.8	3.7	17.6	7.4	11.2	15.4
25–29	14.1	7.2	7.7	14.3	15.2	12.0	16.3
30–34	14.5	7.8	17.1	14.6	16.7	12.0	17.1
35–39	15.4	11.0	17.8	16.4	19.4	18.4	15.8
40–44	16.4	15.9	24.7	16.6	22.0	21.0	15.6
45–49	12.6	14.9	19.9	11.4	13.6	15.8	11.0
50–54	4.6	9.1	6.2	2.8	3.8	5.7	3.5
55–59	3.3	11.3	2.5	1.7	1.1	2.0	1.7
60–64	1.7	7.1	0.2	0.6	0.4	0.6	0.8
65+	1.3	6.2	0.0	0.3	0.2	0.2	0.6

1-45 续表 1 continued

单位：% (%)

年龄 Age	交通运输、仓储和邮政业 Transport, Storage, Post & Telecommunication	住宿和餐饮业 Hotel and Catering Services	信息传输、软件和信息技术服务业 Information Transfer, Software and Information Technical Services	金融业 Banking	房地产业 Real Estate	租赁和商务服务业 Leasing and Business Services	科学研究和技术服务业 Scientific Research and Technical Service
总计 Total	**100.0**	**100.0**	**100.0**	**100.0**	**100.0**	**100.0**	**100.0**
16-19	0.9	4.8	2.1	1.2	1.0	0.6	0.7
20-24	9.3	15.4	16.5	15.1	13.6	15.2	10.3
25-29	13.4	13.4	17.7	18.5	13.5	20.4	19.0
30-34	14.6	13.3	16.4	14.6	14.6	15.5	16.3
35-39	17.2	16.0	15.4	14.4	12.8	13.2	15.6
40-44	18.5	15.3	13.9	16.1	14.2	14.4	13.6
45-49	14.3	11.9	9.8	12.0	12.1	10.5	12.9
50-54	6.3	5.2	4.1	5.0	9.3	5.4	6.7
55-59	4.1	3.1	3.0	2.7	6.7	3.1	3.5
60-64	0.9	1.3	0.7	0.3	1.7	1.2	0.8
65+	0.5	0.4	0.6	0.2	0.4	0.5	0.5
男 Male	**100.0**	**100.0**	**100.0**	**100.0**	**100.0**	**100.0**	**100.0**
16-19	0.9	5.2	1.6	1.4	1.2	0.8	1.1
20-24	8.0	16.0	15.0	12.5	10.7	11.8	7.3
25-29	12.6	14.3	18.6	17.0	12.9	16.9	17.8
30-34	14.6	14.1	16.0	13.8	14.2	16.6	16.5
35-39	17.5	15.7	15.3	13.7	12.0	13.2	16.5
40-44	18.7	13.5	13.2	16.7	13.0	15.1	13.0
45-49	14.3	9.6	9.7	13.0	12.6	11.1	13.8
50-54	7.2	6.0	5.0	6.8	11.5	7.6	7.4
55-59	4.7	3.8	3.9	4.4	9.1	4.8	4.8
60-64	1.0	1.4	0.9	0.4	2.1	1.3	0.9
65+	0.6	0.6	0.8	0.3	0.7	0.8	0.8
女 Female	**100.0**	**100.0**	**100.0**	**100.0**	**100.0**	**100.0**	**100.0**
16-19	1.3	4.5	2.6	0.9	0.8	0.4	
20-24	14.3	14.9	18.1	17.6	18.3	19.9	16.0
25-29	16.6	12.7	16.7	19.9	14.4	25.3	21.3
30-34	14.7	12.6	16.7	15.4	15.2	13.9	15.7
35-39	15.9	16.2	15.5	15.1	14.1	13.3	14.0
40-44	17.7	16.8	14.5	15.4	16.3	13.5	14.8
45-49	14.3	13.9	9.9	11.1	11.4	9.6	11.1
50-54	2.9	4.5	3.1	3.2	5.7	2.4	5.4
55-59	1.7	2.6	2.0	1.0	2.9	0.8	1.1
60-64	0.3	1.1	0.5	0.3	1.0	0.9	0.6
65+	0.3	0.2	0.4	0.1		0.0	

1-45 续表 2 continued

单位：% (%)

年龄 Age	水利、环境和公共设施管理业 Water Conservancy, Environment and Public Utility Management	居民服务、修理和其他服务业 Resident Services, Repair and Other Services	教 育 Education	卫生和社会工作 Sanitation and Society	文化、体育和娱乐业 Culture Sports and Entertainment	公共管理、社会保障和社会组织 Public Management, Social Security and Social Organization	国际组织 International Organizations
总计 Total	**100.0**	**100.0**	**100.0**	**100.0**	**100.0**	**100.0**	**100.0**
16–19	0.5	3.1	0.9	1.1	2.2	0.4	
20–24	5.6	12.1	7.1	10.0	15.8	7.0	3.4
25–29	8.9	13.0	15.0	14.4	15.0	11.5	28.0
30–34	11.6	12.5	19.4	17.2	16.1	14.3	22.1
35–39	16.7	15.1	15.7	15.5	13.5	17.6	16.3
40–44	16.4	16.1	15.9	15.5	14.4	17.2	2.2
45–49	15.8	13.7	14.0	13.5	12.2	16.5	11.4
50–54	10.3	6.0	6.5	6.2	5.1	8.8	2.3
55–59	9.7	5.2	4.2	4.3	4.3	5.5	12.3
60–64	3.6	2.1	0.9	1.2	0.8	0.7	
65+	0.9	1.2	0.4	1.1	0.7	0.4	2.1
男 Male	**100.0**	**100.0**	**100.0**	**100.0**	**100.0**	**100.0**	**100.0**
16–19	0.6	3.6	0.5	0.8	2.5	0.3	
20–24	4.9	13.3	3.9	6.1	13.8	6.0	3.9
25–29	9.5	14.5	11.5	11.4	13.2	10.5	28.3
30–34	11.4	12.5	17.9	15.7	16.1	13.8	25.3
35–39	15.8	13.7	15.6	15.2	13.6	16.7	16.6
40–44	15.2	14.4	15.5	15.4	13.8	16.6	0.4
45–49	12.8	11.7	16.5	15.8	11.9	16.9	10.6
50–54	12.0	6.7	8.8	8.6	6.5	10.4	2.6
55–59	12.6	6.1	7.8	7.1	6.4	7.5	10.0
60–64	3.8	2.4	1.3	2.2	0.9	0.9	
65+	1.3	1.2	0.6	1.7	1.3	0.4	2.4
女 Female	**100.0**	**100.0**	**100.0**	**100.0**	**100.0**	**100.0**	**100.0**
16–19	0.5	2.5	1.2	1.4	1.8	0.6	
20–24	6.7	10.6	9.4	12.8	17.7	9.0	
25–29	8.0	11.1	17.4	16.5	16.8	13.4	26.0
30–34	11.9	12.6	20.4	18.2	16.1	15.3	
35–39	18.0	16.9	15.8	15.7	13.4	19.5	14.1
40–44	18.0	18.3	16.2	15.6	15.1	18.4	14.6
45–49	20.1	16.3	12.2	11.9	12.5	15.6	16.9
50–54	7.8	5.0	4.9	4.4	3.6	5.8	
55–59	5.5	4.0	1.6	2.3	2.1	1.7	28.3
60–64	3.2	1.8	0.5	0.5	0.8	0.5	
65+	0.3	1.1	0.3	0.6	0.1	0.3	

1-46 按受教育程度、性别分的城镇就业人员行业构成
SECTOR COMPOSITION OF URBAN EMPLOYMENT BY EDUCATIONAL ATTAINMENT AND SEX

单位：% (%)

受教育程度	Educational Attainment	合计 Total	农、林、牧、渔业 Farming, Forestry, Animal Husbandry and Fishery	采矿业 Mining and Quarrying	制造业 Manufacturing	电力、热力、燃气及水生产和供应业 Production and Distribution of Electricity Power, Heat Power, Gas and Water	建筑业 Construction	批发和零售业 Wholesale and Retail
总　计	**Total**	**100.0**	**13.4**	**1.7**	**22.9**	**1.4**	**6.1**	**15.1**
未上过学	Illiterate	100.0	57.1	0.3	11.5	0.1	3.8	9.0
小　学	Primary School	100.0	40.4	1.1	18.0	0.3	9.0	11.2
初　中	Junior School	100.0	18.9	2.0	26.5	0.7	7.8	16.2
高　中	Senior School	100.0	5.2	2.0	26.6	1.9	5.2	19.3
大学专科	College	100.0	1.4	1.6	18.7	2.5	3.7	13.2
大学本科	University	100.0	0.7	1.2	12.8	2.2	3.0	7.6
研究生	Graduate	100.0	0.4	0.7	9.5	2.2	1.1	4.5
男	**Male**	**100.0**	**11.8**	**2.5**	**23.3**	**1.7**	**9.1**	**12.5**
未上过学	Illiterate	100.0	50.6	0.6	11.3	0.2	6.9	7.7
小　学	Primary School	100.0	35.2	1.8	16.7	0.5	14.8	10.4
初　中	Junior School	100.0	17.1	2.9	25.2	1.0	11.9	13.0
高　中	Senior School	100.0	5.3	2.7	28.1	2.3	7.5	15.1
大学专科	College	100.0	1.5	2.2	20.5	3.0	4.8	11.9
大学本科	University	100.0	0.8	1.5	14.5	2.5	3.8	7.5
研究生	Graduate	100.0	0.2	1.1	11.1	2.7	1.1	4.8
女	**Female**	**100.0**	**15.6**	**0.7**	**22.4**	**0.9**	**2.2**	**18.4**
未上过学	Illiterate	100.0	60.4	0.2	11.6	0.1	2.2	9.6
小　学	Primary School	100.0	45.7	0.4	19.4	0.1	3.1	11.9
初　中	Junior School	100.0	21.3	0.7	28.2	0.4	2.3	20.7
高　中	Senior School	100.0	5.0	1.0	24.4	1.3	1.8	25.6
大学专科	College	100.0	1.3	0.9	16.5	1.8	2.4	14.9
大学本科	University	100.0	0.4	0.7	10.6	1.8	1.8	7.8
研究生	Graduate	100.0	0.6	0.2	7.2	1.5	1.1	4.1

1-46 续表 1 continued

单位：% (%)

受教育程度	Educational Attainment	交通运输、仓储和邮政业 Transport, Storage, Post & Telecommunication	住宿和餐饮业 Hotel and Catering Services	信息传输、软件和信息技术服务业 Information Transfer, Software and Information Technical Services	金融业 Banking	房地产业 Real Estate	租赁和商务服务业 Leasing and Business Services	科学研究和技术服务业 Scientific Research and Technical Service
总　计	**Total**	**5.5**	**4.1**	**4.8**	**2.4**	**1.2**	**1.6**	**0.9**
未上过学	Illiterate	2.0	3.3	2.0	0.4	0.4	0.7	0.1
小　学	Primary School	3.6	4.0	2.9	0.6	0.6	0.6	0.2
初　中	Junior School	5.9	5.4	4.4	1.0	0.8	1.0	0.3
高　中	Senior School	6.7	4.4	5.8	2.1	1.4	1.8	0.7
大学专科	College	5.3	2.2	5.1	4.9	1.8	2.7	1.6
大学本科	University	3.4	1.1	5.6	6.5	1.9	3.3	2.9
研究生	Graduate	1.5	0.2	5.8	6.2	1.1	4.0	10.9
男	**Male**	**7.7**	**3.3**	**4.3**	**2.1**	**1.3**	**1.7**	**1.0**
未上过学	Illiterate	4.9	2.4	2.2	0.1	0.3	1.1	0.1
小　学	Primary School	6.0	2.8	2.6	0.6	0.6	0.7	0.4
初　中	Junior School	9.0	4.2	3.4	0.9	1.0	1.1	0.3
高　中	Senior School	8.8	3.8	4.8	1.7	1.6	1.9	0.7
大学专科	College	6.2	2.1	4.9	4.2	1.8	2.5	1.9
大学本科	University	3.6	0.9	6.7	5.7	1.8	3.0	3.4
研究生	Graduate	2.0		7.8	6.7	1.6	4.0	11.1
女	**Female**	**2.6**	**5.0**	**5.5**	**2.8**	**1.0**	**1.6**	**0.7**
未上过学	Illiterate	0.5	3.7	1.9	0.5	0.5	0.5	0.1
小　学	Primary School	1.1	5.3	3.2	0.6	0.6	0.4	0.1
初　中	Junior School	1.7	6.9	5.8	1.2	0.7	0.8	0.2
高　中	Senior School	3.7	5.3	7.3	2.7	1.2	1.7	0.6
大学专科	College	4.1	2.4	5.4	5.7	1.7	3.0	1.3
大学本科	University	3.1	1.4	4.1	7.6	1.9	3.5	2.3
研究生	Graduate	0.8	0.5	2.8	5.5	0.4	4.0	10.6

1-46 续表 2 continued

单位：% (%)

受教育程度	Educational Attainment	水利、环境和公共设施管理业 Water Conservancy, Environment and Public Utility Management	居民服务、修理和其他服务业 Resident Services, Repair and Other Services	教　育 Education	卫生和社会工作 Sanitation and Society	文化、体育和娱乐业 Culture Sports and Entertainment	公共管理、社会保障和社会组织 Public Management, Social Security and Social Organization	国际组织 International Organizations
总　计	**Total**	**0.7**	**3.3**	**4.1**	**3.3**	**1.5**	**6.0**	**0.0**
未上过学	Illiterate	1.4	4.1	1.1	1.1	0.4	1.3	
小　学	Primary School	0.7	3.7	0.9	0.9	0.4	0.9	0.0
初　中	Junior School	0.5	4.1	1.3	1.0	0.7	1.5	0.0
高　中	Senior School	0.8	3.7	2.6	2.7	1.6	5.4	0.0
大学专科	College	0.8	1.7	8.1	7.7	3.0	13.9	0.1
大学本科	University	0.8	1.1	14.9	9.2	3.7	18.3	0.0
研究生	Graduate	1.0	0.3	21.4	11.7	4.0	13.3	0.0
男	**Male**	**0.7**	**3.2**	**3.0**	**2.4**	**1.4**	**7.0**	**0.0**
未上过学	Illiterate	1.8	4.4	1.2	1.3	0.6	2.4	
小　学	Primary School	0.7	3.3	0.7	1.0	0.3	1.1	0.0
初　中	Junior School	0.5	4.0	1.0	0.9	0.6	1.9	0.0
高　中	Senior School	0.9	3.5	1.8	1.8	1.4	6.1	0.0
大学专科	College	0.8	1.8	5.7	4.9	2.6	16.5	0.2
大学本科	University	1.0	1.2	10.9	7.1	3.1	21.0	0.0
研究生	Graduate	1.3	0.5	16.6	9.6	3.0	14.8	0.0
女	**Female**	**0.7**	**3.4**	**5.5**	**4.4**	**1.8**	**4.6**	**0.0**
未上过学	Illiterate	1.2	4.0	1.0	0.9	0.3	0.7	
小　学	Primary School	0.8	4.1	1.1	0.9	0.4	0.8	
初　中	Junior School	0.6	4.2	1.6	1.1	0.7	1.1	
高　中	Senior School	0.7	3.8	3.9	3.9	2.0	4.3	0.0
大学专科	College	0.7	1.6	11.0	11.1	3.4	10.7	0.0
大学本科	University	0.7	1.1	20.1	12.0	4.4	14.8	0.0
研究生	Graduate	0.6	0.1	28.5	15.0	5.5	11.2	

1-47 按行业、性别分的城镇就业人员受教育程度构成
EDUCATIONAL ATTAINMENT COMPOSITION OF URBAN EMPLOYMENT BY SECTOR AND SEX

单位：% (%)

受教育程度	Educational Attainment	合 计 Total	农、林、牧、渔业 Farming, Forestry, Animal Husbandry and Fishery	采矿业 Mining and Quarrying	制造业 Manufacturing	电力、热力、燃气及水生产和供应业 Production and Distribution of Electricity Power, Heat Power, Gas and Water	建筑业 Construction	批发和零售业 Wholesale and Retail
总 计	**Total**	**100.0**	**100.0**	**100.0**	**100.0**	**100.0**	**100.0**	**100.0**
未上过学	Illiterate	0.8	3.4	0.1	0.4	0.1	0.5	0.5
小 学	Primary School	9.9	29.8	6.2	7.8	2.1	14.5	7.3
初 中	Junior School	39.3	55.2	44.3	45.4	21.0	50.2	42.4
高 中	Senior School	24.9	9.6	29.0	28.9	34.3	21.1	31.9
大学专科	College	14.4	1.5	13.5	11.7	25.6	8.7	12.6
大学本科	University	9.9	0.5	6.6	5.5	15.4	4.8	5.0
研究生	Graduate	0.9	0.0	0.4	0.4	1.5	0.2	0.3
男	**Male**	**100.0**	**100.0**	**100.0**	**100.0**	**100.0**	**100.0**	**100.0**
未上过学	Illiterate	0.5	2.0	0.1	0.2	0.0	0.4	0.3
小 学	Primary School	8.8	26.1	6.2	6.3	2.4	14.3	7.3
初 中	Junior School	39.8	57.6	46.6	43.0	23.1	52.1	41.2
高 中	Senior School	26.2	11.8	28.3	31.6	34.8	21.6	31.7
大学专科	College	14.0	1.7	12.3	12.3	24.2	7.3	13.3
大学本科	University	9.9	0.7	6.0	6.1	13.9	4.2	5.9
研究生	Graduate	1.0	0.0	0.4	0.5	1.5	0.1	0.4
女	**Female**	**100.0**	**100.0**	**100.0**	**100.0**	**100.0**	**100.0**	**100.0**
未上过学	Illiterate	1.2	4.8	0.3	0.6	0.1	1.2	0.6
小 学	Primary School	11.4	33.5	5.8	9.8	1.3	15.7	7.4
初 中	Junior School	38.7	52.8	34.0	48.6	16.0	40.2	43.5
高 中	Senior School	23.1	7.4	31.8	25.1	33.0	18.5	32.1
大学专科	College	14.9	1.2	18.7	10.9	29.3	15.9	12.0
大学本科	University	9.9	0.3	9.2	4.7	19.0	8.1	4.2
研究生	Graduate	0.8	0.0	0.2	0.3	1.3	0.4	0.2

1-47 续表 1 continued

单位：% (%)

受教育程度	Educational Attainment	交通运输、仓储和邮政业 Transport, Storage, Post & Telecommunication	住宿和餐饮业 Hotel and Catering Services	信息传输、软件和信息技术服务业 Information Transfer, Software and Information Technical Services	金融业 Banking	房地产业 Real Estate	租赁和商务服务业 Leasing and Business Services	科学研究和技术服务业 Scientific Research and Technical Service
总　计	**Total**	**100.0**	**100.0**	**100.0**	**100.0**	**100.0**	**100.0**	**100.0**
未上过学	Illiterate	0.3	0.6	0.3	0.1	0.3	0.3	0.1
小　学	Primary School	6.4	9.9	6.0	2.4	4.8	3.3	2.6
初　中	Junior School	42.5	51.9	36.0	17.2	27.8	23.5	11.2
高　中	Senior School	30.6	26.9	29.9	22.0	29.7	27.4	18.2
大学专科	College	13.8	7.9	15.3	29.2	21.2	23.6	25.4
大学本科	University	6.1	2.7	11.4	26.7	15.4	19.5	31.6
研究生	Graduate	0.3	0.0	1.1	2.4	0.9	2.2	11.0
男	**Male**	**100.0**	**100.0**	**100.0**	**100.0**	**100.0**	**100.0**	**100.0**
未上过学	Illiterate	0.3	0.3	0.2	0.0	0.1	0.3	0.0
小　学	Primary School	6.8	7.5	5.3	2.4	3.8	3.5	3.1
初　中	Junior School	46.8	50.7	31.8	17.8	29.9	26.1	11.5
高　中	Senior School	30.0	30.0	29.3	21.8	32.0	29.7	17.6
大学专科	College	11.3	8.8	16.1	28.1	19.2	20.3	25.3
大学本科	University	4.6	2.7	15.4	26.8	13.8	17.7	32.2
研究生	Graduate	0.3		1.8	3.1	1.2	2.3	10.3
女	**Female**	**100.0**	**100.0**	**100.0**	**100.0**	**100.0**	**100.0**	**100.0**
未上过学	Illiterate	0.3	0.9	0.4	0.2	0.6	0.4	0.2
小　学	Primary School	5.0	12.0	6.6	2.4	6.5	3.1	1.5
初　中	Junior School	25.4	52.9	40.3	16.6	24.4	19.8	10.7
高　中	Senior School	33.3	24.2	30.4	22.3	25.8	24.3	19.2
大学专科	College	23.8	7.1	14.6	30.3	24.5	28.2	25.7
大学本科	University	12.0	2.8	7.3	26.6	17.9	22.1	30.4
研究生	Graduate	0.3	0.1	0.4	1.6	0.3	2.1	12.2

1-47 续表 2 continued

单位：% (%)

受教育程度	Educational Attainment	水利、环境和公共设施管理业 Water Conservancy, Environment and Public Utility Management	居民服务、修理和其他服务业 Resident Services, Repair and Other Services	教　育 Education	卫生和社会工作 Sanitation and Society	文化、体育和娱乐业 Culture Sports and Entertainment	公共管理、社会保障和社会组织 Public Management, Social Security and Social Organization	国际组织 International Organizations
总　计	**Total**	**100.0**	**100.0**	**100.0**	**100.0**	**100.0**	**100.0**	**100.0**
未上过学	Illiterate	1.6	1.0	0.2	0.3	0.2	0.2	
小　学	Primary School	10.1	11.2	2.2	2.9	2.5	1.5	2.1
初　中	Junior School	29.2	49.1	12.3	12.0	17.0	10.1	4.2
高　中	Senior School	29.9	27.8	16.1	20.4	26.4	22.4	23.9
大学专科	College	16.1	7.3	28.5	33.6	27.9	33.4	55.2
大学本科	University	11.8	3.5	35.9	27.7	23.5	30.3	14.3
研究生	Graduate	1.3	0.1	4.8	3.3	2.4	2.0	0.3
男	**Male**	**100.0**	**100.0**	**100.0**	**100.0**	**100.0**	**100.0**	**100.0**
未上过学	Illiterate	1.1	0.6	0.2	0.3	0.2	0.2	
小　学	Primary School	7.9	9.1	2.0	3.7	2.2	1.3	2.4
初　中	Junior School	27.0	49.8	13.7	14.8	18.5	10.8	4.8
高　中	Senior School	33.6	29.0	16.0	20.1	27.1	22.9	22.8
大学专科	College	15.7	7.6	26.8	28.3	27.3	33.0	57.0
大学本科	University	12.9	3.7	35.9	29.0	22.5	29.7	12.6
研究生	Graduate	1.7	0.1	5.4	3.9	2.2	2.1	0.4
女	**Female**	**100.0**	**100.0**	**100.0**	**100.0**	**100.0**	**100.0**	**100.0**
未上过学	Illiterate	2.3	1.5	0.2	0.3	0.2	0.2	
小　学	Primary School	13.4	13.9	2.3	2.3	2.9	2.0	
初　中	Junior School	32.4	48.2	11.2	9.9	15.5	8.8	
高　中	Senior School	24.6	26.4	16.2	20.6	25.6	21.3	31.1
大学专科	College	16.6	6.9	29.7	37.4	28.6	34.3	42.9
大学本科	University	10.0	3.1	36.0	26.7	24.6	31.4	26.0
研究生	Graduate	0.7	0.0	4.4	2.9	2.6	2.0	

1-48 按年龄、性别分的城镇就业人员职业构成
OCCUPATION COMPOSITION OF URBAN EMPLOYMENT BY AGE AND SEX

单位：% (%)

年龄 Age	合计 Total	单位负责人 Unit Head	专业技术人员 Professional and Technical Personnel	办事人员和有关人员 Clerk and Related Workers	商业、服务业人员 Business Service Personnel	农林牧渔水利业生产人员 Agriculture and Water Conservancy Labors	生产运输设备操作人员及有关人员 Production, Transport Equipment Operators and Related Workers	其他 Others
总计 Total	**100.0**	**3.3**	**16.4**	**10.1**	**29.5**	**13.7**	**26.7**	**0.4**
16-19	100.0	0.7	7.6	4.0	33.3	13.8	40.4	0.2
20-24	100.0	1.1	15.0	9.8	34.3	9.5	29.9	0.3
25-29	100.0	2.6	20.4	11.5	32.1	7.8	25.3	0.4
30-34	100.0	3.4	21.4	10.9	31.0	7.6	25.3	0.4
35-39	100.0	3.9	17.2	10.0	30.0	9.8	28.6	0.4
40-44	100.0	4.0	15.7	8.9	29.0	13.1	28.9	0.4
45-49	100.0	4.3	15.2	10.3	28.0	14.6	27.1	0.4
50-54	100.0	4.3	14.5	11.9	25.0	19.8	24.1	0.4
55-59	100.0	3.5	11.3	11.5	21.6	31.0	20.6	0.5
60-64	100.0	2.6	7.5	5.3	19.8	51.3	13.1	0.4
65+	100.0	1.8	4.5	3.7	15.7	65.0	8.6	0.8
男 Male	**100.0**	**4.4**	**14.2**	**11.1**	**25.3**	**12.2**	**32.3**	**0.5**
16-19	100.0	0.4	5.5	3.9	28.2	16.3	45.3	0.3
20-24	100.0	1.5	11.8	8.8	30.1	10.1	37.4	0.3
25-29	100.0	3.1	16.9	11.3	28.5	7.6	32.0	0.4
30-34	100.0	4.5	17.7	11.9	27.2	7.0	31.1	0.5
35-39	100.0	5.3	14.6	10.8	25.6	8.6	34.5	0.5
40-44	100.0	5.1	13.7	10.2	24.3	11.2	35.0	0.5
45-49	100.0	6.0	14.4	12.1	22.7	11.9	32.4	0.5
50-54	100.0	5.4	13.9	14.5	22.0	14.5	29.2	0.5
55-59	100.0	4.6	12.4	15.1	20.1	22.2	25.2	0.5
60-64	100.0	3.7	8.9	7.9	19.1	43.4	16.6	0.4
65+	100.0	2.5	5.3	5.0	17.7	58.2	10.3	1.0
女 Female	**100.0**	**1.8**	**19.3**	**8.6**	**35.0**	**15.7**	**19.3**	**0.3**
16-19	100.0	1.0	10.1	4.2	39.4	10.7	34.5	0.0
20-24	100.0	0.7	18.3	10.8	38.5	9.0	22.4	0.3
25-29	100.0	1.9	24.5	11.8	36.4	8.0	17.1	0.3
30-34	100.0	2.0	25.9	9.6	35.6	8.4	18.2	0.4
35-39	100.0	2.2	20.5	9.0	35.6	11.4	21.0	0.3
40-44	100.0	2.5	18.2	7.2	34.9	15.5	21.3	0.4
45-49	100.0	2.0	16.3	7.7	35.4	18.5	19.8	0.3
50-54	100.0	2.0	15.9	6.3	31.4	30.9	13.2	0.1
55-59	100.0	1.2	8.8	3.0	25.3	51.9	9.5	0.3
60-64	100.0	0.8	5.3	0.9	21.0	64.6	7.1	0.4
65+	100.0	0.7	3.2	1.5	12.5	75.7	5.9	0.6

1-49 按职业、性别分的城镇就业人员年龄构成

AGE COMPOSITION OF URBAN EMPLOYMENT BY OCCUPATION AND SEX

单位：% (%)

年龄 Age	合计 Total	单位负责人 Unit Head	专业技术人员 Professional and Technical Personnel	办事人员和有关人员 Clerk and Related Workers	商业、服务业人员 Business Service Personnel	农林牧渔水利业生产人员 Agriculture and Water Conservancy Labors	生产运输设备操作人员及有关人员 Production, Transport Equipment Operators and Related Workers	其他 Others
总计 Total	**100.0**	**100.0**	**100.0**	**100.0**	**100.0**	**100.0**	**100.0**	**100.0**
16-19	2.2	0.5	1.0	0.9	2.4	2.2	3.3	0.9
20-24	12.0	4.1	11.0	11.6	14.0	8.4	13.4	9.2
25-29	13.4	10.6	16.6	15.4	14.6	7.6	12.7	12.1
30-34	13.9	14.4	18.2	15.1	14.6	7.8	13.2	14.8
35-39	15.1	18.1	15.8	15.1	15.4	10.8	16.2	15.5
40-44	16.0	19.4	15.3	14.2	15.8	15.3	17.4	17.6
45-49	13.0	17.1	12.0	13.2	12.3	13.8	13.1	13.7
50-54	6.2	8.2	5.5	7.4	5.3	9.0	5.6	5.6
55-59	4.9	5.3	3.4	5.6	3.6	11.0	3.7	5.7
60-64	2.0	1.6	0.9	1.0	1.3	7.3	1.0	1.9
65+	1.4	0.8	0.4	0.5	0.8	6.7	0.5	3.0
男 Male	**100.0**	**100.0**	**100.0**	**100.0**	**100.0**	**100.0**	**100.0**	**100.0**
16-19	2.1	0.2	0.8	0.7	2.3	2.8	2.9	1.2
20-24	10.6	3.8	8.8	8.4	12.7	8.8	12.3	7.7
25-29	12.9	9.3	15.4	13.1	14.5	8.0	12.8	11.7
30-34	13.5	14.0	16.8	14.4	14.5	7.8	13.0	13.3
35-39	14.9	18.0	15.3	14.5	15.1	10.5	15.9	16.6
40-44	15.7	18.5	15.1	14.4	15.1	14.5	17.0	16.1
45-49	13.2	18.1	13.4	14.4	11.9	12.9	13.2	14.1
50-54	7.4	9.2	7.3	9.7	6.5	8.9	6.7	7.4
55-59	6.0	6.3	5.2	8.2	4.8	11.0	4.7	6.8
60-64	2.2	1.8	1.3	1.5	1.6	7.7	1.1	1.8
65+	1.5	0.9	0.6	0.7	1.1	7.3	0.5	3.3
女 Female	**100.0**	**100.0**	**100.0**	**100.0**	**100.0**	**100.0**	**100.0**	**100.0**
16-19	2.3	1.3	1.2	1.1	2.6	1.6	4.1	0.3
20-24	13.8	5.3	13.1	17.2	15.2	7.9	16.0	12.0
25-29	14.1	14.9	17.9	19.3	14.7	7.2	12.5	12.9
30-34	14.5	15.4	19.4	16.2	14.7	7.7	13.7	17.7
35-39	15.4	18.5	16.3	16.1	15.7	11.2	16.8	13.4
40-44	16.4	22.2	15.4	13.8	16.4	16.2	18.1	20.6
45-49	12.6	14.0	10.7	11.3	12.8	14.9	13.0	13.1
50-54	4.6	5.1	3.8	3.4	4.1	9.1	3.2	2.1
55-59	3.3	2.1	1.5	1.2	2.4	11.1	1.7	3.5
60-64	1.7	0.7	0.5	0.2	1.0	6.9	0.6	2.0
65+	1.3	0.5	0.2	0.2	0.5	6.2	0.4	2.4

1-50 按受教育程度、性别分的城镇就业人员职业构成
OCCUPATION COMPOSITION OF URBAN EMPLOYMENT BY EDUCATIONAL ATTAINMENT AND SEX

单位：% (%)

受教育程度	Educational Attainment	合计 Total	单位负责人 Unit Head	专业技术人员 Professional and Technical Personnel	办事人员和有关人员 Clerk and Related Workers	商业、服务业人员 Business Service Personnel	农林牧渔水利业生产人员 Agriculture and Water Conservancy Labors	生产运输设备操作人员及有关人员 Production, Transport Equipment Operators and Related Workers	其他 Others
总　计	**Total**	**100.0**	**3.3**	**16.4**	**10.0**	**29.5**	**13.7**	**26.7**	**0.4**
未上过学	Illiterate	100.0	0.9	2.8	2.0	22.0	56.8	15.2	0.2
小　学	Primary School	100.0	1.4	3.6	2.5	24.6	40.1	27.4	0.4
初　中	Junior School	100.0	2.3	5.6	4.3	33.2	19.2	35.1	0.4
高　中	Senior School	100.0	3.7	15.1	10.8	35.6	5.6	28.8	0.4
大学专科	College	100.0	4.9	33.8	20.5	23.8	1.6	14.8	0.5
大学本科	University	100.0	6.1	47.2	23.4	14.5	0.8	7.6	0.3
研究生	Graduate	100.0	6.7	62.4	19.2	8.1	0.2	3.2	0.2
男	**Male**	**100.0**	**4.4**	**14.2**	**11.1**	**25.3**	**12.2**	**32.3**	**0.5**
未上过学	Illiterate	100.0	1.5	2.7	4.0	18.0	50.8	22.4	0.6
小　学	Primary School	100.0	2.1	3.8	3.9	21.4	34.8	33.5	0.5
初　中	Junior School	100.0	2.9	5.2	5.2	27.4	17.6	41.2	0.5
高　中	Senior School	100.0	4.8	12.4	11.5	29.7	5.9	35.3	0.4
大学专科	College	100.0	6.6	27.2	22.0	22.5	1.8	19.2	0.6
大学本科	University	100.0	8.3	42.2	24.3	14.5	1.0	9.4	0.4
研究生	Graduate	100.0	8.5	59.5	20.4	7.1	0.4	4.0	0.2
女	**Female**	**100.0**	**1.9**	**19.3**	**8.6**	**35.0**	**15.7**	**19.3**	**0.3**
未上过学	Illiterate	100.0	0.6	2.9	1.0	24.1	59.8	11.5	0.1
小　学	Primary School	100.0	0.7	3.3	1.1	27.9	45.4	21.2	0.3
初　中	Junior School	100.0	1.4	6.0	3.0	41.0	21.5	26.8	0.3
高　中	Senior School	100.0	2.0	19.2	9.6	44.6	5.1	19.2	0.4
大学专科	College	100.0	2.8	42.0	18.6	25.5	1.4	9.3	0.4
大学本科	University	100.0	3.2	53.9	22.3	14.6	0.6	5.2	0.3
研究生	Graduate	100.0	4.1	66.8	17.3	9.6		2.1	0.2

1-51 按职业、性别分的城镇就业人员受教育程度构成

EDUCATIONAL ATTAINMENT COMPOSITION OF URBAN EMPLOYMENT BY OCCUPATION AND SEX

单位：% (%)

受教育程度	Educational Attainment	合计 Total	单位负责人 Unit Head	专业技术人员 Professional and Technical Personnel	办事人员和有关人员 Clerk and Related Workers	商业、服务业人员 Business Service Personnel	农林牧渔水利业生产人员 Agriculture and Water Conservancy Labors	生产运输设备操作人员及有关人员 Production, Transport Equipment Operators and Related Workers	其他 Others
总 计	**Total**	**100.0**	**100.0**	**100.0**	**100.0**	**100.0**	**100.0**	**100.0**	**100.0**
未上过学	Illiterate	0.8	0.2	0.1	0.2	0.6	3.3	0.5	0.4
小 学	Primary School	9.9	4.2	2.1	2.4	8.3	29.0	10.2	11.0
初 中	Junior School	39.3	27.1	13.3	16.7	44.3	55.2	51.6	37.0
高 中	Senior School	24.9	27.3	22.9	26.7	30.1	10.2	26.9	25.4
大学专科	College	14.4	21.3	29.6	29.3	11.6	1.7	7.9	17.7
大学本科	University	9.9	18.1	28.4	23.0	4.9	0.6	2.8	8.0
研究生	Graduate	0.9	1.9	3.5	1.7	0.3	0.0	0.1	0.4
男	**Male**	**100.0**	**100.0**	**100.0**	**100.0**	**100.0**	**100.0**	**100.0**	**100.0**
未上过学	Illiterate	0.5	0.2	0.1	0.2	0.3	2.0	0.3	0.6
小 学	Primary School	8.8	4.1	2.3	3.0	7.4	25.0	9.1	10.4
初 中	Junior School	39.8	26.4	14.6	18.7	43.1	57.4	50.7	39.0
高 中	Senior School	26.2	28.1	22.9	27.2	30.8	12.8	28.6	24.3
大学专科	College	14.0	20.9	26.7	27.6	12.4	2.1	8.3	17.4
大学本科	University	9.9	18.4	29.3	21.6	5.7	0.8	2.9	8.0
研究生	Graduate	1.0	1.9	4.1	1.8	0.3	0.0	0.1	0.3
女	**Female**	**100.0**	**100.0**	**100.0**	**100.0**	**100.0**	**100.0**	**100.0**	**100.0**
未上过学	Illiterate	1.2	0.4	0.2	0.1	0.9	4.7	0.7	0.2
小 学	Primary School	11.4	4.5	2.0	1.4	9.1	33.0	12.6	12.1
初 中	Junior School	38.7	29.2	12.0	13.4	45.4	53.1	53.8	33.0
高 中	Senior School	23.1	24.6	22.9	25.8	29.5	7.5	23.0	27.7
大学专科	College	14.9	22.6	32.4	32.0	10.9	1.4	7.1	18.5
大学本科	University	9.9	16.9	27.6	25.5	4.1	0.4	2.7	8.0
研究生	Graduate	0.8	1.8	2.9	1.7	0.2		0.1	0.5

1-52 城镇就业人员调查周平均工作时间
WEEKLY WORKING HOURS IN URBAN AREA

单位：小时／周 (hours/per week)

分 组	Group	2007年11月 Nov.2007	2008年11月 Nov.2008	2009年11月 Nov.2009	2010年11月 Nov.2010	2011年11月 Nov.2011
全 部	**Total**	**45.5**	**44.6**	**44.7**	**47.0**	**46.2**
一、按年龄分组	**By Age**					
	16-19	48.1	45.8	46.8	49.1	48.0
	20-24	46.9	45.6	46.1	47.8	46.8
	25-29	46.5	45.7	45.9	47.1	46.6
	30-34	46.9	46.0	46.1	47.5	47.0
	35-39	46.7	45.9	46.1	47.8	47.2
	40-44	46.1	45.4	45.4	47.6	46.9
	45-49	45.2	44.5	44.5	46.8	46.0
	50-54	43.9	43.3	42.9	45.8	44.8
	55-59	41.8	41.0	41.1	44.7	43.4
	60-64	38.4	37.3	37.8	42.6	40.1
	65+	33.4	32.7	33.4	38.5	35.0
二、按职业分组	**By Occupation**					
单位负责人	Unit Head	47.7	47.5	47.5	47.1	47.7
专业技术人员	Professional and Technical Personnel	43.4	43.0	42.8	43.1	43.7
办事人员和有关人员	Clerk and Related Workers	43.8	43.5	43.3	44.0	43.9
商业、服务业人员	Business Service Personnel	50.3	49.1	49.0	49.8	49.5
农林牧渔水利业生产人员	Agrecultrre and Water Conservancy Labor	38.2	37.7	37.7	41.5	38.2
生产、运输设备操作人员及有关人员	Production, Transport Equipment Operators and Related Workers	49.8	48.2	48.9	49.7	48.7
其 他	Others	46.7	46.8	46.3	47.8	47.7
三、按受教育程度分组	**By Educational Attaiment**					
未上过学	Illiterate	37.3	36.4	36.9	43.5	40.1
小 学	Primary School	43.4	41.7	42.3	47.2	45.0
初 中	Junior School	47.3	46.1	46.1	48.9	48.1
高 中	Senior School	46.8	46.0	46.1	47.2	47.1
大 专	College	42.9	43.0	42.9	43.7	43.8
大学本科	University	41.7	41.7	41.5	42.1	42.4
研究生	Graduate	41.4	41.1	41.1	41.1	41.7

1-53 城镇男性就业人员调查周平均工作时间
MALE WEEKLY WORKING HOURS IN URBAN AREA

单位：小时／周 (hours/per week)

分 组	Group	2007年11月 Nov.2007	2008年11月 Nov.2008	2009年11月 Nov.2009	2010年11月 Nov.2010	2011年11月 Nov.2011
全 部	**Total**	**46.8**	**45.7**	**45.9**	**47.7**	**47.0**
一、按年龄分组	**By Age**					
	16-19	48.2	45.8	46.7	49.3	48.0
	20-24	47.9	46.5	47.2	48.5	47.5
	25-29	47.8	46.9	47.1	47.9	47.4
	30-34	48.1	47.1	47.2	48.2	47.8
	35-39	47.9	47.0	47.3	48.4	48.0
	40-44	47.4	46.5	46.7	48.3	47.9
	45-49	46.6	45.8	45.8	47.5	46.8
	50-54	45.7	44.9	44.7	46.6	45.5
	55-59	44.2	43.3	43.3	45.7	44.8
	60-64	40.9	39.9	40.7	44.4	42.1
	65+	35.5	34.7	35.2	40.1	37.4
二、按职业分组	**By Occupation**					
单位负责人	Unit Head	47.8	47.6	47.6	47.0	47.7
专业技术人员	Professional and Technical Personnel	43.9	43.3	43.3	43.6	44.2
办事人员和有关人员	Clerk and Related Workers	44.4	44.0	43.8	44.6	44.4
商业、服务业人员	Business Service Personnel	50.7	49.6	49.5	50.2	50.1
农林牧渔水利业生产人员	Agrecultrre and Water Conservancy Labor	41.0	40.2	40.2	43.3	40.6
生产、运输设备操作人员及有关人员	Production, Transport Equipment Operators and Related Workers	50.0	48.5	49.0	49.9	48.9
其 他	Others	48.3	46.7	47.2	48.2	49.2
三、按受教育程度分组	**By Educational Attaiment**					
未上过学	Illiterate	40.3	39.2	40.2	45.2	42.6
小 学	Primary School	45.5	43.6	44.4	48.4	46.8
初 中	Junior School	48.5	47.2	47.3	49.6	48.9
高 中	Senior School	47.4	46.5	46.7	47.6	47.4
大 专	College	43.3	43.3	43.1	44.0	44.5
大学本科	University	42.0	42.0	41.6	42.4	42.6
研究生	Graduate	41.4	41.3	41.3	41.3	41.8

1-54 城镇女性就业人员调查周平均工作时间

FEMALE WEEKLY WORKING HOURS IN URBAN AREA

单位：小时／周 (hours/per week)

分　组	Group	2007年11月 Nov.2007	2008年11月 Nov.2008	2009年11月 Nov.2009	2010年11月 Nov.2010	2011年11月 Nov.2011
全　部	**Total**	**44.0**	**43.1**	**43.2**	**46.1**	**45.2**
一、按年龄分組	**By Age**					
	16-19	48.0	45.8	46.9	48.8	48.1
	20-24	46.0	44.7	45.0	47.0	46.1
	25-29	45.1	44.4	44.6	46.1	45.8
	30-34	45.5	44.7	44.9	46.6	46.1
	35-39	45.2	44.6	44.8	46.9	46.2
	40-44	44.5	44.1	44.0	46.7	45.8
	45-49	43.4	43.0	43.0	45.8	45.0
	50-54	40.8	40.5	39.8	44.2	43.1
	55-59	37.2	36.5	37.0	42.2	40.1
	60-64	34.5	33.3	33.4	39.3	36.6
	65+	29.4	29.6	30.1	35.3	31.2
二、按职业分组	**By Occupation**					
单位负责人	Unit Head	47.6	47.1	46.9	47.2	47.8
专业技术人员	Professional and Technical Personnel	43.0	42.6	42.4	42.7	43.2
办事人员和有关人员	Clerk and Related Workers	42.8	42.5	42.2	42.8	43.0
商业、服务业人员	Business Service Personnel	49.9	48.7	48.6	49.5	49.0
农林牧渔水利业生产人员	Agrecultrre and Water Conservancy Labor	35.6	35.3	35.3	39.6	35.7
生产、运输设备操作人员及有关人员	Production, Transport Equipment Operators and Related Workers	49.3	47.7	48.7	49.5	48.4
其　他	Others	43.9	46.8	44.7	47.1	44.9
三、按受教育程度分组	**By Educational Attaiment**					
未上过学	Illiterate	36.1	35.2	35.5	42.6	38.9
小　学	Primary School	41.4	40.0	40.4	45.9	43.1
初　中	Junior School	45.7	44.5	44.5	47.9	47.1
高　中	Senior School	45.8	45.4	45.3	46.5	46.5
大　专	College	42.5	42.5	42.6	43.2	43.0
大学本科	University	41.3	41.3	41.3	41.7	42.0
研究生	Graduate	41.3	40.6	40.7	40.7	41.4

1-55 按行业、性别分的城镇就业人员调查周平均工作时间
WEEKLY WORKING HOURS IN URBAN AREA BY SECTOR AND SEX

单位：小时／周 (hours/per week)

行 业	Sector	2011年11月 Nov.2011	男 Male	女 Female
总 计	**National Total**	**46.2**	**47.0**	**45.2**
农、林、牧、渔业	Agriculture,Forestry,Farming of Animals	37.9	40.3	35.5
采矿业	Mining	47.3	48.0	44.3
制造业	Manufacturing	48.1	48.2	47.9
电力、热力、燃气及水生产和供应业	Production and Distribution of Electricity Power, Heat Power,Gas and Water	43.2	43.7	42.0
建筑业	Construction	48.8	49.4	45.9
批发和零售业	Wholesale and Retail Trade	49.8	50.3	49.3
交通运输、仓储和邮政业	Traffic,Transport,Storage and Post	48.2	49.1	44.7
住宿和餐饮业	Accommodation and Restaurants	51.5	52.0	51.1
信息传输、软件和信息技术服务业	Information Transfer,Software and Information Technical Services	49.1	48.9	49.4
金融业	Financial Intermediation	44.4	44.7	44.1
房地产业	Real Estate	45.5	46.0	44.8
租赁和商务服务业	Tenancy and Business Services	45.7	46.7	44.3
科学研究和技术服务业	Scientific Research and Technical Service	42.8	43.2	42.2
水利、环境和公共设施管理业	Management of Water Conservancy,	44.5	44.4	44.5
居民服务、修理和其他服务业	Resident Services,Repair and Other Services	49.5	50.1	48.7
教育	Education	42.6	43.5	42.0
卫生和社会工作	Sanitation and Society	44.0	45.0	43.2
文化体育和娱乐业	Culture, Sports and Entertainment	44.8	45.5	44.1
公共管理、社会保障和社会组织	Public Management,Social Security and Social Organization	42.0	42.4	41.2
国际组织	International Organizations	46.7	47.7	40.0

1-56 按年龄、性别分的城镇就业人员工作时间构成
COMPOSITION OF URBAN EMPLOYMENT WORKING HOURS BY AGE AND SEX

单位：% (%)

年龄 Age	合计 Total	1-8小时 1-8 Hours	9-19小时 9-19 Hours	20-39小时 20-39 Hours	40小时 40 Hours	41-48小时 41-48 Hours	48小时以上 48 Hours+
总计 Total	**100.0**	**0.7**	**1.4**	**8.5**	**37.8**	**18.7**	**32.9**
16-19	100.0	0.7	1.7	9.2	24.2	23.3	40.8
20-24	100.0	0.5	0.9	7.0	35.7	22.7	33.2
25-29	100.0	0.3	0.7	5.9	41.2	20.6	31.3
30-34	100.0	0.4	0.7	5.7	40.8	19.3	33.2
35-39	100.0	0.4	0.9	6.5	38.8	19.0	34.4
40-44	100.0	0.6	1.2	7.8	37.3	17.9	35.3
45-49	100.0	0.8	1.5	8.7	39.4	16.6	33.0
50-54	100.0	1.0	1.9	11.1	40.2	16.0	29.8
55-59	100.0	1.4	3.0	16.1	35.3	14.7	29.4
60-64	100.0	2.6	6.2	27.0	21.5	14.5	28.2
65+	100.0	2.6	13.0	36.7	16.1	12.8	18.8
男 Male	**100.0**	**0.5**	**1.0**	**7.1**	**37.5**	**18.8**	**35.0**
16-19	100.0	0.4	1.7	10.0	24.2	24.1	39.5
20-24	100.0	0.3	0.8	6.6	32.9	24.0	35.4
25-29	100.0	0.3	0.5	5.2	38.9	21.1	33.9
30-34	100.0	0.3	0.5	4.7	39.3	19.2	36.0
35-39	100.0	0.4	0.6	5.1	38.2	18.7	37.1
40-44	100.0	0.5	0.8	6.1	36.6	17.9	38.1
45-49	100.0	0.7	1.0	6.8	40.4	16.6	34.6
50-54	100.0	0.6	1.3	8.4	43.0	16.1	30.6
55-59	100.0	1.0	1.7	11.5	40.3	15.2	30.3
60-64	100.0	2.4	4.5	22.6	23.3	15.1	32.2
65+	100.0	2.1	10.2	33.6	17.2	14.9	22.0
女 Female	**100.0**	**0.8**	**1.9**	**10.2**	**38.3**	**18.6**	**30.1**
16-19	100.0	1.2	1.7	8.2	24.2	22.4	42.4
20-24	100.0	0.7	0.9	7.4	38.7	21.3	31.0
25-29	100.0	0.4	0.9	6.7	43.9	20.0	28.1
30-34	100.0	0.4	0.9	6.8	42.8	19.4	29.7
35-39	100.0	0.5	1.2	8.3	39.7	19.3	30.9
40-44	100.0	0.7	1.7	9.9	38.1	17.8	31.8
45-49	100.0	0.9	2.2	11.4	38.1	16.7	30.7
50-54	100.0	1.7	3.1	17.1	34.0	15.8	28.2
55-59	100.0	2.2	6.4	27.4	23.1	13.6	27.3
60-64	100.0	3.0	9.1	34.7	18.5	13.5	21.2
65+	100.0	3.5	17.5	41.4	14.4	9.4	13.8

1-57 按受教育程度、性别分的城镇就业人员工作时间构成
COMPOSITION OF URBAN EMPLOYMENT WORKING HOURS BY EDUCATIONAL ATTAINMENT AND SEX

单位：% (%)

受教育程度	Educational Attainment	合 计 Total	1-8小时 1-8 Hours	9-19小时 9-19Hours	20-39小时 20-39 Hours	40小时 40 Hours	41-48小时 41-48 Hours	48小时以上 48 Hours+
总 计	**Total**	**100.0**	**0.7**	**1.4**	**8.5**	**37.8**	**18.7**	**32.9**
未上过学	Illiterate	100.0	1.2	10.0	28.4	15.7	15.3	29.3
小 学	Primary School	100.0	1.7	4.1	19.9	17.9	17.0	39.4
初 中	Junior School	100.0	0.7	1.8	10.6	23.3	20.1	43.5
高 中	Senior School	100.0	0.4	0.7	5.1	39.7	21.2	33.0
大学专科	College	100.0	0.5	0.2	3.6	61.7	16.9	17.1
大学本科	University	100.0	0.2	0.2	3.3	73.4	12.6	10.3
研究生	Graduate	100.0	0.2	0.4	3.5	77.3	10.7	7.8
男	**Male**	**100.0**	**0.5**	**1.0**	**7.1**	**37.5**	**18.8**	**35.0**
未上过学	Illiterate	100.0	0.3	8.3	21.3	16.5	21.0	32.6
小 学	Primary School	100.0	1.5	2.7	16.9	17.8	16.8	44.2
初 中	Junior School	100.0	0.5	1.4	8.9	23.4	20.2	45.6
高 中	Senior School	100.0	0.4	0.6	4.6	39.1	20.9	34.4
大学专科	College	100.0	0.4	0.2	3.4	59.4	17.2	19.3
大学本科	University	100.0	0.2	0.2	3.2	72.3	12.5	11.5
研究生	Graduate	100.0	0.2	0.3	3.0	76.7	11.7	8.0
女	**Female**	**100.0**	**0.8**	**1.9**	**10.2**	**38.3**	**18.6**	**30.1**
未上过学	Illiterate	100.0	1.7	10.8	31.9	15.3	12.5	27.7
小 学	Primary School	100.0	1.9	5.5	23.0	18.0	17.1	34.5
初 中	Junior School	100.0	0.9	2.3	12.9	23.2	20.0	40.7
高 中	Senior School	100.0	0.4	0.8	5.9	40.4	21.6	30.9
大学专科	College	100.0	0.7	0.2	3.8	64.6	16.5	14.2
大学本科	University	100.0	0.3	0.1	3.5	74.9	12.6	8.7
研究生	Graduate	100.0	0.3	0.6	4.1	78.3	9.2	7.5

1-58 按户口性质、性别分的城镇就业人员工作时间构成
COMPOSITION OF URBAN EMPLOYMENT WORKING HOURS BY REGISTRATION TYPE AND SEX

单位：% (%)

户口性质 Registration Type		合计 Total	1-8小时 1-8 Hours	9-19小时 9-19Hours	20-39小时 20-39 Hours	40小时 40 Hours	41-48小时 41-48 Hours	48小时以上 48 Hours+
总　计	**Total**	**100.0**	**0.7**	**1.4**	**8.5**	**37.8**	**18.7**	**32.9**
农　业	Agriculture	100.0	1.0	2.4	13.4	21.1	20.2	42.0
非农业	Non-Agriculture	100.0	0.4	0.5	4.3	52.0	17.5	25.3
男	**Male**	**100.0**	**0.5**	**1.0**	**7.1**	**37.5**	**18.8**	**35.0**
农　业	Agriculture	100.0	0.7	1.7	10.9	20.5	20.7	45.4
非农业	Non-Agriculture	100.0	0.4	0.5	4.0	51.5	17.3	26.4
女	**Female**	**100.0**	**0.8**	**1.9**	**10.2**	**38.3**	**18.6**	**30.1**
农　业	Agriculture	100.0	1.3	3.3	16.6	21.8	19.4	37.5
非农业	Non-Agriculture	100.0	0.3	0.6	4.7	52.7	17.9	23.7

1-59 按就业身份、性别分的城镇就业人员工作时间构成
COMPOSITION OF URBAN EMPLOYMENT WORKING HOURS BY EMPLOYMENT STATUS AND SEX

单位：% (%)

就业身份	Employment Status	合 计 Total	1-8小时 1-8 Hours	9-19小时 9-19Hours	20-39小时 20-39 Hours	40小时 40 Hours	41-48小时 41-48 Hours	48小时以上 48 Hours+
总 计	**Total**	**100.0**	**0.7**	**1.4**	**8.5**	**37.8**	**18.7**	**32.9**
雇 员	Employee	100.0	0.3	0.4	4.1	47.1	20.7	27.4
雇 主	Employer	100.0	0.4	0.7	4.4	24.2	14.8	55.5
自营劳动者	Self-Employed	100.0	1.7	4.2	20.9	17.2	15.0	40.9
家庭帮工	Unpaid Familial Worker	100.0	0.8	2.6	15.1	19.2	11.8	50.5
男	**Male**	**100.0**	**0.5**	**1.0**	**7.1**	**37.5**	**18.8**	**35.0**
雇 员	Employee	100.0	0.3	0.3	3.8	46.5	20.2	28.9
雇 主	Employer	100.0	0.4	0.8	4.3	24.4	15.2	55.0
自营劳动者	Self-Employed	100.0	1.2	2.9	16.7	17.4	16.4	45.4
家庭帮工	Unpaid Familial Worker	100.0	1.8	3.0	13.6	17.9	12.3	51.4
女	**Female**	**100.0**	**0.8**	**1.9**	**10.2**	**38.3**	**18.6**	**30.1**
雇 员	Employee	100.0	0.3	0.5	4.5	48.0	21.3	25.4
雇 主	Employer	100.0	0.5	0.5	4.6	23.8	14.1	56.5
自营劳动者	Self-Employed	100.0	2.3	6.0	26.9	17.0	13.1	34.7
家庭帮工	Unpaid Familial Worker	100.0	0.5	2.5	15.6	19.5	11.6	50.3

1-60 按行业、性别分的城镇就业人员工作时间构成

单位：%

项　目	Item	合　计 Total
总　计	**National Total**	**100.0**
农、林、牧、渔业	Agriculture,Forestry,Farming of Animals	100.0
采矿业	Mining	100.0
制造业	Manufacturing	100.0
电力、热力、燃气及水生产和供应业	Production and Distribution of Electricity Power,Heat Power,Gas and Water	100.0
建筑业	Construction	100.0
批发和零售业	Wholesale and Retail Trade	100.0
交通运输、仓储和邮政业	Traffic,Transport,Storage and Post	100.0
住宿和餐饮业	Accommodation and Restaurants	100.0
信息传输、软件和信息技术服务业	Information Transfer,Software and Information Technical Services	100.0
金融业	Financial Intermediation	100.0
房地产业	Real Estate	100.0
租赁和商务服务业	Tenancy and Business Services	100.0
科学研究和技术服务业	Scientific Research and Technical Service	100.0
水利、环境和公共设施管理业	Management of Water Conservancy,	100.0
居民服务、修理和其他服务业	Resident Services,Repair and Other Services	100.0
教育	Education	100.0
卫生和社会工作	Sanitation and Society	100.0
文化体育和娱乐业	Culture, Sports and Entertainment	100.0
公共管理、社会保障和社会组织	Public Management,Social Security and Social Organization	100.0
国际组织	International Organizations	100.0
男	**Male**	**100.0**
农、林、牧、渔业	Agriculture,Forestry,Farming of Animals	100.0
采矿业	Mining	100.0
制造业	Manufacturing	100.0
电力、热力、燃气及水生产和供应业	Production and Distribution of Electricity Power,Heat Power,Gas and Water	100.0
建筑业	Construction	100.0
批发和零售业	Wholesale and Retail Trade	100.0
交通运输、仓储和邮政业	Traffic,Transport,Storage and Post	100.0
住宿和餐饮业	Accommodation and Restaurants	100.0
信息传输、软件和信息技术服务业	Information Transfer,Software and Information Technical Services	100.0
金融业	Financial Intermediation	100.0

COMPOSITION OF URBAN EMPLOYMENT WORKING HOURS BY SECTOR AND SEX

(%)

1-8小时 1-8 Hours	9-19小时 9-19 Hours	20-39小时 20-39 Hours	40小时 40 Hours	41-48小时 41-48 Hours	48小时以上 48 Hours+
0.7	**1.4**	**8.5**	**37.8**	**18.7**	**32.9**
2.9	7.2	32.6	18.4	15.5	23.4
0.3	0.5	3.1	44.3	18.9	32.9
0.2	0.5	3.9	34.9	25.1	35.3
0.3	0.4	3.9	64.9	16.1	14.4
0.3	0.6	7.4	26.9	19.0	45.8
0.5	0.8	5.4	29.1	18.7	45.5
0.3	0.5	5.9	37.1	17.4	38.9
0.3	0.7	5.3	22.8	21.3	49.5
0.2	0.5	3.9	34.4	18.9	42.0
0.2	0.3	3.9	60.1	15.8	19.7
0.3	0.3	2.8	51.6	23.3	21.6
0.2	0.3	3.9	50.9	20.5	24.2
0.4	0.3	3.7	69.5	12.9	13.2
0.5	0.5	6.4	55.5	14.7	22.4
0.6	1.6	7.9	27.7	15.8	46.3
0.4	0.4	4.7	70.1	11.0	13.4
0.3	0.3	3.8	62.1	16.1	17.4
0.3	0.5	4.6	53.8	19.1	21.7
0.3	0.2	5.8	73.1	10.1	10.4
		12.6	53.3	17.2	16.9
0.5	**1.0**	**7.1**	**37.5**	**18.8**	**35.0**
2.2	5.5	27.4	19.3	17.7	27.8
0.3	0.5	2.7	41.8	18.5	36.2
0.2	0.4	3.2	35.4	25.4	35.4
0.4	0.5	3.2	62.9	16.4	16.6
0.3	0.5	7.1	25.0	19.1	48.0
0.5	0.8	5.0	28.9	17.2	47.6
0.2	0.5	5.7	33.3	17.5	42.7
0.3	0.4	5.6	22.5	20.3	50.8
0.2	0.4	3.6	37.6	17.5	40.8
0.2	0.3	3.4	60.5	14.4	21.1

1-60 续表

单位：%

项 目	Item	合 计 Total
房地产业	Real Estate	100.0
租赁和商务服务业	Tenancy and Business Services	100.0
科学研究和技术服务业	Scientific Research and Technical Service	100.0
水利、环境和公共设施管理业	Management of Water Conservancy,	100.0
居民服务、修理和其他服务业	Resident Services,Repair and Other Services	100.0
教育	Education	100.0
卫生和社会工作	Sanitation and Society	100.0
文化体育和娱乐业	Culture, Sports and Entertainment	100.0
公共管理、社会保障和社会组织	Public Management,Social Security and Social Organization	100.0
国际组织	International Organizations	100.0
女	**Female**	**100.0**
农、林、牧、渔业	Agriculture,Forestry,Farming of Animals	100.0
采矿业	Mining	100.0
制造业	Manufacturing	100.0
电力、热力、燃气及水生产和供应业	Production and Distribution of Electricity Power,Heat Power,Gas and Water	100.0
建筑业	Construction	100.0
批发和零售业	Wholesale and Retail Trade	100.0
交通运输、仓储和邮政业	Traffic,Transport,Storage and Post	100.0
住宿和餐饮业	Accommodation and Restaurants	100.0
信息传输、软件和信息技术服务业	Information Transfer,Software and Information Technical Services	100.0
金融业	Financial Intermediation	100.0
房地产业	Real Estate	100.0
租赁和商务服务业	Tenancy and Business Services	100.0
科学研究和技术服务业	Scientific Research and Technical Service	100.0
水利、环境和公共设施管理业	Management of Water Conservancy,	100.0
居民服务、修理和其他服务业	Resident Services,Repair and Other Services	100.0
教育	Education	100.0
卫生和社会工作	Sanitation and Society	100.0
文化体育和娱乐业	Culture, Sports and Entertainment	100.0
公共管理、社会保障和社会组织	Public Management,Social Security and Social Organization	100.0
国际组织	International Organizations	100.0

continued

(%)

1-8小时 1-8 Hours	9-19小时 9-19 Hours	20-39小时 20-39 Hours	40小时 40 Hours	41-48小时 41-48 Hours	48小时以上 48 Hours+
0.2	0.3	2.5	51.1	23.3	22.5
0.2	0.3	3.7	47.3	19.3	29.2
0.3	0.4	3.4	67.8	13.8	14.3
0.6	0.3	5.6	57.9	13.6	21.8
0.9	0.9	6.7	26.6	16.6	48.3
0.4	0.6	3.8	67.8	11.0	16.5
0.3	0.2	3.9	58.0	16.2	21.3
0.2	0.1	4.0	51.9	19.0	24.7
0.4	0.2	5.2	72.3	10.5	11.4
		14.4	46.5	19.7	19.3
0.8	**1.9**	**10.2**	**38.3**	**18.6**	**30.1**
3.6	8.8	37.9	17.4	13.3	18.9
0.1	0.2	5.0	55.2	20.8	18.7
0.2	0.7	5.0	34.2	24.8	35.2
0.2	0.1	5.7	69.8	15.1	9.0
0.7	0.8	9.1	36.8	18.9	33.9
0.5	0.7	5.8	29.2	20.1	43.6
0.5	0.3	6.6	52.3	16.7	23.6
0.4	1.0	5.1	23.1	22.1	48.4
0.3	0.6	4.3	31.2	20.2	43.4
0.2	0.4	4.3	59.7	17.1	18.2
0.5	0.3	3.3	52.4	23.4	20.1
0.3	0.3	4.2	55.9	22.1	17.2
0.5	0.0	4.3	72.8	11.3	11.1
0.3	0.8	7.5	52.1	16.3	23.1
0.3	2.4	9.5	29.1	14.8	43.8
0.5	0.3	5.3	71.8	10.9	11.1
0.3	0.4	3.7	65.0	16.1	14.6
0.4	0.8	5.1	55.7	19.2	18.7
0.2	0.3	7.0	74.6	9.5	8.4
			100.0		

1-61 按职业、性别分的城镇就业人员工作时间构成
COMPOSITION OF URBAN EMPLOYMENT WORKING HOURS BY OCCUPATION AND SEX

单位：% (%)

职 业	Occupation	合 计 Total	1-8小时 1-8 Hours	9-19小时 9-19 Hours	20-39小时 20-39 Hours	40小时 40 Hours	41-48小时 41-48 Hours	48小时以上 48 Hours+
合 计	**Total**	**100.0**	**0.7**	**1.4**	**8.5**	**37.8**	**18.7**	**32.9**
单位负责人	Unit Head	100.0	0.1	0.5	3.6	45.0	14.8	36.0
专业技术人员	Professional and Technical Personnel	100.0	0.3	0.4	4.1	62.0	16.1	17.1
办事人员和有关人员	Clerk and Related Workers	100.0	0.3	0.2	3.8	63.8	15.3	16.7
商业、服务业人员	Business Service Personnel	100.0	0.4	0.8	5.7	29.2	19.9	43.9
农林牧渔水利业生产人员	Agriculture and Water Conservancy Labors	100.0	2.8	6.9	31.9	19.0	15.9	23.4
生产运输设备操作人员及有关人员	Production,Transport Equipment Operators and Related Workers	100.0	0.3	0.6	5.3	31.0	22.1	40.7
其 他	Others	100.0	0.1	1.3	4.5	33.0	25.4	35.6
男	**Male**	**100.0**	**0.5**	**1.0**	**7.1**	**37.5**	**18.8**	**35.0**
单位负责人	Unit Head	100.0	0.2	0.4	3.5	44.4	15.4	36.0
专业技术人员	Professional and Technical Personnel	100.0	0.3	0.4	3.9	60.1	16.0	19.4
办事人员和有关人员	Clerk and Related Workers	100.0	0.3	0.2	3.7	61.5	15.4	18.9
商业、服务业人员	Business Service Personnel	100.0	0.4	0.8	5.0	29.2	19.0	45.7
农林牧渔水利业生产人员	Agriculture and Water Conservancy Labors	100.0	2.2	5.2	26.4	20.1	18.4	27.7
生产运输设备操作人员及有关人员	Production,Transport Equipment Operators and Related Workers	100.0	0.3	0.5	5.0	31.1	21.6	41.5
其 他	Others	100.0		0.9	3.0	29.7	28.1	38.3
女	**Female**	**100.0**	**0.8**	**1.9**	**10.2**	**38.3**	**18.6**	**30.1**
单位负责人	Unit Head	100.0	0.0	0.7	3.7	46.6	13.0	35.9
专业技术人员	Professional and Technical Personnel	100.0	0.4	0.4	4.2	64.0	16.1	15.0
办事人员和有关人员	Clerk and Related Workers	100.0	0.3	0.2	3.9	67.6	15.0	13.0
商业、服务业人员	Business Service Personnel	100.0	0.4	0.9	6.4	29.2	20.9	42.2
农林牧渔水利业生产人员	Agriculture and Water Conservancy Labors	100.0	3.6	8.7	37.7	17.9	13.4	18.8
生产运输设备操作人员及有关人员	Production,Transport Equipment Operators and Related Workers	100.0	0.2	0.8	6.0	30.9	23.1	39.0
其 他	Others	100.0	0.4	2.3	7.4	39.6	20.1	30.3

1-62 按年龄、性别分的城镇失业人员失业原因构成
UNEMPLOYED REASON COMPOSITION OF URBAN UNEMPLOYMENT BY AGE AND SEX

单位：% (%)

年龄 Age	合 计 Total	离退休 Retired	料理家务 Take Care of Housework	毕业后未工作 Job-off after Graduated	因单位原因失去工作 Lose Job for Working Unit Reasons	因个人原因失去工作 Lose Job for Individual Reasons	承包土地被征用 Land Expropriated	其 他 Others
总计 Total	**100.0**	**4.0**	**22.3**	**21.7**	**19.6**	**19.4**	**2.6**	**10.4**
16-19	100.0		4.8	66.9	1.4	19.9	0.8	6.2
20-24	100.0		7.8	59.3	4.2	18.0	1.1	9.5
25-29	100.0		23.9	28.4	9.4	26.8	0.8	10.7
30-34	100.0		36.6	8.7	16.1	26.3	1.5	10.8
35-39	100.0		36.6	2.7	22.9	23.4	2.8	11.6
40-44	100.0		34.1	1.4	34.7	16.8	2.7	10.3
45-49	100.0	5.6	23.8	0.6	39.1	15.0	4.4	11.6
50-54	100.0	18.3	13.0	0.4	40.4	12.5	5.4	10.1
55-59	100.0	21.7	14.7	0.1	36.2	7.7	8.9	10.7
60-64	100.0	57.0	9.5		7.6	5.4	7.0	13.5
65+	100.0	60.8	3.3		1.0	10.4	13.3	11.2
男 Male	**100.0**	**3.6**	**3.8**	**26.6**	**26.2**	**22.8**	**3.3**	**13.7**
16-19	100.0		1.2	70.6	0.9	19.6	1.2	6.6
20-24	100.0		1.6	63.7	5.2	19.7	1.3	8.4
25-29	100.0		2.3	36.3	14.0	32.5	0.4	14.4
30-34	100.0		6.5	13.7	20.6	41.8	1.7	15.8
35-39	100.0		7.1	2.7	32.5	31.6	5.1	21.0
40-44	100.0		3.7	2.8	50.8	22.5	4.1	16.1
45-49	100.0	0.6	6.1	1.2	50.4	18.0	5.3	18.4
50-54	100.0	4.3	2.4	0.4	57.5	14.9	5.7	14.7
55-59	100.0	16.5	7.7	0.2	46.6	8.7	7.8	12.5
60-64	100.0	59.2	4.1		8.0	6.4	6.2	16.0
65+	100.0	58.7			1.4	9.2	17.0	13.8
女 Female	**100.0**	**4.3**	**38.3**	**17.5**	**13.9**	**16.3**	**2.0**	**7.6**
16-19	100.0		13.2	58.3	2.8	20.6		5.2
20-24	100.0		14.2	54.8	3.3	16.3	0.8	10.7
25-29	100.0		40.4	22.4	5.9	22.4	1.1	7.9
30-34	100.0		52.6	6.0	13.7	18.0	1.4	8.1
35-39	100.0		52.7	2.8	17.6	18.9	1.6	6.5
40-44	100.0		53.0	0.6	24.7	13.3	1.8	6.6
45-49	100.0	9.7	38.4	0.2	29.7	12.5	3.6	5.9
50-54	100.0	39.2	29.0	0.2	14.7	9.0	4.9	3.1
55-59	100.0	34.6	32.2		10.1	5.3	11.7	6.0
60-64	100.0	51.3	23.4		6.4	2.8	9.0	7.0
65+	100.0	66.1	11.5			13.3	4.3	4.9

1-63 按失业原因、性别分的城镇失业人员年龄构成

AGE COMPOSITION OF URBAN UNEMPLOYMENT BY UNEMPLOYED REASON AND SEX

单位：% (%)

年龄 Age	合计 Total	离退休 Retired	料理家务 Take Care of Housework	毕业后未工作 Job-off after Graduated	因单位原因失去工作 Lose Job for Working Unit Reasons	因个人原因失去工作 Lose Job for Individual Reasons	承包土地被征用 Land Expropriated	其他 Others
总计 Total	**100.0**	**100.0**	**100.0**	**100.0**	**100.0**	**100.0**	**100.0**	**100.0**
16-19	4.3		0.9	13.1	0.3	4.4	1.3	2.5
20-24	22.8		8.0	62.1	4.9	21.2	9.2	20.8
25-29	13.3		14.3	17.4	6.4	18.5	4.0	13.7
30-34	11.6		19.0	4.6	9.5	15.7	6.6	12.0
35-39	12.2		20.1	1.5	14.2	14.8	13.1	13.6
40-44	12.1		18.5	0.8	21.4	10.5	12.3	11.9
45-49	11.2	15.7	11.9	0.3	22.2	8.7	18.6	12.4
50-54	6.0	27.4	3.5	0.1	12.3	3.9	12.3	5.8
55-59	4.4	24.2	2.9	0.0	8.2	1.8	15.1	4.5
60-64	1.6	23.1	0.7		0.6	0.5	4.3	2.1
65+	0.6	9.5	0.1		0.0	0.3	3.2	0.7
男 Male	**100.0**	**100.0**	**100.0**	**100.0**	**100.0**	**100.0**	**100.0**	**100.0**
16-19	6.4		2.1	17.0	0.2	5.5	2.2	3.1
20-24	24.6		10.2	59.0	4.9	21.2	9.9	15.1
25-29	12.4		7.4	16.9	6.6	17.6	1.5	13.0
30-34	8.6		14.7	4.4	6.8	15.8	4.3	9.9
35-39	9.3		17.3	0.9	11.5	12.8	14.1	14.2
40-44	9.9		9.7	1.1	19.3	9.8	12.2	11.7
45-49	10.8	1.8	17.3	0.5	20.9	8.6	17.1	14.6
50-54	7.7	9.4	4.9	0.1	16.9	5.0	13.2	8.3
55-59	6.8	31.6	13.8	0.0	12.1	2.6	15.9	6.2
60-64	2.5	41.6	2.7		0.8	0.7	4.7	2.9
65+	0.9	15.6			0.0	0.4	4.8	1.0
女 Female	**100.0**	**100.0**	**100.0**	**100.0**	**100.0**	**100.0**	**100.0**	**100.0**
16-19	2.4		0.8	7.9	0.5	3.0		1.6
20-24	21.2		7.8	66.1	5.0	21.2	8.0	29.8
25-29	14.2		14.9	18.1	6.0	19.4	7.6	14.8
30-34	14.1		19.4	4.9	13.9	15.6	10.1	15.2
35-39	14.8		20.3	2.3	18.7	17.1	11.5	12.6
40-44	13.9		19.3	0.4	24.7	11.3	12.5	12.2
45-49	11.4	25.6	11.5	0.1	24.4	8.8	20.8	9.0
50-54	4.5	40.3	3.4	0.1	4.7	2.4	10.9	1.8
55-59	2.4	18.9	2.0		1.7	0.8	14.0	1.9
60-64	0.8	9.9	0.5		0.4	0.1	3.8	0.8
65+	0.3	5.2	0.1			0.3	0.7	0.2

1-64 按受教育程度、性别分的城镇失业人员失业原因构成
UNEMPLOYED REASON COMPOSITION OF URBAN UNEMPLOMENT BY EDUCATIONAL ATTAINMENT AND SEX

单位：% (%)

受教育程度	Educational Attainment	合 计 Total	离退休 Retired	料理家务 Take Care of Housework	毕业后未工作 Job-off after Graduated	因单位原因失去工作 Lose Job for Working Unit Reasons	因个人原因失去工作 Lose Job for Individual Reasons	承包土地被征用 Land Expropriated	其 他 Others
总 计	**Total**	**100.0**	**4.0**	**22.3**	**21.7**	**19.6**	**19.4**	**2.6**	**10.4**
未上过学	Illiterate	100.0	7.6	47.9	4.6	3.3	1.8	3.2	31.6
小 学	Primary School	100.0	5.0	40.9	5.9	10.0	15.7	8.4	14.1
初 中	Junior School	100.0	4.3	28.8	12.0	20.0	19.2	4.0	11.8
高 中	Senior School	100.0	4.6	19.3	19.7	25.1	20.0	1.4	10.0
大学专科	College	100.0	2.4	9.3	46.0	14.0	20.3	0.2	7.7
大学本科	University	100.0	0.8	6.3	54.7	13.5	19.1		5.5
研究生	Graduate	100.0	6.4		51.4		39.0		3.2
男	**Male**	**100.0**	**3.6**	**3.8**	**26.6**	**26.2**	**22.8**	**3.3**	**13.7**
未上过学	Illiterate	100.0	18.6	12.0	11.3			0.8	57.2
小 学	Primary School	100.0	5.6	8.2	10.5	18.2	20.4	12.0	25.1
初 中	Junior School	100.0	4.5	4.9	17.6	27.8	23.7	5.3	16.3
高 中	Senior School	100.0	2.8	3.0	25.1	31.0	24.2	1.9	12.1
大学专科	College	100.0	2.8	2.5	46.3	18.3	20.4	0.4	9.4
大学本科	University	100.0	1.1	0.8	54.5	19.3	18.6		5.8
研究生	Graduate	100.0	13.7		18.5		60.8		7.0
女	**Female**	**100.0**	**4.3**	**38.3**	**17.5**	**13.9**	**16.3**	**2.0**	**7.6**
未上过学	Illiterate	100.0		72.5		5.5	3.1	4.9	14.0
小 学	Primary School	100.0	4.6	62.7	2.9	4.6	12.5	5.9	6.8
初 中	Junior School	100.0	4.1	47.7	7.6	13.9	15.6	3.1	8.2
高 中	Senior School	100.0	6.4	34.9	14.5	19.3	16.0	0.9	7.9
大学专科	College	100.0	2.1	15.9	45.8	9.9	20.3		6.1
大学本科	University	100.0	0.5	12.0	54.9	7.7	19.6		5.3
研究生	Graduate	100.0			79.8		20.2		

1-65 按失业原因、性别分的城镇失业人员受教育程度构成

EDUCATIONAL ATTAINMENT COMPOSITION OF URBAN UNEMPLOYMENT BY UNEMPLOYED REASON AND SEX

单位：% (%)

受教育程度	Educational Attainment	合计 Total	离退休 Retired	料理家务 Take Care of Housework	毕业后未工作 Job-off after Graduated	因单位原因失去工作 Lose Job for Working Unit Reasons	因个人原因失去工作 Lose Job for Individual Reasons	承包土地被征用 Land Expropriated	其他 Others
总 计	**Total**	**100.0**	**100.0**	**100.0**	**100.0**	**100.0**	**100.0**	**100.0**	**100.0**
未上过学	Illiterate	0.4	0.8	0.9	0.1	0.1	0.0	0.5	1.3
小 学	Primary School	6.3	8.0	11.7	1.7	3.2	5.1	20.3	8.6
初 中	Junior School	39.7	42.9	51.4	21.9	40.5	39.3	61.4	44.8
高 中	Senior School	32.5	37.8	28.1	29.4	41.5	33.6	16.8	31.1
大学专科	College	14.9	9.0	6.2	31.5	10.6	15.6	1.0	11.0
大学本科	University	5.9	1.2	1.7	14.9	4.1	5.9		3.2
研究生	Graduate	0.2	0.3		0.5		0.4		0.1
男	**Male**	**100.0**	**100.0**	**100.0**	**100.0**	**100.0**	**100.0**	**100.0**	**100.0**
未上过学	Illiterate	0.4	1.9	1.2	0.2			0.1	1.5
小 学	Primary School	5.5	8.6	11.7	2.1	3.8	4.9	19.6	10.0
初 中	Junior School	37.7	48.0	48.7	24.9	40.0	39.1	59.6	44.8
高 中	Senior School	34.2	26.6	27.0	32.2	40.5	36.3	19.1	30.2
大学专科	College	15.6	12.2	10.2	27.3	10.9	14.0	1.7	10.7
大学本科	University	6.4	1.9	1.3	13.1	4.7	5.2		2.7
研究生	Graduate	0.2	0.8		0.1		0.6		0.1
女	**Female**	**100.0**	**100.0**	**100.0**	**100.0**	**100.0**	**100.0**	**100.0**	**100.0**
未上过学	Illiterate	0.5		0.9		0.2	0.1	1.1	0.9
小 学	Primary School	7.1	7.6	11.7	1.2	2.3	5.5	21.3	6.4
初 中	Junior School	41.5	39.2	51.6	17.9	41.3	39.5	64.0	44.8
高 中	Senior School	31.0	45.8	28.2	25.6	43.1	30.4	13.6	32.5
大学专科	College	14.2	6.7	5.9	37.1	10.1	17.6		11.5
大学本科	University	5.5	0.7	1.7	17.3	3.1	6.6		3.9
研究生	Graduate	0.2			1.0		0.3		

1-66 按年龄、性别分的城镇失业人员受教育程度构成
EDUCATIONAL ATTAINMENT COMPOSITION OF URBAN UNEMPLOYMENT BY AGE AND SEX

单位：% (%)

年龄 Age	合 计 Total	未上过学 Illiterate	小 学 Primary School	初 中 Junior School	高 中 Senior School	大 专 College	大学本科 University	研究生 Graduate
总计 Total	**100.0**	**0.4**	**6.3**	**39.7**	**32.5**	**14.9**	**5.9**	**0.2**
16-19	100.0	0.7	5.0	48.5	40.3	3.9	1.7	
20-24	100.0	0.0	1.1	26.2	30.9	29.2	12.4	0.2
25-29	100.0	0.3	1.9	32.9	29.1	23.2	12.0	0.5
30-34	100.0	0.1	3.7	40.4	37.9	13.1	4.6	0.3
35-39	100.0	0.4	8.6	45.1	33.0	10.3	2.4	0.2
40-44	100.0	0.6	8.3	51.8	30.5	6.2	2.4	0.2
45-49	100.0	0.5	7.8	48.3	34.9	7.0	1.3	0.1
50-54	100.0	0.6	13.3	40.8	40.4	3.8	1.2	
55-59	100.0	2.0	19.8	48.1	24.4	4.1	1.5	
60-64	100.0	2.4	23.6	42.7	20.5	8.8	1.2	0.8
65+	100.0	1.5	34.2	39.3	6.5	16.4	1.9	
男 Male	**100.0**	**0.4**	**5.5**	**37.7**	**34.2**	**15.6**	**6.4**	**0.2**
16-19	100.0	1.0	7.1	45.4	40.8	4.8	1.0	
20-24	100.0		0.7	25.9	33.3	27.5	12.4	0.2
25-29	100.0	0.5	1.1	27.7	30.7	27.7	12.3	
30-34	100.0		5.8	36.2	38.8	13.2	5.8	0.2
35-39	100.0	0.6	5.3	40.8	33.5	14.5	4.7	0.5
40-44	100.0	0.0	4.4	50.5	35.7	5.9	3.1	0.4
45-49	100.0	0.2	5.7	45.8	37.3	8.8	2.0	0.3
50-54	100.0	0.1	10.8	42.3	40.1	5.2	1.6	
55-59	100.0	1.2	15.1	50.7	27.5	3.9	1.6	
60-64	100.0	2.7	19.4	41.0	21.9	12.2	1.6	1.1
65+	100.0	0.3	31.9	42.9	7.2	15.0	2.7	
女 Female	**100.0**	**0.5**	**7.1**	**41.5**	**31.0**	**14.2**	**5.5**	**0.2**
16-19	100.0			55.7	39.2	1.9	3.2	
20-24	100.0	0.0	1.5	26.4	28.5	30.9	12.4	0.2
25-29	100.0	0.1	2.6	37.0	27.9	19.8	11.7	0.9
30-34	100.0	0.1	2.6	42.6	37.4	13.0	4.0	0.3
35-39	100.0	0.2	10.4	47.4	32.8	8.1	1.2	
40-44	100.0	1.0	10.7	52.7	27.2	6.4	2.0	
45-49	100.0	0.8	9.6	50.4	33.0	5.5	0.8	
50-54	100.0	1.3	17.2	38.5	40.8	1.7	0.6	
55-59	100.0	4.0	31.7	41.7	16.6	4.8	1.2	
60-64	100.0	1.5	34.5	46.9	17.0			
65+	100.0	4.5	39.9	30.6	4.9	20.1		

1-67 按受教育程度、性别分的城镇失业人员年龄构成
AGE COMPOSITION OF URBAN UNEMPLOYMENT BY EDUCATIONAL ATTAINMENT AND SEX

单位：% (%)

年龄 Age	合计 Total	未上过学 Illiterate	小学 Primary School	初中 Junior School	高中 Senior School	大专 College	大学本科 University	研究生 Graduate
总计 Total	**100.0**	**100.0**	**100.0**	**100.0**	**100.0**	**100.0**	**100.0**	**100.0**
16-19	4.3	7.1	3.3	5.2	5.3	1.1	1.2	
20-24	22.8	0.6	4.0	15.0	21.7	44.7	47.6	18.4
25-29	13.3	8.5	4.1	11.1	12.0	20.8	27.0	32.9
30-34	11.6	1.9	6.8	11.7	13.5	10.2	9.0	15.1
35-39	12.2	10.2	16.5	13.9	12.4	8.5	5.0	10.3
40-44	12.1	17.9	15.8	15.8	11.3	5.1	4.9	9.5
45-49	11.2	13.2	13.7	13.6	12.0	5.3	2.5	7.3
50-54	6.0	8.0	12.5	6.1	7.4	1.5	1.2	
55-59	4.4	21.1	13.9	5.4	3.3	1.2	1.1	
60-64	1.6	9.2	6.0	1.7	1.0	1.0	0.3	6.4
65+	0.6	2.3	3.4	0.6	0.1	0.7	0.2	
男 Male	**100.0**	**100.0**	**100.0**	**100.0**	**100.0**	**100.0**	**100.0**	**100.0**
16-19	6.4	17.4	8.3	7.7	7.6	2.0	1.0	
20-24	24.6		3.1	16.9	23.9	43.3	47.8	18.5
25-29	12.4	16.6	2.5	9.1	11.1	21.9	23.8	
30-34	8.6		9.2	8.3	9.8	7.3	7.8	9.3
35-39	9.3	16.4	9.1	10.0	9.1	8.6	6.8	22.2
40-44	9.9	0.8	8.0	13.3	10.4	3.7	4.8	20.6
45-49	10.8	4.9	11.3	13.2	11.8	6.1	3.3	15.8
50-54	7.7	2.1	15.2	8.6	9.0	2.5	1.9	
55-59	6.8	22.4	18.9	9.2	5.5	1.7	1.7	
60-64	2.5	18.6	8.9	2.7	1.6	2.0	0.6	13.7
65+	0.9	0.8	5.5	1.1	0.2	0.9	0.4	
女 Female	**100.0**	**100.0**	**100.0**	**100.0**	**100.0**	**100.0**	**100.0**	**100.0**
16-19	2.4			3.2	3.0	0.3	1.4	
20-24	21.2	0.9	4.6	13.5	19.5	46.0	47.5	18.4
25-29	14.2	2.9	5.2	12.6	12.8	19.8	30.1	61.4
30-34	14.1	3.3	5.2	14.5	17.0	12.9	10.1	20.2
35-39	14.8	6.0	21.5	16.9	15.6	8.4	3.3	
40-44	13.9	29.7	20.9	17.7	12.2	6.3	5.0	
45-49	11.4	18.9	15.3	13.9	12.2	4.4	1.7	
50-54	4.5	12.1	10.7	4.1	5.9	0.5	0.5	
55-59	2.4	20.2	10.6	2.4	1.3	0.8	0.5	
60-64	0.8	2.8	4.1	1.0	0.5			
65+	0.3	3.3	1.9	0.3	0.1	0.5		

1-68 按年龄、性别分的城镇失业人员寻找工作方式构成
SEEKING JOB METHOD COMPOSITION OF URBAN UNEMPLOYMENT BY AGE AND SEX

单位：% (%)

年龄 Age	合 计 Total	在职业介绍机构登记 Register in Employment Agency Office	委托亲友找工作 Ask Friends Relatives about Job	参加招聘会 Take Part in Employment Advertise Meeting	应答或刊登广告 Answer or Advertise	浏览招聘广告 Scan and Want Ads	为自己经营作准备 Prepare for Own Business	其他 Others
总计 Total	**100.0**	**8.9**	**51.3**	**9.2**	**1.2**	**7.9**	**7.1**	**14.5**
16-19	100.0	5.9	59.2	8.5	0.2	3.9	7.3	15.0
20-24	100.0	10.1	41.6	20.3	2.0	8.8	5.8	11.5
25-29	100.0	8.7	45.2	13.7	1.2	10.6	7.2	13.4
30-34	100.0	9.9	49.4	5.5	1.6	10.8	9.6	13.2
35-39	100.0	9.3	51.8	3.7	1.2	8.0	9.9	16.0
40-44	100.0	8.4	57.1	4.3	1.1	7.3	7.6	14.1
45-49	100.0	8.4	58.9	3.5	0.7	6.1	5.9	16.5
50-54	100.0	7.7	61.4	3.3	0.3	4.5	7.3	15.4
55-59	100.0	7.2	63.7	2.7	0.3	4.0	2.3	19.7
60-64	100.0	7.0	52.9	0.5	1.4	5.0	3.3	29.9
65+	100.0	1.4	63.9	1.3				33.4
男 Male	**100.0**	**9.0**	**48.4**	**9.8**	**1.5**	**8.3**	**8.5**	**14.5**
16-19	100.0	4.3	61.0	7.6		2.0	9.6	15.5
20-24	100.0	9.8	39.5	19.8	2.7	8.9	7.4	11.8
25-29	100.0	8.3	42.0	16.3	1.6	12.4	8.9	10.5
30-34	100.0	10.7	41.0	7.4	1.5	14.6	12.5	12.3
35-39	100.0	7.6	44.9	4.1	2.1	8.3	14.7	18.3
40-44	100.0	9.7	54.5	4.2	1.1	8.4	8.7	13.4
45-49	100.0	9.1	56.4	4.4	0.5	6.1	7.8	15.7
50-54	100.0	11.0	56.9	3.4	0.6	5.3	7.2	15.5
55-59	100.0	9.3	61.0	3.3	0.4	4.8	2.5	18.7
60-64	100.0	8.4	51.1	0.7	2.0	6.4	3.3	28.1
65+	100.0	2.0	55.6					42.5
女 Female	**100.0**	**8.7**	**53.7**	**8.6**	**1.0**	**7.6**	**5.8**	**14.6**
16-19	100.0	9.7	54.9	10.6	0.8	8.4	1.9	13.7
20-24	100.0	10.4	43.6	20.8	1.3	8.6	4.1	11.2
25-29	100.0	9.0	47.6	11.7	0.9	9.2	6.0	15.6
30-34	100.0	9.5	53.8	4.6	1.6	8.8	8.0	13.6
35-39	100.0	10.2	55.6	3.5	0.8	7.8	7.3	14.8
40-44	100.0	7.6	58.8	4.4	1.1	6.7	6.9	14.6
45-49	100.0	7.8	61.0	2.8	0.8	6.1	4.3	17.2
50-54	100.0	2.9	68.2	3.1		3.2	7.5	15.2
55-59	100.0	2.1	70.5	1.1		2.1	1.9	22.3
60-64	100.0	3.3	57.5			1.4	3.4	34.5
65+	100.0		84.3	4.5				11.3

1-69 按受教育程度、性别分的城镇失业人员寻找工作方式构成
SEEKING JOB METHOD COMPOSITION OF URBAN UNEMPLOYMENT BY EDUCATIONAL ATTAINMENT AND SEX

单位：% (%)

受教育程度	Educational Attainment	合计 Total	在职业介绍机构登记 Register in Employment Agency Office	委托亲友找工作 Ask Friends Relatives about Job	参加招聘会 Take Part in Employment Advertise Meeting	应答或刊登广告 Answer or Advertise	浏览招聘广告 Scan and Want Ads	为自己经营作准备 Prepare for Own Business	其他 Others
总 计	**Total**	**100.0**	**8.9**	**51.3**	**9.2**	**1.2**	**7.9**	**7.1**	**14.5**
未上过学	Illiterate	100.0	9.2	56.5			6.2	0.6	27.5
小 学	Primary School	100.0	2.7	64.9	1.0	0.4	6.0	4.8	20.1
初 中	Junior School	100.0	7.4	57.6	4.4	1.2	5.1	8.2	16.2
高 中	Senior School	100.0	9.2	50.9	7.7	1.2	9.5	7.2	14.3
大学专科	College	100.0	12.6	39.5	21.2	1.0	10.8	5.6	9.3
大学本科	University	100.0	14.5	26.5	27.3	3.1	12.6	4.7	11.2
研究生	Graduate	100.0		8.5	41.7	6.0	11.5	22.6	9.7
男	**Male**	**100.0**	**9.0**	**48.4**	**9.8**	**1.5**	**8.3**	**8.5**	**14.5**
未上过学	Illiterate	100.0	18.6	45.1			15.3		21.0
小 学	Primary School	100.0	4.0	62.5	1.8	0.4	3.8	4.6	22.8
初 中	Junior School	100.0	7.5	55.6	4.6	1.4	4.9	10.2	15.8
高 中	Senior School	100.0	9.0	47.3	8.9	1.4	10.3	8.8	14.3
大学专科	College	100.0	12.2	38.5	21.2	1.7	10.8	5.7	9.9
大学本科	University	100.0	13.9	26.1	24.6	2.7	14.3	6.1	12.4
研究生	Graduate	100.0		7.9	18.5		24.8	48.8	
女	**Female**	**100.0**	**8.7**	**53.7**	**8.6**	**1.0**	**7.6**	**5.8**	**14.6**
未上过学	Illiterate	100.0	2.8	64.4				0.9	31.9
小 学	Primary School	100.0	1.9	66.5	0.4	0.5	7.5	4.9	18.4
初 中	Junior School	100.0	7.2	59.3	4.3	0.9	5.2	6.6	16.4
高 中	Senior School	100.0	9.3	54.4	6.5	1.1	8.7	5.7	14.3
大学专科	College	100.0	13.0	40.5	21.1	0.3	10.8	5.4	8.7
大学本科	University	100.0	15.1	27.0	30.0	3.6	11.0	3.3	10.1
研究生	Graduate	100.0		8.9	61.7	11.2			18.1

1-70 按年龄、性别分的城镇失业人员行业构成

SECTOR COMPOSITION OF URBAN UNEMPLOYMENT BY AGE AND SEX

单位：% (%)

年龄 Age	合 计 Total	农、林、牧、渔业 Farming, Forestry, Animal Husbandry and Fishery	采矿业 Mining and Quarrying	制造业 Manufacturing	电力、热力、燃气及水生产和供应业 Production and Distribution of Electricity Power, Heat Power, Gas and Water	建筑业 Construction	批发和零售业 Wholesale and Retail
总计 Total	**100.0**	**7.3**	**1.7**	**29.9**	**0.8**	**5.7**	**21.3**
16-19	100.0	5.9	0.3	40.7		12.4	17.0
20-24	100.0	5.7	0.5	26.0	0.5	4.2	25.1
25-29	100.0	4.0	0.7	24.2	0.7	5.0	26.8
30-34	100.0	5.8	0.9	20.8	0.6	4.6	27.5
35-39	100.0	5.4	2.0	26.8	0.3	4.8	28.2
40-44	100.0	9.7	2.7	34.8	1.0	7.0	15.8
45-49	100.0	6.4	2.4	37.7	0.9	4.7	17.3
50-54	100.0	10.2	2.5	31.7	1.6	9.1	15.2
55-59	100.0	12.7	1.0	38.3	0.7	5.8	11.2
60-64	100.0	17.0	1.9	31.2	1.5	6.9	9.8
65+	100.0	21.0	11.0	26.8	2.0	5.9	17.9
男 Male	**100.0**	**7.2**	**2.4**	**30.5**	**1.0**	**8.7**	**16.5**
16-19	100.0	5.6	0.5	45.4		14.5	7.9
20-24	100.0	5.8	1.1	22.8	0.4	7.1	20.4
25-29	100.0	4.3	0.6	22.9	0.9	8.1	19.9
30-34	100.0	4.9	1.4	20.0	0.8	9.9	22.7
35-39	100.0	5.0	3.9	27.3	0.6	7.5	21.1
40-44	100.0	8.8	3.8	36.1	0.9	10.5	11.8
45-49	100.0	5.8	3.0	33.4	1.1	7.5	16.7
50-54	100.0	9.1	2.8	35.5	2.2	11.1	14.4
55-59	100.0	9.4	1.4	43.1	0.9	6.7	10.0
60-64	100.0	16.2	1.3	32.2	2.1	8.0	8.2
65+	100.0	26.9	11.5	22.4	2.7	8.0	13.4
女 Female	**100.0**	**7.5**	**1.1**	**29.3**	**0.5**	**2.8**	**25.8**
16-19	100.0	6.4		31.6		8.4	34.5
20-24	100.0	5.7		29.0	0.5	1.5	29.6
25-29	100.0	3.7	0.7	25.2	0.5	2.6	32.3
30-34	100.0	6.3	0.7	21.4	0.5	1.3	30.5
35-39	100.0	5.6	0.8	26.5	0.0	3.0	32.9
40-44	100.0	10.4	1.8	33.7	1.1	4.3	18.9
45-49	100.0	7.0	1.9	41.8	0.7	2.1	17.9
50-54	100.0	12.0	2.2	25.3	0.6	5.7	16.6
55-59	100.0	21.5		25.4		3.4	14.3
60-64	100.0	19.1	3.8	28.5		3.8	14.5
65+	100.0	4.8	9.5	38.6			30.0

1-70 续表 1 continued

单位：% (%)

年龄 Age	交通运输、仓储和邮政业 Transport, Storage, Post & Telecommunication	住宿和餐饮业 Hotel and Catering Services	信息传输、软件和信息技术服务业 Information Transfer, Software and Information Technical Services	金融业 Banking	房地产业 Real Estate	租赁和商务服务业 Leasing and Business Services	科学研究和技术服务业 Information Transfer, Software and Information Technical Services
总计 Total	**5.6**	**5.0**	**6.1**	**2.2**	**0.9**	**1.8**	**0.6**
16-19	2.6	4.6	4.6	1.2		1.4	
20-24	4.3	6.3	5.5	2.0	2.2	3.0	0.3
25-29	5.1	6.6	9.7	3.0	0.7	2.8	0.8
30-34	5.3	5.5	8.0	2.5	1.1	2.3	0.8
35-39	5.2	4.9	7.5	3.8	0.8	1.5	0.5
40-44	7.2	5.8	4.3	0.7	0.3	1.0	0.2
45-49	5.4	4.2	3.8	2.4	1.1	1.5	0.9
50-54	5.9	3.0	5.2	1.8	0.5	1.9	0.3
55-59	6.5	4.0	5.4	1.3	1.7	0.9	1.0
60-64	10.9	1.8	4.1				0.8
65+	1.3						
男 Male	**8.9**	**4.3**	**4.2**	**2.0**	**1.2**	**1.9**	**0.6**
16-19	4.0	6.7	4.2	1.8		1.0	
20-24	7.8	7.6	4.4	2.4	4.3	2.8	0.2
25-29	9.5	6.0	8.0	2.7	0.6	4.0	0.3
30-34	9.5	3.9	3.6	2.6	1.3	2.7	0.8
35-39	9.5	4.8	5.7	3.5	0.9	1.4	1.0
40-44	11.3	3.4	2.8	0.7	0.3	0.5	0.3
45-49	8.8	3.7	1.5	2.8	1.4	1.3	1.3
50-54	6.5	2.6	3.7	0.8	0.7	2.9	0.6
55-59	8.5	3.3	5.9	0.6	1.2	1.0	0.8
60-64	13.5		4.5				1.1
65+							
女 Female	**2.5**	**5.7**	**7.8**	**2.4**	**0.7**	**1.7**	**0.5**
16-19		0.6	5.4			2.3	
20-24	1.0	5.0	6.5	1.5	0.3	3.1	0.5
25-29	1.6	7.1	11.0	3.3	0.8	1.8	1.2
30-34	2.8	6.5	10.8	2.3	1.0	2.1	0.8
35-39	2.4	5.0	8.7	4.0	0.7	1.5	0.2
40-44	4.0	7.6	5.5	0.7	0.2	1.4	0.2
45-49	2.3	4.6	6.0	1.9	0.9	1.7	0.6
50-54	4.9	3.7	7.5	3.6		0.3	
55-59	1.0	5.7	4.1	3.1	3.1	0.6	1.7
60-64	3.5	6.8	3.1				
65+	5.0						

1-70　续表 2　continued

单位：%　　(%)

年龄　Age	水利、环境和公共设施管理业 Water Conservancy, Environment and Public Utility Management	居民服务、修理和其他服务业 Resident Services, Repair and Other Services	教　育 Education	卫生和社会工作 Sanitation and Society	文化、体育和娱乐业 Culture Sports and Entertainment	公共管理、社会保障和社会组织 Public Management, Social Security and Social Organization	国际组织 International Organizations
总计　Total	**0.6**	**3.5**	**1.9**	**1.8**	**1.1**	**2.2**	**0.01**
16-19		5.9	2.9	0.4			
20-24	0.5	4.5	1.9	3.5	2.3	1.7	
25-29	0.6	3.5	1.7	2.7	0.8	0.8	
30-34	1.2	3.8	3.0	1.8	2.7	1.8	
35-39	0.2	3.7	1.5	0.9	0.7	1.5	
40-44	0.4	4.3	1.2	0.5	0.6	2.6	
45-49	1.2	2.5	1.3	1.4	0.4	4.4	
50-54	0.5	2.7	2.2	2.0	0.5	3.0	0.12
55-59	0.4	2.6	1.6	1.9	1.0	1.9	
60-64		2.4	4.1	3.1	1.1	3.4	
65+		1.0	7.1	6.2			
男　Male	**0.9**	**3.4**	**1.4**	**1.4**	**1.0**	**2.6**	
16-19		7.8		0.6			
20-24	1.1	3.8	1.0	1.0	2.4	3.5	
25-29	1.3	5.5	1.4	2.6		1.4	
30-34	2.0	4.5	2.1	2.2	3.4	1.7	
35-39		2.9	0.9	1.1	0.8	2.0	
40-44	0.6	4.2	0.9	0.3	0.8	1.9	
45-49	1.9	2.2	1.0	1.2	0.5	5.2	
50-54	0.7	1.9	1.5	0.8	0.2	2.0	
55-59		2.0	1.3	1.1	0.5	2.0	
60-64		0.6	4.3	2.4	1.1	4.6	
65+		1.3	6.2	7.6			
女　Female	**0.3**	**3.7**	**2.3**	**2.2**	**1.2**	**1.9**	**0.02**
16-19		2.3	8.4				
20-24		5.2	2.7	5.9	2.2		
25-29		1.9	2.0	2.7	1.4	0.4	
30-34	0.6	3.3	3.5	1.5	2.3	1.8	
35-39	0.3	4.2	1.8	0.7	0.6	1.1	
40-44	0.2	4.3	1.3	0.7	0.5	3.1	
45-49	0.6	2.7	1.6	1.5	0.4	3.6	
50-54	0.3	4.2	3.2	4.0	1.0	4.6	0.33
55-59	1.4	4.2	2.3	3.9	2.5	1.6	
60-64		7.3	3.4	5.2	1.1		
65+			9.5	2.6			

1-71 按受教育程度、性别分的城镇失业人员行业构成
SECTOR COMPOSITION OF URBAN UNEMPLOYMENT BY EDUCATIONAL ATTAINMENT AND SEX

单位：% (%)

受教育程度	Educational Attainment	合计 Total	农、林、牧、渔业 Farming, Forestry, Animal Husbandry and Fishery	采矿业 Mining and Quarrying	制造业 Manufacturing	电力、热力、燃气及水生产和供应业 Production and Distribution of Electricity Power, Heat Power, Gas and Water	建筑业 Construction	批发和零售业 Wholesale and Retail
总　计	**Total**	**100.0**	**7.3**	**1.7**	**29.9**	**0.8**	**5.7**	**21.3**
未上过学	Illiterate	100.0	13.2		17.1	2.0	12.9	19.2
小　学	Primary School	100.0	17.9	3.0	25.8	0.6	9.4	19.5
初　中	Junior School	100.0	10.5	1.9	32.2	0.6	6.4	18.4
高　中	Senior School	100.0	3.6	1.4	31.0	0.9	4.2	24.5
大学专科	College	100.0	1.3	1.8	22.0	0.8	4.4	24.6
大学本科	University	100.0			25.2	0.8	6.2	21.4
研究生	Graduate	100.0			34.1			21.1
男	**Male**	**100.0**	**7.2**	**2.4**	**30.5**	**1.0**	**8.7**	**16.5**
未上过学	Illiterate	100.0	0.9		25.5	4.7	10.7	24.4
小　学	Primary School	100.0	14.6	2.2	26.8	0.6	16.1	17.9
初　中	Junior School	100.0	10.6	3.1	32.4	1.2	10.2	11.7
高　中	Senior School	100.0	4.5	2.0	31.3	0.8	6.2	20.5
大学专科	College	100.0	1.7	1.9	22.8	0.9	7.0	19.0
大学本科	University	100.0			32.4	1.5	7.2	21.6
研究生	Graduate	100.0			27.9			27.2
女	**Female**	**100.0**	**7.5**	**1.1**	**29.3**	**0.5**	**2.8**	**25.8**
未上过学	Illiterate	100.0	22.3		10.8		14.4	15.3
小　学	Primary School	100.0	20.4	3.7	25.1	0.5	4.3	20.7
初　中	Junior School	100.0	10.5	0.8	32.0	0.1	3.0	24.3
高　中	Senior School	100.0	2.7	0.9	30.7	1.1	2.1	28.5
大学专科	College	100.0	1.0	1.7	21.3	0.6	1.6	30.4
大学本科	University	100.0			17.0		5.1	21.2
研究生	Graduate	100.0			55.7			

1-71 续表 1 continued

单位：% (%)

受教育程度	Educational Attainment	交通运输、仓储和邮政业 Transport, Storage, Post & Telecommunication	住宿和餐饮业 Hotel and Catering Services	信息传输、软件和信息技术服务业 Information Transfer, Software and Information Technical Services	金融业 Banking	房地产业 Real Estate	租赁和商务服务业 Leasing and Business Services	科学研究和技术服务业 Information Transfer, Software and Information Technical Services
总 计	**Total**	**5.6**	**5.0**	**6.1**	**2.2**	**0.9**	**1.8**	**0.6**
未上过学	Illiterate	17.1	5.2	11.2				
小 学	Primary School	2.2	3.5	4.5	1.6	0.9	2.6	
初 中	Junior School	5.7	6.0	5.9	1.6	0.7	0.8	0.4
高 中	Senior School	6.1	4.8	5.7	1.8	1.0	2.3	0.8
大学专科	College	5.3	3.9	7.5	5.2	1.6	3.7	0.7
大学本科	University	5.8	2.5	8.1	5.4	1.3	2.7	1.5
研究生	Graduate	12.9		13.1		8.9		9.9
男	**Male**	**8.9**	**4.3**	**4.2**	**2.0**	**1.2**	**1.9**	**0.6**
未上过学	Illiterate	33.8						
小 学	Primary School	4.7	1.9	2.3	1.9	0.3	1.9	
初 中	Junior School	9.5	4.6	3.7	1.6	1.0	1.0	0.5
高 中	Senior School	9.0	4.5	4.5	1.0	1.5	2.4	0.6
大学专科	College	7.3	4.7	6.6	4.8	1.7	4.3	1.0
大学本科	University	9.3	1.8	3.8	6.1	1.1	0.8	2.8
研究生	Graduate	16.7		16.8		11.4		
女	**Female**	**2.5**	**5.7**	**7.8**	**2.4**	**0.7**	**1.7**	**0.5**
未上过学	Illiterate	4.8	9.1	19.5				
小 学	Primary School	0.3	4.7	6.2	1.4	1.4	**3.1**	
初 中	Junior School	2.3	7.1	7.9	1.6	0.4	0.6	0.4
高 中	Senior School	3.2	5.1	7.0	2.5	0.5	2.3	0.9
大学专科	College	3.3	3.0	8.5	5.6	1.5	3.0	0.3
大学本科	University	1.9	3.3	12.8	4.6	1.4	4.7	
研究生	Graduate							44.3

1-71 续表 2 continued

单位：% (%)

受教育程度	Educational Attainment	水利、环境和公共设施管理业 Water Conservancy, Environment and Public Utility Management	居民服务、修理和其他服务业 Resident Services, Repair and Other Services	教　育 Education	卫生和社会工作 Sanitation and Society	文化、体育和娱乐业 Culture Sports and Entertainment	公共管理、社会保障和社会组织 Public Management, Social Security and Social Organization	国际组织 International Organizations
总　计	**Total**	**0.6**	**3.5**	**1.9**	**1.8**	**1.1**	**2.2**	**0.01**
未上过学	Illiterate						2.2	
小　学	Primary School	0.9	4.2	0.6	1.2	0.2	1.3	
初　中	Junior School	0.5	4.1	1.1	1.3	0.6	1.2	0.02
高　中	Senior School	0.6	3.4	2.3	1.9	1.3	2.3	
大学专科	College	1.0	2.0	3.3	3.2	2.8	5.1	
大学本科	University		2.0	5.9	3.2	1.3	6.8	
研究生	Graduate							
男	**Male**	**0.9**	**3.4**	**1.4**	**1.4**	**1.0**	**2.6**	
未上过学	Illiterate							
小　学	Primary School	0.3	3.6	0.7	2.2		1.9	
初　中	Junior School	0.9	4.5	0.8	0.9	0.5	1.1	
高　中	Senior School	1.0	3.2	1.7	1.1	1.4	2.7	
大学专科	College	1.2	0.5	2.4	3.0	2.2	7.2	
大学本科	University		1.6	2.2	2.4	0.9	4.4	
研究生	Graduate							
女	**Female**	**0.3**	**3.7**	**2.3**	**2.2**	**1.2**	**1.9**	**0.0**
未上过学	Illiterate						3.8	
小　学	Primary School	1.4	4.6	0.5	0.4	0.4	0.8	
初　中	Junior School	0.2	3.7	1.2	1.7	0.7	1.3	0.0
高　中	Senior School	0.2	3.6	3.0	2.7	1.2	1.8	
大学专科	College	0.7	3.5	4.2	3.5	3.5	2.8	
大学本科	University		2.5	10.0	4.2	1.7	9.6	
研究生	Graduate							

1-72 按年龄、性别分的城镇失业人员职业构成
OCCUPATION COMPOSITION OF URBAN UNEMPLOYMENT BY AGE AND SEX

单位：% (%)

年龄 Age	合 计 Total	单 位 负责人 Unit Head	专业技术人员 Professional and Technical Personnel	办事人员和有关人员 Clerk and Related Workers	商业服务人员 Business Service Personnel	农林牧渔水利业生产人员 Agriculture and Water Conservancy Labors	生产运输设备操作人员及有关人员 Production, Transport Equipment Operators and Related Workers	其 他 Others
总计 Total	**100.0**	**1.4**	**11.3**	**7.0**	**38.6**	**7.7**	**33.2**	**0.7**
16-19	100.0		10.1	0.9	35.0	5.9	47.8	0.3
20-24	100.0	0.5	11.7	7.0	44.4	5.8	30.5	0.1
25-29	100.0	0.7	12.2	10.5	44.9	4.1	27.6	0.1
30-34	100.0	1.4	12.7	7.1	46.0	6.3	25.7	0.8
35-39	100.0	0.8	9.9	6.1	45.3	7.1	29.6	1.3
40-44	100.0	1.6	12.3	5.1	33.7	10.4	36.3	0.6
45-49	100.0	1.7	9.3	6.8	33.6	6.9	40.5	1.2
50-54	100.0	1.5	10.6	7.5	32.9	9.9	37.2	0.4
55-59	100.0	4.1	10.5	6.8	26.7	12.7	38.3	0.9
60-64	100.0	4.5	15.0	10.2	19.7	16.1	34.2	0.4
65+	100.0	2.4	24.5	10.2	19.4	11.7	32.0	
男 Male	**100.0**	**2.4**	**9.5**	**9.1**	**30.8**	**7.3**	**40.3**	**0.7**
16-19	100.0		1.5	1.4	30.3	5.6	60.8	0.4
20-24	100.0	0.7	12.3	10.0	37.2	5.8	33.8	0.2
25-29	100.0	1.6	7.7	13.4	35.9	4.5	36.9	
30-34	100.0	2.3	9.0	10.8	37.7	5.6	34.1	0.6
35-39	100.0	1.3	8.3	8.2	33.9	7.2	39.3	1.8
40-44	100.0	2.7	10.1	5.8	26.5	8.8	45.9	0.3
45-49	100.0	2.9	8.4	8.7	30.2	5.8	43.0	1.1
50-54	100.0	2.4	9.7	9.7	26.6	8.8	42.3	0.6
55-59	100.0	5.2	8.9	7.1	25.2	8.5	43.7	1.3
60-64	100.0	4.8	14.1	12.5	16.8	16.4	34.9	0.5
65+	100.0	3.3	25.4	13.9	12.5	14.2	30.8	
女 Female	**100.0**	**0.5**	**13.1**	**5.0**	**46.1**	**8.2**	**26.5**	**0.7**
16-19	100.0		26.7		44.2	6.4	22.7	
20-24	100.0	0.3	11.0	4.1	51.4	5.8	27.4	0.1
25-29	100.0		15.8	8.1	52.2	3.7	20.1	0.2
30-34	100.0	0.8	15.1	4.8	51.2	6.7	20.5	0.9
35-39	100.0	0.4	10.9	4.7	52.8	7.0	23.1	1.0
40-44	100.0	0.7	14.0	4.7	39.4	11.7	28.7	0.9
45-49	100.0	0.6	10.2	5.0	36.8	7.8	38.2	1.4
50-54	100.0		12.0	4.0	43.4	11.9	28.7	
55-59	100.0	0.9	14.7	5.9	30.7	24.1	23.8	
60-64	100.0	3.8	17.4	3.6	27.7	15.4	32.3	
65+	100.0		21.9		38.1	4.8	35.2	

1-73 按受教育程度、性别分的城镇失业人员职业构成

OCCUPATION COMPOSITION OF URBAN UNEMPLOYMENT BY EDUCATIONAL ATTAINMENT AND SEX

单位：%

(%)

受教育程度	Educational Attainment	合计 Total	单位负责人 Unit Head	专业技术人员 Professional and Technical Personnel	办事人员和有关人员 Clerk and Related Workers	商业服务人员 Business Service Personnel	农林牧渔水利业生产人员 Agriculture and Water Conservancy Labors	生产运输设备操作人员及有关人员 Production, Transport Equipment Operators and Related Workers	其他 Others
总计	**Total**	**100.0**	**1.4**	**11.3**	**7.0**	**38.6**	**7.7**	**33.2**	**0.7**
未上过学	Illiterate	100.0		13.6	5.4	29.2	13.2	38.6	
小学	Primary School	100.0	1.0	3.5	3.4	37.4	17.1	36.6	0.9
初中	Junior School	100.0	1.2	6.9	4.6	37.0	10.8	38.7	0.8
高中	Senior School	100.0	1.1	11.7	8.5	41.4	4.6	32.2	0.4
大专	College	100.0	2.9	25.2	11.6	39.7	1.1	18.6	0.9
大学本科	University	100.0	2.2	32.4	16.0	34.4	0.5	13.8	0.6
研究生	Graduate	100.0	25.6	50.9		10.6	12.9		
男	**Male**	**100.0**	**2.4**	**9.5**	**9.1**	**30.8**	**7.3**	**40.3**	**0.7**
未上过学	Illiterate	100.0			12.7	29.1	0.9	57.3	
小学	Primary School	100.0		3.7	6.2	28.9	15.0	45.2	1.0
初中	Junior School	100.0	2.2	6.6	5.9	26.3	9.9	48.4	0.7
高中	Senior School	100.0	1.8	9.0	11.3	35.1	5.3	37.1	0.4
大专	College	100.0	5.1	17.7	12.8	36.2	1.9	24.8	1.5
大学本科	University	100.0	2.9	29.2	16.8	29.5		20.4	1.2
研究生	Graduate	100.0	32.9	36.8		13.6	16.7		
女	**Female**	**100.0**	**0.5**	**13.1**	**5.0**	**46.1**	**8.2**	**26.5**	**0.7**
未上过学	Illiterate	100.0		23.7		29.3	22.3	24.7	
小学	Primary School	100.0	1.8	3.4	1.2	43.9	18.8	30.0	0.9
初中	Junior School	100.0	0.2	7.2	3.4	46.4	11.6	30.1	1.0
高中	Senior School	100.0	0.5	14.4	5.5	47.9	3.9	27.3	0.4
大专	College	100.0	0.5	33.2	10.3	43.4	0.3	12.0	0.4
大学本科	University	100.0	1.5	36.1	15.1	40.0	1.1	6.2	
研究生	Graduate	100.0		100.0					

1-74 按受教育程度、性别分的城镇失业人员未工作时间构成

UNEMPLOYMENT DURATION OF URBAN UNEMPLOYED PERSONS BY EDUCATIONAL ATTAINMENT AND SEX

单位：% (%)

受教育程度	Educational Attainment	城镇失业人员 Urban Unemployed Persons	1个月 1 Month	2-3个月 2-3 Months	4-6个月 4-6 Months	7-12个月 7-12 Months	13-24个月 13-24 Months	25个月以上 25+ Months+
总　计	**Total**	**100.0**	**5.5**	**13.0**	**15.8**	**28.6**	**16.4**	**20.7**
未上过学	Illiterate	100.0	6.8	6.0	23.4	19.0	18.3	26.5
小　学	Primary School	100.0	6.0	8.8	12.6	36.6	15.4	20.6
初　中	Junior Secondary School	100.0	6.1	13.3	14.3	29.0	15.5	21.8
高　中	Senior Secondary School	100.0	4.9	12.3	15.2	28.1	17.3	22.2
大学专科	College	100.0	4.4	14.6	20.5	24.7	18.2	17.6
大学本科	University	100.0	6.1	15.6	20.4	30.2	14.9	12.8
研究生及以上	Graduate and Higher Level	100.0	5.1	24.9	25.6	21.1	9.6	13.7
男	**Male**	**100.0**	**7.1**	**14.4**	**15.3**	**27.9**	**16.3**	**19.0**
未上过学	Illiterate	100.0	6.1	7.4	40.9	14.9	0.8	29.9
小　学	Primary School	100.0	8.8	13.7	13.5	28.3	18.8	16.9
初　中	Junior Secondary School	100.0	8.6	14.5	13.6	28.6	15.4	19.2
高　中	Senior Secondary School	100.0	6.0	13.6	14.3	27.5	18.0	20.6
大学专科	College	100.0	5.3	15.7	20.7	25.4	15.9	17.1
大学本科	University	100.0	7.3	16.2	17.8	31.7	12.0	15.2
研究生及以上	Graduate and Higher Level	100.0	11.1		18.5	24.7	16.3	29.5
女	**Female**	**100.0**	**4.0**	**11.9**	**16.2**	**29.1**	**16.6**	**22.2**
未上过学	Illiterate	100.0	7.3	5.1	11.4	21.8	30.2	24.1
小　学	Primary School	100.0	4.1	5.6	12.0	42.1	13.1	23.1
初　中	Junior Secondary School	100.0	4.1	12.4	14.8	29.2	15.6	23.8
高　中	Senior Secondary School	100.0	3.9	11.1	16.1	28.7	16.6	23.8
大学专科	College	100.0	3.7	13.5	20.3	24.0	20.4	18.1
大学本科	University	100.0	4.9	15.1	23.1	28.7	17.8	10.5
研究生及以上	Graduate and Higher Level	100.0		46.4	31.7	18.1	3.8	

1-75 按年龄、性别分的城镇失业人员未工作时间构成

UNEMPLOYMENT DURATION OF URBAN UNEMPLOYED PERSONS BY AGE AND SEX

单位：% (%)

年 龄 Age	城 镇 失业人员 Urban Unemployed Persons	1个月 1 Month	2-3个月 2-3 Months	4-6个月 4-6 Months	7-12个月 7-12 Months	13-24个月 13-24 Months	25个月以上 25+ Months+
总计 Total	**100.0**	**5.5**	**13.0**	**15.8**	**28.6**	**16.4**	**20.7**
16-19	100.0	11.5	15.2	22.7	24.3	19.6	6.6
20-24	100.0	6.1	19.5	23.1	26.8	13.5	11.0
25-29	100.0	5.9	14.7	15.5	29.3	17.8	16.9
30-34	100.0	5.3	12.1	16.5	33.2	14.1	18.8
35-39	100.0	5.7	9.0	13.6	29.8	17.2	24.8
40-44	100.0	4.0	10.2	12.2	28.7	14.7	30.1
45-49	100.0	4.8	10.1	8.9	28.7	18.9	28.6
50-54	100.0	3.3	9.0	15.1	26.9	18.2	27.4
55-59	100.0	2.9	9.0	9.8	26.7	24.0	27.6
60-64	100.0	7.0	9.1	7.5	29.7	16.5	30.2
65+	100.0	3.2	5.7	6.9	17.1	21.6	45.4
男 Male	**100.0**	**7.1**	**14.4**	**15.3**	**27.9**	**16.3**	**19.0**
16-19	100.0	9.6	15.6	22.9	22.0	21.6	8.3
20-24	100.0	7.1	18.8	18.5	30.0	13.3	12.4
25-29	100.0	7.5	17.6	16.5	28.2	13.2	16.9
30-34	100.0	9.5	16.3	18.8	27.6	14.0	13.8
35-39	100.0	10.9	10.0	14.5	29.6	17.7	17.3
40-44	100.0	5.6	13.6	13.4	28.8	13.9	24.7
45-49	100.0	6.9	10.3	8.7	29.1	19.3	25.8
50-54	100.0	3.0	10.8	14.1	22.8	18.0	31.3
55-59	100.0	3.2	8.7	11.2	26.2	24.1	26.5
60-64	100.0	7.3	11.2	4.7	30.2	18.6	27.9
65+	100.0	4.5	7.6	5.0	18.2	21.3	43.4
女 Female	**100.0**	**4.0**	**11.9**	**16.2**	**29.1**	**16.6**	**22.2**
16-19	100.0	16.1	14.3	22.4	29.6	15.0	2.7
20-24	100.0	5.2	20.3	27.7	23.6	13.7	9.6
25-29	100.0	4.6	12.5	14.7	30.1	21.2	16.9
30-34	100.0	3.0	9.9	15.2	36.2	14.2	21.5
35-39	100.0	2.9	8.4	13.1	29.9	16.9	28.9
40-44	100.0	3.0	8.1	11.5	28.6	15.3	33.5
45-49	100.0	3.1	9.9	9.0	28.4	18.6	30.9
50-54	100.0	3.8	6.3	16.7	33.0	18.5	21.7
55-59	100.0	2.1	9.5	6.3	27.9	23.8	30.4
60-64	100.0	6.2	3.5	14.6	28.4	11.2	36.1
65+	100.0		1.1	11.6	14.7	22.5	50.1

1-76 各地区居民消费价格指数和商品零售价格指数
CONSUMER PRICE INDICES AND RETAIL PRICE INDICES BY REGION

(上年=100) (preceding year=100)

年 份 Year 地 区 Region	居民消费价格 Consumer Price Index			商品零售价格 Retail Price Index		
	总指数 General	城 市 Urban Household	农 村 Rural Household	总指数 General	城 市 Urban Household	农 村 Rural Household
1994	124.1	125.0	123.4	121.7	120.9	122.9
1995	117.1	116.8	117.5	114.8	113.5	116.4
1996	108.3	108.8	107.9	106.1	105.8	106.4
1997	102.8	103.1	102.5	100.8	100.8	100.7
1998	99.2	99.4	99.0	97.4	97.4	97.6
1999	98.6	98.7	98.5	97.0	97.0	97.1
2000	100.4	100.8	99.9	98.5	98.5	98.5
2001	100.7	100.7	100.8	99.2	98.9	99.6
2002	99.2	99.0	99.6	98.7	98.5	99.1
2003	101.2	100.9	101.6	99.9	99.6	100.5
2004	103.9	103.3	104.8	102.8	102.1	104.2
2005	101.8	101.6	102.2	100.8	100.5	101.4
2006	101.5	101.5	101.5	101.0	100.9	101.4
2007	104.8	104.5	105.4	103.8	103.3	104.9
2008	105.9	105.6	106.5	105.9	105.5	106.7
2009	99.3	99.1	99.7	98.8	98.7	99.0
2010	103.3	103.2	103.6	103.1	102.8	103.6
2011	105.4	105.3	105.8	104.9	104.7	105.5
北 京 Beijing	105.6	105.6		103.2	103.2	
天 津 Tianjin	104.9	104.9		104.7	104.7	
河 北 Hebei	105.7	105.3	106.5	105.0	104.7	106.0
山 西 Shanxi	105.2	105.1	105.4	104.9	104.9	105.0
内蒙古 Inner Mongolia	105.6	105.5	105.7	104.9	105.0	104.7
辽 宁 Liaoning	105.2	105.1	105.5	105.0	105.0	105.4
吉 林 Jilin	105.2	105.2	105.4	104.9	104.8	105.5
黑龙江 Heilongjiang	105.8	105.6	106.4	104.5	104.2	105.8
上 海 Shanghai	105.2	105.2		104.1	104.1	
江 苏 Jiangsu	105.3	105.1	105.9	104.6	104.4	105.2
浙 江 Zhejiang	105.4	105.3	105.6	105.5	105.4	105.8
安 徽 Anhui	105.6	105.4	105.9	105.3	105.0	106.1
福 建 Fujian	105.3	105.2	105.3	104.8	104.7	105.1
江 西 Jiangxi	105.2	105.1	105.6	104.8	104.8	105.0
山 东 Shandong	105.0	104.7	105.9	104.7	104.3	105.3
河 南 Henan	105.6	105.4	106.1	105.7	105.4	106.1
湖 北 Hubei	105.8	105.5	106.3	105.6	105.1	106.2
湖 南 Hunan	105.5	105.5	105.6	105.5	105.4	105.6
广 东 Guangdong	105.3	105.3	105.6	105.1	104.9	105.6
广 西 Guangxi	105.9	105.7	106.4	106.0	105.7	106.6
海 南 Hainan	106.1	105.5	107.8	105.4	105.2	106.7
重 庆 Chongqing	105.3	105.3		104.7	104.7	
四 川 Sichuan	105.3	105.1	105.8	104.6	104.4	105.2
贵 州 Guizhou	105.1	105.3	104.8	105.5	105.4	105.9
云 南 Yunnan	104.9	104.8	104.9	105.1	104.9	105.3
西 藏 Tibet	105.0	105.2	104.7	103.7	103.9	103.3
陕 西 Shaanxi	105.7	105.7	105.6	104.8	104.8	104.8
甘 肃 Gansu	105.9	106.0	105.7	105.4	105.6	104.9
青 海 Qinghai	106.1	106.0	106.4	105.4	105.5	105.2
宁 夏 Ningxia	106.3	105.8	107.5	105.3	105.0	107.8
新 疆 Xinjiang	105.9	105.5	106.8	105.1	104.5	106.6

1-77 商品零售价格分类指数（2011年）
RETAIL PRICE INDICES BY CATEGORY (2011)

(上年=100)　　(preceding year=100)

项　目	Item	全国 National Indices	城市 Urban Indices	农村 Rural Indices
商品零售价格总指数	**Retail Price Index**	**104.9**	**104.7**	**105.5**
食品类	**Food**	**111.9**	**111.8**	**112.2**
粮食	Grain	112.3	112.2	112.4
油脂	Oil or Fat	113.4	113.4	113.3
肉禽及其制品	Meat, Poultry and Processed Products	122.4	122.4	122.6
蛋	Eggs	114.3	114.9	113.0
水产品	Aquatic Products	112.1	112.4	110.9
菜	Vegetables	101.0	100.5	102.4
调味品	Flavoring	105.7	106.1	104.9
糖	Sugar	111.1	110.4	112.3
干鲜瓜果	Dried and Fresh Melons and Fruits	115.9	116.0	115.3
糕点饼干面包	Cake, Biscuit and Bread	108.2	108.7	106.4
液体乳及乳制品	Milk and Its Products	105.0	105.4	103.0
在外用膳食品	Outward Dinner Food	108.1	108.4	107.4
主食	Staple Food	108.8	109.2	107.7
炒菜	Fried Dishes	107.1	107.4	106.2
地方小吃	Local Snack	112.4	112.9	111.2
其它食品	Other Foods	106.0	106.6	104.5
饮料、烟酒	**Beverages, Tobacco and Liquor**	**103.3**	**103.5**	**102.7**
茶及饮料	Tea and Beverages	103.9	104.3	102.9
烟草	Tobacco	100.4	100.5	100.1
酒	Liquor	106.8	107.2	106.0
服装、鞋帽	**Garments, Shoes and Hats**	**101.8**	**102.1**	**101.2**
服装	Garments	102.4	102.6	101.5
鞋袜帽	Footgear and Hats	100.6	100.6	100.6
纺织品	**Textiles**	**105.7**	**105.9**	**105.4**
衣着材料	Clothing	109.8	109.8	109.7
床上用品	Bedding	104.0	104.5	102.8
家用电器及音像器材	**Household Appliances, Music and Video Equipment**	**96.9**	**96.5**	**97.9**
文化办公用品	**Cultural and Office Appliances**	**97.6**	**97.1**	**99.4**
日用品	**Articles for Daily Use**	**102.3**	**102.4**	**101.8**
日用百货	General Merchandise for Daily Use	102.5	102.7	102.0
日用杂品	Miscellaneous for Daily Use	101.8	102.1	101.0
体育娱乐用品	**Sports and Recreation Articles**	**100.9**	**101.0**	**100.6**
交通、通信用品	**Transportation and Communication Appliances**	**96.1**	**95.8**	**97.2**
家具	**Furniture**	**102.3**	**102.6**	**101.2**
化妆品	**Cosmetics**	**101.3**	**101.4**	**101.0**
金银珠宝	**Gold, Silver and Jewelry**	**114.3**	**113.6**	**117.5**
中西药品及医疗保健用品	**Traditional Chinese and Western Medicines and Health Care Articles**	**103.9**	**103.8**	**104.3**
医疗器具及用品	Medical Apparatus and Article	102.0	102.6	100.0
中药材及中成药	Traditional Chinese Medicinal Materials and Medicines	112.1	111.7	113.1
西药	Western Medicines	99.6	99.5	99.8
书报杂志及电子出版物	**Books, Newspapers, Magazines and Electronic Publications**	**100.8**	**100.8**	**100.8**
燃料	**Fuels**	**111.1**	**110.9**	**111.8**
建筑材料及五金电料	**Building Materials and Hardware**	**105.1**	**104.7**	**105.7**
建筑装璜材料	Building Decoration Materials	105.7	105.2	106.6
五金电料	Hardware	103.1	103.3	102.8

1-78 各地区商品零售价格分类指数
RETAIL PRICE INDICES BY CATEGORY OF COMMODITIES BY REGION

(上年=100) (preceding year=100)

年份 Year 地区 Region	总指数 General Index	食品 Food	#粮食 Grain	#油脂 Oil or Fat	#肉禽及其制品 Meat, Poultry and Processed Products	#蛋 Eggs	#水产品 Aquatic Products	#菜 Vegetables	#干鲜瓜果 Dried and Fresh Melons and Fruits
2001	99.2	100.6	101.5	89.3			96.3		
2002	98.7	99.9	98.6	100.1			96.2		
2003	99.9	103.4	102.2	112.5	103.0	98.5	100.3	116.3	102.2
2004	102.8	109.9	126.5	116.8	117.1	119.8	112.5	95.2	104.1
2005	100.8	103.1	101.4	94.7	103.0	104.7	105.8	108.1	101.7
2006	101.0	102.6	102.5	98.7	97.3	96.3	101.6	108.1	117.0
2007	103.8	112.3	106.4	126.3	131.0	121.8	105.3	107.9	102.5
2008	105.9	114.4	107.0	125.0	121.7	104.3	114.5	110.4	111.3
2009	98.8	100.9	105.7	81.8	91.7	101.6	102.3	113.2	106.7
2010	103.1	107.6	111.7	103.7	103.0	108.3	108.3	119.0	114.3
2011	104.9	111.9	112.3	113.4	122.4	114.3	112.1	101.0	115.9
北京 Beijing	103.2	110.9	110.8	114.2	121.8	109.9	109.5	98.1	110.7
天津 Tianjin	104.7	111.6	108.5	115.3	122.6	114.4	120.7	96.7	108.8
河北 Hebei	105.0	112.2	109.6	110.4	124.8	115.4	116.1	99.5	123.3
山西 Shanxi	104.9	112.0	108.3	111.5	125.8	115.6	115.4	99.9	122.3
内蒙古 Inner Mongolia	104.9	114.1	110.9	114.4	125.2	117.5	111.3	103.5	123.5
辽宁 Liaoning	105.0	111.3	111.6	114.6	125.5	114.7	112.0	93.6	111.7
吉林 Jilin	104.9	111.2	110.9	113.5	123.3	118.2	113.0	95.1	115.4
黑龙江 Heilongjiang	104.5	112.4	112.3	119.5	125.3	114.6	110.3	101.6	116.3
上海 Shanghai	104.1	111.0	113.3	117.3	119.9	113.5	113.7	99.8	114.5
江苏 Jiangsu	104.6	111.5	111.0	113.8	120.8	115.2	110.1	101.9	114.2
浙江 Zhejiang	105.5	112.4	112.5	117.5	122.9	115.8	113.6	99.8	117.5
安徽 Anhui	105.3	112.2	116.2	116.0	124.7	112.1	110.3	101.3	118.0
福建 Fujian	104.8	111.1	116.3	113.3	119.7	113.5	110.2	96.3	115.8
江西 Jiangxi	104.8	111.1	113.9	112.6	121.8	116.3	107.2	99.1	115.5
山东 Shandong	104.7	111.6	108.7	113.6	122.9	114.9	114.6	101.6	119.1
河南 Henan	105.7	112.4	110.3	112.8	126.3	112.4	113.0	99.3	115.0
湖北 Hubei	105.6	112.1	116.0	116.0	122.6	114.5	110.7	102.5	121.0
湖南 Hunan	105.5	111.5	116.7	111.1	119.3	114.6	108.4	106.9	110.9
广东 Guangdong	105.1	111.6	112.0	109.6	119.0	112.4	111.6	101.8	114.4
广西 Guangxi	106.0	114.2	117.0	111.8	120.2	113.6	117.5	107.4	115.2
海南 Hainan	105.4	112.9	117.7	110.6	117.0	114.2	112.8	107.1	112.5
重庆 Chongqing	104.7	113.6	115.4	116.0	130.1	120.2	106.8	103.5	116.4
四川 Sichuan	104.6	112.2	112.1	113.7	123.7	115.1	108.0	99.3	117.8
贵州 Guizhou	105.5	113.9	117.1	116.5	123.6	115.7	112.3	110.1	112.5
云南 Yunnan	105.1	111.7	111.7	113.6	124.6	110.0	108.1	100.5	109.7
西藏 Tibet	103.7	109.3	112.0	103.3	110.9	108.9	104.7	108.7	116.3
陕西 Shaanxi	104.8	112.3	110.3	113.1	127.8	113.1	111.3	104.8	115.8
甘肃 Gansu	105.4	111.3	110.8	112.5	122.5	114.5	108.7	103.6	116.1
青海 Qinghai	105.4	110.8	109.1	108.0	123.1	110.6	110.9	98.9	114.8
宁夏 Ningxia	105.3	112.5	115.5	114.1	123.2	114.2	109.8	95.3	115.2
新疆 Xinjiang	105.1	112.5	108.3	113.8	120.2	112.8	109.4	103.8	119.1

1-78 续表 1 continued

(上年=100) (preceding year=100)

年份 Year / 地区 Region	饮料烟酒 Beverages, Tobacco and Liquor	服装鞋帽 Garments, Shoes and Hats	纺织品 Textiles	家用电器及音像器材 Household Appliances, Music and Video Equipment	文化办公用品 Cultural and Office Appliances	日用品 Articles for Daily Use	体育娱乐用品 Sports and Recreation Articles	交通、通信用品 Transportation and Communication Appliances
2001	99.5	98.9	99.1			98.3		
2002	99.9	97.9	99.4			98.7		
2003	99.9	97.5	99.3	94.2	95.8	98.5	98.1	91.1
2004	101.0	98.2	100.0	94.7	96.9	99.6	98.2	91.8
2005	100.5	97.9	99.8	96.3	96.7	100.2	98.4	91.7
2006	100.7	99.8	100.0	97.3	97.6	100.8	98.5	92.3
2007	101.8	99.4	100.2	97.4	97.0	101.1	97.4	92.7
2008	103.4	98.4	100.5	96.9	96.8	103.7	97.7	93.2
2009	101.7	97.9	99.6	94.2	96.2	102.0	97.8	93.7
2010	101.7	98.8	101.2	96.1	97.8	100.3	98.3	95.6
2011	103.3	101.8	105.7	96.9	97.6	102.3	100.9	96.1
北京 Beijing	103.6	102.6	107.4	95.2	93.0	102.8	102.7	95.2
天津 Tianjin	104.7	101.8	112.4	95.4	90.5	103.8	100.1	100.1
河北 Hebei	103.4	100.9	107.3	95.9	97.4	103.4	101.7	96.3
山西 Shanxi	103.3	102.1	105.6	96.1	96.5	101.8	98.9	96.1
内蒙古 Inner Mongolia	102.7	101.8	104.3	97.4	97.1	100.7	100.0	96.3
辽宁 Liaoning	102.6	102.0	110.2	95.5	97.5	102.7	100.5	95.3
吉林 Jilin	102.6	103.0	106.9	98.0	101.1	101.6	100.9	92.2
黑龙江 Heilongjiang	103.6	101.9	106.3	92.5	95.1	102.9	99.4	94.9
上海 Shanghai	102.3	103.9	117.6	96.0	94.7	106.2	103.8	98.3
江苏 Jiangsu	103.9	103.4	102.8	98.6	96.5	102.8	102.5	95.9
浙江 Zhejiang	102.7	102.0	106.8	98.2	97.9	102.5	99.5	96.7
安徽 Anhui	104.7	103.8	104.9	96.7	98.4	101.5	100.4	95.9
福建 Fujian	103.2	100.8	106.1	96.3	98.6	101.6	101.0	95.7
江西 Jiangxi	102.0	102.6	106.9	96.8	99.7	103.0	100.2	96.6
山东 Shandong	103.6	101.0	103.0	98.5	99.1	100.8	100.0	97.2
河南 Henan	104.0	101.4	109.8	98.8	98.5	102.5	100.8	97.1
湖北 Hubei	104.0	103.5	107.0	97.3	98.8	102.6	100.3	97.0
湖南 Hunan	102.0	100.9	101.7	99.3	100.8	101.2	101.1	99.2
广东 Guangdong	103.4	101.9	104.4	97.0	99.0	101.5	101.1	94.6
广西 Guangxi	103.3	100.7	107.5	96.6	98.9	102.3	100.7	97.7
海南 Hainan	101.2	100.0	103.6	100.1	100.6	102.6	100.1	95.8
重庆 Chongqing	105.6	101.4	111.9	90.5	93.2	104.5	96.9	93.2
四川 Sichuan	104.2	99.7	101.6	95.8	96.5	101.7	101.6	95.5
贵州 Guizhou	101.6	100.4	103.8	96.3	98.1	100.8	100.3	96.2
云南 Yunnan	101.8	100.4	110.0	94.4	98.4	101.8	101.3	94.9
西藏 Tibet	103.1	102.6	103.6	98.7	96.4	100.8	95.8	97.0
陕西 Shaanxi	103.6	102.9	101.8	95.1	96.3	102.1	101.9	92.4
甘肃 Gansu	103.2	100.5	102.1	98.1	99.7	102.9	100.1	95.7
青海 Qinghai	103.7	102.7	111.0	95.4	99.3	101.2	98.8	95.9
宁夏 Ningxia	102.8	103.2	95.2	96.3	98.0	104.5	100.6	94.5
新疆 Xinjiang	103.5	99.5	101.8	96.4	98.7	103.6	101.6	92.3

1-78 续表 2 continued

(上年=100) (preceding year=100)

年 份 Year / 地 区 Region	家 具 Furniture	化妆品 Cosmetics	金银珠宝 Gold, Silver and Jewelry	中西药品及医疗保健用品 Traditional Chinese and Western Medicines and Health Care Articles	书报杂志及电子出版物 Books, Newspapers, Magazines and Electronic Publications	燃 料 Fuels	建筑材料及五金电料 Building Materials and Hardware
2001		98.8				102.4	
2002		98.4				102.0	
2003	97.8	98.9	108.6	98.4	100.3	109.3	99.7
2004	98.8	98.9	111.6	96.7	101.0	112.4	103.7
2005	99.1	99.3	104.4	97.6	100.3	115.4	102.1
2006	100.1	99.8	119.7	99.1	100.2	112.4	103.0
2007	101.6	100.2	107.9	102.0	99.7	104.2	105.1
2008	102.6	100.7	116.8	103.1	101.5	116.0	107.9
2009	99.7	100.8	95.6	101.5	105.0	92.7	98.4
2010	100.1	100.4	114.5	104.3	101.3	112.3	103.5
2011	102.3	101.3	114.3	103.9	100.8	111.1	105.1
北 京 Beijing	104.2	101.6	120.9	103.3	101.1	110.9	103.7
天 津 Tianjin	103.7	99.6	113.3	101.1	100.3	108.2	107.7
河 北 Hebei	102.2	102.3	113.7	103.9	100.8	111.6	105.0
山 西 Shanxi	103.0	101.8	113.8	103.6	101.5	109.5	104.9
内蒙古 Inner Mongolia	99.0	100.4	113.5	101.6	101.9	108.9	102.2
辽 宁 Liaoning	104.2	101.9	115.4	104.4	100.9	111.4	105.5
吉 林 Jilin	101.8	100.8	116.7	102.9	99.9	112.6	105.3
黑龙江 Heilongjiang	97.0	101.9	117.6	102.8	100.6	110.2	104.0
上 海 Shanghai	104.2	104.8	107.9	99.4	102.1	107.2	104.2
江 苏 Jiangsu	107.3	100.5	114.5	101.7	100.7	109.3	106.3
浙 江 Zhejiang	103.2	101.3	114.3	106.1	103.4	111.9	105.2
安 徽 Anhui	102.1	101.0	114.5	105.0	99.6	109.7	104.3
福 建 Fujian	102.1	99.6	111.7	106.2	100.0	112.4	105.5
江 西 Jiangxi	100.8	101.1	119.9	102.9	100.5	108.7	106.5
山 东 Shandong	102.0	101.4	112.2	103.0	100.2	109.9	105.3
河 南 Henan	102.3	101.1	114.3	103.9	100.9	113.6	107.0
湖 北 Hubei	103.5	101.7	115.5	104.2	100.8	110.6	104.4
湖 南 Hunan	100.6	100.2	117.0	103.8	100.5	113.6	106.0
广 东 Guangdong	101.9	101.3	112.5	105.8	100.5	111.1	103.5
广 西 Guangxi	103.3	101.4	114.2	105.2	100.4	109.7	106.2
海 南 Hainan	106.4	98.7	115.6	102.0	97.9	110.5	104.6
重 庆 Chongqing	99.8	102.0	113.3	102.4	101.0	111.3	105.1
四 川 Sichuan	101.4	101.2	112.6	102.3	99.6	113.2	103.6
贵 州 Guizhou	101.9	100.6	111.7	106.2	100.2	113.7	102.7
云 南 Yunnan	102.3	99.4	116.8	103.8	102.3	112.8	104.0
西 藏 Tibet	105.0	100.6	106.5	100.5	102.1	106.2	103.8
陕 西 Shaanxi	105.1	101.5	114.6	105.7	99.6	111.7	105.4
甘 肃 Gansu	100.5	101.5	114.5	108.7	104.4	110.7	101.8
青 海 Qinghai	95.9	102.1	111.3	103.5	104.3	112.9	102.8
宁 夏 Ningxia	102.7	101.2	109.1	106.3	101.8	110.0	105.8
新 疆 Xinjiang	100.2	101.3	118.5	103.5	100.7	109.6	104.8

1-79 居民消费价格分类指数（2011年）
CONSUMER PRICE INDICES BY CATEGORY (2011)

(上年=100) (preceding year=100)

项 目	Item	全 国 National Indices	城 市 Urban Indices	农 村 Rural Indices
居民消费价格指数	**Consumer Price Index**	**105.4**	**105.3**	**105.8**
食品	**Food**	**111.8**	**111.6**	**112.4**
粮食	Grain	112.2	112.2	112.2
#大米	Rice	114.2	114.1	114.5
面粉	Flour	109.4	109.6	109.2
淀粉及制品	Starches and Tubers	115.9	115.7	116.3
干豆类及豆制品	Beans and Bean Products	105.4	105.4	105.2
油脂	Oil or Fat	113.4	113.4	113.5
肉禽及其制品	Meat, Poultry and Processed Products	122.6	122.2	123.7
蛋	Eggs	114.2	114.6	113.3
水产品	Aquatic Products	112.1	112.3	111.2
菜	Vegetables	101.1	100.7	102.2
#鲜菜	Fresh Vegetables	100.5	100.2	101.6
调味品	Flavoring	105.5	106.1	104.5
糖	Carbohydrate	111.2	110.6	112.4
茶及饮料	Tea and Beverages	104.0	104.3	102.9
茶叶	Tea	103.9	104.1	103.2
饮料	Beverages	104.0	104.3	102.7
干鲜瓜果	Dried and Fresh Melons and Fruits	115.9	115.9	115.9
#鲜果	Fresh Fruits	116.4	116.3	116.8
糕点饼干面包	Cake, Biscuit and Bread	108.1	108.5	106.9
液体乳及乳制品	Milk and Its Products	105.1	105.5	103.7
在外用膳食品	Dining Out	108.2	108.3	107.8
其它食品	Other Foods	105.7	106.6	104.1
烟酒及用品	**Tobacco, Liquor and Articles**	**102.8**	**103.0**	**102.4**
烟草	Tobacco	100.3	100.4	100.2
酒	Liquor	106.7	107.3	105.7
衣着	**Clothing**	**102.1**	**102.2**	**101.9**
服装	Garments	102.4	102.5	102.0
衣着材料	Clothing Material	109.2	109.0	109.4
鞋袜帽	Footgear and Hats	100.7	100.7	100.7
衣着加工服务	Clothing Manufacturing Services	107.3	107.9	106.0
家庭设备用品及维修服务	**Household Facilities, Articles and Services**	**102.4**	**102.7**	**101.5**
耐用消费品	Durable Consumer Goods	100.4	100.5	100.1
家具	Furniture	102.4	102.8	101.4
家庭设备	Household Facilities	99.3	99.3	99.3

1-79 续表 continued

(上年=100) (preceding year=100)

项 目	Item	全 国 National Indices	城 市 Urban Indices	农 村 Rural Indices
室内装饰品	Interior Decorations	101.0	100.7	102.2
床上用品	Bed Articles	104.7	104.9	104.2
家庭日用杂品	Daily Use Household Articles	102.5	102.6	102.0
家庭服务及加工维修服务	Household Services and Maintenance and Renovation	111.4	112.7	105.7
医疗保健和个人用品	**Health Care and Personal Articles**	**103.4**	**103.4**	**103.3**
医疗保健	Health Care	102.9	102.9	102.9
医疗器具及用品	Medical Instrument and Articles	101.9	102.5	100.4
中药材及中成药	Traditional Chinese Medicine	111.9	111.7	112.6
西药	Western Medicine	99.7	99.6	100.2
保健器具及用品	Health Care Appliances and Articles	104.4	104.5	103.8
医疗保健服务	Health Care Services	100.6	100.5	100.8
个人用品及服务	Personal Articles and Services	104.4	104.4	104.2
化妆美容用品	Cosmetics	101.0	101.1	100.7
清洁化妆用品	Sanitation Articles	101.8	101.9	101.5
个人饰品	Personal Ornaments	108.8	108.9	108.7
个人服务	Personal Services	104.9	104.8	105.3
交通和通信	**Transportation and Communication**	**100.5**	**100.2**	**101.3**
交通	Transportation	102.6	102.4	103.5
交通工具	Transportation Facility	99.0	98.6	100.2
车用燃料及零配件	Fuels and Parts	111.7	111.8	111.3
车辆使用及维修费	Fees for Vehicles Use and Maintenance	103.8	104.1	102.6
市区公共交通费	Incity Traffic Fare	101.7	101.2	104.8
城市间交通费	Intercity Traffic Fare	102.7	102.5	103.2
通信	Communication	97.5	97.3	98.1
通信工具	Communication Facility	87.0	85.2	91.5
通信服务	Communication Service	99.8	99.7	99.9
娱乐教育文化用品及服务	**Recreation, Education and Culture Articles**	**100.4**	**100.3**	**100.8**
文娱用耐用消费品及服务	Durable Consumer Goods for Cultural and Recreational Use and Services	93.7	93.0	96.0
教育	Education	101.3	101.2	101.7
教材及参考书	Teaching Materials and Reference Books	101.1	101.1	101.1
教育服务	Education Services	101.4	101.2	101.7
文化娱乐	Cultural and Recreational Articles	101.1	101.1	100.8
文化娱乐用品	Cultural Articles	100.6	100.5	100.9
书报杂志	Newspapers and Magazines	101.0	101.0	100.9
文娱费	Expenditure on Culture and Recreation	101.5	101.6	100.7
旅游	Touring and Outing	103.8	103.8	103.9
居住	**Residence**	**105.3**	**105.1**	**105.7**
建房及装修材料	Building and Building Decoration Materials	104.7	103.9	105.8
住房租金	Renting	105.3	105.4	105.2
自有住房	Private Housing	106.5	106.6	106.3
水电燃料	Water, Electricity and Fuels	103.5	103.0	104.9

1-80 各地区居民消费价格分类指数

CONSUMER PRICE INDICES BY CATEGORY AND REGION

(上年=100) (preceding year=100)

年份 Year 地区 Region	总指数 General Index	食品 Food	#粮食 Grain	#油脂 Oil or Fat	#肉禽及其制品 Meat,Poultry and Processed Products	#蛋 Eggs	#水产品 Aquatic Products	#菜 Vegetables	#鲜菜 Fresh Vegetables
2001	100.7	100.0	99.3	91.7	101.6	106.0	97.1	100.9	101.4
2002	99.2	99.4	98.3	98.7	99.5	102.6	96.7	98.2	98.1
2003	101.2	103.4	102.3	112.6	103.3	98.6	100.3	117.7	120.5
2004	103.9	109.9	126.4	118.2	117.6	120.2	112.7	95.1	93.9
2005	101.8	102.9	101.4	94.3	102.5	104.6	105.9	109.1	110.4
2006	101.5	102.3	102.7	98.6	97.1	96.0	101.2	108.2	108.2
2007	104.8	112.3	106.3	126.7	131.7	121.8	105.1	107.9	107.3
2008	105.9	114.3	107.0	125.4	121.7	104.3	114.2	111.0	110.7
2009	99.3	100.7	105.6	81.7	91.3	101.6	102.5	113.6	115.4
2010	103.3	107.2	111.8	103.8	102.9	108.3	108.1	118.5	118.7
2011	105.4	111.8	112.2	113.4	122.6	114.2	112.1	101.1	100.5
北京 Beijing	105.6	110.6	110.8	114.2	121.8	109.9	109.5	98.1	97.3
天津 Tianjin	104.9	111.4	108.5	115.3	122.6	114.4	120.7	96.7	97.0
河北 Hebei	105.7	112.2	109.4	110.6	125.6	114.7	115.6	100.1	99.4
山西 Shanxi	105.2	112.0	108.2	111.7	126.1	114.9	115.4	99.3	98.9
内蒙古 Inner Mongolia	105.6	113.7	111.4	113.0	126.8	117.6	111.4	103.7	103.6
辽宁 Liaoning	105.2	111.0	111.5	115.0	125.7	115.0	112.5	94.0	91.7
吉林 Jilin	105.2	110.9	110.9	112.5	123.1	117.1	113.3	96.1	95.2
黑龙江 Heilongjiang	105.8	112.4	111.2	119.1	125.9	114.7	111.1	101.8	101.6
上海 Shanghai	105.2	110.8	113.5	117.5	119.9	113.5	113.7	99.8	98.3
江苏 Jiangsu	105.3	111.8	111.1	113.7	120.8	115.0	110.5	102.1	101.6
浙江 Zhejiang	105.4	112.1	112.5	117.6	122.9	116.0	113.6	100.3	99.4
安徽 Anhui	105.6	112.2	116.9	116.0	124.7	112.0	110.3	101.2	101.0
福建 Fujian	105.3	111.2	116.2	113.4	120.3	113.9	110.3	96.3	93.5
江西 Jiangxi	105.2	111.2	114.0	112.8	122.7	116.6	107.1	99.3	98.5
山东 Shandong	105.0	111.3	108.7	113.2	122.9	114.7	114.4	101.5	101.2
河南 Henan	105.6	111.9	109.8	113.6	126.8	113.0	111.5	98.4	97.9
湖北 Hubei	105.8	111.6	116.3	114.9	122.1	113.7	110.7	101.2	100.2
湖南 Hunan	105.5	111.2	116.1	112.0	120.2	114.9	108.4	106.5	106.8
广东 Guangdong	105.3	111.4	112.7	109.8	118.9	112.9	112.1	101.2	100.3
广西 Guangxi	105.9	114.4	117.2	112.1	120.9	113.8	117.6	107.6	107.6
海南 Hainan	106.1	113.3	116.3	110.7	117.7	114.0	112.6	107.1	107.5
重庆 Chongqing	105.3	114.1	115.4	116.0	130.1	120.2	107.2	103.5	103.8
四川 Sichuan	105.3	112.0	112.1	112.4	123.7	114.3	107.7	101.0	100.9
贵州 Guizhou	105.1	113.5	116.8	116.5	124.5	114.7	111.1	108.7	108.3
云南 Yunnan	104.9	111.5	111.9	113.0	124.8	110.6	109.3	100.7	100.5
西藏 Tibet	105.0	109.1	112.7	103.4	112.2	108.6	105.2	108.3	108.5
陕西 Shaanxi	105.7	111.9	109.8	112.9	127.9	113.3	110.7	104.4	104.4
甘肃 Gansu	105.9	111.4	110.5	114.1	122.4	116.0	109.1	103.4	103.3
青海 Qinghai	106.1	111.1	109.3	108.4	123.0	110.3	109.7	98.5	98.5
宁夏 Ningxia	106.3	113.5	115.3	114.9	123.6	114.6	112.0	97.5	97.1
新疆 Xinjiang	105.9	112.6	108.7	112.6	120.1	112.2	110.7	104.6	104.4

1-80 续表 1 continued

(上年=100) (preceding year=100)

年 份 Year 地 区 Region	#干鲜瓜果 Dried and Fresh Melons and Fruits	#鲜 果 Fresh Fruits	#在外用膳食品 Dining Out	烟酒及用品 Tobacco, Liquor and Articles	#烟 草 Tobacco	#酒 Liquor	衣 着 Clothing	服 装 Garments	衣着材料 Clothing Material
2001	99.9	100.3	100.2	99.7	99.6	99.9	98.1	97.6	98.8
2002	103.1	103.6	99.9	99.9	99.9	100.1	97.6	97.4	98.9
2003	103.0	101.8	100.1	99.8	99.8	100.1	97.8	97.6	99.2
2004	104.0	102.2	104.1	101.2	100.9	102.2	98.5	98.3	100.2
2005	102.2	101.6	102.4	100.4	100.4	100.6	98.3	98.1	100.0
2006	117.9	121.5	101.6	100.6	100.2	101.2	99.4	99.0	100.5
2007	102.2	100.1	107.3	101.7	100.8	103.5	99.4	99.4	101.6
2008	110.8	109.0	111.8	102.9	100.4	107.5	98.5	98.3	102.4
2009	107.1	109.1	102.7	101.5	100.4	103.4	98.0	97.8	100.9
2010	114.6	115.6	103.6	101.6	100.5	103.6	99.0	99.1	103.0
2011	115.9	116.4	108.2	102.8	100.3	106.7	102.1	102.4	109.2
北 京 Beijing	110.7	112.1	110.5	102.5	100.0	105.3	102.7	102.6	111.7
天 津 Tianjin	108.8	107.5	109.6	104.8	100.6	109.5	102.1	101.7	119.3
河 北 Hebei	123.9	126.4	107.0	103.3	100.5	105.8	101.2	102.1	116.0
山 西 Shanxi	122.9	125.3	110.9	102.9	102.5	103.5	102.1	102.6	111.8
内蒙古 Inner Mongolia	125.3	127.3	109.5	102.9	100.6	105.6	102.3	102.6	107.8
辽 宁 Liaoning	112.1	111.3	107.3	101.8	100.4	104.2	101.9	102.4	109.6
吉 林 Jilin	116.4	115.8	108.0	102.2	100.7	104.5	103.0	103.7	106.6
黑龙江 Heilongjiang	116.2	117.0	105.8	103.6	101.0	106.9	102.1	102.4	113.9
上 海 Shanghai	114.5	117.5	107.9	101.3	100.3	103.9	104.3	105.4	119.8
江 苏 Jiangsu	114.4	114.4	110.3	104.0	100.1	111.3	103.4	103.9	111.3
浙 江 Zhejiang	117.0	115.7	108.4	101.7	100.3	105.7	102.9	102.8	112.6
安 徽 Anhui	118.1	120.1	106.9	103.6	100.0	109.3	104.2	105.3	110.7
福 建 Fujian	115.8	116.3	107.1	102.8	100.2	106.7	101.7	101.8	108.0
江 西 Jiangxi	116.1	117.1	104.2	101.0	100.2	102.8	102.9	102.3	109.3
山 东 Shandong	119.8	121.0	105.8	103.9	100.8	106.4	101.5	101.5	105.9
河 南 Henan	114.9	114.2	108.4	103.9	100.1	107.2	101.9	101.7	115.5
湖 北 Hubei	121.6	124.3	106.6	104.1	100.1	111.3	103.6	104.3	107.3
湖 南 Hunan	110.6	111.0	106.2	101.6	100.0	105.2	101.0	101.0	105.1
广 东 Guangdong	113.0	112.5	109.8	102.6	100.8	105.4	101.9	102.1	106.1
广 西 Guangxi	115.8	116.4	110.1	103.7	100.3	106.9	101.9	102.4	112.3
海 南 Hainan	112.7	112.9	113.2	100.8	100.4	101.5	100.9	100.3	116.0
重 庆 Chongqing	116.4	116.2	107.1	103.7	99.8	112.7	101.3	101.6	114.1
四 川 Sichuan	118.3	120.9	105.5	103.2	100.2	108.9	100.0	99.9	108.0
贵 州 Guizhou	112.0	112.0	109.5	102.4	99.7	107.2	100.3	100.9	113.2
云 南 Yunnan	109.7	109.5	109.1	100.8	100.3	102.7	100.5	99.8	105.4
西 藏 Tibet	114.9	115.2	108.6	102.7	102.0	103.9	102.8	102.5	101.6
陕 西 Shaanxi	116.7	117.6	108.3	102.3	100.6	104.9	103.2	104.3	107.6
甘 肃 Gansu	115.1	115.1	110.1	101.8	100.0	105.0	101.3	101.2	105.7
青 海 Qinghai	113.9	113.9	108.5	103.3	100.1	106.9	103.4	103.5	112.8
宁 夏 Ningxia	116.8	117.6	114.6	101.7	100.1	105.3	104.5	104.3	121.6
新 疆 Xinjiang	120.1	120.4	110.9	103.3	100.1	106.9	101.1	101.1	106.7

1-80 续表 2 continued

(上年=100) (preceding year=100)

年份 Year 地区 Region		鞋袜帽 Footgear and Hats	衣着加工服务费 Clothing Manufacturing Service	家庭设备用品及维修服务 Household Facilities, Articles and Services	耐用消费品 Durable Consumer Goods	室内装饰品 Interior Decorations	床上用品 Bed Articles	家庭日用杂品 Daily Use Household Articles	家庭服务及加工维修服务费 Household Services and Maintenance and Renovation
2001		99.0	100.3	97.7	96.1	98.3	99.3	98.6	101.5
2002		98.0	99.9	97.5	95.9	98.8	98.7	98.0	101.2
2003		97.7	100.1	97.4	95.8	98.8	98.4	98.3	101.1
2004		98.3	100.7	98.6	97.1	99.2	99.3	99.8	101.9
2005		98.3	101.1	99.9	98.8	99.5	99.4	100.4	104.4
2006		100.2	101.5	101.2	100.8	100.0	99.6	101.1	105.8
2007		99.0	102.3	101.9	101.6	100.3	99.4	101.7	107.2
2008		98.2	104.1	102.8	101.2	100.2	99.7	104.9	109.0
2009		97.8	103.5	100.2	98.1	99.7	98.8	102.5	105.2
2010		98.2	102.9	100.0	98.5	99.9	99.9	100.3	106.7
2011		100.7	107.3	102.4	100.4	101.0	104.7	102.5	111.4
北京	Beijing	102.7	104.3	104.2	101.6	99.8	107.1	103.8	118.0
天津	Tianjin	101.9	116.8	106.1	102.9	100.2	127.0	103.0	126.0
河北	Hebei	98.1	110.4	101.8	100.0	102.8	103.2	103.7	106.7
山西	Shanxi	99.7	106.4	102.3	100.3	101.0	103.0	103.0	115.5
内蒙古	Inner Mongolia	101.2	104.3	100.1	98.8	100.3	102.6	100.5	104.7
辽宁	Liaoning	99.9	113.0	103.0	100.8	100.4	111.4	102.4	106.7
吉林	Jilin	100.9	107.4	101.7	99.7	102.3	104.1	102.4	108.5
黑龙江	Heilongjiang	100.1	114.1	102.0	97.8	100.6	101.8	105.1	113.7
上海	Shanghai	99.0	119.1	107.1	102.8	101.5	116.4	107.6	118.0
江苏	Jiangsu	101.5	107.0	104.4	103.6	102.4	103.4	102.4	116.0
浙江	Zhejiang	102.3	106.6	103.7	101.4	100.8	103.9	103.6	114.6
安徽	Anhui	101.0	105.0	101.3	98.9	101.8	102.5	102.3	109.8
福建	Fujian	100.6	109.4	101.7	99.6	101.3	103.0	102.5	108.6
江西	Jiangxi	103.9	110.3	102.0	98.6	104.0	105.4	103.8	110.3
山东	Shandong	101.1	103.6	101.0	100.6	100.1	101.5	101.2	103.9
河南	Henan	101.6	107.8	102.1	100.7	100.7	107.1	102.7	107.4
湖北	Hubei	100.9	108.2	102.7	100.7	103.2	107.5	103.4	108.0
湖南	Hunan	100.4	104.3	101.0	99.9	101.5	100.7	101.5	106.2
广东	Guangdong	100.6	105.3	102.8	99.9	101.7	103.6	100.9	113.9
广西	Guangxi	99.4	108.4	101.7	99.9	105.3	106.8	101.8	105.8
海南	Hainan	100.6	111.1	101.4	102.6	101.1	101.5	99.7	105.8
重庆	Chongqing	100.1	102.4	102.2	97.3	95.3	109.9	104.6	110.6
四川	Sichuan	99.8	106.1	101.1	99.3	100.0	100.6	101.9	108.7
贵州	Guizhou	97.1	103.1	100.2	98.7	97.6	103.4	100.7	103.2
云南	Yunnan	101.6	105.0	101.4	98.4	99.2	104.8	101.0	119.4
西藏	Tibet	102.5	107.2	101.9	101.7	100.8	103.6	101.3	103.0
陕西	Shaanxi	99.2	108.5	102.1	101.1	101.2	102.0	101.6	111.6
甘肃	Gansu	101.1	103.0	101.6	99.6	100.0	99.7	103.9	107.5
青海	Qinghai	102.2	120.5	101.2	97.4	99.2	111.8	102.3	115.4
宁夏	Ningxia	104.0	115.3	102.0	101.0	104.4	97.6	103.6	106.5
新疆	Xinjiang	100.0	107.8	102.4	99.8	102.2	103.7	102.4	114.8

1-80 续表 3 continued

(上年=100) (preceding year=100)

年 份 Year 地 区 Region	医疗保健和个人用品 Health Care and Personal Articles	医疗保健 Health Care	医疗器具及用品 Medical Appliances and Articles	中药材及中成药 Traditional Chinese Medicine	西 药 Western Medicine	保健器具及用品 Health Care Appliances and Articles	医疗保健服务 Health Care Services	个人用品及服务 Personal Articles and Services
2001	100.0	100.3	98.3	101.4	94.8	97.3	110.5	99.5
2002	98.8	98.5	97.2	96.6	94.5	97.1	108.2	99.5
2003	100.9	101.2	101.0	105.0	94.5	98.2	108.9	100.2
2004	99.7	99.1	102.3	98.9	94.9	98.6	105.2	101.2
2005	99.9	99.5	97.4	96.5	97.7	100.0	105.2	100.8
2006	101.1	100.2	97.2	99.9	98.4	100.3	103.0	103.2
2007	102.1	102.1	98.2	107.9	99.1	101.1	102.2	102.1
2008	102.9	102.2	99.7	106.8	101.1	102.1	100.5	104.4
2009	101.2	101.4	101.6	102.6	101.0	101.1	101.0	100.8
2010	103.2	103.3	105.0	111.2	101.0	101.6	100.9	103.0
2011	103.4	102.9	101.9	111.9	99.7	104.4	100.6	104.4
北 京 Beijing	103.7	102.3	102.7	112.7	100.6	100.9	100.0	106.5
天 津 Tianjin	101.8	100.7	111.1	102.7	100.5	99.0	100.0	104.0
河 北 Hebei	103.0	102.4	101.6	114.3	100.2	102.3	100.7	104.6
山 西 Shanxi	103.4	103.2	103.0	116.5	100.6	105.4	102.1	104.1
内蒙古 Inner Mongolia	102.3	101.0	99.5	105.4	98.3	101.4	100.8	104.9
辽 宁 Liaoning	103.4	102.8	103.3	111.5	100.5	103.1	100.3	104.7
吉 林 Jilin	103.5	103.0	99.3	113.9	99.2	101.7	100.5	104.7
黑龙江 Heilongjiang	104.5	103.6	100.6	115.8	100.5	99.3	100.5	106.8
上 海 Shanghai	104.1	100.6	109.0	105.8	94.6	104.9	103.1	107.4
江 苏 Jiangsu	103.1	101.9	102.0	110.0	96.2	102.6	101.8	105.2
浙 江 Zhejiang	103.7	103.5	99.9	108.6	98.2	113.0	100.0	104.4
安 徽 Anhui	103.5	103.4	100.4	111.5	101.4	106.0	99.8	103.8
福 建 Fujian	103.8	104.5	101.9	117.9	102.3	102.7	100.3	102.6
江 西 Jiangxi	103.0	102.1	100.7	109.0	99.6	102.6	100.2	104.6
山 东 Shandong	102.5	102.3	103.0	108.1	99.6	104.2	101.1	103.0
河 南 Henan	103.0	101.9	101.6	112.9	101.1	102.6	100.1	105.6
湖 北 Hubei	103.8	103.1	100.5	109.8	101.1	103.2	100.5	105.6
湖 南 Hunan	103.3	103.3	104.3	112.4	100.4	103.8	100.4	103.5
广 东 Guangdong	103.9	104.5	99.8	114.2	100.2	105.2	100.2	103.1
广 西 Guangxi	103.5	103.8	101.7	115.3	100.0	100.8	99.7	103.0
海 南 Hainan	101.6	101.1	101.0	108.3	99.4	101.4	99.7	103.4
重 庆 Chongqing	102.0	101.5	98.0	108.6	98.8	100.3	100.3	102.7
四 川 Sichuan	102.5	102.1	100.9	111.8	96.7	103.5	101.1	103.4
贵 州 Guizhou	102.6	103.5	100.8	115.1	101.9	99.6	100.0	101.3
云 南 Yunnan	103.3	103.5	99.8	110.4	101.8	100.4	100.2	102.7
西 藏 Tibet	102.8	101.6	96.5	103.9	99.0	99.6	105.6	104.3
陕 西 Shaanxi	104.6	104.0	108.9	115.3	99.3	102.5	99.9	106.0
甘 肃 Gansu	105.8	106.5	102.3	119.4	101.6	100.9	102.6	103.9
青 海 Qinghai	103.0	102.3	97.5	115.2	98.6	100.5	100.9	104.4
宁 夏 Ningxia	103.8	103.5	102.4	110.9	101.0	107.5	100.7	104.6
新 疆 Xinjiang	104.3	102.7	99.5	111.4	101.0	100.5	100.3	106.3

1-80 续表 4 continued

(上年=100) (preceding year=100)

年份 Year / 地区 Region	化妆美容用品 Cosmetics	清洁化妆用品 Sanitation Articles	个人饰品 Personal Ornaments	个人服务 Personal Services	交通和通信 Transportation and Communication	交通 Transportation	交通工具 Transportation Facility
2001	99.8	97.9	97.8	101.7	99.0	101.0	96.4
2002	99.7	97.3	99.3	101.2	98.1	99.1	95.0
2003	99.5	97.1	102.9	100.8	97.8	99.5	95.9
2004	98.8	98.4	104.5	101.8	98.5	100.4	96.5
2005	99.4	99.4	101.6	101.9	99.0	101.5	97.3
2006	99.7	99.9	110.8	102.5	99.9	103.2	97.8
2007	100.1	100.3	104.5	103.1	99.1	100.8	97.7
2008	100.6	101.7	109.7	105.0	99.1	102.2	98.4
2009	100.8	102.1	96.3	103.8	97.6	98.6	98.0
2010	100.5	100.4	108.4	102.8	99.6	101.7	98.7
2011	101.0	101.8	108.8	104.9	100.5	102.6	99.0
北　京 Beijing	100.8	102.7	113.5	104.6	101.5	104.5	95.9
天　津 Tianjin	100.8	101.8	111.4	100.0	99.9	104.8	103.6
河　北 Hebei	101.7	103.6	107.4	104.0	100.2	102.1	99.0
山　西 Shanxi	101.8	100.6	105.1	106.1	100.5	103.0	99.0
内蒙古 Inner Mongolia	100.8	101.5	108.6	105.6	100.6	102.0	99.1
辽　宁 Liaoning	101.2	101.5	109.2	105.7	100.1	102.3	100.1
吉　林 Jilin	101.2	101.5	107.5	108.4	100.7	102.5	97.1
黑龙江 Heilongjiang	101.0	101.6	114.7	107.3	99.8	102.1	100.5
上　海 Shanghai	104.1	104.8	110.7	105.3	100.2	101.8	101.6
江　苏 Jiangsu	100.5	102.4	112.5	104.9	100.8	102.5	98.9
浙　江 Zhejiang	100.9	102.2	111.1	103.1	100.7	101.5	96.7
安　徽 Anhui	101.3	100.5	107.1	104.5	100.3	102.5	100.3
福　建 Fujian	99.8	100.9	106.9	102.2	100.9	103.5	100.8
江　西 Jiangxi	100.7	101.7	110.3	104.4	100.4	103.0	100.9
山　东 Shandong	101.2	101.0	107.3	102.5	100.6	101.8	98.5
河　南 Henan	100.7	101.3	109.0	106.4	101.0	102.9	100.6
湖　北 Hubei	101.9	101.9	107.6	111.3	101.1	102.7	101.1
湖　南 Hunan	101.5	101.2	109.8	103.7	101.1	102.5	100.0
广　东 Guangdong	100.6	101.8	107.2	103.4	99.8	102.5	97.6
广　西 Guangxi	100.9	102.0	106.4	104.7	101.9	105.1	102.3
海　南 Hainan	98.9	100.6	107.5	106.5	101.7	104.7	102.1
重　庆 Chongqing	100.8	103.3	105.2	102.0	99.1	103.2	99.1
四　川 Sichuan	100.6	100.4	107.4	105.1	101.0	103.4	99.8
贵　州 Guizhou	100.4	101.3	103.7	99.9	100.1	102.9	100.7
云　南 Yunnan	100.1	100.1	106.5	105.1	100.0	102.0	96.2
西　藏 Tibet	100.7	100.6	110.3	106.7	102.2	104.4	99.9
陕　西 Shaanxi	101.7	101.4	109.0	112.3	100.0	104.6	101.6
甘　肃 Gansu	101.2	104.3	103.6	106.9	101.1	103.5	100.5
青　海 Qinghai	101.8	100.4	109.9	108.4	99.9	101.6	100.5
宁　夏 Ningxia	101.3	103.6	108.7	107.1	101.6	104.8	101.0
新　疆 Xinjiang	101.0	102.4	110.3	114.0	100.5	103.0	101.0

1-80 续表 5 continued

(上年=100) (preceding year=100)

年 份 地 区	Year Region	车用燃料及零配件 Fuels and Parts	车辆使用及维修费 Fees for Vehicles Use and Maintenance	市区公共交通费 Incity Traffic Fare	城市间交通费 Intercity Traffic Fare	通 信 Communication	通信工具 Communication Facility	通信服务 Communication Services
	2001	99.0	100.4	105.8	104.0	96.8	80.5	101.1
	2002	98.5	100.0	101.9	101.8	97.2	83.5	100.3
	2003	108.3	98.9	100.6	101.4	96.1	82.1	99.4
	2004	107.7	101.0	101.0	102.5	96.8	84.3	99.8
	2005	110.3	102.0	102.2	103.3	96.6	84.1	99.6
	2006	112.8	102.4	104.8	105.6	96.4	82.2	100.0
	2007	103.5	102.4	101.3	103.0	97.1	81.8	100.6
	2008	113.5	100.8	100.5	104.3	95.6	80.7	98.8
	2009	92.8	101.1	100.6	100.5	96.3	81.7	99.5
	2010	111.5	101.7	100.7	101.7	97.3	86.5	99.7
	2011	111.7	103.8	101.7	102.7	97.5	87.0	99.8
北 京	Beijing	112.3	118.0	101.2	100.4	95.5	78.7	100.0
天 津	Tianjin	112.9	101.1	101.5	108.1	92.9	65.0	100.0
河 北	Hebei	112.2	104.2	102.1	100.9	98.0	87.5	99.7
山 西	Shanxi	111.6	107.3	102.1	103.4	97.5	80.5	100.3
内蒙古	Inner Mongolia	109.9	101.6	103.8	101.3	98.0	92.8	99.9
辽 宁	Liaoning	111.1	104.1	101.5	101.3	97.9	84.8	100.3
吉 林	Jilin	110.8	102.6	104.2	102.9	97.5	88.7	100.1
黑龙江	Heilongjiang	110.3	100.9	101.6	101.0	97.5	87.7	100.0
上 海	Shanghai	111.0	102.8	97.2	102.3	96.3	79.9	99.7
江 苏	Jiangsu	112.3	103.3	101.4	102.5	97.7	86.2	100.2
浙 江	Zhejiang	113.4	102.7	102.4	101.3	98.7	88.2	100.1
安 徽	Anhui	111.0	101.5	103.1	101.4	98.1	90.1	100.1
福 建	Fujian	112.1	102.9	101.3	102.5	98.2	86.6	99.9
江 西	Jiangxi	111.6	103.5	101.9	101.6	98.3	89.6	100.1
山 东	Shandong	110.6	101.3	103.2	104.2	98.5	91.4	100.3
河 南	Henan	112.4	102.1	102.7	103.7	98.1	89.0	100.0
湖 北	Hubei	109.4	104.3	101.9	102.6	99.2	94.8	100.2
湖 南	Hunan	112.2	101.8	99.3	101.9	99.4	95.5	100.0
广 东	Guangdong	111.4	102.8	101.5	101.9	96.1	85.3	98.3
广 西	Guangxi	110.2	103.4	100.4	109.1	98.5	92.7	100.1
海 南	Hainan	110.3	111.6	100.4	98.1	96.5	76.4	99.2
重 庆	Chongqing	110.8	101.0	102.7	103.3	95.5	83.8	99.4
四 川	Sichuan	110.9	103.3	105.0	103.4	97.3	86.5	99.4
贵 州	Guizhou	109.7	108.2	99.3	104.9	97.2	84.0	100.6
云 南	Yunnan	111.7	102.6	104.1	104.7	97.5	85.4	100.2
西 藏	Tibet	109.4	104.4	104.4	101.6	99.2	98.1	99.7
陕 西	Shaanxi	109.5	104.6	104.3	105.7	95.9	83.2	100.0
甘 肃	Gansu	112.9	102.1	101.9	102.0	98.9	92.8	100.1
青 海	Qinghai	111.1	109.6	101.5	99.2	98.0	91.3	99.9
宁 夏	Ningxia	111.6	107.4	102.2	107.1	97.4	89.4	100.0
新 疆	Xinjiang	111.1	107.2	100.3	103.3	98.1	90.2	100.0

1-80 续表 6 continued

(上年=100) (preceding year=100)

年份 Year 地区 Region	娱乐教育文化用品及服务 Recreation, Education and Culture	文娱用耐用消费品及服务 Durable Consumer Goods and Service for Recreational Use	教育 Education	教材及参考书 Teaching Materials and Reference Books	教育服务 Educational Services	文化娱乐 Cultural and Recreational Articles	文化娱乐用品 Cultural Articles
2001	106.6	91.2	113.6	106.1		101.7	99.4
2002	100.6	90.5	103.7	99.0		101.2	98.9
2003	101.3	92.7	104.3	101.7		101.3	98.7
2004	101.3	93.3	103.4	102.8		101.1	99.4
2005	102.2	93.8	105.1	100.9		101.2	99.8
2006	99.5	94.2	100.0	100.3		101.0	99.6
2007	99.0	93.1	99.6	99.1		101.0	99.5
2008	99.3	92.3	100.5	100.6		101.3	99.9
2009	99.3	90.6	101.6	102.9		102.5	99.8
2010	100.6	94.3	101.4	102.6		101.0	99.7
2011	100.4	93.7	101.3	101.1	101.4	101.1	100.6
北京 Beijing	99.7	90.1	101.2	101.2	101.2	101.6	101.1
天津 Tianjin	99.5	86.7	100.2	100.5	100.2	100.6	100.9
河北 Hebei	100.5	92.8	100.9	100.9	100.9	101.8	102.0
山西 Shanxi	101.3	91.7	102.8	104.0	102.7	101.7	99.6
内蒙古 Inner Mongolia	100.8	95.7	101.3	101.6	101.3	101.4	99.9
辽宁 Liaoning	100.0	92.1	101.2	101.0	101.2	101.0	101.0
吉林 Jilin	100.1	97.4	100.5	100.3	100.5	100.8	102.2
黑龙江 Heilongjiang	99.8	89.2	102.1	104.3	101.8	101.7	101.1
上海 Shanghai	99.2	89.7	101.8	106.9	101.5	102.8	101.6
江苏 Jiangsu	100.6	91.2	102.3	101.1	102.4	101.0	101.0
浙江 Zhejiang	100.1	93.9	99.8	101.3	99.8	102.4	101.2
安徽 Anhui	99.9	94.7	100.6	99.3	100.9	100.6	100.5
福建 Fujian	99.6	94.2	99.3	98.1	99.5	101.0	99.7
江西 Jiangxi	100.7	95.4	101.3	100.9	101.4	100.7	100.8
山东 Shandong	100.4	97.8	100.8	100.6	100.8	100.4	99.5
河南 Henan	100.9	95.2	101.8	100.9	101.9	101.4	100.6
湖北 Hubei	100.5	94.1	101.0	102.1	100.9	101.3	100.7
湖南 Hunan	101.5	98.9	102.6	100.5	102.7	100.9	100.9
广东 Guangdong	101.0	94.3	101.3	100.6	101.4	100.9	101.3
广西 Guangxi	100.1	94.8	102.8	100.3	103.2	97.8	100.5
海南 Hainan	100.5	99.0	100.9	99.0	101.3	99.3	98.3
重庆 Chongqing	98.9	86.8	101.8	100.6	102.0	100.3	98.4
四川 Sichuan	100.3	92.2	101.6	101.8	101.6	100.5	100.1
贵州 Guizhou	99.9	96.0	101.4	101.5	101.4	99.7	99.7
云南 Yunnan	99.7	93.9	102.3	104.2	102.0	101.0	98.5
西藏 Tibet	100.7	97.8	100.6	100.3	100.8	101.1	100.1
陕西 Shaanxi	100.5	90.9	101.7	100.5	101.9	102.2	100.8
甘肃 Gansu	102.9	97.2	104.4	104.8	104.3	104.2	99.9
青海 Qinghai	101.3	94.7	103.3	107.8	102.5	100.9	100.8
宁夏 Ningxia	100.8	92.0	102.2	104.0	101.9	102.6	102.7
新疆 Xinjiang	101.1	95.2	102.8	102.4	102.9	100.6	100.1

1-80 续表 7 continued

(上年=100) (preceding year=100)

年 份 Year 地 区 Region	书报杂志 Newspapers and Magazines	文娱费 Expenditure on Culture and Recreation	旅 游 Touring and Outing	居 住 Residence	建房及装修材料 Building and Decoration Materials	住房租金 Renting	自有住房 Private Housing	水电燃料 Water, Electricity and Fuels
2001	101.9	104.4	100.3	101.2	98.8	108.6	100.0	102.5
2002	101.0	104.2	95.9	99.9	98.4	104.4	95.4	102.9
2003	100.4	104.6	95.4	102.1	99.5	103.5	99.1	105.7
2004	100.6	103.2	100.6	104.9	104.3	103.0	100.9	107.5
2005	100.8	102.9	99.6	105.4	102.6	101.9	105.6	108.6
2006	100.7	102.6	103.1	104.6	103.9	102.7	103.7	105.9
2007	100.7	102.7	102.3	104.5	105.1	104.2	107.0	103.0
2008	102.1	102.1	101.1	105.5	107.1	103.5	102.8	106.4
2009	107.6	102.1	97.5	96.4	100.2	101.6	85.3	97.9
2010	100.6	102.3	104.9	104.5	103.3	104.9	103.6	105.5
2011	101.0	101.5	103.8	105.3	104.7	105.3	106.5	103.5
北 京 Beijing	101.2	101.8	103.0	108.5	103.4	109.5	110.9	100.6
天 津 Tianjin	100.0	100.5	106.8	104.7	109.0	101.2	104.9	102.2
河 北 Hebei	100.5	102.1	108.9	106.9	105.0	108.4	108.5	104.9
山 西 Shanxi	100.4	103.7	103.1	103.8	102.6	105.2	104.3	103.3
内蒙古 Inner Mongolia	102.9	101.8	103.7	104.7	102.1	105.5	105.4	104.7
辽 宁 Liaoning	101.0	100.9	104.7	105.9	104.8	105.7	106.8	104.4
吉 林 Jilin	100.8	100.0	100.7	105.5	104.2	113.3	107.1	103.0
黑龙江 Heilongjiang	100.7	102.5	99.3	106.1	103.9	108.2	109.8	102.3
上 海 Shanghai	102.7	103.5	99.9	105.4	103.3	105.6	107.1	101.8
江 苏 Jiangsu	100.5	101.1	103.5	104.1	106.9	103.9	104.0	102.1
浙 江 Zhejiang	105.8	102.2	104.4	105.3	104.7	106.7	106.3	103.3
安 徽 Anhui	100.3	100.9	101.9	104.6	104.3	106.4	105.6	102.6
福 建 Fujian	100.6	102.3	104.0	105.6	105.0	104.9	106.6	103.9
江 西 Jiangxi	100.3	101.0	103.7	104.6	106.0	103.7	106.7	102.8
山 东 Shandong	100.7	101.3	103.0	105.8	106.0	105.9	107.6	103.2
河 南 Henan	101.1	102.1	103.8	106.6	106.6	104.2	107.9	104.3
湖 北 Hubei	100.3	102.0	104.8	105.8	104.8	103.8	108.7	103.3
湖 南 Hunan	100.5	101.1	101.4	106.6	106.5	105.2	107.0	106.2
广 东 Guangdong	101.1	100.5	106.3	104.5	102.6	107.3	105.1	103.7
广 西 Guangxi	100.4	94.3	101.1	102.2	105.9	100.3	102.6	99.7
海 南 Hainan	100.0	100.3	102.7	104.9	108.9	106.8	102.3	103.5
重 庆 Chongqing	101.3	101.0	104.2	103.7	104.0	106.5	103.1	103.6
四 川 Sichuan	100.1	101.1	105.9	106.0	102.5	109.8	107.5	105.2
贵 州 Guizhou	100.3	99.5	100.1	102.8	102.5	99.5	102.3	103.9
云 南 Yunnan	101.1	104.0	99.0	104.4	102.9	107.4	105.0	104.1
西 藏 Tibet	102.4	101.4	106.0	106.3	106.2	102.7	109.3	106.2
陕 西 Shaanxi	100.2	104.4	108.1	105.5	103.8	106.9	106.5	104.7
甘 肃 Gansu	101.0	106.8	102.5	105.7	102.4	105.1	107.9	103.4
青 海 Qinghai	103.9	100.3	101.6	110.3	105.2	117.0	115.0	105.0
宁 夏 Ningxia	101.2	103.3	110.2	104.3	103.6	105.8	105.3	104.2
新 疆 Xinjiang	102.2	100.1	105.6	105.4	104.8	102.9	106.6	103.7

1-81 城镇居民家庭基本情况

BASIC CONDITIONS OF URBAN HOUSEHOLDS

指　　标	Item	1990	1995	2000	2010	2011
调查户数(户)	**Number of Households Surveyed (household)**	**35660**	**35520**	**42220**	**65607**	**65655**
平均每户家庭人口(人)	Average Household Size (person)	3.50	3.23	3.13	2.88	2.87
平均每户就业人口(人)	Average Number of Employed Persons Per Household (person)	1.98	1.87	1.68	1.49	1.48
平均每户就业面(%)	Proportion of Employment per Household (%)	56.57	57.89	53.67	51.74	51.57
平均每一就业者负担人数(包括就业者本人)(人)	Number of Dependents per Employee (including the employee himself or herself) (person)	1.77	1.73	1.86	1.93	1.94
平均每人全部年收入(元)	**Per Capita Annual Income (yuan)**	**1516.21**	**4288.09**	**6295.91**	**21033.42**	**23979.20**
工资性收入	Income from Wages and Salaries	1149.70	3385.30	4480.50	13707.68	15411.91
经营净收入	Net Business Income	22.50	77.53	246.24	1713.51	2209.74
财产性收入	Income from Properties	15.60	90.43	128.38	520.33	648.97
转移性收入	Income from Transfer	328.41	734.83	1440.78	5091.90	5708.58
#可支配收入	Disposable Income	1510.16	4282.95	6279.98	19109.44	21809.78
平均每人总支出(元)	**Per Capita Annual Expenditure (yuan)**	**1413.94**	**4102.94**	**6147.38**	**18258.38**	**20365.71**
平均每人现金消费支出(元)	**Per Capita Annual Cash Consumption Expenditure(yuan)**	**1278.89**	**3537.57**	**4998.00**	**13471.45**	**15160.89**
食　品	Food	693.77	1771.99	1971.32	4804.71	5506.33
衣　着	Clothing	170.90	479.20	500.46	1444.34	1674.70
居　住	Residence	60.86	283.76	565.29	1332.14	1405.01
家庭设备及用品	Household Facilities and Articles	108.45	263.36	374.49	908.01	1023.17
交通通信	Transport and Communications	40.51	183.22	426.95	1983.70	2149.69
文教娱乐	Education, Culture and Recreation	112.26	331.01	669.58	1627.64	1851.74
医疗保健	Health Care and Medical Services	25.67	110.11	318.07	871.77	968.98
其他	Others	66.57	114.92	171.83	499.15	581.26
平均每人现金消费支出构成(人均现金消费支出=100)	**Composition of Per Capita Annual Cash Consumption Expenditure (%)**					
食　品	Food	54.25	50.09	39.44	35.67	36.32
衣　着	Clothing	13.36	13.55	10.01	10.72	11.05
居　住	Residence	6.98	8.02	11.31	9.89	9.27
家庭设备及用品	Household Facilities and Articles	10.14	7.44	7.49	6.74	6.75
交通通信	Transport and Communications	1.20	5.18	8.54	14.73	14.18
文教娱乐	Education, Culture and Recreation	11.12	9.36	13.40	12.08	12.21
医疗保健	Health Care and Medical Services	2.01	3.11	6.36	6.47	6.39
其他	Others	0.94	3.25	3.44	3.71	3.83

注：1.本表至10-17表为城镇住户抽样调查资料。
2.从2002年起，城镇住户调查对象由原来的非农业人口改为城市市区和县城关镇住户，本篇章相关资料均按新口径计算，历史数据作了相应调整。

a) Data from the table to 10-17 are obtained from the sample survey on urban households.

b) Since 2002, the objects of urban households survey are changed from non-farm households to households in the district areas of all city and county towns. The relative data in the chapter are calculated according to the new standard, and historical data have been adjusted accordingly.

1-82 各地区城镇居民平均每人全年家庭收入来源（2011年）
PER CAPITA ANNUAL INCOME OF URBAN HOUSEHOLDS BY SOURCES AND REGION (2011)

单位：元 (yuan)

地 区	Region	可支配收入 Disposable Income	总收入 Total Income	工资性收入 Income from Wages and Salaries	经营净收入 Net Business Income	财产性收入 Income from Properties	转移性收入 Income from Transfers
全 国	**National Average**	**21809.78**	**23979.20**	**15411.91**	**2209.74**	**648.97**	**5708.58**
北 京	Beijing	32903.03	37124.39	25161.22	1191.29	696.64	10075.23
天 津	Tianjin	26920.86	29916.04	18794.08	1059.29	462.28	9600.40
河 北	Hebei	18292.23	19591.91	11686.60	1836.45	318.43	5750.43
山 西	Shanxi	18123.87	19666.10	13146.47	875.24	274.09	5370.29
内蒙古	Inner Mongolia	20407.57	21890.19	14779.08	2320.36	513.36	4277.38
辽 宁	Liaoning	20466.84	22879.77	13093.86	2285.41	333.55	7166.95
吉 林	Jilin	17796.57	19211.71	12217.09	1860.32	235.31	4898.99
黑龙江	Heilongjiang	15696.18	17118.49	10235.04	1529.14	141.26	5213.05
上 海	Shanghai	36230.48	40532.29	28550.76	1994.12	633.12	9354.29
江 苏	Jiangsu	26340.73	28971.98	17761.58	3026.57	667.06	7516.76
浙 江	Zhejiang	30970.68	34264.38	20334.25	4383.89	1572.34	7973.91
安 徽	Anhui	18606.13	20751.11	12915.97	1874.45	569.96	5390.73
福 建	Fujian	24907.40	27378.11	17438.81	2991.66	1752.82	5194.82
江 西	Jiangxi	17494.87	18656.52	11654.36	1721.84	471.73	4808.59
山 东	Shandong	22791.84	24889.80	17629.40	2294.85	615.69	4349.86
河 南	Henan	18194.80	19526.92	12039.24	2264.36	286.02	4937.30
湖 北	Hubei	18373.87	20193.27	12622.44	1906.73	357.15	5306.95
湖 南	Hunan	18844.05	20083.87	11550.09	2674.18	770.66	5088.95
广 东	Guangdong	26897.48	30218.76	21092.14	3035.25	1242.95	4848.42
广 西	Guangxi	18854.06	20846.11	13550.16	1699.84	844.91	4751.20
海 南	Hainan	18368.95	20094.18	12876.92	2158.62	715.40	4343.24
重 庆	Chongqing	20249.70	21794.27	13827.72	1779.43	433.71	5753.42
四 川	Sichuan	17899.12	19688.09	12687.29	1670.51	523.24	4807.05
贵 州	Guizhou	16495.01	17598.87	10754.45	1614.67	356.41	4873.34
云 南	Yunnan	18575.62	20255.13	12416.17	1785.61	1273.99	4779.36
西 藏	Tibet	16195.56	18115.76	15854.97	486.92	358.07	1415.80
陕 西	Shaanxi	18245.23	20069.87	14051.28	771.75	214.18	5032.65
甘 肃	Gansu	14988.68	16267.37	11195.26	914.30	161.66	3996.15
青 海	Qinghai	15603.31	17794.98	11403.97	1054.60	78.64	5257.77
宁 夏	Ningxia	17578.92	19654.59	12396.71	2367.47	198.48	4691.94
新 疆	Xinjiang	15513.62	17631.15	12653.43	1412.32	149.06	3416.35

1-83 农村居民家庭基本情况
BASIC CONDITIONS OF RURAL HOUSEHOLDS

指　　标	Item	1990	1995	2000	2010	2011
调查户数(户)	**Number of Households Surveyed (household)**	**66960**	**67340**	**68116**	**68190**	**73630**
调查户人口(人)	**Number of Residents Surveyed (person)**					
平均每户常住人口	Average Number of Permanent Residents Per Household	4.80	4.48	4.20	3.95	3.90
平均每户整半劳动力	Average Number of Full/Semi Labour Force Per Household	2.92	2.88	2.76	2.85	2.78
平均每个劳动力负担人口(含本人)	Average Number of Dependents per Labour Force (including the laborer himself or herself)	1.64	1.56	1.52	1.39	1.40
平均每人年收入(元)	**Per Capita Annual Income (yuan)**					
总收入	Total Income	990.38	2337.87	3146.21	8119.51	9833.14
工资性收入	Income from Wages and Salaries	138.80	353.70	702.30	2431.05	2963.43
家庭经营收入	Income from Household Operations	815.79	1877.42	2251.28	4937.48	5939.79
财产性收入	Income from Properties	35.79	40.98	45.04	202.25	228.57
转移性收入	Income from Transfers		65.77	147.59	548.74	701.35
现金收入	Cash Income	676.67	1595.56	2381.60	7088.76	8638.51
工资性收入	Income from Wages and Salaries	136.43	352.88	700.41	2427.89	2959.74
家庭经营收入	Income from Household Operations	481.19	1116.73	1498.81	3955.36	4810.37
财产性收入	Income from Properties	59.05	38.19	38.89	168.33	185.76
转移性收入	Income from Transfers		87.76	143.49	537.18	682.64
纯收入	Net Income	686.31	1577.74	2253.42	5919.01	6977.29
工资性收入	Income from Wages and Salaries	138.80	353.70	702.30	2431.05	2963.43
家庭经营纯收入	Income from Household Operations	518.55	1125.79	1427.27	2832.80	3221.98
财产性收入	Income from Properties	28.96	40.98	45.04	202.25	228.57
转移性收入	Income from Transfers		57.27	78.81	452.92	563.32
平均每人年支出(元)	**Per Capita Annual Expenditures (yuan)**					
总支出	Total Expenditure	903.47	2138.33	2652.42	6991.79	8641.63
家庭经营费用支出	Expenditure for Household Operations	241.09	621.71	654.27	1915.62	2431.05
购置生产性固定资产	Purchase of Productive Fixed Assets	20.29	62.33	63.90	193.26	265.75
税费支出	Taxes and Fees	38.66	88.65	95.52	8.57	11.67
消费支出	Expenses on Consumption	584.63	1310.36	1670.13	4381.82	5221.13
财产性支出	Expenses on Properties	18.80	55.28	19.74	49.25	12.27
转移性支出	Expenses on Transfers			148.86	443.27	699.76
现金支出	Cash Expenditure	639.06	1545.81	2140.37	6307.43	7984.94
家庭经营费用支出	Expenditure for Household Operations	162.90	454.74	544.49	1757.58	2269.19
购买生产性固定资产	Purchase of Productive Fixed Assets	20.46	62.32	63.91	193.26	265.75
税费支出	Taxes and Fees	33.37	76.96	89.81	8.56	11.65
消费支出	Expenses on Consumption	374.74	859.43	1284.74	3859.33	4733.35
财产性支出	Expenses on Properties	47.59	92.35	9.82	49.25	12.27
转移性支出	Expenses on Transfers			147.60	439.45	692.73

注：本表至10-37表为农村住户抽样调查资料。
a) Data from this table to 10-37 are obtained from the sample surveys on rural households.

1-84 各地区按来源分农村居民家庭人均纯收入（2011年）

PER CAPITA ANNUAL NET INCOME OF RURAL HOUSEHOLDS BY SOURCES AND REGION (2011)

单位：元 (yuan)

地区	Region	纯收入 Net Income	工资性收入 Income from Wages and Salaries	家庭经营纯收入 Income from Household Operations	财产性收入 Income from Properties	转移性收入 Income from Transfers
全国	**National Average**	**6977.29**	**2963.43**	**3221.98**	**228.57**	**563.32**
北京	Beijing	14735.68	9578.85	1363.27	1537.01	2256.55
天津	Tianjin	12321.22	6829.24	3908.07	742.43	841.48
河北	Hebei	7119.69	3423.95	3006.20	206.36	483.18
山西	Shanxi	5601.40	2684.87	2140.83	170.41	605.30
内蒙古	Inner Mongolia	6641.56	1310.86	4217.50	337.59	775.62
辽宁	Liaoning	8296.54	3179.75	4270.99	244.61	601.19
吉林	Jilin	7509.95	1469.19	4950.40	395.73	694.63
黑龙江	Heilongjiang	7590.68	1496.51	4784.08	545.24	764.85
上海	Shanghai	16053.79	10493.03	876.77	1244.05	3439.94
江苏	Jiangsu	10804.95	5969.02	3490.26	414.30	931.37
浙江	Zhejiang	13070.69	6721.32	4981.76	555.70	811.91
安徽	Anhui	6232.21	2723.17	2986.07	105.96	417.00
福建	Fujian	8778.55	3889.54	4094.78	291.47	502.75
江西	Jiangxi	6891.63	2994.49	3421.42	111.52	364.19
山东	Shandong	8342.13	3715.25	3935.24	246.45	445.19
河南	Henan	6604.03	2523.77	3601.12	108.14	370.99
湖北	Hubei	6897.92	2703.05	3731.34	84.45	379.08
湖南	Hunan	6567.06	3240.81	2725.20	112.19	488.86
广东	Guangdong	9371.73	5854.68	2498.11	490.43	528.51
广西	Guangxi	5231.33	1820.37	3007.93	41.22	361.80
海南	Hainan	6446.01	2004.63	3826.99	85.77	528.62
重庆	Chongqing	6480.41	2894.53	2748.25	139.67	697.96
四川	Sichuan	6128.55	2652.46	2761.69	140.38	574.02
贵州	Guizhou	4145.35	1713.52	1980.21	59.50	392.13
云南	Yunnan	4721.99	1138.55	2966.18	218.99	398.27
西藏	Tibet	4904.28	1008.03	3142.62	113.60	640.03
陕西	Shaanxi	5027.87	2395.45	2017.20	165.27	449.95
甘肃	Gansu	3909.37	1561.97	1866.77	82.46	398.18
青海	Qinghai	4608.46	1775.39	2088.80	93.69	650.59
宁夏	Ningxia	5409.95	2164.24	2730.43	116.43	398.85
新疆	Xinjiang	5442.15	804.73	3887.15	147.14	603.13

二、就业与失业

EMPLOYMENT AND UNEMPLOYMENT

2-1 年末城镇登记失业人数及登记失业率
URBAN REGISTERED UNEMPLOYMENT AND UNEMPLOYMENT RATE AT THE YEAR-END

单位：万人、%　　(10 000 persons,%)

年 份 Year	登记失业人数 Urban Registered Unemployment		比上年增长 Increase over Preceeding year		登记失业率 Registered Unemployment Rate
	合 计 Total	#失业青年 Youth	合 计 Total	#失业青年 Youth	
1978	530.0	249.1			5.3
1979	567.6	258.2	7.1	3.7	5.4
1980	541.5	382.5	-4.6	48.1	4.9
1981	439.5	343.0	-18.8	-10.3	3.8
1982	379.4	293.8	-13.7	-14.3	3.2
1983	271.4	222.0	-28.5	-24.4	2.3
1984	235.7	195.9	-13.2	-11.8	1.9
1985	238.5	196.9	1.2	0.5	1.8
1986	264.4	209.3	10.9	6.3	2.0
1987	276.6	235.1	4.6	12.3	2.0
1988	296.2	245.3	7.1	4.3	2.0
1989	377.9	309.0	27.6	26.0	2.6
1990	383.2	312.7	1.4	1.2	2.5
1991	352.2	288.4	-8.1	-7.8	2.3
1992	363.9	299.8	3.3	4.0	2.3
1993	420.1	331.9	15.4	10.7	2.6
1994	476.4	301.0	13.4	-9.3	2.8
1995	519.6	310.2	9.1	3.1	2.9
1996	552.8		6.3		3.0
1997	576.8		4.3		3.1
1998	571.0		-1.0		3.1
1999	575.0		0.7		3.1
2000	595.0		3.5		3.1
2001	681.0		14.4		3.6
2002	770.0		13.1		4.0
2003	800.0		3.9		4.3
2004	827.0		3.4		4.2
2005	839.0		1.5		4.2
2006	847.0		1.0		4.1
2007	830.0		-2.0		4.0
2008	886.0		6.7		4.2
2009	921.0		4.0		4.3
2010	908.0		-1.4		4.1
2011	922.0		1.5		4.1

2-2 各地区年末城镇登记失业人数及登记失业率
URBAN REGISTERED UNEMPLOYMENT AND UNEMPLOYMENT RATE AT THE YEAR-END BY REGION

单位：万人、% (10 000 persons,%)

地区	Region	登记失业人员 Unemployment							登记失业率 Unemployment Rate						
		2005	2006	2007	2008	2009	2010	2011	2005	2006	2007	2008	2009	2010	2011
北京	Beijing	10.6	10.4	10.6	10.3	8.2	7.7	8.1	2.1	2.0	1.8	1.8	1.4	1.4	1.4
天津	Tianjin	11.7	11.7	15.0	13.0	15.0	16.1	20.1	3.7	3.6	3.6	3.6	3.6	3.6	3.6
河北	Hebei	27.8	28.7	29.3	32.2	34.5	35.1	36.0	3.9	3.8	3.8	4.0	3.9	3.9	3.8
山西	Shanxi	14.3	15.6	16.1	17.5	21.6	20.4	21.1	3.0	3.2	3.2	3.3	3.9	3.6	3.5
内蒙古	Inner Mongolia	17.7	18.0	18.5	19.9	20.1	20.8	21.8	4.3	4.1	4.0	4.1	4.0	3.9	3.8
辽宁	Liaoning	60.4	54.1	44.5	41.7	41.6	38.9	39.4	5.6	5.1	4.3	3.9	3.9	3.6	3.7
吉林	Jilin	27.6	26.3	23.9	24.3	23.4	22.7	22.2	4.2	4.2	3.9	4.0	4.0	3.8	3.7
黑龙江	Heilongjiang	31.3	31.2	31.5	32.1	31.4	36.2	35.0	4.4	4.4	4.3	4.2	4.3	4.3	4.1
上海	Shanghai	27.5	27.8	26.7	26.6	27.9	27.7	27.0		4.4	4.2	4.2	4.3	4.4	3.5
江苏	Jiangsu	41.6	40.4	39.3	41.1	40.7	40.6	41.4	3.6	3.4	3.2	3.3	3.2	3.2	3.2
浙江	Zhejiang	29.0	29.1	28.6	30.7	30.7	31.1	31.7	3.7	3.5	3.3	3.5	3.3	3.2	3.1
安徽	Anhui	27.8	28.2	28.0	29.3	30.1	26.9	33.1	4.4	4.3	4.1	3.9	3.9	3.7	3.7
福建	Fujian	14.9	15.1	14.9	15.0	15.2	14.5	14.6	4.0	3.9	3.9	3.9	3.9	3.8	3.7
江西	Jiangxi	22.8	25.3	24.3	26.0	27.3	26.3	24.6	3.5	3.6	3.4	3.4	3.4	3.3	3.0
山东	Shandong	42.9	43.7	43.5	45.0	45.1	44.5	45.0	3.3	3.3	3.2	3.7	3.4	3.4	3.4
河南	Henan	33.0	35.4	33.1	36.5	38.5	38.2	38.4	3.5	3.5	3.4	3.4	3.5	3.4	3.4
湖北	Hubei	52.6	52.6	54.1	55.1	55.3	55.7	55.1	4.3	4.2	4.2	4.2	4.2	4.2	4.1
湖南	Hunan	41.9	43.3	44.4	47.0	47.8	43.2	43.1	4.3	4.3	4.3	4.2	4.1	4.2	4.2
广东	Guangdong	34.5	36.2	36.2	38.1	39.5	39.3	38.8	2.6	2.6	2.5	2.6	2.6	2.5	2.5
广西	Guangxi	18.5	20.0	18.5	18.8	19.1	19.1	18.8	4.2	4.2	3.8	3.8	3.7	3.7	3.5
海南	Hainan	5.1	5.2	5.4	5.6	5.3	4.8	2.9	3.6	3.6	3.5	3.7	3.5	3.0	1.7
重庆	Chongqing	16.9	15.4	14.1	13.0	13.4	13.0	13.0	4.1	4.0	4.0	4.0	4.0	3.9	3.5
四川	Sichuan	34.3	36.1	34.8	37.9	36.3	34.6	36.9	4.6	4.5	4.2	4.6	4.3	4.1	4.2
贵州	Guizhou	12.1	12.1	12.1	12.5	12.3	12.2	12.5	4.2	4.1	4.0	4.0	3.8	3.6	3.6
云南	Yunnan	13.0	13.8	14.0	14.8	15.4	15.7	16.0	4.2	4.3	4.2	4.2	4.3	4.2	4.1
西藏	Tibet					2.0	2.1	1.0					3.8	4.0	3.2
陕西	Shaanxi	21.5	21.5	21.0	20.8	21.5	21.4	20.9	4.2	4.0	4.0	3.9	3.9	3.9	3.6
甘肃	Gansu	9.3	9.7	9.5	9.4	10.3	10.7	10.8	3.3	3.6	3.3	3.2	3.3	3.2	3.1
青海	Qinghai	3.6	3.7	3.7	3.9	4.1	4.2	4.4	3.9	3.9	3.8	3.8	3.8	3.8	3.8
宁夏	Ningxia	4.4	4.2	4.4	4.8	4.8	4.8	5.2	4.5	4.3	4.3	4.4	4.4	4.4	4.2
新疆	Xinjiang	11.1	11.6	11.7	11.8	11.9	11.0	11.1	3.9	3.9	3.9	3.7	3.8	3.2	3.2
新疆兵团	Xingjiang Production and Construction Crops	2.7	3.0	2.6	2.8	3.0	2.5	2.8	2.8	3.0	2.6	2.8	2.9	2.4	2.6

2-3 各地区城镇登记失业人员情况(2011年)
BASIC CONDITIONS OF URBAN REGISTERED UNEMPLOYMENT BY REGION (2011)

单位：万人 (10 000 persons)

地区 Region	上年末结转登记失业人员 Unemployment at Last Year-end	本年新登记的失业人员 Unemployment Newly Regis-tered This Year	#女性 Female	#就业转失业人数 Unemploy-employed	本年失业人员就业人数 From the Unemployed This Year	#女性 Female	本年末登记失业人数 Unemployment at the Year-end	#女性 Female	#长期失业者 Long-term Unemploy-ment
北京 Beijing	7.7	22.3	8.8	15.0	20.5	8.2	8.1	2.9	5.0
天津 Tianjin	16.1	12.8	6.9	4.3	8.8	4.3	20.1	10.5	9.5
河北 Hebei	35.1	46.2	18.3	13.9	43.6	15.6	36.0	17.0	6.5
山西 Shanxi	20.4	26.1	8.6	5.7	25.3	8.5	21.1	8.3	2.3
内蒙古 Inner Mongolia	20.8	27.7	12.4	4.3	26.6	11.9	21.8	9.6	1.7
辽宁 Liaoning	38.9	106.2	52.2	79.8	105.7	50.1	39.4	19.7	13.5
吉林 Jilin	22.7	39.2	18.5	15.2	39.0	18.7	22.2	10.5	2.8
黑龙江 Heilongjiang	36.2	72.8	28.3	33.6	57.7	26.0	35.0	14.5	2.5
上海 Shanghai	27.7	37.8	14.9	24.4	26.8	11.6	27.0	9.5	3.2
江苏 Jiangsu	40.6	102.8	51.3	66.2	102.0	49.9	41.4	19.2	10.7
浙江 Zhejiang	31.1	44.9	20.4	19.0	41.6	19.1	31.7	14.9	9.5
安徽 Anhui	26.9	36.9	16.7	11.3	30.6	14.4	33.1	15.7	3.2
福建 Fujian	14.5	27.8	12.9	7.8	27.7	13.2	14.6	5.6	3.7
江西 Jiangxi	26.3	34.9	14.4	7.3	35.1	14.6	24.6	8.5	1.4
山东 Shandong	44.5	90.1	42.3	39.1	89.5	40.6	45.1	19.1	10.3
河南 Henan	38.2	32.1	13.0	8.3	31.9	11.5	38.4	22.9	14.9
湖北 Hubei	55.7	55.3	26.3	11.5	55.9	25.8	55.1	25.9	3.3
湖南 Hunan	43.2	41.0	17.6	14.0	40.0	17.7	43.1	14.7	3.8
广东 Guangdong	39.2	69.5	33.4	29.0	66.1	31.8	38.8	15.2	8.6
广西 Guangxi	19.1	22.4	10.2	7.1	21.8	10.1	18.8	9.0	2.5
海南 Hainan	4.8	5.4	2.3	1.9	7.3	3.6	2.9	1.3	0.4
重庆 Chongqing	13.0	27.9	12.2	16.7	25.5	10.7	13.0	7.0	3.3
四川 Sichuan	34.6	63.0	31.0	24.1	59.9	28.5	36.9	15.2	3.6
贵州 Guizhou	12.2	16.9	7.9	3.3	16.3	7.5	12.5	5.5	2.2
云南 Yunnan	15.7	25.7	11.5	7.4	25.4	11.3	16.0	6.8	2.6
西藏	2.1	1.2	0.5	0.1	2.2	1.1	1.0	0.3	0.1
陕西 Shaanxi	21.4	18.7	9.3	2.9	19.2	8.8	20.9	6.4	2.1
甘肃 Gansu	10.7	17.9	8.0	5.1	17.6	7.9	10.8	4.7	1.1
青海 Qinghai	4.2	6.7	3.0	2.8	6.6	2.8	4.4	1.8	1.4
宁夏 Ningxia	4.8	10.9	5.6	3.8	10.8	5.3	5.2	2.0	0.2
新疆 Xinjiang	11.0	42.9	21.4	10.8	42.7	21.3	11.1	4.9	0.6
新疆兵团 Xingjiang Production and Construction Crops	2.5	4.2	1.6	1.0	3.9	1.3	2.8	1.4	0.2

2-4 公共就业服务工作情况(2011年)

单位：人

项　目	Item	本期单位登记招聘人　数 Total Registered Job Vacancies This Year	本期登记求职人数 Total Registered Job-seekers This Year	#女 性 Female	#城镇登记失业人员 Urban Registered Unemp-loyed persons	#高校毕业生 College Graduates	#农村劳动者 Rural Labours
总　计	Total	**71157112**	**51252980**	**21476786**	**13311410**	**5753833**	**21904211**
市(地、州)及以上公共就业人才服务机构	Public Employment (Talent) Services Institution of City (Prefecture) and Above	24146771	16556870	6877197	4705868	2964711	5856800
区(县)公共就业人才服务机构	Public Employment (Talent) Services Institution of District (County)	36421083	26402666	11102047	6416024	2360110	11859534
街道公共就业人才服务机构	Public Employment (Talent) Services Institution of Street	3937821	2739814	1182393	1121624	203261	834483
乡镇公共就业人才服务机构	Public Employment (Talent) Services Institution of Town	4845815	3967021	1663267	553977	146592	2723011
社区公共就业人才服务窗口	Public Employment (Talent) Services Window of Community	1320548	1135103	477488	482715	67531	270118
行政村公共就业人才服务窗口	Public Employment (Talent) Services Window of Administrative Village	485074	451506	174394	31202	11628	360265

SITUATIONS OF PUBLIC EMPLOYMENT SERVICES (2011)

(person)

本期职业指导人数 Person-times of Vocational Guidance This Year	#女 性 Female	本期创业服务人数 Person-times of Vocational Guidance	#女 性 Female	本期介绍成功人数 Placed Job-seekers	#女 性 Female	#城镇登记失业人员 Urban Registered Unemployed persons	#高校毕业生 College Graduates	#农村劳动者 Rural Labours
23638502	**10017935**	**2354324**	**953331**	**23667842**	**9929915**	**6701994**	**2504912**	**10743716**
5922454	2448288	815756	315240	6493108	2729120	1908533	1135958	2439753
12824437	5592091	1184453	503649	12730852	5279963	3556895	1149632	5882494
1735277	647273	120362	56349	1289892	612275	638792	91914	384220
2243458	932869	164478	47359	2338978	936836	297970	84552	1667648
676953	312518	53240	25297	529469	250525	280722	36951	138409
235923	84896	16035	5437	285543	121196	19082	5905	231192

2-5 各地区公共就业服务工作情况(2011年)

单位：人

项 目	Region	本期单位登记招聘人数 Total Registered Job Vacancies This Year	本期登记求职人数 Total Registered Job-seekers This Year	#女性 Female	#城镇登记失业人员 Urban Registered Unemployed persons	#高校毕业生 College Graduates	#农村劳动者 Rural Labours
总 计	**National Total**	**71157112**	**51252980**	**21476786**	**13311410**	**5753833**	**21904211**
北 京	Beijing	1783262	274230	109395	143524	18016	63287
天 津	Tianjin	764657	947840	475424	197802	234359	357747
河 北	Hebei	2609930	1907907	792757	423513	534788	630569
山 西	Shanxi	1143524	1085112	381270	343035	252648	426940
内蒙古	Inner Mongolia	956092	927652	402992	412269	79009	365851
辽 宁	Liaoning	3970703	2644242	1229584	1159218	418766	371240
吉 林	Jilin	1315551	1030700	459028	444328	79329	385359
黑龙江	Heilongjiang	1528955	1583301	686375	919953	141142	274474
上 海	Shanghai	1569117	1628770			10256	
江 苏	Jiangsu	8617899	7290663	3576906	1988827	590353	3644111
浙 江	Zhejiang	6257409	2755162	1031272	345521	223388	1477058
安 徽	Anhui	2604445	1621128	711978	461723	205540	670694
福 建	Fujian	3969144	2735453	1178440	562948	124896	2051475
江 西	Jiangxi	1704337	1188840	526020	317574	66702	563551
山 东	Shandong	4735823	3358892	1525364	1222036	633614	1053730
河 南	Henan	1021190	1324196	274882	247978	84788	145441
湖 北	Hubei	2409017	1772259	828023	516196	155684	670352
湖 南	Hunan	2392793	1965820	871138	589888	327596	653401
广 东	Guangdong	8927992	6516525	2840783	691389	437362	4106516
广 西	Guangxi	3283531	1482168	694812	287142	191849	765823
海 南	Hainan	679545	414667	160659	58317	135883	70261
重 庆	Chongqing	1104566	897848	384570	380596	56157	432683
四 川	Sichuan	1813938	1273189	563102	550355	88815	579561
贵 州	Guizhou	1332609	621019	195549	117640	138599	170071
云 南	Yunnan	869434	490900	196721	142555	53703	257386
西 藏	Tibet	23925	32247	15772	10520	4780	14025
陕 西	Shaanxi	1561307	1457261	594136	213533	343505	519389
甘 肃	Gansu	494192	417261	186166	150086	41423	170481
青 海	Qinghai	509246	548327	174958	59211	8476	474123
宁 夏	Ningxia	364696	430263	136906	29183	4257	299618
新 疆	Xinjiang	747868	542686	239488	293545	59859	201244
兵 团	Xinjiang Production and Construction Corps	90415	86452	32316	31005	8291	37750

SITUATIONS OF PUBLIC EMPLOYMENT SERVICES BY REGION (2011)

(person)

本期职业指导人数 Person-times of Vocational Guidance This Year	#女 性 Female	本期创业服务人数 Person-times of Vocational Guidance	#女 性 Female	本期介绍成功人数 Placed Job-seekers	#女 性 Female	#城镇登记失业人员 Urban Registered Unemployed persons	#高校毕业生 College Graduates	#农村劳动者 Rural Labours
23638502	**10017935**	**2354324**	**953331**	**23667842**	**9929915**	**6701994**	**2504912**	**10743716**
779798	128374	14310		166987	69992	104004	513	42146
519561	265486	14553	6984	609941	320152	137717	200671	229420
695383	270173	77165	34731	885710	336659	198148	206048	363257
327797	164541	29479	6496	562744	172836	209806	59296	247160
506899	229937	36213	17120	664002	227187	288183	49065	281034
751614	345729	133169	44561	1078774	478039	407255	160478	207499
547030	255294	59278	26993	541263	223242	231956	38046	192068
770289	332627	45269	19066	758950	349661	498605	75916	150752
41195				279026			262	
2597118	1147211	483010	157775	2728214	1296552	918475	237795	1321024
1518441	484564	74918	23727	1363982	480588	200036	100176	676369
860062	407075	108638	49998	845134	375971	250199	100838	359572
758226	323273	19328	8258	2049772	751436	217576	75305	1240448
568872	253181	67605	33402	665297	310224	185048	41112	358352
1668610	770886	249378	105072	1646509	737680	614559	292926	594393
487879	224027	20185	9138	375605	157573	177838	77021	114609
1219651	558748	89669	45180	933231	434893	302723	85526	379623
1597705	669611	115020	49814	789422	349804	263494	106143	272462
2514767	993697	61588	24161	2156362	945563	286204	178646	1204352
701788	325741	49183	18891	691196	320263	141314	84350	382544
102028	52525	26996	12687	81959	38960	16034	23988	16810
725011	336908	220900	96662	386045	155651	151784	28595	193583
981924	446257	91784	40464	739472	321824	318450	55854	339599
183503	90525	53231	21843	177473	68827	56669	31184	74600
321098	143199	49458	25081	305473	124047	97605	28928	163824
37488	22291			18966	8494	5403	2201	9468
409337	199460	65647	30495	548874	248302	86841	97578	318308
314881	135109	24229	11947	235432	100816	72696	11146	115380
367123	132022	27199	11436	546650	175735	51910	10191	472550
395788	134503	13496	5128	320633	126528	20575	3668	180087
322825	158844	30364	14356	400041	160387	170884	36825	171687
44811	16117	3062	1865	114703	62029	20003	4621	70736

三、城镇单位就业人员和工资总额

EMPLOYMENT AND TOTAL WAGES IN URBAN UNITS

3-1 分行业就业人员和工资总额(2011年)
EMPLOYMENT AND TOTAL WAGES BY SECTOR(2011)

项 目	Item	年末人数（千人）Year-end Figures (1000 persons)	#女 性 Female	工资总额（亿元）Total Wages (100 million yuan)	平均工资（元）Average Wage (yuan)
全 国 总 计	**National Total**	**144133**	**52277**	**59954.7**	**41799**
农、林、牧、渔业	**Agriculture,Forestry,Farming of Animals and Fishing**	**3595**	**1325**	**697.7**	**19469**
农业	Agriculture	1885	788	333.5	17537
林业	Forestry	893	266	166.2	19076
畜牧业	Farming of Animals	278	111	45.8	16636
渔业	Fishing	40	10	9.4	23880
农、林、牧、渔服务业	Service Activities for Agriculture, Forestry, Farming of Animals and Fishing	499	150	142.7	28796
采矿业	**Mining**	**6116**	**1159**	**3174.2**	**52230**
煤炭开采和洗选业	Mining and Washing of Coal	4194	652	2196.4	52948
石油和天然气开采业	Extraction of Petroleum and Natural Gas	1067	331	670.1	62523
黑色金属矿采选业	Mining of Ferrous Metal Ores	266	52	112.9	42095
有色金属矿采选业	Mining of Non-ferrous Metal Ores	313	61	109.4	35072
非金属矿采选业	Mining and Processing of Nonmetal Ores	236	52	69.3	29203
其它采矿业	Mining of Other Ores	40	10	16.0	40293
制造业	**Manufacturing**	**40883**	**16133**	**15031.4**	**36665**
农副食品加工业	Processing of Food from Agricultural Products	1453	622	394.6	27901
食品制造业	Manufacture of Foods	1003	476	339.1	34483
饮料制造业	Manufacture of Beverage	923	345	312.3	34105
烟草制品业	Manufacture of Tobacco	197	74	175.9	92919
纺织业	Manufacture of Textile	2428	1498	665.8	26973
纺织服装、鞋、帽制造业	Manufacture of Textile Wearing Apparel, Footware,and Caps	2128	1396	623.6	29026
皮革、毛皮、羽毛(绒)及其制品业	Manufacture of Leather,Fur,Feather & Its Products	1044	615	293.4	27487
木材加工及木、竹、藤、棕、草制品业	Processing of Timbers,Manufacture of Wood, Bamboo,Rattan,Palm,and Straw Products	320	119	83.2	25618
家具制造业	Manufacture of Furniture	397	141	121.5	30700
造纸及纸制品业	Manufacture of Paper and Paper Products	689	252	217.6	31376
印刷业和记录媒介的复制	Printing,Reproduction of Recording Media	411	177	142.1	34095
文教体育用品制造业	Manufacture of Articles for Culture,	485	281	141.3	27598
石油加工、炼焦及核燃料加工业	Processing of Petroleum ,Coking,Processing of Nucleus Fuel	628	181	329.7	52641
化工原料及化学制品制造业	Manufacture of Chemical Raw Material and Chemical Products	2498	800	951.3	38113

注：不含城镇私营和个体就业人员(以下各表同)。
a)Exclude urban Private and individuals Employment.(same as below)

3-1 续表 1 continued

项　　目	Item	年末人数（千人） Year-end Figures (1000 persons)	#女 性 Female	工资总额（亿元） Total Wages (100 million yuan)	平均工资（元） Average Wage (yuan)
医药制造业	Manufacture of Medicines	1158	543	442.4	38612
化学纤维制造业	Manufacture of Chemical Fiber	234	93	79.8	34267
橡胶制品业	Manufacture of Rubber	505	192	163.9	32289
塑料制品业	Manufacture of Plastic	989	446	318.3	31668
非金属矿物制品业	Manufacture of Non-metallic Mineral Products	2184	632	663.4	30259
黑色金属冶炼及压延加工业	Manufacture and Processing of Ferrous Metals	2164	462	959.6	44238
有色金属冶炼及压延加工业	Manufacture & Processing of Non-ferrous Metals	1127	283	410.6	36444
金属制品业	Manufacture of Metal Products	1307	397	446.4	34016
通用设备制造业	Manufacture of General Purpose Machinery	2399	652	929.2	38809
专用设备制造业	Manufacture of Special Purpose Machinery	1934	554	809.5	41416
交通运输设备制造业	Manufacture of Transport Equipment	3891	1041	1764.5	45635
电气机械及器材制造业	Manufacture of Electrical Machinery & Equipment	2672	1121	979.0	36383
通信设备、计算机及其他电子设备制造业	Manufacture of Communication Equipment, Computer and Other Electronic Equipment	4299	2060	1765.1	41009
仪器仪表及文化、办公用机械制造业	Manufacture of Measuring Instrument and Machinery for Cultural Activity & Office Work	754	341	310.3	40185
工艺品及其他制造业	Manufacture of Artwork,Other Manufacture	612	325	181.6	29240
废弃资源和废旧材料回收加工业	Recycling and Disposal of Waste	48	15	16.4	33252
电力、燃气及水的生产和供应业	**Production and Distribution of Electricity, Gas and Water**	**3347**	**957**	**1755.7**	**52723**
电力、热力的生产和供应业	Production and Supply of Electric Power and Heat Power	2589	675	1458.4	56600
燃气生产和供应业	Production and Distribution of Gas	205	68	94.3	46302
水的生产和供应业	Production and Distribution of Water	552	213	203.0	36932
建筑业	**Construction**	**17248**	**2065**	**5596.4**	**32103**
房屋和土木工程建筑业	Construction of Building & Civil Engineering	14928	1743	4790.7	31685
建筑安装业	Architectural Installation	1434	206	521.6	36001
建筑装饰业	Architectural Decoration	459	69	144.4	31770
其他建筑业	Other Construction	427	47	139.6	34096
交通运输、仓储和邮政业	**Traffic,Transport,Storage and Post**	**6628**	**1786**	**3074.1**	**47078**
铁路运输业	Transport Via Railway	1762	325	1019.5	59155
道路运输业	Transport Via Road	1690	519	522.9	31344
城市公共交通业	Urban Public Traffic	1169	318	407.8	35400
水上运输业	Water Transport	461	84	281.0	61046
航空运输业	Air Transport	335	118	328.3	100694
管道运输业	Transport Via Pipeline	32	9	17.5	57545

3-1 续表 2 continued

项　　目	Item	年末人数（千人）Year-end Figures (1000 persons)	#女 性 Female	工资总额（亿元）Total Wages (100 million yuan)	平均工资（元）Average Wage (yuan)
装卸搬运和其他运输服务业	Loading,Unloading,Portage and Other Transport Services	312	89	151.6	48624
仓储业	Storage	249	72	85.6	34416
邮政业	Post	618	252	259.9	42678
信息传输、计算机服务和软件业	**Information Transfer, Computer Services and Software**	**2128**	**849**	**1475.6**	**70918**
电信和其他信息传输服务业	Telecom & Other Information Transfer Services	1416	610	835.7	59484
计算机服务业	Computer Services	214	75	177.1	85508
软件业	Software Industry	497	164	462.8	98745
批发和零售业	**Wholesale and Retail Trade**	**6475**	**3087**	**2594.8**	**40654**
批发业	Wholesale	3188	1271	1632.8	51687
零售业	Retail Trade	3287	1816	962.0	29842
住宿和餐饮业	**Accommodation and Restaurants**	**2427**	**1315**	**655.2**	**27486**
住宿业	Accommodation	1380	754	399.6	28997
餐饮业	Restaurants	1047	560	255.6	25416
金融业	**Finance**	**5053**	**2568**	**4007.0**	**81109**
银行业	Bank	3089	1483	2881.9	94897
证券业	Securities	194	79	291.5	156662
保险业	Insurance	1657	950	728.6	45263
其他金融活动	Other Financial Activities	113	56	105.1	97527
房地产业	**Real Estate**	**2486**	**860**	**1052.5**	**42837**
房地产开发经营	Real Estate Exploitation Management	1252	418	642.2	52064
物业管理	Management Concerning Dwelling	946	327	283.8	30458
房地产中介服务	Real Estate Agency Service	101	44	44.5	41494
租赁和商务服务业	**Tenancy and Business Services**	**2866**	**916**	**1325.3**	**46976**
租赁业	Tenancy	52	13	18.1	35524
商务服务业	Business Service	2814	902	1307.2	47186
科学研究、技术服务和地质勘查业	**Scientific Research,Technical Service and Geologic Perambulation**	**2985**	**900**	**1879.6**	**64252**
研究与试验发展	Research and Experimental Development	770	258	532.0	70452
#自然科学研究与试验发展	Research and Experimental Development on Physical Science	151	54	106.7	71718
工程和技术研究与试验发展	Research and Experimental Development on Engineering and Technical Research	414	127	326.4	80100
农业科学研究与试验发展	Research and Experimental Development on Agricultural Science Research	114	37	45.8	40731
医学研究与试验发展	Research and Experimental Development on Medical Research	39	20	24.4	64389
社会人文科学研究与试验发展	Research and Experimental Development on Social Science and Humanities	51	21	28.8	59143

3-1 续表 3 continued

项目	Item	年末人数(千人) Year-end Figures (1000 persons)	#女性 Female	工资总额(亿元) Total Wages (100 million yuan)	平均工资(元) Average Wage (yuan)
专业技术服务业	Professional Technique Services	1435	421	947.9	67422
#气象服务	Weather Services	58	20	25.7	44611
地震服务	Earthquake Services	17	5	7.9	48035
海洋服务	Ocean Services	9	2	7.0	78745
测绘服务	Plotting Services	56	16	29.4	53575
技术检测	Technique Detection	217	77	116.5	54516
环境监测	Environmental Monitoring	52	19	24.1	46641
工程技术与规划管理	Engineering Technic & Programming Management	898	242	651.9	74261
科技交流和推广服务业	Services of Science and Technique Intercommunion and Generalization	386	128	206.0	54560
地质勘查业	Geologic Perambulation	394	93	193.6	50077
水利、环境和公共设施管理业	**Management of Water Conservancy, Environment and Public Establishment**	**2303**	**943**	**659.8**	**28868**
水利管理业	Management of Water Conservancy	494	140	159.5	32338
环境管理业	Environmental Management	1106	541	266.1	24419
公共设施管理业	Management of Public Establishment	703	263	234.2	33335
居民服务和其他服务业	**Resident Services and Other Services**	**599**	**256**	**197.9**	**33169**
居民服务业	Resident Services	288	129	100.9	35271
其他服务业	Other Services	310	128	96.9	31232
教育	**Education**	**16178**	**8208**	**6938.8**	**43194**
#初等教育	Primary Education	6003	3259	2347.0	39337
中等教育	Secondary Education	7066	3351	2984.8	42564
高等教育	Higher Education	1992	892	1149.8	58178
卫生、社会保障和社会福利业	**Sanitation,Social Security & Social Welfare**	**6791**	**4114**	**3078.6**	**46206**
卫生	Sanitation	6468	3954	2962.8	46708
社会保障业	Social Security	180	84	64.9	36344
社会福利业	Social Welfare	143	75	51.0	36103
文化体育和娱乐业	**Culture, Sports and Entertainment**	**1350**	**574**	**642.1**	**47878**
新闻出版业	Journalism and Publishing Activities	284	124	178.2	63007
广播、电影、电视和音像业	Broadcasting,Movies,Television and Audiovisual Activities	439	169	224.0	51603
文化艺术业	Culture and Art	429	199	165.2	38810
体育	Sports Activities	100	35	44.5	44392
娱乐业	Entertainment	98	47	30.3	30735
公共管理和社会组织	**Public Management & Social Organization**	**14676**	**4261**	**6118.1**	**42062**
#中国共产党机关	Chinese Communist Party Organs	561	140	247.7	44511
国家机构	Organ of State	13642	3941	5684.7	42049
人民政协和民主党派	People's Political Consultative Conference and Democratic Parties	97	25	47.4	49223
群众社团、社会团体和宗教组织	Mass Communities, Social Communities and Religion Organizations	291	121	121.4	41982

3-2 各地区分行业就业人员和工资总额(2011年)

EMPLOYMENT AND TOTAL WAGES BY SECTOR AND REGION(2011)

地 区	Region	总 计 Total			
		年末人数 (人) Year-end Figures (person)	#女 性 Female	工资总额 (千元) Total Wages (1000 yuan)	平均工资 (元) Average Wage (yuan)
全 国	**National**	**144133014**	**52277088**	**5995466188**	**41799**
北 京	Beijing	6859018	2707915	509966236	75482
天 津	Tianjin	2682419	909096	148319498	55658
河 北	Hebei	5554236	2063233	197525156	35309
山 西	Shanxi	4096869	1397402	159885639	39230
内蒙古	Inner Mongolia	2623926	969490	112204517	41118
辽 宁	Liaoning	5795760	2045999	224273577	38154
吉 林	Jilin	2778558	1005923	94026607	33610
黑龙江	Heilongjiang	4661987	1645681	148598585	31302
上 海	Shanghai	4973238	1915840	373552206	75591
江 苏	Jiangsu	8112753	3352329	367328496	45487
浙 江	Zhejiang	9956677	3457844	444014866	45162
安 徽	Anhui	4115517	1313821	159013813	39352
福 建	Fujian	5963333	2340753	227028682	38588
江 西	Jiangxi	3443984	1232491	108058619	33239
山 东	Shandong	10504433	3747563	395614967	37618
河 南	Henan	8390882	2916431	277527986	33634
湖 北	Hubei	5860529	1967817	208392284	36128
湖 南	Hunan	5514335	1814988	186957716	34586
广 东	Guangdong	12382227	5053643	557490217	45060
广 西	Guangxi	3416335	1227657	111354309	33032
海 南	Hainan	851269	328174	30613766	36244
重 庆	Chongqing	3372005	1063718	129877429	39430
四 川	Sichuan	6140225	2072495	226894727	37330
贵 州	Guizhou	2410482	785066	85683560	36102
云 南	Yunnan	3500665	1204336	117628603	34004
西 藏	Tibet	233163	82362	11455597	49464
陕 西	Shaanxi	3936961	1397071	153696712	38143
甘 肃	Gansu	1992932	674327	64327783	32092
青 海	Qinghai	605907	212608	25056251	41370
宁 夏	Ningxia	608547	221650	26639602	42703
新 疆	Xinjiang	2793842	1149365	112458182	38238

3-2 续表 1 continued

地 区	Region	农、林、牧、渔业 Agriculture Forestry,Farming of Animals & Fishing 年末人数（人）Year-end Figures (person)	#女性 Female	工资总额（千元）Total Wages (1000 yuan)	平均工资（元）Average Wage (yuan)	农业 Agriculture 年末人数（人）Year-end Figures (person)	#女性 Female	工资总额（千元）Total Wages (1000 yuan)	平均工资（元）Average Wage (yuan)
全 国	**National**	**3595190**	**1325425**	**69765061**	**19469**	**1885028**	**787899**	**33348195**	**17537**
北 京	Beijing	23632	9842	802782	34110	7006	3323	205968	29453
天 津	Tianjin	6033	1921	284834	46948	1045	313	48403	46230
河 北	Hebei	57072	20916	741690	12878	37333	14360	296380	7816
山 西	Shanxi	32430	9007	763205	23573	10066	2568	209327	20723
内蒙古	Inner Mongolia	261925	88183	6002115	22939	107716	43357	1951075	18110
辽 宁	Liaoning	265356	106247	3039345	11478	216904	91688	1827255	8416
吉 林	Jilin	162662	52439	3141917	19467	29567	13707	513223	17403
黑龙江	Heilongjiang	939292	337617	13842499	15069	490953	203073	7466906	15038
上 海	Shanghai	14023	3542	639118	45858	5022	1435	213468	40315
江 苏	Jiangsu	93509	38964	2258920	23319	72945	32769	1630221	21431
浙 江	Zhejiang	14911	4294	558068	37570	2681	926	67896	25268
安 徽	Anhui	59674	21512	1165481	19443	33171	12661	558556	16743
福 建	Fujian	60972	19342	1350786	22021	30241	11133	400720	13100
江 西	Jiangxi	108456	35929	2014128	19765	56652	20337	1001224	18808
山 东	Shandong	47830	15876	1351002	28329	8890	3396	223699	24389
河 南	Henan	72511	26009	1482113	20492	29586	11875	554606	18743
湖 北	Hubei	93796	37519	2064813	22045	62722	28243	1478861	23565
湖 南	Hunan	53817	19519	902334	16878	37685	15058	606981	16159
广 东	Guangdong	82179	26696	1404491	16790	36396	13724	504040	13460
广 西	Guangxi	108302	37568	2010994	18387	57853	22956	911643	15563
海 南	Hainan	118336	49971	2638576	21906	5060	1874	73700	15246
重 庆	Chongqing	15911	3907	491376	31330	1811	646	38226	23252
四 川	Sichuan	45620	13233	1213084	26476	2181	861	68697	31198
贵 州	Guizhou	18663	5114	445280	23923	3510	1428	73389	20443
云 南	Yunnan	110142	37479	2226399	19612	31666	12132	339865	10714
西 藏	Tibet	8780	1455	171971	19685	538	221	15289	28739
陕 西	Shaanxi	42404	14410	1186192	28159	5842	2506	61831	10722
甘 肃	Gansu	52197	16177	1056693	20409	19053	6788	313859	16224
青 海	Qinghai	17909	6027	545129	30407	5031	2269	85554	16972
宁 夏	Ningxia	27479	9798	703595	24563	16879	6174	326488	18453
新 疆	Xinjiang	579367	254912	13266131	22678	459023	206098	11280845	24213

3-2 续表 2 continued

地区 Region	林业 Forestry 年末人数(人) Year-end Figures (person)	#女性 Female	工资总额(千元) Total Wages (1000 yuan)	平均工资(元) Average Wage (yuan)	畜牧业 Farming of Animals 年末人数(人) Year-end Figures (person)	#女性 Female	工资总额(千元) Total Wages (1000 yuan)	平均工资(元) Average Wage (yuan)
全国 National	**893268**	**265818**	**16624996**	**19076**	**277612**	**111399**	**4577215**	**16636**
北京 Beijing	3788	1321	136844	34874	7908	3366	243808	31933
天津 Tianjin	153	45	4406	28426	1708	567	75251	43297
河北 Hebei	5321	1419	129674	24370	3280	1384	50752	15650
山西 Shanxi	7304	1745	156214	21408	4067	1445	91228	22767
内蒙古 Inner Mongolia	89349	21166	2125179	23928	29198	11473	624896	21124
辽宁 Liaoning	16187	4294	405660	25368	6354	2911	82458	13567
吉林 Jilin	90910	25073	1673358	18610	6892	2471	93381	13902
黑龙江 Heilongjiang	325519	88986	4359818	14489	93852	37962	1434188	15473
上海 Shanghai	493	190	21722	45444	3833	1316	143525	37909
江苏 Jiangsu	4595	1833	100689	21691	2294	895	54503	23666
浙江 Zhejiang	2788	700	86205	30865	906	304	23350	26148
安徽 Anhui	10672	3451	220201	20606	1032	346	24515	24813
福建 Fujian	12604	2837	353655	28063	476	156	8965	19156
江西 Jiangxi	31447	9870	614677	20723	2637	1118	53606	20907
山东 Shandong	5103	1252	120418	23676	2609	1195	63833	24761
河南 Henan	10256	3067	238002	23340	8249	2712	158796	19427
湖北 Hubei	6193	2015	121574	19609	3493	1457	54988	16558
湖南 Hunan	8099	2301	135828	16713	1112	415	15082	14992
广东 Guangdong	18508	5705	388232	20490	2473	727	65764	26604
广西 Guangxi	28342	8738	593407	20766	2520	767	62726	24589
海南 Hainan	108956	47037	2472112	22196	1052	353	21812	20893
重庆 Chongqing	1518	378	42498	27849	1177	287	28319	24350
四川 Sichuan	17519	5363	416553	23594	2496	860	53388	21194
贵州 Guizhou	5578	1386	106188	19216	856	343	14992	18418
云南 Yunnan	37817	13128	621123	15140	591	219	14511	24976
西藏 Tibet	4150	212	31546	7601	172	53	6989	39486
陕西 Shaanxi	9825	2790	298226	29373	4139	1328	157782	38148
甘肃 Gansu	13952	3809	227289	17104	824	226	15640	18292
青海 Qinghai	3008	782	94931	32082	2240	566	48780	21135
宁夏 Ningxia	4386	1747	120723	25664	176	48	7607	43222
新疆 Xinjiang	8928	3178	208044	23588	78996	34129	781780	9949

3-2 续表 3 continued

地 区	Region	渔 业 Fishing				农、林、牧、渔服务业 Service Activities for Agriculture, Forestry,Farming of Animals & Fishing			
		年末人数 (人) Year-end Figures (person)	#女 性 Female	工资总额 (千元) Total Wages (1000 yuan)	平均工资 (元) Average Wage (yuan)	年末人数 (人) Year-end Figures (person)	#女 性 Female	工资总额 (千元) Total Wages (1000 yuan)	平均工资 (元) Average Wage (yuan)
全 国	**National**	**40425**	**10458**	**944183**	**23880**	**498857**	**149851**	**14270472**	**28796**
北 京	Beijing	325	91	29817	92599	4605	1741	186345	39980
天 津	Tianjin	243	42	10805	47599	2884	954	145969	50334
河 北	Hebei	854	168	12253	13877	10284	3585	252631	24707
山 西	Shanxi	189	53	5592	27821	10804	3196	300844	27934
内蒙古	Inner Mongolia	4674	1775	63265	14018	30988	10412	1237700	39912
辽 宁	Liaoning	8360	1567	273061	33795	17551	5787	450911	25727
吉 林	Jilin	3042	1159	53285	17511	32251	10029	808670	25087
黑龙江	Heilongjiang	4310	888	60954	14308	24658	6708	520633	21516
上 海	Shanghai	2230	48	94967	48453	2445	553	165436	68419
江 苏	Jiangsu	1573	391	36615	23159	12102	3076	436892	35586
浙 江	Zhejiang	741	144	25621	35486	7795	2220	354996	45753
安 徽	Anhui	1007	279	13182	13026	13792	4775	349027	25113
福 建	Fujian	226	52	4620	20352	17425	5164	582826	33390
江 西	Jiangxi	2224	818	44216	21537	15496	3786	300405	20872
山 东	Shandong	1544	448	42491	26808	29684	9585	900561	30769
河 南	Henan	672	129	13428	20042	23748	8226	517281	21830
湖 北	Hubei	2642	968	45189	17156	18746	4836	364201	19422
湖 南	Hunan	982	285	24154	25213	5939	1460	120289	20714
广 东	Guangdong	1974	699	45045	22900	22828	5841	401410	17591
广 西	Guangxi	238	46	5672	20777	19349	5061	437546	22559
海 南	Hainan	1454	199	17965	12296	1814	508	52987	30470
重 庆	Chongqing	118	22	2356	20137	11287	2574	379977	33824
四 川	Sichuan	79	16	2039	25810	23345	6133	672407	28780
贵 州	Guizhou	240	68	3898	16107	8479	1889	246813	29240
云 南	Yunnan	68	12	1661	24426	40000	11988	1249239	31132
西 藏	Tibet					3920	969	118147	30474
陕 西	Shaanxi	21	5	303	17824	22577	7781	668050	30294
甘 肃	Gansu	21	2	690	32857	18347	5352	499215	27330
青 海	Qinghai	35	11	944	26971	7595	2399	314920	41519
宁 夏	Ningxia	64	11	1582	26814	5974	1818	247195	41110
新 疆	Xinjiang	275	62	8513	31765	32145	11445	986949	31421

3-2 续表 4 continued

地区 Region	采矿业 Mining				煤炭开采和洗选业 Mining and Washing of Coal			
	年末人数（人）Year-end Figures (person)	#女性 Female	工资总额（千元）Total Wages (1000 yuan)	平均工资（元）Average Wage (yuan)	年末人数（人）Year-end Figures (person)	#女性 Female	工资总额（千元）Total Wages (1000 yuan)	平均工资（元）Average Wage (yuan)
全国 National	**6115975**	**1159185**	**317424163**	**52230**	**4194343**	**652275**	**219640996**	**52948**
北京 Beijing	67212	9287	5008727	74247	16733	1800	1069597	64148
天津 Tianjin	104064	20806	7597314	74009	16029	138	913456	56931
河北 Hebei	284170	49987	16297689	57900	205478	32157	12345505	60382
山西 Shanxi	857000	149754	53703621	64539	848866	148277	53420569	64816
内蒙古 Inner Mongolia	205471	36161	10562448	51159	165153	27640	9114555	55304
辽宁 Liaoning	330724	68860	16112397	49014	164094	19974	7422375	45682
吉林 Jilin	147843	28340	5345649	35981	72650	10020	2298282	31455
黑龙江 Heilongjiang	434887	88848	19414815	44726	300260	42410	11672609	39077
上海 Shanghai	535	124	52489	95958				
江苏 Jiangsu	128508	36403	6170020	47936	77604	16479	3985666	50757
浙江 Zhejiang	15575	2735	563683	35070	2237	577	113257	43712
安徽 Anhui	340343	38882	22029752	65805	320607	33670	21014702	66951
福建 Fujian	69121	14262	2304951	33539	41022	8538	1327218	32577
江西 Jiangxi	89664	15228	3104741	36496	64441	9272	2232584	36733
山东 Shandong	734199	165181	39649997	53767	489518	94166	27191554	55538
河南 Henan	636690	121856	33424992	52619	481533	79878	25709351	53532
湖北 Hubei	129826	26517	4605970	35715	21901	2370	623248	28279
湖南 Hunan	153472	16076	4841671	31827	105818	8661	3260082	31085
广东 Guangdong	32113	7755	1804700	53944	155	42	6636	42268
广西 Guangxi	47463	11652	1598851	33527	16008	2444	558013	34303
海南 Hainan	9974	2724	397061	39104	164	36	2660	15647
重庆 Chongqing	104023	13311	3971681	37703	92357	11702	3333594	36183
四川 Sichuan	213090	43956	9181587	42399	129111	20710	4371261	33721
贵州 Guizhou	135445	18579	5391607	40914	123685	16239	5050031	42083
云南 Yunnan	184063	25539	6148214	33926	111933	11776	3517837	31799
西藏 Tibet	1207	270	60861	43848	27	6	1391	51519
陕西 Shaanxi	289171	56192	15564161	52368	131102	17249	7535226	56125
甘肃 Gansu	96916	20322	5144681	54103	73155	13867	4037002	56218
青海 Qinghai	26027	4836	1132996	45311	11668	1204	395813	36779
宁夏 Ningxia	60090	10507	4533792	78338	59352	10329	4512698	78964
新疆 Xinjiang	187089	54235	11703045	63085	51682	10644	2604224	50537

3-2 续表 5 continued

地 区 Region	石油和天然气开采业 Extraction of Petroleum and Natural Gas 年末人数(人) Year-end Figures (person)	#女性 Female	工资总额(千元) Total Wages (1000 yuan)	平均工资(元) Average Wage (yuan)	黑色金属矿采选业 Mining of Ferrous Metal Ores 年末人数(人) Year-end Figures (person)	#女性 Female	工资总额(千元) Total Wages (1000 yuan)	平均工资(元) Average Wage (yuan)
全 国 National	**1066881**	**331099**	**67014599**	**62523**	**265842**	**52092**	**11290712**	**42095**
北 京 Beijing	29129	3333	2557999	86419	20567	4048	1356774	66564
天 津 Tianjin	78900	19449	6261167	80779	753	70	29610	47528
河 北 Hebei	31288	8661	2055363	69342	31370	6022	1418352	45665
山 西 Shanxi	1504	484	84171	61126	2522	342	59297	23410
内蒙古 Inner Mongolia	4901	1246	164831	33495	10337	1562	379686	33256
辽 宁 Liaoning	108454	39534	6795946	62935	26549	4338	1024731	38678
吉 林 Jilin	53423	14344	2371207	44829	6924	1165	265584	37827
黑龙江 Heilongjiang	124477	44802	7488025	59808	1439	232	39436	27870
上 海 Shanghai	236	51	39883	163455				
江 苏 Jiangsu	21622	12489	1267539	58901	5154	886	200473	38508
浙 江 Zhejiang					1470	267	76749	51963
安 徽 Anhui					12747	3590	759155	54572
福 建 Fujian					12768	1591	555500	43637
江 西 Jiangxi					2618	1027	126807	48622
山 东 Shandong	152361	51001	8789287	57594	24533	5002	1151125	43699
河 南 Henan	116998	33618	6626777	56909	6200	919	176883	28902
湖 北 Hubei	20471	6149	996943	49937	23924	4063	764043	32027
湖 南 Hunan	28	18	396	14143	5816	691	177402	30581
广 东 Guangdong	8158	2255	748957	88477	5401	1119	249817	47666
广 西 Guangxi	34	11	1460	42941	6177	2290	211806	33781
海 南 Hainan	56	12	3417	68340	5484	1833	284948	51865
重 庆 Chongqing	6264	653	436424	57079	1656	358	70044	42221
四 川 Sichuan	47993	13773	3626823	70302	9615	2070	331307	35548
贵 州 Guizhou	249	67	11352	42358	5174	1184	125396	24302
云 南 Yunnan	187	54	9889	54635	20686	4491	822450	41141
西 藏 Tibet					478	119	30548	46355
陕 西 Shaanxi	128078	34543	7152726	53632	5651	787	155166	27595
甘 肃 Gansu	10706	3832	805851	77950	1468	218	51455	35584
青 海 Qinghai	4061	1030	392544	96710	1053	217	38176	35679
宁 夏 Ningxia	83	12	4230	57945	449	111	11933	26696
新 疆 Xinjiang	117220	39678	8321392	71840	6859	1480	346059	50564

3-2 续表 6 continued

地 区	Region	有色金属矿采选业 Mining of Non-ferrous Metal Ores				非金属矿采选业 Mining and Processing of Nonmetal Ores			
		年末人数（人）Year-end Figures (person)	#女 性 Female	工资总额（千元）Total Wages (1000 yuan)	平均工资（元）Average Wage (yuan)	年末人数（人）Year-end Figures (person)	#女 性 Female	工资总额（千元）Total Wages (1000 yuan)	平均工资（元）Average Wage (yuan)
全 国	**National**	**313158**	**61234**	**10942562**	**35072**	**235759**	**52436**	**6933784**	**29203**
北 京	Beijing	2		48	24000	773	102	23485	29615
天 津	Tianjin					8382	1149	393081	46376
河 北	Hebei	2652	279	96188	33077	13313	2862	381630	28595
山 西	Shanxi	1930	499	59621	30892	2098	135	78894	39231
内蒙古	Inner Mongolia	15708	3144	623026	39142	9313	2551	278511	29806
辽 宁	Liaoning	18317	2798	522670	28586	12306	2025	317423	25504
吉 林	Jilin	12148	2356	342304	26688	2626	443	65994	24542
黑龙江	Heilongjiang	5317	728	112986	21143	3371	664	101233	29898
上 海	Shanghai	37	10	2524	68216	299	73	12606	41604
江 苏	Jiangsu	1449	447	66838	45437	22458	6034	642121	29493
浙 江	Zhejiang	2467	492	102738	41494	9401	1399	270939	28433
安 徽	Anhui	3034	665	125651	41224	3955	957	130244	33116
福 建	Fujian	3574	389	126762	35547	11281	3626	277547	24748
江 西	Jiangxi	18287	3735	638073	36380	4081	1099	104565	26566
山 东	Shandong	47947	10593	1966519	40802	19812	4416	550790	26656
河 南	Henan	23352	5626	705901	30378	8512	1796	202887	22386
湖 北	Hubei	5159	1163	159458	30927	22349	3647	577712	26089
湖 南	Hunan	27401	4265	1018902	37556	14377	2437	382999	26868
广 东	Guangdong	8299	1769	393039	47144	10094	2569	405985	36091
广 西	Guangxi	17087	4598	608194	35860	7926	2247	210656	26548
海 南	Hainan	925	130	29682	30568	3343	712	76338	22018
重 庆	Chongqing	402	19	13224	33394	3344	579	118395	33750
四 川	Sichuan	9108	2788	407437	46116	16889	4568	438697	26091
贵 州	Guizhou	2511	492	73399	28943	3770	581	130449	34740
云 南	Yunnan	39680	6318	1306544	33372	11254	2808	477731	43628
西 藏	Tibet	601	112	25636	42656	100	33	3220	32200
陕 西	Shaanxi	22577	3337	686447	30953	1743	273	34345	19426
甘 肃	Gansu	10852	2211	233673	21713	504	135	7676	15170
青 海	Qinghai	4368	936	174145	39850	4783	1429	130212	27907
宁 夏	Ningxia					47	8	902	22766
新 疆	Xinjiang	8004	1345	323457	41090	3302	1087	107419	31483

3-2 续表 7 continued

地 区 Region	其他采矿业 Mining of Other Ores				制造业 Manufacturing			
	年末人数(人) Year-end Figures (person)	#女 性 Female	工资总额(千元) Total Wages (1000 yuan)	平均工资(元) Average Wage (yuan)	年末人数(人) Year-end Figures (person)	#女 性 Female	工资总额(千元) Total Wages (1000 yuan)	平均工资(元) Average Wage (yuan)
全 国 National	**39992**	**10049**	**1601510**	**40293**	**40883267**	**16133290**	**1503136541**	**36665**
北 京 Beijing	8	4	824	103000	1077745	392707	61379795	56742
天 津 Tianjin					1126598	423674	54961983	49023
河 北 Hebei	69	6	651	9435	1305766	427253	42805726	32695
山 西 Shanxi	80	17	1069	13363	701940	216627	21343657	30182
内蒙古 Inner Mongolia	59	18	1839	31169	400111	138676	14772848	36330
辽 宁 Liaoning	1004	191	29252	27939	1675724	529637	60953952	36417
吉 林 Jilin	72	12	2278	32085	649457	193639	22988697	35704
黑龙江 Heilongjiang	23	12	526	22870	656688	221841	20722717	31197
上 海 Shanghai	166	42	5662	35271	1868255	721586	116279186	61491
江 苏 Jiangsu	221	68	7383	33407	3536940	1591678	134793943	37720
浙 江 Zhejiang					3767476	1676303	134597404	35363
安 徽 Anhui					855255	317744	31085002	36355
福 建 Fujian	476	118	17924	37894	2829838	1343016	95252228	33341
江 西 Jiangxi	237	95	2712	13038	877764	384299	26651733	31158
山 东 Shandong	28	3	722	25786	3722442	1474139	119879031	32069
河 南 Henan	95	19	3193	33611	1938204	707155	56303999	30012
湖 北 Hubei	36022	9125	1484566	41460	1682169	622972	59450907	35824
湖 南 Hunan	32	4	1890	57273	1290418	423212	44978974	35652
广 东 Guangdong	6	1	266	44333	5189655	2381686	189566170	35772
广 西 Guangxi	231	62	8722	39288	677898	237856	20013010	30206
海 南 Hainan	2	1	16	8000	83665	33169	2535337	30601
重 庆 Chongqing					796169	275151	27977665	36466
四 川 Sichuan	374	47	6062	16608	1416225	504115	46464863	33210
贵 州 Guizhou	56	16	980	17500	398782	131635	13889663	35200
云 南 Yunnan	323	92	13763	42348	632443	202306	20947049	32923
西 藏 Tibet	1		66	66000	6643	2511	194927	29796
陕 西 Shaanxi	20	3	251	19308	851291	287679	30341005	33385
甘 肃 Gansu	231	59	9024	39406	338608	102983	12204949	36312
青 海 Qinghai	94	20	2106	27000	120868	34661	4181783	35208
宁 夏 Ningxia	206	55	4931	23937	107515	33173	3843809	35503
新 疆 Xinjiang	22	1	494	22455	300715	100207	11774529	39883

3-2 续表 8 continued

地 区	Region	农副食品加工业 Processing of Food from Agricultural Products				食品制造业 Manufacture of Foods			
		年末人数（人） Year-end Figures (person)	#女 性 Female	工资总额（千元） Total Wages (1000 yuan)	平均工资（元） Average Wage (yuan)	年末人数（人） Year-end Figures (person)	#女 性 Female	工资总额（千元） Total Wages (1000 yuan)	平均工资（元） Average Wage (yuan)
全 国	**National**	**1453124**	**621576**	**39456229**	**27901**	**1002970**	**476218**	**33913288**	**34483**
北 京	Beijing	33357	13795	1235040	37336	48985	24147	2343757	48268
天 津	Tianjin	16225	4323	730525	46853	58161	31086	4250317	75763
河 北	Hebei	38830	16457	908075	23370	22775	10613	788645	34334
山 西	Shanxi	9950	2850	228920	22783	8580	3622	173275	20111
内蒙古	Inner Mongolia	22044	8713	562382	24875	31900	12245	867276	27135
辽 宁	Liaoning	64761	28712	1812127	28203	21863	10561	523040	23397
吉 林	Jilin	39118	13989	774037	20293	13592	5848	302567	21951
黑龙江	Heilongjiang	66373	23613	1475210	21737	41133	21092	940244	22311
上 海	Shanghai	10538	4143	445736	42451	57264	19672	2936587	52335
江 苏	Jiangsu	46292	19272	1469522	31866	44895	22813	1510241	33287
浙 江	Zhejiang	37209	18025	1105011	30312	52461	30585	1614668	35200
安 徽	Anhui	27037	12563	702699	27512	26786	13640	754911	28439
福 建	Fujian	82949	50696	2206168	28013	76611	41782	2350873	31145
江 西	Jiangxi	31580	12511	892105	29094	17642	9043	521153	30554
山 东	Shandong	301866	144966	8760025	28901	88214	38413	2424900	27838
河 南	Henan	131320	56437	3598115	28026	86055	42776	2061036	24999
湖 北	Hubei	66688	25169	1753081	27449	44240	23282	1159420	27754
湖 南	Hunan	56990	18070	1563522	29392	34888	17901	836730	27142
广 东	Guangdong	78741	33170	1890278	25800	96880	39163	4271545	43763
广 西	Guangxi	97846	36102	2431192	27930	13251	5522	286332	21586
海 南	Hainan	15069	6730	349743	23944	4852	2101	134151	27803
重 庆	Chongqing	20595	9732	754824	37297	13312	5491	392115	28947
四 川	Sichuan	45509	19446	1080193	26824	34232	17173	963941	27984
贵 州	Guizhou	6344	2736	116542	18987	5536	2557	111757	20585
云 南	Yunnan	49979	21096	1190609	23126	14207	5755	283681	20381
西 藏	Tibet	170	83	3016	18279	186	75	6601	35489
陕 西	Shaanxi	16766	6045	362081	21459	20788	9679	454095	21014
甘 肃	Gansu	11539	3476	316101	27902	3030	1280	62476	21543
青 海	Qinghai	1941	686	42101	22358	1862	498	32505	20102
宁 夏	Ningxia	4479	1373	125609	29103	2672	1225	65475	24322
新 疆	Xinjiang	21019	6597	571640	29271	16117	6578	488974	29868

3-2 续表 9 continued

地 区	Region	饮料制造业 Manufacture of Beverage 年末人数(人) Year-end Figures (person)	#女性 Female	工资总额(千元) Total Wages (1000 yuan)	平均工资(元) Average Wage (yuan)	烟草制品业 Manufacture of Tobacco 年末人数(人) Year-end Figures (person)	#女性 Female	工资总额(千元) Total Wages (1000 yuan)	平均工资(元) Average Wage (yuan)
全 国	**National**	**923420**	**344501**	**31231073**	**34105**	**196777**	**74220**	**17593345**	**92919**
北 京	Beijing	33294	11100	1442686	44037	952	279	133627	144150
天 津	Tianjin	17500	4691	874686	45978	880	208	113598	129826
河 北	Hebei	21010	8302	519976	24903	4229	1200	349212	80799
山 西	Shanxi	17687	6807	626177	35109	1096	422	95905	85173
内蒙古	Inner Mongolia	18252	8318	483769	24805	2921	1016	255920	88036
辽 宁	Liaoning	22998	8527	719383	30269	2687	930	233500	93251
吉 林	Jilin	18936	6842	488143	25141	4614	1555	316104	61487
黑龙江	Heilongjiang	27227	9588	710112	26695	8127	2205	537620	62478
上 海	Shanghai	15812	5407	1132461	71661	4638	1128	801392	173725
江 苏	Jiangsu	54587	19689	1578001	30185	6164	2322	705577	115027
浙 江	Zhejiang	43755	15269	1995722	45658	3524	1180	481787	141577
安 徽	Anhui	37711	14578	1102476	29588	6706	2202	473853	68674
福 建	Fujian	44154	18048	1469647	33277	5028	2213	535638	104617
江 西	Jiangxi	18367	6753	556789	30404	8475	3320	564326	72081
山 东	Shandong	80376	28762	2330871	29177	7753	2767	742606	100461
河 南	Henan	47981	18382	1177279	25184	16431	7133	1100338	70228
湖 北	Hubei	64576	24999	1699320	27069	11503	4405	699439	61430
湖 南	Hunan	24924	8922	725970	29536	2767	1220	124326	42403
广 东	Guangdong	46122	14695	2433071	51426	7721	2739	1317748	176311
广 西	Guangxi	18666	6399	578239	30043	3398	1604	314806	99780
海 南	Hainan	3217	1293	103454	35834	589	220	67986	115819
重 庆	Chongqing	12125	5244	425293	35356	6168	2200	368719	68894
四 川	Sichuan	113289	44656	4362969	39099	15908	5441	1192000	87179
贵 州	Guizhou	30329	10247	1483513	51966	14123	5532	1288169	96125
云 南	Yunnan	37083	17099	717389	19323	36991	15066	3830872	111066
西 藏	Tibet	556	254	17554	31459				
陕 西	Shaanxi	24550	8211	662020	28207	9848	4211	756455	76018
甘 肃	Gansu	12418	5193	286385	23426	2208	1020	105359	48241
青 海	Qinghai	3010	1254	87384	31164				
宁 夏	Ningxia	1459	670	49553	33124	416	185	40903	101749
新 疆	Xinjiang	11449	4302	390781	35101	912	297	45560	51480

3-2 续表 10 continued

地 区	Region	纺织业 Manufacture of Textile				纺织服装、鞋、帽制造业 Manufacture of Textile Wearing Apparel, Footware and Caps			
		年末人数 (人) Year-end Figures (person)	#女 性 Female	工资总额 (千元) Total Wages (1000 yuan)	平均工资 (元) Average Wage (yuan)	年末人数 (人) Year-end Figures (person)	#女 性 Female	工资总额 (千元) Total Wages (1000 yuan)	平均工资 (元) Average Wage (yuan)
全 国	**National**	**2428134**	**1498244**	**66583342**	**26973**	**2128377**	**1395632**	**62363380**	**29026**
北 京	Beijing	21536	14530	744899	33183	40100	30457	1192865	29036
天 津	Tianjin	17523	9710	685367	37167	72332	56161	2495725	36926
河 北	Hebei	58850	35169	1004259	16631	21295	14484	539463	25223
山 西	Shanxi	8313	5162	101259	11858	6769	3834	141466	20299
内蒙古	Inner Mongolia	26102	16328	711074	27028	2502	1923	53602	20744
辽 宁	Liaoning	29303	18645	587893	20048	70399	47905	1759386	24845
吉 林	Jilin	10105	6218	176182	16318	7995	5391	158914	20429
黑龙江	Heilongjiang	11112	7015	202776	17858	1923	1262	31772	16277
上 海	Shanghai	43478	28408	1779709	39549	77647	60603	3056318	38429
江 苏	Jiangsu	304886	197782	8947903	28913	246420	191362	6795096	27185
浙 江	Zhejiang	484886	291776	15053500	30539	280371	199045	8788218	30633
安 徽	Anhui	41124	28349	927941	21654	25635	21069	578607	23025
福 建	Fujian	160353	92033	4932652	30419	551815	279391	17410498	31216
江 西	Jiangxi	57312	39855	1475720	25450	38932	26257	907954	23408
山 东	Shandong	487792	280860	12907732	26234	157677	111820	4467736	28250
河 南	Henan	134795	88056	3117597	23083	39274	23632	924478	23795
湖 北	Hubei	119016	80075	2884549	24458	89680	63861	2434559	28139
湖 南	Hunan	41881	25791	1037139	25181	32793	24065	788613	24208
广 东	Guangdong	201855	117785	5849525	27472	315145	198932	8707346	26792
广 西	Guangxi	24887	17720	469931	19518	3821	2584	82325	21060
海 南	Hainan	890	379	22525	25196	3358	3077	80834	22473
重 庆	Chongqing	14561	9688	311146	21642	15848	12050	398049	26138
四 川	Sichuan	38699	28299	772828	19862	13646	7630	271921	20004
贵 州	Guizhou	2988	1948	51351	16920	712	436	13240	18648
云 南	Yunnan	7568	5005	129166	16867	2402	1710	55041	22716
西 藏	Tibet	118	100	1278	11310	124	90	1022	8242
陕 西	Shaanxi	46358	31572	935007	19460	3610	2199	89271	25111
甘 肃	Gansu	4317	2590	73054	16494	1368	883	15408	10851
青 海	Qinghai	907	816	20875	16145	2042	1635	53639	26660
宁 夏	Ningxia	3967	1689	114818	28259	1030	796	27598	27271
新 疆	Xinjiang	22652	14891	553687	22627	1712	1088	42416	25614

3-2 续表 11 continued

地　区	Region	皮革、毛皮、羽毛(绒)及其制品业 Manufacture of Leather, Fur, Feather and Its Products				木材加工及木、竹、藤、棕、草制品业 Processing of Timbers,Manufacture of Wood, Bamboo, Rattan, Palm, and Straw Products			
		年末人数(人) Year-end Figures (person)	#女性 Female	工资总额(千元) Total Wages (1000 yuan)	平均工资(元) Average Wage (yuan)	年末人数(人) Year-end Figures (person)	#女性 Female	工资总额(千元) Total Wages (1000 yuan)	平均工资(元) Average Wage (yuan)
全　国	**National**	**1043862**	**614925**	**29344143**	**27487**	**320456**	**119202**	**8315333**	**25618**
北　京	Beijing	1930	1165	66916	33258	2713	766	90046	31529
天　津	Tianjin	7664	4192	236062	31012	3138	1181	101561	31688
河　北	Hebei	6204	3636	160336	25143	3610	1332	81431	23494
山　西	Shanxi	156	87	1176	7396	1115	431	32851	29783
内蒙古	Inner Mongolia	4139	2009	88079	21142	4361	1546	96681	20176
辽　宁	Liaoning	6481	4394	207122	29242	12604	4777	373302	29543
吉　林	Jilin	2216	1386	28552	12695	30175	9270	514640	16665
黑龙江	Heilongjiang	379	130	5577	16212	26489	9898	473631	17841
上　海	Shanghai	17626	10295	658451	37213	8773	3060	426498	45786
江　苏	Jiangsu	42924	29779	1374743	30963	18834	9065	535383	28516
浙　江	Zhejiang	157524	84534	4469836	27674	25940	10545	803774	30048
安　徽	Anhui	11797	7868	307430	24010	4188	1796	93779	23127
福　建	Fujian	340864	194663	10026500	28939	33761	15488	924229	27046
江　西	Jiangxi	51819	33761	1105134	23543	9109	3720	222713	23878
山　东	Shandong	74241	52240	2065210	26278	16924	5735	536130	31576
河　南	Henan	24162	9111	626763	26220	13141	4705	345144	26597
湖　北	Hubei	7867	5027	179482	23183	9895	2840	274558	27093
湖　南	Hunan	28124	15079	662125	23752	17040	5331	437570	25638
广　东	Guangdong	227886	141133	6433795	26779	24953	9300	661183	25477
广　西	Guangxi	3714	1924	65144	17484	18617	6450	480384	27021
海　南	Hainan	195	129	5257	27668	1840	712	36484	18408
重　庆	Chongqing	6197	3436	134696	23429	1810	688	42088	23658
四　川	Sichuan	15675	6911	343357	21943	10772	3422	292853	26749
贵　州	Guizhou	14	10	206	14714	3013	1307	81828	24455
云　南	Yunnan	615	395	9379	15127	13072	4335	241013	18217
西　藏	Tibet	85	35	2828	33271	1297	366	43074	34934
陕　西	Shaanxi	826	187	24017	29253	2028	629	46555	22922
甘　肃	Gansu	1092	521	28116	25537	614	325	8267	13464
青　海	Qinghai	53	31	1044	18982				
宁　夏	Ningxia	1068	694	19959	19359				
新　疆	Xinjiang	325	163	6851	21211	630	182	17683	26997

3-2 续表 12 continued

地区	Region	家具制造业 Manufacture of Furniture 年末人数(人) Year-end Figures (person)	#女性 Female	工资总额(千元) Total Wages (1000 yuan)	平均工资(元) Average Wage (yuan)	造纸及纸制品业 Manufacture of Paper and Paper Products 年末人数(人) Year-end Figures (person)	#女性 Female	工资总额(千元) Total Wages (1000 yuan)	平均工资(元) Average Wage (yuan)
全国	**National**	**396692**	**140566**	**12151488**	**30700**	**688592**	**251922**	**21755149**	**31376**
北京	Beijing	15300	4371	522659	33375	9629	4388	332121	34022
天津	Tianjin	7368	2241	237427	29308	14338	4359	590350	41301
河北	Hebei	6911	2623	139991	20773	10887	4024	363737	30507
山西	Shanxi	1069	477	11906	11232	792	375	13542	16657
内蒙古	Inner Mongolia	732	223	16953	23065	4913	1514	148835	30001
辽宁	Liaoning	16878	5547	370506	22614	12588	4198	272628	21564
吉林	Jilin	3828	1704	74773	19755	7763	2127	141821	18192
黑龙江	Heilongjiang	9318	3749	209360	22194	8203	2994	183085	22503
上海	Shanghai	22154	8487	956364	43132	20573	7833	1123888	54229
江苏	Jiangsu	19589	9081	786964	39676	49651	17682	2307221	45835
浙江	Zhejiang	98129	34677	3006293	31256	68192	23167	2329585	33749
安徽	Anhui	1762	708	48919	27638	10590	4342	357980	33563
福建	Fujian	39124	15731	1239901	31614	69362	23961	2169122	32225
江西	Jiangxi	6479	2524	141831	21545	10463	3576	280384	27413
山东	Shandong	21488	6829	550516	25100	97495	34230	2790647	28391
河南	Henan	6218	1486	160588	25860	43733	14712	1029108	24025
湖北	Hubei	4829	1746	121885	25950	22873	8906	638033	28449
湖南	Hunan	6808	1369	177411	29509	32823	10154	990350	30233
广东	Guangdong	71545	22565	2048820	28412	74024	32284	2542508	32486
广西	Guangxi	960	495	17946	18350	33666	13005	770750	23033
海南	Hainan	414	139	7671	18710	7783	2713	298555	37240
重庆	Chongqing	3746	1175	126747	35081	9831	3796	359970	37780
四川	Sichuan	27161	11057	1050570	38916	21746	7958	541686	24553
贵州	Guizhou	436	131	7918	18587	3136	1035	92392	29155
云南	Yunnan	1829	486	44711	22917	13648	5024	303916	22442
西藏	Tibet	97	19	1349	13907				
陕西	Shaanxi	1298	476	22936	18800	13987	7145	349943	25012
甘肃	Gansu	574	176	7435	13324	1430	381	20392	14260
青海	Qinghai					14	6	212	15143
宁夏	Ningxia	526	241	38624	47218	9199	3933	254348	25880
新疆	Xinjiang	122	33	2514	20777	5260	2100	158040	30897

3-2 续表 13 continued

地 区	Region	印刷业和记录媒介的复制 Printing, Reproduction of Recording Media 年末人数(人) Year-end Figures (person)	#女 性 Female	工资总额(千元) Total Wages (1000 yuan)	平均工资(元) Average Wage (yuan)	文教体育用品制造业 Manufacture of Articles for Culture, Education and Sport Activity 年末人数(人) Year-end Figures (person)	#女 性 Female	工资总额(千元) Total Wages (1000 yuan)	平均工资(元) Average Wage (yuan)
全 国	**National**	**411007**	**177374**	**14214657**	**34095**	**485182**	**281283**	**14127018**	**27598**
北 京	Beijing	36750	14764	1685888	44606	6514	3097	213997	31930
天 津	Tianjin	8164	2681	335852	41376	10672	5975	369403	34948
河 北	Hebei	15792	7540	446539	29004	5178	2597	127715	24651
山 西	Shanxi	7366	3393	191024	25965	748	267	8995	12009
内蒙古	Inner Mongolia	3076	1522	79847	25157	17	3	335	22333
辽 宁	Liaoning	10522	4753	290890	27860	4088	2025	108144	24832
吉 林	Jilin	6285	2744	139477	21896	351	89	5766	16288
黑龙江	Heilongjiang	6119	2671	139916	21081	1628	945	32607	19035
上 海	Shanghai	23030	9246	1347369	57257	26671	14153	1063988	38568
江 苏	Jiangsu	21317	10252	754668	35174	35665	26093	870412	24275
浙 江	Zhejiang	30143	12872	1028509	33256	55692	30348	1819185	31040
安 徽	Anhui	10684	4515	285871	27278	6489	5286	138762	21447
福 建	Fujian	16831	7744	568675	33064	61013	32741	1864548	30278
江 西	Jiangxi	9643	4056	306050	32593	17379	12276	420014	23943
山 东	Shandong	26333	10853	790606	29640	37252	21678	1031113	27971
河 南	Henan	14179	5455	437393	31850	2162	838	53128	25753
湖 北	Hubei	17214	7319	604866	36792	3862	1907	86539	24818
湖 南	Hunan	10205	3675	357910	34604	4082	2056	78785	19760
广 东	Guangdong	62997	28963	2044500	31105	200228	116239	5725985	25593
广 西	Guangxi	7304	3366	190081	25788	1073	359	20276	18366
海 南	Hainan	1420	621	30321	22068				
重 庆	Chongqing	7912	3677	317425	34760	1021	894	19637	19500
四 川	Sichuan	17027	7708	523213	31164	2342	832	46978	35971
贵 州	Guizhou	4568	1981	123358	26258	697	420	14086	20594
云 南	Yunnan	13544	6293	399379	29606	140	48	2411	17099
西 藏	Tibet	339	167	9184	27091	30	29	376	12533
陕 西	Shaanxi	13329	4852	551421	40659	142	62	2965	19006
甘 肃	Gansu	3235	1242	62416	19117	21	13	357	17000
青 海	Qinghai	1633	608	40666	26101	6	2	129	21500
宁 夏	Ningxia	487	249	15136	30764	19	11	382	20105
新 疆	Xinjiang	3559	1592	116207	31838				

3-2 续表 14 continued

地 区 Region	石油加工、炼焦及核燃料加工业 Processing of Petroleum ,Coking, Processing of Nucleus Fuel				化学原料及化学制品制造业 Manufacture of Chemical Raw Material and Chemical Products			
	年末人数(人) Year-end Figures (person)	#女 性 Female	工资总额(千元) Total Wages (1000 yuan)	平均工资(元) Average Wage (yuan)	年末人数(人) Year-end Figures (person)	#女 性 Female	工资总额(千元) Total Wages (1000 yuan)	平均工资(元) Average Wage (yuan)
全 国 National	**627933**	**180831**	**32966038**	**52641**	**2497646**	**800268**	**95130528**	**38113**
北 京 Beijing	20360	6245	1728548	84451	40067	15902	2170452	53199
天 津 Tianjin	16162	5158	1072686	66338	51866	14780	2743382	52400
河 北 Hebei	30117	8205	1386067	46205	97957	30471	2879894	29384
山 西 Shanxi	84500	18336	2818126	33617	86162	26636	2130929	24676
内蒙古 Inner Mongolia	6342	1362	451559	70989	29586	9369	935264	31082
辽 宁 Liaoning	73456	22363	4149947	56508	106536	30915	4112068	38328
吉 林 Jilin	6314	1616	149463	23709	64682	18774	3024721	48071
黑龙江 Heilongjiang	63244	21751	3379659	51332	27275	9417	827664	29103
上 海 Shanghai	24782	7127	2139656	85317	85369	24281	7055358	81726
江 苏 Jiangsu	13253	3552	793319	60559	215152	76748	8941189	41404
浙 江 Zhejiang	10223	2236	861882	83435	162296	49024	7360549	45004
安 徽 Anhui	1518	333	41521	26997	57626	18235	2342590	40291
福 建 Fujian	2926	851	338148	115016	54278	19179	1825394	33635
江 西 Jiangxi	12602	3280	449163	39700	45773	14876	1262947	27095
山 东 Shandong	72451	21823	3382984	47788	252865	72572	8334427	32915
河 南 Henan	22717	6949	780894	34265	117373	37605	3240513	27578
湖 北 Hubei	20658	6271	1017626	49306	127714	37298	3645696	28817
湖 南 Hunan	19283	4686	1132114	58756	127663	44427	3810791	30031
广 东 Guangdong	27065	6868	2080271	77288	171249	69833	7899920	47558
广 西 Guangxi	3693	832	192423	55421	50572	19136	1282028	25357
海 南 Hainan	691	91	34380	53302	3954	1483	195932	48959
重 庆 Chongqing	3944	627	139981	34934	56079	18349	2245977	39836
四 川 Sichuan	2844	839	68735	24409	130094	39610	4087403	31201
贵 州 Guizhou	11215	2920	304885	27302	59598	17262	2116051	35812
云 南 Yunnan	13821	3651	371180	26156	80836	23135	2401370	29912
西 藏 Tibet					21	4	252	12000
陕 西 Shaanxi	13021	4789	726163	56196	52486	15837	1826711	34943
甘 肃 Gansu	8065	3601	408019	50660	45051	14581	2153352	47783
青 海 Qinghai	1971	652	182996	92939	29365	9308	1145144	39946
宁 夏 Ningxia	1305	308	31780	29344	22472	7252	884412	39520
新 疆 Xinjiang	39390	13509	2351863	60623	45629	13969	2248148	50043

3-2 续表 15 continued

地区 Region		医药制造业 Manufacture of Medicines				化学纤维制造业 Manufacture of Chemical Fiber			
		年末人数（人） Year-end Figures (person)	#女性 Female	工资总额（千元） Total Wages (1000 yuan)	平均工资（元） Average Wage (yuan)	年末人数（人） Year-end Figures (person)	#女性 Female	工资总额（千元） Total Wages (1000 yuan)	平均工资（元） Average Wage (yuan)
全　国	**National**	**1158413**	**543422**	**44236732**	**38612**	**233877**	**92608**	**7983892**	**34267**
北　京	Beijing	61725	31946	5425304	91197	747	345	32481	42514
天　津	Tianjin	36864	15653	2372188	64920	584	182	26099	44767
河　北	Hebei	60778	29965	1937362	32419	5565	2174	114223	20836
山　西	Shanxi	18339	9174	371580	19761	791	314	5868	6236
内蒙古	Inner Mongolia	13221	5340	352589	26653				
辽　宁	Liaoning	21734	9349	652606	29715	8491	4712	235510	28127
吉　林	Jilin	43022	22194	878393	20744	9844	2786	256172	24837
黑龙江	Heilongjiang	42689	20995	1439473	34102	1193	175	22159	17928
上　海	Shanghai	48849	22533	3786434	79467	2449	937	133678	54252
江　苏	Jiangsu	80355	36071	2999381	38188	29154	12437	1234901	41986
浙　江	Zhejiang	94235	38365	4040057	43391	73237	28289	2682662	37174
安　徽	Anhui	27665	13885	755721	27920	6362	2494	228360	34896
福　建	Fujian	17996	8877	652513	35754	18758	7680	704569	36873
江　西	Jiangxi	36541	16676	1119965	30893	3290	1466	96762	29101
山　东	Shandong	112673	51755	3251085	29685	13232	4911	373849	28373
河　南	Henan	74760	38000	1885507	25861	19426	7695	657360	34081
湖　北	Hubei	55924	29282	1610051	29502	3744	2241	143095	43362
湖　南	Hunan	30993	14224	880878	28378	2804	672	74750	26479
广　东	Guangdong	79028	36101	3623959	45972	10967	3875	353775	33181
广　西	Guangxi	26678	13493	763765	29044	23	7	545	23696
海　南	Hainan	9081	4910	269814	30086	728	190	19864	27399
重　庆	Chongqing	21380	10102	717103	33276	500	266	9990	19665
四　川	Sichuan	48886	21091	1479736	30197	15567	6279	407988	26638
贵　州	Guizhou	24787	12350	647190	27342				
云　南	Yunnan	16160	7539	397732	25139	335	53	17303	51651
西　藏	Tibet	627	325	20949	33843				
陕　西	Shaanxi	32974	14170	1301062	34270	224	70	4165	18594
甘　肃	Gansu	8146	3802	285047	35187	1794	549	23251	12004
青　海	Qinghai	4404	1830	88701	22926				
宁　夏	Ningxia	4846	2059	149076	31227				
新　疆	Xinjiang	3053	1366	81511	27640	4068	1809	124513	31395

3-2 续表 16 continued

地 区	Region	橡胶制品业 Manufacture of Rubber 年末人数(人) Year-end Figures (person)	#女 性 Female	工资总额(千元) Total Wages (1000 yuan)	平均工资(元) Average Wage (yuan)	塑料制品业 Manufacture of Plastic 年末人数(人) Year-end Figures (person)	#女 性 Female	工资总额(千元) Total Wages (1000 yuan)	平均工资(元) Average Wage (yuan)
全 国	**National**	**505186**	**191761**	**16388428**	**32289**	**989079**	**446207**	**31832465**	**31668**
北 京	Beijing	7429	3058	273849	35741	16997	7378	636184	36190
天 津	Tianjin	14453	4038	604530	40830	33947	15268	1333716	38408
河 北	Hebei	17039	7903	360062	20339	16854	6594	456803	26914
山 西	Shanxi	3805	1035	70942	18813	5839	2100	119791	20693
内蒙古	Inner Mongolia	626	169	21347	32393	3889	1091	193650	44222
辽 宁	Liaoning	21163	6161	779226	38490	29560	11824	1047118	35434
吉 林	Jilin	1766	383	57669	33239	10741	3574	239372	22417
黑龙江	Heilongjiang	5550	1762	130802	23262	10275	3493	222686	21662
上 海	Shanghai	19044	8267	909429	45299	72014	38349	3290781	44955
江 苏	Jiangsu	43177	16355	1687646	38740	59913	28833	2255014	35600
浙 江	Zhejiang	49624	15815	1812041	36573	126538	58826	3948745	30585
安 徽	Anhui	20767	9128	715454	34897	15294	5598	531558	33690
福 建	Fujian	53644	21894	1777185	32607	156531	77658	4930819	30863
江 西	Jiangxi	5591	2583	129809	23679	24438	9933	688831	29281
山 东	Shandong	90331	30780	2759778	30310	49531	21167	1357913	27249
河 南	Henan	24661	7549	707911	28585	24688	10553	606181	23418
湖 北	Hubei	8831	3921	264557	30770	36517	15791	941029	26124
湖 南	Hunan	7814	3423	208815	26692	16373	5759	414928	25313
广 东	Guangdong	54220	25697	1623705	29949	201737	91394	6480765	31613
广 西	Guangxi	3654	1396	98892	26887	10616	5940	227621	21662
海 南	Hainan	1098	468	31072	28094	1044	467	19604	19182
重 庆	Chongqing	9562	4275	259810	27325	6204	2820	202943	32081
四 川	Sichuan	15760	7455	346837	22128	20074	7585	550253	27510
贵 州	Guizhou	14290	4397	458623	32013	5631	2169	142055	25605
云 南	Yunnan	2111	747	43538	21511	8691	3920	194446	22753
西 藏	Tibet								
陕 西	Shaanxi	3823	1444	83068	21797	5547	2070	182824	32606
甘 肃	Gansu	337	226	5130	15088	6658	2191	176683	26693
青 海	Qinghai	333	78	6548	23138	2678	594	92689	29323
宁 夏	Ningxia	2754	758	95469	34553	707	378	21420	28985
新 疆	Xinjiang	1929	596	64684	37938	9553	2890	326043	35032

3-2 续表 17 continued

地 区 Region	非金属矿物制品业 Manufacture of Non-metallic Mineral Products				黑色金属冶炼及压延加工业 Manufacture & Processing of Ferrous Metals			
	年末人数（人）Year-end Figures (person)	#女性 Female	工资总额（千元）Total Wages (1000 yuan)	平均工资（元）Average Wage (yuan)	年末人数（人）Year-end Figures (person)	#女性 Female	工资总额（千元）Total Wages (1000 yuan)	平均工资（元）Average Wage (yuan)
全 国 National	**2184015**	**631614**	**66335001**	**30259**	**2163978**	**462371**	**95958344**	**44238**
北 京 Beijing	59612	13578	2573082	41815	14296	2609	1001956	60673
天 津 Tianjin	23054	4187	941469	39468	81601	13592	3747518	45949
河 北 Hebei	100636	36177	2694149	26259	242570	40407	11148484	45660
山 西 Shanxi	41781	9989	970387	23555	82755	18070	3611694	43412
内蒙古 Inner Mongolia	30681	7506	928436	29102	73636	22077	3949251	52903
辽 宁 Liaoning	73758	16990	1990267	26353	256697	42707	10870056	42552
吉 林 Jilin	36695	7898	855471	22856	37182	7792	1136184	30722
黑龙江 Heilongjiang	38619	8950	900707	22639	24739	5684	755727	30434
上 海 Shanghai	50091	12395	2722102	53782	50953	8310	5624636	108066
江 苏 Jiangsu	109095	37377	3617024	33375	108448	24878	4413615	41487
浙 江 Zhejiang	104782	28585	3772914	35952	53949	9329	2491376	46537
安 徽 Anhui	42595	11869	1364120	32802	58883	9903	3190657	53657
福 建 Fujian	168909	55498	5888111	34636	34108	8248	1301636	38592
江 西 Jiangxi	75311	28006	1972255	26708	61767	17165	2448955	39500
山 东 Shandong	196893	53448	5592854	28214	158677	36306	6726687	42471
河 南 Henan	184858	47589	5244390	28240	99402	23099	3771611	37904
湖 北 Hubei	90814	23760	2938376	32918	119685	25217	6728364	55920
湖 南 Hunan	122291	34860	3473373	28453	69095	16210	2858373	40821
广 东 Guangdong	195567	70360	6047886	31105	50167	10127	2224996	44506
广 西 Guangxi	63018	19980	1520636	24369	46557	11960	1674250	36154
海 南 Hainan	6857	1737	200450	29165	814	135	27769	34156
重 庆 Chongqing	48291	13636	1500822	31124	49861	11623	2374926	46431
四 川 Sichuan	101265	29978	2807170	27121	151770	41922	5191131	33635
贵 州 Guizhou	33725	9045	787246	23462	46736	12698	1464890	31437
云 南 Yunnan	55036	14919	1322281	24188	59867	14619	1972412	32820
西 藏 Tibet	2543	699	81000	32041				
陕 西 Shaanxi	35370	9851	838076	23321	31029	7152	1014240	32873
甘 肃 Gansu	28004	6907	743462	26461	48347	8001	2159135	46398
青 海 Qinghai	13661	3157	373338	25863	17417	3874	680074	39317
宁 夏 Ningxia	6722	1887	251556	35425	7065	1577	220028	30240
新 疆 Xinjiang	43481	10796	1421591	33836	25905	7080	1177713	46831

3-2 续表 18 continued

地 区	Region	有色金属冶炼及压延加工业 Manufacture and Processing of Non-ferrous Metals				金属制品业 Manufacture of Metal Products			
		年末人数 (人) Year-end Figures (person)	#女 性 Female	工资总额 (千元) Total Wages (1000 yuan)	平均工资 (元) Average Wage (yuan)	年末人数 (人) Year-end Figures (person)	#女 性 Female	工资总额 (千元) Total Wages (1000 yuan)	平均工资 (元) Average Wage (yuan)
全 国	**National**	**1127264**	**283160**	**41064468**	**36444**	**1307418**	**397232**	**44644861**	**34016**
北 京	Beijing	5837	1660	234397	39999	41794	10985	1739874	41443
天 津	Tianjin	9382	2410	339962	37009	51324	13519	2066353	38654
河 北	Hebei	15163	3225	427878	28647	52757	16967	1629085	31244
山 西	Shanxi	50236	13151	1498297	29900	12103	4324	290885	25416
内蒙古	Inner Mongolia	37953	9952	1386624	37970	5604	1412	233941	39160
辽 宁	Liaoning	40615	9370	1108639	27344	85982	17987	2678113	31162
吉 林	Jilin	7731	1798	218323	27979	8838	2269	172486	21528
黑龙江	Heilongjiang	12016	2109	283810	31253	14954	4084	396436	26737
上 海	Shanghai	18286	5789	989650	51285	79952	22866	4056163	50557
江 苏	Jiangsu	49541	15618	1824647	35154	128489	37105	4784451	36188
浙 江	Zhejiang	41748	10670	1509339	35838	131263	47963	4385976	33020
安 徽	Anhui	37381	7223	1456140	39601	30242	8611	1118094	36677
福 建	Fujian	29956	7199	1431030	48359	72719	24556	2566523	34250
江 西	Jiangxi	50477	9219	2072617	42506	15804	4559	371856	23342
山 东	Shandong	53709	11578	1560720	30181	91845	23305	2845819	31135
河 南	Henan	102920	26739	3787442	36252	40666	12764	1075144	26096
湖 北	Hubei	35194	9673	1255483	35101	51554	16079	1695803	32847
湖 南	Hunan	68496	14067	2577370	38551	33756	9987	1066060	41309
广 东	Guangdong	48821	13745	1719233	34836	235825	82905	7549919	31463
广 西	Guangxi	33874	7650	1291548	37874	12221	3411	370175	30347
海 南	Hainan	52	18	1171	23898	1580	513	54787	35120
重 庆	Chongqing	19327	5612	774088	40496	11171	3795	388149	35013
四 川	Sichuan	23716	6198	786533	32809	41991	13162	1335649	31797
贵 州	Guizhou	27370	6579	883602	32408	12590	3481	381960	30425
云 南	Yunnan	113275	27412	4136742	34633	12241	2850	366324	29753
西 藏	Tibet	69	32	1505	21812				
陕 西	Shaanxi	70191	21404	2473264	35374	13580	3777	463640	34019
甘 肃	Gansu	78771	23131	3382992	43384	2936	854	55671	18489
青 海	Qinghai	21706	5552	797658	37038	7000	1386	263914	38039
宁 夏	Ningxia	13163	2044	499881	39133	941	257	31609	31641
新 疆	Xinjiang	10288	2333	353883	35645	5696	1499	210002	36307

3-2 续表 19 continued

地 区 Region	通用设备制造业 Manufacture of General Purpose Machinery				专用设备制造业 Manufacture of Special Purpose Machinery			
	年末人数（人） Year-end Figures (person)	#女 性 Female	工资总额（千元） Total Wages (1000 yuan)	平均工资（元） Average Wage (yuan)	年末人数（人） Year-end Figures (person)	#女 性 Female	工资总额（千元） Total Wages (1000 yuan)	平均工资（元） Average Wage (yuan)
全 国 National	**2398798**	**651888**	**92923006**	**38809**	**1934334**	**554029**	**80947991**	**41416**
北 京 Beijing	71903	18614	4045687	56068	82732	21975	5276398	64109
天 津 Tianjin	75973	15009	3979863	52956	66105	18347	3737267	57443
河 北 Hebei	87147	24217	2350647	26978	76075	19410	2716214	35705
山 西 Shanxi	44540	13011	1191947	27447	139244	50349	4561402	31188
内蒙古 Inner Mongolia	18747	6606	617614	31702	31436	10180	1285865	40882
辽 宁 Liaoning	179365	44365	6222801	34961	107037	30855	4106299	38413
吉 林 Jilin	17091	4665	432699	25357	19927	5345	500584	24783
黑龙江 Heilongjiang	65523	17762	2361877	34743	45217	10100	1440178	31424
上 海 Shanghai	161831	41556	11353492	69903	117511	32314	7696795	65210
江 苏 Jiangsu	270446	77216	10916590	40769	133509	45877	5311599	39547
浙 江 Zhejiang	313481	95600	12176931	38476	125089	37277	4809441	37337
安 徽 Anhui	71284	23552	2480949	35088	34523	9669	1209986	35852
福 建 Fujian	48441	14160	1652134	33876	52876	16394	1961802	37051
江 西 Jiangxi	28104	7613	877363	33428	30298	14320	910168	31407
山 东 Shandong	290100	71786	9485105	32778	137659	38202	4823525	34914
河 南 Henan	97196	26063	2918169	30625	130128	36637	4403618	34613
湖 北 Hubei	91063	24559	3056083	34065	55037	13796	2062361	37862
湖 南 Hunan	69482	15740	2276635	33513	149862	24828	7684892	53841
广 东 Guangdong	126024	39137	4864024	38985	159138	52116	7342186	44222
广 西 Guangxi	17703	4797	521590	29389	24801	6191	771064	30616
海 南 Hainan	1064	353	33428	32518	872	255	17836	19884
重 庆 Chongqing	48980	12288	1695054	35054	24826	7432	1019868	39617
四 川 Sichuan	82815	21055	3263728	39651	60823	16506	2586825	42411
贵 州 Guizhou	11683	3526	340088	29630	12701	3119	405301	32226
云 南 Yunnan	19721	4635	680670	34525	17595	4821	546563	31134
西 藏 Tibet					13	1	191	14692
陕 西 Shaanxi	54752	14882	2130210	35684	74083	20723	2801025	32429
甘 肃 Gansu	18171	5128	420016	23066	13576	4082	450021	32016
青 海 Qinghai	3544	990	106360	29935	1125	321	41335	28448
宁 夏 Ningxia	9310	1945	381320	41313	6001	1476	307314	54229
新 疆 Xinjiang	3314	1058	89932	28397	4515	1111	160068	35745

3-2 续表 20 continued

地 区 Region	交通运输设备制造业 Manufacture of Transport Equipment				电气机械及器材制造业 Manufacture of Electrical Machinery and Equipment			
	年末人数(人) Year-end Figures (person)	#女 性 Female	工资总额(千元) Total Wages (1000 yuan)	平均工资(元) Average Wage (yuan)	年末人数(人) Year-end Figures (person)	#女 性 Female	工资总额(千元) Total Wages (1000 yuan)	平均工资(元) Average Wage (yuan)
全 国 National	**3891329**	**1040535**	**176448426**	**45635**	**2671961**	**1120549**	**97896627**	**36383**
北 京 Beijing	151301	35676	9543682	65032	62105	21501	3839203	60913
天 津 Tianjin	156457	41055	7332849	47559	64458	19699	3094525	47463
河 北 Hebei	146255	35996	4996766	34758	67789	24010	1933305	28742
山 西 Shanxi	35122	9899	1195882	34178	19044	6500	563461	30161
内蒙古 Inner Mongolia	17042	4088	754410	43836	4282	1169	155829	34121
辽 宁 Liaoning	199225	41063	9243493	47474	85394	37174	2703004	31361
吉 林 Jilin	211746	47504	10985527	53209	13641	4941	378125	28045
黑龙江 Heilongjiang	54029	14954	2083854	38614	26965	7880	1036908	38679
上 海 Shanghai	269078	65460	20392782	76532	154890	68620	8399703	52804
江 苏 Jiangsu	274303	82745	12748826	47732	275197	123344	10963703	40020
浙 江 Zhejiang	263323	80906	10331433	39112	448378	210025	15624316	34782
安 徽 Anhui	109372	26568	4709333	43143	86307	31370	3483157	39829
福 建 Fujian	100239	30130	4082430	40352	123467	60405	4206699	34333
江 西 Jiangxi	72152	24446	3157275	44924	50640	24519	1461958	28904
山 东 Shandong	268729	60542	10489932	38736	188151	67416	6241581	33094
河 南 Henan	117674	33443	3903528	33751	85227	27526	2701695	32103
湖 北 Hubei	329945	87808	14110410	43303	84016	31875	2877067	32900
湖 南 Hunan	106584	26643	4443235	42290	54101	17177	1875931	35740
广 东 Guangdong	313192	90433	15166151	50020	576701	273130	19483976	33066
广 西 Guangxi	90687	18934	3976424	45041	19086	7657	509263	27535
海 南 Hainan	7517	1785	229081	30585	6090	1448	157082	28212
重 庆 Chongqing	231714	69076	8265869	36625	39519	14710	1312605	32899
四 川 Sichuan	116267	34291	4424934	37983	48153	14715	1907295	40966
贵 州 Guizhou	43132	15675	1725720	39609	5547	2099	138017	25759
云 南 Yunnan	19974	5188	694057	34977	12039	3121	349542	29398
西 藏 Tibet								
陕 西 Shaanxi	168743	51703	6897296	35045	43618	11254	1676050	36374
甘 肃 Gansu	12046	3349	358688	30420	13026	3686	340989	26464
青 海 Qinghai	661	174	14173	23121	1624	497	46362	29930
宁 夏 Ningxia	283	44	7338	25303	4338	1369	142838	29914
新 疆 Xinjiang	4537	957	183048	39088	8168	1712	292438	37734

3-2 续表 21 continued

地 区	Region	通信设备、计算机及其他电子设备制造业 Manufacture of Communication Equipment, Computer and Other Electronic Equipment				仪器仪表及文化、办公用机械制造业 Manufacture of Measuring Instrument and Machinery for Cultural Activity & Office Work			
		年末人数（人）Year-end Figures (person)	#女性 Female	工资总额（千元）Total Wages (1000 yuan)	平均工资（元）Average Wage (yuan)	年末人数（人）Year-end Figures (person)	#女性 Female	工资总额（千元）Total Wages (1000 yuan)	平均工资（元）Average Wage (yuan)
全 国	**National**	**4299437**	**2060368**	**176505516**	**41009**	**753613**	**341148**	**31029397**	**40185**
北 京	Beijing	138305	59038	9531668	68060	35129	12748	2374347	69350
天 津	Tianjin	172486	95181	9055219	53282	20490	10900	891719	42005
河 北	Hebei	54338	24206	1808810	32134	9021	3435	281616	31564
山 西	Shanxi	6269	2618	146161	23039	3226	1234	73115	23886
内蒙古	Inner Mongolia	2950	1707	67369	21620	158	73	4057	25516
辽 宁	Liaoning	75876	45795	2823527	36515	24817	11561	714265	28736
吉 林	Jilin	5443	1825	242708	44460	6326	2167	239053	38261
黑龙江	Heilongjiang	6576	2818	307605	46600	5249	2020	123204	23530
上 海	Shanghai	311115	159389	16696739	52179	59343	25202	4520099	74617
江 苏	Jiangsu	747683	365930	30547404	39530	78637	34942	3265440	38384
浙 江	Zhejiang	254456	123440	10313818	39401	92383	41754	3473730	36845
安 徽	Anhui	34754	17291	1295131	36300	6399	2892	276106	44888
福 建	Fujian	238331	123483	11056351	44805	42551	24446	1302642	30324
江 西	Jiangxi	51912	30832	1228429	26454	15743	8178	471688	31209
山 东	Shandong	252591	121042	10323369	39685	28656	9790	1065595	37570
河 南	Henan	168563	56836	3907026	32047	28353	11440	880063	30761
湖 北	Hubei	81184	33338	3520388	45188	11967	5509	474271	39473
湖 南	Hunan	88236	46517	3284851	35907	17824	5058	808659	45970
广 东	Guangdong	1226597	594362	49307152	39195	180826	98263	6537746	34864
广 西	Guangxi	39757	16669	897422	22454	1691	856	52125	30698
海 南	Hainan	1947	856	93236	45194	505	272	10878	20641
重 庆	Chongqing	74284	27658	1897401	38058	19206	8109	820801	41244
四 川	Sichuan	189222	78893	5463206	30678	8724	3062	253959	29486
贵 州	Guizhou	10787	4967	482777	44275	2163	1180	42513	18372
云 南	Yunnan	1834	539	70477	39132	5007	2107	101252	20804
西 藏	Tibet								
陕 西	Shaanxi	49373	19448	1692943	34417	45789	12677	1874796	38551
甘 肃	Gansu	10024	4781	232655	22951	784	377	13367	16985
青 海	Qinghai	81	25	2110	25732	538	245	18449	32538
宁 夏	Ningxia					1953	611	58823	30717
新 疆	Xinjiang	4463	884	209564	52339	155	40	5019	35596

3-2 续表 22 continued

地区	Region	工艺品及其他制造业 Manufacture of Artwork, Other Manufacture n.e.c				废弃资源和废旧材料回收加工业 Recycling and Disposal of Waste			
		年末人数(人) Year-end Figures (person)	#女性 Female	工资总额(千元) Total Wages (1000 yuan)	平均工资(元) Average Wage (yuan)	年末人数(人) Year-end Figures (person)	#女性 Female	工资总额(千元) Total Wages (1000 yuan)	平均工资(元) Average Wage (yuan)
全 国	**National**	**612027**	**324883**	**18158389**	**29240**	**48366**	**14753**	**1637987**	**33252**
北 京	Beijing	15342	6375	893766	57084	1004	215	54416	43394
天 津	Tianjin	11953	6158	408703	34039	5474	1730	193062	34396
河 北	Hebei	8457	5447	200539	23629	1677	467	54443	32310
山 西	Shanxi	4041	2023	89005	20928	502	137	7689	22884
内蒙古	Inner Mongolia	2372	887	59752	23543	627	328	10538	16807
辽 宁	Liaoning	9823	5255	224825	22691	1023	217	34267	33928
吉 林	Jilin	1198	491	23643	20122	2292	454	77128	27975
黑龙江	Heilongjiang	3745	2491	52758	14667	799	234	15300	20211
上 海	Shanghai	12549	5441	640926	49619	1945	315	142002	72710
江 苏	Jiangsu	27831	17091	780906	27627	1533	367	72557	48501
浙 江	Zhejiang	74630	42650	2176196	28050	10015	3526	329910	31814
安 徽	Anhui	3649	2167	110467	30108	125	40	2430	19440
福 建	Fujian	131295	67598	3835401	28549	948	269	40390	41553
江 西	Jiangxi	19905	8941	534224	26837	216	35	3295	25346
山 东	Shandong	66783	38518	1860129	27234	155	45	5587	36757
河 南	Henan	38314	23372	1157115	30092	1827	573	44865	24678
湖 北	Hubei	11632	5129	419626	36800	4447	1889	154890	31720
湖 南	Hunan	6462	3661	158736	24799	5974	1640	168132	30104
广 东	Guangdong	120016	64892	3210894	26543	4418	1480	123308	27766
广 西	Guangxi	5279	3190	123889	21693	785	227	31944	40333
海 南	Hainan	144	74	1972	13600				
重 庆	Chongqing	17602	6569	683325	38413	593	133	18244	32290
四 川	Sichuan	1813	805	53486	29847	435	136	7486	17409
贵 州	Guizhou	4512	1708	167600	36332	419	120	16785	40939
云 南	Yunnan	1807	590	47662	26450	1015	148	25931	26733
西 藏	Tibet	367	232	4712	13053	1		36	36000
陕 西	Shaanxi	3105	1147	97760	27678	53	13	946	14781
甘 肃	Gansu	1026	637	10705	10323	7841		348340	45077
青 海	Qinghai	3292	442	43377	27806				
宁 夏	Ningxia	333	142	8540	25569				
新 疆	Xinjiang	2750	760	77750	30988	64	15	2406	37594

3-2 续表 23 continued

地区	Region	电力、燃气及水的生产和供应业 Production and Distribution of Electricity,Gas and Water 年末人数(人) Year-end Figures (person)	#女性 Female	工资总额(千元) Total Wages (1000 yuan)	平均工资(元) Average Wage (yuan)	电力、热力的生产和供应业 Production and Supply of Electric Power and Heat Power 年末人数(人) Year-end Figures (person)	#女性 Female	工资总额(千元) Total Wages (1000 yuan)	平均工资(元) Average Wage (yuan)
全国	**National**	**3346917**	**956521**	**175572758**	**52723**	**2589031**	**675368**	**145843685**	**56600**
北京	Beijing	90182	21634	7398862	83059	68521	14148	5922478	87924
天津	Tianjin	42114	10668	3618050	86265	30930	7156	2939519	95047
河北	Hebei	202074	54540	10390356	51664	164262	39043	9209729	56221
山西	Shanxi	103351	31941	5184883	50878	78766	21702	4594744	59436
内蒙古	Inner Mongolia	110773	33638	5738339	52587	94001	26699	5183261	56078
辽宁	Liaoning	170988	42037	7793067	46134	122461	26210	6401057	52917
吉林	Jilin	89537	22751	3146611	35601	67838	15241	2597709	39045
黑龙江	Heilongjiang	146002	42949	5916449	40677	100119	25555	4210747	42238
上海	Shanghai	61079	14457	6187748	101211	31828	5860	3913719	122629
江苏	Jiangsu	132141	34161	9847274	74137	95126	20705	8145871	84616
浙江	Zhejiang	138782	32386	11431855	82886	105553	21503	9670921	91965
安徽	Anhui	97528	27347	4583961	47113	75717	18736	3897625	51423
福建	Fujian	95320	27665	5506073	57728	76234	20494	4725369	61724
江西	Jiangxi	102643	34546	4335813	43449	85363	27407	3835051	45978
山东	Shandong	208032	61177	9415064	45874	163677	45164	7877914	48916
河南	Henan	214574	62752	8678161	40672	161367	41552	6969069	43437
湖北	Hubei	178160	55992	8344282	46928	146984	43348	7351556	49984
湖南	Hunan	143111	39413	5552603	39249	117428	30073	4661762	40222
广东	Guangdong	198558	52443	12857566	64475	139629	32299	9929147	70470
广西	Guangxi	92084	28274	3964094	42794	74662	21556	3406630	45873
海南	Hainan	19819	6212	845720	42392	13405	3749	666489	49454
重庆	Chongqing	68967	22413	4059367	58756	48899	14424	3060928	62054
四川	Sichuan	162750	51609	7472457	45953	127798	38580	6077133	47448
贵州	Guizhou	83107	22111	4405655	53096	69511	16876	3979131	57223
云南	Yunnan	94887	29669	4509232	48055	81702	24605	4044955	49988
西藏	Tibet	7373	2543	366547	50468	4891	1524	195562	40456
陕西	Shaanxi	96576	31423	4705364	47667	76388	23481	3984215	51450
甘肃	Gansu	70493	22723	2499106	35797	56887	17020	2111665	37473
青海	Qinghai	14535	3546	659860	45168	12428	2749	594598	47492
宁夏	Ningxia	35453	10366	2328007	65983	30791	8335	2167682	70675
新疆	Xinjiang	75924	23135	3830332	50591	65865	19574	3517449	53429

3-2 续表 24 continued

地区 Region	燃气生产和供应业 Production and Distribution of Gas 年末人数(人) Year-end Figures (person)	#女性 Female	工资总额(千元) Total Wages (1000 yuan)	平均工资(元) Average Wage (yuan)	水的生产和供应业 Production and Distribution of Water 年末人数(人) Year-end Figures (person)	#女性 Female	工资总额(千元) Total Wages (1000 yuan)	平均工资(元) Average Wage (yuan)
全　国 National	**205463**	**68419**	**9425006**	**46302**	**552423**	**212734**	**20304067**	**36932**
北　京 Beijing	10536	3010	782482	75991	11125	4476	693902	60741
天　津 Tianjin	6039	1942	336736	56160	5145	1570	341795	68114
河　北 Hebei	10943	3675	389746	35974	26869	11822	790881	29882
山　西 Shanxi	6728	2685	143666	21715	17857	7554	446473	24822
内蒙古 Inner Mongolia	2482	708	89270	37211	14290	6231	465808	32592
辽　宁 Liaoning	15100	4801	459844	30862	33427	11026	932166	28199
吉　林 Jilin	4908	1452	146265	30145	16791	6058	402637	23680
黑龙江 Heilongjiang	9435	3170	335841	35652	36448	14224	1369861	37699
上　海 Shanghai	12757	2945	1120707	87809	16494	5652	1153322	70072
江　苏 Jiangsu	7571	2375	380491	51258	29444	11081	1320912	45341
浙　江 Zhejiang	5208	1634	289687	56458	28021	9249	1471247	53244
安　徽 Anhui	6736	2519	233877	35652	15075	6092	452459	30283
福　建 Fujian	2882	748	140913	50926	16204	6423	639791	39847
江　西 Jiangxi	2805	987	88301	31958	14475	6152	412461	30290
山　东 Shandong	12466	4210	521892	42064	31889	11803	1015258	31946
河　南 Henan	15541	6131	551454	35923	37666	15069	1157638	30806
湖　北 Hubei	7932	2919	296158	38244	23244	9725	696568	30303
湖　南 Hunan	4829	1341	196952	41833	20854	7999	693889	33258
广　东 Guangdong	12331	3638	741221	60961	46598	16506	2187198	47178
广　西 Guangxi	1792	672	65351	27286	15630	6046	492113	30803
海　南 Hainan	1233	307	45514	37215	5181	2156	133717	25470
重　庆 Chongqing	10358	3967	547149	53790	9710	4022	451290	47063
四　川 Sichuan	14205	5226	630629	44725	20747	7803	764695	37425
贵　州 Guizhou	3689	1218	130699	36427	9907	4017	295825	30033
云　南 Yunnan	4091	1359	161011	40414	9094	3705	303266	33953
西　藏 Tibet	1853	720	147782	81919	629	299	23203	37125
陕　西 Shaanxi	5363	1822	247218	42037	14825	6120	473931	30785
甘　肃 Gansu	1712	761	77976	48402	11894	4942	309465	26113
青　海 Qinghai	66	17	1273	20206	2041	780	63989	31584
宁　夏 Ningxia	1058	484	34793	35795	3604	1547	125532	34496
新　疆 Xinjiang	2814	976	90108	33698	7245	2585	222775	30924

3-2 续表 25 continued

地 区	Region	建筑业 Construction 年末人数(人) Year-end Figures (person)	#女性 Female	工资总额(千元) Total Wages (1000 yuan)	平均工资(元) Average Wage (yuan)	房屋和土木工程建筑业 Construction of Building and Civil Engineering 年末人数(人) Year-end Figures (person)	#女性 Female	工资总额(千元) Total Wages (1000 yuan)	平均工资(元) Average Wage (yuan)
全 国	**National**	**17247782**	**2065253**	**559635742**	**32103**	**14928168**	**1742800**	**479066821**	**31685**
北 京	Beijing	425344	76365	22304019	52455	291666	53373	16594249	56886
天 津	Tianjin	305591	37583	13485773	43161	197860	25180	9055247	44314
河 北	Hebei	506197	62427	15526265	27425	461428	54033	13974138	26810
山 西	Shanxi	251356	44849	8099874	30399	227611	39546	7561786	31275
内蒙古	Inner Mongolia	167148	27009	7592051	28612	152790	23951	6980850	28791
辽 宁	Liaoning	478874	81346	18442618	30332	379042	62790	15205054	30282
吉 林	Jilin	133745	21247	4479354	26578	99075	15737	3439503	25900
黑龙江	Heilongjiang	305816	59491	11026054	26155	252682	49703	9359168	25834
上 海	Shanghai	367537	38360	20760156	59603	269527	23186	14727845	58290
江 苏	Jiangsu	651904	77207	20492207	33549	571646	63994	17257384	32442
浙 江	Zhejiang	2367182	150971	72167355	31590	2193496	135414	65991641	31348
安 徽	Anhui	584263	69222	19358445	35319	501776	58734	16487241	34942
福 建	Fujian	999451	134481	33597514	36770	800857	110835	28148635	38790
江 西	Jiangxi	495304	72086	13586672	29175	453943	64762	12298801	28869
山 东	Shandong	1219431	129186	39013442	31101	1033184	110923	33743100	31636
河 南	Henan	1160597	141013	31486427	28170	975587	114526	26012262	27923
湖 北	Hubei	1031389	125546	33595649	33600	886468	107740	29013455	33790
湖 南	Hunan	873375	91402	23189605	27890	784576	81671	20793093	27867
广 东	Guangdong	926834	99666	29090652	32872	787228	80109	23036647	30751
广 西	Guangxi	387018	40381	11006507	29311	357291	36044	9898999	28487
海 南	Hainan	55839	5048	1704869	31560	45088	4017	1324588	29979
重 庆	Chongqing	828172	99214	26098182	32064	729270	89170	23009453	31749
四 川	Sichuan	1118038	152734	30195675	27500	1021243	136285	27162404	27128
贵 州	Guizhou	282707	31457	8851201	32384	261877	28192	8176981	32368
云 南	Yunnan	481151	71774	11488119	25233	434544	63335	10199046	24810
西 藏	Tibet	7673	2548	212027	26048	7652	2537	210803	25964
陕 西	Shaanxi	346119	50203	10619739	28993	314263	44680	9431811	28452
甘 肃	Gansu	190546	24027	4975690	25334	170920	20568	4389347	24860
青 海	Qinghai	66314	10337	2454270	32352	58519	8921	2131742	31778
宁 夏	Ningxia	26478	4347	1316625	29065	23362	3923	1192828	29329
新 疆	Xinjiang	206389	33726	13418706	35558	183697	28921	12258720	34995

3-2 续表 26 continued

地 区 Region		建筑安装业 Architectural Installation				建筑装饰业 Architectural Decoration			
		年末人数（人）Year-end Figures (person)	#女性 Female	工资总额（千元）Total Wages (1000 yuan)	平均工资（元）Average Wage (yuan)	年末人数（人）Year-end Figures (person)	#女性 Female	工资总额（千元）Total Wages (1000 yuan)	平均工资（元）Average Wage (yuan)
全 国	**National**	**1433707**	**206289**	**52163122**	**36001**	**459104**	**68930**	**14442464**	**31770**
北 京	Beijing	76494	13633	3577901	46140	46215	7765	1629165	36475
天 津	Tianjin	50886	7979	2728895	47519	7765	1179	215620	29300
河 北	Hebei	31159	5902	1088284	35034	4893	908	124409	24631
山 西	Shanxi	17676	4226	403835	22435	2663	470	52382	21130
内蒙古	Inner Mongolia	12105	2711	512227	27012	778	199	47766	19433
辽 宁	Liaoning	73679	13680	2482003	31864	19708	3389	569761	26989
吉 林	Jilin	28066	4100	840150	29038	3480	727	90576	25443
黑龙江	Heilongjiang	41890	7979	1377601	28744	4754	1042	121018	24607
上 海	Shanghai	64268	10146	4137698	66064	26653	3884	1372827	54303
江 苏	Jiangsu	56250	8793	2447870	43517	16086	2772	509219	34213
浙 江	Zhejiang	69315	6608	2780477	40647	65061	5788	2189681	31435
安 徽	Anhui	52281	7688	2003262	40781	10634	1257	264741	25701
福 建	Fujian	92794	11829	2585373	30150	38130	7021	1146512	32150
江 西	Jiangxi	25172	4400	846752	34330	8924	1974	231812	26964
山 东	Shandong	159965	13716	4496438	27913	15639	3060	405770	25778
河 南	Henan	123063	18419	3762058	29884	28636	3839	739684	26503
湖 北	Hubei	90561	12926	3010010	34092	26404	2311	824214	31693
湖 南	Hunan	48838	5689	1455753	30602	10693	1317	281703	27058
广 东	Guangdong	70791	9706	3039447	42568	56429	8409	1759709	34152
广 西	Guangxi	17664	2256	553398	35715	3049	733	97641	23949
海 南	Hainan	4159	461	114879	27470	5649	412	238889	50914
重 庆	Chongqing	50675	4784	1836199	37103	16089	2356	445576	28146
四 川	Sichuan	68087	10877	2084397	31562	20194	3778	630945	28176
贵 州	Guizhou	15221	2036	540972	35668	1866	535	43811	23010
云 南	Yunnan	29237	5272	846797	30328	10432	1994	209539	21318
西 藏	Tibet								
陕 西	Shaanxi	22487	3463	920609	38754	4562	1281	121309	24026
甘 肃	Gansu	16557	2953	518959	29618	1834	118	16548	15071
青 海	Qinghai	5027	879	196197	33839	1060	262	31809	26820
宁 夏	Ningxia	2558	337	88042	24415	390	54	20055	36934
新 疆	Xinjiang	16782	2841	886639	41910	434	96	9773	23779

3-2 续表 27 continued

地 区	Region	其他建筑业 Other Construction 年末人数(人) Year-end Figures (person)	#女 性 Female	工资总额(千元) Total Wages (1000 yuan)	平均工资(元) Average Wage (yuan)	交通运输、仓储和邮政业 Traffic, Transport, Storage and Post 年末人数(人) Year-end Figures (person)	#女 性 Female	工资总额(千元) Total Wages (1000 yuan)	平均工资(元) Average Wage (yuan)
全 国	**National**	**426803**	**47234**	**13963335**	**34096**	**6627893**	**1785961**	**307405876**	**47078**
北 京	Beijing	10969	1594	502704	44554	574088	150830	33523498	59540
天 津	Tianjin	49080	3245	1486011	34302	114261	23340	7384234	64805
河 北	Hebei	8717	1584	339434	38669	243789	65785	9326565	38548
山 西	Shanxi	3406	607	81871	19535	218726	57484	9595552	44355
内蒙古	Inner Mongolia	1475	148	51208	35195	164026	40829	7777983	47775
辽 宁	Liaoning	6445	1487	185800	26885	329403	79119	14330239	43728
吉 林	Jilin	3124	683	109125	33660	142939	32812	5320973	38722
黑龙江	Heilongjiang	6490	767	168267	26141	256259	61707	9436836	37930
上 海	Shanghai	7089	1144	521786	67519	410319	79637	26653642	65455
江 苏	Jiangsu	7922	1648	277734	35925	313515	103121	13807009	44266
浙 江	Zhejiang	39310	3161	1205556	29151	274113	72106	14599000	54242
安 徽	Anhui	19572	1543	603201	35839	167013	48963	5997197	36103
福 建	Fujian	67670	4796	1716994	25764	178677	46628	8092824	45761
江 西	Jiangxi	7265	950	209307	32653	139630	40951	6003211	46120
山 东	Shandong	10643	1487	368134	33555	356610	95136	16289511	46016
河 南	Henan	33311	4229	972423	30041	302415	91097	11129569	37067
湖 北	Hubei	27956	2569	747970	27761	255756	73406	10208185	40364
湖 南	Hunan	29268	2725	659056	24093	231570	66787	9019721	39267
广 东	Guangdong	12386	1442	1254849	97373	618479	164454	32774841	54890
广 西	Guangxi	9014	1348	456469	54026	184347	48769	7041299	38229
海 南	Hainan	943	158	26513	27560	46314	13436	2312370	50691
重 庆	Chongqing	32138	2904	806954	33792	151498	43856	5960798	39819
四 川	Sichuan	8514	1794	317929	38185	225911	71724	9731808	43533
贵 州	Guizhou	3743	694	89437	24713	96691	27669	3618394	37864
云 南	Yunnan	6938	1173	232737	36100	135889	39296	5955179	44111
西 藏	Tibet	21	11	1224	58286	5997	2346	291712	48627
陕 西	Shaanxi	4807	779	146010	24437	196734	52283	8081719	41233
甘 肃	Gansu	1235	388	50836	41533	103980	31554	3835975	37272
青 海	Qinghai	1708	275	94522	52629	34290	12547	1679816	50252
宁 夏	Ningxia	168	33	15700	32708	31649	11117	1285413	40967
新 疆	Xinjiang	5476	1868	263574	47905	123005	37172	6340803	53243

3-2 续表 28 continued

地 区	Region	铁路运输业 Transport Via Railway				道路运输业 Transport Via Road			
		年末人数(人) Year-end Figures (person)	#女 性 Female	工资总额(千元) Total Wages (1000 yuan)	平均工资(元) Average Wage (yuan)	年末人数(人) Year-end Figures (person)	#女 性 Female	工资总额(千元) Total Wages (1000 yuan)	平均工资(元) Average Wage (yuan)
全 国	**National**	**1761542**	**325277**	**101951969**	**59155**	**1689831**	**519264**	**52285258**	**31344**
北 京	Beijing	123906	20164	7880808	66743	46607	13255	1956296	42006
天 津	Tianjin	18118	2993	1120161	62429	17652	4664	926277	53228
河 北	Hebei	60746	7958	3232862	53646	85674	26163	2272340	26652
山 西	Shanxi	113638	17083	6962931	62535	49288	15806	1081182	22034
内蒙古	Inner Mongolia	90998	12690	5292048	59387	33902	11934	1209789	35448
辽 宁	Liaoning	105480	12841	5625426	53996	71020	22603	1701746	23991
吉 林	Jilin	65005	7948	3083534	51351	25405	7919	512391	20018
黑龙江	Heilongjiang	118662	15542	5673575	50796	64459	21326	1635623	25257
上 海	Shanghai	29494	4211	2172520	77001	39038	7143	1854244	46726
江 苏	Jiangsu	48041	23852	2610367	54054	93457	27800	3306226	35634
浙 江	Zhejiang	25520	3837	1760252	70489	104126	28241	4367846	42548
安 徽	Anhui	42532	6199	2426233	58801	56685	19319	1446154	25743
福 建	Fujian	37391	8109	2035083	54499	44713	10082	1464371	32951
江 西	Jiangxi	61098	13430	3671814	65221	38878	13235	1202283	32689
山 东	Shandong	71566	9612	4385492	61410	107995	34813	3794989	35379
河 南	Henan	102656	19789	6065353	59541	98972	34272	2285112	23255
湖 北	Hubei	89021	20456	4818233	54397	66202	23735	1717474	26099
湖 南	Hunan	76063	13886	4371987	57929	66072	22692	1694503	25984
广 东	Guangdong	59636	14551	4187377	71435	186881	49707	6677471	38368
广 西	Guangxi	54533	7855	3039771	55885	58675	18463	1555120	26448
海 南	Hainan	4492	819	303310	69138	13015	3482	399100	31351
重 庆	Chongqing	22963	5186	1321142	58864	54276	14905	1740352	31995
四 川	Sichuan	49363	11502	2980574	60899	79076	26211	2278526	29168
贵 州	Guizhou	31854	6406	1845026	58372	24528	7050	539914	22469
云 南	Yunnan	39624	8795	2701549	68249	44317	14977	1207163	27347
西 藏	Tibet	49	4	2574	52531	2353	845	95583	40484
陕 西	Shaanxi	102569	20760	5291523	51492	45776	14417	1271138	27953
甘 肃	Gansu	47445	11871	2395275	51521	24757	7742	551184	22321
青 海	Qinghai	15004	4298	989194	68919	9952	4108	369169	37976
宁 夏	Ningxia	13208	2798	697240	54171	9013	3670	255829	27600
新 疆	Xinjiang	40867	9832	3008735	74098	27067	8685	915863	33256

3-2 续表 29 continued

地 区	Region	城市公共交通业 Urban Public Traffic 年末人数(人) Year-end Figures (person)	#女 性 Female	工资总额(千元) Total Wages (1000 yuan)	平均工资(元) Average Wage (yuan)	水上运输业 Water Transport 年末人数(人) Year-end Figures (person)	#女 性 Female	工资总额(千元) Total Wages (1000 yuan)	平均工资(元) Average Wage (yuan)
全 国	**National**	**1169084**	**317881**	**40777911**	**35400**	**460513**	**84393**	**28104395**	**61046**
北 京	Beijing	214722	51006	7655725	35743	140	42	24666	174936
天 津	Tianjin	22500	5460	980365	43696	22329	3262	2322212	102694
河 北	Hebei	31688	11432	799706	25862	26910	5114	1724657	64691
山 西	Shanxi	17568	7523	401077	22958	56	13	1486	26536
内蒙古	Inner Mongolia	12976	5197	363048	26681	166	58	9995	59850
辽 宁	Liaoning	37028	12201	1030449	27841	44916	7844	2318202	51809
吉 林	Jilin	20058	6267	500878	26048	743	197	19105	25610
黑龙江	Heilongjiang	16596	5321	297627	18369	3463	668	100677	29216
上 海	Shanghai	163436	24883	5862587	36519	55036	6699	5570560	99765
江 苏	Jiangsu	41710	12782	1727736	41783	58471	15137	2453043	41701
浙 江	Zhejiang	42504	10839	1936391	45955	28069	4466	2158318	76806
安 徽	Anhui	24674	8978	727744	28489	10859	2084	397200	35723
福 建	Fujian	30930	7414	1124865	36606	12227	1906	631922	52634
江 西	Jiangxi	13323	4259	387322	30662	3625	798	91372	26076
山 东	Shandong	52790	17908	1652868	31948	52940	7960	2995652	56649
河 南	Henan	42914	16008	1179592	27807	2800	738	64683	23109
湖 北	Hubei	37338	11157	1047373	29152	16901	2762	672664	39725
湖 南	Hunan	30693	10212	763637	24884	5412	1260	119356	22136
广 东	Guangdong	150678	37673	7235148	49688	62566	8865	4756192	76647
广 西	Guangxi	15021	3435	427973	28123	16797	5023	504615	30271
海 南	Hainan	3395	1047	88969	26701	5169	1033	290206	56209
重 庆	Chongqing	20634	6396	807750	40424	22680	6227	665472	29629
四 川	Sichuan	32658	9664	1086543	33414	6660	1806	174069	27046
贵 州	Guizhou	14979	4306	384325	25915	744	153	15106	19073
云 南	Yunnan	14870	3899	494841	33258	257	99	4841	18837
西 藏	Tibet	1573	697	30664	19581	21	7	1435	68333
陕 西	Shaanxi	25063	7733	774931	31757	209	57	5857	28024
甘 肃	Gansu	12774	4769	380978	30079	69	36	1521	22043
青 海	Qinghai	4096	1871	93308	22853				
宁 夏	Ningxia	4118	2360	119794	29986	121	51	3097	25595
新 疆	Xinjiang	15777	5184	413697	29415	157	28	6214	39580

3-2 续表 30 continued

地 区	Region	航空运输业 Air Transport 年末人数(人) Year-end Figures (person)	#女 性 Female	工资总额(千元) Total Wages (1000 yuan)	平均工资(元) Average Wage (yuan)	管道运输业 Transport Via Pipeline 年末人数(人) Year-end Figures (person)	#女 性 Female	工资总额(千元) Total Wages (1000 yuan)	平均工资(元) Average Wage (yuan)
全 国	**National**	**335260**	**117707**	**32829800**	**100694**	**32458**	**9116**	**1746962**	**57545**
北 京	Beijing	57941	21746	8022742	142573	2480	370	166594	69328
天 津	Tianjin	3055	1059	382865	125942	218	64	28483	130059
河 北	Hebei	1810	664	123236	67974	1669	313	138741	83781
山 西	Shanxi	4556	1664	317588	70906				
内蒙古	Inner Mongolia	3805	1972	191875	50414				
辽 宁	Liaoning	15047	5631	1263263	85872	3535	1286	157692	45055
吉 林	Jilin	4852	1624	358747	75573	1406	283	75030	53824
黑龙江	Heilongjiang	4782	1674	333350	70730	795	130	51301	72459
上 海	Shanghai	57018	18400	6594549	116187	110	25	11788	98233
江 苏	Jiangsu	9419	2981	937423	101794	10442	2921	588962	59014
浙 江	Zhejiang	9862	3040	861316	91707	43	13	2447	58262
安 徽	Anhui	2892	926	157394	56112				
福 建	Fujian	12897	4314	906602	74160	843	320	33334	38536
江 西	Jiangxi	2689	211	187122	76439	5	2	90	18000
山 东	Shandong	10680	4066	1185870	121690	1469	421	78719	55241
河 南	Henan	7130	2463	305462	43218				
湖 北	Hubei	5445	1800	617316	114106	1004	394	49117	56262
湖 南	Hunan	4794	1402	426360	90503	88	13	2582	29341
广 东	Guangdong	41449	15117	4056779	101283	184	28	16431	91793
广 西	Guangxi	6057	2225	322931	55249				
海 南	Hainan	10335	3963	861581	85789				
重 庆	Chongqing	8271	2981	587109	75068	1027	315	33518	32573
四 川	Sichuan	18874	6795	1737661	94794	775	292	29334	37948
贵 州	Guizhou	3841	1723	273964	72689				
云 南	Yunnan	13312	4180	907077	69412	253	106	12031	49921
西 藏	Tibet	870	364	54185	62861				
陕 西	Shaanxi	579	171	31853	55687	1945	1366	94094	49341
甘 肃	Gansu	1303	367	59491	46806				
青 海	Qinghai	176	47	15025	88905	549	139	52521	97442
宁 夏	Ningxia	1358	505	68757	52526				
新 疆	Xinjiang	11031	3996	734492	70414	5194	769	210192	52812

3-2 续表 31 continued

地 区 Region	装卸搬运和其他运输服务业 Loading, Unloading,Portage and Other Transport Services 年末人数(人) Year-end Figures (person)	#女 性 Female	工资总额(千元) Total Wages (1000 yuan)	平均工资(元) Average Wage (yuan)	仓储业 Storage 年末人数(人) Year-end Figures (person)	#女 性 Female	工资总额(千元) Total Wages (1000 yuan)	平均工资(元) Average Wage (yuan)
全 国 National	**311846**	**88743**	**15159576**	**48624**	**249095**	**71995**	**8563843**	**34416**
北 京 Beijing	49626	18308	3365426	68311	14993	4154	627525	43011
天 津 Tianjin	18377	2736	906919	49526	8207	1897	472354	57220
河 北 Hebei	3634	750	81023	22513	7688	2750	183153	23469
山 西 Shanxi	4526	1547	91772	20512	8053	2747	129695	16107
内蒙古 Inner Mongolia	2977	906	98447	33114	5972	1707	154758	26014
辽 宁 Liaoning	20762	4317	998085	47285	11497	2825	383618	33045
吉 林 Jilin	1518	517	34802	23263	11770	2953	323422	26986
黑龙江 Heilongjiang	5649	1646	126508	23311	17574	3881	296495	16823
上 海 Shanghai	20035	5960	1458457	71916	13130	3389	785174	59791
江 苏 Jiangsu	9479	2580	407427	42950	7443	1935	335084	45075
浙 江 Zhejiang	16393	5684	844009	51913	9432	2335	441172	47423
安 徽 Anhui	2937	866	64400	21676	6153	1886	173772	28155
福 建 Fujian	13048	3114	744951	57677	5384	1333	229158	42429
江 西 Jiangxi	1152	255	22672	20081	4695	1667	96104	21897
山 东 Shandong	14996	3871	774330	50170	21328	6436	658512	30734
河 南 Henan	7725	1606	188925	24638	22264	7688	566155	25395
湖 北 Hubei	10701	2592	380621	35776	7670	1948	234450	30579
湖 南 Hunan	20509	5544	675465	33168	5394	1870	158915	29787
广 东 Guangdong	36696	13064	2016050	54485	22281	6614	1105056	49326
广 西 Guangxi	7764	1786	300923	38315	5502	2042	176480	31758
海 南 Hainan	5627	1384	207985	36598	425	142	11148	26169
重 庆 Chongqing	2858	487	81250	28599	5949	1411	206078	34209
四 川 Sichuan	8806	2311	371714	41719	4763	1606	153043	32807
贵 州 Guizhou	3723	1105	98556	26898	2982	892	95833	31966
云 南 Yunnan	7911	1295	165495	21787	2528	908	76104	30176
西 藏 Tibet					104	34	5316	50629
陕 西 Shaanxi	1527	437	50846	33254	6397	1910	164488	25641
甘 肃 Gansu	3542	1210	152973	40836	3861	1259	86145	22300
青 海 Qinghai	1092	416	66641	57449	1455	587	59172	40612
宁 夏 Ningxia	737	276	35946	48056	371	129	12509	33180
新 疆 Xinjiang	7519	2173	346958	47955	3830	1060	162955	45240

3-2 续表 32 continued

地区 Region	邮政业 Post 年末人数（人）Year-end Figures (person)	#女性 Female	工资总额（千元）Total Wages (1000 yuan)	平均工资（元）Average Wage (yuan)	信息传输、计算机服务和软件业 Information Transfer, Computer Services & Software 年末人数（人）Year-end Figures (person)	#女性 Female	工资总额（千元）Total Wages (1000 yuan)	平均工资（元）Average Wage (yuan)
全国 National	**618264**	**251585**	**25986162**	**42678**	**2127591**	**848958**	**147558504**	**70918**
北京 Beijing	63673	21785	3823716	62141	490865	179749	54542201	116755
天津 Tianjin	3805	1205	244598	65664	20801	9286	1539624	74804
河北 Hebei	23970	10641	770847	32164	58589	26230	2731584	46842
山西 Shanxi	21041	11101	609821	28512	49342	23078	1767582	35697
内蒙古 Inner Mongolia	13230	6365	458023	35065	41958	21262	1705048	40857
辽宁 Liaoning	20118	9571	851758	42772	84659	38235	4878513	60766
吉林 Jilin	12182	5104	413064	33936	57888	21300	2220951	38956
黑龙江 Heilongjiang	24279	11519	921680	38047	61206	25534	2789274	45331
上海 Shanghai	33022	8927	2343763	71800	82032	30158	9639636	120196
江苏 Jiangsu	35053	13133	1440741	41701	99224	38718	6981365	72919
浙江 Zhejiang	38164	13651	2227249	61384	125558	52979	10188866	83493
安徽 Anhui	20281	8705	604300	30120	43665	17875	1756943	41378
福建 Fujian	21244	10036	922538	44092	54282	21398	3148574	59763
江西 Jiangxi	14165	7094	344432	26536	32151	13995	1143367	37676
山东 Shandong	22846	10049	763079	33668	83677	33734	4360111	52186
河南 Henan	17954	8533	474287	26537	58671	25141	2241873	38208
湖北 Hubei	21474	8562	670937	31839	56440	23227	2166714	39229
湖南 Hunan	22545	9908	806916	35960	68597	27499	2776307	41330
广东 Guangdong	58108	18835	2724337	47679	197352	74104	14125187	72847
广西 Guangxi	19998	7940	713486	35938	42085	16824	1821005	43143
海南 Hainan	3856	1566	150071	38949	9748	3927	634410	65525
重庆 Chongqing	13867	6263	551645	40178	39394	10711	2568925	63176
四川 Sichuan	24936	11537	920344	37026	64655	24872	2989853	46954
贵州 Guizhou	14040	6034	365670	26358	26787	11981	1203730	45841
云南 Yunnan	12817	5037	386078	30369	40738	17447	1681134	42088
西藏 Tibet	1897	759	156140	82309	2235	1142	124227	56135
陕西 Shaanxi	12669	5432	396989	31185	77179	33003	3487813	43008
甘肃 Gansu	10229	4300	208408	20594	18043	7792	446767	25181
青海 Qinghai	2515	1220	87307	35134	8844	3494	405935	47356
宁夏 Ningxia	2723	1328	92241	34329	5973	2928	313823	52173
新疆 Xinjiang	11563	5445	541697	47194	24953	11335	1177162	48034

3-2 续表 33 continued

地区	Region	电信和其他信息传输服务业 Telecom and Other Information Transfer Services				计算机服务业 Computer Services			
		年末人数(人) Year-end Figures (person)	#女性 Female	工资总额(千元) Total Wages (1000 yuan)	平均工资(元) Average Wage (yuan)	年末人数(人) Year-end Figures (person)	#女性 Female	工资总额(千元) Total Wages (1000 yuan)	平均工资(元) Average Wage (yuan)
全国	**National**	**1416417**	**609906**	**83571028**	**59484**	**214003**	**75060**	**17705891**	**85508**
北京	Beijing	134259	56323	14425907	113268	102364	36222	11756628	118998
天津	Tianjin	16333	7335	1285169	78503	1210	456	59670	49891
河北	Hebei	57811	25934	2711986	47111	379	111	6524	17538
山西	Shanxi	48308	22691	1733627	35771	614	200	19337	30742
内蒙古	Inner Mongolia	41490	21066	1682105	40739	270	109	13955	57905
辽宁	Liaoning	57468	26305	3088567	54786	3725	1440	194536	55502
吉林	Jilin	39904	17905	1667970	42365	14004	2226	415164	29945
黑龙江	Heilongjiang	56496	23727	2642783	46507	2537	1107	64330	24771
上海	Shanghai	36500	14250	4183908	116017	15912	6290	1809818	117521
江苏	Jiangsu	68977	31448	4246920	62622	2690	967	137421	52895
浙江	Zhejiang	82512	39090	7263608	88881	7032	1952	374789	57918
安徽	Anhui	40075	16869	1576889	40374	561	229	16121	29634
福建	Fujian	42596	17462	2522419	60866	3665	1584	145718	40254
江西	Jiangxi	29320	12568	1054358	38225	1643	896	33560	20539
山东	Shandong	67377	28580	3653588	53862	6840	2497	233811	35335
河南	Henan	55224	24172	2113687	38272	1816	528	54257	29943
湖北	Hubei	41697	17874	1612603	39151	5588	2169	198097	36610
湖南	Hunan	62049	25540	2512151	41178	2045	799	73245	38388
广东	Guangdong	120795	46878	8653117	71988	22465	10825	1475368	68673
广西	Guangxi	40989	16442	1781877	43310	281	81	14926	52372
海南	Hainan	8193	3424	569347	69893	866	304	34163	39817
重庆	Chongqing	37300	10117	2511456	63864	1253	342	25163	34096
四川	Sichuan	54463	23070	2643684	49263	8507	1199	261529	30892
贵州	Guizhou	24768	11127	1162498	47822	1117	476	21949	19810
云南	Yunnan	36856	16219	1571183	43523	1631	542	37676	24043
西藏	Tibet	2235	1142	124227	56135				
陕西	Shaanxi	57529	27758	2346678	37171	3439	1040	170285	44104
甘肃	Gansu	17355	7638	426733	25067	675	148	19769	28041
青海	Qinghai	8619	3417	402484	47733	194	69	2548	22955
宁夏	Ningxia	5650	2847	296623	52012	197	47	12718	67649
新疆	Xinjiang	23269	10688	1102876	48016	483	205	22816	47435

3-2 续表 34 continued

地 区	Region	软件业 Software Industry 年末人数（人）Year-end Figures (person)	#女 性 Female	工资总额（千元）Total Wages (1000 yuan)	平均工资（元）Average Wage (yuan)	批发和零售业 Wholesale and Retail Trade 年末人数（人）Year-end Figures (person)	#女 性 Female	工资总额（千元）Total Wages (1000 yuan)	平均工资（元）Average Wage (yuan)
全 国	**National**	**497171**	**163992**	**46281585**	**98745**	**6474884**	**3087228**	**259475017**	**40654**
北 京	Beijing	254242	87204	28359666	117679	635709	302348	44091050	70711
天 津	Tianjin	3258	1495	194785	64605	147451	63148	6964770	48772
河 北	Hebei	399	185	13074	34679	234736	110841	5738304	24449
山 西	Shanxi	420	187	14618	34640	180713	71028	4242323	23613
内蒙古	Inner Mongolia	198	87	8988	44716	75949	37524	2223425	28651
辽 宁	Liaoning	23466	10490	1595410	78195	220302	102828	6972612	31952
吉 林	Jilin	3980	1169	137817	36488	93824	41871	2566438	27082
黑龙江	Heilongjiang	2173	700	82161	38976	163855	69175	4835997	28649
上 海	Shanghai	29620	9618	3645910	126876	475247	241220	38490780	82882
江 苏	Jiangsu	27557	6303	2597024	102548	320915	173355	11865960	37256
浙 江	Zhejiang	36014	11937	2550469	75371	378794	193942	16791355	45488
安 徽	Anhui	3029	777	163933	57319	155140	78757	4600368	30234
福 建	Fujian	8021	2352	480437	63033	201270	91184	7633123	37998
江 西	Jiangxi	1188	531	55449	49070	130583	61268	3594523	29148
山 东	Shandong	9460	2657	472712	51946	482089	251076	13688513	28807
河 南	Henan	1631	441	73929	45189	427339	186679	11380858	26913
湖 北	Hubei	9155	3184	356014	41239	273513	143882	7746545	29285
湖 南	Hunan	4503	1160	190911	44825	173261	83699	5561174	33143
广 东	Guangdong	54092	16401	3996702	76543	555792	252625	24001590	44000
广 西	Guangxi	815	301	24202	30949	128162	56913	3797253	29757
海 南	Hainan	689	199	30900	45575	44003	18778	1228619	29966
重 庆	Chongqing	841	252	32306	53843	163942	82007	5478864	34675
四 川	Sichuan	1685	603	84640	54783	178479	83402	5882323	33453
贵 州	Guizhou	902	378	19283	22901	106332	43295	3659591	34528
云 南	Yunnan	2251	686	72275	31755	193644	90777	6168734	31423
西 藏	Tibet					4833	1811	193585	40138
陕 西	Shaanxi	16211	4205	970850	68835	149298	71804	4234064	27794
甘 肃	Gansu	13	6	265	20385	56003	26520	1321662	23676
青 海	Qinghai	31	8	903	31138	22652	11274	667816	30059
宁 夏	Ningxia	126	34	4482	36145	16016	8746	532951	33774
新 疆	Xinjiang	1201	442	51470	48694	85038	35451	3319847	40300

3-2 续表 35 continued

地 区 Region	批发业 Wholesale				零售业 Retail Trade			
	年末人数(人) Year-end Figures (person)	#女 性 Female	工资总额(千元) Total Wages (1000 yuan)	平均工资(元) Average Wage (yuan)	年末人数(人) Year-end Figures (person)	#女 性 Female	工资总额(千元) Total Wages (1000 yuan)	平均工资(元) Average Wage (yuan)
全 国 National	**3188066**	**1270945**	**163278579**	**51687**	**3286818**	**1816283**	**96196438**	**29842**
北 京 Beijing	333859	141096	31276842	95444	301850	161252	12814208	43315
天 津 Tianjin	72989	26766	4330122	60317	74462	36382	2634648	37101
河 北 Hebei	121282	44648	3490138	28529	113454	66193	2248166	20008
山 西 Shanxi	106664	36625	3061388	28731	74049	34403	1180935	16153
内蒙古 Inner Mongolia	40841	15792	1383816	32896	35108	21732	839609	23625
辽 宁 Liaoning	107408	38401	4186141	39616	112894	64427	2786471	24756
吉 林 Jilin	45965	15887	1421929	30625	47859	25984	1144509	23678
黑龙江 Heilongjiang	79364	26186	2306583	29636	84491	42989	2529414	27805
上 海 Shanghai	271187	125637	29126456	109548	204060	115583	9364324	47169
江 苏 Jiangsu	143180	64707	6370939	44878	177735	108648	5495021	31126
浙 江 Zhejiang	193720	86914	10749962	56137	185074	107028	6041393	34009
安 徽 Anhui	85419	33356	2992678	35300	69721	45401	1607690	23860
福 建 Fujian	101493	40268	4984526	48161	99777	50916	2648597	27198
江 西 Jiangxi	67327	26159	2095131	33634	63256	35109	1499392	24569
山 东 Shandong	198528	81253	6974711	35345	283561	169823	6713802	24163
河 南 Henan	182595	63766	5643424	30942	244744	122913	5737434	23857
湖 北 Hubei	91372	36771	3340256	36994	182141	107111	4406289	25290
湖 南 Hunan	58829	22192	2629684	44505	114432	61507	2931490	26967
广 东 Guangdong	301650	124018	15036578	50194	254142	128607	8965012	36455
广 西 Guangxi	64704	23985	2122717	32935	63458	32928	1674536	26515
海 南 Hainan	23853	9666	754589	35415	20150	9112	474030	24071
重 庆 Chongqing	73582	28397	2868880	40176	90360	53610	2609984	30139
四 川 Sichuan	88377	33510	3406034	38976	90102	49892	2476289	27997
贵 州 Guizhou	63772	21778	2669034	41439	42560	21517	990557	23823
云 南 Yunnan	94891	33715	3913679	39394	98753	57062	2255055	23256
西 藏 Tibet	2411	824	121504	50500	2422	987	72081	29823
陕 西 Shaanxi	73005	30352	2404776	33639	76293	41452	1829288	22625
甘 肃 Gansu	26925	9867	727427	27158	29078	16653	594235	20463
青 海 Qinghai	10812	4224	392960	37093	11840	7050	274856	23648
宁 夏 Ningxia	9145	4855	329811	36995	6871	3891	203140	29591
新 疆 Xinjiang	52917	19330	2165864	42016	32121	16121	1153983	37429

3-2 续表 36 continued

地 区	Region	住宿和餐饮业 Accommodation and Restaurants				住宿业 Accommodation			
		年末人数(人) Year-end Figures (person)	#女性 Female	工资总额(千元) Total Wages (1000 yuan)	平均工资(元) Average Wage (yuan)	年末人数(人) Year-end Figures (person)	#女性 Female	工资总额(千元) Total Wages (1000 yuan)	平均工资(元) Average Wage (yuan)
全 国	**National**	**2427382**	**1314617**	**65521782**	**27486**	**1379907**	**754273**	**39957796**	**28997**
北 京	Beijing	292292	149258	10976277	37830	152160	76130	6401528	41884
天 津	Tianjin	67342	19648	1572530	25290	22747	12120	673130	31418
河 北	Hebei	52683	29036	1155753	21791	36908	20946	842591	22587
山 西	Shanxi	48883	27417	832684	17239	28324	15808	511635	17875
内蒙古	Inner Mongolia	26825	15760	681398	25385	18086	10522	458048	25342
辽 宁	Liaoning	73019	39605	1878911	26046	39773	21719	1058967	26625
吉 林	Jilin	31427	18264	694329	21901	21100	11744	487106	23161
黑龙江	Heilongjiang	37843	20211	884881	23462	21336	11798	442653	20870
上 海	Shanghai	167080	86109	6296899	38462	62860	28966	3318589	51470
江 苏	Jiangsu	117271	66356	3106929	27236	62337	34168	1858460	29779
浙 江	Zhejiang	181447	100373	4907799	29056	101447	54595	3279489	32021
安 徽	Anhui	39370	23651	871721	22511	30178	18352	690530	22863
福 建	Fujian	87380	48838	2272953	26577	52206	29023	1492208	28591
江 西	Jiangxi	33249	20341	672860	21290	24119	14971	516087	22376
山 东	Shandong	136045	71034	3520229	25926	77365	40633	2147301	28010
河 南	Henan	105343	58994	2577552	24604	70532	40022	1644910	23488
湖 北	Hubei	81947	49784	1866200	23169	37490	21967	910652	24529
湖 南	Hunan	90557	52358	2114843	23623	64698	36659	1555680	24171
广 东	Guangdong	289944	156154	7943809	28376	136004	71911	4280917	31250
广 西	Guangxi	43156	23946	868822	20310	32672	18495	684527	21182
海 南	Hainan	51949	27845	1240889	22449	46193	24675	1043139	22811
重 庆	Chongqing	71242	41047	1750027	24388	35747	20438	919956	25860
四 川	Sichuan	61348	32309	1627055	26691	40839	22371	1054183	26276
贵 州	Guizhou	29414	17592	669680	23211	20064	12324	474678	24015
云 南	Yunnan	73795	39992	1425457	19476	55613	32232	1092840	19693
西 藏	Tibet	3296	1866	86053	25857	3233	1821	83763	25655
陕 西	Shaanxi	74107	42736	1583409	21626	40671	23747	932433	23123
甘 肃	Gansu	18577	10823	363616	19653	15166	8729	305801	20311
青 海	Qinghai	7632	4515	165173	21874	5189	3137	109293	21263
宁 夏	Ningxia	4034	2803	93706	22922	2645	1803	57964	21685
新 疆	Xinjiang	28885	15952	819338	28136	22205	12447	628738	28183

3-2 续表 37 continued

地 区 Region		餐饮业 Restaurants				金融业 Finance			
		年末人数（人）Year-end Figures (person)	#女 性 Female	工资总额（千元）Total Wages (1000 yuan)	平均工资（元）Average Wage (yuan)	年末人数（人）Year-end Figures (person)	#女 性 Female	工资总额（千元）Total Wages (1000 yuan)	平均工资（元）Average Wage (yuan)
全 国	**National**	**1047475**	**560344**	**25563986**	**25416**	**5053243**	**2567905**	**400701926**	**81109**
北 京	Beijing	140132	73128	4574749	33317	328689	175627	54897589	172621
天 津	Tianjin	44595	7528	899400	22068	77246	38671	7346155	97006
河 北	Hebei	15775	8090	313162	19902	238344	122738	12506013	53190
山 西	Shanxi	20559	11609	321049	16314	150372	76829	8158345	55125
内蒙古	Inner Mongolia	8739	5238	223350	25473	104429	55223	5746250	55530
辽 宁	Liaoning	33246	17886	819944	25335	224191	117078	13390640	60859
吉 林	Jilin	10327	6520	207223	19417	105249	52405	5691897	54512
黑龙江	Heilongjiang	16507	8413	442228	26792	146744	66170	7161018	49143
上 海	Shanghai	104220	57143	2978310	30011	277838	145595	45489294	170086
江 苏	Jiangsu	54934	32188	1248469	24164	289413	148773	24545522	86520
浙 江	Zhejiang	80000	45778	1628310	24489	318802	177292	34809622	112458
安 徽	Anhui	9192	5299	181191	21262	160433	77336	8291777	52780
福 建	Fujian	35174	19815	780745	23424	135976	69716	11260901	84296
江 西	Jiangxi	9130	5370	156773	18357	108882	55759	4944999	47112
山 东	Shandong	58680	30401	1372928	23223	346174	172139	21012700	61416
河 南	Henan	34811	18972	932642	26854	238102	118035	11195006	47749
湖 北	Hubei	44457	27817	955548	22007	157610	75904	8984859	58104
湖 南	Hunan	25859	15699	559163	22223	203600	106184	11260785	56704
广 东	Guangdong	153940	84243	3662892	25622	460858	224913	44151201	97916
广 西	Guangxi	10484	5451	184295	17617	110066	51649	6826088	64836
海 南	Hainan	5756	3170	197750	20715	24010	10966	1583160	67337
重 庆	Chongqing	35495	20609	830071	22941	114984	64174	7521608	72277
四 川	Sichuan	20509	9938	572872	27489	214458	106698	12886386	61242
贵 州	Guizhou	9350	5268	195002	21462	71546	33412	5261909	75169
云 南	Yunnan	18182	7760	332617	18797	97341	45763	7334179	76946
西 藏	Tibet	63	45	2290	36349	9369	3774	842808	91919
陕 西	Shaanxi	33436	18989	650976	19791	140494	71670	7466370	53289
甘 肃	Gansu	3411	2094	57815	16777	69015	33462	2619443	38163
青 海	Qinghai	2443	1378	55880	23177	20035	9941	1051952	54446
宁 夏	Ningxia	1389	1000	35742	25259	28026	14869	1727595	62587
新 疆	Xinjiang	6680	3505	190600	27980	80947	45140	4735855	59732

3-2 续表 38 continued

地 区	Region	银行业 Bank 年末人数(人) Year-end Figures (person)	#女性 Female	工资总额(千元) Total Wages (1000 yuan)	平均工资(元) Average Wage (yuan)	证券业 Securities 年末人数(人) Year-end Figures (person)	#女性 Female	工资总额(千元) Total Wages (1000 yuan)	平均工资(元) Average Wage (yuan)
全 国	**National**	**3088967**	**1482966**	**288185383**	**94897**	**193956**	**78790**	**29149770**	**156662**
北 京	Beijing	150211	81066	31668030	218708	46073	19094	9795311	220556
天 津	Tianjin	47953	23568	5702192	121949	1749	769	193713	109690
河 北	Hebei	144437	65308	9409045	65577	3190	1490	322535	104245
山 西	Shanxi	111117	53621	6905635	63091	2609	1045	253919	100882
内蒙古	Inner Mongolia	78692	39465	4891989	62814	679	326	34294	52841
辽 宁	Liaoning	144949	68915	10082945	70423	3716	1591	385502	107863
吉 林	Jilin	81153	39352	4772452	59691	2680	1208	178031	64809
黑龙江	Heilongjiang	97651	43679	5559370	57159	1884	621	110296	56331
上 海	Shanghai	139222	72886	30490426	222603	23126	9772	4662301	212396
江 苏	Jiangsu	180981	86831	18845468	106713	9732	3742	1198366	128815
浙 江	Zhejiang	207003	113600	27111452	135227	14738	5780	1712598	121806
安 徽	Anhui	95975	42039	6180849	65848	3431	1344	364246	109416
福 建	Fujian	85720	41458	9091939	107380	3435	1458	348409	105419
江 西	Jiangxi	76015	35685	3824193	52487	783	300	37932	49845
山 东	Shandong	199797	89144	15624539	79280	4930	2020	761326	156169
河 南	Henan	148476	70421	8613017	58576	1635	671	113010	73911
湖 北	Hubei	96242	44408	6257534	65593	8428	3370	532615	66485
湖 南	Hunan	108368	51830	7670692	71966	9759	4126	850486	93071
广 东	Guangdong	274837	132005	29396063	108269	31408	11611	5239015	176149
广 西	Guangxi	73835	33579	5456078	75537	1965	665	189595	96388
海 南	Hainan	17573	7757	1238062	71676	1026	397	76838	76380
重 庆	Chongqing	50859	25584	4989974	102428	5221	2388	414166	99583
四 川	Sichuan	132149	62467	9528310	72390	3732	1510	678804	184257
贵 州	Guizhou	54302	24899	4546387	85306	730	255	38532	54194
云 南	Yunnan	71064	32119	6313502	90103	1771	772	197288	116808
西 藏	Tibet	7262	2869	726663	100146	1208	487	70571	67857
陕 西	Shaanxi	79811	36582	5320816	67218	3454	1594	285390	66139
甘 肃	Gansu	50564	22303	2089685	41595	40	18	1076	26900
青 海	Qinghai	15718	7528	863001	56112	25	6	1440	57600
宁 夏	Ningxia	20118	9434	1510571	76772				
新 疆	Xinjiang	46913	22564	3504504	76069	799	360	102165	143692

3-2 续表 39 continued

地 区	Region	保险业 Insurance 年末人数(人) Year-end Figures (person)	#女 性 Female	工资总额(千元) Total Wages (1000 yuan)	平均工资(元) Average Wage (yuan)	其他金融活动 Other Financial Activities 年末人数(人) Year-end Figures (person)	#女 性 Female	工资总额(千元) Total Wages (1000 yuan)	平均工资(元) Average Wage (yuan)
全 国	**National**	**1657461**	**950354**	**72856411**	**45263**	**112859**	**55795**	**10510362**	**97527**
北 京	Beijing	111950	66501	9721089	88477	20455	8966	3713159	196007
天 津	Tianjin	27214	14203	1376104	51185	330	131	74146	232433
河 北	Hebei	87268	54051	2657700	31201	3449	1889	116733	34670
山 西	Shanxi	33359	20250	871104	26444	3287	1913	127687	41403
内蒙古	Inner Mongolia	23447	14435	761505	32585	1611	997	58462	36978
辽 宁	Liaoning	71247	44285	2667214	38589	4279	2287	254979	61308
吉 林	Jilin	19263	10559	558484	28420	2153	1286	182930	88586
黑龙江	Heilongjiang	44424	20352	1367900	31249	2785	1518	123452	45337
上 海	Shanghai	112016	61510	9578498	91079	3474	1427	758069	225683
江 苏	Jiangsu	94997	56809	4255533	45174	3703	1391	246155	68491
浙 江	Zhejiang	90040	54073	5281794	59856	7021	3839	703778	104341
安 徽	Anhui	56238	31562	1485709	26850	4789	2391	260973	57093
福 建	Fujian	45519	26159	1685991	38030	1302	641	134562	105209
江 西	Jiangxi	31069	19260	1006178	33135	1015	514	76696	78582
山 东	Shandong	139130	79863	4491369	32559	2317	1112	135466	60611
河 南	Henan	84225	45557	2326018	28298	3766	1386	142961	38711
湖 北	Hubei	48061	25756	1911173	41053	4879	2370	283537	60728
湖 南	Hunan	77291	45395	2344024	31263	8182	4833	395583	50150
广 东	Guangdong	142109	74715	7878914	57298	12504	6582	1637209	134750
广 西	Guangxi	30050	15312	925635	34171	4216	2093	254780	63743
海 南	Hainan	4986	2611	244178	50596	425	201	24082	59315
重 庆	Chongqing	55839	34828	1970804	40828	3065	1374	146664	50227
四 川	Sichuan	74608	40702	2472554	34635	3969	2019	206718	55539
贵 州	Guizhou	14384	7467	557212	40044	2130	791	119778	57586
云 南	Yunnan	22163	11790	702743	32903	2343	1082	120646	54864
西 藏	Tibet	851	398	42603	51640	48	20	2971	61896
陕 西	Shaanxi	54445	32064	1733177	32166	2784	1430	126987	46077
甘 肃	Gansu	17824	10921	514276	28929	587	220	14406	24753
青 海	Qinghai	3966	2303	179573	49050	326	104	7938	31129
宁 夏	Ningxia	7887	5428	216277	27356	21	7	747	35571
新 疆	Xinjiang	31591	21235	1071078	34415	1644	981	58108	42046

3-2 续表 40 continued

地 区	Region	房地产业 Real Estate				房地产开发经营 Real Estate Exploitation Management			
		年末人数（人）Year-end Figures (person)	#女 性 Female	工资总额（千元）Total Wages (1000 yuan)	平均工资（元）Average Wage (yuan)	年末人数（人）Year-end Figures (person)	#女 性 Female	工资总额（千元）Total Wages (1000 yuan)	平均工资（元）Average Wage (yuan)
全 国	**National**	**2485833**	**860330**	**105254275**	**42837**	**1251611**	**417961**	**64224387**	**52064**
北 京	Beijing	351304	135696	20017930	57579	83892	33701	8966125	108857
天 津	Tianjin	41552	12133	4766542	120379	26587	8735	4249453	170285
河 北	Hebei	48988	17646	1458448	30640	33438	11567	1041281	31994
山 西	Shanxi	20608	6838	438845	21937	12697	3612	268738	22004
内蒙古	Inner Mongolia	20054	8200	736989	33144	11546	4350	442383	32029
辽 宁	Liaoning	115356	39547	3602485	32183	52904	16883	2015736	39141
吉 林	Jilin	52924	17137	1460067	27748	23596	6606	722119	30199
黑龙江	Heilongjiang	56163	18212	1520822	26558	24861	6876	745076	27962
上 海	Shanghai	154854	50845	9754975	62340	64422	21942	6149430	95408
江 苏	Jiangsu	79312	30354	3797026	48591	48221	18024	2634922	55784
浙 江	Zhejiang	152819	53588	7201779	48153	68404	25224	4630753	69108
安 徽	Anhui	61461	20189	1906530	32958	37775	11119	1278518	37050
福 建	Fujian	91057	32131	3947801	43969	47817	17105	2719745	57608
江 西	Jiangxi	36015	12235	1142499	33475	27779	9192	910722	34584
山 东	Shandong	133691	43643	4525461	32966	101713	32053	3683521	35028
河 南	Henan	116381	39192	3943312	34062	88356	29107	3225911	36619
湖 北	Hubei	81105	25263	2815987	35569	70318	20877	2557273	37311
湖 南	Hunan	92819	31624	3030490	33394	58625	18660	2180924	37999
广 东	Guangdong	333786	108755	14879869	45109	92443	30623	5756581	64781
广 西	Guangxi	49458	17289	1430916	29253	24823	9111	874775	35598
海 南	Hainan	34864	11945	1173811	33787	20755	6958	883265	43175
重 庆	Chongqing	72546	25201	2810473	40273	50805	16717	2265050	46574
四 川	Sichuan	64730	21384	2207860	35298	51450	16610	1794095	36233
贵 州	Guizhou	42834	15316	1199964	28038	21058	6819	760541	35937
云 南	Yunnan	53681	18957	1529115	28992	37349	12495	1153630	31569
西 藏	Tibet	263	95	12103	46730	96	33	5339	56798
陕 西	Shaanxi	62935	22109	2033483	31770	33318	10363	1094140	32984
甘 肃	Gansu	16364	5188	431683	26660	12133	3696	329288	27334
青 海	Qinghai	9530	3488	245044	26309	5072	1758	139659	26920
宁 夏	Ningxia	10667	3633	358261	33348	6395	2055	224362	34264
新 疆	Xinjiang	27712	12497	873705	31948	12963	5090	521032	40425

3-2 续表 41 continued

地 区 Region	物业管理 Management Concerning Dwelling				房地产中介服务 Real Estate Agency Service			
	年末人数（人）Year-end Figures (person)	#女 性 Female	工资总额（千元）Total Wages (1000 yuan)	平均工资（元）Average Wage (yuan)	年末人数（人）Year-end Figures (person)	#女 性 Female	工资总额（千元）Total Wages (1000 yuan)	平均工资（元）Average Wage (yuan)
全 国 National	**945911**	**326583**	**28381269**	**30458**	**101210**	**43987**	**4446957**	**41494**
北 京 Beijing	209486	79191	7528489	36818	17588	7439	1193280	58124
天 津 Tianjin	13409	3014	412882	31518	263	94	12701	50401
河 北 Hebei	10944	4230	299276	28210	886	406	22281	25581
山 西 Shanxi	5002	1979	103512	21065	580	282	13287	22909
内蒙古 Inner Mongolia	3392	1613	79665	23981	1207	528	44622	37123
辽 宁 Liaoning	45985	16284	1064704	23769	4765	2181	179469	39023
吉 林 Jilin	21742	7601	511065	24174	2256	940	52156	23088
黑龙江 Heilongjiang	24023	8701	549651	23502	558	231	16094	29315
上 海 Shanghai	76062	22499	2781895	35967	9251	4716	445326	47654
江 苏 Jiangsu	21448	8862	624188	29332	1141	581	53250	47041
浙 江 Zhejiang	68309	21850	1807480	27257	5954	2563	244933	39983
安 徽 Anhui	17817	6681	459854	26330	1357	626	31264	22590
福 建 Fujian	37165	12733	1006203	27460	2335	920	90826	39524
江 西 Jiangxi	2534	925	58824	26473	1039	431	27778	29805
山 东 Shandong	25221	9033	628201	24846	2737	1085	77999	28240
河 南 Henan	19709	7110	484857	25055	8316	2975	232543	27933
湖 北 Hubei	6513	2521	152850	24029	1451	691	33948	23461
湖 南 Hunan	27877	10307	621594	22911	2622	1211	91838	36357
广 东 Guangdong	180930	53176	6148514	34626	26213	11498	1239040	41962
广 西 Guangxi	18673	5828	390656	21127	1463	679	36916	25199
海 南 Hainan	12056	4202	241540	19722	428	174	12834	30269
重 庆 Chongqing	15710	5832	384741	23757	2982	1292	104542	36211
四 川 Sichuan	7788	2497	214436	28256	1150	432	43619	38807
贵 州 Guizhou	15944	6043	306843	19345	885	294	21489	24672
云 南 Yunnan	11749	4277	251283	21582	1353	692	40763	30217
西 藏 Tibet	48	25	1247	25979				
陕 西 Shaanxi	23329	9446	729342	29430	1063	368	38639	36349
甘 肃 Gansu	3127	1070	67842	22302	68	33	1507	22162
青 海 Qinghai	3930	1520	89507	24884	155	80	5721	38655
宁 夏 Ningxia	3782	1322	114374	30845	419	227	16932	40702
新 疆 Xinjiang	12207	6211	265754	22323	725	318	21360	30169

3-2 续表 42 continued

地区 Region	租赁和商务服务业 Tenancy and Business Services 年末人数（人） Year-end Figures (person)	#女性 Female	工资总额（千元） Total Wages (1000 yuan)	平均工资（元） Average Wage (yuan)	租赁业 Tenancy 年末人数（人） Year-end Figures (person)	#女性 Female	工资总额（千元） Total Wages (1000 yuan)	平均工资（元） Average Wage (yuan)
全 国 National	**2865836**	**915616**	**132528424**	**46976**	**51939**	**13450**	**1806413**	**35524**
北 京 Beijing	587037	221342	47839497	83007	6954	1736	309442	42835
天 津 Tianjin	64120	8343	2236624	34266	392	126	25784	70256
河 北 Hebei	51101	13416	1207410	23881	1784	141	40545	21740
山 西 Shanxi	54834	18129	1296234	24091	902	374	10950	12140
内蒙古 Inner Mongolia	29003	9140	1116279	37799	79	18	3687	46671
辽 宁 Liaoning	125691	47565	3654456	28859	860	129	17661	20001
吉 林 Jilin	43950	12938	1376275	31161	847	254	22182	27624
黑龙江 Heilongjiang	50485	15844	1713012	32841	1252	573	50542	40596
上 海 Shanghai	184489	60911	14148111	76802	7908	840	398377	52459
江 苏 Jiangsu	111760	38864	3783081	33643	1297	234	38487	29904
浙 江 Zhejiang	277104	76173	10520676	39205	1585	310	73757	47708
安 徽 Anhui	48457	11233	1644698	37525	670	112	22345	34483
福 建 Fujian	66038	19589	2129313	32928	351	120	19023	55139
江 西 Jiangxi	34524	11421	1041038	32529	528	220	11315	22057
山 东 Shandong	103427	31135	3629449	35000	2258	703	60863	26393
河 南 Henan	111354	35053	3146025	28474	5378	3092	136565	25536
湖 北 Hubei	44646	13832	1376334	30806	1837	735	62189	33965
湖 南 Hunan	86753	34533	2225281	27804	1363	302	40597	29633
广 东 Guangdong	317292	86640	15039137	47537	3263	539	120461	37786
广 西 Guangxi	93370	30647	2297397	25081	1135	329	50353	43558
海 南 Hainan	23542	6119	550241	24530	2749	349	44269	25964
重 庆 Chongqing	57052	12678	1548589	28146	3125	149	106595	33114
四 川 Sichuan	63716	18483	2451868	38967	1197	424	29594	24519
贵 州 Guizhou	31271	9681	825432	26900	1523	602	38878	25066
云 南 Yunnan	67421	21527	1789879	27481	586	163	15251	26204
西 藏 Tibet	1528	756	63558	42064				
陕 西 Shaanxi	41039	13646	1266346	30804	1350	590	38045	28866
甘 肃 Gansu	18710	9310	424737	23143	187	41	3926	20995
青 海 Qinghai	8409	3389	383653	46007	21	7	1004	47810
宁 夏 Ningxia	14453	3945	415647	30143	74	41	1875	25000
新 疆 Xinjiang	53260	19334	1388147	27185	484	197	11851	24385

3-2 续表 43 continued

地区 Region		商务服务业 Business Service				科学研究、技术服务和地质勘查业 Scientific Research,Technical Service and Geologic Perambulation			
		年末人数(人) Year-end Figures (person)	#女性 Female	工资总额(千元) Total Wages (1000 yuan)	平均工资(元) Average Wage (yuan)	年末人数(人) Year-end Figures (person)	#女性 Female	工资总额(千元) Total Wages (1000 yuan)	平均工资(元) Average Wage (yuan)
全国	**National**	**2813897**	**902166**	**130722011**	**47186**	**2984714**	**900477**	**187957660**	**64252**
北京	Beijing	580083	219606	47530055	83517	505675	171746	47827243	97658
天津	Tianjin	63728	8217	2210840	34063	53367	16040	4790494	91848
河北	Hebei	49317	13275	1166865	23963	99997	24504	5893532	59318
山西	Shanxi	53932	17755	1285284	24295	60793	21828	2272013	37549
内蒙古	Inner Mongolia	28924	9122	1112592	37775	43963	15570	2012140	45750
辽宁	Liaoning	124831	47436	3636795	28921	138620	41121	7385075	54741
吉林	Jilin	43103	12684	1354093	31227	67857	20448	3124998	46102
黑龙江	Heilongjiang	49233	15271	1662470	32652	121715	34609	5423910	47545
上海	Shanghai	176581	60071	13749734	77848	123615	38466	14643793	120307
江苏	Jiangsu	110463	38630	3744594	33686	119582	34503	8291024	70982
浙江	Zhejiang	275519	75863	10446919	39155	154818	42451	9755240	64799
安徽	Anhui	47787	11121	1622353	37571	75487	20002	3211627	43177
福建	Fujian	65687	19469	2110290	32809	57105	18150	2796158	49201
江西	Jiangxi	33996	11201	1029723	32700	55156	14006	1896353	37628
山东	Shandong	101169	30432	3568586	35196	107541	32898	5526208	52518
河南	Henan	105976	31961	3009460	28623	122544	39276	4773838	39277
湖北	Hubei	42809	13097	1314145	30671	116088	30744	5585312	48816
湖南	Hunan	85390	34231	2184684	27772	84832	23154	3499503	41841
广东	Guangdong	314029	86101	14918676	47636	185838	55948	14399469	78743
广西	Guangxi	92235	30318	2247044	24845	76324	22271	2928919	38626
海南	Hainan	20793	5770	505972	24412	16100	4702	593413	37584
重庆	Chongqing	53927	12529	1441994	27838	51159	13030	3260417	65560
四川	Sichuan	62519	18059	2422274	39250	146245	43135	9418153	63235
贵州	Guizhou	29748	9079	786554	26998	46388	12375	1544971	34906
云南	Yunnan	66835	21364	1774628	27493	64310	20427	2684743	42284
西藏	Tibet	1528	756	63558	42064	7211	2015	408598	58791
陕西	Shaanxi	39689	13056	1228301	30868	143522	45059	7973890	56784
甘肃	Gansu	18523	9269	420811	23165	49891	13925	1733220	34475
青海	Qinghai	8388	3382	382649	46003	26515	7288	1426686	55466
宁夏	Ningxia	14379	3904	413772	30172	12583	3838	586576	46198
新疆	Xinjiang	52776	19137	1376296	27212	49873	16948	2290144	45501

3-2 续表 44 continued

地区	Region	研究与试验发展 Research and Experimental Development 年末人数(人) Year-end Figures (person)	#女性 Female	工资总额(千元) Total Wages (1000 yuan)	平均工资(元) Average Wage (yuan)	自然科学研究与试验发展 Research and Experimental Development on Physical Science 年末人数(人) Year-end Figures (person)	#女性 Female	工资总额(千元) Total Wages (1000 yuan)	平均工资(元) Average Wage (yuan)
全　国	**National**	**769953**	**257910**	**53203776**	**70452**	**151155**	**53591**	**10666665**	**71718**
北　京	Beijing	152859	56463	14648083	97966	36565	13922	3485886	97358
天　津	Tianjin	9872	3145	756951	77740	3152	895	220464	70571
河　北	Hebei	17266	4766	920151	53757	1860	442	111230	60287
山　西	Shanxi	18486	7069	725240	39787	3482	1647	121667	35123
内蒙古	Inner Mongolia	9221	3757	452599	48930	431	144	19924	45593
辽　宁	Liaoning	39111	12005	2202407	58675	12544	4990	748117	61639
吉　林	Jilin	17531	5099	993573	57280	5509	1502	322720	58232
黑龙江	Heilongjiang	20696	5830	942391	47445	5810	1944	307481	52759
上　海	Shanghai	55260	17884	6225478	113399	21810	7387	2011594	93667
江　苏	Jiangsu	41605	13427	3473840	86170	9610	3225	677377	70900
浙　江	Zhejiang	18646	6422	1275978	69362	1454	466	146944	99758
安　徽	Anhui	18369	5499	940874	52734	2275	655	88675	39394
福　建	Fujian	6627	2225	314400	47586	1396	451	63894	45606
江　西	Jiangxi	13431	4696	462553	36969	3859	1248	142517	39809
山　东	Shandong	18328	6615	1080184	58782	5109	1741	319530	62714
河　南	Henan	24784	8291	987990	40272	828	288	23098	27896
湖　北	Hubei	27995	8291	1220493	43944	4317	1041	239046	57024
湖　南	Hunan	16720	5092	599167	36195	2252	743	92783	41644
广　东	Guangdong	35957	12956	2961265	83322	6779	2457	510700	75026
广　西	Guangxi	17031	5984	645049	38311	5056	1976	192458	38716
海　南	Hainan	5836	1883	170633	30030	158	37	2912	18430
重　庆	Chongqing	11297	3295	732677	66753	77	38	2841	42403
四　川	Sichuan	61284	19073	4066351	67002	4674	1718	229179	50436
贵　州	Guizhou	4545	1505	178128	39244	1096	339	47238	42634
云　南	Yunnan	14471	5139	832724	58005	3329	1301	117481	35883
西　藏	Tibet	1516	547	84365	57313	192	75	11808	62476
陕　西	Shaanxi	61968	21794	3818684	64289	3130	1393	209257	66749
甘　肃	Gansu	13112	3604	510458	38560	1469	408	38876	28670
青　海	Qinghai	7825	2372	603921	78056	724	223	38984	60628
宁　夏	Ningxia	1945	734	74376	38240	550	247	29078	52678
新　疆	Xinjiang	6359	2448	302793	47572	1658	648	92906	55732

3-2 续表 45 continued

地区 Region	工程和技术研究与试验发展 Research and Experimental Development on Engineering and Technical Research 年末人数(人) Year-end Figures (person)	#女性 Female	工资总额(千元) Total Wages (1000 yuan)	平均工资(元) Average Wage (yuan)	农业科学研究与试验发展 Research and Experimental Development on Agricultural Science Research 年末人数(人) Year-end Figures (person)	#女性 Female	工资总额(千元) Total Wages (1000 yuan)	平均工资(元) Average Wage (yuan)
全国 National	**414111**	**126798**	**32639349**	**80100**	**114479**	**37350**	**4575788**	**40731**
北京 Beijing	90101	29821	9174625	104223	5579	2523	450517	81601
天津 Tianjin	3360	829	331187	102345	918	373	53193	58008
河北 Hebei	11326	2830	654442	58526	2602	888	97813	37376
山西 Shanxi	9760	3154	407521	42748	3202	1269	112919	35112
内蒙古 Inner Mongolia	3810	1571	182917	47834	2915	1107	147107	50518
辽宁 Liaoning	17076	4505	1148902	71574	7103	1676	205984	29065
吉林 Jilin	7032	1738	472509	69846	2601	797	104811	39716
黑龙江 Heilongjiang	7221	1792	415424	51516	6423	1655	175237	37072
上海 Shanghai	26866	7851	3621461	134472	1853	582	132054	71925
江苏 Jiangsu	24032	6887	2329264	101621	3834	1271	198110	51834
浙江 Zhejiang	7416	2112	503553	69027	5040	1740	345048	68245
安徽 Anhui	12902	3619	726252	58564	2408	906	86711	35669
福建 Fujian	1211	417	85003	74238	2758	859	111126	39973
江西 Jiangxi	2354	570	118679	53053	5602	2135	147089	28319
山东 Shandong	6279	2083	416131	65419	3353	1243	149109	44630
河南 Henan	14537	4559	612570	42750	6982	2405	249729	36005
湖北 Hubei	17041	4935	726647	42482	3930	1136	125248	31765
湖南 Hunan	4322	1268	208829	49709	8877	2670	246454	27816
广东 Guangdong	19733	6932	1970901	102257	6567	2345	299255	45653
广西 Guangxi	1354	464	67718	50385	5476	1399	157011	28475
海南 Hainan	399	154	15307	39048	3626	825	109235	30175
重庆 Chongqing	6546	1914	316759	49163	1837	479	68970	37771
四川 Sichuan	45802	13416	3310579	72879	5325	1587	211516	39841
贵州 Guizhou	1013	247	43710	43406	1942	717	68693	35500
云南 Yunnan	5294	1719	510407	97183	4517	1598	162643	36095
西藏 Tibet	489	173	24960	55344	670	258	35025	52511
陕西 Shaanxi	51843	17226	3339041	65341	1331	408	51446	38710
甘肃 Gansu	7738	1871	344657	43386	2948	898	93112	31361
青海 Qinghai	5836	1683	495085	84993	872	298	46811	53559
宁夏 Ningxia	258	76	9321	36268	637	238	15985	24630
新疆 Xinjiang	1160	382	54988	47609	2751	1065	117827	42784

3-2 续表 46 continued

地 区	Region	医学研究与试验发展 Research and Experimental Development on Medical Research 年末人数（人） Year-end Figures (person)	#女性 Female	工资总额（千元） Total Wages (1000 yuan)	平均工资（元） Average Wage (yuan)	社会人文科学研究与试验发展 Research and Experimental Development on Social Science and Humanities 年末人数（人） Year-end Figures (person)	#女性 Female	工资总额（千元） Total Wages (1000 yuan)	平均工资（元） Average Wage (yuan)
全 国	**National**	**38984**	**19544**	**2438537**	**64389**	**51224**	**20627**	**2883437**	**59143**
北 京	Beijing	10978	5994	844363	79928	9636	4203	692692	72133
天 津	Tianjin	1912	796	117869	61167	530	252	34238	64236
河 北	Hebei	214	73	5433	25270	1264	533	51233	40726
山 西	Shanxi	771	476	24462	32486	1271	523	58671	46490
内蒙古	Inner Mongolia	672	368	33333	49603	1393	567	69318	49337
辽 宁	Liaoning	934	370	37086	41530	1454	464	62318	45587
吉 林	Jilin	1027	480	35022	34302	1362	582	58511	42430
黑龙江	Heilongjiang	33	17	983	29788	1209	422	43266	35727
上 海	Shanghai	3358	1486	384145	116975	1373	578	76224	55557
江 苏	Jiangsu	3172	1693	206189	67228	957	351	62900	66211
浙 江	Zhejiang	1446	709	71574	51051	3290	1395	208859	65886
安 徽	Anhui	368	162	11444	33171	416	157	27792	67130
福 建	Fujian	332	151	14144	42221	930	347	40233	42530
江 西	Jiangxi	1137	570	29618	28021	479	173	24650	55518
山 东	Shandong	2144	984	106663	50006	1443	564	88751	61377
河 南	Henan	939	483	38522	41068	1498	556	64071	42657
湖 北	Hubei	1339	711	67065	57468	1368	468	62487	45711
湖 南	Hunan	120	39	3399	28325	1149	372	47702	41661
广 东	Guangdong	1544	722	90487	57343	1334	500	89922	67814
广 西	Guangxi	1463	851	56645	40145	3682	1294	171217	47600
海 南	Hainan	319	143	11320	35937	1334	724	31859	26616
重 庆	Chongqing	846	303	38722	47512	1991	561	305385	167334
四 川	Sichuan	2013	1027	147085	75005	3470	1325	167992	48693
贵 州	Guizhou	64	30	1538	24031	430	172	16949	39880
云 南	Yunnan	516	238	15275	30010	815	283	26918	33028
西 藏	Tibet					165	41	12572	76194
陕 西	Shaanxi	662	328	20306	31928	5002	2439	198634	62131
甘 肃	Gansu	378	212	11193	29611	579	215	22620	38274
青 海	Qinghai	191	90	11184	58555	202	78	11857	58123
宁 夏	Ningxia	27	13	1100	44000	473	160	18892	40892
新 疆	Xinjiang	65	25	2368	37587	725	328	34704	47802

3-2 续表 47 continued

地 区 Region	专业技术服务业 Professional Technique Services				气象服务 Weather Services			
	年末人数（人） Year-end Figures (person)	#女 性 Female	工资总额（千元） Total Wages (1000 yuan)	平均工资（元） Average Wage (yuan)	年末人数（人） Year-end Figures (person)	#女 性 Female	工资总额（千元） Total Wages (1000 yuan)	平均工资（元） Average Wage (yuan)
全 国 National	**1434618**	**421367**	**94794723**	**67422**	**58058**	**20368**	**2570246**	**44611**
北 京 Beijing	230637	73510	22795090	101967	2324	975	172547	76416
天 津 Tianjin	38376	11271	3704469	100021	515	182	26053	49530
河 北 Hebei	39904	12021	2352429	59381	1965	781	57064	29011
山 西 Shanxi	23680	8536	891600	37894	2616	946	70318	26911
内蒙古 Inner Mongolia	19418	7124	876926	44982	2725	1136	134811	49526
辽 宁 Liaoning	71237	20381	4040918	58120	2021	679	87750	43700
吉 林 Jilin	38120	11844	1700733	44846	1265	483	41624	33193
黑龙江 Heilongjiang	33428	11047	1295564	39621	1519	557	50246	32991
上 海 Shanghai	54301	16136	7005309	132088	650	297	60938	96574
江 苏 Jiangsu	57589	16120	3849266	68041	1810	603	107667	58899
浙 江 Zhejiang	97804	23906	6332195	66857	2259	774	146784	65852
安 徽 Anhui	37919	9412	1634448	43481	2259	527	75855	33505
福 建 Fujian	41181	13300	2048464	50024	1470	507	76852	52495
江 西 Jiangxi	15367	4416	591798	41755	1580	511	52571	38233
山 东 Shandong	49485	14400	2334650	47665	2336	774	95596	40679
河 南 Henan	62432	20054	2436881	39375	2100	751	75389	35900
湖 北 Hubei	63657	16280	3552801	56877	2052	637	82888	40512
湖 南 Hunan	48061	12790	2285380	48242	2309	793	89001	39121
广 东 Guangdong	127454	35977	10031595	80205	2790	903	184712	66181
广 西 Guangxi	35573	10034	1496044	42333	2519	856	103827	41382
海 南 Hainan	8015	2297	341275	43112	485	161	27040	56100
重 庆 Chongqing	27720	6815	2028880	75272	863	320	50105	59226
四 川 Sichuan	57908	17496	3762269	66028	3258	1036	141863	44471
贵 州 Guizhou	18748	4511	643025	38839	1849	513	61688	33273
云 南 Yunnan	29405	9423	1210412	41966	2394	875	87915	36846
西 藏 Tibet	2808	906	189319	67711	1118	455	93954	83888
陕 西 Shaanxi	49397	14442	2963260	60140	2671	1011	88760	33381
甘 肃 Gansu	16511	4790	573148	34762	1823	577	53538	29097
青 海 Qinghai	7013	2120	279154	41790	1660	626	71215	43134
宁 夏 Ningxia	6693	1974	335727	49870	545	180	22301	40919
新 疆 Xinjiang	24777	8034	1211694	48003	2308	942	79374	34391

3-2 续表 48 continued

地 区 Region	地震服务 Earthquake Services				海洋服务 Ocean Services			
	年末人数(人) Year-end Figures (person)	#女 性 Female	工资总额(千元) Total Wages (1000 yuan)	平均工资(元) Average Wage (yuan)	年末人数(人) Year-end Figures (person)	#女 性 Female	工资总额(千元) Total Wages (1000 yuan)	平均工资(元) Average Wage (yuan)
全 国 National	**16526**	**5232**	**789306**	**48035**	**8984**	**2198**	**696104**	**78745**
北 京 Beijing	1263	461	103586	82736	590	199	49104	82806
天 津 Tianjin	420	90	22651	54060	827	265	38450	46719
河 北 Hebei	627	184	23913	38078				
山 西 Shanxi	763	321	21707	28562				
内蒙古 Inner Mongolia	912	408	43619	47933				
辽 宁 Liaoning	458	142	17104	38009	73	7	2464	34222
吉 林 Jilin	378	92	16503	43429				
黑龙江 Heilongjiang	309	103	10041	32707				
上 海 Shanghai	16		476	29750	772	167	67573	88912
江 苏 Jiangsu	634	169	43287	68710	722	202	64128	90962
浙 江 Zhejiang	178	28	12389	69601	1449	176	138905	99076
安 徽 Anhui	478	116	21556	45766				
福 建 Fujian	519	163	26201	50581	176	38	7674	43851
江 西 Jiangxi	185	52	5653	35112	5		88	17600
山 东 Shandong	969	258	47418	49652	1335	498	80854	60249
河 南 Henan	1172	366	52033	43836	11	5	338	30727
湖 北 Hubei	498	143	15237	30782	130	56	4120	31692
湖 南 Hunan	255	65	7815	30768	45	7	1776	39467
广 东 Guangdong	435	130	37899	87124	2384	452	220632	95264
广 西 Guangxi	394	143	17447	44621	5	2	130	26000
海 南 Hainan	223	69	11789	53831	172	43	10528	62667
重 庆 Chongqing	26	4	1001	41708				
四 川 Sichuan	631	188	30646	48799				
贵 州 Guizhou	52	17	1451	29020				
云 南 Yunnan	1282	419	49232	38493	622	228	13458	21883
西 藏 Tibet	88	25	9387	106670				
陕 西 Shaanxi	1438	428	55160	38927				
甘 肃 Gansu	829	306	32571	39337				
青 海 Qinghai	296	98	17182	56334				
宁 夏 Ningxia	291	86	11934	40870				
新 疆 Xinjiang	507	158	22418	44392	293	81	9428	32177

3-2 续表 49 continued

地 区 Region	测绘服务 Plotting Services 年末人数（人）Year-end Figures (person)	#女 性 Female	工资总额（千元）Total Wages (1000 yuan)	平均工资（元）Average Wage (yuan)	技术检测 Technique Detection 年末人数（人）Year-end Figures (person)	#女 性 Female	工资总额（千元）Total Wages (1000 yuan)	平均工资（元）Average Wage (yuan)
全 国 National	**55544**	**16136**	**2941505**	**53575**	**217441**	**76762**	**11652166**	**54516**
北 京 Beijing	3295	1084	304696	92613	36860	14799	2968605	83008
天 津 Tianjin	151	39	16179	107146	5138	1927	394630	77106
河 北 Hebei	1463	387	51326	35276	8105	2728	296043	36744
山 西 Shanxi	877	340	44148	50745	3715	1420	117483	31907
内蒙古 Inner Mongolia	907	290	41751	45931	4924	1855	215976	44023
辽 宁 Liaoning	2272	766	120526	57530	14546	4798	583794	41000
吉 林 Jilin	1723	474	70689	40579	7041	2401	244207	34887
黑龙江 Heilongjiang	2690	695	117339	43540	6475	2140	205055	31669
上 海 Shanghai	784	141	81790	103140	6637	2817	666346	102169
江 苏 Jiangsu	1888	511	130310	69351	9272	3085	570948	62168
浙 江 Zhejiang	4358	1045	267166	61930	14223	4757	845779	61094
安 徽 Anhui	1796	564	77476	43550	5098	1534	208645	41521
福 建 Fujian	1805	686	85155	47652	4584	1577	179097	39693
江 西 Jiangxi	1228	403	42955	39773	2511	797	88550	40213
山 东 Shandong	2679	333	154014	58031	6710	2351	290919	44132
河 南 Henan	4178	1682	151419	36548	11408	3807	351280	31103
湖 北 Hubei	3192	892	169991	53761	5846	1776	226104	39058
湖 南 Hunan	2228	545	114134	50975	4481	1330	182254	40984
广 东 Guangdong	2865	669	181315	64709	24701	8684	1607794	66457
广 西 Guangxi	2057	554	100702	49364	4640	1469	161614	34936
海 南 Hainan	554	167	34162	63146	983	344	39982	40386
重 庆 Chongqing	1725	373	103125	61347	1775	600	66178	37558
四 川 Sichuan	1183	412	48045	42256	7617	2679	361246	48205
贵 州 Guizhou	1165	357	33404	28722	1663	539	51520	31511
云 南 Yunnan	1220	406	48055	39880	3771	1467	127122	34054
西 藏 Tibet					124	44	6833	55105
陕 西 Shaanxi	5341	1722	259341	48566	5037	1677	203021	40588
甘 肃 Gansu	288	79	9189	31906	3063	850	119881	38510
青 海 Qinghai	86	31	4274	49698	917	354	38593	42410
宁 夏 Ningxia	509	164	26561	49096	1376	462	61944	45514
新 疆 Xinjiang	1037	325	52268	50113	4200	1694	170723	41188

3-2 续表 50 continued

地区 Region	环境监测 Environmental Monitoring 年末人数(人) Year-end Figures (person)	#女性 Female	工资总额(千元) Total Wages (1000 yuan)	平均工资(元) Average Wage (yuan)	工程技术与规划管理 Engineering Technic & Programming Management 年末人数(人) Year-end Figures (person)	#女性 Female	工资总额(千元) Total Wages (1000 yuan)	平均工资(元) Average Wage (yuan)
全国 National	**52275**	**19078**	**2411115**	**46641**	**898226**	**242115**	**65193164**	**74261**
北京 Beijing	2393	988	157623	69072	160947	46786	17132788	109182
天津 Tianjin	488	167	33561	69341	25281	6718	2806545	117316
河北 Hebei	2241	838	74631	33587	19239	6078	927487	48656
山西 Shanxi	2323	953	74015	31958	12306	4250	535317	43864
内蒙古 Inner Mongolia	1628	612	76414	46283	7934	2684	348350	43495
辽宁 Liaoning	3795	1245	171296	45826	37266	9987	2317417	63269
吉林 Jilin	1636	645	56898	34800	24214	7245	1169973	48599
黑龙江 Heilongjiang	1306	460	43327	33277	17248	5645	700056	42471
上海 Shanghai	1663	676	174935	105510	31484	9477	4799302	156860
江苏 Jiangsu	4191	1535	214126	51547	35913	8816	2540648	72396
浙江 Zhejiang	3190	984	230852	74301	68939	15257	4495151	67524
安徽 Anhui	1921	615	67719	35717	23464	5214	1074540	46257
福建 Fujian	1585	519	62653	39754	19415	4415	1162223	59930
江西 Jiangxi	905	316	29514	37312	8221	2186	340317	47214
山东 Shandong	1363	430	73120	53607	31126	8555	1489255	48396
河南 Henan	3319	1224	105519	31860	40244	12219	1700896	42691
湖北 Hubei	2312	827	76142	33048	43678	10579	2658679	62223
湖南 Hunan	1059	448	45493	43244	34419	8591	1714719	50670
广东 Guangdong	4098	1682	186920	46187	75929	18929	6594171	88495
广西 Guangxi	1775	612	61731	35094	20563	5400	901334	44081
海南 Hainan	363	116	16673	47232	4524	1160	175629	39432
重庆 Chongqing	796	249	47815	61538	22282	5126	1754076	81162
四川 Sichuan	1779	701	79432	45004	42521	12270	3070916	73414
贵州 Guizhou	638	198	34454	56297	11266	2239	376446	41034
云南 Yunnan	1222	498	49813	41032	17589	5101	765503	44740
西藏 Tibet	73	27	5059	69301	1397	353	73604	53221
陕西 Shaanxi	1852	620	63250	34319	31303	8537	2225735	71176
甘肃 Gansu	1064	360	33071	29607	9275	2560	320499	35092
青海 Qinghai	340	100	21554	64149	3411	819	115311	36770
宁夏 Ningxia	230	85	9635	41710	2922	823	172279	60048
新疆 Xinjiang	727	348	33870	46782	13906	4096	733998	51029

3-2 续表 51 continued

地 区 Region	科技交流和推广服务业 Services of Science and Technique Intercommunion and Generalization 年末人数(人) Year-end Figures (person)	#女 性 Female	工资总额(千元) Total Wages (1000 yuan)	平均工资(元) Average Wage (yuan)	地质勘查业 Geologic Perambulation 年末人数(人) Year-end Figures (person)	#女 性 Female	工资总额(千元) Total Wages (1000 yuan)	平均工资(元) Average Wage (yuan)
全 国 National	**386218**	**127785**	**20601041**	**54560**	**393925**	**93415**	**19358120**	**50077**
北 京 Beijing	93396	33766	8561090	97628	28783	8007	1822980	62918
天 津 Tianjin	2664	977	209196	70794	2455	647	119878	49373
河 北 Hebei	4665	1674	143810	31216	38162	6043	2477142	65162
山 西 Shanxi	5610	2227	168237	29999	13017	3996	486936	37049
内蒙古 Inner Mongolia	4088	1470	179331	43750	11236	3219	503284	45190
辽 宁 Liaoning	15490	6059	613485	40150	12782	2676	528265	42036
吉 林 Jilin	6524	2289	206394	31324	5682	1216	224298	37856
黑龙江 Heilongjiang	8720	3446	309495	35367	58871	14286	2876460	54514
上 海 Shanghai	11809	4124	1248213	107382	2245	322	164793	76222
江 苏 Jiangsu	9780	2932	462714	48310	10608	2024	505204	48864
浙 江 Zhejiang	31487	10759	1730982	56627	6881	1364	416085	60574
安 徽 Anhui	8724	2372	261782	30107	10475	2719	374523	36521
福 建 Fujian	4818	1621	177244	37042	4479	1004	256050	57039
江 西 Jiangxi	2624	809	70146	28819	23734	4085	771856	36273
山 东 Shandong	11077	2875	407931	37139	28651	9008	1703443	63358
河 南 Henan	18161	5956	609681	33673	17167	4975	739286	43449
湖 北 Hubei	16488	4188	484454	29728	7948	1985	327564	41564
湖 南 Hunan	9754	2923	261773	27048	10297	2349	353183	35202
广 东 Guangdong	15815	5461	1049963	67344	6612	1554	356646	53534
广 西 Guangxi	17972	4856	516507	28679	5748	1397	271319	48106
海 南 Hainan	1174	293	44914	38786	1075	229	36591	35422
重 庆 Chongqing	4452	1298	173855	39675	7690	1622	325005	43801
四 川 Sichuan	9432	2613	330933	35135	17621	3953	1258600	57599
贵 州 Guizhou	15902	4278	450605	28424	7193	2081	273213	37360
云 南 Yunnan	12810	4000	392890	30871	7624	1865	248717	32869
西 藏 Tibet	918	256	31985	34842	1969	306	102929	58350
陕 西 Shaanxi	17093	5196	648042	38307	15064	3627	543904	36664
甘 肃 Gansu	9929	3347	317196	32021	10339	2184	332418	31236
青 海 Qinghai	4330	1181	137547	35469	7347	1615	406064	54674
宁 夏 Ningxia	1180	394	50212	42445	2765	736	126261	44505
新 疆 Xinjiang	9332	4145	350434	37624	9405	2321	425223	45184

3-2 续表 52 continued

地区 Region	水利、环境和公共设施管理业 Management of Water Conservancy, Environment and Public Establishment				水利管理业 Management of Water Conservancy			
	年末人数(人) Year-end Figures (person)	#女性 Female	工资总额(千元) Total Wages (1000 yuan)	平均工资(元) Average Wage (yuan)	年末人数(人) Year-end Figures (person)	#女性 Female	工资总额(千元) Total Wages (1000 yuan)	平均工资(元) Average Wage (yuan)
全国 National	**2303493**	**943363**	**65979240**	**28868**	**494172**	**139518**	**15947557**	**32338**
北京 Beijing	89635	33876	4341337	47630	7879	2359	495543	62608
天津 Tianjin	33560	9644	1639089	48688	6294	1836	410240	64584
河北 Hebei	101307	41080	2412574	23982	24183	7813	646209	26953
山西 Shanxi	69644	31415	1346295	19454	15427	4683	373664	24270
内蒙古 Inner Mongolia	77805	36029	2473595	31597	17110	6084	688586	40151
辽宁 Liaoning	142243	56238	3762696	26725	21885	6273	663354	30692
吉林 Jilin	84877	35248	1690177	20112	22029	6267	462544	20898
黑龙江 Heilongjiang	101860	36795	2031830	20115	16775	4217	396591	23660
上海 Shanghai	62650	21921	2987112	48431	4735	1211	342205	71801
江苏 Jiangsu	129930	51548	4647904	35896	35113	9460	1477508	42112
浙江 Zhejiang	119080	43383	4377822	36731	10300	2318	595357	58067
安徽 Anhui	72045	28403	1792090	25330	20134	5515	542937	27110
福建 Fujian	47316	18187	1483772	31336	7910	1853	294403	37004
江西 Jiangxi	53769	23769	1086032	21789	7872	1987	189474	25995
山东 Shandong	119883	48598	3437119	28827	26428	6878	949838	36276
河南 Henan	128887	50143	3514656	27486	40861	12087	1220332	29898
湖北 Hubei	89894	35734	2174818	24867	29551	7961	747839	25514
湖南 Hunan	89388	38486	1947777	22051	19937	5617	422164	21178
广东 Guangdong	143759	60048	5138137	35804	29184	7053	1020024	34892
广西 Guangxi	80985	37648	1723204	21488	13894	3275	342832	24530
海南 Hainan	21679	10848	524764	24340	4127	1074	78082	18998
重庆 Chongqing	41576	17925	1047929	26411	3899	1214	129685	34335
四川 Sichuan	100973	44295	2449647	24661	11886	3603	362170	30532
贵州 Guizhou	38289	18648	960262	25628	5434	1499	161815	29696
云南 Yunnan	54524	25480	1285511	23632	12459	3110	398166	30598
西藏 Tibet	2066	1073	60911	29369	252	66	13602	54847
陕西 Shaanxi	84816	36001	2276074	26283	27207	8673	857725	31694
甘肃 Gansu	39811	14978	961868	24072	19923	5351	526465	26373
青海 Qinghai	10114	4290	319860	31582	4678	1322	196882	41908
宁夏 Ningxia	18144	8360	566907	32260	5529	1610	237923	42877
新疆 Xinjiang	52984	23272	1517471	28561	21277	7249	703398	33044

3-2 续表 53 continued

地 区	Region	环境管理业 Environmental Management 年末人数(人) Year-end Figures (person)	#女 性 Female	工资总额(千元) Total Wages (1000 yuan)	平均工资(元) Average Wage (yuan)	公共设施管理业 Management of Public Establishment 年末人数(人) Year-end Figures (person)	#女 性 Female	工资总额(千元) Total Wages (1000 yuan)	平均工资(元) Average Wage (yuan)
全 国	**National**	**1105854**	**541156**	**26611680**	**24419**	**703467**	**262689**	**23420003**	**33335**
北 京	Beijing	42326	15779	1918956	45856	39430	15738	1926838	46558
天 津	Tianjin	13619	4383	527311	39002	13647	3425	701538	50862
河 北	Hebei	38769	18552	754935	19799	38355	14715	1011430	26274
山 西	Shanxi	36076	19935	542788	15155	18141	6797	429843	23891
内蒙古	Inner Mongolia	46025	24196	1238232	26565	14670	5749	546777	37649
辽 宁	Liaoning	74569	35378	1668589	22669	45789	14587	1430753	31395
吉 林	Jilin	44326	22456	747553	17190	18522	6525	480080	26067
黑龙江	Heilongjiang	63997	25480	1093770	17371	21088	7098	541469	25440
上 海	Shanghai	46974	17473	1912166	41626	10941	3237	732741	66765
江 苏	Jiangsu	57658	29504	1573618	27397	37159	12584	1596778	43203
浙 江	Zhejiang	57965	24925	1763377	30749	50815	16140	2019088	39139
安 徽	Anhui	29178	15213	570134	19849	22733	7675	679019	30863
福 建	Fujian	23451	11040	643839	27324	15955	5294	545530	34460
江 西	Jiangxi	28750	15115	475996	17840	17147	6667	420562	26497
山 东	Shandong	51304	25056	1192253	23286	42151	16664	1295028	30946
河 南	Henan	41733	19110	1010483	24701	46293	18946	1283841	27819
湖 北	Hubei	38885	20142	839330	22402	21458	7631	587649	28414
湖 南	Hunan	41225	21853	777420	19198	28226	11016	748193	26814
广 东	Guangdong	68647	35411	2154299	31321	45928	17584	1963814	43170
广 西	Guangxi	46323	25956	872607	19068	20768	8417	507765	24824
海 南	Hainan	10758	6741	235231	21966	6794	3033	211451	31368
重 庆	Chongqing	22821	10954	523124	23898	14856	5757	395120	28203
四 川	Sichuan	61901	30828	1245499	20496	27186	9864	841978	31530
贵 州	Guizhou	20089	11901	302471	15619	12766	5248	495976	39195
云 南	Yunnan	25167	15059	452837	18384	16898	7311	434508	25939
西 藏	Tibet	1403	817	34421	24326	411	190	12888	31358
陕 西	Shaanxi	30377	15377	649604	21571	27232	11951	768745	26127
甘 肃	Gansu	11627	6085	213067	18507	8261	3542	222336	26210
青 海	Qinghai	4412	2547	95475	21724	1024	421	27503	26573
宁 夏	Ningxia	7847	4306	196636	27758	4768	2444	132348	26791
新 疆	Xinjiang	17652	9584	385659	21863	14055	6439	428414	30162

3-2 续表 54 continued

地区	Region	居民服务和其他服务业 Resident Services and Other Services 年末人数（人）Year-end Figures (person)	#女性 Female	工资总额（千元）Total Wages (1000 yuan)	平均工资（元）Average Wage (yuan)	居民服务业 Resident Services 年末人数（人）Year-end Figures (person)	#女性 Female	工资总额（千元）Total Wages (1000 yuan)	平均工资（元）Average Wage (yuan)
全国	**National**	**598548**	**256219**	**19788888**	**33169**	**288096**	**128641**	**10094888**	**35271**
北京	Beijing	73333	37875	2532875	34498	28560	15369	1101755	37481
天津	Tianjin	68165	19527	1753848	26054	4847	1579	196373	41737
河北	Hebei	20561	8983	805872	40374	4388	1483	125187	28779
山西	Shanxi	7116	3040	158091	22575	3623	1769	70154	19924
内蒙古	Inner Mongolia	21234	7075	983780	43476	4772	1946	121711	25452
辽宁	Liaoning	29956	11503	868725	28378	14825	6870	348865	23582
吉林	Jilin	9003	3935	247674	27373	3806	1462	129629	33846
黑龙江	Heilongjiang	51023	25037	1828694	35488	46236	22711	1705251	36660
上海	Shanghai	23978	10817	1044566	43413	8222	3565	396645	47480
江苏	Jiangsu	11097	4170	448854	41160	6093	2309	277066	45758
浙江	Zhejiang	16840	5892	654163	39230	12175	4331	494959	41374
安徽	Anhui	4589	1665	127358	27929	3256	1248	91539	28227
福建	Fujian	13135	3789	463359	35808	6708	2126	219775	33259
江西	Jiangxi	4995	1736	135498	29392	3503	1227	110723	34322
山东	Shandong	35835	16740	1612995	45264	23081	11335	1259689	54558
河南	Henan	19221	8312	470885	25338	11457	4171	269755	25164
湖北	Hubei	15259	7460	443602	29296	8470	4037	251357	29799
湖南	Hunan	16697	6488	525252	31027	11496	4085	390101	34011
广东	Guangdong	68332	31456	2332223	33954	28563	12364	1011892	35562
广西	Guangxi	8174	3133	204024	24978	5469	2051	145423	26668
海南	Hainan	3906	2048	70731	23229	3103	1635	50470	22541
重庆	Chongqing	8755	4350	237124	28253	2237	850	73301	32944
四川	Sichuan	10078	3575	300057	29688	6905	2538	208793	30574
贵州	Guizhou	12799	5471	338590	26772	8163	3368	225209	27841
云南	Yunnan	7380	3699	162883	22660	3686	1939	89792	25131
西藏	Tibet	151	65	7945	52616	104	48	5323	51183
陕西	Shaanxi	13816	5736	335987	24562	7186	3025	191698	26969
甘肃	Gansu	3706	1238	84056	22916	2821	986	75121	27041
青海	Qinghai	2868	1173	103481	35573	2542	987	84370	32918
宁夏	Ningxia	397	86	10455	25688	179	48	6146	32691
新疆	Xinjiang	16149	10145	495241	30968	11620	7179	366816	31745

3-2 续表 55 continued

地 区	Region	其他服务业 Other Services 年末人数(人) Year-end Figures (person)	#女 性 Female	工资总额(千元) Total Wages (1000 yuan)	平均工资(元) Average Wage (yuan)	教 育 Education 年末人数(人) Year-end Figures (person)	#女 性 Female	工资总额(千元) Total Wages (1000 yuan)	平均工资(元) Average Wage (yuan)
全 国	**National**	**310452**	**127578**	**9694000**	**31232**	**16177726**	**8208007**	**693881667**	**43194**
北 京	Beijing	44773	22506	1431120	32507	425964	248735	31057857	74161
天 津	Tianjin	63318	17948	1557475	24875	164584	95364	11504327	70240
河 北	Hebei	16173	7500	680685	43606	887923	539766	31941623	36128
山 西	Shanxi	3493	1271	87937	25255	492001	293250	17176802	35039
内蒙古	Inner Mongolia	16462	5129	862069	48306	346048	191775	17675797	50992
辽 宁	Liaoning	15131	4633	519860	32863	551252	307287	24188634	44795
吉 林	Jilin	5197	2473	118045	22623	368331	211779	13380541	36211
黑龙江	Heilongjiang	4787	2326	123443	24615	458708	253364	16917909	37095
上 海	Shanghai	15756	7252	647921	41250	277345	171418	22776561	82315
江 苏	Jiangsu	5004	1861	171788	35420	870790	451267	47264136	54499
浙 江	Zhejiang	4665	1561	159204	33787	635116	363163	41713221	66361
安 徽	Anhui	1333	417	35819	27197	616223	246828	23134474	37721
福 建	Fujian	6427	1663	243584	38469	460544	234062	21467612	46832
江 西	Jiangxi	1492	509	24775	17901	477854	203652	15426537	34940
山 东	Shandong	12754	5405	353306	28161	1079198	511385	45084454	41988
河 南	Henan	7764	4141	201130	25576	1173951	594465	42102543	36082
湖 北	Hubei	6789	3423	192245	28663	659129	274017	23483792	35859
湖 南	Hunan	5201	2403	135151	24757	714677	329526	25014356	35044
广 东	Guangdong	39769	19092	1320331	32816	1161225	626394	55881989	48342
广 西	Guangxi	2705	1082	58601	21584	602100	285590	19700378	32909
海 南	Hainan	803	413	20261	25138	124778	59493	5731353	46225
重 庆	Chongqing	6518	3500	163823	26560	366004	175688	15964550	44029
四 川	Sichuan	3173	1037	91264	27841	850867	388372	33090805	39139
贵 州	Guizhou	4636	2103	113381	24875	425384	174703	14649588	34678
云 南	Yunnan	3694	1760	73091	20219	528925	250008	19046203	36318
西 藏	Tibet	47	17	2622	55787	42568	19351	2310889	54564
陕 西	Shaanxi	6630	2711	144289	21958	566549	275547	24026251	42176
甘 肃	Gansu	885	252	8935	10039	351824	147246	11402417	31635
青 海	Qinghai	326	186	19111	55234	75901	36521	3717891	49848
宁 夏	Ningxia	218	38	4309	19676	82475	41060	3327310	40455
新 疆	Xinjiang	4529	2966	128425	28944	339488	206931	13720867	40697

3-2 续表 56 continued

地 区	Region	初等教育 Primary Education 年末人数(人) Year-end Figures (person)	#女性 Female	工资总额(千元) Total Wages (1000 yuan)	平均工资(元) Average Wage (yuan)	中等教育 Secondary Education 年末人数(人) Year-end Figures (person)	#女性 Female	工资总额(千元) Total Wages (1000 yuan)	平均工资(元) Average Wage (yuan)
全 国	**National**	**6002885**	**3258719**	**234697393**	**39337**	**7066068**	**3350643**	**298483687**	**42564**
北 京	Beijing	63783	45489	4862465	77219	99824	62919	8057908	81022
天 津	Tianjin	33415	23065	2391324	71792	54648	33278	3758553	69049
河 北	Hebei	363489	234801	12488467	34519	405044	236467	14390277	35666
山 西	Shanxi	193905	125311	6553186	33764	225635	127691	7797478	34765
内蒙古	Inner Mongolia	139121	80724	7050033	50291	153058	80329	7786247	51006
辽 宁	Liaoning	163078	105921	6574518	40663	241033	133871	10099126	42402
吉 林	Jilin	148851	93928	5050691	33842	141133	79824	5062554	35966
黑龙江	Heilongjiang	161751	94508	5318738	33539	193216	106779	6763206	34875
上 海	Shanghai	42419	32119	3650263	86399	84825	51919	7299202	85806
江 苏	Jiangsu	296335	174223	15742857	53296	393780	183170	22089452	56212
浙 江	Zhejiang	197104	128605	12939332	66402	270528	138607	18569538	69077
安 徽	Anhui	253952	105936	9094150	35784	278892	102178	10658387	38444
福 建	Fujian	175228	100436	7541148	43207	203589	88261	9496646	46822
江 西	Jiangxi	219532	101501	6310891	31269	191775	73298	6121982	34620
山 东	Shandong	390427	193980	14769845	37961	522635	238009	21711752	41803
河 南	Henan	422737	226964	14548405	34606	577906	280234	20861151	36302
湖 北	Hubei	205328	95670	6441046	31598	301669	113913	10127903	33785
湖 南	Hunan	225294	115776	7265873	32075	372577	159084	12851185	34683
广 东	Guangdong	462940	279608	19650117	42413	500395	237206	23559752	47481
广 西	Guangxi	282260	138124	8727662	31016	240159	107218	8013364	33599
海 南	Hainan	49717	23112	2319698	46606	47958	21639	2207104	46405
重 庆	Chongqing	149328	76572	6018171	40559	152200	69585	6629468	44124
四 川	Sichuan	322314	155847	11778596	36641	406066	170272	15923826	39432
贵 州	Guizhou	215303	91485	7292865	33997	160673	57088	5593015	35178
云 南	Yunnan	256517	120272	8835180	34573	194794	88631	7316408	38020
西 藏	Tibet	23062	10468	1229550	53271	14715	6480	811507	55804
陕 西	Shaanxi	198800	102668	7634070	38411	241524	113492	9856251	40861
甘 肃	Gansu	146322	61817	4429369	30303	169624	63729	5334105	31651
青 海	Qinghai	31601	14892	1592829	50706	30939	14287	1585292	51524
宁 夏	Ningxia	33780	17161	1351438	39790	36979	17494	1486046	40555
新 疆	Xinjiang	135192	87736	5244616	39179	158275	93691	6665002	42219

3-2 续表 57 continued

地 区	Region	高等教育 Higher Education				卫生、社会保障和社会福利业 Sanitation,Social Security & Social Welfare			
		年末人数(人) Year-end Figures (person)	#女 性 Female	工资总额(千元) Total Wages (1000 yuan)	平均工资(元) Average Wage (yuan)	年末人数(人) Year-end Figures (person)	#女 性 Female	工资总额(千元) Total Wages (1000 yuan)	平均工资(元) Average Wage (yuan)
全 国	**National**	**1992220**	**891591**	**114984466**	**58178**	**6790566**	**4113792**	**307864800**	**46206**
北 京	Beijing	161563	75879	13255895	82945	224330	155676	18010747	82308
天 津	Tianjin	42087	18898	2991589	71962	88768	53727	5901109	67192
河 北	Hebei	75946	38411	3618927	48125	300116	183014	9872932	33150
山 西	Shanxi	44558	21503	1957354	44487	167285	104447	4704512	28405
内蒙古	Inner Mongolia	32132	16446	1776115	55118	128357	75226	5730830	44996
辽 宁	Liaoning	101366	41349	5730256	58615	281221	167236	11213182	40713
吉 林	Jilin	59609	26022	2622682	43162	174508	104969	5707667	33065
黑龙江	Heilongjiang	75127	35421	3818474	50906	203964	125766	7308821	36158
上 海	Shanghai	84238	37384	7620447	89905	176761	118863	16235091	92619
江 苏	Jiangsu	128009	57582	7176925	56425	396637	245659	20678246	53117
浙 江	Zhejiang	91914	40557	7064093	77660	353443	222966	24183052	70101
安 徽	Anhui	62399	26191	2713704	43997	231028	134782	8711572	38420
福 建	Fujian	53058	24086	3122638	58907	171383	105959	8472002	50672
江 西	Jiangxi	47959	20423	2480984	56046	173707	97412	5960505	37542
山 东	Shandong	111895	49335	6472313	58094	464129	271844	19612901	43101
河 南	Henan	90215	40330	3985551	44671	432114	247847	14998463	35216
湖 北	Hubei	112179	46590	5599555	50227	313491	179782	11810262	38436
湖 南	Hunan	83159	36466	3821317	46194	328535	196042	13616260	42073
广 东	Guangdong	117164	53186	9014634	77346	538938	329493	30622626	57684
广 西	Guangxi	44444	20085	1957069	44760	247300	152482	9081937	37358
海 南	Hainan	10877	5330	688553	64357	44528	27701	1880794	43210
重 庆	Chongqing	47640	19079	2768127	58492	128491	75144	6451192	51559
四 川	Sichuan	83435	36682	4019664	49156	365882	214787	16520219	45922
贵 州	Guizhou	23041	11010	917108	40122	130764	78557	4307667	33803
云 南	Yunnan	39913	18889	1538177	39423	175720	112250	6128989	35618
西 藏	Tibet	1793	750	113068	63700	15339	7942	704346	46421
陕 西	Shaanxi	95551	42883	5231904	52756	206047	121347	8130201	40075
甘 肃	Gansu	29586	11672	1115979	37867	109716	61193	3089984	28579
青 海	Qinghai	5387	2393	290145	53611	33954	20846	1375870	41696
宁 夏	Ningxia	7731	3798	326053	42621	36072	21346	1256139	35707
新 疆	Xinjiang	28245	12961	1175166	42057	148038	99487	5586682	38552

3-2 续表 58 continued

地区 Region	卫生 Sanitation 年末人数(人) Year-end Figures (person)	#女性 Female	工资总额(千元) Total Wages (1000 yuan)	平均工资(元) Average Wage (yuan)	社会保障业 Social Security 年末人数(人) Year-end Figures (person)	#女性 Female	工资总额(千元) Total Wages (1000 yuan)	平均工资(元) Average Wage (yuan)
全 国 National	**6467893**	**3954304**	**296277904**	**46708**	**180145**	**84027**	**6489972**	**36344**
北 京 Beijing	209622	146975	17273240	84570	4990	2533	308028	62658
天 津 Tianjin	78803	51091	5493533	70578	7547	1592	275785	36479
河 北 Hebei	286782	176196	9454175	33271	5506	2744	186785	34285
山 西 Shanxi	155635	98831	4378361	28418	7945	3911	224751	28518
内蒙古 Inner Mongolia	119811	71346	5379450	45243	5318	2364	214474	40620
辽 宁 Liaoning	260094	156512	10466006	41142	11177	6336	447588	40265
吉 林 Jilin	154845	95360	5329589	34839	15226	7553	251598	16541
黑龙江 Heilongjiang	192838	120359	6995094	36595	6106	3083	172616	28574
上 海 Shanghai	164498	111814	15600044	95632	5916	3246	311598	53056
江 苏 Jiangsu	380199	237015	19855810	53216	10003	4932	505867	51098
浙 江 Zhejiang	338930	215075	23473801	71202	6854	3016	384606	49327
安 徽 Anhui	224516	131721	8519539	38669	3652	1589	110776	30908
福 建 Fujian	161880	101278	8120980	51412	5628	2707	200203	37240
江 西 Jiangxi	165744	94347	5708419	37702	5449	1826	183385	36582
山 东 Shandong	450134	265602	19027584	43139	7008	2817	307578	43771
河 南 Henan	416368	240772	14543060	35455	8222	3508	238362	29076
湖 北 Hubei	300811	173379	11471722	38923	5705	2538	155557	27291
湖 南 Hunan	316346	190281	13265731	42581	6475	2855	186971	29006
广 东 Guangdong	518851	318637	29640169	57985	8219	3877	471007	57934
广 西 Guangxi	233648	144707	8664591	37730	9715	5479	316258	32981
海 南 Hainan	42922	26825	1826518	43572	971	589	29637	30459
重 庆 Chongqing	123178	72473	6266756	52243	2600	1276	93842	37718
四 川 Sichuan	353503	208720	16097269	46328	7214	3402	245894	34386
贵 州 Guizhou	125878	76066	4199212	34165	3431	1693	68702	22091
云 南 Yunnan	168928	108960	5909869	35702	4059	1903	134684	34865
西 藏 Tibet	14790	7691	681056	46577	13	9	665	51154
陕 西 Shaanxi	196604	116961	7816042	40379	5516	2518	185067	33722
甘 肃 Gansu	106500	59699	3001887	28611	1812	852	50203	27891
青 海 Qinghai	31862	19824	1297751	41909	906	366	36833	42386
宁 夏 Ningxia	34411	20487	1192248	35569	1031	478	42695	41613
新 疆 Xinjiang	138962	95300	5328398	39155	5931	2435	147957	25939

3-2 续表 59 continued

地 区 Region	社会福利业 Social Welfare 年末人数(人) Year-end Figures (person)	#女性 Female	工资总额(千元) Total Wages (1000 yuan)	平均工资(元) Average Wage (yuan)	文化、体育和娱乐业 Culture, Sports and Entertainment 年末人数(人) Year-end Figures (person)	#女性 Female	工资总额(千元) Total Wages (1000 yuan)	平均工资(元) Average Wage (yuan)
全 国 National	**142528**	**75461**	**5096924**	**36103**	**1349854**	**573832**	**64207024**	**47878**
北 京 Beijing	9718	6168	429479	44473	165116	78991	15206208	92617
天 津 Tianjin	2418	1044	131791	54257	15971	6601	937522	59627
河 北 Hebei	7828	4074	231972	28210	50859	22760	1546359	30311
山 西 Shanxi	3705	1705	101400	27652	46070	20921	1355127	29377
内蒙古 Inner Mongolia	3228	1516	136906	42998	32577	15069	1442726	44326
辽 宁 Liaoning	9950	4388	299588	30219	52392	22336	2127628	40272
吉 林 Jilin	4437	2056	126480	28538	37222	15745	1140627	30467
黑龙江 Heilongjiang	5020	2324	141111	28553	41067	16913	1325592	32918
上 海 Shanghai	6347	3803	323449	51415	51590	21620	4169291	81409
江 苏 Jiangsu	6435	3712	316569	50433	60238	23835	3138764	52576
浙 江 Zhejiang	7659	4875	324645	43315	65956	28937	4045022	61695
安 徽 Anhui	2860	1472	81257	28612	32891	12951	1126666	34353
福 建 Fujian	3875	1974	150819	39103	37982	14607	1582450	41715
江 西 Jiangxi	2514	1239	68701	29284	28610	11614	850674	32519
山 东 Shandong	6987	3425	277739	39997	65891	25738	2840087	43492
河 南 Henan	7524	3567	217041	28877	70920	28853	2203166	31249
湖 北 Hubei	6975	3865	182983	26748	53513	21196	1880879	35310
湖 南 Hunan	5714	2906	163558	28933	52171	21667	1998193	38532
广 东 Guangdong	11868	6979	511450	44212	91995	38933	4863367	53259
广 西 Guangxi	3937	2296	101088	26114	33362	13392	1058295	31609
海 南 Hainan	635	287	24639	38863	12265	5028	415497	34700
重 庆 Chongqing	2713	1395	90594	33791	26129	11216	1128508	43786
四 川 Sichuan	5165	2665	177056	34460	44124	17741	1620068	36944
贵 州 Guizhou	1455	798	39753	28054	19489	7995	581057	29999
云 南 Yunnan	2733	1387	84436	31518	34364	15244	1097393	32058
西 藏 Tibet	536	242	22625	42054	6470	2465	354562	55133
陕 西 Shaanxi	3927	1868	129092	33794	49288	20915	1638614	33425
甘 肃 Gansu	1404	642	37894	27029	24684	9913	708300	28503
青 海 Qinghai	1186	656	41286	35500	7222	3324	300900	42506
宁 夏 Ningxia	630	381	21196	33432	7265	3155	304480	42154
新 疆 Xinjiang	3145	1752	110327	35316	32161	14157	1219002	38062

3-2 续表 60 continued

地区	Region	新闻出版业 Journalism and Publishing Activities 年末人数(人) Year-end Figures (person)	#女性 Female	工资总额(千元) Total Wages (1000 yuan)	平均工资(元) Average Wage (yuan)	广播、电影、电视和音像业 Broadcasting, Movies, Television and Audiovisual Activities 年末人数(人) Year-end Figures (person)	#女性 Female	工资总额(千元) Total Wages (1000 yuan)	平均工资(元) Average Wage (yuan)
全 国	**National**	**284258**	**124247**	**17822642**	**63007**	**438621**	**168512**	**22396299**	**51603**
北 京	Beijing	68877	34512	6835274	99584	34108	15816	4657861	138076
天 津	Tianjin	1583	773	98919	62806	3777	1608	214235	58375
河 北	Hebei	9201	4404	352226	38319	18836	7757	510650	27338
山 西	Shanxi	8287	3829	291002	34463	15576	6908	490740	31693
内蒙古	Inner Mongolia	4531	2089	192224	42462	11977	5049	551845	45991
辽 宁	Liaoning	10652	4308	543029	49023	17994	7047	766136	42658
吉 林	Jilin	8910	3879	263067	29498	11495	4406	353495	30659
黑龙江	Heilongjiang	5977	2423	232280	38947	15220	6120	487359	32122
上 海	Shanghai	8836	3368	967694	108925	16589	6904	1636955	102105
江 苏	Jiangsu	10377	4377	733897	71086	26027	8650	1397171	53568
浙 江	Zhejiang	14134	6352	1119025	79714	24240	9091	1593970	66657
安 徽	Anhui	5792	2194	270538	47714	14656	5262	482222	32773
福 建	Fujian	5474	2178	285706	52636	16076	4965	676417	42163
江 西	Jiangxi	4120	1601	131227	33979	10652	4235	302216	31953
山 东	Shandong	12979	4685	694999	53847	26109	9008	1101764	43095
河 南	Henan	14989	5539	616697	41414	24824	10113	732217	29781
湖 北	Hubei	11455	4526	509270	44806	18232	6984	708277	39084
湖 南	Hunan	10186	4338	453950	44658	21595	7946	936277	43619
广 东	Guangdong	17573	6697	1139352	66130	24518	8308	1551964	63465
广 西	Guangxi	5603	2198	237881	42118	8882	3068	309805	35026
海 南	Hainan	3058	1194	118238	38907	3856	1437	148211	40517
重 庆	Chongqing	9178	4458	385083	43069	7357	2764	437925	58916
四 川	Sichuan	7831	3305	349402	45242	13311	4528	487963	37127
贵 州	Guizhou	3007	1489	85700	28595	6030	2349	184363	30519
云 南	Yunnan	3752	1664	136214	37483	8289	3286	285144	34488
西 藏	Tibet	603	247	37640	62733	3188	1211	176373	55761
陕 西	Shaanxi	5084	1998	226582	45154	12078	4863	437905	37505
甘 肃	Gansu	3302	1331	125641	38305	8613	2901	226233	26193
青 海	Qinghai	1010	481	35337	34815	2429	999	106903	44487
宁 夏	Ningxia	1605	773	89042	55512	1534	563	53144	34689
新 疆	Xinjiang	6292	3037	265506	42345	10553	4366	390559	37016

3-2 续表 61 continued

地 区 Region	文化艺术业 Culture and Art 年末人数(人) Year-end Figures (person)	#女 性 Female	工资总额(千元) Total Wages (1000 yuan)	平均工资(元) Average Wage (yuan)	体 育 Sports Activities 年末人数(人) Year-end Figures (person)	#女 性 Female	工资总额(千元) Total Wages (1000 yuan)	平均工资(元) Average Wage (yuan)
全 国 National	**428639**	**199199**	**16515854**	**38810**	**100387**	**34799**	**4445088**	**44392**
北 京 Beijing	33149	15608	2285611	70426	11423	4318	809480	70549
天 津 Tianjin	6315	2712	349779	55476	2867	923	209478	73040
河 北 Hebei	16255	7795	483570	29963	3443	1334	112884	32988
山 西 Shanxi	19034	9020	471025	24749	2541	890	86825	34197
内蒙古 Inner Mongolia	13875	7009	606192	43816	1798	740	74746	41804
辽 宁 Liaoning	17500	8459	618157	35315	3177	1116	122724	38948
吉 林 Jilin	12680	6067	389660	30566	3079	1046	104466	33874
黑龙江 Heilongjiang	13784	6336	403774	30654	3884	863	115244	29879
上 海 Shanghai	13512	6130	889908	65382	7654	2978	450167	58700
江 苏 Jiangsu	17862	8357	746877	43010	3801	1531	171790	45148
浙 江 Zhejiang	20170	10073	1046090	51615	2463	936	137008	55740
安 徽 Anhui	9709	4474	290319	30091	1881	606	62206	32382
福 建 Fujian	11046	5180	440089	39979	3704	1381	130055	34728
江 西 Jiangxi	10431	4840	313116	32377	2429	670	82372	36561
山 东 Shandong	18801	8501	732513	39105	3940	1365	179543	46060
河 南 Henan	25069	11097	671320	26876	2761	922	89372	32381
湖 北 Hubei	16886	7594	475640	28194	4309	1378	124818	29014
湖 南 Hunan	14509	6725	423163	29321	2075	756	70312	34149
广 东 Guangdong	23239	10994	1157977	51080	9737	3823	498766	50467
广 西 Guangxi	14029	5904	379318	26481	2549	960	84505	35108
海 南 Hainan	2254	956	81614	36049	359	105	13493	38116
重 庆 Chongqing	6144	2553	202001	33460	1594	557	48209	31758
四 川 Sichuan	17973	8180	606519	33812	3006	894	105908	35022
贵 州 Guizhou	5401	2459	152862	28804	3775	996	125714	33613
云 南 Yunnan	13166	6606	441983	33387	2461	698	71933	28624
西 藏 Tibet	2158	851	111619	51988	521	156	28930	55528
陕 西 Shaanxi	26188	11298	804112	30392	1913	675	73322	38611
甘 肃 Gansu	10774	4962	299861	27432	1415	480	44092	30942
青 海 Qinghai	3141	1637	130536	43138	534	167	24121	45426
宁 夏 Ningxia	3142	1466	127982	40837	823	298	26057	32942
新 疆 Xinjiang	10443	5356	382667	37095	4471	1237	166548	37226

3-2 续表 62 continued

地区	Region	娱乐业 Entertainment 年末人数(人) Year-end Figures (person)	#女性 Female	工资总额(千元) Total Wages (1000 yuan)	平均工资(元) Average Wage (yuan)	公共管理和社会组织 Public Management & Social Organization 年末人数(人) Year-end Figures (person)	#女性 Female	工资总额(千元) Total Wages (1000 yuan)	平均工资(元) Average Wage (yuan)
全国	**National**	**97949**	**47075**	**3027141**	**30735**	**14676320**	**4261109**	**611806840**	**42062**
北京	Beijing	17559	8737	617982	34555	430866	156331	28207742	66038
天津	Tianjin	1429	585	65111	49893	140831	38972	10034676	71673
河北	Hebei	3124	1470	87029	24276	809964	242311	25166461	31284
山西	Shanxi	632	274	15535	24659	584405	189520	17445994	30012
内蒙古	Inner Mongolia	396	182	17719	44409	366270	117141	17230476	47346
辽宁	Liaoning	3069	1406	77582	24716	505789	148174	19678402	39177
吉林	Jilin	1058	347	29939	25854	325315	98656	10301765	31765
黑龙江	Heilongjiang	2202	1171	86935	41319	428410	125598	14497455	34016
上海	Shanghai	4999	2240	224567	44752	194011	60191	17303758	89882
江苏	Jiangsu	2171	920	89029	41935	650067	163393	41410312	64229
浙江	Zhejiang	4949	2485	148929	30462	598861	157910	40948884	69421
安徽	Anhui	853	415	21381	25333	470652	116479	17618151	37899
福建	Fujian	1682	903	50183	29330	306486	77749	14266288	47138
江西	Jiangxi	978	268	21743	23763	461028	122244	14467436	34013
山东	Shandong	4062	2179	131268	31269	1058309	296904	41166693	39284
河南	Henan	3277	1182	93560	28464	1061064	334559	32474548	30691
湖北	Hubei	2631	714	62874	24108	546798	145040	19787174	36364
湖南	Hunan	3806	1902	114491	30637	766685	207319	24902587	32611
广东	Guangdong	16928	9111	515308	30172	989298	275480	56613193	57500
广西	Guangxi	2299	1262	46786	20729	404681	111373	13981316	34830
海南	Hainan	2738	1336	53941	20286	105950	28214	4552151	43316
重庆	Chongqing	1856	884	55290	29984	265991	72695	11550154	44028
四川	Sichuan	2003	834	70276	34721	793036	236071	31190959	39555
贵州	Guizhou	1276	702	32418	25248	413790	119475	13879319	33992
云南	Yunnan	6696	2990	162119	24642	470247	136702	16020191	34402
西藏	Tibet					100161	28334	4987967	50336
陕西	Shaanxi	4025	2081	96693	24338	505576	145308	18746030	37033
甘肃	Gansu	580	239	12473	21617	363848	114953	11022936	29806
青海	Qinghai	108	40	4003	38490	92288	31111	4238136	46408
宁夏	Ningxia	161	55	8255	50957	83778	27573	3134511	37427
新疆	Xinjiang	402	161	13722	32986	381865	135329	14981175	39862

3-2 续表 63 continued

地 区	Region	中国共产党机关 Chinese Communist Party Organs				国家机构 Organ of State			
		年末人数(人) Year-end Figures (person)	#女性 Female	工资总额(千元) Total Wages (1000 yuan)	平均工资(元) Average Wage (yuan)	年末人数(人) Year-end Figures (person)	#女性 Female	工资总额(千元) Total Wages (1000 yuan)	平均工资(元) Average Wage (yuan)
全 国	**National**	**561282**	**140389**	**24771003**	**44511**	**13642019**	**3941092**	**568466081**	**42049**
北 京	Beijing	12025	3619	992009	81472	343754	123855	24422640	71808
天 津	Tianjin	3477	887	294696	84343	133730	36285	9511375	71567
河 北	Hebei	31663	7362	1099890	35017	764282	230034	23558846	31038
山 西	Shanxi	19277	5224	699679	36245	551331	178532	16277087	29690
内蒙古	Inner Mongolia	18053	5195	930657	52021	338851	108319	15820468	46990
辽 宁	Liaoning	22573	6133	974052	42923	466686	134592	18144725	39182
吉 林	Jilin	12884	3190	442086	34284	302035	92498	9404141	31234
黑龙江	Heilongjiang	14336	3674	515494	36033	405051	118044	13655870	33896
上 海	Shanghai	3048	1140	286923	94104	185238	56068	16642768	90569
江 苏	Jiangsu	14935	3015	1050083	70537	625113	156970	39637319	63946
浙 江	Zhejiang	19033	4565	1521849	80924	543694	140197	37850275	70722
安 徽	Anhui	15802	2909	659406	42362	445051	110359	16579917	37712
福 建	Fujian	13465	3407	675132	50155	283606	70821	13186534	47128
江 西	Jiangxi	19531	4738	640858	35866	419664	108863	13179821	34076
山 东	Shandong	37456	7908	1619605	43578	984935	277564	38114732	39097
河 南	Henan	33921	8311	1162813	34191	988747	309804	30159776	30595
湖 北	Hubei	15471	3066	597315	38699	511103	133543	18524678	36431
湖 南	Hunan	23896	5276	804051	33767	724778	195622	23550870	32623
广 东	Guangdong	30948	7852	1880057	60995	939902	260109	53648190	57351
广 西	Guangxi	17968	4579	672744	37782	376802	103100	12954470	34632
海 南	Hainan	4256	869	215706	51346	98249	25995	4183457	42925
重 庆	Chongqing	8130	2052	387667	48458	252952	69032	10941728	43860
四 川	Sichuan	35344	10064	1502963	42789	740831	219787	28950710	39303
贵 州	Guizhou	19851	5520	674049	34268	385830	110925	12890506	33869
云 南	Yunnan	23711	6522	886857	37609	431298	124679	14637163	34285
西 藏	Tibet	5493	1541	337398	62251	89196	24731	4455957	50530
陕 西	Shaanxi	25302	5921	1025077	40810	468634	135103	17269162	36783
甘 肃	Gansu	27610	6750	848048	31150	326857	105310	9880690	29648
青 海	Qinghai	5109	1450	290195	57147	84405	28725	3798480	45486
宁 夏	Ningxia	3627	832	151742	41722	77315	25634	2866774	37093
新 疆	Xinjiang	23087	6818	931902	41235	352099	125992	13766952	39721

3-2 续表 64 continued

地 区 Region	人民政协和民主党派 People's Political Consultative Conference and Democratic Parties 年末人数(人) Year-end Figures (person)	#女性 Female	工资总额(千元) Total Wages (1000 yuan)	平均工资(元) Average Wage (yuan)	群众社团、社会团体和宗教组织 Mass Communities, Social Communities and Religion Organizations 年末人数(人) Year-end Figures (person)	#女性 Female	工资总额(千元) Total Wages (1000 yuan)	平均工资(元) Average Wage (yuan)
全 国 National	**97255**	**25148**	**4741135**	**49223**	**290918**	**121332**	**12142099**	**41982**
北 京 Beijing	2107	761	194218	93240	30510	12816	2060047	67525
天 津 Tianjin	824	236	69600	84775	1885	725	140499	74142
河 北 Hebei	4386	1106	169007	38604	9633	3809	338718	35224
山 西 Shanxi	3476	960	133718	38692	10321	4804	335510	32583
内蒙古 Inner Mongolia	3391	921	187898	55476	5975	2706	291453	48820
辽 宁 Liaoning	3959	1432	165810	41818	9998	4413	352230	35290
吉 林 Jilin	2020	563	84990	41888	5107	2135	184131	36111
黑龙江 Heilongjiang	2767	795	120802	43690	5765	2643	200002	34729
上 海 Shanghai	890	365	86179	97048	3481	1619	233177	67043
江 苏 Jiangsu	2785	697	226177	81652	7164	2671	496008	69449
浙 江 Zhejiang	3204	818	278157	87498	11729	4407	726370	62333
安 徽 Anhui	2876	644	134245	47070	6198	2192	233698	38418
福 建 Fujian	2965	950	150815	51315	6450	2571	253807	39374
江 西 Jiangxi	3278	755	118685	39339	18555	7888	528072	29843
山 东 Shandong	6056	1338	278173	45880	27438	8855	1108450	40460
河 南 Henan	5549	1343	211233	38005	25611	11805	763720	29887
湖 北 Hubei	3795	654	162951	43063	16429	7777	502230	30544
湖 南 Hunan	3974	927	152752	38217	14037	5494	394914	28385
广 东 Guangdong	3518	1011	276521	79574	14930	6508	808425	54487
广 西 Guangxi	3458	1053	138298	44383	6453	2641	215804	33567
海 南 Hainan	634	170	39157	62651	2811	1180	113831	40553
重 庆 Chongqing	1932	511	91266	47362	2977	1100	129493	43985
四 川 Sichuan	6700	1775	312713	46813	10161	4445	424573	41875
贵 州 Guizhou	2925	742	129827	44814	5108	2266	174989	34515
云 南 Yunnan	5617	1429	224806	40187	7579	3253	246912	32764
西 藏 Tibet	1094	344	66954	61201	4378	1718	127658	29046
陕 西 Shaanxi	4291	1058	183776	42958	7349	3226	268015	36649
甘 肃 Gansu	4033	690	121346	30284	5348	2203	172647	32452
青 海 Qinghai	1306	284	76425	58970	1468	652	73036	50684
宁 夏 Ningxia	937	223	42991	45833	1899	884	73004	38647
新 疆 Xinjiang	2508	593	111645	45347	4171	1926	170676	40920

3-3 各地区分行业在岗职工人数和平均工资(2011年)
ON-POST STAFF AND WORKERS AND AVERAGE WAGES BY SECTOR AND REGION(2011)

地区	Region	总计 Total 年末人数(人) Year-end Figures (person)	总计 Total 平均工资(元) Average Wage (yuan)	农、林、牧、渔业 Agriculture,Forestry,Farming of Animals and Fishing 年末人数(人) Year-end Figures (person)	农、林、牧、渔业 平均工资(元) Average Wage (yuan)	采矿业 Mining 年末人数(人) Year-end Figures (person)	采矿业 Mining 平均工资(元) Average Wage (yuan)	制造业 Manufacturing 年末人数(人) Year-end Figures (person)	制造业 Manufacturing 平均工资(元) Average Wage (yuan)
全国	**National**	**136813493**	**42452**	**3112872**	**20393**	**6001047**	**52569**	**40222776**	**36494**
北京	Beijing	6403484	75834	23156	34439	65967	73946	1047638	55674
天津	Tianjin	2520870	56477	5524	49359	94574	75164	1099880	48114
河北	Hebei	5284756	35973	56303	12825	281204	58040	1289706	32649
山西	Shanxi	3986185	39903	29958	23574	852067	64784	690712	30406
内蒙古	Inner Mongolia	2571900	41481	261050	22956	200183	51780	396857	36420
辽宁	Liaoning	5571577	38713	261452	11550	328248	49244	1645988	36462
吉林	Jilin	2675683	34197	157882	19785	147518	36057	640681	35526
黑龙江	Heilongjiang	4108539	33503	605863	15828	431005	45137	625188	31951
上海	Shanghai	4533315	77031	9299	52888	514	98828	1802175	60106
江苏	Jiangsu	7743884	45987	91074	23586	127225	48187	3493518	37097
浙江	Zhejiang	9575828	45780	13856	39092	14647	36197	3729391	35176
安徽	Anhui	3775392	40640	45770	20485	337341	66172	839909	36579
福建	Fujian	5713371	38989	39586	29187	65103	34032	2801185	33137
江西	Jiangxi	3244231	34102	104385	20132	87358	36984	858891	31449
山东	Shandong	10060451	37992	47419	28386	714450	53612	3683053	32095
河南	Henan	8086240	34203	70094	20732	634437	52784	1918442	30215
湖北	Hubei	5438913	37134	83186	22966	120898	35968	1646368	36043
湖南	Hunan	5147338	35520	38546	18072	150277	32094	1260227	35914
广东	Guangdong	12062022	45152	80668	16814	31456	54552	5162998	35493
广西	Guangxi	3184370	34064	86861	19128	44475	34343	655399	30477
海南	Hainan	828289	36716	115962	22016	9946	39171	82642	30358
重庆	Chongqing	3187316	40042	15197	31868	103672	37738	780384	36654
四川	Sichuan	5875003	37924	44499	26917	205709	42527	1391486	33387
贵州	Guizhou	2259081	37331	16929	25637	134334	41113	387452	35753
云南	Yunnan	3294402	35031	98846	20782	175056	34337	606083	33634
西藏	Tibet	199492	55845	4113	34631	707	54947	6151	29849
陕西	Shaanxi	3712830	39043	41828	28636	279638	53220	829691	33679
甘肃	Gansu	1922459	32724	51305	20541	93479	54840	331802	36724
青海	Qinghai	572389	42493	17093	31065	24952	45447	116502	35751
宁夏	Ningxia	566217	44574	26137	25211	59734	78526	105330	35824
新疆	Xinjiang	2707666	38820	569031	22849	184873	63568	297047	40123

3-3 续表 1 continued

地区 Region	电力、燃气及水的生产和供应业 Production and Distribution of Electricity,Gas and Water		建筑业 Construction		交通运输、仓储和邮政业 Traffic,Transport, Storage and Post		信息传输、计算机服务和软件业 Information Transfer, Computer Services and Software	
	年末人数(人) Year-end Figures (person)	平均工资(元) Average Wage (yuan)	年末人数(人) Year-end Figures (person)	平均工资(元) Average Wage (yuan)	年末人数(人) Year-end Figures (person)	平均工资(元) Average Wage (yuan)	年末人数(人) Year-end Figures (person)	平均工资(元) Average Wage (yuan)
全　国 National	**3244704**	**53723**	**15186936**	**32657**	**6417487**	**47646**	**2075846**	**70619**
北　京 Beijing	89107	83581	391999	53419	550454	59113	476871	114168
天　津 Tianjin	40486	88004	268526	45603	105038	67454	20602	75224
河　北 Hebei	176911	56611	441501	27661	236795	38872	56092	48143
山　西 Shanxi	100808	51725	235472	31410	215717	44694	48142	36085
内蒙古 Inner Mongolia	109869	52780	159186	28544	162051	47917	41743	40955
辽　宁 Liaoning	166543	46754	442088	31182	324272	44053	82203	61650
吉　林 Jilin	87922	35974	127184	26579	141145	38975	57326	39172
黑龙江 Heilongjiang	140469	41704	264976	27153	247089	38982	60412	45623
上　海 Shanghai	59906	102347	251565	66684	395687	66300	80517	118556
江　苏 Jiangsu	130469	74690	572057	34418	307856	44631	96896	73812
浙　江 Zhejiang	136697	83661	2231056	32058	266738	54848	122791	84588
安　徽 Anhui	95808	47566	425584	36376	160613	36837	41823	42143
福　建 Fujian	93424	58275	912418	37046	167262	47344	51759	59958
江　西 Jiangxi	98521	44406	417297	29793	136307	46860	30189	38926
山　东 Shandong	200376	46617	1045177	30183	349709	46470	82140	52596
河　南 Henan	207678	41297	1038558	29054	290892	37817	56874	39420
湖　北 Hubei	174028	47592	822844	36128	243040	41321	55060	39654
湖　南 Hunan	138543	39851	735367	28511	219452	40219	66419	41940
广　东 Guangdong	197461	64653	804643	33583	604610	55394	194566	73036
广　西 Guangxi	88256	44049	344756	29936	178003	38933	41111	43589
海　南 Hainan	19414	42980	52815	32593	45678	51028	9695	65656
重　庆 Chongqing	66599	60061	769647	32091	145027	40403	38962	63537
四　川 Sichuan	160144	46310	1051325	27893	218569	44104	63851	47190
贵　州 Guizhou	81217	53927	231152	34002	89128	39555	25989	46661
云　南 Yunnan	91195	49268	417954	25730	132215	44960	40018	42505
西　藏 Tibet	7024	51330	5676	30196	4474	58530	2188	56799
陕　西 Shaanxi	94389	48200	280053	28839	190975	41935	74479	42267
甘　肃 Gansu	67915	36438	181417	25708	101885	37800	17740	25373
青　海 Qinghai	14320	45533	53575	33605	33955	50518	8797	47448
宁　夏 Ningxia	34663	67011	21999	30044	31041	41417	5803	53110
新　疆 Xinjiang	74542	51281	189069	36197	121810	53501	24788	48217

3-3 续表 2 continued

地 区	Region	批发和零售业 Wholesale and Retail Trade		住宿和餐饮业 Accommodation and Restaurants		金融业 Finance		房地产业 Real Estate	
		年末人数（人） Year-end Figures (person)	平均工资（元） Average Wage (yuan)	年末人数（人） Year-end Figures (person)	平均工资（元） Average Wage (yuan)	年末人数（人） Year-end Figures (person)	平均工资（元） Average Wage (yuan)	年末人数（人） Year-end Figures (person)	平均工资（元） Average Wage (yuan)
全 国	**National**	**6217424**	**40295**	**2278397**	**27847**	**4170117**	**91364**	**2326626**	**43345**
北 京	Beijing	604255	68072	262983	38592	266538	198409	324241	57544
天 津	Tianjin	139119	47973	63630	25027	53665	120476	39292	125606
河 北	Hebei	228579	24575	51209	21867	183496	61168	47800	30931
山 西	Shanxi	176561	23925	47809	17302	128594	61301	20025	22161
内蒙古	Inner Mongolia	74723	28897	25355	25462	94497	58575	19990	33194
辽 宁	Liaoning	211455	32112	70340	26242	173103	69494	110199	32740
吉 林	Jilin	91152	27259	30822	21721	97838	56576	51505	28011
黑龙江	Heilongjiang	154517	29240	36084	23836	117536	54326	47653	27925
上 海	Shanghai	425286	81717	125362	43039	269672	169276	124819	67446
江 苏	Jiangsu	310252	37682	99298	29433	228793	101176	74179	49793
浙 江	Zhejiang	365809	45995	175262	30385	272023	124439	144362	48987
安 徽	Anhui	149676	30846	37470	22867	122008	64288	54734	34081
福 建	Fujian	193001	38738	84464	26845	109680	99114	86823	44442
江 西	Jiangxi	118728	30428	32326	21678	96021	51346	34404	34027
山 东	Shandong	467923	29174	133072	26042	252725	76040	129487	33215
河 南	Henan	414440	27230	102966	24809	188586	55160	111742	34485
湖 北	Hubei	266300	29459	73910	23967	133392	63432	75440	36512
湖 南	Hunan	166991	33788	87811	23725	159890	67240	89346	33773
广 东	Guangdong	547562	43656	285376	28171	411508	103234	322135	45137
广 西	Guangxi	123711	30370	40843	20385	90929	71421	47002	29852
海 南	Hainan	43764	29859	51369	22422	22362	70672	34406	33917
重 庆	Chongqing	159520	35084	69871	24526	72453	94149	64421	40617
四 川	Sichuan	172672	33916	59895	26758	174204	68557	62481	35758
贵 州	Guizhou	104093	35354	28561	23364	67441	78071	40460	28430
云 南	Yunnan	183492	32322	71143	19570	89313	82501	50478	29286
西 藏	Tibet	4360	41488	3238	25923	9115	93192	260	47129
陕 西	Shaanxi	144241	28249	71528	21885	114357	59862	57586	33129
甘 肃	Gansu	54878	23829	17811	19948	66102	39093	15633	27473
青 海	Qinghai	22208	30459	7291	22244	17667	55125	9122	26944
宁 夏	Ningxia	14992	34979	3833	23175	21561	74979	9902	34145
新 疆	Xinjiang	83164	40730	27465	28106	65048	69405	26699	32609

3-3 续表 3 continued

地区 Region	租赁和商务服务业 Tenancy and Business Services		科学研究、技术服务和地质勘查业 Scientific Research, Technical Service and Geologic Perambulation		水利、环境和公共设施管理业 Management of Water Conservancy,Environment and Public Establishment		居民服务和其他服务业 Resident Services and Other Services	
	年末人数(人) Year-end Figures (person)	平均工资(元) Average Wage (yuan)	年末人数(人) Year-end Figures (person)	平均工资(元) Average Wage (yuan)	年末人数(人) Year-end Figures (person)	平均工资(元) Average Wage (yuan)	年末人数(人) Year-end Figures (person)	平均工资(元) Average Wage (yuan)
全　国 National	**2731709**	**45900**	**2818290**	**65238**	**2034306**	**30750**	**566661**	**33713**
北　京 Beijing	556866	77782	458786	101033	85461	48674	66259	34874
天　津 Tianjin	62655	34384	48633	95762	28680	53610	66188	26240
河　北 Hebei	48977	24128	97892	60098	87945	25460	19643	40494
山　西 Shanxi	53357	24366	58924	38124	66755	19796	7045	22717
内蒙古 Inner Mongolia	28859	37891	43572	45881	73433	32499	19546	45541
辽　宁 Liaoning	123346	28988	131351	54990	127351	28202	29224	28760
吉　林 Jilin	40459	32372	65892	46579	71455	21907	8802	26822
黑龙江 Heilongjiang	47552	33949	117397	48129	80102	22945	46397	38018
上　海 Shanghai	166815	76352	114330	122132	51554	52966	17772	48732
江　苏 Jiangsu	104502	34476	114001	72411	111386	38962	10302	42631
浙　江 Zhejiang	270018	39386	143297	67056	106787	38255	16040	39663
安　徽 Anhui	45551	38974	71059	44303	60632	27222	4289	28534
福　建 Fujian	64140	33178	54218	49956	43892	32652	12691	36267
江　西 Jiangxi	31107	34785	51489	39130	46265	23573	4691	30447
山　东 Shandong	100269	35446	102732	53179	106066	31135	35480	45608
河　南 Henan	109096	28682	119600	39656	119550	28542	18679	25379
湖　北 Hubei	42958	31030	109328	49972	76779	26571	14682	29650
湖　南 Hunan	77223	28215	80241	42645	71910	24152	16076	31488
广　东 Guangdong	308307	47283	180469	79020	139844	36291	67201	33862
广　西 Guangxi	89157	25507	71539	39720	68332	23101	7804	25577
海　南 Hainan	23099	24726	15410	38443	20433	24710	3867	23178
重　庆 Chongqing	55779	28143	46521	66419	37724	27445	8608	28385
四　川 Sichuan	59948	38981	138732	64633	88396	26379	9946	29863
贵　州 Guizhou	30271	27239	44040	36124	31786	28789	11977	27482
云　南 Yunnan	64877	27702	60601	43722	47414	25161	7198	22742
西　藏 Tibet	1411	42027	6653	60726	1780	31537	135	56963
陕　西 Shaanxi	37868	32504	138391	57750	73377	28534	13463	24774
甘　肃 Gansu	13469	25624	48482	34941	36348	25208	3635	23131
青　海 Qinghai	8351	46102	24985	57147	9155	33728	2829	35600
宁　夏 Ningxia	13596	29890	11819	47705	13593	38823	336	25572
新　疆 Xinjiang	51826	27349	47906	46264	50121	29490	15856	31306

3-3 续表 4 continued

地区 Region	教育 Education		卫生、社会保障和社会福利业 Sanitation, Social Security and Social Welfare		文化体育和娱乐业 Culture, Sports and Entertainment		公共管理和社会组织 Public Management and Social Organization	
	年末人数(人) Year-end Figures (person)	平均工资(元) Average Wage (yuan)	年末人数(人) Year-end Figures (person)	平均工资(元) Average Wage (yuan)	年末人数(人) Year-end Figures (person)	平均工资(元) Average Wage (yuan)	年末人数(人) Year-end Figures (person)	平均工资(元) Average Wage (yuan)
全国 National	**15631604**	**43907**	**6437240**	**47258**	**1284188**	**48711**	**14055263**	**43214**
北京 Beijing	379183	77566	209738	84897	154674	95332	389308	71272
天津 Tianjin	156617	72495	83818	69370	14874	61861	129069	76530
河北 Hebei	857325	36835	285371	34069	49402	30646	788605	31801
山西 Shanxi	479717	35652	161095	28953	45055	29750	568372	30523
内蒙古 Inner Mongolia	343254	51268	126713	45304	32179	44638	358840	48053
辽宁 Liaoning	533053	45240	268316	41463	50730	40765	492315	39976
吉林 Jilin	360148	36605	159082	35023	36715	30605	302155	33378
黑龙江 Heilongjiang	444113	37718	195304	36810	39288	33476	407594	34935
上海 Shanghai	248997	87859	160790	97181	45154	81529	183101	93745
江苏 Jiangsu	834923	55594	365862	54729	56716	54435	614575	66604
浙江 Zhejiang	602885	68395	333189	71712	61453	64687	569527	71668
安徽 Anhui	595777	38435	217580	39412	30627	35636	439141	39416
福建 Fujian	444777	47745	159444	52244	35681	43070	293823	48388
江西 Jiangxi	465990	35559	163088	38831	27281	33494	439893	35113
山东 Shandong	1061239	42421	446198	43818	64430	43966	1038506	39698
河南 Henan	1159818	36275	418086	35780	67810	31719	1038892	31067
湖北 Hubei	628734	36642	297411	39152	50467	36490	524088	37156
湖南 Hunan	689754	35702	312533	43044	48716	39635	738016	33246
广东 Guangdong	1136741	48614	525143	58100	87127	54644	974207	58007
广西 Guangxi	561408	34286	232205	38441	31484	32760	381095	36119
海南 Hainan	121906	46888	42700	44162	12047	35035	100774	44795
重庆 Chongqing	351056	45087	123390	52355	25281	44620	253204	45402
四川 Sichuan	825947	39771	346600	46468	42124	37817	758475	40613
贵州 Guizhou	410555	35459	121941	35167	19121	30293	382634	35776
云南 Yunnan	513944	37008	162934	37183	33435	32570	448206	35537
西藏 Tibet	41224	55780	13951	49781	5944	58626	81088	60085
陕西 Shaanxi	552012	42872	191866	41311	47530	33928	479558	38206
甘肃 Gansu	342754	32180	104063	29392	23723	29087	350018	30527
青海 Qinghai	73717	50982	31865	43682	7037	43037	88968	47654
宁夏 Ningxia	78025	41853	32122	37850	6814	43980	74917	40168
新疆 Xinjiang	336011	40917	144842	39031	31269	38723	366299	40840

3-4 各地区分行业其他就业人员和平均工资(2011年)

OTHER EMPLOYMENT AND AVERAGE WAGE BY SECTOR AND REGION(2011)

地区	Region	总计 Total 年末人数(人) Year-end Figures (person)	总计 Total 平均工资(元) Average Wage (yuan)	农、林、牧、渔业 Agriculture,Forestry, Farming of Animals and Fishing 年末人数(人) Year-end Figures (person)	农、林、牧、渔业 平均工资(元) Average Wage (yuan)	采矿业 Mining 年末人数(人) Year-end Figures (person)	采矿业 Mining 平均工资(元) Average Wage (yuan)	制造业 Manufacturing 年末人数(人) Year-end Figures (person)	制造业 Manufacturing 平均工资(元) Average Wage (yuan)
全 国	**National**	**7319521**	**29844**	**482318**	**13613**	**114928**	**34785**	**660491**	**46517**
北 京	Beijing	455534	70596	476	20233	1245	89905	30107	93295
天 津	Tianjin	161549	42767	509	20217	9490	59342	26718	85570
河 北	Hebei	269480	22114	769	16508	2966	43128	16060	36399
山 西	Shanxi	110684	15939	2472	23566	4933	19672	11228	16111
内蒙古	Inner Mongolia	52026	23916	875	17851	5288	29282	3254	25618
辽 宁	Liaoning	224183	26485	3904	6689	2476	18161	29736	33990
吉 林	Jilin	102875	19282	4780	10164	325	21854	8776	45908
黑龙江	Heilongjiang	553448	15892	333429	13781	3882	14130	31500	16516
上 海	Shanghai	439923	61214	4724	32601	21	33417	66080	97872
江 苏	Jiangsu	368869	34759	2435	13342	1283	15937	43422	86350
浙 江	Zhejiang	380849	31781	1055	17701	928	19072	38085	54320
安 徽	Anhui	340125	24756	13904	15933	3002	25165	15346	24420
福 建	Fujian	249962	29347	21386	8727	4018	25504	28653	50961
江 西	Jiangxi	199753	19542	4071	10369	2306	21460	18873	18767
山 东	Shandong	443982	29825	411	22104	19749	59608	39389	30315
河 南	Henan	304642	18279	2417	13408	2253	14898	19762	14080
湖 北	Hubei	421616	23251	10610	14765	8928	32569	35801	25803
湖 南	Hunan	366997	20941	15271	13855	3195	19690	30191	24555
广 东	Guangdong	320205	41543	1511	15391	657	22617	26657	82589
广 西	Guangxi	231965	18733	21441	15484	2988	22354	22499	21276
海 南	Hainan	22980	19170	2374	15944	28	14821	1023	48628
重 庆	Chongqing	184689	27935	714	16062	351	28184	15785	28409
四 川	Sichuan	265222	24272	1121	9732	7381	38905	24739	22922
贵 州	Guizhou	151401	17853	1734	7729	1111	17889	11330	15470
云 南	Yunnan	206263	17234	11296	5929	9007	25923	26360	17163
西 藏	Tibet	33671	11817	4667	6498	500	24136	492	29024
陕 西	Shaanxi	224131	23132	576	7057	9533	27991	21600	22829
甘 肃	Gansu	70473	14601	892	12805	3437	29101	6806	15761
青 海	Qinghai	33518	24170	816	15927	1075	42475	4366	17366
宁 夏	Ningxia	42330	18580	1342	13973	356	46287	2185	22465
新 疆	Xinjiang	86176	21450	10336	12890	2216	23301	3668	23499

3-4 续表 1 continued

地 区 Region	电力、燃气及水的生产和供应业 Production & Distribution of Electricity,Gas & Water		建筑业 Construction		交通运输、仓储和邮政业 Traffic,Transport, Storage and Post		信息传输、计算机服务和软件业 Information Transfer, Computer Services and Software	
	年末人数(人) Year-end Figures (person)	平均工资(元) Average Wage (yuan)	年末人数(人) Year-end Figures (person)	平均工资(元) Average Wage (yuan)	年末人数(人) Year-end Figures (person)	平均工资(元) Average Wage (yuan)	年末人数(人) Year-end Figures (person)	平均工资(元) Average Wage (yuan)
全 国 National	**102213**	**20487**	**2060846**	**28254**	**210406**	**30181**	**51745**	**82644**
北 京 Beijing	1075	32760	33345	41191	23634	69046	13994	200870
天 津 Tianjin	1628	31435	37065	25576	9223	36064	199	31864
河 北 Hebei	25163	16897	64696	25690	6994	27822	2497	17134
山 西 Shanxi	2543	15399	15884	18486	3009	19643	1200	19934
内蒙古 Inner Mongolia	904	27732	7962	30054	1975	35213	215	21321
辽 宁 Liaoning	4445	19613	36786	24890	5131	25056	2456	31280
吉 林 Jilin	1615	15383	6561	26571	1794	19720	562	18345
黑龙江 Heilongjiang	5533	15287	40840	21590	9170	10580	794	23480
上 海 Shanghai	1173	41056	115972	46237	14632	45553	1515	209363
江 苏 Jiangsu	1672	30550	79847	27167	5659	24719	2328	36124
浙 江 Zhejiang	2085	31258	136126	26355	7375	31964	2767	36755
安 徽 Anhui	1720	21388	158679	32442	6400	20741	1842	24186
福 建 Fujian	1896	30945	87033	33886	11415	21382	2523	55940
江 西 Jiangxi	4122	21717	78007	25860	3323	17987	1962	19387
山 东 Shandong	7656	26495	174254	36025	6901	23006	1537	30340
河 南 Henan	6896	21480	122039	20139	11523	16695	1797	10324
湖 北 Hubei	4132	20656	208545	23902	12716	22287	1380	19590
湖 南 Hunan	4568	20508	138008	24415	12118	22486	2178	21819
广 东 Guangdong	1097	31433	122191	28298	13869	33610	2786	59574
广 西 Guangxi	3828	13929	42262	24498	6344	19561	974	24014
海 南 Hainan	405	18444	3024	14948	636	26117	53	41660
重 庆 Chongqing	2368	20352	58525	31696	6471	25279	432	28440
四 川 Sichuan	2606	24007	66713	21339	7342	26590	804	28182
贵 州 Guizhou	1890	18075	51555	25187	7563	17685	798	19669
云 南 Yunnan	3692	18018	63197	21948	3674	14048	720	20573
西 藏 Tibet	349	32636	1997	16480	1523	19497	47	18158
陕 西 Shaanxi	2187	22634	66066	29672	5759	17000	2700	64670
甘 肃 Gansu	2578	16343	9129	18554	2095	9982	303	16049
青 海 Qinghai	215	14212	12739	28145	335	20716	47	31000
宁 夏 Ningxia	790	16266	4479	23789	608	17503	170	18333
新 疆 Xinjiang	1382	16544	17320	28610	1195	28797	165	20872

3-4 续表 2 continued

地 区 Region	批发和零售业 Wholesale and Retail Trade		住宿和餐饮业 Accommodation and Restaurants		金融业 Finance		房地产业 Real Estate	
	年末人数（人） Year-end Figures (person)	平均工资（元） Average Wage (yuan)	年末人数（人） Year-end Figures (person)	平均工资（元） Average Wage (yuan)	年末人数（人） Year-end Figures (person)	平均工资（元） Average Wage (yuan)	年末人数（人） Year-end Figures (person)	平均工资（元） Average Wage (yuan)
全 国 National	**257460**	**49283**	**148985**	**21963**	**883126**	**32451**	**159207**	**35162**
北 京 Beijing	31454	120117	29309	30751	62151	66754	27063	57990
天 津 Tianjin	8332	62536	3712	29357	23581	43851	2260	33257
河 北 Hebei	6157	19277	1474	19313	54848	25986	1188	19451
山 西 Shanxi	4152	10919	1074	14419	21778	18908	583	13895
内蒙古 Inner Mongolia	1226	11452	1470	24047	9932	26866	64	15859
辽 宁 Liaoning	8847	28186	2679	21040	51088	31208	5157	20495
吉 林 Jilin	2672	21390	605	31340	7411	27814	1419	20934
黑龙江 Heilongjiang	9338	17977	1759	14682	29208	28131	8510	17803
上 海 Shanghai	49961	92205	41718	23781	8166	196934	30035	41501
江 苏 Jiangsu	10663	25039	17973	12997	60620	33016	5133	31548
浙 江 Zhejiang	12985	30715	6185	11626	46779	44473	8457	33929
安 徽 Anhui	5464	13408	1900	15037	38425	17066	6727	24592
福 建 Fujian	8269	21526	2916	17688	26296	22621	4234	34269
江 西 Jiangxi	11855	14024	923	9455	12861	16698	1611	22402
山 东 Shandong	14166	15599	2973	21181	93449	22578	4204	24829
河 南 Henan	12899	16834	2377	15811	49516	19070	4639	24225
湖 北 Hubei	7213	22661	8037	14984	24218	29340	5665	22790
湖 南 Hunan	6270	17444	2746	20099	43710	17831	3473	23513
广 东 Guangdong	8230	67471	4568	42216	49350	51121	11651	44261
广 西 Guangxi	4451	13072	2313	18939	19137	28867	2456	17816
海 南 Hainan	239	48192	580	25141	1648	18297	458	24844
重 庆 Chongqing	4422	19938	1371	17795	42531	30788	8125	30057
四 川 Sichuan	5807	19629	1453	23962	40254	28522	2249	21209
贵 州 Guizhou	2239	13106	853	18233	4105	24495	2374	22033
云 南 Yunnan	10152	15957	2652	16772	8028	16505	3203	24501
西 藏 Tibet	473	27693	58	22476	254	45365	3	12667
陕 西 Shaanxi	5057	14365	2579	14165	26137	23936	5349	17326
甘 肃 Gansu	1125	15993	766	12973	2913	17394	731	9314
青 海 Qinghai	444	11169	341	16573	2368	48954	408	13773
宁 夏 Ningxia	1024	15904	201	17955	6465	22087	765	24174
新 疆 Xinjiang	1874	18497	1420	28732	15899	21139	1013	14680

3-4 续表 3 continued

地 区 Region	租赁和商务服务业 Tenancy and Business Services		科学研究、技术服务和地质勘查业 Scientific Research, Technical Service & Geologic Perambulation		水利、环境和公共设施管理业 Management of Water Conservancy,Environment & Public Establishment		居民服务和其他服务业 Resident Services and Other Services	
	年末人数（人） Year-end Figures (person)	平均工资（元） Average Wage (yuan)	年末人数（人） Year-end Figures (person)	平均工资（元） Average Wage (yuan)	年末人数（人） Year-end Figures (person)	平均工资（元） Average Wage (yuan)	年末人数（人） Year-end Figures (person)	平均工资（元） Average Wage (yuan)
全 国 National	**134127**	**69518**	**166424**	**47685**	**269187**	**14605**	**31887**	**23219**
北 京 Beijing	30171	175942	46889	66105	4174	27181	7074	30712
天 津 Tianjin	1465	28917	4734	49289	4880	19130	1977	19341
河 北 Hebei	2124	17829	2105	22715	13362	13723	918	37976
山 西 Shanxi	1477	14103	1869	18738	2889	11348	71	8718
内蒙古 Inner Mongolia	144	19780	391	31465	4372	15906	1688	17816
辽 宁 Liaoning	2345	22264	7269	49688	14892	14330	732	12872
吉 林 Jilin	3491	17316	1965	29792	13422	10394	201	51780
黑龙江 Heilongjiang	2933	14341	4318	27426	21758	9358	4626	9057
上 海 Shanghai	17674	80524	9285	98140	11096	26666	6206	26636
江 苏 Jiangsu	7258	21389	5581	41749	18544	17556	795	24243
浙 江 Zhejiang	7086	32148	11521	36550	12293	24092	800	30516
安 徽 Anhui	2906	17297	4428	24859	11413	14671	300	18820
福 建 Fujian	1898	24325	2887	34730	3424	14078	444	23011
江 西 Jiangxi	3417	12860	3667	17800	7504	11519	304	14862
山 东 Shandong	3158	20947	4809	34382	13817	12923	355	21768
河 南 Henan	2258	17944	2944	23189	9337	13671	542	23847
湖 北 Hubei	1688	25055	6760	28863	13115	15209	577	20128
湖 南 Hunan	9530	19707	4591	27819	17478	13608	621	19300
广 东 Guangdong	8985	57560	5369	69647	3915	18557	1131	39365
广 西 Guangxi	4213	16108	4785	22985	12653	12868	370	13222
海 南 Hainan	443	15095	690	19086	1246	18061	39	27543
重 庆 Chongqing	1273	28307	4638	51711	3852	16210	147	20760
四 川 Sichuan	3768	38749	7513	47649	12577	12094	132	17837
贵 州 Guizhou	1000	16389	2348	13007	6503	10234	822	15383
云 南 Yunnan	2544	20338	3709	18376	7110	12951	182	19656
西 藏 Tibet	117	42496	558	32294	286	15871	16	15938
陕 西 Shaanxi	3171	13069	5131	29224	11439	11445	353	16519
甘 肃 Gansu	5241	16747	1409	18031	3463	12792	71	9281
青 海 Qinghai	58	32036	1530	25860	959	11058	39	33032
宁 夏 Ningxia	857	34196	764	23844	4551	12126	61	26344
新 疆 Xinjiang	1434	20862	1967	27958	2863	11533	293	13897

3-4 续表 4 continued

地区	Region	教育 Education 年末人数(人) Year-end Figures (person)	教育 Education 平均工资(元) Average Wage (yuan)	卫生、社会保障和社会福利业 Sanitation,Social Security & Social Welfare 年末人数(人) Year-end Figures (person)	卫生、社会保障和社会福利业 Sanitation,Social Security & Social Welfare 平均工资(元) Average Wage (yuan)	文化体育和娱乐业 Culture, Sports and Entertainment 年末人数(人) Year-end Figures (person)	文化体育和娱乐业 Culture, Sports and Entertainment 平均工资(元) Average Wage (yuan)	公共管理和社会组织 Public Management & Social Organization 年末人数(人) Year-end Figures (person)	公共管理和社会组织 Public Management & Social Organization 平均工资(元) Average Wage (yuan)
全国	**National**	**546122**	**22493**	**353326**	**26951**	**65666**	**31463**	**621057**	**16079**
北京	Beijing	46781	45676	14592	44302	10442	52692	41558	18166
天津	Tianjin	7967	24175	4950	30215	1097	30278	11762	18456
河北	Hebei	30598	15738	14745	15106	1457	18436	21359	12203
山西	Shanxi	12284	11669	6190	13848	1015	12732	16033	11892
内蒙古	Inner Mongolia	2794	17434	1644	20444	398	19302	7430	13771
辽宁	Liaoning	18199	31827	12905	24559	1662	25279	13474	13645
吉林	Jilin	8183	18646	15426	12962	507	20496	23160	10555
黑龙江	Heilongjiang	14595	18294	8660	20458	1779	14102	20816	16161
上海	Shanghai	28348	33900	15971	45628	6436	80560	10910	25435
江苏	Jiangsu	35867	28254	30775	33916	3522	25186	35492	23064
浙江	Zhejiang	32231	27661	20254	43550	4503	22145	29334	25805
安徽	Anhui	20446	16049	13448	22667	2264	17133	31511	16722
福建	Fujian	15767	20518	11939	29647	2301	20655	12663	17628
江西	Jiangxi	11864	12518	10619	19055	1329	14095	21135	12792
山东	Shandong	17959	16064	17931	25160	1461	20273	19803	18940
河南	Henan	14133	19840	14028	18338	3110	20440	22172	13046
湖北	Hubei	30395	19824	16080	25299	3046	15521	22710	18202
湖南	Hunan	24923	16693	16002	22964	3455	23092	28669	16293
广东	Guangdong	24484	35374	13795	42089	4868	28201	15091	24845
广西	Guangxi	40692	13700	15095	20566	1878	12253	23586	13770
海南	Hainan	2872	17914	1828	20893	218	16782	5176	14307
重庆	Chongqing	14948	18079	5101	32097	848	17039	12787	17766
四川	Sichuan	24920	17732	19282	36205	2000	18900	34561	16291
贵州	Guizhou	14829	12840	8823	14933	368	14670	31156	11969
云南	Yunnan	14981	12067	12786	15462	929	13448	22041	11057
西藏	Tibet	1344	16735	1388	9957	526	15840	19073	8839
陕西	Shaanxi	14537	15314	14181	23079	1758	19843	26018	15054
甘肃	Gansu	9070	10465	5653	13415	961	13951	13830	10889
青海	Qinghai	2184	12504	2089	13771	185	20098	3320	12771
宁夏	Ningxia	4450	15247	3950	18336	451	15192	8861	13503
新疆	Xinjiang	3477	19457	3196	16359	892	14799	15566	13754

3-5 各地区分登记注册类型城镇单位年末人数(2011年)

EMPLOYMENT IN URBAN UNITS BY REGISTRATION STATUS AND REGION(2011)

单位：千人 (1 000 persons)

地区	Region	就业人员 Employment				在岗职工 On-post Staff and Workers	
		合计 Total	国有单位 State-owned Units	集体单位 Collective-owned Units	其他单位 Other Ownership Units	合计 Total	国有单位 State-owned Units
全国	**National**	**144133**	**67042**	**6031**	**71060**	**136813**	**63623**
北京	Beijing	6859	1887	201	4771	6403	1771
天津	Tianjin	2682	859	88	1735	2521	812
河北	Hebei	5554	3225	222	2107	5285	3098
山西	Shanxi	4097	2438	248	1411	3986	2372
内蒙古	Inner Mongolia	2624	1731	85	808	2572	1707
辽宁	Liaoning	5796	3038	341	2417	5572	2946
吉林	Jilin	2779	1709	96	974	2676	1634
黑龙江	Heilongjiang	4662	3336	161	1165	4109	2895
上海	Shanghai	4973	1472	104	3397	4533	1361
江苏	Jiangsu	8113	2910	312	4891	7744	2769
浙江	Zhejiang	9957	2241	285	7431	9576	2123
安徽	Anhui	4116	2190	183	1742	3775	1987
福建	Fujian	5963	1617	156	4191	5713	1511
江西	Jiangxi	3444	2004	187	1252	3244	1896
山东	Shandong	10504	4370	608	5527	10060	4244
河南	Henan	8391	4002	517	3872	8086	3896
湖北	Hubei	5861	2923	182	2756	5439	2713
湖南	Hunan	5514	2750	278	2486	5147	2590
广东	Guangdong	12382	4239	628	7515	12062	4109
广西	Guangxi	3416	2095	187	1134	3184	1941
海南	Hainan	851	533	36	282	828	517
重庆	Chongqing	3372	1310	110	1952	3187	1254
四川	Sichuan	6140	3465	338	2338	5875	3316
贵州	Guizhou	2410	1705	77	628	2259	1583
云南	Yunnan	3501	1920	109	1472	3294	1821
西藏	Tibet	233	219	4	11	199	189
陕西	Shaanxi	3937	2635	152	1149	3713	2506
甘肃	Gansu	1993	1500	75	418	1922	1445
青海	Qinghai	606	416	19	172	572	391
宁夏	Ningxia	609	379	8	222	566	348
新疆	Xinjiang	2794	1923	34	837	2708	1878

3-5 续表 continued

单位：千人 (1 000 persons)

地区	Region	在岗职工 On-post Staff and Workers		其他就业人员 Others			
		集体单位 Collective-owned Units	其他单位 Other Ownership Units	合计 Total	国有单位 State-owned Units	集体单位 Collective-owned Units	其他单位 Other Ownership Units
全 国	**National**	**5623**	**67568**	**7320**	**3419**	**408**	**3492**
北 京	Beijing	188	4445	456	117	13	326
天 津	Tianjin	79	1630	162	47	9	106
河 北	Hebei	214	1973	269	127	8	135
山 西	Shanxi	237	1377	111	66	11	34
内蒙古	Inner Mongolia	81	784	52	25	4	24
辽 宁	Liaoning	321	2305	224	92	21	112
吉 林	Jilin	91	950	103	75	5	23
黑龙江	Heilongjiang	149	1065	553	441	13	100
上 海	Shanghai	89	3083	440	111	15	313
江 苏	Jiangsu	278	4698	369	141	34	193
浙 江	Zhejiang	274	7179	381	118	11	252
安 徽	Anhui	163	1625	340	203	20	117
福 建	Fujian	141	4061	250	106	14	130
江 西	Jiangxi	160	1189	200	109	28	63
山 东	Shandong	584	5233	444	126	24	294
河 南	Henan	496	3695	305	107	21	177
湖 北	Hubei	170	2556	422	210	11	200
湖 南	Hunan	239	2318	367	160	39	168
广 东	Guangdong	611	7343	320	130	18	173
广 西	Guangxi	158	1085	232	154	30	49
海 南	Hainan	34	278	23	16	2	4
重 庆	Chongqing	105	1828	185	56	6	123
四 川	Sichuan	321	2237	265	148	16	100
贵 州	Guizhou	72	605	151	123	5	24
云 南	Yunnan	98	1375	206	99	10	97
西 藏	Tibet	4	7	34	30	0	3
陕 西	Shaanxi	140	1067	224	129	12	82
甘 肃	Gansu	73	404	70	55	1	14
青 海	Qinghai	17	164	34	25	1	8
宁 夏	Ningxia	7	210	42	30	1	11
新 疆	Xinjiang	30	800	86	45	4	37

3-6 各地区分登记注册类型城镇单位工资总额(2011年)
WAGES IN URBAN UNITS BY REGISTRATION STATUS AND REGION(2011)

单位：亿元 (100 million yuan)

地区	Region	就业人员 Earnings of Employment				在岗职工 Wages of On-post Staff and Workers	
		合计 Total	国有单位 State-owned Units	集体单位 Collective-owned Units	其他单位 Other Ownership Units	合计 Total	国有单位 State-owned Units
全国	**National**	**59954.7**	**28954.8**	**1737.4**	**29262.4**	**57737.1**	**28236.7**
北京	Beijing	5099.7	1460.2	66.9	3572.6	4778.6	1421.1
天津	Tianjin	1483.2	551.4	32.2	899.6	1415.1	540.0
河北	Hebei	1975.3	1152.9	56.1	766.2	1916.0	1132.2
山西	Shanxi	1598.9	885.7	66.4	646.8	1580.6	876.2
内蒙古	Inner Mongolia	1122.0	762.4	33.1	326.6	1108.6	757.7
辽宁	Liaoning	2242.7	1206.6	86.9	949.3	2171.6	1186.5
吉林	Jilin	940.3	581.9	24.5	333.9	919.0	572.2
黑龙江	Heilongjiang	1486.0	1055.0	44.0	387.0	1391.7	990.9
上海	Shanghai	3735.5	1213.6	53.9	2468.1	3460.2	1170.2
江苏	Jiangsu	3673.3	1606.2	111.1	1955.9	3548.3	1569.2
浙江	Zhejiang	4440.1	1499.0	115.9	2825.3	4302.3	1464.5
安徽	Anhui	1590.1	849.5	51.8	688.8	1509.0	800.8
福建	Fujian	2270.3	749.7	51.6	1469.0	2198.6	728.0
江西	Jiangxi	1080.6	656.4	43.6	380.6	1042.9	638.3
山东	Shandong	3956.1	1885.8	182.1	1888.2	3812.3	1851.4
河南	Henan	2775.3	1408.1	123.1	1244.0	2721.4	1390.9
湖北	Hubei	2083.9	1132.5	47.7	903.7	1986.8	1085.3
湖南	Hunan	1869.6	972.1	71.2	826.2	1797.0	942.1
广东	Guangdong	5574.9	2272.4	154.5	3148.0	5444.3	2235.6
广西	Guangxi	1113.5	726.2	43.1	344.2	1071.0	700.7
海南	Hainan	306.1	199.6	8.7	97.8	301.8	196.9
重庆	Chongqing	1298.8	565.4	30.3	703.0	1252.2	553.5
四川	Sichuan	2268.9	1447.9	95.2	725.8	2204.7	1410.1
贵州	Guizhou	856.8	627.9	23.1	205.8	830.1	606.8
云南	Yunnan	1176.3	739.6	34.5	402.2	1141.9	725.3
西藏	Tibet	114.6	110.3	0.6	3.7	110.6	106.8
陕西	Shaanxi	1537.0	1088.6	41.1	407.2	1484.3	1060.9
甘肃	Gansu	643.3	488.9	21.0	133.4	633.1	481.6
青海	Qinghai	250.6	192.5	4.5	53.6	241.6	187.4
宁夏	Ningxia	266.4	156.4	4.3	105.7	258.1	151.5
新疆	Xinjiang	1124.6	709.8	14.4	400.3	1103.5	702.2

3-6 续表 continued

单位：亿元 (100 million yuan)

地区	Region	在岗职工 Wages of On-post Staff and Workers		其他就业人员 Others			
		集体单位 Collective-owned Units	其他单位 Other Ownership Units	合计 Tota	国有单位 State-owned Units	集体单位 Collective-owned Units	其他单位 Other Ownership Units
全国	**National**	**1648.0**	**27852.3**	**2217.6**	**718.1**	**89.4**	**1410.1**
北京	Beijing	62.3	3295.2	321.0	39.2	4.5	277.3
天津	Tianjin	29.3	845.8	68.1	11.4	3.0	53.7
河北	Hebei	54.8	729.0	59.2	20.7	1.3	37.2
山西	Shanxi	64.9	639.5	18.2	9.4	1.5	7.3
内蒙古	Inner Mongolia	32.2	318.6	13.5	4.7	0.9	7.9
辽宁	Liaoning	83.5	901.6	71.2	20.1	3.4	47.7
吉林	Jilin	23.7	323.2	21.2	9.7	0.8	10.7
黑龙江	Heilongjiang	39.9	360.9	94.3	64.2	4.0	26.1
上海	Shanghai	49.4	2240.6	275.4	43.4	4.5	227.4
江苏	Jiangsu	102.3	1876.7	125.0	37.0	8.8	79.2
浙江	Zhejiang	112.7	2725.1	137.9	34.5	3.2	100.2
安徽	Anhui	45.7	662.6	81.1	48.7	6.1	26.3
福建	Fujian	48.3	1422.2	71.7	21.7	3.2	46.8
江西	Jiangxi	38.6	366.0	37.7	18.0	5.1	14.6
山东	Shandong	176.8	1784.1	143.8	34.4	5.3	104.1
河南	Henan	119.9	1210.7	53.9	17.2	3.3	33.4
湖北	Hubei	45.5	856.0	97.2	47.2	2.2	47.7
湖南	Hunan	65.5	789.5	72.5	30.0	5.8	36.7
广东	Guangdong	149.7	3059.1	130.6	36.9	4.8	88.9
广西	Guangxi	37.4	332.9	42.5	25.5	5.8	11.3
海南	Hainan	8.3	96.5	4.4	2.7	0.4	1.3
重庆	Chongqing	29.1	669.6	46.6	12.0	1.2	33.4
四川	Sichuan	91.4	703.2	64.2	37.9	3.8	22.6
贵州	Guizhou	22.1	201.2	26.7	21.1	1.0	4.6
云南	Yunnan	32.8	383.7	34.4	14.3	1.6	18.4
西藏	Tibet	0.6	3.2	4.0	3.5	0.0	0.5
陕西	Shaanxi	38.4	385.0	52.7	27.7	2.7	22.3
甘肃	Gansu	20.8	130.6	10.2	7.3	0.2	2.8
青海	Qinghai	4.0	50.2	9.0	5.2	0.5	3.3
宁夏	Ningxia	4.2	102.3	8.3	4.9	0.1	3.4
新疆	Xinjiang	14.0	387.3	21.1	7.6	0.4	13.1

3-7 各地区分登记注册类型城镇单位平均工资(2011年)
AVERAGE WAGE IN URBAN UNITS BY REGISTRATION STATUS AND REGION(2011)

单位：元 (yuan)

地区	Region	就业人员 Average Wage of Employment 合计 Tota	国有单位 State-owned Units	集体单位 Collective-owned Units	其他单位 Other Ownership Units	在岗职工 On-post Staff and Workers 合计 Tota	国有单位 State-owned Units
全国	**National**	**41799**	**43483**	**28791**	**41323**	**42452**	**44695**
北京	Beijing	75482	78270	32574	76251	75834	81215
天津	Tianjin	55658	64153	35213	52489	56477	66362
河北	Hebei	35309	35872	24788	35575	35973	36646
山西	Shanxi	39230	36542	27038	45992	39903	37164
内蒙古	Inner Mongolia	41118	43788	37382	36317	41481	44143
辽宁	Liaoning	38154	39910	23845	38116	38713	40553
吉林	Jilin	33610	34230	25252	33366	34197	35216
黑龙江	Heilongjiang	31302	31693	24712	31200	33503	34462
上海	Shanghai	75591	83519	51422	72935	77031	87311
江苏	Jiangsu	45487	55522	36085	40126	45987	57002
浙江	Zhejiang	45162	67781	41039	38504	45780	69911
安徽	Anhui	39352	39287	29539	40445	40640	40732
福建	Fujian	38588	46846	33760	35568	38989	48587
江西	Jiangxi	33239	35597	24403	30984	34102	36778
山东	Shandong	37618	43469	29683	33931	37992	44015
河南	Henan	33634	35386	24220	33054	34203	35894
湖北	Hubei	36128	39104	26536	33568	37134	40345
湖南	Hunan	34586	35626	26066	34374	35520	36654
广东	Guangdong	45060	53976	25573	41651	45152	54739
广西	Guangxi	33032	34886	22123	31449	34064	36363
海南	Hainan	36244	37562	24862	35165	36716	38219
重庆	Chongqing	39430	43617	28078	37206	40042	44585
四川	Sichuan	37330	42048	28342	31575	37924	42828
贵州	Guizhou	36102	37359	30894	33314	37331	38914
云南	Yunnan	34004	38684	32102	27932	35031	39925
西藏	Tibet	49464	50770	15163	35405	55845	57014
陕西	Shaanxi	38143	40349	26670	34591	39043	41291
甘肃	Gansu	32092	32366	27826	31869	32724	33083
青海	Qinghai	41370	46936	23745	30327	42493	48618
宁夏	Ningxia	42703	41217	37143	45402	44574	43325
新疆	Xinjiang	38238	36309	38944	42184	38820	36752

3-7 续表 continued

单位：元 (yuan)

地 区 Region	在岗职工 On-post Staff and Workers		其他就业人员 Others			
	集体单位 Collective-owned Units	其他单位 Other Ownership Units	合计 Tota	国有单位 State-owned Units	集体单位 Collective-owned Units	其他单位 Other Ownership Units
全 国 National	**29261**	**41449**	**29844**	**21047**	**22213**	**38994**
北 京 Beijing	32469	75584	70596	33802	34088	85186
天 津 Tianjin	36050	52514	42767	24935	28618	52111
河 北 Hebei	25088	36121	22114	16664	16371	27447
山 西 Shanxi	27669	46716	15939	14308	13624	19501
内蒙古 Inner Mongolia	37963	36578	23916	19022	23881	28200
辽 宁 Liaoning	24591	38462	26485	20591	13632	32579
吉 林 Jilin	25718	33296	19282	12950	16548	35639
黑龙江 Heilongjiang	25149	32226	15892	14143	21098	21656
上 海 Shanghai	55500	73157	61214	38484	28482	70813
江 苏 Jiangsu	37302	40028	34759	26426	26192	42592
浙 江 Zhejiang	41501	38756	31781	29553	29493	32712
安 徽 Anhui	29205	41649	24756	24812	32302	23390
福 建 Fujian	34527	35550	29347	21249	25370	36109
江 西 Jiangxi	24341	31442	19542	16672	24889	22684
山 东 Shandong	30075	34046	29825	26063	20657	32078
河 南 Henan	24397	33719	18279	16515	19143	19256
湖 北 Hubei	26988	34354	23251	22906	19736	23801
湖 南 Hunan	27034	35139	20941	18956	18541	23423
广 东 Guangdong	25679	41390	41543	29260	22656	53192
广 西 Guangxi	22337	31713	18733	16473	20832	25241
海 南 Hainan	25418	35242	19170	16655	17180	30101
重 庆 Chongqing	28490	37543	27935	21781	20720	31521
四 川 Sichuan	28752	31920	24272	25054	21043	23639
贵 州 Guizhou	31601	33851	17853	17371	20830	19718
云 南 Yunnan	33853	28511	17234	15046	15652	19630
西 藏 Tibet	15181	46429	11817	11609	14877	13408
陕 西 Shaanxi	27336	35257	23132	21530	19901	26070
甘 肃 Gansu	28031	32292	14601	13280	14921	19715
青 海 Qinghai	23501	30237	24170	20810	26096	31746
宁 夏 Ningxia	38635	46870	18580	16392	15976	23214
新 疆 Xinjiang	40102	43177	21450	17238	19508	25106

[illegible]

四、国有单位就业人员和工资总额

EMPLOYMENT AND TOTAL WAGES IN STATE-OWNED UNITS

4-1 分行业国有单位就业人员和工资总额(2011年)
EMPLOYMENT AND TOTAL WAGES IN STATE-OWNED UNITS BY SECTOR (2011)

项　目	Item	年末人数(千人) Year-end Figures (1000 persons)	#女性 Female	工资总额(千元) Total Wages (1000 yuan)	平均工资(元) Average Wage (yuan)
全 国 总 计	**National Total**	**67042**	**25224**	**2895480775**	**43483**
按隶属关系分组	**Grouped by Administrtive Relationship**				
中央	Under Central Government	11281	3537	676153169	60012
省、自治区、直辖市	Under Provincial Government	11282	3711	528542776	47042
地区	Under Perfectural Government	12353	4819	550703683	45065
县及县以下	At and Below County Level	31358	12878	1105030720	35528
其他	Other	769	279	35050427	45914
按国民经济行业分组	**Grouped by Sector**				
农、林、牧、渔业	**Agriculture,Forestry,Farming of Animals and Fishing**	**3409**	**1259**	**65412217**	**19253**
农业	Agriculture	1823	763	32080834	17447
林业	Forestry	864	257	15984856	18969
畜牧业	Farming of Animals	237	96	3617329	15388
渔业	Fishing	25	8	460895	18514
农、林、牧、渔服务业	Service Activities for Agriculture, Forestry, Farming of Animals and Fishing	459	136	13268303	29090
采矿业	**Mining**	**2503**	**532**	**133350695**	**53387**
煤炭开采和洗选业	Mining and Washing of Coal	1521	244	79780538	52841
石油和天然气开采业	Extraction of Petroleum and Natural Gas	704	226	42518181	59746
黑色金属矿采选业	Mining of Ferrous Metal Ores	76	15	3898685	51670
有色金属矿采选业	Mining of Non-ferrous Metal Ores	93	19	3342779	36374
非金属矿采选业	Mining and Processing of Nonmetal Ores	72	19	2261938	31717
其他采矿业	Mining of Other Ores	38	10	1548574	41078
制造业	**Manufacturing**	**3978**	**1178**	**172045862**	**43031**
农副食品加工业	Processing of Food from Agricultural Products	99	32	2396255	24827
食品制造业	Manufacture of Foods	49	19	1145758	23632
饮料制造业	Manufacture of Beverage	97	36	3532004	37095
烟草制品业	Manufacture of Tobacco	143	51	14064937	99893
纺织业	Manufacture of Textile	93	52	2150144	22573
纺织服装、鞋、帽制造业	Manufacture of Textile Wearing Apparel, Footware,and Caps	40	25	1201139	30269
皮革、毛皮、羽毛(绒)及其制品业	Manufacture of Leather,Fur,Feather & Its Products	11	5	331083	31222
木材加工及木、竹、藤、棕、草制品业	Processing of Timbers,Manufacture of Wood, Bamboo,Rattan,Palm,and Straw Products	31	9	763490	24200
家具制造业	Manufacture of Furniture	8	3	191123	23884
造纸及纸制品业	Manufacture of Paper and Paper Products	44	15	1454806	32302
印刷业和记录媒介的复制	Printing,Reproduction of Recording Media	80	31	3004873	36801

4-1 续表 1 continued

项 目	Item	年末人数(千人) Year-end Figures (1000 persons)	#女 性 Female	工资总额(千元) Total Wages (1000 yuan)	平均工资(元) Average Wage (yuan)
文教体育用品制造业	Manufacture of Articles for Culture, Education and Sport Activity	6	3	136059	26496
石油加工、炼焦及核燃料加工业	Processing of Petroleum ,Coking,Processing of Nucleus Fuel	140	43	7773770	55913
化工原料及化学制品制造业	Manufacture of Chemical Raw Material and Chemical Products	344	111	13353642	38678
医药制造业	Manufacture of Medicines	87	39	3127540	35870
化学纤维制造业	Manufacture of Chemical Fiber	21	8	504201	24267
橡胶制品业	Manufacture of Rubber	19	8	550091	27492
塑料制品业	Manufacture of Plastic	22	7	696789	32177
非金属矿物制品业	Manufacture of Non-metallic Mineral Products	184	50	5662968	30485
黑色金属冶炼及压延加工业	Manufacture and Processing of Ferrous Metals	626	133	29998188	47736
有色金属冶炼及压延加工业	Manufacture & Processing of Non-ferrous Metals	275	68	11168710	41530
金属制品业	Manufacture of Metal Products	59	14	2399848	40901
通用设备制造业	Manufacture of General Purpose Machinery	286	75	11199641	38956
专用设备制造业	Manufacture of Special Purpose Machinery	263	70	10889129	39837
交通运输设备制造业	Manufacture of Transport Equipment	628	165	30970372	48540
电气机械及器材制造业	Manufacture of Electrical Machinery & Equipment	111	32	4458262	39737
通信设备、计算机及其他电子设备制造业	Manufacture of Communication Equipment, Computer and Other Electronic Equipment	106	39	4813986	46238
仪器仪表及文化、办公用机械制造业	Manufacture of Measuring Instrument and Machinery for Cultural Activity & Office Work	74	24	2846775	36848
工艺品及其他制造业	Manufacture of Artwork,Other Manufacture	29	11	1130642	38224
废弃资源和废旧材料回收加工业	Recycling and Disposal of Waste	2	1	129637	50758
电力、燃气及水的生产和供应业	**Production and Distribution of Electricity, Gas and Water**	**2150**	**619**	**114126791**	**53333**
电力、热力的生产和供应业	Production and Supply of Electric Power and Heat Power	1692	442	97735764	58033
燃气生产和供应业	Production and Distribution of Gas	81	27	3659372	45211
水的生产和供应业	Production and Distribution of Water	377	150	12731655	33967
建筑业	**Construction**	**3332**	**469**	**121839377**	**36071**
房屋和土木工程建筑业	Construction of Building & Civil Engineering	2888	398	103264610	35266
建筑安装业	Architectural Installation	333	54	13254992	38885
建筑装饰业	Architectural Decoration	30	5	1248817	41316
其他建筑业	Other Construction	81	12	4070958	51875
交通运输、仓储和邮政业	**Traffic,Transport,Storage and Post**	**4159**	**1111**	**193963834**	**47318**
铁路运输业	Transport Via Railway	1644	296	95438861	59429
道路运输业	Transport Via Road	894	276	27711907	31145
城市公共交通业	Urban Public Traffic	495	152	18214741	37289
水上运输业	Water Transport	184	33	10892490	59746

4-1 续表 2 continued

项目	Item	年末人数(千人) Year-end Figures (1000 persons)	#女性 Female	工资总额(千元) Total Wages (1000 yuan)	平均工资(元) Average Wage (yuan)
航空运输业	Air Transport	131	47	9447860	74396
管道运输业	Transport Via Pipeline	21	7	1102508	53886
装卸搬运和其他运输服务业	Loading,Unloading,Portage and Other Transport Services	98	25	4847438	49393
仓储业	Storage	156	44	4657569	29922
邮政业	Post	537	231	21650460	40741
信息传输、计算机服务和软件业	**Information Transfer, Computer Services and Software**	**670**	**274**	**33686978**	**50401**
电信和其他信息传输服务业	Telecom & Other Information Transfer Services	636	263	31204818	49179
计算机服务业	Computer Services	23	7	1444750	62036
软件业	Software Industry	11	3	1037410	98202
批发和零售业	**Wholesale and Retail Trade**	**1457**	**562**	**60779825**	**41337**
批发业	Wholesale	1005	343	47135310	46583
零售业	Retail Trade	453	219	13644515	29759
住宿和餐饮业	**Accommodation and Restaurants**	**563**	**300**	**16184871**	**28756**
住宿业	Accommodation	462	247	13288589	28735
餐饮业	Restaurants	101	53	2896282	28857
金融业	**Finance**	**1463**	**696**	**107774742**	**74650**
银行业	Bank	1147	525	92703246	81748
证券业	Securities	21	8	3521377	164259
保险业	Insurance	252	140	8747701	35397
其他金融活动	Other Financial Activities	43	22	2802418	68083
房地产业	**Real Estate**	**476**	**164**	**20510390**	**43814**
房地产开发经营	Real Estate Exploitation Management	184	58	10613669	59492
物业管理	Management Concerning Dwelling	173	60	5211808	30345
房地产中介服务	Real Estate Agency Service	22	9	742141	34435
租赁和商务服务业	**Tenancy and Business Services**	**1279**	**324**	**49883128**	**39447**
租赁业	Tenancy	11	4	321578	30352
商务服务业	Business Service	1268	320	49561550	39523
科学研究、技术服务和地质勘查业	**Scientific Research,Technical Service and Geologic Perambulation**	**2182**	**659**	**129422275**	**60316**
研究与试验发展	Research and Experimental Development	673	224	45092984	68165
#自然科学研究与试验发展	Research and Experimental Development on Physical Science	141	50	9732451	70195
工程和技术研究与试验发展	Research and Experimental Development on Engineering and Technical Research	349	106	26719369	77686
农业科学研究与试验发展	Research and Experimental Development on Agricultural Science Research	111	36	4412218	40572
医学研究与试验发展	Research and Experimental Development on Medical Research	24	13	1426963	59911
社会人文科学研究与试验发展	Research and Experimental Development on Social Science and Humanities	49	19	2801983	60433

4-1 续表 3 continued

项目	Item	年末人数(千人) Year-end Figures (1000 persons)	#女性 Female	工资总额(千元) Total Wages (1000 yuan)	平均工资(元) Average Wage (yuan)
专业技术服务业	Professional Technique Services	903	271	56554249	63757
#气象服务	Weather Services	57	20	2513950	44440
地震服务	Earthquake Services	16	5	772539	47951
海洋服务	Ocean Services	8	2	630413	76544
测绘服务	Plotting Services	45	13	2441915	54484
技术检测	Technique Detection	169	58	9256313	55640
环境监测	Environmental Monitoring	49	18	2228540	46092
工程技术与规划管理	Engineering Technic & Programming Management	512	143	35733531	71437
科技交流和推广服务业	Services of Science and Technique Intercommunion and Generalization	248	80	10280239	41756
地质勘查业	Geologic Perambulation	359	84	17494803	49844
水利、环境和公共设施管理业	**Management of Water Conservancy, Environment and Public Establishment**	**1980**	**810**	**56599826**	**28812**
水利管理业	Management of Water Conservancy	473	133	15163942	32132
环境管理业	Environmental Management	956	467	22844252	24265
公共设施管理业	Management of Public Establishment	551	209	18591632	33735
居民服务和其他服务业	**Resident Services and Other Services**	**307**	**113**	**11383899**	**36923**
居民服务业	Resident Services	178	76	6879133	39051
其他服务业	Other Services	130	37	4504766	34086
教育	**Education**	**15409**	**7782**	**665132414**	**43436**
#初等教育	Primary Education	5853	3176	229252078	39398
中等教育	Secondary Education	6820	3229	288523981	42601
高等教育	Higher Education	1889	840	110535126	59038
卫生、社会保障和社会福利业	**Sanitation,Social Security & Social Welfare**	**6060**	**3692**	**280391003**	**47185**
卫生	Sanitation	5758	3544	269394191	47736
社会保障业	Social Security	175	82	6300471	36238
社会福利业	Social Welfare	126	66	4696341	37527
文化体育和娱乐业	**Culture, Sports and Entertainment**	**1138**	**477**	**55007209**	**48690**
新闻出版业	Journalism and Publishing Activities	247	106	15372358	62666
广播、电影、电视和音像业	Broadcasting,Movies,Television and Audiovisual Activities	390	149	19710555	51018
文化艺术业	Culture and Art	388	182	15087265	39156
体育	Sports Activities	87	30	3819517	43825
娱乐业	Entertainment	25	10	1017514	39723
公共管理和社会组织	**Public Management & Social Organization**	**14527**	**4202**	**607985439**	**42230**
#中国共产党机关	Chinese Communist Party Organs	561	140	24750939	44497
国家机构	Organ of State	13628	3936	567836830	42046
人民政协和民主党派	People's Political Consultative Conference and Democratic Parties	97	25	4734115	49404
群众社团、社会团体和宗教组织	Mass Communities, Social Communities and Religion Organizations	233	98	10365024	44709

4-2 各地区分行业国有单位就业人员和工资总额(2011年)
EMPLOYMENT AND TOTAL WAGES IN STATE-OWNED UNITS BY SECTOR AND REGION (2011)

地 区	Region	总 计 Total			
		年末人数(人) Year-end Figures (person)	#女 性 Female	工资总额(千元) Total Wages (1000 yuan)	平均工资(元) Average Wage (yuan)
全 国	**National**	**67041993**	**25224233**	**2895480775**	**43483**
北 京	Beijing	1887426	792036	146024719	78270
天 津	Tianjin	858787	293892	55139412	64153
河 北	Hebei	3224924	1331624	115291497	35872
山 西	Shanxi	2438097	931602	88568377	36542
内蒙古	Inner Mongolia	1731465	681421	76240522	43788
辽 宁	Liaoning	3037565	1107047	120658130	39910
吉 林	Jilin	1709326	655890	58189941	34230
黑龙江	Heilongjiang	3335991	1234993	105503329	31693
上 海	Shanghai	1472079	554980	121358366	83519
江 苏	Jiangsu	2910027	1176802	160622793	55522
浙 江	Zhejiang	2240808	898147	149899611	67781
安 徽	Anhui	2190234	705091	84953471	39287
福 建	Fujian	1616544	602613	74966100	46846
江 西	Jiangxi	2004467	687224	65637862	35597
山 东	Shandong	4369833	1589233	188581776	43469
河 南	Henan	4002487	1548166	140813313	35386
湖 北	Hubei	2923021	1024193	113253437	39104
湖 南	Hunan	2750071	993665	97209090	35626
广 东	Guangdong	4238829	1663028	227244698	53976
广 西	Guangxi	2094944	824287	72619344	34886
海 南	Hainan	532957	202563	19963583	37562
重 庆	Chongqing	1310018	468449	56543427	43617
四 川	Sichuan	3464694	1234276	144794826	42048
贵 州	Guizhou	1705366	560600	62786699	37359
云 南	Yunnan	1920248	739761	73964507	38684
西 藏	Tibet	218700	76540	11027554	50770
陕 西	Shaanxi	2635202	950545	108862427	40349
甘 肃	Gansu	1500462	523542	48890605	32366
青 海	Qinghai	415713	156006	19251954	46936
宁 夏	Ningxia	378520	151658	15640521	41217
新 疆	Xinjiang	1923188	864359	70978884	36309

4-2 续表 1 continued

地 区	Region	中央属单位 Units Under Central Government				省、自治区、直辖市属单位 Units Under Provincial Government			
		年末人数（人） Year-end Figures (person)	#女 性 Female	工资总额（千元） Total Wages (1000 yuan)	平均工资（元） Average Wage (yuan)	年末人数（人） Year-end Figures (person)	#女 性 Female	工资总额（千元） Total Wages (1000 yuan)	平均工资（元） Average Wage (yuan)
全 国	**National**	**11280646**	**3536748**	**676153169**	**60012**	**11281851**	**3711494**	**528542776**	**47042**
北 京	Beijing	833583	317627	78244324	95683	417468	142227	28907182	68979
天 津	Tianjin	173836	47428	12889867	73923	353329	93362	19459139	54688
河 北	Hebei	382594	105705	20289448	53269	389507	123079	17852731	45455
山 西	Shanxi	392709	106920	20638200	52932	526371	166964	23369819	45275
内蒙古	Inner Mongolia	321827	94949	17214257	53475	230599	80696	9861063	41920
辽 宁	Liaoning	703727	168735	38960896	55513	320948	102455	15114203	48117
吉 林	Jilin	332828	90770	16849428	52017	277470	84917	9893842	35983
黑龙江	Heilongjiang	583118	210875	28381578	49743	1376747	468834	35281052	25693
上 海	Shanghai	445582	127432	43925881	99068	462735	159163	38151777	81932
江 苏	Jiangsu	372668	139187	24053769	64980	405485	151395	23597289	58020
浙 江	Zhejiang	217996	73903	19012267	87975	253663	94979	18650610	74774
安 徽	Anhui	262887	61992	12704850	48564	408758	109982	19690035	48520
福 建	Fujian	175513	55889	11218167	64927	223466	74468	11169896	50596
江 西	Jiangxi	164947	60600	7303578	47804	380783	105365	17434845	49497
山 东	Shandong	627726	191698	35322025	56721	612876	188424	33727494	55282
河 南	Henan	420497	112239	21818526	52317	354030	124379	16317120	46219
湖 北	Hubei	784920	224549	42338235	54539	260904	96737	10920362	42038
湖 南	Hunan	341356	98985	17921053	52938	356754	118896	14679823	41416
广 东	Guangdong	483210	156626	39966419	84062	466743	172797	29892089	64377
广 西	Guangxi	200133	58393	11282255	55847	316675	115291	12291987	39413
海 南	Hainan	29713	9502	1523448	51428	236753	87284	8083869	34109
重 庆	Chongqing	165486	50853	8676486	51109	308798	103485	15587668	50417
四 川	Sichuan	675585	215384	39465726	57789	393460	126821	16925762	43551
贵 州	Guizhou	204777	53890	10058815	50195	387663	100053	16226020	42583
云 南	Yunnan	201939	67142	13200719	64499	404505	140368	16539428	40623
西 藏	Tibet	15330	5562	1393633	91452	42594	16022	2355267	55854
陕 西	Shaanxi	636084	195622	32783490	48831	423697	126945	18958151	43324
甘 肃	Gansu	235973	74956	10549954	44844	304177	87186	10787704	34664
青 海	Qinghai	84608	26764	4973323	59744	118366	42676	4961014	42865
宁 夏	Ningxia	60895	19101	3777242	61829	95957	37826	3844387	40223
新 疆	Xinjiang	748599	313470	29415310	37552	170570	68418	8011148	45856

4-2 续表 2 continued

地 区	Region	地区属单位 Units Under Prefectural Government				县及县以下属单位 Units at and Below County Level			
		年末人数（人）Year-end Figures (person)	#女 性 Female	工资总额（千元）Total Wages (1000 yuan)	平均工资（元）Average Wage (yuan)	年末人数（人）Year-end Figures (person)	#女 性 Female	工资总额（千元）Total Wages (1000 yuan)	平均工资（元）Average Wage (yuan)
全 国	**National**	**12353150**	**4818877**	**550703683**	**45065**	**31357580**	**12878408**	**1105030720**	**35528**
北 京	Beijing	518517	279535	33291042	64963	72707	31438	2750056	38361
天 津	Tianjin	215865	104728	15820296	73947	76386	34548	4538328	59091
河 北	Hebei	548861	219945	19250916	35262	1900010	881487	57792476	30569
山 西	Shanxi	398965	161839	11867028	29705	1113709	493863	32549011	29275
内蒙古	Inner Mongolia	351557	140651	13864765	39079	823274	363765	35128862	42604
辽 宁	Liaoning	738290	279967	27897392	37847	1234736	543478	36759180	29884
吉 林	Jilin	342102	138738	10499980	30453	752759	340399	20830994	27700
黑龙江	Heilongjiang	435470	169728	14960584	33777	935546	383665	26720918	28517
上 海	Shanghai	511088	244681	35504958	72170	41798	19997	3202443	77453
江 苏	Jiangsu	556499	216036	32205340	58680	1531322	652428	78272540	51369
浙 江	Zhejiang	393674	146457	26616314	68336	1347735	573611	84064979	63230
安 徽	Anhui	434768	156585	16230872	38440	1035666	360905	34494067	33636
福 建	Fujian	373448	131339	18154541	49634	810887	333311	32312576	40181
江 西	Jiangxi	318505	113548	10060201	34835	1132981	405191	30605432	29334
山 东	Shandong	812078	299394	36520656	45134	2281677	898282	81591680	36081
河 南	Henan	731710	277445	26265576	36220	2386548	990392	72832539	30662
湖 北	Hubei	479946	178638	18866922	39995	1378388	518248	40592295	29636
湖 南	Hunan	471019	173744	17179407	37166	1544518	588874	46305377	30135
广 东	Guangdong	1025885	377592	62650348	61853	2138394	905315	87281439	40913
广 西	Guangxi	461036	181140	16705695	36770	1113949	468284	32232185	29030
海 南	Hainan	61390	24792	2642244	43515	197189	77536	7416306	37796
重 庆	Chongqing	227144	73447	8869878	39967	594848	236324	22941917	39405
四 川	Sichuan	595830	197151	24054239	40968	1771635	687204	63538994	36095
贵 州	Guizhou	176083	61433	6308734	36361	930094	342655	29982008	32631
云 南	Yunnan	221406	90098	8511352	39190	1087921	441763	35643833	33024
西 藏	Tibet	46598	18658	2376993	50751	114178	36298	4901661	43392
陕 西	Shaanxi	378952	147029	14960886	38038	1145966	461920	40168211	35099
甘 肃	Gansu	201969	71734	5866970	29142	756030	288800	21623138	28435
青 海	Qinghai	40927	16767	1789211	43876	170796	69451	7477703	44143
宁 夏	Ningxia	77314	33928	2983889	37998	143080	60400	4988001	34902
新 疆	Xinjiang	206254	92110	7926454	38685	792853	388576	25491571	32388

4-2 续表 3 continued

地 区	Region	其他隶属关系单位 Other Units				农、林、牧、渔业 Agriculture Forestry, Farming of Animals and Fishing			
		年末人数（人）Year-end Figures (person)	#女 性 Female	工资总额（千元）Total Wages (1000 yuan)	平均工资（元）Average Wage (yuan)	年末人数（人）Year-end Figures (person)	#女 性 Female	工资总额（千元）Total Wages (1000 yuan)	平均工资（元）Average Wage (yuan)
全 国	**National**	**768766**	**278706**	**35050427**	**45914**	**3408638**	**1259177**	**65412217**	**19253**
北 京	Beijing	45151	21209	2832115	63382	10017	3964	419644	41781
天 津	Tianjin	39371	13826	2431782	63070	5770	1842	270123	46437
河 北	Hebei	3952	1408	105926	27428	53714	19682	670139	12427
山 西	Shanxi	6343	2016	144319	22674	23464	6684	587309	25043
内蒙古	Inner Mongolia	4208	1360	171575	36890	253619	85169	5847429	23096
辽 宁	Liaoning	39864	12412	1926459	47982	253830	103481	2673717	10546
吉 林	Jilin	4167	1066	115697	27153	157191	50691	3050392	19574
黑龙江	Heilongjiang	5110	1891	159197	30043	932348	334900	13768322	15103
上 海	Shanghai	10876	3707	573307	53570	5937	1614	292391	50806
江 苏	Jiangsu	44053	17756	2493855	57338	88131	37195	2097882	22980
浙 江	Zhejiang	27740	9197	1555441	57607	11649	3246	458915	39358
安 徽	Anhui	48155	15627	1833647	38830	58470	21078	1133271	19276
福 建	Fujian	33230	7606	2110920	57410	55813	17102	1217233	21744
江 西	Jiangxi	7251	2520	233806	34633	104239	34164	1927552	19782
山 东	Shandong	35476	11435	1419921	40599	37031	11278	1078265	29275
河 南	Henan	109702	43711	3579552	32913	46120	14693	933824	20326
湖 北	Hubei	18863	6021	535623	28529	91360	36931	2019108	22137
湖 南	Hunan	36424	13166	1123430	30561	50509	18643	828774	16467
广 东	Guangdong	124597	50698	7454403	60088	76365	24908	1236465	15905
广 西	Guangxi	3151	1179	107222	34278	99828	34909	1783042	17642
海 南	Hainan	7912	3449	297716	37548	115252	49123	2599558	22094
重 庆	Chongqing	13742	4340	467478	35191	12442	2910	417309	33659
四 川	Sichuan	28184	7716	810105	33067	41295	12030	1098016	26451
贵 州	Guizhou	6749	2569	211122	30767	16385	4265	405750	24870
云 南	Yunnan	4477	390	69175	18636	98236	33296	1981858	19438
西 藏	Tibet					8743	1449	171601	19713
陕 西	Shaanxi	50503	19029	1991689	38782	41209	14051	1161465	28382
甘 肃	Gansu	2313	866	62839	27321	50950	15904	1023179	20255
青 海	Qinghai	1016	348	50703	49806	14698	4766	509955	34871
宁 夏	Ningxia	1274	403	47002	34662	26534	9432	676686	24404
新 疆	Xinjiang	4912	1785	134401	27700	567489	249777	13073043	22787

4-2 续表 4 continued

地 区	Region	采矿业 Mining				制造业 Manufacturing			
		年末人数（人） Year-end Figures (person)	#女 性 Female	工资总额（千元） Total Wages (1000 yuan)	平均工资（元） Average Wage (yuan)	年末人数（人） Year-end Figures (person)	#女 性 Female	工资总额（千元） Total Wages (1000 yuan)	平均工资（元） Average Wage (yuan)
全 国	**National**	**2503048**	**532436**	**133350695**	**53387**	**3977838**	**1177568**	**172045862**	**43031**
北 京	Beijing					58692	17774	3881941	66646
天 津	Tianjin	3144	678	261601	81904	79489	17559	3954699	48902
河 北	Hebei	122936	20671	7116950	59153	216547	63793	8005458	36849
山 西	Shanxi	237789	39266	13606035	59241	155487	49487	4669079	29975
内蒙古	Inner Mongolia	67854	12016	4167827	61625	25086	8085	928953	36541
辽 宁	Liaoning	146996	33999	7049675	48245	318135	64236	13312653	41721
吉 林	Jilin	64412	8401	2074983	32216	118652	30814	5267048	44800
黑龙江	Heilongjiang	190283	50927	10343389	54480	159355	47787	5955443	37101
上 海	Shanghai	180	37	8478	45096	138690	30844	9719752	68899
江 苏	Jiangsu	78300	23311	4070003	52037	157898	53667	7534126	48340
浙 江	Zhejiang	3447	683	125957	35115	58894	15969	3222069	54598
安 徽	Anhui	133856	14501	8407502	63692	100270	30494	3807354	38464
福 建	Fujian	13568	3918	460591	34204	38651	12738	1626805	41773
江 西	Jiangxi	63486	10558	2301415	39155	132163	46083	4931910	40064
山 东	Shandong	471840	120965	27865147	59106	231122	71254	8532690	36980
河 南	Henan	222853	51278	12008250	53454	145055	47161	4890416	33471
湖 北	Hubei	52371	11641	2064436	39407	300486	93527	14243730	47719
湖 南	Hunan	51094	6554	1646063	32058	123088	37382	4466362	35782
广 东	Guangdong	16863	4615	927272	53405	104113	33039	5272924	51152
广 西	Guangxi	26248	6209	963673	36391	123147	37791	4386328	36281
海 南	Hainan	7944	2302	339413	42195	7665	2631	202908	26559
重 庆	Chongqing	30854	3967	1375010	43074	88227	26826	3774172	42742
四 川	Sichuan	107941	24692	5860599	52419	262704	78699	11426565	43179
贵 州	Guizhou	53242	8256	2047728	39595	136656	46297	6318399	46518
云 南	Yunnan	39623	9514	1587726	40204	128190	40876	7550081	58908
西 藏	Tibet	1099	264	59438	46436	3208	1178	97821	31433
陕 西	Shaanxi	214839	48111	12076308	54047	324070	101457	13356718	37437
甘 肃	Gansu	34520	7214	1734963	50525	160167	42592	7127693	44849
青 海	Qinghai	11456	2733	633806	56549	32828	10460	1457649	47135
宁 夏	Ningxia	5802	428	291031	52476	13213	3783	558860	43052
新 疆	Xinjiang	28208	4727	1875426	67138	35890	13285	1565256	44648

4-2 续表 5 continued

地区 Region		电力、燃气及水的生产和供应业 Production and Distribution of Electricity, Gas and Water				建筑业 Construction			
		年末人数（人）Year-end Figures (person)	#女性 Female	工资总额（千元）Total Wages (1000 yuan)	平均工资（元）Average Wage (yuan)	年末人数（人）Year-end Figures (person)	#女性 Female	工资总额（千元）Total Wages (1000 yuan)	平均工资（元）Average Wage (yuan)
全　国	**National**	**2149892**	**618923**	**114126791**	**53333**	**3331642**	**469157**	**121839377**	**36071**
北　京	Beijing	28256	6307	2281106	82184	32678	7077	1683097	53071
天　津	Tianjin	20985	4714	1965429	92753	53294	10775	3126164	56362
河　北	Hebei	158209	42295	7626032	48424	83234	16826	2886604	33647
山　西	Shanxi	76191	24501	4073062	54437	137744	26771	5008428	34845
内蒙古	Inner Mongolia	71363	22262	3672385	52250	22627	4177	1046642	29441
辽　宁	Liaoning	98635	24592	4856069	49614	138984	21118	5726349	37978
吉　林	Jilin	52684	13548	1950398	37001	45722	6359	1458290	30797
黑龙江	Heilongjiang	111036	33804	4698928	42445	119830	28319	4647031	31400
上　海	Shanghai	44373	10853	4684647	105167	91089	11081	4615348	63378
江　苏	Jiangsu	72023	18106	6094461	83510	67089	13430	3257112	47444
浙　江	Zhejiang	87649	19337	7787028	89340	46915	3773	1726820	37401
安　徽	Anhui	57336	15944	2677492	46752	164776	15943	6073953	38277
福　建	Fujian	55415	15977	3451376	62082	127223	14116	5032415	40953
江　西	Jiangxi	63189	20485	2794473	47054	140060	20115	3694489	29820
山　东	Shandong	142697	43093	6850943	48767	158110	23853	5380132	33655
河　南	Henan	138890	41419	5717033	41398	159879	27422	5069268	32718
湖　北	Hubei	137377	42152	6601640	48069	233888	35769	9094208	39837
湖　南	Hunan	107004	28959	4207504	39771	155756	20958	4829971	31872
广　东	Guangdong	120131	32964	7770906	64041	220148	22068	8287337	38986
广　西	Guangxi	69318	21921	2931886	41808	53818	8394	1692966	30348
海　南	Hainan	14491	4336	616424	42556	30113	2652	1059024	36346
重　庆	Chongqing	23333	7738	1185196	50913	113716	8657	3866552	33640
四　川	Sichuan	85592	27224	4245994	49809	342771	40161	10662833	32067
贵　州	Guizhou	64043	17598	3586681	56055	206184	19808	7113614	35742
云　南	Yunnan	51782	15886	2593132	50946	71308	12842	2877623	41801
西　藏	Tibet	7373	2543	366547	50468	3723	710	90816	22496
陕　西	Shaanxi	57595	19442	2501219	42419	147735	21900	5170723	31456
甘　肃	Gansu	60244	19698	2126173	35611	74768	8944	1941290	25963
青　海	Qinghai	9856	2685	517587	51873	35336	5421	1361878	35701
宁　夏	Ningxia	28497	8064	1982414	69627	8116	1591	325080	31598
新　疆	Xinjiang	34325	10476	1712626	49406	45008	8127	3033320	34784

4-2 续表 6 continued

地区 Region	交通运输、仓储和邮政业 Traffic, Transport, Storage and Post 年末人数(人) Year-end Figures (person)	#女性 Female	工资总额(千元) Total Wages (1000 yuan)	平均工资(元) Average Wage (yuan)	信息传输、计算机服务和软件业 Information Transfer, Computer Services and Software 年末人数(人) Year-end Figures (person)	#女性 Female	工资总额(千元) Total Wages (1000 yuan)	平均工资(元) Average Wage (yuan)
全国 National	**4158886**	**1110866**	**193963834**	**47318**	**670002**	**273817**	**33686978**	**50401**
北京 Beijing	122259	22991	7476501	64147	12409	4707	1126632	92857
天津 Tianjin	65295	14020	3625751	55762	3337	1203	278459	85338
河北 Hebei	177608	47445	6563106	37262	24491	10117	1250767	51175
山西 Shanxi	186067	45289	8740131	47553	34236	16859	1270376	37257
内蒙古 Inner Mongolia	148898	34743	7339033	49718	35682	18094	1465876	41262
辽宁 Liaoning	236428	51882	10339420	44003	24159	9113	1252048	52169
吉林 Jilin	113442	24468	4594439	42343	27336	11643	1106732	40753
黑龙江 Heilongjiang	233585	54685	8786438	38854	27540	11093	1189659	43030
上海 Shanghai	160492	32660	10850767	67434	22478	7369	2918360	130768
江苏 Jiangsu	182241	67910	8867476	49096	26937	10834	1401495	52725
浙江 Zhejiang	136213	35767	7780246	57991	21862	9210	1662827	76972
安徽 Anhui	106625	30000	4110568	39460	24912	10130	902755	37089
福建 Fujian	125792	34082	5722724	45906	18554	5890	1115405	62008
江西 Jiangxi	121878	33696	5505220	48950	17940	7118	566028	34369
山东 Shandong	233111	58287	10817236	46589	33451	13829	1704582	50296
河南 Henan	216561	63070	9112543	42380	26928	9544	850567	31602
湖北 Hubei	174047	48695	7215741	41940	24683	9481	877354	36013
湖南 Hunan	158727	46160	6724507	42729	32236	14344	1273892	40293
广东 Guangdong	284286	81746	15837032	56969	55927	17788	3950276	70937
广西 Guangxi	126914	32185	5549115	43824	20388	7080	908997	44251
海南 Hainan	18986	5911	720304	38073	1870	607	75050	40546
重庆 Chongqing	99481	29743	4098166	41584	9437	2775	423558	39906
四川 Sichuan	161156	50226	7386073	46270	35639	14652	1572367	44616
贵州 Guizhou	80685	22493	3117859	39043	11944	6478	545314	46347
云南 Yunnan	90598	26394	4636367	51288	19223	8625	818269	43126
西藏 Tibet	5983	2345	291472	48700	2235	1142	124227	56135
陕西 Shaanxi	156261	41365	6709086	42999	41775	20046	1758817	38918
甘肃 Gansu	86054	24929	3363920	39468	10605	4490	269677	25593
青海 Qinghai	28801	10015	1554066	55632	7370	2967	345143	49377
宁夏 Ningxia	28335	10009	1199698	42627	3607	1731	183835	50588
新疆 Xinjiang	92077	27655	5328829	58243	10811	4858	497634	46146

4-2 续表 7 continued

地 区	Region	批发和零售业 Wholesale and Retail Trade				住宿和餐饮业 Accommodation and Restaurants			
		年末人数（人） Year-end Figures (person)	#女 性 Female	工资总额（千元） Total Wages (1000 yuan)	平均工资（元） Average Wage (yuan)	年末人数（人） Year-end Figures (person)	#女 性 Female	工资总额（千元） Total Wages (1000 yuan)	平均工资（元） Average Wage (yuan)
全 国	**National**	**1457254**	**562212**	**60779825**	**41337**	**563065**	**300413**	**16184871**	**28756**
北 京	Beijing	37482	15688	3370689	88581	49686	24101	2024448	40281
天 津	Tianjin	37413	14037	2072012	56096	8999	4567	298501	32612
河 北	Hebei	81365	38038	2372782	28001	26376	14415	584802	21741
山 西	Shanxi	90704	33435	2583110	28717	19423	10581	340871	17294
内蒙古	Inner Mongolia	32239	12879	1095071	33571	9698	5892	248396	24864
辽 宁	Liaoning	39938	16590	1532800	38343	20473	9908	561389	28332
吉 林	Jilin	28248	8354	944410	33687	11995	6478	271038	22936
黑龙江	Heilongjiang	62789	21374	2343661	33616	19579	10177	502716	26015
上 海	Shanghai	42045	15493	3040301	72112	22128	10055	1023592	45735
江 苏	Jiangsu	49453	18608	2135735	43271	17954	9754	502026	28043
浙 江	Zhejiang	31924	11911	2394296	75254	20952	11289	723872	34339
安 徽	Anhui	51050	19483	1627403	32056	9733	5529	214431	22258
福 建	Fujian	45616	16690	2437236	52397	19604	11071	597547	30135
江 西	Jiangxi	43481	14639	1450957	36013	12283	7121	259906	22719
山 东	Shandong	97818	41272	3508887	35821	51745	26960	1429544	27956
河 南	Henan	134035	49592	4413749	32969	33602	18191	843565	25097
湖 北	Hubei	66859	28100	2337270	35159	14296	8293	364249	25552
湖 南	Hunan	37153	15737	1761390	46365	19821	10444	493381	25112
广 东	Guangdong	101256	37655	4209213	41448	47495	24764	1755321	36681
广 西	Guangxi	45045	17244	1624904	36172	14909	8544	319842	21333
海 南	Hainan	7309	2698	313678	43314	8667	4642	202334	23169
重 庆	Chongqing	31273	13173	1466401	47989	8108	4097	206121	25759
四 川	Sichuan	59802	22821	2851939	48097	21013	10533	653460	31380
贵 州	Guizhou	35826	12355	1901437	51919	7504	4668	192088	25301
云 南	Yunnan	48422	15502	2741534	50839	14662	8146	308536	20895
西 藏	Tibet	3811	1461	163127	42759	3188	1789	83235	25849
陕 西	Shaanxi	48168	18708	1542839	31117	21298	12362	480921	22632
甘 肃	Gansu	23785	9927	694950	29140	10127	5884	201998	20047
青 海	Qinghai	8735	4390	326797	38057	2785	1586	65997	25590
宁 夏	Ningxia	7745	3563	340088	44288	1427	996	30410	21251
新 疆	Xinjiang	26465	10795	1181159	46349	13535	7576	400334	29382

4-2 续表 8 continued

地 区 Region	金融业 Finance				房地产业 Real Estate			
	年末人数(人) Year-end Figures (person)	#女 性 Female	工资总额(千元) Total Wages (1000 yuan)	平均工资(元) Average Wage (yuan)	年末人数(人) Year-end Figures (person)	#女 性 Female	工资总额(千元) Total Wages (1000 yuan)	平均工资(元) Average Wage (yuan)
全 国 National	**1462750**	**696249**	**107774742**	**74650**	**476244**	**164435**	**20510390**	**43814**
北 京 Beijing	17816	8843	3065081	174987	29112	10170	1575534	54213
天 津 Tianjin	8962	4469	965732	109930	15531	3926	3273179	216308
河 北 Hebei	33015	13648	2054829	62451	14021	5131	440121	31401
山 西 Shanxi	53353	26678	3181524	60157	8822	3335	193743	22687
内蒙古 Inner Mongolia	46650	24000	2601707	56242	9982	4476	383744	38739
辽 宁 Liaoning	79770	37949	5743158	72756	33641	10381	976625	30371
吉 林 Jilin	42068	20508	2330440	55804	13442	4980	380686	28718
黑龙江 Heilongjiang	54576	24637	3115170	57416	23866	7694	709768	29409
上 海 Shanghai	46566	24803	8874572	194866	33612	10374	2026099	59170
江 苏 Jiangsu	90196	42502	6770377	76203	17758	6694	922006	52215
浙 江 Zhejiang	66570	35960	7391452	113260	18103	6744	945535	52803
安 徽 Anhui	57658	25423	2699609	47146	15755	4241	410182	30815
福 建 Fujian	48726	22854	3670300	75778	25147	8465	1136712	46522
江 西 Jiangxi	40394	18898	1773370	47315	13470	4602	414433	34143
山 东 Shandong	79987	34283	5097314	64642	22778	7965	721448	31233
河 南 Henan	62806	28978	2861959	46076	13282	6309	404525	30769
湖 北 Hubei	74634	35698	4732689	64072	18583	6150	583083	31674
湖 南 Hunan	37343	17423	2459679	67001	17604	6316	576895	33525
广 东 Guangdong	132977	64211	14270393	108920	41392	13020	1684375	40602
广 西 Guangxi	54765	27574	3508545	65825	12108	4175	375863	31311
海 南 Hainan	8695	3214	535091	61540	5484	1921	143594	26661
重 庆 Chongqing	27810	13936	1905540	70798	15099	5673	483506	33461
四 川 Sichuan	92383	44086	6040856	65572	11842	4366	388923	32826
贵 州 Guizhou	22311	10133	1538130	69640	7674	3158	207967	27325
云 南 Yunnan	44003	20446	2832232	65197	4669	1963	148018	32726
西 藏 Tibet	7322	2893	730282	99820	215	70	10856	51450
陕 西 Shaanxi	40621	18109	2210734	53207	12934	4339	377507	28943
甘 肃 Gansu	30361	13642	1046617	34577	8083	2476	232843	28961
青 海 Qinghai	15080	7395	806721	55437	2528	972	67682	31407
宁 夏 Ningxia	13346	6536	886694	66624	3428	1299	126207	36444
新 疆 Xinjiang	31986	16520	2073945	65869	6279	3050	188731	30718

4-2 续表 9 continued

地 区	Region	租赁和商务服务业 Tenancy and Business Services 年末人数(人) Year-end Figures (person)	#女性 Female	工资总额(千元) Total Wages (1000 yuan)	平均工资(元) Average Wage (yuan)	科学研究、技术服务和地质勘查业 Scientific Research,Technical Service and Geologic Perambulation 年末人数(人) Year-end Figures (person)	#女性 Female	工资总额(千元) Total Wages (1000 yuan)	平均工资(元) Average Wage (yuan)
全 国	**National**	**1278681**	**324373**	**49883128**	**39447**	**2182396**	**658935**	**129422275**	**60316**
北 京	Beijing	177388	42272	11195363	62468	209238	75631	21822986	106329
天 津	Tianjin	48356	3386	1219339	24603	38854	11727	3501997	92879
河 北	Hebei	27154	6110	683773	25826	84474	21169	4486922	53362
山 西	Shanxi	34618	10097	830761	24263	57801	20818	2213676	38483
内蒙古	Inner Mongolia	19588	6040	798751	39834	41358	14828	1919300	46467
辽 宁	Liaoning	62050	23210	1646442	26496	106865	31300	5635858	54118
吉 林	Jilin	23173	5459	725026	32084	55780	16983	2629744	47199
黑龙江	Heilongjiang	33640	9159	1256042	35880	110344	30356	4984351	48466
上 海	Shanghai	81400	15256	4804130	58071	83510	25597	8852692	106994
江 苏	Jiangsu	49356	13299	1655282	33741	85230	25270	5621227	67234
浙 江	Zhejiang	88133	15102	3495103	40181	81167	23242	5765071	72083
安 徽	Anhui	16710	4204	422126	25376	63560	16835	2752404	43788
福 建	Fujian	32598	9032	1126805	36088	40059	11422	2056274	51685
江 西	Jiangxi	28473	9585	927868	35750	54430	13839	1850992	37259
山 东	Shandong	57518	15749	2221467	38840	86499	26814	4536383	53724
河 南	Henan	49975	14513	1372469	27696	99295	31881	3955659	40217
湖 北	Hubei	24063	6793	697194	28986	101993	27466	4980124	49426
湖 南	Hunan	41613	13211	1008995	28211	69151	19087	2736646	40088
广 东	Guangdong	154238	28252	6476241	42070	103724	31748	8401774	81896
广 西	Guangxi	42342	12948	1176844	28871	68214	20251	2636112	38920
海 南	Hainan	13153	3037	330418	24749	12170	3474	465367	39232
重 庆	Chongqing	29558	8170	717019	25824	32138	8836	1771682	56434
四 川	Sichuan	39412	11125	1808832	46130	135597	39468	8895727	64236
贵 州	Guizhou	10618	3737	364028	34640	40768	10769	1368197	35295
云 南	Yunnan	22299	6661	627127	28682	55512	17763	2389989	43501
西 藏	Tibet	490	204	17808	37100	7211	2015	408598	58791
陕 西	Shaanxi	21700	7698	778753	36030	130161	41635	7270574	57135
甘 肃	Gansu	14064	7215	317804	23064	47837	13360	1652475	34274
青 海	Qinghai	5334	2315	319217	60026	24327	6733	1350832	57314
宁 夏	Ningxia	2109	852	59032	29874	10642	3218	455293	42126
新 疆	Xinjiang	27558	9682	803069	31420	44487	15400	2053349	46513

4-2 续表 10 continued

地 区	Region	水利、环境和公共设施管理业 Management of Water Conservancy, Environment and Public Establishment				居民服务和其他服务业 Resident Services and Other Services			
		年末人数(人) Year-end Figures (person)	#女性 Female	工资总额(千元) Total Wages (1000 yuan)	平均工资(元) Average Wage (yuan)	年末人数(人) Year-end Figures (person)	#女性 Female	工资总额(千元) Total Wages (1000 yuan)	平均工资(元) Average Wage (yuan)
全 国	**National**	**1980006**	**810141**	**56599826**	**28812**	**307387**	**112758**	**11383899**	**36923**
北 京	Beijing	61687	24349	3068517	49241	13373	4866	587194	44535
天 津	Tianjin	31473	9268	1582806	50067	38042	2945	916905	23798
河 北	Hebei	95615	38532	2295857	24168	16547	6909	738985	45985
山 西	Shanxi	63773	28398	1267426	19987	4065	1552	99419	24500
内蒙古	Inner Mongolia	73357	33702	2348836	31810	17856	5492	899825	46572
辽 宁	Liaoning	130910	52037	3515656	27105	19780	6810	624653	30539
吉 林	Jilin	70551	28318	1410031	20177	5452	2258	156149	28417
黑龙江	Heilongjiang	94368	34310	1892584	20232	45671	22335	1689275	36872
上 海	Shanghai	46716	14866	2365414	51569	7330	2957	401735	52119
江 苏	Jiangsu	95283	35820	3669729	38600	4796	1513	240078	50142
浙 江	Zhejiang	71236	26640	2803175	39581	7785	2583	380578	49164
安 徽	Anhui	64168	25858	1584951	25032	3021	927	93778	31011
福 建	Fujian	41433	16238	1317423	31769	8299	2205	296114	36002
江 西	Jiangxi	47692	20243	986306	22518	4401	1503	125243	31039
山 东	Shandong	108513	43772	3095525	28714	26075	13252	1352382	52317
河 南	Henan	115192	44806	3055862	26766	8161	2304	200993	26678
湖 北	Hubei	80491	32104	1980048	25128	10460	5253	322290	31016
湖 南	Hunan	80585	35092	1726225	21626	4221	1474	123054	29361
广 东	Guangdong	106946	43526	3941372	36917	20001	7208	775305	38822
广 西	Guangxi	75050	35495	1591288	21389	2165	795	77839	35269
海 南	Hainan	18667	9820	431736	23275	639	232	24577	38522
重 庆	Chongqing	32844	13946	858098	27265	1598	464	64453	40183
四 川	Sichuan	90426	39719	2255983	25296	4259	1364	163999	38606
贵 州	Guizhou	35158	17138	909456	26466	5700	2093	195024	34926
云 南	Yunnan	46593	21264	1130576	24204	2378	738	60213	25110
西 藏	Tibet	2066	1073	60911	29369	151	65	7945	52616
陕 西	Shaanxi	81972	34756	2199864	26267	5333	2061	146464	27453
甘 肃	Gansu	39811	14978	961868	24072	3229	985	76757	24039
青 海	Qinghai	9478	4108	297815	31362	2290	834	80005	34634
宁 夏	Ningxia	17862	8238	558749	32314	222	65	7478	33534
新 疆	Xinjiang	50090	21727	1435739	28590	14087	8716	455190	32426

4-2 续表 11 continued

地 区	Region	教 育 Education 年末人数(人) Year-end Figures (person)	#女 性 Female	工资总额(千元) Total Wages (1000 yuan)	平均工资(元) Average Wage (yuan)	卫生、社会保障和社会福利业 Sanitation,Social Security and Social Welfare 年末人数(人) Year-end Figures (person)	#女 性 Female	工资总额(千元) Total Wages (1000 yuan)	平均工资(元) Average Wage (yuan)
全 国	**National**	**15409383**	**7782394**	**665132414**	**43436**	**6059782**	**3691623**	**280391003**	**47185**
北 京	Beijing	343471	198950	26982897	79562	192171	133904	16453109	87595
天 津	Tianjin	159919	92497	11245551	70677	85325	51880	5739714	67974
河 北	Hebei	876669	532953	31562170	36159	277561	170842	9360604	33975
山 西	Shanxi	480747	286646	16917349	35317	146507	92264	4236526	29229
内蒙古	Inner Mongolia	342740	189622	17572526	51217	114448	67920	5244248	46209
辽 宁	Liaoning	525094	293552	23290422	45125	252585	151076	10343245	41830
吉 林	Jilin	361256	207788	13163784	36304	161034	96817	5367418	33717
黑龙江	Heilongjiang	452645	250403	16732242	37177	196392	121120	7097485	36472
上 海	Shanghai	260375	160979	21747716	83657	157214	106076	14792797	94984
江 苏	Jiangsu	838309	432478	45886406	54928	295358	184896	16226537	56098
浙 江	Zhejiang	565536	317564	38628008	68982	293044	186420	20805387	72747
安 徽	Anhui	589314	233281	22379498	38072	175012	104283	7077782	41314
福 建	Fujian	440874	223055	20678508	47086	139005	87411	7309595	53976
江 西	Jiangxi	470655	201067	15227448	35065	165835	93336	5758464	38145
山 东	Shandong	1021034	482896	43055671	42387	399464	236182	17701213	45292
河 南	Henan	1042392	525897	37786478	36453	386343	221810	13485538	35402
湖 北	Hubei	630469	262769	22521400	35935	291807	169349	11104749	38815
湖 南	Hunan	668679	304921	23542287	35210	295176	175811	12480582	42964
广 东	Guangdong	1091428	583290	52917899	48534	506165	311070	29089065	58314
广 西	Guangxi	585594	277373	19241290	33047	240710	148419	8873163	37500
海 南	Hainan	109352	50466	5331065	48978	38345	24141	1692078	45255
重 庆	Chongqing	351626	167949	15460822	44334	115258	67888	5994923	53426
四 川	Sichuan	831717	377832	32450125	39240	308113	182769	14346441	47425
贵 州	Guizhou	413066	169100	14367380	35019	126803	76044	4203802	34029
云 南	Yunnan	517535	243372	18792169	36591	169064	107992	5984396	36156
西 藏	Tibet	42568	19351	2310889	54564	15339	7942	704346	46421
陕 西	Shaanxi	554253	269449	23338583	41970	194824	115256	7805008	40680
甘 肃	Gansu	351174	146915	11390464	31657	106702	59693	3007586	28589
青 海	Qinghai	72900	34353	3675751	51107	32626	19976	1345657	42450
宁 夏	Ningxia	80847	40015	3275817	40610	35770	21120	1245692	35713
新 疆	Xinjiang	337145	205611	13659799	40794	145782	97916	5513853	38651

4-2 续表 12 continued

地区	Region	文化体育和娱乐业 Culture, Sports and Entertainment				公共管理和社会组织 Public Management and Social Organization			
		年末人数（人）Year-end Figures (person)	#女性 Female	工资总额（千元）Total Wages (1000 yuan)	平均工资（元）Average Wage (yuan)	年末人数（人）Year-end Figures (person)	#女性 Female	工资总额（千元）Total Wages (1000 yuan)	平均工资（元）Average Wage (yuan)
全国	**National**	**1138027**	**476587**	**55007209**	**48690**	**14527072**	**4202169**	**607985439**	**42230**
北京	Beijing	115277	54520	12002391	104865	376414	135922	27007589	72420
天津	Tianjin	14918	6129	850393	57463	139681	38270	9991057	71927
河北	Hebei	47179	21056	1468197	30994	808209	241992	25123399	31299
山西	Shanxi	43275	19529	1309034	30293	584031	189412	17440518	30022
内蒙古	Inner Mongolia	32150	14883	1429497	44512	366270	117141	17230476	47346
辽宁	Liaoning	47861	20287	1975883	40953	501431	145526	19602068	39366
吉林	Jilin	31777	13411	1016248	31803	325111	98612	10292685	31757
黑龙江	Heilongjiang	39943	16395	1298648	33150	428201	125518	14492177	34020
上海	Shanghai	38831	15722	3386208	87422	189113	58344	16953367	90350
江苏	Jiangsu	43706	18133	2266964	52536	650009	163382	41403871	64226
浙江	Zhejiang	55709	23947	3586227	64735	574020	148760	40217045	71153
安徽	Anhui	29350	11407	1003943	34248	468658	115530	17574469	37967
福建	Fujian	34293	12857	1457068	42601	305874	77490	14255969	47199
江西	Jiangxi	26905	11008	809798	33104	453493	119164	14331990	34299
山东	Shandong	59491	22688	2626742	44691	1051549	294841	41006205	39384
河南	Henan	64384	26049	2017965	31546	1036734	323249	31832650	30792
湖北	Hubei	50132	19726	1783277	35730	545022	144296	19730847	36378
湖南	Hunan	39213	15916	1554001	39883	761098	205233	24768882	32673
广东	Guangdong	68919	26869	3921098	57513	986455	274287	56520430	57570
广西	Guangxi	29927	11686	1001818	33660	404454	111294	13975829	34836
海南	Hainan	8959	3511	345360	39592	105196	27845	4535604	43470
重庆	Chongqing	21531	9104	930721	43865	265685	72597	11544178	44056
四川	Sichuan	40090	16467	1498207	37631	792942	236042	31187887	39555
贵州	Guizhou	17359	6915	530613	30825	413440	119295	13873232	34006
云南	Yunnan	26736	12129	900612	33644	469415	136352	16004049	34428
西藏	Tibet	6448	2465	354334	55287	97527	27581	4973301	51559
陕西	Shaanxi	34943	14512	1232527	35331	505511	145288	18744317	37035
甘肃	Gansu	24328	9782	701977	28654	363653	114914	11018371	29810
青海	Qinghai	6997	3186	297260	43370	92288	31111	4238136	46408
宁夏	Ningxia	7240	3145	302946	42088	83778	27573	3134511	37427
新疆	Xinjiang	30156	13153	1147252	38238	381810	135308	14980330	39866

4-3 各地区分行业国有单位在岗职工人数和平均工资(2011年)
ON-POST STAFF AND WORKERS AND AVERAGE WAGE IN STATE-OWNED UNITS BY SECTOR AND REGION(2011)

地区	Region	总计 Total		农、林、牧、渔业 Agriculture,Forestry,Farming of Animals and Fishing		采矿业 Mining		制造业 Manufacturing	
		年末人数(人) Year-end Figures (person)	平均工资(元) Average Wage (yuan)	年末人数(人) Year-end Figures (person)	平均工资(元) Average Wage (yuan)	年末人数(人) Year-end Figures (person)	平均工资(元) Average Wage (yuan)	年末人数(人) Year-end Figures (person)	平均工资(元) Average Wage (yuan)
全国	**National**	**63623073**	**44695**	**2937304**	**20220**	**2447695**	**53697**	**3864565**	**43637**
北京	Beijing	1770626	81215	9826	42212			56050	67436
天津	Tianjin	812131	66362	5284	48942	3136	81949	76117	49932
河北	Hebei	3098330	36646	53008	12366	121137	59192	213680	37056
山西	Shanxi	2372470	37164	22945	25340	235271	59625	150808	30542
内蒙古	Inner Mongolia	1706791	44143	252775	23112	67706	61645	25030	36579
辽宁	Liaoning	2945802	40553	250088	10614	146423	48463	310466	42305
吉林	Jilin	1634488	35216	152442	19909	64382	32225	116638	45477
黑龙江	Heilongjiang	2895167	34462	598943	15891	189452	54681	155005	37794
上海	Shanghai	1360810	87311	4795	55538	167	47081	131152	70409
江苏	Jiangsu	2768640	57002	85881	23262	77862	52096	155721	48817
浙江	Zhejiang	2123227	69911	10710	41232	2606	41032	57179	55243
安徽	Anhui	1987373	40732	44720	20288	132490	64165	97625	38887
福建	Fujian	1511026	48587	34526	29826	13013	34737	36692	43037
江西	Jiangxi	1895829	36778	100232	20162	61588	39887	123684	41691
山东	Shandong	4243908	44015	36722	29351	455243	58854	225491	37403
河南	Henan	3895527	35894	44039	20647	222601	53495	141424	33965
湖北	Hubei	2712841	40345	80960	23059	46375	40173	291869	48431
湖南	Hunan	2589917	36654	35453	17598	49521	32381	119330	36370
广东	Guangdong	4108822	54739	74991	15933	16387	54300	102270	51498
广西	Guangxi	1941361	36363	79599	18392	23588	38102	117934	37026
海南	Hainan	516718	38219	113059	22194	7920	42279	7544	26804
重庆	Chongqing	1254248	44585	12271	33865	30758	43111	85346	43502
四川	Sichuan	3316344	42828	40220	26919	102550	52833	255679	43624
贵州	Guizhou	1582623	38914	14805	26867	53160	39633	132500	47489
云南	Yunnan	1821177	39925	87446	20713	37907	40702	123642	60348
西藏	Tibet	188594	57014	4081	34777	687	55452	2716	31807
陕西	Shaanxi	2505745	41291	40708	28843	208553	55041	315363	37737
甘肃	Gansu	1445205	33083	50059	20387	33284	50964	158550	45192
青海	Qinghai	391192	48618	13882	35938	11016	58265	30729	49223
宁夏	Ningxia	348357	43325	25304	25044	5486	52748	13087	43251
新疆	Xinjiang	1877784	36752	557530	22962	27426	67608	35244	45026

4-3 续表 1 continued

地 区 Region	电力、燃气及水的生产和供应业 Production and Distribution of Electricity,Gas and Water		建筑业 Construction		交通运输、仓储和邮政业 Traffic,Transport, Storage and Post		信息传输、计算机服务和软件业 Information Transfer, Computer Services and Software	
	年末人数(人) Year-end Figures (person)	平均工资(元) Average Wage (yuan)	年末人数(人) Year-end Figures (person)	平均工资(元) Average Wage (yuan)	年末人数(人) Year-end Figures (person)	平均工资(元) Average Wage (yuan)	年末人数(人) Year-end Figures (person)	平均工资(元) Average Wage (yuan)
全 国 National	**2072896**	**54562**	**2884408**	**37339**	**4043113**	**48029**	**652694**	**51071**
北 京 Beijing	27823	83023	31163	53097	120922	64467	11133	96836
天 津 Tianjin	19939	95036	49322	57988	63753	56447	3245	87349
河 北 Hebei	133555	54282	80083	34295	171547	37548	23489	52690
山 西 Shanxi	74751	55137	131048	35380	183834	47911	33301	37770
内蒙古 Inner Mongolia	70754	52398	22597	29445	147550	49804	35499	41355
辽 宁 Liaoning	95727	50399	133709	38567	233599	44234	23862	52628
吉 林 Jilin	51465	37541	44068	31290	112860	42475	26957	41142
黑龙江 Heilongjiang	106616	43646	116295	32600	224869	40003	27238	43281
上 海 Shanghai	43787	105974	84241	64259	156836	68146	22288	131256
江 苏 Jiangsu	71225	84111	65753	47724	178861	49527	25505	53980
浙 江 Zhejiang	86659	90055	39553	41686	132334	58769	21745	77237
安 徽 Anhui	56016	47305	80960	40333	103557	40008	23418	37908
福 建 Fujian	54441	62569	115119	40821	115075	48069	18001	63191
江 西 Jiangxi	60003	48624	120420	31032	119410	49667	17153	34991
山 东 Shandong	136406	49753	146908	35241	229138	47068	33029	50617
河 南 Henan	133358	42200	150847	33718	208264	43253	25751	32474
湖 北 Hubei	134453	48705	159774	45808	165012	43063	24175	36297
湖 南 Hunan	103612	40369	129663	33508	151731	43428	30840	41031
广 东 Guangdong	119877	64133	177355	42410	280274	57353	54663	71945
广 西 Guangxi	66317	43114	47548	30125	122692	44713	19718	44928
海 南 Hainan	14146	43319	29563	37021	18447	38499	1821	40729
重 庆 Chongqing	22480	51871	108926	34021	95800	42181	9226	40205
四 川 Sichuan	84270	50212	328145	32572	155506	46922	35140	44951
贵 州 Guizhou	62569	56992	164012	38193	74118	40936	11499	47227
云 南 Yunnan	50023	52273	58657	43838	88851	52134	18798	43735
西 藏 Tibet	7024	51330	2123	31528	4460	58659	2188	56799
陕 西 Shaanxi	56177	42836	117829	31049	151626	43810	41234	39163
甘 肃 Gansu	57764	36321	70225	26808	84597	39990	10321	25892
青 海 Qinghai	9786	52156	27514	39322	28514	55991	7346	49414
宁 夏 Ningxia	27911	70684	6688	33329	27798	43119	3456	51921
新 疆 Xinjiang	33962	49607	44300	35004	91278	58495	10655	46517

4-3 续表 2 continued

地区	Region	批发和零售业 Wholesale and Retail Trade 年末人数(人) Year-end Figures (person)	平均工资(元) Average Wage (yuan)	住宿和餐饮业 Accommodation and Restaurants 年末人数(人) Year-end Figures (person)	平均工资(元) Average Wage (yuan)	金融业 Finance 年末人数(人) Year-end Figures (person)	平均工资(元) Average Wage (yuan)	房地产业 Real Estate 年末人数(人) Year-end Figures (person)	平均工资(元) Average Wage (yuan)
全 国	**National**	**1399656**	**42283**	**537054**	**29067**	**1321053**	**79911**	**443569**	**45257**
北 京	Beijing	35330	91373	47163	40948	17720	174991	26628	56362
天 津	Tianjin	36667	56752	8176	33327	8843	111028	14898	225498
河 北	Hebei	79648	28326	25440	21916	32776	62755	13607	31985
山 西	Shanxi	88096	29402	18615	17440	50009	63361	8603	22915
内蒙古	Inner Mongolia	31330	34257	9663	24876	44232	57937	9954	38784
辽 宁	Liaoning	38637	38954	19792	28648	72381	77680	31830	31331
吉 林	Jilin	27408	34124	11860	22979	39811	57455	12726	29275
黑龙江	Heilongjiang	59191	34191	18484	26549	53446	57997	21828	30424
上 海	Shanghai	38374	76123	19577	47063	46295	195773	25225	68708
江 苏	Jiangsu	48090	44143	16825	28897	74362	86248	17047	53089
浙 江	Zhejiang	31200	76295	20081	34888	58680	122700	16783	55405
安 徽	Anhui	49113	32662	9395	22574	42945	58973	15214	31331
福 建	Fujian	43281	54952	19184	30437	40272	86005	24056	47476
江 西	Jiangxi	40231	37990	11575	23540	35499	51909	12631	34227
山 东	Shandong	95443	36233	50381	28250	72468	68304	22238	31622
河 南	Henan	128819	33510	32392	25473	50997	52752	13062	31022
湖 北	Hubei	64636	35177	13377	26074	68456	67983	17011	32263
湖 南	Hunan	34090	48691	18096	25465	32677	73355	17010	33974
广 东	Guangdong	99385	41810	45857	36488	125633	112875	38442	40935
广 西	Guangxi	42501	37667	13437	21934	48341	70880	11066	32895
海 南	Hainan	7197	43476	8659	23171	8503	62386	5292	27108
重 庆	Chongqing	30592	48815	7853	25791	23975	76898	14759	33837
四 川	Sichuan	57893	48826	20244	31643	80434	71232	11170	33693
贵 州	Guizhou	34970	54860	7221	25656	21669	70907	7318	28123
云 南	Yunnan	42803	55815	14062	21234	41621	67881	4366	33498
西 藏	Tibet	3456	44224	3130	25917	7291	100142	215	51450
陕 西	Shaanxi	46339	31591	20551	22937	39011	54479	11570	31285
甘 肃	Gansu	23245	29444	9617	20467	28379	35738	7848	29556
青 海	Qinghai	8473	38837	2602	26375	12838	56191	2338	32628
宁 夏	Ningxia	7100	46694	1296	22280	11532	72798	2979	38894
新 疆	Xinjiang	26118	46620	12449	29126	29957	68916	5855	31816

4-3 续表 3 continued

地 区 Region	租赁和商务服务业 Tenancy and Business Services		科学研究、技术服务和地质勘查业 Scientific Research, Technical Service and Geologic Perambulation		水利、环境和公共设施管理业 Management of Water Conservancy,Environment and Public Establishment		居民服务和其他服务业 Resident Services and Other Services	
	年末人数（人） Year-end Figures (person)	平均工资（元） Average Wage (yuan)	年末人数（人） Year-end Figures (person)	平均工资（元） Average Wage (yuan)	年末人数（人） Year-end Figures (person)	平均工资（元） Average Wage (yuan)	年末人数（人） Year-end Figures (person)	平均工资（元） Average Wage (yuan)
全 国 National	**1214484**	**40235**	**2083569**	**61503**	**1744824**	**30822**	**292164**	**37854**
北 京 Beijing	169900	63312	195416	110299	58541	50866	12529	46184
天 津 Tianjin	47490	24638	35507	97997	27402	54617	37069	23940
河 北 Hebei	25190	26392	83143	53858	82748	25719	15748	46224
山 西 Shanxi	33588	24640	55975	39108	61475	20316	4003	24741
内蒙古 Inner Mongolia	19456	39972	41020	46612	69065	32760	16567	48442
辽 宁 Liaoning	60885	26665	103896	54890	117099	28684	19512	30698
吉 林 Jilin	20858	34040	54403	47546	59437	22063	5270	28370
黑龙江 Heilongjiang	30930	37730	106494	49085	72953	23334	41220	39761
上 海 Shanghai	72724	61985	77943	110055	38081	56784	5610	59784
江 苏 Jiangsu	46219	34616	81799	68507	84940	41283	4579	51188
浙 江 Zhejiang	85477	40622	76226	74315	63642	41532	7436	49767
安 徽 Anhui	15377	26151	60037	44895	54210	27166	2758	32048
福 建 Fujian	31361	36613	38244	52411	38507	33113	8022	36485
江 西 Jiangxi	25222	38851	50772	38752	40882	24470	4097	32395
山 东 Shandong	55658	39486	82675	54302	95594	31171	25878	52793
河 南 Henan	48822	27870	97393	40555	106446	27813	8087	26823
湖 北 Hubei	23255	29397	95860	50611	69774	26753	10028	31438
湖 南 Hunan	39853	28552	65324	41285	64028	23780	3918	30168
广 东 Guangdong	148817	42452	100613	82927	104409	37402	19402	39189
广 西 Guangxi	38835	30129	63907	40046	62639	23085	2008	37559
海 南 Hainan	12808	25148	11548	40431	17449	23628	631	38410
重 庆 Chongqing	29276	25824	30204	58011	29274	28582	1496	41436
四 川 Sichuan	36650	46115	128736	65616	78884	27154	4180	39007
贵 州 Guizhou	10232	35552	38784	36620	28695	30155	5100	37046
云 南 Yunnan	21855	28969	53058	44741	40579	25809	2320	25202
西 藏 Tibet	470	38072	6653	60726	1780	31537	135	56963
陕 西 Shaanxi	20367	37251	125386	58137	70745	28560	5176	27809
甘 肃 Gansu	8913	26638	46482	34749	36348	25208	3158	24307
青 海 Qinghai	5291	60183	22957	58935	8538	33579	2251	34656
宁 夏 Ningxia	1878	30033	9946	43455	13406	38849	175	34239
新 疆 Xinjiang	26827	31690	43168	47088	47254	29562	13801	32839

4-3 续表 4 continued

地 区	Region	教 育 Education		卫生、社会保障和社会福利业 Sanitation, Social Security and Social Welfare		文化体育和娱乐业 Culture, Sports and Entertainment		公共管理和社会组织 Public Management and Social Organization	
		年末人数(人) Year-end Figures (person)	平均工资(元) Average Wage (yuan)	年末人数(人) Year-end Figures (person)	平均工资(元) Average Wage (yuan)	年末人数(人) Year-end Figures (person)	平均工资(元) Average Wage (yuan)	年末人数(人) Year-end Figures (person)	平均工资(元) Average Wage (yuan)
全 国	**National**	**14928603**	**44190**	**5748921**	**48318**	**1081668**	**49658**	**13924833**	**43365**
北 京	Beijing	315660	83448	182057	90300	108555	108182	344210	77686
天 津	Tianjin	152622	72805	80809	70124	13893	59611	127959	76835
河 北	Hebei	846380	36869	264460	34917	45831	31345	786860	31816
山 西	Shanxi	468896	35929	140899	29819	42340	30669	568013	30532
内蒙古	Inner Mongolia	339965	51497	113036	46523	31752	44831	358840	48053
辽 宁	Liaoning	511633	45593	241897	42537	46301	41529	488065	40172
吉 林	Jilin	354347	36711	146263	35864	31342	32000	301951	33370
黑龙江	Heilongjiang	438578	37807	188042	37139	38197	33731	407386	34940
上 海	Shanghai	237921	88944	143474	99508	33485	87468	178835	94107
江 苏	Jiangsu	806329	55965	272369	58075	40756	54608	614517	66602
浙 江	Zhejiang	538217	71033	276575	74530	51633	68249	546491	73414
安 徽	Anhui	570653	38775	164187	42522	27209	35616	437489	39474
福 建	Fujian	426535	47985	129289	55657	32118	44165	293290	48443
江 西	Jiangxi	458862	35694	155607	39498	25603	34167	432358	35435
山 东	Shandong	1005669	42795	384564	46026	58375	45133	1032028	39793
河 南	Henan	1031255	36652	373155	36019	61344	32061	1017471	31122
湖 北	Hubei	601740	36721	276471	39574	47279	36974	522336	37173
湖 南	Hunan	645549	35867	280572	44009	36076	41315	732574	33312
广 东	Guangdong	1071118	48904	493408	58751	64342	59763	971579	58073
广 西	Guangxi	545971	34456	225977	38599	28400	34712	380883	36126
海 南	Hainan	106581	49800	36734	46311	8777	40071	100039	44964
重 庆	Chongqing	337599	45422	110553	54306	20952	44655	252908	45433
四 川	Sichuan	807630	39874	292225	47955	38393	38425	758395	40613
贵 州	Guizhou	398571	35827	118113	35438	17001	31165	382286	35792
云 南	Yunnan	504687	37234	156948	37772	26021	34201	447533	35557
西 藏	Tibet	41224	55780	13951	49781	5922	58807	81088	60085
陕 西	Shaanxi	541066	42618	181019	41980	33532	36069	479493	38208
甘 肃	Gansu	342132	32202	101091	29424	23367	29253	349825	30531
青 海	Qinghai	70748	52308	30589	44540	6812	43941	88968	47654
宁 夏	Ningxia	76708	41987	31901	37843	6789	43915	74917	40168
新 疆	Xinjiang	333757	41016	142686	39127	29271	38943	366246	40843

4-4 各地区分行业国有单位其他就业人员和平均工资(2011年)

OTHER EMPLOYMENT AND AVERSGE WAGE IN STATE-OWNED UNITS BY SECTOR AND REGION(2011)

地区	Region	总计 Total		农、林、牧、渔业 Agriculture,Forestry,Farming of Animals and Fishing		采矿业 Mining		制造业 Manufacturing	
		年末人数(人) Year-end Figures (person)	平均工资(元) Average Wage (yuan)	年末人数(人) Year-end Figures (person)	平均工资(元) Average Wage (yuan)	年末人数(人) Year-end Figures (person)	平均工资(元) Average Wage (yuan)	年末人数(人) Year-end Figures (person)	平均工资(元) Average Wage (yuan)
全国	**National**	**3418920**	**21047**	**471334**	**13337**	**55353**	**39766**	**113273**	**22283**
北京	Beijing	116800	33802	191	22518			2642	50032
天津	Tianjin	46656	24935	486	18458	8	57667	3372	26345
河北	Hebei	126594	16664	706	16686	1799	55929	2867	22414
山西	Shanxi	65627	14308	519	12110	2518	21376	4679	12838
内蒙古	Inner Mongolia	24674	19022	844	18363	148	52331	56	17804
辽宁	Liaoning	91763	20591	3742	6053	573	14115	7669	17941
吉林	Jilin	74838	12950	4749	10099	30	11733	2014	14380
黑龙江	Heilongjiang	440824	14143	333405	13781	831	10286	4350	13118
上海	Shanghai	111269	38484	1142	30782	13	22200	7538	43939
江苏	Jiangsu	141387	26426	2250	12323	438	21140	2177	19674
浙江	Zhejiang	117581	29553	939	17714	841	19129	1715	32326
安徽	Anhui	202861	24812	13750	15902	1366	15365	2645	22864
福建	Fujian	105518	21249	21287	8645	555	21597	1959	17621
江西	Jiangxi	108638	16672	4007	10377	1898	21130	8479	18314
山东	Shandong	125925	26063	309	20301	16597	66153	5631	19359
河南	Henan	106960	16515	2081	13414	252	14186	3631	12304
湖北	Hubei	210180	22906	10400	14889	5996	33608	8617	24112
湖南	Hunan	160154	18956	15056	13784	1573	22182	3758	19350
广东	Guangdong	130007	29260	1374	14204	476	19519	1843	31263
广西	Guangxi	153583	16473	20229	14789	2660	22458	5213	15090
海南	Hainan	16239	16655	2193	16367	24	13875	121	11434
重庆	Chongqing	55770	21781	171	18418	96	34046	2881	20633
四川	Sichuan	148350	25054	1075	9048	5391	44680	7025	27020
贵州	Guizhou	122743	17371	1580	6786	82	19063	4156	13954
云南	Yunnan	99071	15046	10790	5355	1716	29391	4548	18621
西藏	Tibet	30106	11609	4662	6491	412	27442	492	29024
陕西	Shaanxi	129457	21530	501	6834	6286	21458	8707	24916
甘肃	Gansu	55257	13280	891	12807	1236	34473	1617	14793
青海	Qinghai	24521	20810	816	15927	440	15621	2099	10044
宁夏	Ningxia	30163	16392	1230	13517	316	47975	126	21700
新疆	Xinjiang	45404	17238	9959	12657	782	50266	646	23944

4-4 续表 1 continued

地 区 Region	电力、燃气及水的生产和供应业 Production and Distribution of Electricity,Gas and Water		建筑业 Construction		交通运输、仓储和邮政业 Traffic,Transport, Storage and Post		信息传输、计算机服务和软件业 Information Transfer, Computer Services and Softwar	
	年末人数（人）Year-end Figures (person)	平均工资（元）Average Wage (yuan)	年末人数（人）Year-end Figures (person)	平均工资（元）Average Wage (yuan)	年末人数（人）Year-end Figures (person)	平均工资（元）Average Wage (yuan)	年末人数（人）Year-end Figures (person)	平均工资（元）Average Wage (yuan)
全 国 National	**76996**	**20033**	**447234**	**27983**	**115773**	**22720**	**17308**	**24569**
北 京 Beijing	433	24795	1515	52328	1337	38269	1276	56467
天 津 Tianjin	1046	35879	3972	34800	1542	30978	92	18274
河 北 Hebei	24654	16913	3151	17701	6061	29316	1002	15540
山 西 Shanxi	1440	13618	6696	24226	2233	20128	935	18840
内蒙古 Inner Mongolia	609	35250	30	25200	1348	39430	183	22876
辽 宁 Liaoning	2908	22322	5275	29321	2829	26828	297	12369
吉 林 Jilin	1219	14291	1654	17346	582	17995	379	14613
黑龙江 Heilongjiang	4420	14490	3535	18187	8716	10557	302	21631
上 海 Shanghai	586	47216	6848	55323	3656	38854	190	72071
江 苏 Jiangsu	798	31401	1336	31746	3380	26360	1432	30027
浙 江 Zhejiang	990	28479	7362	19661	3879	31508	117	23701
安 徽 Anhui	1320	22687	83816	36189	3068	22004	1494	24324
福 建 Fujian	974	33661	12104	42431	10717	21407	553	24018
江 西 Jiangxi	3186	20027	19640	23364	2468	17472	787	21699
山 东 Shandong	6291	27953	11202	20599	3973	19151	422	25476
河 南 Henan	5532	21567	9032	16285	8297	18265	1177	12689
湖 北 Hubei	2924	20225	74114	26625	9035	21561	508	19183
湖 南 Hunan	3392	21214	26093	23404	6996	27326	1396	23029
广 东 Guangdong	254	18853	42793	24516	4012	31086	1264	26279
广 西 Guangxi	3001	12697	6270	31483	4222	19501	670	24531
海 南 Hainan	345	16815	550	11128	539	23150	49	33796
重 庆 Chongqing	853	24666	4790	24520	3681	25895	211	24913
四 川 Sichuan	1322	25023	14626	20574	5650	28031	499	20483
贵 州 Guizhou	1474	16659	42172	26154	6567	17346	445	24013
云 南 Yunnan	1759	13480	12651	32329	1747	12394	425	17291
西 藏 Tibet	349	32636	1600	12567	1523	19497	47	18158
陕 西 Shaanxi	1418	25254	29906	33249	4635	14832	541	18048
甘 肃 Gansu	2480	16456	4543	13653	1457	9900	284	14878
青 海 Qinghai	70	11246	7822	23939	287	19387	24	38920
宁 夏 Ningxia	586	15953	1428	18326	537	16781	151	19409
新 疆 Xinjiang	363	25911	708	26157	799	32324	156	21038

4-4 续表 2 continued

地区 Region	批发和零售业 Wholesale and Retail Trade		住宿和餐饮业 Accommodation and Restaurants		金融业 Finance		房地产业 Real Estate	
	年末人数（人） Year-end Figures (person)	平均工资（元） Average Wage (yuan)	年末人数（人） Year-end Figures (person)	平均工资（元） Average Wage (yuan)	年末人数（人） Year-end Figures (person)	平均工资（元） Average Wage (yuan)	年末人数（人） Year-end Figures (person)	平均工资（元） Average Wage (yuan)
全　国 National	**57598**	**19253**	**26011**	**22391**	**141697**	**25881**	**32675**	**24573**
北　京 Beijing	2152	43245	2523	28128	96	174333	2484	31743
天　津 Tianjin	746	24420	823	25418	119	35656	633	29092
河　北 Hebei	1717	9406	936	17560	239	18771	414	11740
山　西 Shanxi	2608	7933	808	13875	3344	14613	219	11690
内蒙古 Inner Mongolia	909	10140	35	22435	2418	26202	28	22857
辽　宁 Liaoning	1301	21194	681	20323	7389	25419	1811	13282
吉　林 Jilin	840	19240	135	19121	2257	26748	716	19234
黑龙江 Heilongjiang	3598	22254	1095	15618	1130	30479	2038	19064
上　海 Shanghai	3671	30370	2551	35877	271	42811	8387	30624
江　苏 Jiangsu	1363	13428	1129	15228	15834	31827	711	30606
浙　江 Zhejiang	724	34808	871	21037	7890	42568	1320	19807
安　徽 Anhui	1937	16565	338	13645	14713	14504	541	18127
福　建 Fujian	2335	14748	420	15198	8454	25077	1091	25629
江　西 Jiangxi	3250	13210	708	10674	4895	17753	839	33020
山　东 Shandong	2375	19633	1364	18025	7519	28283	540	15639
河　南 Henan	5216	19918	1210	15855	11809	16210	220	16014
湖　北 Hubei	2223	34499	919	17855	6178	20933	1572	25142
湖　南 Hunan	3063	21273	1725	21276	4666	23545	594	20125
广　东 Guangdong	1871	21493	1638	42728	7344	40977	2950	35733
广　西 Guangxi	2544	11217	1472	15834	6424	24367	1042	14245
海　南 Hainan	112	33000	8	21125	192	26665	192	14738
重　庆 Chongqing	681	20188	255	24743	3835	31811	340	18070
四　川 Sichuan	1909	26429	769	24494	11949	27937	672	18474
贵　州 Guizhou	856	12980	283	16039	642	25553	356	11291
云　南 Yunnan	5619	12347	600	13617	2382	16650	303	20269
西　藏 Tibet	355	28482	58	22476	31	24000		
陕　西 Shaanxi	1829	18550	747	13931	1610	21755	1364	9747
甘　肃 Gansu	540	15597	510	12230	1982	18048	235	8935
青　海 Qinghai	262	13485	183	15438	2242	50721	190	17506
宁　夏 Ningxia	645	17371	131	10868	1814	28284	449	24245
新　疆 Xinjiang	347	26671	1086	32386	2029	19969	424	15643

4-4 续表 3 continued

地 区 Region	租赁和商务服务业 Tenancy and Business Services		科学研究、技术服务和地质勘查业 Scientific Research, Technical Service and Geologic Perambulation		水利、环境和公共设施管理业 Management of Water Conservancy,Environment and Public Establishment		居民服务和其他服务业 Resident Services and Other Services	
	年末人数(人) Year-end Figures (person)	平均工资(元) Average Wage (yuan)	年末人数(人) Year-end Figures (person)	平均工资(元) Average Wage (yuan)	年末人数(人) Year-end Figures (person)	平均工资(元) Average Wage (yuan)	年末人数(人) Year-end Figures (person)	平均工资(元) Average Wage (yuan)
全 国 National	**64197**	**24593**	**98827**	**35928**	**235182**	**13816**	**15223**	**18967**
北 京 Beijing	7488	44429	13822	52549	3146	20867	844	21105
天 津 Tianjin	866	22561	3347	33481	4071	18838	973	17576
河 北 Hebei	1964	18175	1331	22645	12867	13647	799	41605
山 西 Shanxi	1030	11946	1826	18549	2298	10971	62	8952
内蒙古 Inner Mongolia	132	19870	338	29346	4292	15973	1289	20338
辽 宁 Liaoning	1165	17884	2969	25520	13811	14015	268	18861
吉 林 Jilin	2315	15190	1377	32853	11114	9974	182	29800
黑龙江 Heilongjiang	2710	13851	3850	26047	21415	9324	4451	9220
上 海 Shanghai	8676	28203	5567	64327	8635	27667	1720	25152
江 苏 Jiangsu	3137	21126	3431	36605	10343	16810	217	28315
浙 江 Zhejiang	2656	24880	4941	38215	7594	22515	349	36348
安 徽 Anhui	1333	16572	3523	25187	9958	12874	263	19352
福 建 Fujian	1237	22564	1815	35432	2926	13765	277	22293
江 西 Jiangxi	3251	13120	3658	17804	6810	11686	304	14862
山 东 Shandong	1860	19518	3824	36735	12919	12517	197	18782
河 南 Henan	1153	20429	1902	23172	8746	13774	74	11625
湖 北 Hubei	808	17263	6133	29441	10717	14816	432	21043
湖 南 Hunan	1760	22449	3827	19809	16557	13481	303	18638
广 东 Guangdong	5421	27788	3111	49215	2537	17144	599	27640
广 西 Guangxi	3507	15295	4307	22411	12411	12905	157	12413
海 南 Hainan	345	10455	622	18063	1218	18057	8	47375
重 庆 Chongqing	282	25777	1934	31751	3570	16319	102	21340
四 川 Sichuan	2762	46321	6861	49142	11542	11973	79	19186
贵 州 Guizhou	386	10788	1984	10452	6463	10201	600	15283
云 南 Yunnan	444	14342	2454	15957	6014	12929	58	21517
西 藏 Tibet	20	14750	558	32294	286	15871	16	15938
陕 西 Shaanxi	1333	17903	4775	29310	11227	11406	157	15739
甘 肃 Gansu	5151	16868	1355	17668	3463	12792	71	9281
青 海 Qinghai	43	39780	1370	27097	940	11181	39	33032
宁 夏 Ningxia	231	28681	696	23850	4456	12107	47	30894
新 疆 Xinjiang	731	20530	1319	28973	2836	11504	286	13693

4-4 续表 4 continued

地区 Region	教育 Education		卫生、社会保障和社会福利业 Sanitation, Social Security and Social Welfare		文化体育和娱乐业 Culture, Sports and Entertainment		公共管理和社会组织 Public Management and Social Organization	
	年末人数(人) Year-end Figures (person)	平均工资(元) Average Wage (yuan)	年末人数(人) Year-end Figures (person)	平均工资(元) Average Wage (yuan)	年末人数(人) Year-end Figures (person)	平均工资(元) Average Wage (yuan)	年末人数(人) Year-end Figures (person)	平均工资(元) Average Wage (yuan)
全国 National	**480780**	**19734**	**310861**	**26119**	**56359**	**29831**	**602239**	**16075**
北京 Beijing	27811	33124	10114	37715	6722	50511	32204	17651
天津 Tianjin	7297	24237	4516	29473	1025	29044	11722	18416
河北 Hebei	30289	15741	13101	14741	1348	18468	21349	12200
山西 Shanxi	11851	11665	5608	14064	935	13251	16018	11902
内蒙古 Inner Mongolia	2775	17369	1412	20260	398	19302	7430	13771
辽宁 Liaoning	13461	27267	10688	25028	1560	23954	13366	13678
吉林 Jilin	6909	14930	14771	12588	435	17639	23160	10555
黑龙江 Heilongjiang	14067	17670	8350	20413	1746	13981	20815	16161
上海 Shanghai	22454	28653	13740	46417	5346	87130	10278	25346
江苏 Jiangsu	31980	27981	22989	32468	2950	24022	35492	23064
浙江 Zhejiang	27319	27430	16469	42694	4076	21930	27529	26231
安徽 Anhui	18661	15604	10825	23629	2141	16825	31169	16785
福建 Fujian	14339	19837	9716	31431	2175	19480	12584	17718
江西 Jiangxi	11793	12494	10228	18986	1302	13976	21135	12792
山东 Shandong	15365	15397	14900	26132	1116	18169	19521	19151
河南 Henan	11137	17451	13188	18003	3040	20556	19263	13335
湖北 Hubei	28729	19645	15336	25237	2853	15378	22686	18205
湖南 Hunan	23130	16660	14604	22647	3137	23643	28524	16295
广东 Guangdong	20310	29384	12757	41736	4577	25631	14876	24776
广西 Guangxi	39623	13445	14733	20512	1527	13817	23571	13772
海南 Hainan	2771	17418	1611	21070	182	16961	5157	14294
重庆 Chongqing	14027	17479	4705	32675	579	16535	12777	17770
四川 Sichuan	24087	17444	15888	37786	1697	19966	34547	16297
贵州 Guizhou	14495	12584	8690	14887	358	14627	31154	11970
云南 Yunnan	12848	10734	12116	15107	715	13016	21882	11061
西藏 Tibet	1344	16735	1388	9957	526	15840	16439	9371
陕西 Shaanxi	13187	14967	13805	23297	1411	17752	26018	15054
甘肃 Gansu	9042	10469	5611	13348	961	13951	13828	10888
青海 Qinghai	2152	12463	2037	13682	185	20098	3320	12771
宁夏 Ningxia	4139	14488	3869	18218	451	15192	8861	13503
新疆 Xinjiang	3388	19006	3096	16263	885	14834	15564	13755

4-5 各地区国有控股企业就业人员和工资总额(2011年)
EMPLOYMENT AND WAGES IN STATE-OWNED CONTROLLING SHARE HOLD ENTERPRISES BY REGION(2011)

地区	Region	年末人数（人） Year-End Person (person)				就业人员工资总额（千元） Ttoal Wages of Employment (1000 yuan)
		就业人员 Year-end Employment	#女性 Female	在岗职工 On-post Staff and Workers	其他就业人员 Other Employment	
全国	National	**45099330**	**13750635**	**42172263**	**2927067**	**2138516806**
北京	Beijing	2452462	803843	2299883	152579	201086502
天津	Tianjin	846489	218284	781903	64586	54477944
河北	Hebei	1777564	510171	1684677	92887	76502684
山西	Shanxi	1923386	503501	1878841	44545	95272916
内蒙古	Inner Mongolia	849354	285748	835356	13998	35010253
辽宁	Liaoning	2293715	666876	2221616	72099	96450649
吉林	Jilin	823238	232811	804733	18505	34045245
黑龙江	Heilongjiang	2424702	768799	1997547	427155	76958858
上海	Shanghai	1909135	547537	1677407	231728	154355422
江苏	Jiangsu	1561387	576599	1477242	84145	84014596
浙江	Zhejiang	1473385	482178	1400245	73140	91309263
安徽	Anhui	1438616	370971	1262781	175835	64795557
福建	Fujian	884480	260603	810127	74353	42569964
江西	Jiangxi	960904	277109	900179	60725	36078170
山东	Shandong	6740334	2170338	6407517	332817	250081008
河南	Henan	2244213	653832	2152742	91471	94171719
湖北	Hubei	1677520	506055	1508772	168748	72199508
湖南	Hunan	1452702	419622	1328142	124560	58023775
广东	Guangdong	2135036	641444	1999667	135369	130512411
广西	Guangxi	896519	257729	824168	72351	32086219
海南	Hainan	289790	100391	284789	5001	10037627
重庆	Chongqing	994762	292205	931677	63085	42007383
四川	Sichuan	1632036	479727	1565281	66755	70939586
贵州	Guizhou	823277	214466	769648	53629	34456314
云南	Yunnan	776978	253583	726992	49986	36401004
西藏	Tibet	40871	15527	35398	5473	2129776
陕西	Shaanxi	1525326	473526	1416499	108827	66509885
甘肃	Gansu	554619	159382	539674	14945	22163020
青海	Qinghai	185210	56108	171257	13953	8097702
宁夏	Ningxia	206311	60709	197935	8376	11149370
新疆	Xinjiang	1305009	490961	1279568	25441	54622476

4-5 续表 continued

地 区	Region	工资 Wages 在岗职工 On-post Staff and Workers	其他就业人员 Others	就业人员平均工资（元）Average Earnings of Employment (yuan)	在岗职工 Average Wage of On-post Staff and Workers	其他就业人员 Average Earnings of Others
全 国	**National**	**2054388045**	**84128761**	**47555**	**48947**	**28060**
北 京	Beijing	192837723	8248779	83058	85123	52999
天 津	Tianjin	52282419	2195525	64478	66751	35605
河 北	Hebei	74444738	2057946	42306	43308	23024
山 西	Shanxi	94433472	839444	50090	50853	18639
内蒙古	Inner Mongolia	34650582	359671	40013	40275	24591
辽 宁	Liaoning	94413591	2037058	41591	42219	24622
吉 林	Jilin	33371604	673641	41766	42013	32366
黑龙江	Heilongjiang	70301621	6657237	31651	35385	14971
上 海	Shanghai	144256602	10098820	82093	87769	42674
江 苏	Jiangsu	81428946	2585650	54157	55564	30130
浙 江	Zhejiang	87377666	3931597	62588	64617	36866
安 徽	Anhui	59871405	4924152	45921	48093	29648
福 建	Fujian	41032475	1537489	48762	51226	21352
江 西	Jiangxi	34838332	1239838	41316	42882	20395
山 东	Shandong	239066668	11014340	37059	37378	31268
河 南	Henan	92457417	1714302	42257	43254	18836
湖 北	Hubei	68000044	4199464	43570	45663	25011
湖 南	Hunan	55279774	2744001	40762	42418	22816
广 东	Guangdong	125825849	4686562	61720	63401	36056
广 西	Guangxi	30548034	1538185	36756	38164	21215
海 南	Hainan	9947782	89845	34693	35014	17212
重 庆	Chongqing	40116578	1890805	42796	43486	32014
四 川	Sichuan	68746617	2192969	43721	44321	30707
贵 州	Guizhou	33215870	1240444	42617	44043	22826
云 南	Yunnan	35437360	963644	46878	48618	20240
西 藏	Tibet	2005993	123783	52013	56921	21697
陕 西	Shaanxi	63590290	2919595	41700	42895	25954
甘 肃	Gansu	21896810	266210	40048	40651	18026
青 海	Qinghai	7689272	408430	43680	45236	26515
宁 夏	Ningxia	10959459	189911	53867	55203	22472
新 疆	Xinjiang	54063052	559424	39013	39379	20547

五、城镇集体单位就业人员和工资总额

EMPLOYMENT AND TOTAL WAGES IN URBAN COLLECTIVE-OWNED UNITS

5-1 分行业城镇集体单位就业人员和工资总额(2011年)
EMPLOYMENT AND TOTAL WAGES IN URBAN COLLECTIVE-OWNED UNITS BY SECTOR (2011)

项 目	Item	年末人数(千人) Year-end Figures (1000 persons)	#女 性 Female	工资总额(千元) Total Wages (1000 yuan)	平均工资(元) Average Wage (yuan)
全 国 总 计	**National Total**	**6031**	**1959**	**173744207**	**28791**
农、林、牧、渔业	**Agriculture,Forestry,Farming of Animals and Fishing**	**40**	**13**	**884153**	**21887**
农业	Agriculture	7	2	142731	19512
林业	Forestry	7	2	119099	17399
畜牧业	Farming of Animals	4	1	80512	20989
渔业	Fishing	2		39554	21438
农、林、牧、渔服务业	Service Activities for Agriculture, Forestry, Farming of Animals and Fishing	20	6	502257	24435
采矿业	**Mining**	**204**	**33**	**6114446**	**30114**
煤炭开采和洗选业	Mining and Washing of Coal	132	19	4143046	31990
石油和天然气开采业	Extraction of Petroleum and Natural Gas	4		153325	44779
黑色金属矿采选业	Mining of Ferrous Metal Ores	23	6	589695	25998
有色金属矿采选业	Mining of Non-ferrous Metal Ores	20	4	540294	27409
非金属矿采选业	Mining and Processing of Nonmetal Ores	26	4	671237	24866
其他采矿业	Mining of Other Ores	1		16849	23499
制造业	**Manufacturing**	**1241**	**511**	**31344471**	**25031**
农副食品加工业	Processing of Food from Agricultural Products	36	14	817566	22873
食品制造业	Manufacture of Foods	31	14	577058	18988
饮料制造业	Manufacture of Beverage	9	4	189350	17370
烟草制品业	Manufacture of Tobacco	4	2	202451	51072
纺织业	Manufacture of Textile	58	33	1506990	24545
纺织服装、鞋、帽制造业	Manufacture of Textile Wearing Apparel, Footware,and Caps	50	29	1026243	20175
皮革、毛皮、羽毛(绒)及其制品业	Manufacture of Leather,Fur,Feather & Its Products	26	16	690138	25920
木材加工及木、竹、藤、棕、草制品业	Processing of Timbers,Manufacture of Wood, Bamboo,Rattan,Palm,and Straw Products	16	5	413340	25403
家具制造业	Manufacture of Furniture	6	2	120272	19204
造纸及纸制品业	Manufacture of Paper and Paper Products	27	11	613747	22452
印刷业和记录媒介的复制	Printing,Reproduction of Recording Media	35	17	890868	25889
文教体育用品制造业	Manufacture of Articles for Culture, Education and Sport Activity	16	8	438676	27010
石油加工、炼焦及核燃料加工业	Processing of Petroleum ,Coking,Processing of Nucleus Fuel	19	9	621117	32725
化工原料及化学制品制造业	Manufacture of Chemical Raw Material and Chemical Products	72	27	1633898	22769
医药制造业	Manufacture of Medicines	23	10	586487	25763
化学纤维制造业	Manufacture of Chemical Fiber	3	2	147435	47514
橡胶制品业	Manufacture of Rubber	17	8	379776	22402
塑料制品业	Manufacture of Plastic	39	18	906809	22930
非金属矿物制品业	Manufacture of Non-metallic Mineral Products	124	41	2703493	21669
黑色金属冶炼及压延加工业	Manufacture and Processing of Ferrous Metals	47	14	1226139	26048
有色金属冶炼及压延加工业	Manufacture & Processing of Non-ferrous Metals	26	10	721047	27668
金属制品业	Manufacture of Metal Products	76	28	1931524	25478
通用设备制造业	Manufacture of General Purpose Machinery	132	44	3234615	24555
专用设备制造业	Manufacture of Special Purpose Machinery	75	34	1932027	26038
交通运输设备制造业	Manufacture of Transport Equipment	95	32	2417653	25376
电气机械及器材制造业	Manufacture of Electrical Machinery & Equipment	95	38	2988572	31302

5-1 续表 1 continued

项 目	Item	年末人数(千人) Year-end Figures (1000 persons)	#女 性 Female	工资总额(千元) Total Wages (1000 yuan)	平均工资(元) Average Wage (yuan)
通信设备、计算机及其他电子设备制造业	Manufacture of Communication Equipment, Computer and Other Electronic Equipment	40	21	1380094	32500
仪器仪表及文化、办公用机械制造业	Manufacture of Measuring Instrument and Machinery for Cultural Activity & Office Work	19	10	468096	22305
工艺品及其他制造业	Manufacture of Artwork,Other Manufacture	19	10	448555	22759
废弃资源和废旧材料回收加工业	Recycling and Disposal of Waste	5	2	- 130435	25142
电力、燃气及水的生产和供应业	**Production and Distribution of Electricity,Gas and Water**	**55**	**16**	**1980702**	**36122**
电力、热力的生产和供应业	Production & Supply of Electric Power & Heat Power	34	9	1329086	39206
燃气生产和供应业	Production and Distribution of Gas	1		34268	28604
水的生产和供应业	Production and Distribution of Water	20	7	617348	31282
建筑业	**Construction**	**1874**	**258**	**47177408**	**25027**
房屋和土木工程建筑业	Construction of Building & Civil Engineering	1698	224	41585472	24377
建筑安装业	Architectural Installation	138	27	4731301	33295
建筑装饰业	Architectural Decoration	24	4	518847	23157
其他建筑业	Other Construction	14	3	341788	23465
交通运输、仓储和邮政业	**Traffic,Transport,Storage and Post**	**175**	**50**	**4369873**	**24927**
铁路运输业	Transport Via Railway	18	7	697356	39332
道路运输业	Transport Via Road	71	20	1709571	24089
城市公共交通业	Urban Public Traffic	18	4	373901	20801
水上运输业	Water Transport	21	5	428488	19878
航空运输业	Air Transport			6121	33266
管道运输业	Transport Via Pipeline			2040	19245
装卸搬运和其他运输服务业	Loading,Unloading,Portage & Other Transport	37	10	883291	24051
	Services			210337	
仓储业	Storage	8	3		25641
邮政业	Post	2	1	58768	31596
信息传输、计算机服务和软件业	**Information Transfer, Computer Services**	**13**	**6**	**529349**	**40344**
	and Software			436562	
电信和其他信息传输服务业	Telecom & Other Information Transfer Services	10	5		42876
计算机服务业	Computer Services	2	1	48369	25633
软件业	Software Industry	1		44418	42222
批发和零售业	**Wholesale and Retail Trade**	**468**	**187**	**9312811**	**19982**
批发业	Wholesale	212	76	4608801	21751
零售业	Retail Trade	256	111	4704010	18507
住宿和餐饮业	**Accommodation and Restaurants**	**100**	**56**	**2341080**	**23327**
住宿业	Accommodation	72	41	1709603	23715
餐饮业	Restaurants	28	15	631477	22337
金融业	**Finance**	**502**	**216**	**26349161**	**52984**
银行业	Bank	498	214	26150783	53029
证券业	Securities			4498	63352
保险业	Insurance	1	1	83765	60047
其他金融活动	Other Financial Activities	3	1	110115	40783
房地产业	**Real Estate**	**86**	**30**	**2515603**	**29661**
房地产开发经营	Real Estate Exploitation Management	27	8	798020	29983
物业管理	Management Concerning Dwelling	36	13	1014155	28492
房地产中介服务	Real Estate Agency Service	2	1	55384	29058
租赁和商务服务业	**Tenancy and Business Services**	**318**	**87**	**7766730**	**24499**
租赁业	Tenancy	3	1	66103	22646
商务服务业	Business Service	316	86	7700627	24516

5-1 续表 2 continued

项　目	Item	年末人数（千人）Year-end Figures (1000 persons)	#女 性 Female	工资总额（千元）Total Wages (1000 yuan)	平均工资（元）Average Wage (yuan)
科学研究、技术服务和地质勘查业	**Scientific Research,Technical Service and Geologic Perambulation**	**37**	**12**	**1767684**	**47764**
研究与实验发展	Research and Experimental Development	5	2	372806	77571
#自然科学研究与实验发展	Research and Experimental Development on Physical Science			11729	53314
工程和技术研究与实验发展	Research and Experimental Development on Engineering and Technical Research	3	1	317507	93881
农业科学研究与实验发展	Research and Experimental Development on Agricultural Science Research	1		20452	31035
医学研究与实验发展	Research and Experimental Development on Medical Research			15174	38415
社会人文科学研究与实验发展	Research and Experimental Development on Social Science and Humanities			7944	52960
专业技术服务业	Professional Technique Services	22	7	978167	44157
#气象服务	Weather Services			9368	48041
地震服务	Earthquake Services			418	19905
海洋服务	Ocean Services			1192	56762
测绘服务	Plotting Services	1		42897	39904
技术检测	Technique Detection	6	2	206249	37129
环境监测	Environmental Monitoring			16091	41687
工程技术与规划管理	Engineering Technic & Programming Management	13	3	593831	47728
科技交流和推广服务业	Services of Science and Technique Intercommunion and Generalization	9	3	358720	42034
地质勘查业	Geologic Perambulation	2		57991	38227
水利、环境和公共设施管理业	**Management of Water Conservancy, Environment and Public Establishment**	**108**	**51**	**2246627**	**20987**
水利管理业	Management of Water Conservancy	9	2	250924	27915
环境管理业	Environmental Management	82	43	1570995	19444
公共设施管理业	Management of Public Establishment	18	6	424708	24605
居民服务和其他服务业	**Resident Services and Other Services**	**60**	**25**	**1487062**	**24834**
居民服务业	Resident Services	25	9	620154	24815
其他服务业	Other Services	35	15	866908	24848
教育	**Education**	**191**	**103**	**6815473**	**36355**
#初等教育	Primary Education	73	38	2617640	36008
中等教育	Secondary Education	64	29	2410726	39211
高等教育	Higher Education	8	4	353551	44652
卫生、社会保障和社会福利业	**Sanitation,Social Security & Social Welfare**	**515**	**286**	**19290581**	**37853**
卫生	Sanitation	505	281	18988485	37999
社会保障业	Social Security	2	1	114440	47348
社会福利业	Social Welfare	8	4	187656	25034
文化体育和娱乐业	**Culture, Sports and Entertainment**	**20**	**9**	**607386**	**30051**
新闻出版业	Journalism and Publishing Activities	2	1	91504	37532
广播、电影、电视和音像业	Broadcasting,Movies,Television and Audiovisual Activities	3	1	104230	32269
文化艺术业	Culture and Art	12	5	341642	28889
体育	Sports Activities	1		28025	33483
娱乐业	Entertainment	2	1	41985	22321
公共管理和社会组织	**Public Management & Social Organization**	**24**	**10**	**843607**	**35277**
#中国共产党机关	Chinese Communist Party Organs			18650	90976
国家机构	Organ of State	13	5	559079	42841
人民政协和民主党派	People's Political Consultative Conference and Democratic Parties				
群众社团、社会团体和宗教组织	Mass Communities, Social Communities and Religion Organizations	7	3	186606	27617

5-2 各地区分行业城镇集体单位就业人员和工资总额(2011年)

EMPLOYMENT AND TOTAL WAGES IN URBAN COLLECTIVE-OWNED UNITS BY SECTOR AND REGION (2011)

地　区	Region	总计 Total 年末人数(人) Year-end Figures (person)	#女性 Female	工资总额(千元) Total Wages (1000 yuan)	平均工资(元) Average Wage (yuan)	农、林、牧、渔业 Agriculture Forestry, Farming of Animals and Fishing 年末人数(人) Year-end Figures (person)	平均人数(人) Average Figures (person)	工资总额(千元) Total Wages (1000 yuan)	平均工资(元) Average Wage (yuan)
全　国	**National**	**6030617**	**1959109**	**173744207**	**28791**	**40157**	**12679**	**884153**	**21887**
北　京	Beijing	200724	84003	6685345	32574	4456	1824	91684	20894
天　津	Tianjin	88358	24767	3224159	35213	1		11	11000
河　北	Hebei	222086	85410	5610323	24788	1807	617	34980	19553
山　西	Shanxi	248083	101696	6641207	27038	1109	234	26897	24519
内蒙古	Inner Mongolia	84867	35784	3307993	37382	1216	126	23605	16789
辽　宁	Liaoning	341462	113999	8685441	23845	1373	308	32641	23602
吉　林	Jilin	95640	40305	2450185	25252	485	137	11402	23461
黑龙江	Heilongjiang	161388	51564	4397962	24712	978	444	15122	15622
上　海	Shanghai	104293	39232	5388304	51422	404	61	28671	71499
江　苏	Jiangsu	311958	132031	11114563	36085	1891	650	70352	33045
浙　江	Zhejiang	284634	97637	11587500	41039	631	150	29566	47457
安　徽	Anhui	183436	60751	5175611	29539	614	227	12302	19971
福　建	Fujian	155589	52453	5158716	33760	258	68	5382	21528
江　西	Jiangxi	187468	51097	4362467	24403	588	129	8568	14571
山　东	Shandong	607554	181788	18209524	29683	3894	1437	91204	23640
河　南	Henan	516584	185492	12313104	24220	9228	3852	163103	17767
湖　北	Hubei	181827	57430	4767860	26536	1256	224	20379	16238
湖　南	Hunan	278398	66809	7123846	26066	1182	283	22963	19626
广　东	Guangdong	628252	176432	15446625	25573	1161	250	23318	19644
广　西	Guangxi	187489	46532	4313434	22123	779	148	12750	16346
海　南	Hainan	36090	9857	874557	24862	887	288	8289	9261
重　庆	Chongqing	110098	30877	3031422	28078	987	208	24854	25387
四　川	Sichuan	337681	94820	9516343	28342	2807	544	80257	28582
贵　州	Guizhou	76640	20865	2314637	30894	254	62	4462	17567
云　南	Yunnan	108586	30546	3446591	32102	867	209	21229	24486
西　藏	Tibet	3895	2283	61000	15163	37	6	370	11935
陕　西	Shaanxi	152370	42803	4110045	26670	591	102	11920	20135
甘　肃	Gansu	74587	21008	2100859	27826	229	33	4230	18553
青　海	Qinghai	18597	6276	448873	23745	110	37	1929	17536
宁　夏	Ningxia	8095	2877	430896	37143	8	1	229	28625
新　疆	Xinjiang	33888	11685	1444815	38944	69	20	1484	21507

5-2 续表 1 continued

地 区 Region	采矿业 Mining				制造业 Manufacturing			
	年末人数(人) Year-end Figures (person)	#女 性 Female	工资总额(千元) Total Wages (1000 yuan)	平均工资(元) Average Wage (yuan)	年末人数(人) Year-end Figures (person)	#女 性 Female	工资总额(千元) Total Wages (1000 yuan)	平均工资(元) Average Wage (yuan)
全 国 National	**204086**	**33105**	**6114446**	**30114**	**1241199**	**511451**	**31344471**	**25031**
北 京 Beijing	935	101	38823	45782	36401	15045	1093854	28681
天 津 Tianjin	30	9	725	24167	22281	7928	682284	30250
河 北 Hebei	5275	2391	158676	29543	62827	28024	1221687	19593
山 西 Shanxi	22613	4518	864082	39630	62571	30827	1453922	23616
内蒙古 Inner Mongolia	2270	775	77972	35091	16961	7535	445241	23166
辽 宁 Liaoning	14315	3730	341395	23378	133743	49322	2656013	20090
吉 林 Jilin	2236	467	61004	26663	28974	11761	621665	21271
黑龙江 Heilongjiang	18790	3824	599081	31810	45056	16844	849858	18650
上 海 Shanghai					18644	6198	817906	42953
江 苏 Jiangsu	1934	515	48540	25008	66839	29474	1820451	27053
浙 江 Zhejiang	2816	283	81750	28624	49238	20531	1652349	33013
安 徽 Anhui	3866	853	95359	24520	17795	8917	459530	26062
福 建 Fujian	5868	389	194490	34724	31001	14540	900631	28328
江 西 Jiangxi	3676	510	96312	26179	12535	5119	243481	19922
山 东 Shandong	21514	3438	684801	30339	165336	54456	5083511	30694
河 南 Henan	9542	2149	237475	24627	98988	40479	2250517	22691
湖 北 Hubei	15651	1929	395034	25572	33694	13520	824097	24094
湖 南 Hunan	37627	2732	1104466	30054	47598	13917	1203946	25325
广 东 Guangdong	340	56	8543	25201	135662	73931	3334553	23212
广 西 Guangxi	752	172	18898	25959	29602	13035	580548	19558
海 南 Hainan	113	19	3209	29173	1791	887	31044	17237
重 庆 Chongqing	7743	736	232478	30267	20570	8155	548473	27084
四 川 Sichuan	4851	500	123179	25802	32451	12834	745008	23553
贵 州 Guizhou	5727	1025	147180	26027	11134	4085	219508	20157
云 南 Yunnan	3615	1007	108982	32091	14100	5384	265983	18714
西 藏 Tibet	108	6	1423	13176	1203	638	21159	17677
陕 西 Shaanxi	6589	598	240229	35855	18344	7379	437531	24813
甘 肃 Gansu	4252	241	124781	29881	15551	6556	611254	39100
青 海 Qinghai	311	24	4312	15130	5492	2284	94260	17314
宁 夏 Ningxia					819	468	19828	25131
新 疆 Xinjiang	727	108	21247	29883	3998	1378	154379	38365

5-2 续表 2 continued

地区 Region		电力、燃气及水的生产和供应业 Production and Distribution of Electricity, Gas and Water				建筑业 Construction			
		年末人数(人) Year-end Figures (person)	#女性 Female	工资总额(千元) Total Wages (1000 yuan)	平均工资(元) Average Wage (yuan)	年末人数(人) Year-end Figures (person)	#女性 Female	工资总额(千元) Total Wages (1000 yuan)	平均工资(元) Average Wage (yuan)
全 国	**National**	**54916**	**15945**	**1980702**	**36122**	**1873833**	**258182**	**47177408**	**25027**
北 京	Beijing	845	169	16682	21835	18616	3213	884540	42043
天 津	Tianjin	230	55	8135	35524	35731	3663	1305986	33460
河 北	Hebei	439	158	10651	25061	36249	4333	1080697	26144
山 西	Shanxi	2001	490	50300	24669	25362	4595	478397	18217
内蒙古	Inner Mongolia	861	306	22535	26143	12115	2819	430676	31651
辽 宁	Liaoning	4440	1519	91561	21116	80009	16689	2645298	25624
吉 林	Jilin	540	168	7440	13778	11237	2906	274639	22374
黑龙江	Heilongjiang	741	272	21767	29100	37780	6646	1356470	25120
上 海	Shanghai	1448	410	82952	57367	17635	2581	880517	51184
江 苏	Jiangsu	4063	958	146624	35771	55605	9977	1721759	32888
浙 江	Zhejiang	3008	790	146875	48763	73817	8308	2255735	30971
安 徽	Anhui	1005	335	25379	25532	61935	8799	1720163	31250
福 建	Fujian	2548	746	99318	38979	36744	5505	1198063	34989
江 西	Jiangxi	697	137	13272	19069	124166	26810	2841660	24426
山 东	Shandong	1700	523	38538	21984	186082	20015	4889201	25490
河 南	Henan	3020	1203	72447	24109	131707	18005	2872093	22913
湖 北	Hubei	1460	656	30491	21057	51439	6641	1235249	24608
湖 南	Hunan	2253	417	58567	24722	108851	10728	2457546	23401
广 东	Guangdong	14912	3878	813273	54877	266230	26042	4960453	21043
广 西	Guangxi	607	185	11280	18492	97796	13191	1901101	17981
海 南	Hainan	290	88	3651	12503	16091	1200	386214	25259
重 庆	Chongqing	1255	393	28911	23659	45788	5526	1213759	27081
四 川	Sichuan	3498	1199	95563	26934	172882	25069	4172198	24161
贵 州	Guizhou	955	288	26348	27532	25021	3303	524245	21287
云 南	Yunnan	656	217	21212	32938	42600	5818	865669	20358
西 藏	Tibet					1938	1239	31739	15179
陕 西	Shaanxi	856	220	23567	27890	58211	8852	1338634	22318
甘 肃	Gansu	407	118	9241	22430	29132	3629	689384	22875
青 海	Qinghai	13	8	476	36615	5418	951	148448	25546
宁 夏	Ningxia					1823	251	126211	24202
新 疆	Xinjiang	168	39	3646	23223	5823	878	290664	31501

5-2 续表 3 continued

地 区	Region	交通运输、仓储和邮政业 Traffic, Transport, Storage and Post				信息传输、计算机服务和软件业 Information Transfer, Computer Services and Software			
		年末人数(人) Year-end Figures (person)	#女 性 Female	工资总额(千元) Total Wages (1000 yuan)	平均工资(元) Average Wage (yuan)	年末人数(人) Year-end Figures (person)	#女 性 Female	工资总额(千元) Total Wages (1000 yuan)	平均工资(元) Average Wage (yuan)
全 国	**National**	**174950**	**49907**	**4369873**	**24927**	**13044**	**5661**	**529349**	**40344**
北 京	Beijing	8649	1639	223493	25293	300	122	8469	29509
天 津	Tianjin	952	163	30966	31342	59	29	2419	36652
河 北	Hebei	4842	1260	96705	19870	715	332	16270	22948
山 西	Shanxi	5057	2032	88423	17468	78	45	1492	19128
内蒙古	Inner Mongolia	2635	734	80149	31029	14	12	292	20857
辽 宁	Liaoning	8291	3099	128904	15210	247	128	5746	23549
吉 林	Jilin	1202	339	24572	18931	378	87	9846	26048
黑龙江	Heilongjiang	3253	1042	48043	14819	264	120	3848	14576
上 海	Shanghai	5477	1268	196008	35045	310	107	25192	80229
江 苏	Jiangsu	12011	4099	392347	32904	636	176	22083	34667
浙 江	Zhejiang	11964	1994	628070	52837	804	375	43864	53493
安 徽	Anhui	6917	2163	114093	16018	178	56	5201	29219
福 建	Fujian	3411	847	82176	24113	131	58	2288	17466
江 西	Jiangxi	3505	703	63513	18105	315	102	6921	22112
山 东	Shandong	10269	2834	248775	24141	1193	467	54577	46968
河 南	Henan	19562	6720	376238	19218	4909	2747	226378	45194
湖 北	Hubei	5536	1357	130140	23231	102	55	2196	21960
湖 南	Hunan	11547	3448	227655	19888	220	62	5362	24484
广 东	Guangdong	16321	4157	437332	26959	994	348	49256	52068
广 西	Guangxi	9629	2689	189427	19728	96	33	2029	20704
海 南	Hainan	845	241	17345	20478	71	26	1683	25500
重 庆	Chongqing	3350	706	82679	24411	155	40	2342	15307
四 川	Sichuan	9681	3044	224740	23219	450	45	10163	22584
贵 州	Guizhou	2121	687	52583	25317				
云 南	Yunnan	1945	323	34272	18327	18	6	298	16556
西 藏	Tibet	14	1	240	17143				
陕 西	Shaanxi	3590	1285	90478	25365	403	83	21062	45490
甘 肃	Gansu	874	281	15250	17774				
青 海	Qinghai	102	50	2240	21538				
宁 夏	Ningxia								
新 疆	Xinjiang	1398	702	43017	31747	4		72	18000

5-2 续表 4 continued

地 区	Region	批发和零售业 Wholesale and Retail Trade				住宿和餐饮业 Accommodation and Restaurants			
		年末人数（人） Year-end Figures (person)	#女 性 Female	工资总额（千元） Total Wages (1000 yuan)	平均工资（元） Average Wage (yuan)	年末人数（人） Year-end Figures (person)	#女 性 Female	工资总额（千元） Total Wages (1000 yuan)	平均工资（元） Average Wage (yuan)
全 国	**National**	**467557**	**186958**	**9312811**	**19982**	**99724**	**56109**	**2341080**	**23327**
北 京	Beijing	13607	6519	453122	32693	10790	5979	312765	28159
天 津	Tianjin	6884	2273	211794	30205	2121	971	49047	23168
河 北	Hebei	29393	11606	396231	13449	3629	1743	68248	18755
山 西	Shanxi	34121	12902	516898	15121	4442	2502	74386	16856
内蒙古	Inner Mongolia	3918	1512	91000	24410	1425	832	34411	22804
辽 宁	Liaoning	19704	6934	412166	21126	2952	1533	61423	20495
吉 林	Jilin	4409	1598	93432	19276	1862	1114	37310	19888
黑龙江	Heilongjiang	10292	3797	155043	15172	2405	1386	31413	13266
上 海	Shanghai	11672	4189	533849	45337	3418	1903	114266	33392
江 苏	Jiangsu	17797	7754	426083	23644	3828	2296	98288	26344
浙 江	Zhejiang	8637	3331	289417	33408	5310	3020	153374	27755
安 徽	Anhui	12696	4488	200557	15386	1188	764	21626	18484
福 建	Fujian	14551	4632	290481	19951	2559	1516	66205	26546
江 西	Jiangxi	10246	3005	147638	14934	604	401	10668	17662
山 东	Shandong	49787	23145	1058207	21263	10460	5578	296620	28285
河 南	Henan	84721	34867	1546762	18490	10023	6033	189482	18950
湖 北	Hubei	16973	9319	329529	20071	3452	1919	78965	23792
湖 南	Hunan	6199	2150	122739	19919	1901	1134	37471	19879
广 东	Guangdong	37327	14280	757703	20368	9614	5363	226784	23162
广 西	Guangxi	12806	4042	228747	17764	2031	1241	39049	19283
海 南	Hainan	3083	859	32345	10431	1037	609	26465	27116
重 庆	Chongqing	6131	2911	106301	18212	2256	1402	42292	18614
四 川	Sichuan	11262	4462	204048	18258	3388	2012	73575	21197
贵 州	Guizhou	5507	2441	100249	18527	935	444	29595	31153
云 南	Yunnan	10094	4375	153479	16171	2134	1275	41575	19510
西 藏	Tibet	357	208	3700	10541	91	70	1621	17813
陕 西	Shaanxi	14184	5311	247841	16972	2782	1568	52770	19259
甘 肃	Gansu	4613	1662	66734	14358	1483	603	27756	18741
青 海	Qinghai	1121	487	19025	16458	534	346	14254	20048
宁 夏	Ningxia	712	241	14987	20225	4	2	46	11500
新 疆	Xinjiang	4753	1658	102704	21792	1066	550	29330	27827

5-2 续表 5 continued

地 区	Region	金融业 Finance 年末人数(人) Year-end Figures (person)	#女 性 Female	工资总额(千元) Total Wages (1000 yuan)	平均工资(元) Average Wage (yuan)	房地产业 Real Estate 年末人数(人) Year-end Figures (person)	#女 性 Female	工资总额(千元) Total Wages (1000 yuan)	平均工资(元) Average Wage (yuan)
全 国	**National**	**501926**	**216071**	**26349161**	**52984**	**85710**	**30491**	**2515603**	**29661**
北 京	Beijing					16385	6954	527319	32416
天 津	Tianjin	2731	1241	211709	76484	1475	413	46230	51538
河 北	Hebei	27271	12088	1392619	51156	964	458	36607	38013
山 西	Shanxi	41487	18516	2039899	50235	1705	510	24187	14597
内蒙古	Inner Mongolia	24017	11930	1512929	63112	96	61	1175	12240
辽 宁	Liaoning	24480	10212	924383	37601	2754	854	74995	24833
吉 林	Jilin	17943	7745	694379	39409	239	81	4715	19167
黑龙江	Heilongjiang	20135	7685	780790	39069	1372	507	30699	22102
上 海	Shanghai	41	22	3205	78171	3672	1072	163565	44123
江 苏	Jiangsu	22013	9059	1556583	71762	2806	1167	100564	36502
浙 江	Zhejiang	8948	4620	641986	74356	5097	1710	208003	41059
安 徽	Anhui	17346	7337	933193	54681	1137	439	26600	23921
福 建	Fujian	10952	4616	810447	74490	2275	842	72781	31950
江 西	Jiangxi	16772	7652	665438	40002	319	100	8967	28557
山 东	Shandong	36984	16515	2167677	59152	7732	2385	185932	24778
河 南	Henan	32721	14946	1227056	37550	3398	1630	90427	26417
湖 北	Hubei	17029	7566	724100	42922	1744	486	43037	25271
湖 南	Hunan	12129	5599	511107	42589	2940	806	64674	21886
广 东	Guangdong	42562	16926	1766032	41293	16721	5709	506065	30475
广 西	Guangxi	17054	6352	980193	59449	1423	545	43507	30944
海 南	Hainan	3183	1296	124280	39681	687	230	12504	18334
重 庆	Chongqing	2429	1073	169161	71016	711	209	9731	13882
四 川	Sichuan	28396	12688	1560118	54793	1589	570	40622	25548
贵 州	Guizhou	10183	4358	929226	94434	1699	578	34776	21335
云 南	Yunnan	19243	7050	1687460	88567	595	277	11737	19693
西 藏	Tibet								
陕 西	Shaanxi	19171	7901	991445	52641	4409	1293	106476	23062
甘 肃	Gansu	11822	4828	399417	33903	257	94	4845	18852
青 海	Qinghai	1944	866	77189	40455	862	309	23160	31989
宁 夏	Ningxia	3223	1347	233605	74160	10	3	152	15200
新 疆	Xinjiang	9717	4037	633535	66035	637	199	11551	18020

5-2 续表 6 continued

地 区	Region	租赁和商务服务业 Tenancy and Business Services 年末人数(人) Year-end Figures (person)	#女 性 Female	工资总额(千元) Total Wages (1000 yuan)	平均工资(元) Average Wage (yuan)	科学研究、技术服务和地质勘查业 Scientific Research,Technical Service and Geologic Perambulation 年末人数(人) Year-end Figures (person)	#女 性 Female	工资总额(千元) Total Wages (1000 yuan)	平均工资(元) Average Wage (yuan)
全 国	**National**	**318491**	**86990**	**7766730**	**24499**	**37333**	**11514**	**1767684**	**47764**
北 京	Beijing	44535	19123	977848	21830	7479	2618	470899	63807
天 津	Tianjin	2902	1089	112680	38379	336	61	23384	67389
河 北	Hebei	12637	3614	223669	17962	651	268	24477	38126
山 西	Shanxi	14302	5791	322788	23566	505	157	8322	16677
内蒙古	Inner Mongolia	1730	364	50030	28986	167	77	7882	47198
辽 宁	Liaoning	16274	3829	362987	21224	3084	1222	153551	48715
吉 林	Jilin	4083	1271	119988	28528	799	302	29312	41636
黑龙江	Heilongjiang	3943	1345	80075	18819	1267	380	47773	42616
上 海	Shanghai	7976	2860	343819	42447	1313	373	130834	92659
江 苏	Jiangsu	16379	4172	454015	28079	1205	398	56656	47135
浙 江	Zhejiang	34235	5969	1157709	34402	3912	1110	254508	67011
安 徽	Anhui	6549	371	113830	21205	699	220	19107	27064
福 建	Fujian	12143	1103	293847	24588	556	153	29795	52828
江 西	Jiangxi	3969	1110	50853	12803	62	15	1445	23306
山 东	Shandong	17441	4322	415606	24065	1701	389	66070	37797
河 南	Henan	11574	3680	203584	17975	3992	1053	107601	27117
湖 北	Hubei	3387	902	75000	22001	670	198	19975	29903
湖 南	Hunan	14345	9783	315360	22113	987	175	42617	45628
广 东	Guangdong	43663	6277	1208446	27339	3257	900	144692	44019
广 西	Guangxi	7771	1880	126997	16292	679	208	22482	32583
海 南	Hainan	964	327	16049	16562	525	184	13215	26325
重 庆	Chongqing	1586	439	35254	22284	272	78	8203	30723
四 川	Sichuan	7779	1482	154459	21066	577	126	25510	45964
贵 州	Guizhou	4665	601	79635	18481	263	69	4562	18103
云 南	Yunnan	6271	1096	115359	18463	938	351	14451	15742
西 藏	Tibet	125	115	520	4407				
陕 西	Shaanxi	8256	1320	160144	18346	850	240	28479	33663
甘 肃	Gansu	2803	1329	63250	22859	202	78	3485	16439
青 海	Qinghai	1566	291	27106	18290	266	68	5365	19870
宁 夏	Ningxia	880	226	15823	14733	51	25	1748	34275
新 疆	Xinjiang	3758	909	90000	23860	68	18	1284	15106

5-2 续表 7 continued

地 区 Region	水利、环境和公共设施管理业 Management of Water Conservancy, Environment and Public Establishment				居民服务和其他服务业 Resident Services and Other Services			
	年末人数（人）Year-end Figures (person)	#女 性 Female	工资总额（千元）Total Wages (1000 yuan)	平均工资（元）Average Wage (yuan)	年末人数（人）Year-end Figures (person)	#女 性 Female	工资总额（千元）Total Wages (1000 yuan)	平均工资（元）Average Wage (yuan)
全 国 National	**108072**	**51182**	**2246627**	**20987**	**60004**	**24532**	**1487062**	**24834**
北 京 Beijing	2651	1165	60677	22582	7026	2755	154572	22363
天 津 Tianjin	130	40	2660	20462	6306	3285	207584	32690
河 北 Hebei	2069	883	34430	16482	2591	1259	43512	16678
山 西 Shanxi	5133	2770	66846	13025	1643	865	24710	16056
内蒙古 Inner Mongolia	2651	1497	26792	10114	2220	803	49915	22454
辽 宁 Liaoning	3268	1116	55878	17125	4109	1565	92150	22476
吉 林 Jilin	9029	5155	156182	17700	1063	533	21588	20082
黑龙江 Heilongjiang	4024	1038	69858	17508	1980	873	43263	21839
上 海 Shanghai	3874	1524	138134	35675	2100	955	76966	36808
江 苏 Jiangsu	19442	10192	433900	22391	1806	925	80187	41983
浙 江 Zhejiang	11285	4987	325494	29153	1193	459	39071	32451
安 徽 Anhui	1480	690	36016	24501	206	89	3511	16961
福 建 Fujian	1428	570	35099	25269	1320	202	29575	23603
江 西 Jiangxi	3984	2345	54409	13813	201	58	4146	20730
山 东 Shandong	4078	1659	74255	18160	3008	770	90031	29703
河 南 Henan	2217	948	54479	24595	2086	1214	50553	23052
湖 北 Hubei	5133	2554	101549	19861	2035	853	53785	26692
湖 南 Hunan	1618	590	35036	21681	2436	461	82734	34401
广 东 Guangdong	10754	4103	234446	22101	4568	1529	101166	22567
广 西 Guangxi	762	385	12799	16731	2434	979	49842	20444
海 南 Hainan	120	30	1088	9067	31	18	451	14548
重 庆 Chongqing	2868	1785	57795	21124	605	218	15044	25455
四 川 Sichuan	5174	2262	99934	19915	3148	1159	58411	18561
贵 州 Guizhou	1993	1032	28111	14787	771	296	14882	19352
云 南 Yunnan	2032	1466	33228	16581	328	135	5137	15709
西 藏 Tibet								
陕 西 Shaanxi	556	241	8780	15791	3993	1779	66581	16716
甘 肃 Gansu					347	204	5678	16363
青 海 Qinghai	95	46	2503	24067	361	216	19368	50569
宁 夏 Ningxia	222	108	6168	27784				
新 疆 Xinjiang	2	1	81	40500	89	75	2649	32305

5-2 续表 8 continued

地区	Region	教育 Education 年末人数(人) Year-end Figures (person)	#女性 Female	工资总额(千元) Total Wages (1000 yuan)	平均工资(元) Average Wage (yuan)	卫生、社会保障和社会福利业 Sanitation,Social Security and Social Welfare 年末人数(人) Year-end Figures (person)	#女性 Female	工资总额(千元) Total Wages (1000 yuan)	平均工资(元) Average Wage (yuan)
全国	**National**	**190865**	**103170**	**6815473**	**36355**	**514562**	**286230**	**19290581**	**37853**
北京	Beijing	12865	7100	629204	48002	13159	8653	678699	52978
天津	Tianjin	2626	1663	165235	62542	2919	1537	142285	49559
河北	Hebei	6061	4007	216139	35785	20924	11088	471091	22830
山西	Shanxi	5034	3011	136992	27224	18883	11003	429319	22842
内蒙古	Inner Mongolia	246	113	11272	45269	12284	6267	441292	36118
辽宁	Liaoning	5114	2319	161780	33213	15453	8392	448351	29258
吉林	Jilin	644	450	17897	27790	10132	6073	251677	24896
黑龙江	Heilongjiang	2268	1304	74505	32735	6426	3895	179739	28159
上海	Shanghai	2276	1568	128325	55099	18188	11794	1335711	73371
江苏	Jiangsu	6607	5479	240369	38422	74448	43669	3354130	45405
浙江	Zhejiang	17708	12607	891892	51261	43332	26407	2654977	62508
安徽	Anhui	2119	838	67590	32079	44858	22854	1258484	28174
福建	Fujian	1747	1225	71459	42059	27404	15222	942773	34832
江西	Jiangxi	57	51	920	16140	5602	2786	141473	25345
山东	Shandong	30561	14198	1161950	38061	52100	27931	1510135	29245
河南	Henan	64540	32762	1963892	30753	18532	10705	537615	29383
湖北	Hubei	5020	2339	143536	28576	15234	6123	500701	33629
湖南	Hunan	5944	2854	206467	34977	19664	11275	600809	30469
广东	Guangdong	8453	5432	254227	38432	14193	6558	559775	39808
广西	Guangxi	2030	775	58780	28999	945	544	29457	31471
海南	Hainan	183	91	4225	23087	5651	3225	176463	31349
重庆	Chongqing	916	394	21739	24021	12040	6440	423750	36018
四川	Sichuan	1052	451	31610	32124	47917	26075	1793782	37638
贵州	Guizhou	4474	1017	98620	22147	818	516	17309	21212
云南	Yunnan	1277	549	22269	17944	1134	720	30107	27370
西藏	Tibet								
陕西	Shaanxi	584	324	21952	37589	8109	3916	242619	30522
甘肃	Gansu	182	102	3962	21769	2330	1226	69549	30517
青海	Qinghai	8	7	187	23375	214	161	5971	28985
宁夏	Ningxia	149	72	6001	40823	194	133	6098	32095
新疆	Xinjiang	120	68	2477	21171	1475	1042	56440	38213

5-2 续表 9 continued

地 区	Region	文化体育和娱乐业 Culture, Sports and Entertainment 年末人数(人) Year-end Figures (person)	#女 性 Female	工资总额(千元) Total Wages (1000 yuan)	平均工资(元) Average Wage (yuan)	公共管理和社会组织 Public Management and Social Organization 年末人数(人) Year-end Figures (person)	#女 性 Female	工资总额(千元) Total Wages (1000 yuan)	平均工资(元) Average Wage (yuan)
全 国	**National**	**20160**	**8974**	**607386**	**30051**	**24028**	**9958**	**843607**	**35277**
北 京	Beijing	1539	837	50397	33091	486	187	12298	25201
天 津	Tianjin	155	79	5618	40129	489	268	15407	34086
河 北	Hebei	2076	993	42374	20431	1666	288	41260	24900
山 西	Shanxi	1895	885	30164	14918	142	43	3183	22415
内蒙古	Inner Mongolia	41	21	825	20122				
辽 宁	Liaoning	342	174	6254	18448	1510	1054	29965	19858
吉 林	Jilin	182	75	4094	22250	203	43	9043	44112
黑龙江	Heilongjiang	205	82	5337	31394	209	80	5278	25498
上 海	Shanghai	1465	645	87770	59184	4380	1702	300614	69107
江 苏	Jiangsu	2590	1060	85191	33033	58	11	6441	88233
浙 江	Zhejiang	946	462	39398	41735	1753	524	93462	53499
安 徽	Anhui	854	362	19388	22783	1994	949	43682	22106
福 建	Fujian	526	171	29137	54975	167	48	4769	28387
江 西	Jiangxi	40	24	969	24225	130	40	1814	13954
山 东	Shandong	1133	429	35197	31595	2581	1297	57237	22185
河 南	Henan	1013	431	16613	16498	4811	2068	126789	26338
湖 北	Hubei	337	86	7034	20872	1675	703	53063	31946
湖 南	Hunan	689	327	18397	26975	268	68	5930	22210
广 东	Guangdong	1349	622	54926	41298	171	71	5635	33343
广 西	Guangxi	156	83	2405	15318	137	45	3143	22612
海 南	Hainan	506	221	15391	29485	32	18	646	22276
重 庆	Chongqing	130	66	2680	20775	306	98	5976	19529
四 川	Sichuan	717	277	20499	28004	62	21	2667	43016
贵 州	Guizhou	47	19	2337	40293	73	44	1009	13822
云 南	Yunnan	52	14	937	18019	687	274	13207	19653
西 藏	Tibet	22		228	10364				
陕 西	Shaanxi	866	379	18647	21733	26	12	890	34231
甘 肃	Gansu	103	24	2043	19835				
青 海	Qinghai	180	125	3080	16649				
宁 夏	Ningxia								
新 疆	Xinjiang	4	1	56	14000	12	2	199	16583

5-3 各地区分行业城镇集体单位在岗职工人数和平均工资(2011年)
ON-POST STAFF AND WORKERS AND AVERAGE WAGE IN URBAN COLLECTIVE-OWNED UNITS BY SECTOR AND REGION(2011)

地区	Region	总计 Total		农、林、牧、渔业 Agriculture,Forestry,Farming of Animals and Fishing		采矿业 Mining		制造业 Manufacturing	
		年末人数(人) Year-end Figures (person)	平均工资(元) Average Wage (yuan)	年末人数(人) Year-end Figures (person)	平均工资(元) Average Wage (yuan)	年末人数(人) Year-end Figures (person)	平均工资(元) Average Wage (yuan)	年末人数(人) Year-end Figures (person)	平均工资(元) Average Wage (yuan)
全　国	**National**	**5622507**	**29261**	**38745**	**22180**	**199989**	**30216**	**1199901**	**25213**
北　京	Beijing	187587	32469	4280	21284	932	45682	34499	27175
天　津	Tianjin	79075	36050	1	11000	30	24167	20868	30830
河　北	Hebei	213794	25088	1803	19585	4925	28305	61996	19614
山　西	Shanxi	237182	27669	1102	24562	22275	40021	60866	23948
内蒙古	Inner Mongolia	81324	37963	1185	17082	2195	33820	16329	23177
辽　宁	Liaoning	320882	24591	1366	23521	14065	23408	124593	20938
吉　林	Jilin	90902	25718	454	23615	2183	26751	28709	21183
黑龙江	Heilongjiang	148556	25149	959	15569	18131	31614	40333	19440
上　海	Shanghai	89088	55500	402	71857			15985	44591
江　苏	Jiangsu	277664	37302	1797	32862	1689	28103	65005	27319
浙　江	Zhejiang	273723	41501	604	49144	2815	28633	48675	33153
安　徽	Anhui	163019	29205	462	20505	3695	24992	17181	26474
福　建	Fujian	141401	34527	250	21506	5767	34643	30417	28565
江　西	Jiangxi	159578	24341	575	14751	3661	26196	10968	21182
山　东	Shandong	583622	30075	3887	23682	21273	30382	164100	30777
河　南	Henan	495778	24397	9223	17773	9542	24660	97769	22771
湖　北	Hubei	170429	26988	1074	17749	15600	25605	32537	24178
湖　南	Hunan	239162	27034	1068	19363	37178	30268	45908	25455
广　东	Guangdong	610615	25679	1128	19902	214	25189	133947	22804
广　西	Guangxi	157859	22337	467	19964	752	25959	28159	19254
海　南	Hainan	33603	25418	842	9299	112	29330	1766	17363
重　庆	Chongqing	104595	28490	969	25952	7718	30283	19602	27215
四　川	Sichuan	321223	28752	2805	28588	4773	25781	30957	23971
贵　州	Guizhou	71716	31601	254	17567	5602	26095	10888	20325
云　南	Yunnan	98135	33853	830	25284	3194	32280	13506	18786
西　藏	Tibet	3802	15181	32	11731	20	33050	1203	17677
陕　西	Shaanxi	140194	27336	516	21663	6582	35856	17618	25266
甘　肃	Gansu	73348	28031	229	18586	4252	29881	15512	39172
青　海	Qinghai	17225	23501	110	17536	87	24111	5265	17259
宁　夏	Ningxia	7423	38635	8	28625			807	25569
新　疆	Xinjiang	30003	40102	63	22032	727	29883	3933	38715

5-3 续表 1 continued

地 区	Region	电力、燃气及水的生产和供应业 Production and Distribution of Electricity,Gas and Water		建筑业 Construction		交通运输、仓储和邮政业 Traffic,Transport, Storage and Post		信息传输、计算机服务和软件业 Information Transfer, Computer Services and Software	
		年末人数（人） Year-end Figures (person)	平均工资（元） Average Wage (yuan)	年末人数（人） Year-end Figures (person)	平均工资（元） Average Wage (yuan)	年末人数（人） Year-end Figures (person)	平均工资（元） Average Wage (yuan)	年末人数（人） Year-end Figures (person)	平均工资（元） Average Wage (yuan)
全 国	**National**	**52802**	**37020**	**1665885**	**25111**	**165045**	**25409**	**12181**	**41419**
北 京	Beijing	777	21704	17284	41782	8230	25422	258	29516
天 津	Tianjin	197	39439	30077	33785	882	31962	59	36652
河 北	Hebei	381	27046	32419	27212	4730	20132	715	22948
山 西	Shanxi	1899	25109	23167	19045	4451	18557	73	19562
内蒙古	Inner Mongolia	861	26143	11204	31938	2075	31636	14	20857
辽 宁	Liaoning	4283	21731	75569	26546	7412	16763	247	23549
吉 林	Jilin	540	13778	10467	22517	1155	19290	378	26048
黑龙江	Heilongjiang	741	29100	33755	24765	3053	15261	254	14008
上 海	Shanghai	1123	63206	15967	54085	4472	36863	310	80229
江 苏	Jiangsu	4040	35830	41164	33019	11543	33242	359	44399
浙 江	Zhejiang	2923	49388	72486	30723	11650	53813	726	57250
安 徽	Anhui	1001	25599	48770	28102	6394	15980	165	30182
福 建	Fujian	2485	39324	27479	36338	3296	24345	131	17466
江 西	Jiangxi	682	19273	101734	23828	3483	18112	315	22112
山 东	Shandong	1662	22273	171820	25866	9861	24134	1180	46968
河 南	Henan	3020	24132	120394	23023	19348	19329	4624	46527
湖 北	Hubei	1455	21096	46988	24939	4907	23665	100	22235
湖 南	Hunan	1834	28273	83638	24509	10023	21050	220	24484
广 东	Guangdong	14346	56820	256190	21119	16247	26993	925	51704
广 西	Guangxi	581	18757	72545	17009	9276	19858	96	20704
海 南	Hainan	288	12521	14016	26417	843	20493	71	25500
重 庆	Chongqing	1251	23675	43288	27472	3312	24286	140	16007
四 川	Sichuan	3440	27197	165099	24380	9424	23163	450	22584
贵 州	Guizhou	949	27640	21569	21062	1990	24433		
云 南	Yunnan	635	33160	36553	21172	1137	24922	13	19000
西 藏	Tibet			1938	14915	14	17143		
陕 西	Shaanxi	820	28624	52369	21975	3474	25682	354	48700
甘 肃	Gansu	407	22430	28362	23024	867	17771		
青 海	Qinghai	13	36615	4804	23587	102	21538		
宁 夏	Ningxia			1741	24311				
新 疆	Xinjiang	168	23223	3029	31971	1394	31776	4	18000

5-3 续表 2 continued

地区 Region	批发和零售业 Wholesale and Retail Trade		住宿和餐饮业 Accommodation and Restaurants		金融业 Finance		房地产业 Real Estate	
	年末人数(人) Year-end Figures (person)	平均工资(元) Average Wage (yuan)	年末人数(人) Year-end Figures (person)	平均工资(元) Average Wage (yuan)	年末人数(人) Year-end Figures (person)	平均工资(元) Average Wage (yuan)	年末人数(人) Year-end Figures (person)	平均工资(元) Average Wage (yuan)
全　国 National	**439559**	**20344**	**95440**	**23443**	**486450**	**53932**	**79687**	**30321**
北　京 Beijing	12017	34317	10224	28289			15651	32647
天　津 Tianjin	6039	30690	1824	24686	2619	79087	1451	60400
河　北 Hebei	28609	13590	3619	18733	27132	51318	964	38013
山　西 Shanxi	33490	15277	4329	16868	37874	53317	1659	14649
内蒙古 Inner Mongolia	3715	24338	1374	23236	23608	63802	96	12240
辽　宁 Liaoning	18191	21625	2852	20609	23639	38255	2341	22271
吉　林 Jilin	4325	19428	1547	20052	17541	39972	236	19239
黑龙江 Heilongjiang	9337	16328	2220	14107	19642	39579	1072	26932
上　海 Shanghai	9581	49630	2501	32895	35	61800	3058	48091
江　苏 Jiangsu	16572	24239	3738	26447	21613	72672	2750	36692
浙　江 Zhejiang	8070	34549	5156	28091	8840	74943	4442	43408
安　徽 Anhui	11149	16527	1092	19578	16516	56414	1087	24301
福　建 Fujian	13901	20298	2526	26552	10498	76865	2129	32998
江　西 Jiangxi	8387	15067	587	18157	16061	40543	316	28688
山　东 Shandong	48567	21554	10322	28288	35761	60368	7512	25055
河　南 Henan	80297	18697	9857	18941	32360	37680	3381	25755
湖　北 Hubei	16408	20215	3450	23791	16698	43360	1035	26753
湖　南 Hunan	5788	20777	1855	19825	11784	43424	2655	22830
广　东 Guangdong	36790	20421	9441	23275	42073	41495	15914	30840
广　西 Guangxi	11941	18253	1852	19823	16645	60287	1248	33459
海　南 Hainan	3036	10421	1037	27116	3162	39744	678	18379
重　庆 Chongqing	4906	18860	2242	18646	2262	74862	695	13789
四　川 Sichuan	10307	19003	3331	21333	27000	55912	1561	25755
贵　州 Guizhou	5230	19200	923	31401	9970	96174	1630	21639
云　南 Yunnan	9712	16232	1974	20035	18735	90059	571	19984
西　藏 Tibet	357	10541	91	17813				
陕　西 Shaanxi	12389	17946	2484	20072	18223	53527	4138	23753
甘　肃 Gansu	4536	14465	1474	18767	11698	34104	172	23674
青　海 Qinghai	1116	16480	466	21193	1922	40777	805	33338
宁　夏 Ningxia	448	25118	4	11500	3063	77335	10	15200
新　疆 Xinjiang	4348	23080	1048	28029	9476	67187	430	24283

5-3 续表 3 continued

地区 Region	租赁和商务服务业 Tenancy and Business Services		科学研究、技术服务和地质勘查业 Scientific Research, Technical Service and Geologic Perambulation		水利、环境和公共设施管理业 Management of Water Conservancy,Environment and Public Establishment		居民服务和其他服务业 Resident Services and Other Services	
	年末人数（人）Year-end Figures (person)	平均工资（元）Average Wage (yuan)	年末人数（人）Year-end Figures (person)	平均工资（元）Average Wage (yuan)	年末人数（人）Year-end Figures (person)	平均工资（元）Average Wage (yuan)	年末人数（人）Year-end Figures (person)	平均工资（元）Average Wage (yuan)
全 国 National	**297081**	**24953**	**33962**	**49754**	**91548**	**22204**	**56807**	**25290**
北 京 Beijing	43553	21815	6294	67748	2620	22716	6412	22879
天 津 Tianjin	2784	39091	240	82783	23	27174	6202	32898
河 北 Hebei	12590	17965	637	38322	1838	16305	2568	16756
山 西 Shanxi	13891	23663	505	16677	4632	13053	1634	16108
内蒙古 Inner Mongolia	1728	28995	167	47198	2571	10042	1821	25249
辽 宁 Liaoning	16047	21298	3032	49626	2966	17661	3695	24054
吉 林 Jilin	3972	28994	759	43586	6807	19315	1061	20069
黑龙江 Heilongjiang	3939	18938	1151	42308	3751	18170	1837	23400
上 海 Shanghai	5800	51214	1201	96818	3836	35739	1569	41582
江 苏 Jiangsu	13523	30884	1190	47495	14307	25627	1666	44115
浙 江 Zhejiang	33182	34749	3666	70293	9960	30434	1108	33336
安 徽 Anhui	6345	21334	674	27661	1251	25064	192	16948
福 建 Fujian	12050	24695	526	55067	1105	28272	1295	23704
江 西 Jiangxi	3815	13072	62	23306	3293	14641	201	20730
山 东 Shandong	17095	24267	1693	37863	3418	19000	2955	29746
河 南 Henan	10810	18309	3559	27384	2216	24600	1792	21984
湖 北 Hubei	3191	22531	608	30947	2845	22146	1931	27392
湖 南 Hunan	7056	22697	961	45679	1347	24068	2430	34459
广 东 Guangdong	42121	27900	3087	45171	10280	22472	4509	22663
广 西 Guangxi	7678	16379	643	33505	602	18684	2363	20713
海 南 Hainan	962	16519	512	26446	120	9067	31	14548
重 庆 Chongqing	1549	22304	266	31184	2802	21267	588	25824
四 川 Sichuan	7545	21326	551	47053	4160	21598	3114	18614
贵 州 Guizhou	4357	18578	233	19662	1978	14768	761	19419
云 南 Yunnan	5833	18402	554	19516	2018	16559	314	15864
西 藏 Tibet	125	4407						
陕 西 Shaanxi	6667	20913	792	35032	556	15791	3967	16766
甘 肃 Gansu	2717	23275	202	16439			347	16363
青 海 Qinghai	1565	18297	157	23422	95	24067	361	50569
宁 夏 Ningxia	867	14727	26	49115	149	35940		
新 疆 Xinjiang	3724	23952	14	14786	2	40500	83	33132

5-3 续表 4 continued

地　区	Region	教　育 Education		卫生、社会保障和社会福利业 Sanitation, Social Security and Social Welfare		文化体育和娱乐业 Culture, Sports and Entertainment		公共管理和社会组织 Public Management and Social Organization	
		年末人数（人） Year-end Figures (person)	平均工资（元） Average Wage (yuan)	年末人数（人） Year-end Figures (person)	平均工资（元） Average Wage (yuan)	年末人数（人） Year-end Figures (person)	平均工资（元） Average Wage (yuan)	年末人数（人） Year-end Figures (person)	平均工资（元） Average Wage (yuan)
全　国	**National**	**182067**	**37015**	**484271**	**38487**	**18844**	**30607**	**22243**	**36594**
北　京	Beijing	11000	52122	11984	53613	1250	33912	322	23339
天　津	Tianjin	2559	63769	2592	50584	151	40912	477	33811
河　北	Hebei	5878	36543	19342	23224	1987	20632	1661	24915
山　西	Shanxi	5021	27287	18349	23211	1823	15194	142	22415
内蒙古	Inner Mongolia	246	45269	12094	36367	41	20122		
辽　宁	Liaoning	4554	32790	14277	29754	332	18331	1421	20504
吉　林	Jilin	644	27790	9742	25075	179	21983	203	44112
黑龙江	Heilongjiang	1751	31856	6237	28273	185	31394	208	25587
上　海	Shanghai	1860	60441	16220	78401	1372	61220	3796	75779
江　苏	Jiangsu	5783	41152	68361	46417	2506	32986	58	88233
浙　江	Zhejiang	16264	53812	40734	63627	850	45878	1572	57211
安　徽	Anhui	2036	32747	42596	28668	761	23520	1652	24366
福　建	Fujian	1621	44146	25371	36153	435	63034	119	38550
江　西	Jiangxi	57	16140	5211	25686	40	24225	130	13954
山　东	Shandong	29736	38678	49257	29749	988	31892	2535	22507
河　南	Henan	63610	30927	18246	29492	955	16630	4775	26356
湖　北	Hubei	4937	28829	14674	34002	337	20872	1654	32168
湖　南	Hunan	5825	35344	18701	31026	688	26988	203	25281
广　东	Guangdong	8237	38366	13704	40127	1309	41647	153	33974
广　西	Guangxi	1869	30391	871	32893	146	14966	125	23717
海　南	Hainan	182	23176	5439	31856	479	30335	27	23960
重　庆	Chongqing	890	24343	11690	36302	129	20859	296	19784
四　川	Sichuan	1051	32139	44921	38330	672	28782	62	43016
贵　州	Guizhou	4474	22147	790	21617	47	40293	71	14099
云　南	Yunnan	939	22212	1024	29647	50	17940	543	22589
西　藏	Tibet					22	10364		
陕　西	Shaanxi	584	37589	7812	31172	823	22038	26	34231
甘　肃	Gansu	182	21769	2288	30682	103	19835		
青　海	Qinghai	8	23375	169	31564	180	16649		
宁　夏	Ningxia	149	40823	151	32768				
新　疆	Xinjiang	120	21171	1424	39057	4	14000	12	16583

5-4 各地区分行业城镇集体单位其他就业人员和平均工资(2011年)

OTHER EMPLOYMENT AND AVERAGE WAGE IN URBAN COLLECTIVE-OWNED UNITS BY SECTOR AND REGION(2011)

地　区 Region	总　计 Total		农、林、牧、渔业 Agriculture,Forestry, Farming of Animals and Fishing		采矿业 Mining		制造业 Manufacturing	
	年末人数(人) Year-end Figures (person)	平均工资(元) Average Wage (yuan)	年末人数(人) Year-end Figures (person)	平均工资(元) Average Wage (yuan)	年末人数(人) Year-end Figures (person)	平均工资(元) Average Wage (yuan)	年末人数(人) Year-end Figures (person)	平均工资(元) Average Wage (yuan)
全　国 National	**408110**	**22213**	**1412**	**13855**	**4097**	**24740**	**41298**	**20157**
北　京 Beijing	13137	34088	176	11399	3	62600	1902	57406
天　津 Tianjin	9283	28618					1413	21944
河　北 Hebei	8292	16371	4	8200	350	47420	831	17993
山　西 Shanxi	10901	13624	7	17714	338	14622	1705	11818
内蒙古 Inner Mongolia	3543	23881	31	4219	75	80115	632	22923
辽　宁 Liaoning	20580	13632	7	39429	250	21621	9150	9068
吉　林 Jilin	4738	16548	31	21194	53	22542	265	31242
黑龙江 Heilongjiang	12832	21098	19	18588	659	37722	4723	11942
上　海 Shanghai	15205	28482	2				2659	33816
江　苏 Jiangsu	34294	26192	94	37143	245	3683	1834	17744
浙　江 Zhejiang	10911	29493	27	10222	1	15000	563	20408
安　徽 Anhui	20417	32302	152	18434	171	15526	614	14056
福　建 Fujian	14188	25370	8	22111	101	39253	584	16122
江　西 Jiangxi	27890	24889	13	6615	15	23929	1567	11146
山　东 Shandong	23932	20657	7	3375	241	16795	1236	20157
河　南 Henan	20806	19143	5	7000		10522	1219	16219
湖　北 Hubei	11398	19736	182	7330	51	18987	1157	21644
湖　南 Hunan	39236	18541	114	22144	449	14303	1690	22006
广　东 Guangdong	17637	22656	33	10636	126	25220	1715	35407
广　西 Guangxi	29630	20832	312	10920			1443	25481
海　南 Hainan	2487	17180	45	8556	1	12000	25	8320
重　庆 Chongqing	5503	20720	18	5481	25	25120	968	24430
四　川 Sichuan	16458	21043	2	20000	78	27077	1494	15061
贵　州 Guizhou	4924	20830			125	23187	246	13251
云　南 Yunnan	10451	15652	37	6056	421	29356	594	17009
西　藏 Tibet	93	14877	5	13000	88	8659		
陕　西 Shaanxi	12176	19901	75	9600	7	34571	726	13962
甘　肃 Gansu	1239	14921		11000			39	10410
青　海 Qinghai	1372	26096			224	12581	227	18584
宁　夏 Ningxia	672	15976					12	6333
新　疆 Xinjiang	3885	19508	6	16000			65	19662

5-4 续表 1 continued

地 区 Region		电力、燃气及水的生产和供应业 Production & Distribution of Electricity,Gas & Water		建筑业 Construction		交通运输、仓储和邮政业 Traffic,Transport, Storage and Post		信息传输、计算机服务和软件业 Information Transfer, Computer Services and Software	
		年末人数(人) Year-end Figures (person)	平均工资(元) Average Wage (yuan)	年末人数(人) Year-end Figures (person)	平均工资(元) Average Wage (yuan)	年末人数(人) Year-end Figures (person)	平均工资(元) Average Wage (yuan)	年末人数(人) Year-end Figures (person)	平均工资(元) Average Wage (yuan)
全 国	**National**	**2114**	**12910**	**207948**	**24345**	**9905**	**16743**	**863**	**24993**
北 京	Beijing	68	23456	1332	45635	419	22895	42	29465
天 津	Tianjin	33	12273	5654	31832	70	24578		
河 北	Hebei	58	11426	3830	14210	112	9847		
山 西	Shanxi	102	17444	2195	11029	606	3247	5	12800
内蒙古	Inner Mongolia			911	27980	560	28647		
辽 宁	Liaoning	157	5482	4440	14633	879	3959		
吉 林	Jilin			770	21053	47	9362		
黑龙江	Heilongjiang			4025	26599	200	3889	10	29000
上 海	Shanghai	325	30977	1668	27993	1005	27041		
江 苏	Jiangsu	23	22278	14441	32522	468	24890	277	21938
浙 江	Zhejiang	85	26735	1331	43717	314	18655	78	20133
安 徽	Anhui	4	14500	13165	42727	523	16491	13	17000
福 建	Fujian	63	25365	9265	30489	115	16515		
江 西	Jiangxi	15	9143	22432	28471	22	17000		
山 东	Shandong	38	8921	14262	21284	408	24314	13	
河 南	Henan		20000	11313	21237	214	10926	285	23823
湖 北	Hubei	5	10000	4451	21062	629	19875	2	8500
湖 南	Hunan	419	8005	25213	19400	1524	12088		
广 东	Guangdong	566	5104	10040	19433	74	19500	69	56765
广 西	Guangxi	26	12538	25251	21400	353	16264		
海 南	Hainan	2	10000	2075	17393	2	14000		
重 庆	Chongqing	4	18750	2500	21392	38	35676	15	6273
四 川	Sichuan	58	11390	7783	20278	257	25260		
贵 州	Guizhou	6	10333	3452	22688	131	38443		
云 南	Yunnan	21	9333	6047	15615	808	8302	5	10200
西 藏	Tibet				18796				
陕 西	Shaanxi	36	11389	5842	24884	116	15409	49	18367
甘 肃	Gansu			770	16736	7	18143		
青 海	Qinghai			614	36467				
宁 夏	Ningxia			82	20947				
新 疆	Xinjiang			2794	27503	4	22000		

5-4 续表 2 continued

地区	Region	批发和零售业 Wholesale and Retail Trade		住宿和餐饮业 Accommodation and Restaurants		金融业 Finance		房地产业 Real Estate	
		年末人数（人） Year-end Figures (person)	平均工资（元） Average Wage (yuan)	年末人数（人） Year-end Figures (person)	平均工资（元） Average Wage (yuan)	年末人数（人） Year-end Figures (person)	平均工资（元） Average Wage (yuan)	年末人数（人） Year-end Figures (person)	平均工资（元） Average Wage (yuan)
全 国	**National**	**27998**	**14287**	**4284**	**20712**	**15476**	**23777**	**6023**	**21543**
北 京	Beijing	1590	21370	566	25619			734	27260
天 津	Tianjin	845	26617	297	14519	112	22362	24	4423
河 北	Hebei	784	8264	10	22947	139	21758		
山 西	Shanxi	631	5876	113	16346	3613	18492	46	11969
内蒙古	Inner Mongolia	203	29125	51	10692	409	21509		
辽 宁	Liaoning	1513	15149	100	17664	841	19314	413	36676
吉 林	Jilin	84	10667	315	19058	402	12140	3	13333
黑龙江	Heilongjiang	955	3573	185	1733	493	18557	300	10241
上 海	Shanghai	2091	26425	917	34900	6	173667	614	25395
江 苏	Jiangsu	1225	15551	90	22556	400	27276	56	27357
浙 江	Zhejiang	567	16963	154	15208	108	28864	655	24574
安 徽	Anhui	1547	6950	96	6240	830	19033	50	16173
福 建	Fujian	650	12729	33	26061	454	17993	146	16637
江 西	Jiangxi	1859	14333	17	588	711	27902	3	15000
山 东	Shandong	1220	10102	138	28057	1223	29835	220	14803
河 南	Henan	4424	14721	166	20203	361	25771	17	50391
湖 北	Hubei	565	15973	2	25500	331	21653	709	23015
湖 南	Hunan	411	10408	46	22000	345	14357	285	13281
广 东	Guangdong	537	16736	173	17385	489	23098	807	23487
广 西	Guangxi	865	10913	179	13790	409	24761	175	12659
海 南	Hainan	47	11043			21	30286	9	15000
重 庆	Chongqing	1225	15515	14	13571	167	19675	16	17389
四 川	Sichuan	955	10045	57	13035	1396	33410	28	14414
贵 州	Guizhou	277	6977	12	9909	213	19710	69	11510
云 南	Yunnan	382	14798	160	12853	508	32964	24	12435
西 藏	Tibet								
陕 西	Shaanxi	1795	10000	298	11672	948	35836	271	13295
甘 肃	Gansu	77	7630	9	15000	124	15048	85	9094
青 海	Qinghai	5	11400	68	17491	22	12864	57	12553
宁 夏	Ningxia	264	11012			160	18160		
新 疆	Xinjiang	405	8086	18	14750	241	22601	207	4889

5-4 续表 3 continued

地区	Region	租赁和商务服务业 Tenancy and Business Services		科学研究、技术服务和地质勘查业 Scientific Research, Technical Service & Geologic Perambulation		水利、环境和公共设施管理业 Management of Water Conservancy,Environment & Public Establishment		居民服务和其他服务业 Resident Services and Other Services	
		年末人数（人） Year-end Figures (person)	平均工资（元） Average Wage (yuan)	年末人数（人） Year-end Figures (person)	平均工资（元） Average Wage (yuan)	年末人数（人） Year-end Figures (person)	平均工资（元） Average Wage (yuan)	年末人数（人） Year-end Figures (person)	平均工资（元） Average Wage (yuan)
全 国	**National**	**21410**	**15715**	**3371**	**27496**	**16524**	**14210**	**3197**	**17069**
北 京	Beijing	982	22604	1185	40156	31	15627	614	17104
天 津	Tianjin	118	20584	96	25344	107	19019	104	20362
河 北	Hebei	47	17362	14	29357	231	17905	23	7870
山 西	Shanxi	411	20253			501	12772	9	7111
内蒙古	Inner Mongolia	2	21500			80	12425	399	9715
辽 宁	Liaoning	227	15907	52	31901	302	11864	414	8116
吉 林	Jilin	111	12222	40	6486	2222	12449	2	24667
黑龙江	Heilongjiang	4	2000	116	46470	273	7731	143	2069
上 海	Shanghai	2176	19889	112	44384	38	29237	531	22460
江 苏	Jiangsu	2856	14170	15	18667	5135	13312	140	26709
浙 江	Zhejiang	1053	23337	246	16560	1325	19949	85	22680
安 徽	Anhui	204	17801	25	10083	229	21196	14	17143
福 建	Fujian	93	10892	30	9964	323	14687	25	18846
江 西	Jiangxi	154	6130			691	9867		
山 东	Shandong	346	14859	8	23500	660	13795	53	26795
河 南	Henan	764	12282	433	24931	1	14000	294	29210
湖 北	Hubei	196	13394	62	19694	2288	17029	104	13837
湖 南	Hunan	7289	16674	26	43708	271	9509	6	11167
广 东	Guangdong	1542	11794	170	22637	474	13989	59	15305
广 西	Guangxi	93	9149	36	19957	160	9344	71	8782
海 南	Hainan	2	37500	13	21769				
重 庆	Chongqing	37	21500	6	10667	66	13420	17	13000
四 川	Sichuan	234	13368	26	23808	1014	13254	34	14744
贵 州	Guizhou	308	17204	30	6567	15	17267	10	14300
云 南	Yunnan	438	19277	384	10326	14	19643	14	13056
西 藏	Tibet								
陕 西	Shaanxi	1589	9632	58	15069			26	8880
甘 肃	Gansu	86	9895						
青 海	Qinghai	1	8000	109	14624				
宁 夏	Ningxia	13	15231	25	18840	73	11137		
新 疆	Xinjiang	34	12742	54	15169			6	21833

5-4 续表 4 continued

地 区 Region	教 育 Education		卫生、社会保障和社会福利业 Sanitation, Social Security & Social Welfare		文化体育和娱乐业 Culture, Sports and Entertainment		公共管理和社会组织 Public Management & Social Organization	
	年末人数（人） Year-end Figures (person)	平均工资（元） Average Wage (yuan)	年末人数（人） Year-end Figures (person)	平均工资（元） Average Wage (yuan)	年末人数（人） Year-end Figures (person)	平均工资（元） Average Wage (yuan)	年末人数（人） Year-end Figures (person)	平均工资（元） Average Wage (yuan)
全 国 National	**8798**	**23135**	**30291**	**27721**	**1316**	**21959**	**1785**	**18912**
北 京 Beijing	1865	26240	1175	46423	289	29507	164	28981
天 津 Tianjin	67	16088	327	41330	4	13500	12	44167
河 北 Hebei	183	11497	1582	17847	89	15944	5	20200
山 西 Shanxi	13	3000	534	10125	72	7431		
内蒙古 Inner Mongolia			190	20852				
辽 宁 Liaoning	560	36584	1176	23316	10	22300	89	9551
吉 林 Jilin			390	20187	3	38333		
黑龙江 Heilongjiang	517	35803	189	24291	20		1	7000
上 海 Shanghai	416	31026	1968	32244	93	29442	584	26330
江 苏 Jiangsu	824	18831	6087	34381	84	34434		
浙 江 Zhejiang	1444	23050	2598	44827	96	5969	181	21183
安 徽 Anhui	83	16563	2262	18162	93	16774	342	10833
福 建 Fujian	126	15784	2033	18437	91	16099	48	2979
江 西 Jiangxi			391	20813				
山 东 Shandong	825	15306	2843	20723	145	29597	46	4457
河 南 Henan	930	18987	286	22629	58	14328	36	23944
湖 北 Hubei	83	15309	560	23867			21	14619
湖 南 Hunan	119	17549	963	20221	1	18000	65	14347
广 东 Guangdong	216	40619	489	30268	40	30050	18	28056
广 西 Guangxi	161	12750	74	15382	10	20500	12	10917
海 南 Hainan	1	7000	212	18451	27	13889	5	11750
重 庆 Chongqing	26	12680	350	25516	1	10000	10	12000
四 川 Sichuan	1	17000	2996	27229	45	17827		
贵 州 Guizhou			28	9821			2	4000
云 南 Yunnan	338	6356	110	6873	2	20000	144	8889
西 藏 Tibet								
陕 西 Shaanxi			297	15274	43	15953		
甘 肃 Gansu			42	21930				
青 海 Qinghai			45	18610				
宁 夏 Ningxia			43	29487				
新 疆 Xinjiang			51	13592				

六、其他单位就业人员和工资总额

EMPLOYMENT AND TOTAL WAGES IN OTHER OWNERSHIP UNITS

6-1 分行业其他单位就业人员和工资总额(2011年)
EMPLOYMENT AND TOTAL WAGES IN OTHER OWNERSHIP UNITS BY SECTOR (2011)

项 目	Item	年末人数(千人) Year-end Figures (1000 persons)	#女 性 Female	工资总额(千元) Total Wages (1000 yuan)	平均工资(元) Average Wage (yuan)
全 国 总 计	**National Total**	**71060**	**25094**	**2926241206**	**41323**
按登记注册类型分组	**Grouped by Registration Status**				
内资	Domestic Funded	49569	15261	1971081185	40014
股份合作	Cooperative Units	1487	556	55227996	36740
联营	Joint-owned Units	367	108	12890542	36142
国有联营	State Joint-owned Units	119	32	5557434	47446
集体联营	Collective Joint-owned Units	72	25	2111825	30920
有限责任公司	Limited Liability Corporations	32687	9248	1226069919	37611
国有独资	State Funded Corporations	3850	987	202703291	53063
股份有限公司	Share-holding Corporations Ltd	11831	4172	582890013	49978
其他	Others	3197	1177	94002715	29961
港、澳、台商投资	Funded by Entrepreneurs from Hong Kong, Macao and Taiwan	9317	4403	357478215	38341
外商投资	Foreign Funded	12174	5429	597681806	48869
按国民经济行业分组	**Grouped by Sector**				
农、林、牧、渔业	**Agriculture,Forestry,Farming of Animals and Fishing**	**146**	**54**	**3468691**	**23851**
农业	Agriculture	54	22	1124630	20257
林业	Forestry	22	7	521041	23706
畜牧业	Farming of Animals	37	14	879374	24265
渔业	Fishing	13	2	443734	34672
农、林、牧、渔服务业	Service Activities for Agriculture, Forestry, Farming of Animals and Fishing	20	8	499912	26456
采矿业	**Mining**	**3409**	**594**	**177959022**	**52703**
煤炭开采和洗选业	Mining and Washing of Coal	2542	390	135717412	54094
石油和天然气开采业	Extraction of Petroleum and Natural Gas	359	105	24343093	68232
黑色金属矿采选业	Mining of Ferrous Metal Ores	167	31	6802332	39994
有色金属矿采选业	Mining of Non-ferrous Metal Ores	201	38	7059489	35229
非金属矿采选业	Mining and Processing of Nonmetal Ores	138	29	4000609	28756
其他采矿业	Mining of Other Ores	1		36087	27092
制造业	**Manufacturing**	**35664**	**14444**	**1299746208**	**36360**
农副食品加工业	Processing of Food from Agricultural Products	1318	576	36242408	28272
食品制造业	Manufacture of Foods	924	443	32190472	35585
饮料制造业	Manufacture of Beverage	817	304	27509719	33979
烟草制品业	Manufacture of Tobacco	50	21	3325957	74613
纺织业	Manufacture of Textile	2278	1414	62926208	27219
纺织服装、鞋、帽制造业	Manufacture of Textile Wearing Apparel, Footware,and Caps	2039	1342	60135998	29221
皮革、毛皮、羽毛(绒)及其制品业	Manufacture of Leather,Fur,Feather and Its Products	1007	593	28322922	27489
木材加工及木、竹、藤、棕、草制品业	Processing of Timbers,Manufacture of Wood, Bamboo,Rattan,Palm,and Straw Products	273	105	7138503	25792

6-1 续表 1 continued

项　目	Item	年末人数(千人) Year-end Figures (1000 persons)	#女 性 Female	工资总额(千元) Total Wages (1000 yuan)	平均工资(元) Average Wage (yuan)
家具制造业	Manufacture of Furniture	383	136	11840093	31032
造纸及纸制品业	Manufacture of Paper and Paper Products	617	226	19686596	31702
印刷业和记录媒介的复制	Printing,Reproduction of Recording Media	296	129	10318916	34300
文教体育用品制造业	Manufacture of Articles for Culture, Education and Sport Activity	463	270	13552283	27629
石油加工、炼焦及核燃料加工业	Processing of Petroleum ,Coking,Processing of Nucleus Fuel	469	129	24571151	52477
化工原料及化学制品制造业	Manufacture of Chemical Raw Material and Chemical Products	2082	662	80142988	38549
医药制造业	Manufacture of Medicines	1048	494	40522705	39125
化学纤维制造业	Manufacture of Chemical Fiber	210	83	7332256	35063
橡胶制品业	Manufacture of Rubber	469	177	15458561	32850
塑料制品业	Manufacture of Plastic	929	421	30228867	32022
非金属矿物制品业	Manufacture of Non-metallic Mineral Products	1876	541	57968540	30806
黑色金属冶炼及压延加工业	Manufacture and Processing of Ferrous Metals	1491	316	64734017	43339
有色金属冶炼及压延加工业	Manufacture & Processing of Non-ferrous Metals	826	205	29174711	35074
金属制品业	Manufacture of Metal Products	1173	355	40313489	34222
通用设备制造业	Manufacture of General Purpose Machinery	1980	533	78488750	39739
专用设备制造业	Manufacture of Special Purpose Machinery	1597	450	68126835	42395
交通运输设备制造业	Manufacture of Transport Equipment	3169	844	143060401	45660
电气机械及器材制造业	Manufacture of Electrical Machinery & Equipment	2466	1050	90449793	36426
通信设备、计算机及其他电子设备制造业	Manufacture of Communication Equipment, Computer and Other Electronic Equipment	4154	2001	170311436	40965
仪器仪表及文化、办公用机械制造业	Manufacture of Measuring Instrument and Machinery for Cultural Activity & Office Work	660	306	27714526	41124
工艺品及其他制造业	Manufacture of Artwork,Other Manufacture	563	304	16579192	28998
废弃资源和废旧材料回收加工业	Recycling and Disposal of Waste	41	12	1377915	33188
电力、燃气及水的生产和供应业	**Production and Distribution of Electricity,Gas and Water**	**1142**	**322**	**59465265**	**52377**
电力、热力的生产和供应业	Production and Supply of Electric Power and Heat Power	863	224	46778835	54475
燃气生产和供应业	Production and Distribution of Gas	123	41	5731366	47203
水的生产和供应业	Production and Distribution of Water	156	56	6955064	44812
建筑业	**Construction**	**12042**	**1338**	**390618957**	**32097**
房屋和土木工程建筑业	Construction of Building & Civil Engineering	10343	1121	334216739	31874
建筑安装业	Architectural Installation	962	125	34176829	35381
建筑装饰业	Architectural Decoration	406	61	12674800	31533
其他建筑业	Other Construction	331	32	9550589	30177
交通运输、仓储和邮政业	**Traffic,Transport,Storage and Post**	**2294**	**625**	**109072169**	**48362**
铁路运输业	**Transport Via Railway**	**100**	**22**	**5815752**	**58259**
道路运输业	**Transport Via Road**	**725**	**223**	**22863780**	**32322**

6-1 续表 2 continued

项目	Item	年末人数(千人) Year-end Figures (1000 persons)	#女性 Female	工资总额(千元) Total Wages (1000 yuan)	平均工资(元) Average Wage (yuan)
城市公共交通业	Urban Public Traffic	656	163	22189269	34377
水上运输业	Water Transport	255	46	16783417	65430
航空运输业	Air Transport	204	71	23375819	117552
管道运输业	Transport Via Pipeline	11	2	642414	65606
装卸搬运和其他运输服务业	Loading,Unloading,Portage & Other Transport Services	177	54	9428847	53300
仓储业	Storage	85	25	3695937	43493
邮政业	Post	79	20	4276934	56562
信息传输、计算机服务和软件业	**Information Transfer, Computer Services and Software**	**1445**	**569**	**113342177**	**81005**
电信和其他信息传输服务业	Telecom & Other Information Transfer Services	771	342	51929648	68308
计算机服务业	Computer Services	189	67	16212772	89134
软件业	Software Industry	485	160	45199757	98887
批发和零售业	**Wholesale and Retail Trade**	**4550**	**2338**	**189382381**	**42596**
批发业	Wholesale	1972	852	111534468	57633
零售业	Retail Trade	2578	1486	77847913	31005
住宿和餐饮业	**Accommodation and Restaurants**	**1765**	**958**	**46995831**	**27313**
住宿业	Accommodation	846	466	24959604	29593
餐饮业	Restaurants	918	492	22036227	25121
金融业	**Finance**	**3089**	**1656**	**266578023**	**88882**
银行业	Bank	1444	743	169331354	120121
证券业	Securities	173	70	25623895	155713
保险业	Insurance	1404	809	64024945	47039
其他金融活动	Other Financial Activities	67	32	7597829	118889
房地产业	**Real Estate**	**1924**	**665**	**82228282**	**43183**
房地产开发经营	Real Estate Exploitation Management	1040	352	52812698	51347
物业管理	Management Concerning Dwelling	737	253	22155306	30581
房地产中介服务	Real Estate Agency Service	78	34	3649432	43595
租赁和商务服务业	**Tenancy and Business Services**	**1269**	**504**	**74878566**	**60406**
租赁业	Tenancy	39	8	1418732	37998
商务服务业	Business Service	1230	496	73459834	61102
科学研究、技术服务和地质勘查业	**Scientific Research,Technical Service and Geological Prospecting**	**765**	**230**	**56767701**	**76446**
研究与实验发展	Research and Experimental Development	92	32	7737986	87088
#自然科学研究与实验发展	Research and Experimental Development on Physical Science	10	4	922485	93539
工程和技术研究与实验发展	Research and Experimental Development on Engineering and Technical Research	62	20	5602473	93126
农业科学研究与实验发展	Research and Experimental Development on Agricultural Science Research	3	1	143118	48796
医学研究与实验发展	Research and Experimental Development on Medical Research	14	6	996400	72948

6-1 续表 3 continued

项　目	Item	年末人数(千人) Year-end Figures (1000 persons)	#女性 Female	工资总额(千元) Total Wages (1000 yuan)	平均工资(元) Average Wage (yuan)
社会人文科学研究与实验发展	Research and Experimental Development on Social Science and Humanities	2	1	73510	32832
专业技术服务业	Professional Technique Services	509	143	37262307	75001
#气象服务	Weather Services	1		46928	55209
地震服务	Earthquake Services			16349	54497
海洋服务	Ocean Services	1		64499	110633
测绘服务	Plotting Services	9	3	456693	50687
技术检测	Technique Detection	43	17	2189604	52353
环境监测	Environmental Monitoring	3	1	166484	56264
工程技术与规划管理	Engineering Technic & Programming Management	374	96	28865802	79032
科技交流和推广服务业	Services of Science and Technique Intercommunion and Generalization	130	45	9962082	81088
地质勘查业	Geological Prospecting	34	9	1805326	53011
水利、环境和公共设施管理业	**Management of Water Conservancy, Environment and Public Establishment**	**215**	**82**	**7132787**	**33331**
水利管理业	Management of Water Conservancy	12	4	532691	43560
环境管理业	Environmental Management	69	30	2196433	32510
公共设施管理业	Management of Public Establishment	135	48	4403663	32812
居民服务和其他服务业	**Resident Services and Other Services**	**231**	**119**	**6917927**	**30287**
居民服务业	Resident Services	85	43	2595601	30513
其他服务业	Other Services	146	76	4322326	30154
教育	**Education**	**577**	**322**	**21933780**	**38912**
#初等教育	Primary Education	76	44	2827675	37819
中等教育	Secondary Education	183	93	7548980	42303
高等教育	Higher Education	96	48	4095789	42558
卫生、社会保障和社会福利业	**Sanitation,Social Security & Social Welfare**	**216**	**136**	**8183216**	**38803**
卫生	Sanitation	205	130	7895228	39464
社会保障业	Social Security	2	1	75061	32749
社会福利业	Social Welfare	9	5	212927	24945
文化体育和娱乐业	**Culture, Sports and Entertainment**	**192**	**88**	**8592429**	**44958**
新闻出版业	Journalism and Publishing Activities	35	18	2358780	67154
广播、电影、电视和音像业	Broadcasting,Movies,Television and Audiovisual Activities	45	18	2581514	58094
文化艺术业	Culture and Art	28	12	1086947	38247
体育	Sports Activities	12	5	597546	49209
娱乐业	Entertainment	71	36	1967642	27715
公共管理和社会组织	**Public Management & Social Organization**	**125**	**49**	**2977794**	**23891**
#中国共产党机关	Chinese Communist Party Organs			1414	19370
国家机构	Organ of State	1		70172	72868
人民政协和民主党派	People's Political Consultative Conference and Democratic Parties			7020	14182
群众社团、社会团体和宗教组织	Mass Communities, Social Communities and Religion Organizations	51	20	1590469	31414

6-2 各地区分行业其他单位就业人员和工资总额(2011年)
EMPLOYMENT AND TOTAL WAGES IN OTHER OWNERSHIP UNITS BY SECTOR AND REGION (2011)

地 区	Region	总计 Total				内资 Domestic Funded			
		年末人数(人) Year-end Figures (person)	#女性 Female	工资总额(千元) Total Wages (1000 yuan)	平均工资(元) Average wage (yuan)	年末人数(人) Year-end Figures (person)	#女性 Female	工资总额(千元) Total Wages (1000 yuan)	平均工资(元) Average wage (yuan)
全 国	**National**	**71060404**	**25093746**	**2926241206**	**41323**	**49568948**	**15261370**	**1971081185**	**40014**
北 京	Beijing	4770868	1831876	357256172	76251	3363726	1231955	220131988	66575
天 津	Tianjin	1735274	590437	89955927	52489	917527	244545	49753918	54804
河 北	Hebei	2107226	646199	76623336	35575	1738066	507784	63240660	35468
山 西	Shanxi	1410689	364104	64676055	45992	1290820	326024	60956704	47593
内蒙古	Inner Mongolia	807594	252285	32656002	36317	760240	232437	30814405	36178
辽 宁	Liaoning	2416733	824953	94930006	38116	1735665	526074	68864714	37918
吉 林	Jilin	973592	309728	33386481	33366	839441	268595	27899392	32018
黑龙江	Heilongjiang	1164608	359124	38697294	31200	1043085	307485	34739966	31173
上 海	Shanghai	3396866	1321628	246805536	72935	1442046	456651	107330583	75325
江 苏	Jiangsu	4890768	2043496	195591140	40126	2672723	970568	105549696	40312
浙 江	Zhejiang	7431235	2462060	282527755	38504	5099702	1335374	192838833	38688
安 徽	Anhui	1741847	547979	68884731	40445	1491821	437810	59158835	40749
福 建	Fujian	4191200	1685687	146903866	35568	1906419	569857	67623500	37431
江 西	Jiangxi	1252049	494170	38058290	30984	916339	320822	28791361	32085
山 东	Shandong	5527046	1976542	188823667	33931	4062426	1294847	138567027	33936
河 南	Henan	3871811	1182773	124401569	33054	3435572	1018252	112053362	33146
湖 北	Hubei	2755681	886194	90370987	33568	2315177	702876	73523689	32562
湖 南	Hunan	2485866	754514	82624780	34374	2189673	611406	73077144	34576
广 东	Guangdong	7515146	3214183	314798894	41651	2855083	976488	135950010	48293
广 西	Guangxi	1133902	356838	34421531	31449	927971	284126	27573378	30852
海 南	Hainan	282222	115754	9775626	35165	221870	87837	7765646	35694
重 庆	Chongqing	1951889	564392	70302580	37206	1674971	460252	60141996	36690
四 川	Sichuan	2337850	743399	72583558	31575	2080056	640724	64778515	31605
贵 州	Guizhou	628476	203601	20582224	33314	592286	189786	19435867	33443
云 南	Yunnan	1471831	434029	40217505	27932	1410081	410568	38327045	27805
西 藏	Tibet	10568	3539	367043	35405	10452	3495	361919	35313
陕 西	Shaanxi	1149389	403723	40724240	34591	1005860	350848	35107893	34453
甘 肃	Gansu	417883	129777	13336319	31869	406035	125575	12955498	31818
青 海	Qinghai	171597	50326	5355424	30327	161026	47640	5082414	30278
宁 夏	Ningxia	221932	67115	10568185	45402	207203	62874	9994164	45796
新 疆	Xinjiang	836766	273321	40034483	42184	795586	257795	38691063	42455

6-2 续表 1 continued

地 区	Region	股份合作 Cooperative Units				联 营 Joint-owned Units			
		年末人数（人） Year-end Figures (person)	#女 性 Female	工资总额（千元） Total Wages (1000 yuan)	平均工资（元） Average wage (yuan)	年末人数（人） Year-end Figures (person)	#女 性 Female	工资总额（千元） Total Wages (1000 yuan)	平均工资（元） Average wage (yuan)
全 国	**National**	**1486924**	**556124**	**55227996**	**36740**	**366754**	**107878**	**12890542**	**36142**
北 京	Beijing	77427	32969	2287714	29218	7239	3880	388746	52697
天 津	Tianjin	19941	5725	899175	44366	5946	1379	199642	33935
河 北	Hebei	56790	25261	2282473	40055	27608	3429	609695	22133
山 西	Shanxi	19772	6282	598190	30387	6369	1255	205776	33003
内蒙古	Inner Mongolia	15493	4846	612018	30355	1842	994	54763	28717
辽 宁	Liaoning	65098	19405	1846048	26773	13374	2346	368421	27690
吉 林	Jilin	15228	6901	581158	23617	1104	280	22790	20097
黑龙江	Heilongjiang	89518	32787	2757674	30601	7682	3455	228465	30799
上 海	Shanghai	50558	14865	4545412	89989	15671	4271	921125	58060
江 苏	Jiangsu	72505	27499	2561627	35330	11595	3384	370405	32162
浙 江	Zhejiang	121025	52610	6302531	52450	13394	4927	494812	40769
安 徽	Anhui	52143	20174	1629557	32464	10842	2058	276377	26789
福 建	Fujian	86973	28043	3472450	39721	29601	11353	938945	31817
江 西	Jiangxi	29761	10270	808515	27646	2638	815	66901	24935
山 东	Shandong	135353	50702	4348128	31489	33874	9008	1598092	46382
河 南	Henan	95541	34607	3159786	32982	20352	5381	670407	32881
湖 北	Hubei	41035	16292	1380738	34265	17233	5904	505732	31618
湖 南	Hunan	77367	29667	2493716	33170	15898	3900	426566	29181
广 东	Guangdong	108018	41746	3626580	33079	70695	23821	3022691	44489
广 西	Guangxi	27794	9313	1021356	36377	7893	2032	195729	25720
海 南	Hainan	3721	1407	112254	29863	3604	759	70376	27653
重 庆	Chongqing	29391	10453	1064878	36931	15487	4058	380844	28242
四 川	Sichuan	85447	29661	2980565	35828	6911	2686	239485	34202
贵 州	Guizhou	25722	7806	1272865	50583	4602	1450	120028	26415
云 南	Yunnan	37389	17285	969946	26199	3030	1375	82137	28187
西 藏	Tibet					182	42	4273	23478
陕 西	Shaanxi	22619	9378	710879	30846	7181	2018	265799	36627
甘 肃	Gansu	8721	3706	199521	23396	1675	280	50044	30367
青 海	Qinghai	6184	2230	189502	28708	123	68	1898	16946
宁 夏	Ningxia	5929	2297	246694	41664	878	422	23764	27892
新 疆	Xinjiang	4461	1937	266046	53509	2231	848	85814	37621

6-2 续表 2 continued

地 区 Region	国有联营 State Joint-owned Units				集体联营 Collective Joint-owned Units			
	年末人数（人） Year-end Figures (person)	#女 性 Female	工资总额（千元） Total Wages (1000 yuan)	平均工资（元） Average wage (yuan)	年末人数（人） Year-end Figures (person)	#女 性 Female	工资总额（千元） Total Wages (1000 yuan)	平均工资（元） Average wage (yuan)
全 国 National	**119304**	**32284**	**5557434**	**47446**	**72109**	**25161**	**2111825**	**30920**
北 京 Beijing	2211	1291	157604	70611	1593	874	109806	68586
天 津 Tianjin	1751	265	80686	40792	2478	735	57573	25656
河 北 Hebei	943	192	53646	57070	434	148	14753	33915
山 西 Shanxi	1373	332	49208	35401	3522	531	136100	40278
内蒙古 Inner Mongolia	1188	643	34259	28789	321	127	10877	30047
辽 宁 Liaoning	3256	484	118636	37283	629	229	13137	21396
吉 林 Jilin	624	153	10943	17969	166	50	4001	18962
黑龙江 Heilongjiang	124	46	3030	24435	327	69	11617	30491
上 海 Shanghai	4118	1096	282883	66907	3728	711	219566	58117
江 苏 Jiangsu	2779	630	96518	35419	3241	999	86352	26909
浙 江 Zhejiang	3467	988	162450	47389	5385	1868	134673	31636
安 徽 Anhui	1445	654	42552	29165	1006	374	46015	44631
福 建 Fujian	6385	2198	315684	49636	15310	6763	366296	23928
江 西 Jiangxi	364	113	6905	19022	360	126	12138	33811
山 东 Shandong	23721	5646	1349447	55753	4056	1421	95118	23211
河 南 Henan	9358	1014	392281	41919	5664	1828	145220	25486
湖 北 Hubei	5461	2101	174393	43664	2751	758	92617	35069
湖 南 Hunan	2869	827	107609	37599	5407	1343	125319	28212
广 东 Guangdong	24457	7128	1344188	54020	8132	3363	253523	37332
广 西 Guangxi	1791	217	67304	37854	303	124	6333	21181
海 南 Hainan	877	280	32319	36684	133	35	2639	19842
重 庆 Chongqing	10658	2626	269608	30725	1010	315	21562	21476
四 川 Sichuan	3240	1321	100122	29860	864	262	25485	30742
贵 州 Guizhou	680	173	18369	27254	1465	578	30575	20927
云 南 Yunnan	831	336	25186	29841	1362	743	30958	24906
西 藏 Tibet	11	3	272	24727				
陕 西 Shaanxi	3434	803	191284	56210	1630	483	39291	23360
甘 肃 Gansu	602	121	26935	46843	280	85	6166	22021
青 海 Qinghai	53	40	649	13521	17	6	198	12375
宁 夏 Ningxia	114	63	2720	24071	513	208	13146	26720
新 疆 Xinjiang	1119	500	39744	34057	22	5	771	35045

6-2 续表 3 continued

地 区	Region	有限责任公司 Limited Liability Corporations 年末人数（人）Year-end Figures (person)	#女 性 Female	工资总额（千元）Total Wages (1000 yuan)	平均工资（元）Average wage (yuan)	国有独资 State Funded Corporations 年末人数（人）Year-end Figures (person)	#女 性 Female	工资总额（千元）Total Wages (1000 yuan)	平均工资（元）Average wage (yuan)
全 国	**National**	**32686833**	**9247662**	**1226069919**	**37611**	**3849660**	**987481**	**202703291**	**53063**
北 京	Beijing	2430428	842024	143685083	60095	376853	119421	31172235	83496
天 津	Tianjin	646275	159069	32631858	51067	178114	45404	10445725	59171
河 北	Hebei	1082873	269295	40252863	35630	50692	14691	1886996	36129
山 西	Shanxi	1033582	230636	52643017	51411	296571	63418	18823975	64681
内蒙古	Inner Mongolia	536774	154659	21502728	35721	122215	33488	6176454	50447
辽 宁	Liaoning	1142321	315140	43583526	35596	215006	45151	10773097	48352
吉 林	Jilin	473637	148234	13541447	27539	35427	12966	1275709	36491
黑龙江	Heilongjiang	660859	181630	20372011	27961	176897	33979	6492899	37591
上 海	Shanghai	819085	231052	48425502	59566	57263	16545	5339928	92964
江 苏	Jiangsu	1149627	404919	44080481	38804	109176	35413	5370778	49915
浙 江	Zhejiang	3699067	883507	124648604	34571	130713	42771	6061607	46802
安 徽	Anhui	940496	249841	36716786	40173	189440	34991	12085146	63799
福 建	Fujian	1302638	373465	42164409	34641	47297	10756	2588200	55321
江 西	Jiangxi	607949	206618	18752699	31600	38510	10647	1838023	47720
山 东	Shandong	2760540	797192	91295752	32783	285744	62130	13852912	48674
河 南	Henan	2376424	632285	77288008	33136	180461	50370	7426929	41130
湖 北	Hubei	1640616	458562	51837816	32472	134492	38699	5200420	37817
湖 南	Hunan	1418395	347791	45464870	33243	157781	36524	5623854	35938
广 东	Guangdong	1790468	558591	75221148	42282	245885	69054	14643313	60112
广 西	Guangxi	581135	158426	17092836	30747	183965	15773	6457064	39003
海 南	Hainan	154702	59581	4754061	30810	3157	905	229443	71926
重 庆	Chongqing	1313634	321441	45973635	35692	135014	39581	5504213	41031
四 川	Sichuan	1355722	402431	39275039	29328	91907	31906	3460177	38200
贵 州	Guizhou	387117	125726	10984359	28890	49878	14965	1798722	36487
云 南	Yunnan	593129	185165	16496936	28372	48684	18292	2403374	50798
西 藏	Tibet	4967	1850	234674	49219	4481	1716	212533	49622
陕 西	Shaanxi	720686	244168	23832294	32503	90772	31374	4223802	45587
甘 肃	Gansu	254773	70895	8061841	31151	47833	14859	1645589	34147
青 海	Qinghai	127693	35880	3939331	29124	4028	1207	166195	29208
宁 夏	Ningxia	160859	42626	8199102	48660	62507	12631	4549705	74905
新 疆	Xinjiang	520362	154963	23117203	36723	98897	27854	4974274	49606

6-2 续表 4 continued

地 区	Region	股份有限公司 Share-holding Corporations Ltd 年末人数（人） Year-end Figures (person)	#女 性 Female	工资总额（千元） Total Wages (1000 yuan)	平均工资（元） Average wage (yuan)	其 他 Others 年末人数（人） Year-end Figures (person)	#女 性 Female	工资总额（千元） Total Wages (1000 yuan)	平均工资（元） Average wage (yuan)
全 国	**National**	**11831103**	**4172472**	**582890013**	**49978**	**3197334**	**1177234**	**94002715**	**29961**
北 京	Beijing	758562	303298	70739603	95485	90070	49784	3030842	34027
天 津	Tianjin	197635	65962	14027006	70059	47730	12410	1996237	46987
河 北	Hebei	541858	197912	19321969	35927	28937	11887	773660	25006
山 西	Shanxi	203689	77617	6847893	33566	27408	10234	661828	24620
内蒙古	Inner Mongolia	196124	67636	8365164	38497	10007	4302	279732	26805
辽 宁	Liaoning	436279	156120	21048719	48844	78593	33063	2018000	25690
吉 林	Jilin	302193	97379	12584596	41079	47279	15801	1169401	24592
黑龙江	Heilongjiang	281925	88183	11305676	39640	3101	1430	76140	24625
上 海	Shanghai	525963	190810	51724243	100408	30769	15653	1714301	56364
江 苏	Jiangsu	699061	261190	34915659	52249	739935	273576	23621524	32355
浙 江	Zhejiang	1182805	349007	58442503	50177	83411	45323	2950383	36003
安 徽	Anhui	435508	143426	19074331	44758	52832	22311	1461784	28592
福 建	Fujian	367142	115341	17102607	47272	120065	41655	3945089	35636
江 西	Jiangxi	219592	82941	7632184	35292	56399	20178	1531062	27488
山 东	Shandong	915119	359466	34650947	38104	217540	78479	6674108	30844
河 南	Henan	676252	232800	23308964	34884	267003	113179	7626197	28909
湖 北	Hubei	529547	192568	17301829	33219	86746	29550	2497574	29582
湖 南	Hunan	516684	171162	20096431	40236	161329	58886	4595561	29350
广 东	Guangdong	762587	287676	48798956	66084	123315	64654	5280635	43973
广 西	Guangxi	196900	70570	6333663	33420	114249	43785	2929794	26019
海 南	Hainan	45628	18533	2508704	57107	14215	7557	320251	24589
重 庆	Chongqing	270629	106315	11412809	43105	45830	17985	1309830	29738
四 川	Sichuan	555100	177148	20021513	36825	76876	28798	2261913	29530
贵 州	Guizhou	156809	46287	6657868	43441	18036	8517	400747	22280
云 南	Yunnan	186485	62968	7729325	42128	590048	143775	13048701	22750
西 藏	Tibet	2669	850	108306	40640	2634	753	14666	5568
陕 西	Shaanxi	243990	89615	9732243	40028	11384	5669	566678	45941
甘 肃	Gansu	111605	41311	4090185	37418	29261	9383	553907	19175
青 海	Qinghai	21405	6161	851668	41221	5621	3301	100015	19149
宁 夏	Ningxia	34824	15779	1341053	37443	4713	1750	183551	25689
新 疆	Xinjiang	256534	96441	14813396	56679	11998	3606	408604	30854

6-2 续表 5 continued

地区	Region	港、澳、台商投资 Funded by Entrepreneurs from Hong Kong, Macao and Taiwan 年末人数(人) Year-end Figures (person)	#女性 Female	工资总额(千元) Total Wages (1000 yuan)	平均工资(元) Average wage (yuan)	外商投资 Foreign Funded 年末人数(人) Year-end Figures (person)	#女性 Female	工资总额(千元) Total Wages (1000 yuan)	平均工资(元) Average wage (yuan)
全国	**National**	**9317448**	**4403014**	**357478215**	**38341**	**12174008**	**5429362**	**597681806**	**48869**
北京	Beijing	506376	220491	43306243	88037	900766	379430	93817941	105793
天津	Tianjin	219766	97192	10049646	47796	597981	248700	30152363	50619
河北	Hebei	109849	39761	3878881	35196	259311	98654	9503795	36465
山西	Shanxi	70425	23509	2157554	27932	49444	14571	1561797	32398
内蒙古	Inner Mongolia	16653	6238	577383	34477	30701	13610	1264214	41176
辽宁	Liaoning	151466	56966	5416559	36000	529602	241913	20648733	39411
吉林	Jilin	28813	11641	764050	26909	105338	29492	4723039	46822
黑龙江	Heilongjiang	33656	13378	1051379	29327	87867	38261	2905949	32289
上海	Shanghai	513219	239508	30381045	59142	1441601	625469	109093908	75481
江苏	Jiangsu	687197	338491	24164119	34585	1530848	734437	65877325	42298
浙江	Zhejiang	1105763	544519	42079933	37470	1225770	582167	47608989	38702
安徽	Anhui	83064	36787	2715655	32954	166962	73382	7010241	41481
福建	Fujian	1336427	653068	43884123	32019	948354	462762	35396243	37137
江西	Jiangxi	194718	113816	4807709	24994	140992	59532	4459220	32162
山东	Shandong	308422	134807	10092457	33020	1156198	546888	40164183	34149
河南	Henan	277773	106416	7298349	31948	158466	58105	5049858	32674
湖北	Hubei	171264	87031	5046235	30121	269240	96287	11801063	44249
湖南	Hunan	161633	83309	4958769	31180	134560	59799	4588867	34997
广东	Guangdong	2832829	1397580	99697610	34518	1827234	840115	79151274	42677
广西	Guangxi	95325	35038	2540947	27209	110606	37674	4307206	40097
海南	Hainan	16469	7566	486933	29000	43883	20351	1523047	34899
重庆	Chongqing	145495	57458	4965906	39655	131423	46682	5194678	41512
四川	Sichuan	148448	57682	3986575	28624	109346	44993	3818468	34763
贵州	Guizhou	12899	4731	390808	30125	23291	9084	755549	31893
云南	Yunnan	25810	10709	754228	29721	35940	12752	1136232	31519
西藏	Tibet					116	44	5124	43424
陕西	Shaanxi	31526	15339	1125311	33896	112003	37536	4491036	35895
甘肃	Gansu	2906	1072	67210	24360	8942	3130	313611	36740
青海	Qinghai	6004	1070	122225	29840	4567	1616	150785	32539
宁夏	Ningxia	1102	342	35100	32591	13627	3899	538921	40033
新疆	Xinjiang	22151	7499	675273	35957	19029	8027	668147	35344

6-2 续表 6 continued

地 区	Region	农、林、牧、渔业 Agriculture Forestry, Farming of Animals and Fishing 年末人数(人) Year-end Figures (person)	#女 性 Female	工资总额(千元) Total Wages (1000 yuan)	平均工资(元) Average wage (yuan)	采矿业 Mining 年末人数(人) Year-end Figures (person)	#女 性 Female	工资总额(千元) Total Wages (1000 yuan)	平均工资(元) Average wage (yuan)
全 国	**National**	**146395**	**53569**	**3468691**	**23851**	**3408841**	**593644**	**177959022**	**52703**
北 京	Beijing	9159	4054	291454	32017	66277	9186	4969904	74610
天 津	Tianjin	262	79	14700	59036	100890	20119	7334988	73770
河 北	Hebei	1551	617	36571	19473	155959	26925	9022063	57909
山 西	Shanxi	7857	2089	148999	19037	596598	105970	39233504	67570
内蒙古	Inner Mongolia	7090	2888	131081	18535	135347	23370	6316649	46238
辽 宁	Liaoning	10153	2458	332987	33638	169413	31131	8721327	51910
吉 林	Jilin	4986	1611	80123	15778	81195	19472	3209662	39204
黑龙江	Heilongjiang	5966	2273	59055	9857	225814	34097	8472345	37589
上 海	Shanghai	7682	1867	318056	40876	355	87	44011	122593
江 苏	Jiangsu	3487	1119	90686	26271	48274	12577	2051477	42246
浙 江	Zhejiang	2631	898	69587	27066	9312	1769	355976	36965
安 徽	Anhui	590	207	19908	37142	202621	23528	13526891	68014
福 建	Fujian	4901	2172	128171	25073	49685	9955	1649870	33225
江 西	Jiangxi	3629	1636	78008	20116	22502	4160	707014	31264
山 东	Shandong	6905	3161	181533	25937	240845	40778	11100049	45599
河 南	Henan	17163	7464	385186	22389	404295	68429	21179267	52825
湖 北	Hubei	1180	364	25326	21070	61804	12947	2146500	35113
湖 南	Hunan	2126	593	50597	25762	64751	6790	2091142	32660
广 东	Guangdong	4653	1538	144708	30639	14910	3084	868885	55157
广 西	Guangxi	7695	2511	215202	28602	20463	5271	616280	30093
海 南	Hainan	2197	560	30729	16190	1917	403	54439	27220
重 庆	Chongqing	2482	789	49213	21332	65426	8608	2364193	35964
四 川	Sichuan	1518	659	34811	23207	100298	18764	3197809	31986
贵 州	Guizhou	2024	787	35068	17157	76476	9298	3196699	42963
云 南	Yunnan	11039	3974	223312	20876	140825	15018	4451506	32179
西 藏	Tibet								
陕 西	Shaanxi	604	257	12807	20961	67743	7483	3247624	48424
甘 肃	Gansu	1018	240	29284	28376	58144	12867	3284937	58062
青 海	Qinghai	3101	1224	33245	10409	14260	2079	494878	36625
宁 夏	Ningxia	937	365	26680	29351	54288	10079	4242761	81079
新 疆	Xinjiang	11809	5115	191604	17114	158154	49400	9806372	62514

6-2 续表 7 continued

地 区	Region	制造业 Manufacturing				电力、燃气及水的生产和供应业 Production and Distribution of Electricity, Gas and Water			
		年末人数(人) Year-end Figures (person)	#女性 Female	工资总额(千元) Total Wages (1000 yuan)	平均工资(元) Average wage (yuan)	年末人数(人) Year-end Figures (person)	#女性 Female	工资总额(千元) Total Wages (1000 yuan)	平均工资(元) Average wage (yuan)
全 国	**National**	**35664230**	**14444271**	**1299746208**	**36360**	**1142109**	**321653**	**59465265**	**52377**
北 京	Beijing	982652	359888	56404000	57243	61081	15158	5101074	84232
天 津	Tianjin	1024828	398187	50325000	49449	20899	5899	1644486	80133
河 北	Hebei	1026392	335436	33578581	32612	43426	12087	2753673	63735
山 西	Shanxi	483882	136313	15220656	31073	25159	6950	1061521	42378
内蒙古	Inner Mongolia	358064	123056	13398654	37014	38549	11070	2043419	53811
辽 宁	Liaoning	1223846	416079	44985286	36799	67913	15926	2845437	42654
吉 林	Jilin	501831	151064	17099984	34401	36313	9035	1188773	33835
黑龙江	Heilongjiang	452277	157210	13917416	30376	34225	8873	1195754	35173
上 海	Shanghai	1710921	684544	105741528	61091	15258	3194	1420149	93764
江 苏	Jiangsu	3312203	1508537	125439366	37441	56055	15097	3606189	64688
浙 江	Zhejiang	3659344	1639803	129722986	35088	48125	12259	3497952	73259
安 徽	Anhui	737190	278333	26818118	36318	39187	11068	1881090	48192
福 建	Fujian	2760186	1315738	92724792	33280	37357	10942	1955379	52512
江 西	Jiangxi	733066	333097	21476342	29826	38757	13924	1528068	38485
山 东	Shandong	3325984	1348429	106262830	31798	63635	17561	2525583	40087
河 南	Henan	1694161	619515	49163066	30148	72664	20130	2888681	39972
湖 北	Hubei	1347989	515925	44383080	33451	39323	13184	1712151	43873
湖 南	Hunan	1119732	371913	39308666	36087	33854	10037	1286532	38624
广 东	Guangdong	4949880	2274716	180958693	35815	63515	15601	4273387	67556
广 西	Guangxi	525149	187030	15046134	29389	22159	6168	1020928	46628
海 南	Hainan	74209	29651	2301385	31350	5038	1788	225645	43620
重 庆	Chongqing	687372	240170	23655020	35913	44379	14282	2845260	63814
四 川	Sichuan	1121070	412582	34293290	31094	73660	23186	3130900	42414
贵 州	Guizhou	250992	81253	7351756	29659	18109	4225	792626	43954
云 南	Yunnan	490153	156046	13130985	26589	42449	13566	1894888	44807
西 藏	Tibet	2232	695	75947	34011				
陕 西	Shaanxi	508877	178843	16546756	30964	38125	11761	2180578	56050
甘 肃	Gansu	162890	53835	4466002	27644	9842	2907	363692	37506
青 海	Qinghai	82548	21917	2629874	31914	4666	853	141797	30705
宁 夏	Ningxia	93483	28922	3265121	34552	6956	2302	345593	50748
新 疆	Xinjiang	260827	85544	10054894	39255	41431	12620	2114060	51700

6-2 续表 8 continued

地区	Region	建筑业 Construction 年末人数（人）Year-end Figures (person)	#女性 Female	工资总额（千元）Total Wages (1000 yuan)	平均工资（元）Average wage (yuan)	交通运输、仓储和邮政业 Traffic, Transport, Storage and Post 年末人数（人）Year-end Figures (person)	#女性 Female	工资总额（千元）Total Wages (1000 yuan)	平均工资（元）Average wage (yuan)
全国	**National**	**12042307**	**1337914**	**390618957**	**32097**	**2294057**	**625188**	**109072169**	**48362**
北京	Beijing	374050	66075	19736382	52990	443180	126200	25823504	59005
天津	Tianjin	216566	23145	9053623	41539	48014	9157	3727517	77762
河北	Hebei	386714	41268	11558964	26330	61339	17080	2666754	43760
山西	Shanxi	88250	13483	2613049	27091	27602	10163	766998	27919
内蒙古	Inner Mongolia	132406	20013	6114733	28285	12493	5352	358801	28458
辽宁	Liaoning	259881	43539	10070971	28448	84684	24138	3861915	45827
吉林	Jilin	76786	11982	2746425	25218	28295	8005	701962	25424
黑龙江	Heilongjiang	148206	24526	5022553	22875	19421	5980	602355	31017
上海	Shanghai	258813	24698	15264291	59100	244350	45709	15606867	64839
江苏	Jiangsu	529210	53800	15513336	31672	119263	31112	4547186	38094
浙江	Zhejiang	2246450	138890	68184800	31487	125936	34345	6190684	50292
安徽	Anhui	357552	44480	11564329	34585	53471	16800	1772536	32334
福建	Fujian	835484	114860	27367036	36172	49474	11699	2287924	46905
江西	Jiangxi	231078	25161	7050523	31272	14247	6552	434478	30619
山东	Shandong	875239	85318	28744109	31841	113230	34015	5223500	46845
河南	Henan	869011	95586	23545066	28115	66292	21307	1640788	24991
湖北	Hubei	746062	83136	23266192	32252	76173	23354	2862304	38036
湖南	Hunan	608768	59716	15902088	27660	61296	17179	2067559	33961
广东	Guangdong	440456	51556	15842862	36283	317872	78551	16500477	54478
广西	Guangxi	235404	18796	7412440	34639	47804	13895	1302757	27161
海南	Hainan	9635	1196	259631	27065	26483	7284	1574721	60915
重庆	Chongqing	668668	85031	21017871	32129	48667	13407	1779953	37270
四川	Sichuan	602385	87504	15360644	25911	55074	18454	2120995	39103
贵州	Guizhou	51502	8346	1213342	24431	13885	4489	447952	32870
云南	Yunnan	367243	53114	7744827	22519	43346	12579	1284540	30058
西藏	Tibet	2012	599	89472	44469				
陕西	Shaanxi	140173	19451	4110382	28963	36883	9633	1282155	35220
甘肃	Gansu	86646	11454	2345016	25629	17052	6344	456805	27142
青海	Qinghai	25560	3965	943944	29587	5387	2482	123510	22919
宁夏	Ningxia	16539	2505	865334	29042	3314	1108	85715	26513
新疆	Xinjiang	155558	24721	10094722	35932	29530	8815	968957	36921

6-2 续表 9 continued

地 区	Region	信息传输、计算机服务和软件业 Information Transfer, Computer Services and Software				批发和零售业 Wholesale and Retail Trade			
		年末人数（人） Year-end Figures (person)	#女 性 Female	工资总额（千元） Total Wages (1000 yuan)	平均工资（元） Average wage (yuan)	年末人数（人） Year-end Figures (person)	#女 性 Female	工资总额（千元） Total Wages (1000 yuan)	平均工资（元） Average wage (yuan)
全 国	**National**	**1444545**	**569480**	**113342177**	**81005**	**4550073**	**2338058**	**189382381**	**42596**
北 京	Beijing	478156	174920	53407100	117448	584620	280141	40267239	70443
天 津	Tianjin	17405	8054	1258746	72958	103154	46838	4680964	47353
河 北	Hebei	33383	15781	1464547	44159	123978	61197	2969291	24640
山 西	Shanxi	15028	6174	495714	32315	55888	24691	1142315	20572
内蒙古	Inner Mongolia	6262	3156	238880	38579	39792	23133	1037354	25144
辽 宁	Liaoning	60253	28994	3620719	64611	160660	79304	5027646	31673
吉 林	Jilin	30174	9570	1104373	37466	61167	31919	1528596	24701
黑龙江	Heilongjiang	33402	14321	1595767	47465	90774	44004	2337293	26303
上 海	Shanghai	59244	22682	6696084	116316	421530	221538	34916630	85065
江 苏	Jiangsu	71651	27708	5557787	81108	253665	146993	9304142	37050
浙 江	Zhejiang	102892	43394	8482175	85154	338233	178700	14107642	42925
安 徽	Anhui	18575	7689	848987	47316	91394	54786	2772408	31378
福 建	Fujian	35597	15450	2030881	58755	141103	69862	4905406	35087
江 西	Jiangxi	13896	6775	570418	42051	76856	43624	1995928	27288
山 东	Shandong	49033	19438	2600952	53631	334484	186659	9121419	27855
河 南	Henan	26834	12850	1164928	43545	208583	102220	5420347	26396
湖 北	Hubei	31655	13691	1287164	41830	189681	106463	5079746	27968
湖 南	Hunan	36141	13093	1497053	42363	129909	65812	3677045	29740
广 东	Guangdong	140431	55968	10125655	73765	417209	200690	19034674	46799
广 西	Guangxi	21601	9711	909979	42189	70311	35627	1943602	27842
海 南	Hainan	7807	3294	557677	71819	33611	15221	882596	28789
重 庆	Chongqing	29802	7896	2143025	71683	126538	65923	3906162	32120
四 川	Sichuan	28566	10175	1407323	50290	107415	56119	2826336	26824
贵 州	Guizhou	14843	5503	658416	45430	64999	28499	1657905	25923
云 南	Yunnan	21497	8816	862567	41171	135128	70900	3273721	24634
西 藏	Tibet					665	142	26758	40728
陕 西	Shaanxi	35001	12874	1707934	48191	86946	47785	2443384	27717
甘 肃	Gansu	7438	3302	177090	24579	27605	14931	559978	20492
青 海	Qinghai	1474	527	60792	38427	12796	6397	321994	25813
宁 夏	Ningxia	2366	1197	129988	54594	7559	4942	177876	24168
新 疆	Xinjiang	14138	6477	679456	49527	53820	22998	2035984	39017

6-2 续表 10 continued

地 区	Region	住宿和餐饮业 Accommodation and Restaurants				金融业 Finance			
		年末人数(人) Year-end Figures (person)	#女 性 Female	工资总额(千元) Total Wages (1000 yuan)	平均工资(元) Average wage (yuan)	年末人数(人) Year-end Figures (person)	#女 性 Female	工资总额(千元) Total Wages (1000 yuan)	平均工资(元) Average wage (yuan)
全 国	**National**	**1764593**	**958095**	**46995831**	**27313**	**3088567**	**1655585**	**266578023**	**88882**
北 京	Beijing	231816	119178	8639064	37761	310873	166784	51832508	172484
天 津	Tianjin	56222	14110	1224982	24062	65553	32961	6168714	96122
河 北	Hebei	22678	12878	502703	22340	178058	97002	9058565	51765
山 西	Shanxi	25018	14334	417427	17264	55532	31635	2936922	53885
内蒙古	Inner Mongolia	15702	9036	398591	25977	33762	19293	1631614	49071
辽 宁	Liaoning	49594	28164	1256099	25465	119941	68917	6723099	57706
吉 林	Jilin	17570	10672	385981	21431	45238	24152	2667078	59222
黑龙江	Heilongjiang	15859	8648	350752	21889	72033	33848	3265058	45680
上 海	Shanghai	141534	74151	5159041	37408	231231	120770	36611517	165016
江 苏	Jiangsu	95489	54306	2506615	27116	177204	97212	16218562	93662
浙 江	Zhejiang	155185	86064	4030553	28324	243284	136712	26776184	113632
安 徽	Anhui	28449	17358	635664	22767	85429	44576	4658975	56286
福 建	Fujian	65217	36251	1609201	25462	76298	42246	6780154	91287
江 西	Jiangxi	20362	12819	402286	20567	51716	29209	2506191	49288
山 东	Shandong	73840	38496	1794065	24193	229203	121341	13747709	60660
河 南	Henan	61718	34770	1544505	25257	142575	74111	7105991	50879
湖 北	Hubei	64199	39572	1422986	22597	65947	32640	3528070	55213
湖 南	Hunan	68835	40780	1583991	23297	154128	83162	8289999	55312
广 东	Guangdong	232835	126027	5961704	26818	285319	143776	28114776	101452
广 西	Guangxi	26216	14161	509931	19795	38247	17723	2337350	65852
海 南	Hainan	42245	22594	1012090	22211	12132	6456	923789	79064
重 庆	Chongqing	60878	35548	1501614	24423	84745	49165	5446907	72849
四 川	Sichuan	36947	19764	900020	24548	93679	49924	5285412	58844
贵 州	Guizhou	20975	12480	447997	22058	39052	18921	2794553	73398
云 南	Yunnan	56999	30571	1075346	19103	34095	18267	2814487	85750
西 藏	Tibet	17	7	1197	70412	2047	881	112526	60726
陕 西	Shaanxi	50027	28806	1049718	21324	80702	45660	4264191	53485
甘 肃	Gansu	6967	4336	133862	19275	26832	14992	1173409	44133
青 海	Qinghai	4313	2583	84922	19930	3011	1680	168042	58735
宁 夏	Ningxia	2603	1805	63250	23841	11457	6986	607296	54495
新 疆	Xinjiang	14284	7826	389674	26982	39244	24583	2028375	53092

6-2 续表 11 continued

地区	Region	房地产业 Real Estate 年末人数(人) Year-end Figures (person)	#女性 Female	工资总额(千元) Total Wages (1000 yuan)	平均工资(元) Average wage (yuan)	租赁和商务服务业 Tenancy and Business Services 年末人数(人) Year-end Figures (person)	#女性 Female	工资总额(千元) Total Wages (1000 yuan)	平均工资(元) Average wage (yuan)
全国	**National**	**1923879**	**665404**	**82228282**	**43183**	**1268664**	**504253**	**74878566**	**60406**
北京	Beijing	305807	118572	17915077	59257	365114	159947	35666286	101233
天津	Tianjin	24546	7794	1447133	61405	12862	3868	904605	70811
河北	Hebei	34003	12057	981720	30095	11310	3692	299968	25790
山西	Shanxi	10081	2993	220915	22524	5914	2241	142685	24316
内蒙古	Inner Mongolia	9976	3663	352070	28778	7685	2736	267498	34498
辽宁	Liaoning	78961	28312	2550865	33231	47367	20526	1645027	34713
吉林	Jilin	39243	12076	1074666	27473	16694	6208	531261	30599
黑龙江	Heilongjiang	30925	10011	780355	24585	12902	5340	376895	29221
上海	Shanghai	117570	39399	7565311	63825	95113	42795	9000162	96374
江苏	Jiangsu	58748	22493	2774456	48060	46025	21393	1673784	35445
浙江	Zhejiang	129619	45134	6048241	47779	154736	55102	5867864	39723
安徽	Anhui	44569	15509	1469748	33846	25198	6658	1108742	50799
福建	Fujian	63635	22824	2738308	43415	21297	9454	708661	32976
江西	Jiangxi	22226	7533	719099	33172	2082	726	62317	30003
山东	Shandong	103181	33293	3618081	33917	28468	11064	992376	33946
河南	Henan	99701	31253	3448360	34762	49805	16860	1569972	31648
湖北	Hubei	60778	18627	2189867	37080	17196	6137	604140	35092
湖南	Hunan	72275	24502	2388921	33844	30795	11539	900926	30022
广东	Guangdong	275673	90026	12689429	46691	119391	52111	7354450	62208
广西	Guangxi	35927	12569	1011546	28490	43257	15819	993556	23083
海南	Hainan	28693	9794	1017713	35493	9425	2755	203774	25123
重庆	Chongqing	56736	19319	2317236	42413	25908	4069	796316	31020
四川	Sichuan	51299	16448	1778315	36209	16525	5876	488577	29833
贵州	Guizhou	33461	11580	957221	28525	15988	5343	381769	24061
云南	Yunnan	48417	16717	1369360	28754	38851	13770	1047393	28294
西藏	Tibet	48	25	1247	25979	913	437	45230	49540
陕西	Shaanxi	45592	16477	1549500	33433	11083	4628	327449	30412
甘肃	Gansu	8024	2618	193995	24572	1843	766	43683	24174
青海	Qinghai	6140	2207	154202	23963	1509	783	37330	24256
宁夏	Ningxia	7229	2331	231902	31898	11464	2867	340792	31734
新疆	Xinjiang	20796	9248	673423	32749	21944	8743	495078	22781

6-2 续表 12 continued

地 区	Region	科学研究、技术服务和地质勘查业 Scientific Research,Technical Service and Geological Prospecting				水利、环境和公共设施管理业 Management of Water Conservancy, Environment and Public Establishment			
		年末人数（人） Year-end Figures (person)	#女 性 Female	工资总额（千元） Total Wages (1000 yuan)	平均工资（元） Average wage (yuan)	年末人数（人） Year-end Figures (person)	#女 性 Female	工资总额（千元） Total Wages (1000 yuan)	平均工资（元） Average wage (yuan)
全 国	**National**	**764985**	**230028**	**56767701**	**76446**	**215415**	**82040**	**7132787**	**33331**
北 京	Beijing	288958	93497	25533358	92138	25297	8362	1212143	46362
天 津	Tianjin	14177	4252	1265113	89693	1957	336	53623	27914
河 北	Hebei	14872	3067	1382133	94485	3623	1665	82287	23417
山 西	Shanxi	2487	853	50015	20119	738	247	12023	18217
内蒙古	Inner Mongolia	2438	665	84958	33861	1797	830	97967	54517
辽 宁	Liaoning	28671	8599	1595666	57776	8065	3085	191162	24433
吉 林	Jilin	11278	3163	465942	41002	5297	1775	123964	23253
黑龙江	Heilongjiang	10104	3873	391786	38733	3468	1447	69388	19968
上 海	Shanghai	38792	12496	5660267	150667	12060	5531	483564	40510
江 苏	Jiangsu	33147	8835	2613141	81673	15205	5536	544275	36205
浙 江	Zhejiang	69739	18099	3735661	55949	36559	11756	1249153	33579
安 徽	Anhui	11228	2947	440116	40680	6397	1855	171123	28688
福 建	Fujian	16490	6575	710089	43083	4455	1379	131250	29219
江 西	Jiangxi	664	152	43916	66843	2093	1181	45317	21549
山 东	Shandong	19341	5695	923755	48517	7292	3167	267339	36437
河 南	Henan	19257	6342	710578	36977	11478	4389	404315	35191
湖 北	Hubei	13425	3080	585213	45055	4270	1076	93221	26282
湖 南	Hunan	14694	3892	720240	49885	7185	2804	186516	27055
广 东	Guangdong	78857	23300	5853003	76024	26059	12419	962319	36822
广 西	Guangxi	7431	1812	270325	36501	5173	1768	119117	23677
海 南	Hainan	3405	1044	114831	33527	2892	998	91940	31802
重 庆	Chongqing	18749	4116	1480532	81929	5864	2194	132036	24143
四 川	Sichuan	10071	3541	496916	50188	5373	2314	93730	18264
贵 州	Guizhou	5357	1537	172212	32840	1138	478	22695	18834
云 南	Yunnan	7860	2313	280303	36718	5899	2750	121707	21420
西 藏	Tibet								
陕 西	Shaanxi	12511	3184	674837	54749	2288	1004	67430	29407
甘 肃	Gansu	1852	487	77260	41807				
青 海	Qinghai	1922	487	70489	37434	541	136	19542	37011
宁 夏	Ningxia	1890	595	129535	70476	60	14	1990	33167
新 疆	Xinjiang	5318	1530	235511	38602	2892	1544	81651	28049

6-2 续表 13 continued

地区	Region	居民服务和其他服务业 Resident Services and Other Services 年末人数(人) Year-end Figures (person)	#女性 Female	工资总额(千元) Total Wages (1000 yuan)	平均工资(元) Average wage (yuan)	教育 Education 年末人数(人) Year-end Figures (person)	#女性 Female	工资总额(千元) Total Wages (1000 yuan)	平均工资(元) Average wage (yuan)
全国	**National**	**231157**	**118929**	**6917927**	**30287**	**577478**	**322443**	**21933780**	**38912**
北京	Beijing	52934	30254	1791109	33590	69628	42685	3445756	51786
天津	Tianjin	23817	13297	629359	28050	2039	1204	93541	46034
河北	Hebei	1423	815	23375	18247	5193	2806	163314	31268
山西	Shanxi	1408	623	33962	24155	6220	3593	122461	19838
内蒙古	Inner Mongolia	1158	780	34040	31402	3062	2040	91999	27921
辽宁	Liaoning	6067	3128	151922	25074	21044	11416	736432	38796
吉林	Jilin	2488	1144	69937	28223	6431	3541	198860	31726
黑龙江	Heilongjiang	3372	1829	96156	25745	3795	1657	111162	29882
上海	Shanghai	14548	6905	565865	39676	14694	8871	900520	62497
江苏	Jiangsu	4495	1732	128589	30565	25874	13310	1137361	44426
浙江	Zhejiang	7862	2850	234514	30338	51872	32992	2193321	42831
安徽	Anhui	1362	649	30069	22625	24790	12709	687386	29411
福建	Fujian	3516	1382	137670	39766	17923	9782	717645	40947
江西	Jiangxi	393	175	6109	16291	7142	2534	198169	27577
山东	Shandong	6752	2718	170582	25256	27603	14291	866833	31568
河南	Henan	8974	4794	219339	24764	67019	35806	2352173	35423
湖北	Hubei	2764	1354	67527	24681	23640	8909	818856	35384
湖南	Hunan	10040	4553	319464	30917	40054	21751	1265602	32228
广东	Guangdong	43763	22719	1455752	32910	61344	37672	2709863	45904
广西	Guangxi	3575	1359	76343	21670	14476	7442	400308	27867
海南	Hainan	3236	1798	45703	19235	15243	8936	396063	26480
重庆	Chongqing	6552	3668	157627	25432	13462	7345	481989	37234
四川	Sichuan	2671	1052	77647	28631	18098	10089	609070	34774
贵州	Guizhou	6328	3082	128684	20446	7844	4586	183588	23756
云南	Yunnan	4674	2826	97533	21854	10113	6087	231765	24120
西藏	Tibet								
陕西	Shaanxi	4490	1896	122942	28191	11712	5774	665716	51217
甘肃	Gansu	130	49	1621	12664	468	229	7991	17758
青海	Qinghai	217	123	4108	19019	2993	2161	41953	15807
宁夏	Ningxia	175	21	2977	16179	1479	973	45492	31724
新疆	Xinjiang	1973	1354	37402	19980	2223	1252	58591	26852

6-2 续表 14 continued

地区 Region	卫生、社会保障和社会福利业 Sanitation,Social Security and Social Welfare				文化体育和娱乐业 Culture, Sports and Entertainment			
	年末人数（人） Year-end Figures (person)	#女性 Female	工资总额（千元） Total Wages (1000 yuan)	平均工资（元） Average wage (yuan)	年末人数（人） Year-end Figures (person)	#女性 Female	工资总额（千元） Total Wages (1000 yuan)	平均工资（元） Average wage (yuan)
全 国 National	**216222**	**135939**	**8183216**	**38803**	**191667**	**88271**	**8592429**	**44958**
北 京 Beijing	19000	13119	878939	48346	48300	23634	3153420	65417
天 津 Tianjin	524	310	19110	37179	898	393	81511	103968
河 北 Hebei	1631	1084	41237	24517	1604	711	35788	22766
山 西 Shanxi	1895	1180	38667	20535	900	507	15929	17798
内蒙古 Inner Mongolia	1625	1039	45290	27333	386	165	12404	31643
辽 宁 Liaoning	13183	7768	421586	32870	4189	1875	145491	34282
吉 林 Jilin	3342	2079	88572	26670	5263	2259	120285	22695
黑龙江 Heilongjiang	1146	751	31597	27452	919	436	21607	23384
上 海 Shanghai	1359	993	106583	79303	11294	5253	695313	63228
江 苏 Jiangsu	26831	17094	1097579	41936	13942	4642	786609	56311
浙 江 Zhejiang	17067	10139	722688	43789	9301	4528	419397	45478
安 徽 Anhui	11158	7645	375306	34880	2687	1182	103335	39261
福 建 Fujian	4974	3326	219634	46701	3163	1579	96245	30058
江 西 Jiangxi	2270	1290	60568	27234	1665	582	39907	24084
山 东 Shandong	12565	7731	401553	31905	5267	2621	178148	32917
河 南 Henan	27239	15332	975310	36567	5523	2373	168588	30503
湖 北 Hubei	6450	4310	204812	32582	3044	1384	90568	29979
湖 南 Hunan	13695	8956	534869	39821	12269	5424	425795	34867
广 东 Guangdong	18580	11865	973786	54177	21727	11442	887343	40691
广 西 Guangxi	5645	3519	179317	32286	3279	1623	54072	15184
海 南 Hainan	532	335	12253	24120	2800	1296	54746	20061
重 庆 Chongqing	1193	816	32519	28327	4468	2046	195107	44082
四 川 Sichuan	9852	5943	379996	39670	3317	997	101362	30651
贵 州 Guizhou	3143	1997	86556	28075	2083	1061	48107	22941
云 南 Yunnan	5522	3538	114486	20960	7576	3101	195844	26426
西 藏 Tibet								
陕 西 Shaanxi	3114	2175	82574	26985	13479	6024	387440	29173
甘 肃 Gansu	684	274	12849	19983	253	107	4280	17189
青 海 Qinghai	1114	709	24242	22200	45	13	560	14000
宁 夏 Ningxia	108	93	4349	40269	25	10	1534	61360
新 疆 Xinjiang	781	529	16389	21012	2001	1003	71694	35492

6-2 续表 15 continued

地 区	Region	公共管理和社会组织 Public Management and Social Organization			
		年末人数（人）Year-end Figures (person)	#女 性 Female	工资总额（千元）Total Wages (1000 yuan)	平均工资（元）Average wage (yuan)
全 国	**National**	**125220**	**48982**	**2977794**	**23891**
北 京	Beijing	53966	20222	1187855	22109
天 津	Tianjin	661	434	28212	43470
河 北	Hebei	89	31	1802	20247
山 西	Shanxi	232	65	2293	10057
内蒙古	Inner Mongolia				
辽 宁	Liaoning	2848	1594	46369	16287
吉 林	Jilin	1	1	37	37000
黑龙江	Heilongjiang				
上 海	Shanghai	518	145	49777	94454
江 苏	Jiangsu				
浙 江	Zhejiang	23088	8626	638377	27884
安 徽	Anhui				
福 建	Fujian	445	211	5550	12472
江 西	Jiangxi	7405	3040	133632	18134
山 东	Shandong	4179	766	103251	24796
河 南	Henan	19519	9242	515109	26423
湖 北	Hubei	101	41	3264	31689
湖 南	Hunan	5319	2018	127775	24149
广 东	Guangdong	2672	1122	87128	33078
广 西	Guangxi	90	34	2344	26044
海 南	Hainan	722	351	15901	21963
重 庆	Chongqing				
四 川	Sichuan	32	8	405	12656
贵 州	Guizhou	277	136	5078	18465
云 南	Yunnan	145	76	2935	20241
西 藏	Tibet	2634	753	14666	5568
陕 西	Shaanxi	39	8	823	21103
甘 肃	Gansu	195	39	4565	23410
青 海	Qinghai				
宁 夏	Ningxia				
新 疆	Xinjiang	43	19	646	15023

6-3 各地区分行业其他单位在岗职工人数和平均工资(2011年)
ON-POST STAFF AND WORKERS AND AVERAGE WAGE IN OTHER OWNERSHIP UNITS BY SECTOR AND REGION (2011)

地区	Region	总计 Total		农、林、牧、渔业 Agriculture,Forestry, Farming of Animals and Fishing		采矿业 Mining		制造业 Manufacturing	
		年末人数(人) Year-end Figures (person)	平均工资(元) Average Wage (yuan)	年末人数(人) Year-end Figures (person)	平均工资(元) Average Wage (yuan)	年末人数(人) Year-end Figures (person)	平均工资(元) Average Wage (yuan)	年末人数(人) Year-end Figures (person)	平均工资(元) Average Wage (yuan)
全国	**National**	**67567913**	**41449**	**136823**	**23601**	**3353363**	**53081**	**35158310**	**36092**
北京	Beijing	4445271	75584	9050	32103	65035	74310	957089	56069
天津	Tianjin	1629664	52514	239	59440	91408	74945	1002895	48339
河北	Hebei	1972632	36121	1492	19621	155142	58121	1014030	32509
山西	Shanxi	1376533	46716	5911	16517	594521	67729	479038	31161
内蒙古	Inner Mongolia	783785	36578	7090	18535	130282	46998	355498	37085
辽宁	Liaoning	2304893	38462	9998	33826	167760	52150	1210929	36534
吉林	Jilin	950293	33296	4986	15778	80953	39354	495334	34035
黑龙江	Heilongjiang	1064816	32226	5961	9858	223422	38094	429850	31028
上海	Shanghai	3083417	73157	4102	47978	347	124406	1655038	59436
江苏	Jiangsu	4697580	40028	3396	26529	47674	42533	3272792	36747
浙江	Zhejiang	7178878	38756	2542	27372	9226	37133	3623537	34889
安徽	Anhui	1625000	41649	588	37176	201156	68272	725103	36510
福建	Fujian	4060944	35550	4810	25131	46323	33763	2734076	33056
江西	Jiangxi	1188824	31442	3578	20217	22109	31388	724239	29952
山东	Shandong	5232921	34046	6810	25899	237934	45871	3293462	31798
河南	Henan	3694935	33719	16832	22564	402294	53063	1679249	30336
湖北	Hubei	2555643	34354	1152	21257	58923	35356	1321962	33586
湖南	Hunan	2318259	35139	2025	26339	63578	32922	1094989	36311
广东	Guangdong	7342585	41390	4549	30672	14855	55220	4926781	35521
广西	Guangxi	1085150	31713	6795	27961	20135	30243	509306	29578
海南	Hainan	277968	35242	2061	16503	1914	27225	73332	31045
重庆	Chongqing	1828473	37543	1957	22302	65196	36001	675436	36030
四川	Sichuan	2237436	31920	1474	23535	98386	32175	1104850	31224
贵州	Guizhou	604742	33851	1870	17135	75572	43279	244064	30018
云南	Yunnan	1375090	28511	10570	21047	133955	32559	468935	27051
西藏	Tibet	7096	46429					2232	34011
陕西	Shaanxi	1066891	35257	604	20961	64503	48842	496710	31228
甘肃	Gansu	403906	32292	1017	28392	55943	59108	157740	27993
青海	Qinghai	163972	30237	3101	10409	13849	34976	80508	32062
宁夏	Ningxia	210437	46870	825	30652	54248	81103	91436	34872
新疆	Xinjiang	799879	43177	11438	17002	156720	63015	257870	39476

6-3 续表 1 continued

地 区 Region	电力、燃气及水的生产和供应业 Production & Distribution of Electricity,Gas & Water		建筑业 Construction		交通运输、仓储和邮政业 Traffic,Transport, Storage and Post		信息传输、计算机服务和软件业 Information Transfer, Computer Services and Software	
	年末人数(人) Year-end Figures (person)	平均工资(元) Average Wage (yuan)	年末人数(人) Year-end Figures (person)	平均工资(元) Average Wage (yuan)	年末人数(人) Year-end Figures (person)	平均工资(元) Average Wage (yuan)	年末人数(人) Year-end Figures (person)	平均工资(元) Average Wage (yuan)
全 国 National	**1119006**	**52960**	**10636643**	**32564**	**2209329**	**48639**	**1410971**	**80210**
北 京 Beijing	60507	84562	343552	54117	421302	58309	465480	114644
天 津 Tianjin	20350	81344	189127	44267	40403	85600	17298	73132
河 北 Hebei	42975	64078	328999	26259	60518	44094	31888	45344
山 西 Shanxi	24158	43415	81257	28452	27432	27803	14768	32459
内蒙古 Inner Mongolia	38254	54094	125385	28179	12426	28555	6230	38711
辽 宁 Liaoning	66533	43067	232810	29105	83261	46002	58094	65788
吉 林 Jilin	35917	33998	72649	24898	27130	25620	29991	37542
黑龙江 Heilongjiang	33112	35724	114926	23345	19167	31254	32920	47797
上 海 Shanghai	14996	94757	151357	69081	234379	65620	57919	113777
江 苏 Jiangsu	55204	65204	465140	32464	117452	38353	71032	81324
浙 江 Zhejiang	47115	74037	2119017	31926	122754	50693	100320	86424
安 徽 Anhui	38791	48506	295854	36523	50662	33251	18240	47754
福 建 Fujian	36498	53110	769820	36460	48891	47198	33627	58397
江 西 Jiangxi	37836	38742	195143	32338	13414	31281	12721	44336
山 东 Shandong	62308	40487	726449	30236	110710	47245	47931	54130
河 南 Henan	71300	40329	767317	29092	63280	25537	26499	45050
湖 北 Hubei	38120	44643	616082	34419	73121	38599	30785	42392
湖 南 Hunan	33097	38918	522066	27895	57698	35080	35359	42847
广 东 Guangdong	63238	67428	371098	37072	308089	55128	138978	73611
广 西 Guangxi	21358	47728	224663	35126	46035	27441	21297	42445
海 南 Hainan	4980	43774	9236	27858	26388	60975	7803	71785
重 庆 Chongqing	42868	65351	617433	32059	45915	37887	29596	71940
四 川 Sichuan	72434	42722	558081	26228	53639	39606	28261	50402
贵 州 Guizhou	17699	44464	45571	25027	13020	33919	14490	46208
云 南 Yunnan	40537	45867	322744	22886	42227	30279	21207	41415
西 藏 Tibet			1615	46893				
陕 西 Shaanxi	37392	56680	109855	29440	35875	35482	32891	46346
甘 肃 Gansu	9744	37742	82830	25731	16421	27629	7419	24626
青 海 Qinghai	4521	31029	21257	28785	5339	22861	1451	38664
宁 夏 Ningxia	6752	51578	13570	30003	3243	26578	2347	54861
新 疆 Xinjiang	40412	52842	141740	36737	29138	37153	14129	49543

6-3 续表 2 continued

地 区 Region	批发和零售业 Wholesale and Retail Trade		住宿和餐饮业 Accommodation and Restaurants		金融业 Finance		房地产业 Real Estate	
	年末人数（人）Year-end Figures (person)	平均工资（元）Average Wage (yuan)	年末人数（人）Year-end Figures (person)	平均工资（元）Average Wage (yuan)	年末人数（人）Year-end Figures (person)	平均工资（元）Average Wage (yuan)	年末人数（人）Year-end Figures (person)	平均工资（元）Average Wage (yuan)
全 国 National	**4378209**	**41683**	**1645903**	**27703**	**2362614**	**105721**	**1803370**	**43451**
北 京 Beijing	556908	67289	205596	38575	248818	200121	281962	59049
天 津 Tianjin	96413	45695	53630	23608	42203	125111	22943	62853
河 北 Hebei	120322	24598	22150	22326	123588	62929	33229	30266
山 西 Shanxi	54975	20517	24865	17272	40711	66141	9763	22783
内蒙古 Inner Mongolia	39678	25175	14318	26113	26657	54933	9940	28832
辽 宁 Liaoning	154627	31619	47696	25618	77083	71571	76028	33672
吉 林 Jilin	59419	24764	17415	21044	40486	62850	38543	27650
黑龙江 Heilongjiang	85989	26767	15380	22014	44448	56417	24753	25895
上 海 Shanghai	377331	83152	103284	42519	223342	163696	96536	67722
江 苏 Jiangsu	245590	37335	78735	29687	132818	114257	54382	49407
浙 江 Zhejiang	326539	43330	150025	29785	204503	127088	123137	48307
安 徽 Anhui	89414	31722	26983	23103	62547	70096	38433	35306
福 建 Fujian	135819	35399	62754	25715	58910	112467	60638	43669
江 西 Jiangxi	70110	28152	20164	20752	44461	54858	21457	33998
山 东 Shandong	323913	28216	72369	24212	144496	83842	99737	34139
河 南 Henan	205324	26584	60717	25421	105229	61818	95299	35265
湖 北 Hubei	185256	28197	57083	23482	48238	63942	57394	37977
湖 南 Hunan	127113	30107	67860	23366	115429	67966	69681	34152
广 东 Guangdong	411387	46239	230078	26630	243802	109171	267779	46606
广 西 Guangxi	69269	27988	25554	19595	25943	79492	34688	28746
海 南 Hainan	33531	28625	41673	22176	10697	86665	28436	35531
重 庆 Chongqing	124022	32310	59776	24583	46216	104564	48967	42778
四 川 Sichuan	104472	27064	36320	24552	66770	70530	49750	36566
贵 州 Guizhou	63893	26106	20417	22133	35802	77493	31512	28843
云 南 Yunnan	130977	24740	55107	19123	28957	99241	45541	29004
西 藏 Tibet	547	44070	17	70412	1824	62318	45	26867
陕 西 Shaanxi	85513	27930	48493	21527	57123	65658	41878	34583
甘 肃 Gansu	27097	20544	6720	19465	26025	45034	7613	25389
青 海 Qinghai	12619	26092	4223	19998	2907	60082	5979	24433
宁 夏 Ningxia	7444	24247	2533	23644	6966	77666	6913	32213
新 疆 Xinjiang	52698	39326	13968	27206	25615	70839	20414	33013

6-3 续表 3 continued

地 区 Region		租赁和商务服务业 Tenancy and Business Services		科学研究、技术服务和地质勘查业 Scientific Research, Technical Service & Geological Prospecting		水利、环境和公共设施管理业 Management of Water Conservancy,Environment & Public Establishment		居民服务和其他服务业 Resident Services and Other Services	
		年末人数（人） Year-end Figures (person)	平均工资（元） Average Wage (yuan)	年末人数（人） Year-end Figures (person)	平均工资（元） Average Wage (yuan)	年末人数（人） Year-end Figures (person)	平均工资（元） Average Wage (yuan)	年末人数（人） Year-end Figures (person)	平均工资（元） Average Wage (yuan)
全 国	**National**	**1220144**	**56919**	**700759**	**77225**	**197934**	**34065**	**217690**	**30300**
北 京	Beijing	343413	92712	257076	94663	24300	46256	47318	33550
天 津	Tianjin	12381	71873	12886	89957	1255	31742	22917	28330
河 北	Hebei	11197	25919	14112	98217	3359	24109	1327	18610
山 西	Shanxi	5878	24413	2444	20009	648	18753	1408	24155
内蒙古	Inner Mongolia	7675	34519	2385	33614	1797	54517	1158	31402
辽 宁	Liaoning	46414	34835	24423	56074	7286	24750	6017	25141
吉 林	Jilin	15629	31146	10730	41890	5211	23495	2471	26420
黑龙江	Heilongjiang	12683	29324	9752	38928	3398	19863	3340	25770
上 海	Shanghai	88291	90375	35186	150557	9637	44830	10593	43581
江 苏	Jiangsu	44760	35388	31012	83877	12139	38461	4057	31653
浙 江	Zhejiang	151359	39710	63405	57910	33185	34268	7496	30499
安 徽	Anhui	23829	53030	10348	41945	5171	28367	1339	22775
福 建	Fujian	20729	33050	15448	43706	4280	29642	3374	40389
江 西	Jiangxi	2070	29994	655	67548	2090	21558	393	16291
山 东	Shandong	27516	34219	18364	49588	7054	36538	6647	25183
河 南	Henan	49464	31733	18648	37349	10888	36399	8800	24872
湖 北	Hubei	16512	34970	12860	46011	4160	26617	2723	24644
湖 南	Hunan	30314	30239	13956	48828	6535	27941	9728	31290
广 东	Guangdong	117369	60661	76769	75241	25155	37259	43290	32641
广 西	Guangxi	42644	23100	6989	37276	5091	23832	3433	21899
海 南	Hainan	9329	25031	3350	33567	2864	31935	3205	19207
重 庆	Chongqing	24954	31083	16051	81503	5648	24520	6524	25442
四 川	Sichuan	15753	30315	9445	52166	5352	18263	2652	28697
贵 州	Guizhou	15682	24069	5023	33148	1113	18848	6116	20591
云 南	Yunnan	37189	28449	6989	37750	4817	23168	4564	21908
西 藏	Tibet	816	49697						
陕 西	Shaanxi	10834	30796	12213	55286	2076	31017	4320	28587
甘 肃	Gansu	1839	24204	1798	42104			130	12664
青 海	Qinghai	1495	24377	1871	38044	522	38206	217	19019
宁 夏	Ningxia	10851	31447	1847	71552	38	41368	161	16600
新 疆	Xinjiang	21275	22818	4724	39911	2865	28287	1972	19975

6-3 续表 4 continued

地 区	Region	教 育 Education		卫生、社会保障和社会福利业 Sanitation, Social Security and Social Welfare		文化体育和娱乐业 Culture, Sports and Entertainment		公共管理和社会组织 Public Management & Social Organization	
		年末人数（人）Year-end Figures (person)	平均工资（元）Average Wage (yuan)	年末人数（人）Year-end Figures (person)	平均工资（元）Average Wage (yuan)	年末人数（人）Year-end Figures (person)	平均工资（元）Average Wage (yuan)	年末人数（人）Year-end Figures (person)	平均工资（元）Average Wage (yuan)
全 国	**National**	**520934**	**38105**	**204048**	**38350**	**183676**	**45012**	**108187**	**25156**
北 京	Beijing	52523	46419	15697	45120	44869	65971	44776	22587
天 津	Tianjin	1436	55176	417	39447	830	109081	633	44329
河 北	Hebei	5067	31558	1569	24580	1584	22706	84	20310
山 西	Shanxi	5800	20406	1847	20259	892	17958	217	10662
内蒙古	Inner Mongolia	3043	27926	1583	27342	386	31643		
辽 宁	Liaoning	16866	36867	12142	33885	4097	33958	2829	16357
吉 林	Jilin	5157	30129	3077	26934	5194	22495	1	37000
黑龙江	Heilongjiang	3784	29944	1025	28617	906	23283		
上 海	Shanghai	9216	65577	1096	72470	10297	64409	470	100724
江 苏	Jiangsu	22811	45875	25132	41265	13454	57967		
浙 江	Zhejiang	48404	43713	15880	43123	8970	46013	21464	28547
安 徽	Anhui	23088	30058	10797	35430	2657	39396		
福 建	Fujian	16621	41836	4784	46212	3128	29226	414	13056
江 西	Jiangxi	7071	27688	2270	27234	1638	24155	7405	18134
山 东	Shandong	25834	32210	12377	32096	5067	33271	3943	26083
河 南	Henan	64953	35481	26685	36740	5511	30526	16646	29071
湖 北	Hubei	22057	36257	6266	32521	2851	30457	98	32070
湖 南	Hunan	38380	32917	13260	39830	11952	35310	5239	24289
广 东	Guangdong	57386	44267	18031	53975	21476	40300	2475	33337
广 西	Guangxi	13568	28001	5357	32680	2938	16287	87	26563
海 南	Hainan	15143	26426	527	23668	2791	20059	708	22004
重 庆	Chongqing	12567	37471	1147	28711	4200	45169		
四 川	Sichuan	17266	35221	9454	39636	3059	32229	18	20222
贵 州	Guizhou	7510	23758	3038	28308	2073	22973	277	18465
云 南	Yunnan	8318	24359	4962	20471	7364	26766	130	19554
西 藏	Tibet								
陕 西	Shaanxi	10362	54966	3035	27206	13175	29153	39	21103
甘 肃	Gansu	440	18344	684	19983	253	17189	193	23487
青 海	Qinghai	2961	15812	1107	22230	45	14000		
宁 夏	Ningxia	1168	33110	70	52014	25	61360		
新 疆	Xinjiang	2134	26428	732	20751	1994	35579	41	15171

6-4 各地区分行业其他单位其他就业人员和平均工资(2011)
OTHER EMPLOYMENT AND AVERAGE WAGE IN OTHER OWNERSHIP UNITS BY SECTOR AND REGION (2011)

地区	Region	总计 Total		农、林、牧、渔业 Agriculture,Forestry, Farming of Animals and Fishing		采矿业 Mining		制造业 Manufacturing	
		年末人数(人) Year-end Figures (person)	平均工资(元) Average Wage (yuan)	年末人数(人) Year-end Figures (person)	平均工资(元) Average Wage (yuan)	年末人数(人) Year-end Figures (person)	平均工资(元) Average Wage (yuan)	年末人数(人) Year-end Figures (person)	平均工资(元) Average Wage (yuan)
全国	**National**	**3492491**	**38994**	**9572**	**27409**	**55478**	**30549**	**505920**	**53799**
北京	Beijing	325597	85186	109	26980	1242	90013	25563	100264
天津	Tianjin	105610	52111	23	55250	9482	59343	21933	99215
河北	Hebei	134594	27447	59	14915	817	20099	12362	41158
山西	Shanxi	34156	19501	1946	26697	2077	18480	4844	21442
内蒙古	Inner Mongolia	23809	28200			5065	28109	2566	26722
辽宁	Liaoning	111840	32579	155	21284	1653	20457	12917	60685
吉林	Jilin	23299	35639			242	22232	6497	56164
黑龙江	Heilongjiang	99792	21656	5	7000	2392	11571	22427	18124
上海	Shanghai	313449	70813	3580	33155	8	52111	55883	108473
江苏	Jiangsu	193188	42592	91	16024	600	19612	39411	93658
浙江	Zhejiang	252357	32712	89	19584	86	18529	35807	55899
安徽	Anhui	116847	23390	2	28000	1465	34623	12087	25227
福建	Fujian	130256	36109	91	22598	3362	25736	26110	53808
江西	Jiangxi	63225	22684	51	10857	393	23420	8827	20410
山东	Shandong	294125	32078	95	28198	2911	21724	32522	31785
河南	Henan	176876	19256	331	13462	2001	15004	14912	14255
湖北	Hubei	200038	23801	28	16370	2881	31023	26027	26563
湖南	Hunan	167607	23423	101	15235	1173	18485	24743	25727
广东	Guangdong	172561	53192	104	29367	55	39349	23099	94966
广西	Guangxi	48752	25241	900	33326	328	21489	15843	22662
海南	Hainan	4254	30101	136	12067	3	23333	877	54429
重庆	Chongqing	123416	31521	525	15760	230	25150	11936	30368
四川	Sichuan	100414	23639	44	17943	1912	22374	16220	21770
贵州	Guizhou	23734	19718	154	17411	904	16970	6928	16466
云南	Yunnan	96741	19630	469	16900	6870	24941	21218	16879
西藏	Tibet	3472	13408						
陕西	Shaanxi	82498	26070			3240	40633	12167	22106
甘肃	Gansu	13977	19715	1	12000	2201	26382	5150	16168
青海	Qinghai	7625	31746			411	82278	2040	24591
宁夏	Ningxia	11495	23214	112	20186	40	22045	2047	22620
新疆	Xinjiang	36887	25106	371	22114	1434	9367	2957	23500

6-4 续表 1 continued

地 区 Region	电力、燃气及水的生产和供应业 Production & Distribution of Electricity,Gas & Water		建筑业 Construction		交通运输、仓储和邮政业 Traffic,Transport, Storage and Post		信息传输、计算机服务和软件业 Information Transfer, Computer Services and Software	
	年末人数（人）Year-end Figures (person)	平均工资（元）Average Wage (yuan)	年末人数（人）Year-end Figures (person)	平均工资（元）Average Wage (yuan)	年末人数（人）Year-end Figures (person)	平均工资（元）Average Wage (yuan)	年末人数（人）Year-end Figures (person)	平均工资（元）Average Wage (yuan)
全 国 National	**23103**	**22769**	**1405664**	**28857**	**84728**	**41508**	**33574**	**112973**
北 京 Beijing	574	40873	30498	40610	21878	71931	12676	215048
天 津 Tianjin	549	24580	27439	22818	7611	37329	107	44279
河 北 Hebei	451	16567	57715	26770	821	19421	1495	18231
山 西 Shanxi	1001	17405	6993	16760	170	44524	260	23965
内蒙古 Inner Mongolia	295	8379	7021	30251	67	11753	32	12387
辽 宁 Liaoning	1380	14281	27071	25500	1423	36033	2159	33793
吉 林 Jilin	396	18921	4137	29471	1165	20998	183	26000
黑龙江 Heilongjiang	1113	18611	33280	21391	254	14429	482	24595
上 海 Shanghai	262	36699	107456	45965	9971	49453	1325	229333
江 苏 Jiangsu	851	29862	64070	25801	1811	21725	619	56759
浙 江 Zhejiang	1010	34642	127433	26558	3182	34030	2572	37821
安 徽 Anhui	396	17227	61698	25090	2809	20287	335	23854
福 建 Fujian	859	28528	65664	32924	583	21805	1970	64542
江 西 Jiangxi	921	27803	35935	26113	833	19615	1175	17867
山 东 Shandong	1327	19244	148790	39061	2520	29055	1102	32244
河 南 Henan	1364	21151	101694	20412	3012	13120	335	3298
湖 北 Hubei	1203	21705	129980	22522	3052	24899	870	19833
湖 南 Hunan	757	24669	86702	26179	3598	18093	782	19694
广 东 Guangdong	277	97653	69358	31974	9783	34782	1453	88545
广 西 Guangxi	801	18482	10741	25324	1769	20313	304	22754
海 南 Hainan	58	30237	399	10668	95	43689	4	138000
重 庆 Chongqing	1511	17908	51235	33018	2752	24054	206	33352
四 川 Sichuan	1226	23462	44304	21818	1435	21578	305	40231
贵 州 Guizhou	410	23074	5931	20263	865	17039	353	14165
云 南 Yunnan	1912	22216	44499	19846	1119	21215	290	25262
西 藏 Tibet			397	34607				
陕 西 Shaanxi	733	17405	30318	27208	1008	26293	2110	77352
甘 肃 Gansu	98	13823	3816	23771	631	10118	19	20291
青 海 Qinghai	145	16238	4303	32172	48	35280	23	22391
宁 夏 Ningxia	204	17309	2969	25005	71	23338	19	6000
新 疆 Xinjiang	1019	14277	13818	28833	392	20184	9	17143

6-4 续表 2 continued

地 区	Region	批发和零售业 Wholesale and Retail Trade		住宿和餐饮业 Accommodation and Restaurants		金融业 Finance		房地产业 Real Estate	
		年末人数（人）Year-end Figures (person)	平均工资（元）Average Wage (yuan)	年末人数（人）Year-end Figures (person)	平均工资（元）Average Wage (yuan)	年末人数（人）Year-end Figures (person)	平均工资（元）Average Wage (yuan)	年末人数（人）Year-end Figures (person)	平均工资（元）Average Wage (yuan)
全 国	**National**	**171864**	**65990**	**118690**	**21913**	**725953**	**33957**	**120509**	**38968**
北 京	Beijing	27712	132453	26220	31136	62055	66598	23845	61665
天 津	Tianjin	6741	71912	2592	32370	23350	44016	1603	38321
河 北	Hebei	3656	26138	528	23004	54470	26029	774	23316
山 西	Shanxi	913	24064	153	15987	14821	20042	318	15220
内蒙古	Inner Mongolia	114	13536	1384	24604	7105	27393	36	10417
辽 宁	Liaoning	6033	33041	1898	21545	42858	32494	2933	21781
吉 林	Jilin	1748	22757	155	67000	4752	29448	700	21977
黑龙江	Heilongjiang	4785	17753	479	17438	27585	28203	6172	17864
上 海	Shanghai	44199	100341	38250	22607	7889	202458	21034	46309
江 苏	Jiangsu	8075	28492	16754	12752	44386	33514	4366	31749
浙 江	Zhejiang	11694	31125	5160	10864	38781	44897	6482	37776
安 徽	Anhui	1980	15537	1466	16032	22882	18748	6136	25198
福 建	Fujian	5284	26701	2463	18026	17388	21584	2997	38253
江 西	Jiangxi	6746	14471	198	6557	7255	14818	769	10981
山 东	Shandong	10571	15288	1471	23330	84707	21969	3444	26999
河 南	Henan	3259	14588	1001	15430	37346	19895	4402	24093
湖 北	Hubei	4425	18945	7116	14566	17709	32407	3384	21640
湖 南	Hunan	2796	14415	975	17572	38699	17146	2594	25459
广 东	Guangdong	5822	87432	2757	43816	41517	53372	7894	49878
广 西	Guangxi	1042	18927	662	28958	12304	31604	1239	21443
海 南	Hainan	80	90753	572	25201	1435	16742	257	31824
重 庆	Chongqing	2516	22062	1102	16440	38529	30729	7769	32339
四 川	Sichuan	2943	18143	627	24301	26909	28527	1549	22813
贵 州	Guizhou	1106	15124	558	19467	3250	24637	1949	24019
云 南	Yunnan	4151	21367	1892	18421	5138	14880	2876	24974
西 藏	Tibet	118	25299			223	48474	3	12667
陕 西	Shaanxi	1433	14559	1534	14728	23579	23603	3714	20494
甘 肃	Gansu	508	17648	247	14367	807	16181	411	9576
青 海	Qinghai	177	7979	90	16667	104	21162	161	11175
宁 夏	Ningxia	115	18927	70	31203	4491	19666	316	24025
新 疆	Xinjiang	1122	20146	316	16352	13629	21280	382	18901

6-4 续表 3 continued

地 区 Region	租赁和商务服务业 Tenancy and Business Services		科学研究、技术服务和地质勘查业 Scientific Research, Technical Service & Geological Prospecting		水利、环境和公共设施管理业 Management of Water Conservancy,Environment & Public Establishment		居民服务和其他服务业 Resident Services and Other Services	
	年末人数（人）Year-end Figures (person)	平均工资（元）Average Wage (yuan)	年末人数（人）Year-end Figures (person)	平均工资（元）Average Wage (yuan)	年末人数（人）Year-end Figures (person)	平均工资（元）Average Wage (yuan)	年末人数（人）Year-end Figures (person)	平均工资（元）Average Wage (yuan)
全 国 National	**48520**	**144657**	**64226**	**67812**	**17481**	**25248**	**13467**	**30071**
北 京 Beijing	21701	230541	31882	72904	997	49021	5616	33966
天 津 Tianjin	481	42419	1291	87111	702	20880	900	20988
河 北 Hebei	113	12300	760	22715	264	13580	96	13771
山 西 Shanxi	36	9027	43	25913	90	13308		
内蒙古 Inner Mongolia	10	18200	53	45340				
辽 宁 Liaoning	953	29033	4248	69735	779	21357	50	17965
吉 林 Jilin	1065	22438	548	24267	86	12926	17	289294
黑龙江 Heilongjiang	219	22757	352	33536	70	24972	32	21833
上 海 Shanghai	6822	160443	3606	151708	2423	23170	3955	27957
江 苏 Jiangsu	1265	37518	2135	50132	3066	27259	438	20737
浙 江 Zhejiang	3377	40338	6334	35948	3374	28167	366	26862
安 徽 Anhui	1369	17930	880	23796	1226	30281	23	14130
福 建 Fujian	568	30227	1042	34270	175	18333	142	25190
江 西 Jiangxi	12	31583	9	16111	3	15333		
山 东 Shandong	952	25989	977	27361	238	33598	105	29804
河 南 Henan	341	19855	609	21604	590	12149	174	14624
湖 北 Hubei	684	38136	565	24130	110	15818	41	27378
湖 南 Hunan	481	17131	738	70438	650	18543	312	20009
广 东 Guangdong	2022	141119	2088	103949	904	24811	473	59136
广 西 Guangxi	613	21885	442	27467	82	14210	142	16129
海 南 Hainan	96	33311	55	30923	28	18214	31	21667
重 庆 Chongqing	954	29339	2698	89097	216	15172	28	23310
四 川 Sichuan	772	20455	626	21616	21	18522	19	18778
贵 州 Guizhou	306	23552	334	28375	25	17643	212	15729
云 南 Yunnan	1662	23145	871	28575	1082	12982	110	19721
西 藏 Tibet	97	48216						
陕 西 Shaanxi	249	14016	298	30845	212	13521	170	18373
甘 肃 Gansu	4	11000	54	29349				
青 海 Qinghai	14	11071	51	22315	19	5000		
宁 夏 Ningxia	613	36897	43	26591	22	19000	14	11071
新 疆 Xinjiang	669	21571	594	27133	27	13261	1	28000

6-4 续表 4 continued

地 区	Region	教 育 Education		卫生、社会保障和社会福利业 Sanitation, Social Security and Social Welfare		文化体育和娱乐业 Culture, Sports and Entertainment		公共管理和社会组织 Public Management & Social Organization	
		年末人数（人）Year-end Figures (person)	平均工资（元）Average Wage (yuan)	年末人数（人）Year-end Figures (person)	平均工资（元）Average Wage (yuan)	年末人数（人）Year-end Figures (person)	平均工资（元）Average Wage (yuan)	年末人数（人）Year-end Figures (person)	平均工资（元）Average Wage (yuan)
全 国	**National**	**56544**	**46547**	**12174**	**46512**	**7991**	**43768**	**17033**	**15921**
北 京	Beijing	17105	68145	3303	63669	3431	58526	9190	19803
天 津	Tianjin	603	24368	107	28020	68	50132	28	24429
河 北	Hebei	126	20609	62	23043	20	27450	5	19200
山 西	Shanxi	420	12057	48	32326	8		15	1467
内蒙古	Inner Mongolia	19	27000	42	26741				
辽 宁	Liaoning	4178	45667	1041	21495	92	49724	19	6400
吉 林	Jilin	1274	37712	265	23621	69	37855		
黑龙江	Heilongjiang	11	10917	121	17537	13	42000		
上 海	Shanghai	5478	57067	263	108202	997	51723	48	33286
江 苏	Jiangsu	3063	33491	1699	52108	488	28543		
浙 江	Zhejiang	3468	31193	1187	52402	331	30151	1624	19251
安 徽	Anhui	1702	20856	361	19772	30	31830		
福 建	Fujian	1302	28929	190	56963	35	105286	31	4938
江 西	Jiangxi	71	16465			27	19778		
山 东	Shandong	1769	22157	188	18087	200	23690	236	3077
河 南	Henan	2066	33491	554	25751	12	21867	2873	10960
湖 北	Hubei	1583	23386	184	34597	193	18823	3	19000
湖 南	Hunan	1674	17064	435	39527	317	17336	80	16970
广 东	Guangdong	3958	77167	549	60867	251	75049	197	29808
广 西	Guangxi	908	25707	288	24791	341	5709	3	11000
海 南	Hainan	100	38552	5	69600	9	20583	14	19857
重 庆	Chongqing	895	32224	46	19130	268	18725		
四 川	Sichuan	832	25822	398	40438	258	12073	14	2929
贵 州	Guizhou	334	23716	105	20591	10	16200		
云 南	Yunnan	1795	23001	560	25943	212	14829	15	26200
西 藏	Tibet							2634	5568
陕 西	Shaanxi	1350	18679	79	17932	304	30023		
甘 肃	Gansu	28	8929					2	16000
青 海	Qinghai	32	15433	7	11000				
宁 夏	Ningxia	311	26085	38	18632				
新 疆	Xinjiang	89	37174	49	24820	7	10429	2	12000

七、乡镇企业就业人员

EMPLOYMENT IN TOWNSHIP AND VILLAGE ENTERPRISES

7-1　乡镇企业单位数
TOWNSHIP AND VILLAGE ENTERPRISES

单位：万个　　(10000 units)

年　份 Year	合　计 Total	农林牧渔业 Farming Forestry Animal husbandry & Fishery	工业企业 Industry	建筑业 Constructure	交通运输仓储业 Transport Storage	批　发零售业 Wholesale and Retail Trade	住宿及餐饮业 Hotels and Catering Services	社　会服务业 Social Services	其他企业 Others
1978	152.42	49.46	79.40	4.67	6.51	12.38			
1979	148.04	44.39	76.71	4.97	8.21	13.76			
1980	142.46	37.83	75.78	5.08	8.94	14.83			
1981	133.75	31.90	72.54	4.83	8.89	15.59			
1982	136.17	29.28	74.92	5.38	9.58	17.01			
1983	134.64	26.98	74.40	5.70	9.16	18.40			
1984	606.52	24.84	481.22	8.04	12.96	79.46			
1985	1222.45	22.42	493.03	8.26	10.61	688.13			
1986	1515.30	23.97	635.50	89.25	261.98	504.60			
1987	1750.24	23.12	708.28	90.25	325.24	603.35			
1988	1888.16	23.28	773.52	95.58	372.55	623.23			
1989	1868.63	22.68	736.47	92.55	379.88	637.05			
1990	1850.40	22.40	722.00	90.40	381.40	634.20			
1991	1908.88	23.09	742.57	88.81	400.34	654.07			
1992	2091.62	24.92	793.82	98.49	436.95	737.77			
1993	2452.90	27.90	918.40	121.70	486.40	656.30			
1994	2494.47	24.64	698.58	82.99	369.11	759.63	292.93		266.58
1995	2202.67	27.77	718.16	106.75	495.17	697.77	94.45		62.60
1996	2336.33	28.94	756.43	104.58	546.49	761.71			
1997	907.50	21.46	378.22	41.62	143.06	211.08	86.75		25.30
1998	2004.00	18.90	662.00	82.10	414.80	545.50	221.10		59.50
1999	2070.90	16.50	673.50	82.50	412.70	583.10	241.40		61.10
2000	2084.66	15.12	674.01	79.52	412.52	591.30	249.19		63.01
2001	2115.54	12.74	672.17	76.26	412.86	614.17	262.70		64.64
2002	2132.69	32.17	627.68	69.75	380.13	627.12	211.02	106.29	78.53
2003	2185.08	41.43	643.13	68.06	383.45	647.85	213.20	124.22	63.74
2004	2213.22	41.44	640.28	65.41	377.50	677.35	208.58	136.61	66.05
2005	2249.59	41.18	632.99	64.29	379.86	690.94	215.09	152.98	72.27
2006	2314.47	41.08	656.57	65.43	381.23	712.56	218.70	158.05	80.84
2007	2390.89	17.96	285.27	20.81	58.29	124.90	41.62	28.89	21.65
2008	2599.21	18.54	744.67	73.40	427.64	807.25	248.22	180.79	98.69
2009	2678.94	17.13	277.44	22.00	53.32	119.87	41.76	31.42	27.01
2010	2742.46	17.35	294.11	20.84	53.87	125.01	44.86	33.05	27.62
2011	2844.15	18.39	306.57	21.71	54.58	132.39	48.48	34.91	27.69

注：1.本表1978-1983年为乡村两级数，1984年以后为乡镇企业全部数(以下同)。
2.1997年乡镇企业数统计口径有所调整,与以前数据不可比(以下同)。
3.2007、2009年及以后数据按行业分组不含个体工商户(下表同)。

Note: a) Figures for 1978-1983 included only township and village level enterprises, since 1984 figuers has been covered all township and village enterprises(the same below).
b) In 1997 the statistical coverage of township and village enterprises was adjusted(the same below).
c) Data in 2007.since 2009 are not included individuals in each sector (the same below).

7-2 乡镇企业就业人数
EMPLOYMENT IN TOWNSHIP AND VILLAGE ENTERPRISES

单位: 万人 (10000 persons)

年 份 Year	合 计 Total	农林牧渔业 Farming Forestry Animal husbandry & Fishery	工业企业 Industry	建筑业 Constructure	交通运输仓储业 Transport Storage	批发零售业 Wholesale and Retail Trade	住宿及餐饮业 Hotels and Catering Services	社会服务业 Social Services	其他企业 Others
1978	2826.56	608.42	1734.36	235.62	103.83	144.33			
1979	2909.34	533.00	1814.38	298.45	116.90	146.61			
1980	2999.67	456.07	1942.30	334.67	113.56	153.07			
1981	2969.56	379.94	1980.80	348.83	107.38	152.61			
1982	3112.91	344.00	2072.81	421.29	112.94	161.87			
1983	3234.64	309.22	2168.14	482.72	109.71	164.85			
1984	5208.11	283.93	3656.07	683.49	129.30	455.32			
1985	6979.03	252.38	4136.70	789.95	114.18	1685.82			
1986	7937.14	240.80	4761.96	270.37	541.26	1122.75			
1987	8805.18	244.18	5266.69	373.98	623.14	1297.19			
1988	9545.45	249.99	5703.39	1484.81	684.16	1423.10			
1989	9366.78	239.30	5624.10	1403.73	699.37	1400.28			
1990	9264.75	236.06	5571.69	1346.84	711.22	1398.94			
1991	9609.11	243.08	5813.55	1384.33	732.31	1435.84			
1992	10624.59	261.82	6336.40	1552.42	799.74	1674.34			
1993	12345.30	285.40	7259.60	1826.90	931.40	1407.80			
1994	12017.47	260.46	6961.51	1622.04	725.59	1614.53	418.17		415.16
1995	12862.06	313.52	7564.72	1932.52	952.03	1677.42	225.22		196.63
1996	13508.29	336.00	7860.14	1948.84	1062.32	2447.87			
1997	9158.28	276.96	6149.44	1273.40	382.03	622.99	347.74		105.72
1998	12536.55	273.91	7334.23	1633.75	886.34	1418.90	767.63		221.79
1999	12704.09	247.38	7395.32	1613.45	885.72	1514.02	834.90		213.29
2000	12819.57	222.04	7466.73	1581.09	898.49	1556.93	864.04		230.25
2001	13085.58	200.03	7615.11	1564.41	902.69	1643.74	924.54		235.07
2002	13287.71	205.37	7667.61	1460.36	861.62	1691.27	830.78	301.94	268.76
2003	13572.93	290.42	7856.23	1408.44	847.95	1673.36	829.87	380.27	286.39
2004	13866.17	284.72	8160.54	1375.98	844.47	1699.30	817.91	425.94	257.32
2005	14272.36	285.21	8452.06	1362.75	846.86	1784.47	854.11	419.23	267.67
2006	14680.11	273.05	8502.72	1266.89	946.87	1958.33	886.68	537.29	308.28
2007	15089.76	179.48	6836.55	732.51	270.13	639.94	333.17	173.85	163.39
2008	15450.56	185.64	8972.14	1348.83	1010.47	2075.01	950.21	582.49	325.77
2009	15588.24	182.11	6945.55	791.18	277.67	687.29	353.05	208.28	188.38
2010	15892.56	180.95	7105.25	803.78	277.37	676.92	361.91	214.17	195.40
2011	16186.43	201.22	7164.19	806.90	281.00	720.80	395.31	232.92	211.11

八、职业培训与技能鉴定

VOCATIONAL TRAINING AND SKILL APPRAISAL

8-1 技工学校综合情况

单位：亿元、万人

年 份 Year	技工学校个数（个） Number of Vocational Schools (unit)	招生人数 Students Newly Enrolled	在校学生人数 Number of Students in School	毕业生人数 Number of Graduates	在职教职工人数 Total Teachers and Staff	文化技术理论课教师 Teachers of Cultural and Technical Theory	生产实习指导教师 Production Guide Teachers
绝对数 Absolute figure							
1990	4184	50.6	133.2	24.3	30.8	10.4	3.2
1995	4521	74.6	189.0	68.5	33.7	11.5	3.9
2000	3792	50.4	140.1	64.6	24.0	10.5	3.5
2001	3470	55.1	134.7	47.7	22.0	10.0	3.4
2002	3075	73.3	153.0	45.4	20.3	9.5	3.2
2003	2970	91.6	193.1	45.3	20.2	9.6	3.4
2004	2884	109.7	234.4	53.5	20.4	9.6	3.8
2005	2855	118.4	275.3	69.0	20.4	9.7	3.8
2006	2880	134.8	320.8	86.4	21.5	10.4	4.2
2007	2995	158.5	367.1	99.7	24.0	11.2	5.0
2008	3075	161.4	397.5	109	24.7	12.2	5.4
2009	3064	156.4	414.3	115.2	25.8	12.5	6.0
2010	2998	158.6	421.0	121.3	26.5	12.7	6.3
2011	2914	163.5	429.4	118.9	26.5	12.9	6.3
比上年增长(%) Increase over Preceding year(%)							
1990							
1995	2.1	4.5	1.0	23.0	-1.0	0.9	1.6
2000	-7.5	-2.3	-10.2	-2.5	-11.0	-6.9	-6.7
2001	-8.5	9.4	-3.8	-26.1	-8.3	-4.9	-3.7
2002	-11.4	33.0	13.6	-4.9	-7.4	-5.0	-6.8
2003	-3.4	24.9	26.2	-0.2	-0.7	1.5	7.3
2004	-2.9	19.8	21.4	18.1	1.0		11.8
2005	-1.0	7.9	17.4	29.0		1.0	
2006	0.9	13.9	16.5	25.2	5.4	7.2	10.5
2007	4.0	17.6	14.4	15.4	11.6	7.7	19.0
2008	2.7	1.8	8.3	9.3	2.9	8.9	8.0
2009	-0.4	-3.1	4.2	5.7	4.6	2.8	11.6
2010	-2.2	1.4	1.6	5.4	2.6	1.2	4.3
2011	-2.8	3.1	2.0	-2.0	0.0	1.8	-0.4

GENERAL CONDITION OF VOCATIONAL SCHOOLS

(100 million yuan，10 000 persons)

兼职教师人数 Part-time Teachers	经费来源合计 Resourses of Funds	#事业经费 Operating Funds	#公司经费 Company Funds	经费支出合计 Expenditure	培训社会人员人次 Person-time of Trainees from the Society	培训社会人员结业人数 Graduates of Trainees Recruited from the Society
1.7	15.6	6.1	2.3	17.5		
1.9	53.7	13.2	4.4	43.3	89.9	71.3
2.7	56.9	21.9	3.2	59.4	158.5	156.7
2.6	68.1	23.6	3.2	64.6	151.7	163.9
2.6	67.4	28.2	2.8	67.1	208.6	196.9
3.0	81.4	30.5	2.8	80.5	226.9	223.7
2.9	112.5	37.4	5.2	102.8	265.6	257.5
3.2	123.4	37.8	3.8	124.0	273.3	270.1
3.6	143.1	43.9	3.0	148.7	337.7	330.2
3.8	198.2				380.7	369.8
4.1	204.4				400.0	389.8
4.3	237.3				484.1	382.9
4.4	260.4				468.4	371.3
4.3	271.5				527.5	416.1
8.2	18.6	11.1	14.3	18.0	6.8	3.9
-6.3	-4.6	0.8	-30.1	-0.9	6.3	8.4
-4.1	19.7	7.7	0.6	8.7	-4.3	4.6
-2.4	-1.1	19.4	-13.6	3.8	37.6	20.2
17.4	20.8	8.2	0.1	20.0	37.6	20.2
-3.3	38.2	22.6	85.7	27.7	17.1	15.1
10.3	9.7	1.0	-26.9	20.6	2.9	4.9
12.5	16.0	16.1	-21.1	19.9	23.6	22.3
5.6	38.5				12.7	12.0
7.9	3.1				5.1	5.4
5.2	16.1				21.0	-1.8
1.0	9.7				-3.2	-3.0
-1.7	4.3				12.6	12.1

8-2 各地区技工学校综合情况(2011年)

单位：人

地 区	Region	技工学校个数(个) Number of Vocational Schools (unit)	#劳动预备制度定点培训机构数 Number of Labor Pre-partory System Training Agency	在职教职工人数(人) Total Teachers and Staff (person)	#女性 Female	文化技术理论课教师 Teachers of Cultural and Technical Theory	#高级讲师 Senior Lecturers
全 国	**National**	**2914**	**1247**	**264896**	**111120**	**129356**	**33195**
北 京	Beijing	36	18	3868	1853	1342	410
天 津	Tianjin	33	8	3352	1468	1292	430
河 北	Hebei	168	35	12686	5873	6310	1876
山 西	Shanxi	96	60	8053	3755	3888	973
内蒙古	Inner Mongolia	33	20	3231	1633	2082	636
辽 宁	Liaoning	146	47	10892	5000	5331	1695
吉 林	Jilin	135	38	6247	3194	3677	1225
黑龙江	Heilongjiang	134	50	11539	5348	5669	2055
上 海	Shanghai						
江 苏	Jiangsu	127	35	18389	7799	8961	2198
浙 江	Zhejiang	68	68	7660	3126	4129	951
安 徽	Anhui	91	32	6284	2204	3239	798
福 建	Fujian	71	28	4896	2105	2566	650
江 西	Jiangxi	100	29	10343	4075	5787	1714
山 东	Shandong	208	142	27774	10636	14845	4093
河 南	Henan	185	88	14564	6128	6557	1424
湖 北	Hubei	124	54	10133	3828	5167	1377
湖 南	Hunan	129	62	11097	4772	5537	1440
广 东	Guangdong	246	57	28280	11118	12327	1906
广 西	Guangxi	48	24	5429	2021	2500	507
海 南	Hainan	10	2	1327	541	672	167
重 庆	Chongqing	72	72	5579	2019	2444	628
四 川	Sichuan	115	33	9368	3868	3948	996
贵 州	Guizhou	60	11	2911	1275	1210	237
云 南	Yunnan	35	18	4309	1727	2218	636
陕 西	Shaanxi	255	77	18918	7926	8423	1723
甘 肃	Gansu	78	40	4468	1679	2233	460
青 海	Qinghai	18	18	2413	1149	1209	377
宁 夏	Ningxia	19	7	2061	1030	911	322
新 疆	Xinjiang	74	74	8825	3970	4882	1291

GENERAL CONDITION OF VOCATIONAL SCHOOLS BY REGION (2011)

(person)

#讲师 Lecturers	#助理讲师 Assistant Lecturers	生产实习指导教师 Production Guide Teachers	高级实习指导教师 Senior	一级实习指导教师 Class One	二级实习指导教师 Class Two	三级实习指导教师 Class Three	技师和高级技师 Technician and Senior Technician
46746	**36959**	**62612**	**7293**	**13317**	**12029**	**6171**	**17526**
516	286	700	116	163	171	34	163
408	381	703	153	189	221	38	72
2196	1702	2555	331	486	411	167	761
1251	1181	1441	182	406	276	109	364
692	347	582	91	114	101	41	169
2089	1164	1882	227	340	322	195	341
1388	841	1179	151	160	206	119	422
2016	1348	2542	336	476	330	207	737
3226	2740	4377	481	854	724	299	1035
1476	1054	1546	156	345	314	113	503
1042	941	1285	121	199	208	154	467
717	640	1119	148	228	253	142	171
2278	1552	2706	422	635	499	378	681
5122	4110	6205	830	1665	1210	609	1891
2452	2215	3850	425	856	804	354	1130
2243	1333	2549	314	610	641	201	638
2093	1490	3179	311	892	682	268	780
4524	4811	7951	566	1798	1574	747	3246
993	791	1486	107	301	333	115	512
173	332	214	33	33	45	26	70
997	628	2269	358	407	451	406	562
1496	1120	2032	190	392	455	313	547
512	315	562	84	102	119	70	145
656	798	1590	139	267	248	95	318
2734	2360	4290	513	667	835	565	1095
880	691	938	75	129	187	165	159
423	304	531	115	157	86	47	126
279	245	449	50	67	73	19	81
1874	1239	1900	268	379	250	175	340

8-2 续表 1

单位：人

地 区	Region	一体化教师 Allround Teachers	兼职教师人数 Part-time Teachers	经费来源(亿元) Resouses of Funds (100 million yuan)	招生学校数(所) Number of School (unit)	招生人数(人) Students Newly Enrolled (Person)
全 国	**National**	**57963**	**42809**	**271.5**	**2272**	**1635282**
北 京	Beijing	988	1258	10.4	29	18284
天 津	Tianjin	824	245	3.5	32	7872
河 北	Hebei	2387	1735	9.2	132	55537
山 西	Shanxi	957	1069	6.4	74	40667
内蒙古	Inner Mongolia	722	440	2.3	28	7216
辽 宁	Liaoning	1889	1246	14.1	96	32008
吉 林	Jilin	1635	876	3.5	71	21531
黑龙江	Heilongjiang	2550	2059	8.3	111	100878
上 海	Shanghai					
江 苏	Jiangsu	4857	3344	21.2	115	114210
浙 江	Zhejiang	2298	955	15.3	66	39173
安 徽	Anhui	1278	1517	5.1	68	25768
福 建	Fujian	1230	1140	6.2	67	113630
江 西	Jiangxi	2273	2102	7.8	83	54373
山 东	Shandong	4225	3329	32.4	170	149407
河 南	Henan	3627	2616	11.7	140	110529
湖 北	Hubei	1886	1763	5.2	108	50162
湖 南	Hunan	2548	1923	7.3	91	51484
广 东	Guangdong	7281	2548	49.5	188	301870
广 西	Guangxi	1537	659	6.5	47	56109
海 南	Hainan	542	112	1.9	9	9865
重 庆	Chongqing	1199	1326	2.4	56	40730
四 川	Sichuan	2130	2170	7.0	84	42362
贵 州	Guizhou	398	467	2.6	30	16939
云 南	Yunnan	1581	1399	5.3	35	38826
陕 西	Shaanxi	3190	3541	11.1	216	78047
甘 肃	Gansu	665	786	4.8	56	31338
青 海	Qinghai	395	345	2.0	13	6543
宁 夏	Ningxia	413	353	1.4	9	2881
新 疆	Xinjiang	2458	1486	6.9	48	17043

continued

(person)

		在校学生				毕业生	
#高级班学生 Senior Class	#农业户口学生 New Students from Rural	人数 Number of Students in School	#女生 Female	#高级班 Senior Class	#农业户 New Students from Rural	人数（人） Number of Graduates (person)	#获得中级职业资格 Won Medium Certificates
414108	**1202039**	**4293723**	**1251162**	**1119021**	**3073155**	**1189161**	**740837**
6210	11058	48700	13416	14416	32017	17397	9760
2766	4865	23574	5488	10490	11937	12480	5790
8921	43672	148570	45813	28193	116125	56486	40250
8158	30668	109574	31145	22133	82206	40423	25271
2105	3563	17919	4404	4866	8278	6418	3913
6676	17864	103493	21027	27259	59067	31057	21070
2761	10695	44776	11157	4618	21334	15404	10987
7041	75423	194501	76915	19149	141806	31131	25515
43553	75993	305627	84856	108965	207650	89594	55685
13022	30430	113563	26367	36271	86150	25681	17740
4424	18213	71144	21588	16054	49547	34252	22654
7567	51032	166249	45244	17401	86944	23763	14569
8404	35862	142489	44935	37092	103420	42206	24741
66283	132961	381503	112515	148484	315643	123404	56135
18220	85526	282115	70429	54419	200698	77180	61180
9404	41616	165843	53638	27275	112419	75787	50566
22375	46891	173361	41887	62081	160350	45149	24618
94529	213820	851314	236910	266237	526071	131609	89585
3763	47063	114963	33105	11901	96213	32136	26086
1888	7869	28916	9531	6297	22183	7319	3848
6135	28562	120586	40803	14290	95215	34073	22740
7045	29190	136347	43861	25280	81545	46500	27063
3098	12142	36719	11814	6996	28520	9580	6424
13304	33895	97656	29141	19183	84172	26303	15580
30356	69639	242909	80139	88290	214620	98333	42362
12604	25189	94678	29898	29370	75687	27378	15187
418	4678	22484	7963	2957	13997	14185	11911
830	1863	10665	4209	2272	7963	3497	2231
2248	11797	43485	12964	6782	31378	10436	7376

8-2 续表 2

单位：人

地区	Region	#获得高级职业资格 Won Senior Certificates	培训社会人员（人次） Person-time of Trainees from the Society (person-time)	培训社会人员结业人数 Graduates of Trainees Recruited from the Society	按培训对象分组 Grouped by Trainee：下岗失业人员 Laid-off and Unemployment Workers	按培训对象分组 Grouped by Trainee：劳动预备制学员 Pupils of Labour Preparatory System
全国	**National**	**301391**	**5274538**	**4161035**	**578359**	**324349**
北京	Beijing	6154	93892	57771	5731	1594
天津	Tianjin	4985	68834	65790	5175	6714
河北	Hebei	11582	154505	109510	15253	15712
山西	Shanxi	5808	124946	106635	48975	2669
内蒙古	Inner Mongolia	1657	68519	61495	4715	2971
辽宁	Liaoning	6718	178348	136371	34832	5544
吉林	Jilin	2524	114156	91209	19891	9918
黑龙江	Heilongjiang	4448	321392	293400	109733	17905
上海	Shanghai					
江苏	Jiangsu	27614	410175	308337	50648	35236
浙江	Zhejiang	5923	255516	166182	24066	7079
安徽	Anhui	9044	154214	136260	16615	11493
福建	Fujian	5689	156798	122408	13198	5250
江西	Jiangxi	15126	83672	47842	3729	9960
山东	Shandong	50185	464492	419230	49073	37622
河南	Henan	14632	472665	388042	31387	35679
湖北	Hubei	9192	159430	83544	11925	8454
湖南	Hunan	18975	251201	167884	21698	35844
广东	Guangdong	40648	455439	368378	3806	18112
广西	Guangxi	3663	102925	93072	14637	7046
海南	Hainan	531	27228	13287	1897	1447
重庆	Chongqing	5938	177716	59009	11368	8976
四川	Sichuan	5255	204035	176799	19838	3997
贵州	Guizhou	1235	87019	82774	2909	2813
云南	Yunnan	6647	95375	74475	5015	4347
陕西	Shaanxi	25322	163753	140643	8524	8064
甘肃	Gansu	8264	98696	82059	17496	7149
青海	Qinghai	1636	23244	22973	1975	1043
宁夏	Ningxia	932	18739	15895	2804	232
新疆	Xinjiang	1064	287614	269761	21446	11479

continued

(person)

按培训对象分组 Grouped by Trainee		按获取证书分组 Grouped by Certification Level				技工学校学生就业人数 Employment of Students in Vocational Schools	
在职职工 Workers	农村劳动者 Rural Workers	初级职业资格 Primary Certificates	中级职业资格 Medium Certificates	高级职业资格 Senior Certificates	技师和高级技师资格 Technicians and Senior Technicians Certificates		#高级班学生 Students in Senior Class
2485983	**1359526**	**1560022**	**860869**	**305864**	**92093**	**1151830**	**321815**
66765	3508	16886	12612	8962	2940	16909	6198
24236	11147	25126	16516	11955	3305	11939	5028
81458	30264	23661	20384	15009	7689	54411	12040
44527	14865	26634	40438	17446	1525	39084	6703
39043	11073	12185	34874	6815	1958	6222	1671
91673	32556	43160	17266	3619	2406	30368	6846
37111	18084	29959	11495	4381	986	14888	2635
103956	75535	123908	58415	21653	5866	30342	5619
218202	77679	100703	53601	27514	8301	86906	27434
147104	47892	70911	28382	19344	5701	25126	5917
77436	36554	43076	19320	7025	1494	33596	9452
91987	29608	34712	14654	4388	2202	23392	5678
55376	7561	12375	8120	9608	4097	40205	15180
195050	122371	252285	94211	31815	11566	117047	50269
233956	107178	72866	57884	23353	6149	75427	14866
88323	44170	33296	15779	4555	5215	71922	11425
115042	56582	72041	51309	15630	3162	44391	18975
171097	251396	185538	157753	22162	2925	130546	40640
27126	48438	60605	11510	4155	708	31628	3621
8851	9553	634	2286	1619	255	7169	572
112946	28892	16941	16356	4717	3496	32990	6104
78580	58244	30156	41995	7363	2687	45549	5725
63950	10177	9515	3927	3939	205	8923	1619
32479	39655	49452	8378	7774	1324	25729	6948
70614	64748	66300	21804	6746	1373	93338	38168
28383	30627	17498	10674	1722	1173	26087	8527
13571	4750	4577	3671	1436	266	14016	1656
8445	7224	9801	1881	845	1003	3471	1017
158696	79195	115221	25374	10314	2116	10209	1282

8-3 各地区就业训练中心综合情况(2011年)

单位：亿元、人

地 区	Region	就业训练中心个数(个) Number of Employment Trainning Centers (unit)	在职教职工总人数(人) Total Teachers and Staff (person)	#教 师 Teachers	兼职教师人数(人) Part-time Teachers (person)	经费来源总计(亿元) Resouses of Funds (100 million yuan)
全 国	**National**	**4083**	**59975**	**40133**	**66203**	**22.8**
北 京	Beijing	18	512	238	490	0.5
天 津	Tianjin	19	432	149	606	0.7
河 北	Hebei	301	4024	2591	1472	0.1
山 西	Shanxi	80	1185	582	574	0.4
内蒙古	Inner Mongolia	103	777	553	564	0.5
辽 宁	Liaoning	182	2063	1277	1399	0.4
吉 林	Jilin	65	733	485	473	0.4
黑龙江	Heilongjiang	89	662	410	741	0.7
上 海	Shanghai					
江 苏	Jiangsu	105	2623	1633	2184	2.1
浙 江	Zhejiang	78	626	326	1099	0.6
安 徽	Anhui	117	1537	1098	806	0.7
福 建	Fujian	89	1128	531	1049	0.3
江 西	Jiangxi	305	3726	2345	1503	2.3
山 东	Shandong	1016	18310	13027	38601	1.9
河 南	Henan	160	1656	906	1689	0.5
湖 北	Hubei	125	2094	1475	1161	0.8
湖 南	Hunan	315	5971	5218	3887	2.5
广 东	Guangdong	156	3164	1486	2665	3.8
广 西	Guangxi	47	598	257	442	0.1
海 南	Hainan	12	331	39	98	0.1
重 庆	Chongqing	38	181	117	187	0.2
四 川	Sichuan	157	1732	1118	1340	0.5
贵 州	Guizhou	47	267	151	384	0.2
云 南	Yunnan	3			3	0.0
西 藏	Xizang	8				0.0
陕 西	Shaanxi	188	3110	2357	1270	1.0
甘 肃	Gansu	101	836	550	472	0.4
青 海	Qinghai	26	368	253	241	0.0
宁 夏	Ningxia	21	145	95	109	0.1
新 疆	Xinjiang	112	1184	866	694	0.9

EMPLOYMENT TRAINNING CENTERS BY REGION (2011)

(100 million yuan，person)

财政补助费 Financial Allowance	职业培训补贴 Occupational Training Allowance	就业训练人数 Trainees	#女性 Female	结业人数（人） Number of Graduates (person)	按训练对象分组 Grouped by Personnel 劳动预备制学员 Pupils of Labour Preparatory System	下岗失业人员 Laid-off and Unemployment Workers
4.6	**16.2**	**8328494**	**3694627**	**7441632**	**501947**	**2405454**
0.1	0.4	73843	30273	71406	435	23199
0.1	0.6	124196	48763	120011	2983	43894
0.0	0.0	286346	128637	276276	23859	125152
0.0	0.3	174131	58098	159217	14956	51422
0.1	0.4	97958	40310	96602	821	47355
0.3	0.1	81250	48750	74750		48700
0.0	0.3	178942	71262	137413	5486	55604
0.2	0.3	167676	79629	157625	6803	97048
0.4	1.6	990744	462646	938484	42118	308480
0.2	0.3	226934	116144	193007	4368	64180
0.1	0.6	253896	129805	253749	19756	78045
0.2	0.2	188293	84117	178851	5330	30604
0.6	1.7	539546	229305	476281	23427	158844
0.5	1.0	1155204	510247	944512	120146	385923
0.2	0.2	498563	243623	477253	30212	221233
0.1	0.7	513944	246222	464501	47724	127487
0.1	2.4	719070	325672	689107	73605	223272
0.2	3.1	862235	360279	616171	22897	79118
0.0	0.1	151172	59783	142893	4257	22350
0.0	0.1	14488	6314	13907	334	4637
0.1	0.1	22822	11269	22776		7844
0.1	0.4	253058	116201	244745	7627	60266
0.1	0.2	45956	19051	39356	538	6667
	0.0	650	300	632		238
	0.0	38576	11861	24200		15517
0.1	0.5	267190	111742	245603	26272	45306
0.2	0.1	57282	26511	57184	9839	17695
0.0	0.0	31484	11792	29395		11817
0.0	0.0	63788	18781	61423	768	9247
0.4	0.5	249257	87240	234302	7386	34310

8-3 续表

单位：亿元、人

地区	Region	按训练对象分组 Grouped by Personnel 农村劳动者 Rural Workers	在职职工 Workers	其他 Others	六个月以下 Less than Half a Year
全国	**National**	**3216972**	**1242473**	**801601**	**7516530**
北京	Beijing	37760	10598	1851	73376
天津	Tianjin	53542	14906	8871	120438
河北	Hebei	86510	21470	21510	270217
山西	Shanxi	72149	24039	7285	150313
内蒙古	Inner Mongolia	39118	3228	7436	88449
辽宁	Liaoning	14625	1625	16250	73125
吉林	Jilin	54617	40613	20662	160187
黑龙江	Heilongjiang	47928	6176	7098	160717
上海	Shanghai				
江苏	Jiangsu	289768	258151	92227	949868
浙江	Zhejiang	64810	61118	32256	224608
安徽	Anhui	123086	20461	12548	245197
福建	Fujian	86088	27013	7497	182337
江西	Jiangxi	268493	55016	31070	536345
山东	Shandong	446664	112346	90125	940125
河南	Henan	85645	2563	87987	381235
湖北	Hubei	197483	73667	44743	458023
湖南	Hunan	317215	104978		604092
广东	Guangdong	265105	311467	183648	825572
广西	Guangxi	83400	8106	26471	148135
海南	Hainan	8066	210	1241	14132
重庆	Chongqing	9254	1084	4640	19167
四川	Sichuan	137887	30802	15315	248394
贵州	Guizhou	26496	4278	5939	40294
云南	Yunnan	315		62	650
西藏	Xizang	18087	1024	3948	10545
陕西	Shaanxi	142847	27435	21766	213217
甘肃	Gansu	27482	1582	684	40629
青海	Qinghai	19063	125	479	31484
宁夏	Ningxia	42145	7505	2642	63788
新疆	Xinjiang	151324	10887	45350	241871

continued

(100 million yuan，person)

按训练期限分组 Grouped by Duration		按获取证书分组 Grouped by Certification Level				就业人数 Employment
六个月至一年 Half to One Year	一年以上 More than One Year	初级职业资格 Primary Certificates	中级职业资格 Medium Certificates	高级职业资格 Senior Certificates	技师和高级技师资格 Technicians and Senior Technicians Certificates	
357584	**125492**	**3125299**	**952021**	**186920**	**58176**	**5942559**
131	336	28165	10048	1405	322	33068
809		49964	5321	759	16	87206
9071	5424	106295	17439	446	57	240102
8191	2346	16782	16263	2274	141	100280
9509		13859	1065			96341
8125		77188	40620			56875
18544	211	51411	12005	2033	11	132468
6575	384	29746	8411	241	84	127421
33860	7016	206121	76620	10677	1840	581353
1675	381	101872	30963	13166	2171	166981
6080	2619	190659	49459	7908	5723	233698
2997	1209	95673	12186	4034	1465	146962
3180		397992	27432			467941
70124	20156	591231	210235	33122	4621	810247
25635	56352	75234	42531	5028	85	387684
11668	1030	207034	51912	9074	5902	403047
98241	16737	311563	261835	68416	1123	626294
7606	2321	113834	32506	8431	994	388997
2925	112	38534	2254	616	289	93582
356		3637	967	765		9650
1469	2186	9591	1097			20732
3646	1018	121503	25857	14261	15182	208928
88	1178	23008	161	60		33498
		544	132	25		701
		2560	621		17475	17475
5113	2403	68273	5553	2781	435	178442
15584	1069	55568	1616			44322
		11170				25379
		18019	1376	59		54188
6382	1004	108269	5536	1339	240	168697

8-4 各地区民办职业培训机构综合情况(2011年)

单位：人

地 区	Region	职业培训机构个数(个) Number of Vocational Training Agencies	在职教职工总人数(人) Total Teachers and Staff (person)	#教师 Teachers	兼职教师人数(人) Part-time Teachers (person)	经费来源(亿元) Resouses of Funds (100 million yuan)
全 国	**National**	**19287**	**267576**	**176262**	**97074**	**72.3**
北 京	Beijing	388	6566	3574	3125	1.4
天 津	Tianjin	345	4267	2017	1608	1.2
河 北	Hebei	882	10827	7569	3290	1.3
山 西	Shanxi	415	5647	3636	1526	0.8
内蒙古	Inner Mongolia	322	3255	2270	1781	0.4
辽 宁	Liaoning	989	10504	6035	3910	1.2
吉 林	Jilin	745	5001	3441	1627	0.6
黑龙江	Heilongjiang	729	5537	3590	2050	0.3
上 海	Shanghai	457	13930	8006	3443	5.5
江 苏	Jiangsu	1176	31458	22886	6500	3.9
浙 江	Zhejiang	846	7415	4764	3651	1.6
安 徽	Anhui	991	13747	9398	3097	2.9
福 建	Fujian	388	4437	2746	2091	1.2
江 西	Jiangxi	648	7781	4995	3730	0.5
山 东	Shandong	1229	11574	8014	3587	14.3
河 南	Henan	1177	15845	10270	4833	2.8
湖 北	Hubei	714	7643	5305	2687	2.0
湖 南	Hunan	761	9163	6088	3525	2.5
广 东	Guangdong	1410	15420	9569	6588	11.8
广 西	Guangxi	325	5652	3661	2019	0.8
海 南	Hainan	89	299	283	870	0.4
重 庆	Chongqing	608	8272	5061	4403	2.5
四 川	Sichuan	1470	19600	12122	6942	4.8
贵 州	Guizhou	191	3892	2581	862	1.0
云 南	Yunnan	734	15951	12541	9608	0.3
西 藏	Tibet	46	422	245	91	0.3
陕 西	Shaanxi	170	9050	6090	1810	3.2
甘 肃	Gansu	453	4712	2858	3710	0.7
青 海	Qinghai	107	1137	767	307	0.2
宁 夏	Ningxia	175	4532	2945	1644	0.7
新 疆	Xinjiang	307	4040	2935	2159	1.1

VOCATIONAL TRAINING AGENCIES BY REGION (2011)

(person)

财政补助费 Financial Allowance	职业培训补贴 Occupational Training Allowance	培训人数（人） Trainees (person)	#女性 Female	结业人数（人） Number of Graduates (person)	按培训对象分组 Grouped by trainee: 劳动预备制学员 Pupils of Labour Preparatory System	下岗失业人员 Laid-off and Unemployment Workers
4.6	**20.8**	**12537757**	**5259877**	**10762156**	**633727**	**1486570**
0.1	0.5	332243	124177	312932	3375	25830
	0.7	186923	93466	153241		44272
0.1	0.3	271029	123619	236969	15013	40240
0.1	0.4	220736	95099	201714	26059	64020
0.0	0.3	142903	66695	116668	13569	39248
0.1	0.5	241813	108897	220997	9543	79981
0.0	0.3	171845	69039	144446	24276	41405
0.0	0.0	140359	60316	120470	15982	38263
0.5	1.9	476258	217354	426134		31638
0.4	1.2	1202948	307950	1067790	46541	124777
0.3	0.8	525497	235155	423870	24645	39527
0.1	0.5	323575	157288	289511	27747	45113
0.1	0.3	231271	100089	194067	10145	12578
0.1	0.1	337722	141054	309412	39807	53310
0.1	0.6	559418	232566	481863	74885	72455
0.2	0.9	1062001	505726	985380	51175	66811
0.0	1.3	608691	279174	436536	26835	142060
0.2	2.0	514444	227776	399890	57278	68814
1.1	3.5	1524374	688198	1111669	11878	61170
0.0	0.2	173059	71016	146923	9648	18742
0.0	0.4	56703	17445	54438	1246	13317
0.2	0.2	847280	309133	772220	74543	92614
0.2	1.7	770702	349381	717018	26304	110430
0.0	0.3	86885	31508	74025	2794	7888
0.1	0.1	649105	278250	556784		36743
0.1	0.1	12788	3854	11974	3585	1935
0.1	0.3	113833	56510	108100	14065	2205
0.0	0.1	187965	88051	165810	15679	29455
0.1	0.1	52394	17132	47890		17381
0.1	0.4	172192	52900	166694	3912	20663
0.0	1.1	340801	151059	306721	3198	43685

8-4 续表

单位：人

地　区	Region	按培训对象分组 Grouped by trainee 农村劳动者 Rural Workers	在职职工 Workers	其他 Others	六个月以下 Less than Half a Year
全　国	**National**	**4667553**	**3434215**	**2057453**	**10778817**
北　京	Beijing	77196	151742	71388	309789
天　津	Tianjin	74701	26222	41728	173975
河　北	Hebei	134669	42757	34250	238262
山　西	Shanxi	89420	22051	18435	173541
内蒙古	Inner Mongolia	47428	15718	21527	122034
辽　宁	Liaoning	81843	22476	46956	209085
吉　林	Jilin	58992	13336	33540	155330
黑龙江	Heilongjiang	38832	14963	31747	117258
上　海	Shanghai	12450	131401	300769	470468
江　苏	Jiangsu	296354	575457	152647	1076693
浙　江	Zhejiang	170204	226110	61921	503390
安　徽	Anhui	135731	45400	68345	238915
福　建	Fujian	64949	90298	36335	216279
江　西	Jiangxi	112300	73770	29990	264265
山　东	Shandong	167829	82611	147598	381334
河　南	Henan	762764	101749	79502	926909
湖　北	Hubei	191068	99703	74540	380431
湖　南	Hunan	203273	131099	53980	374505
广　东	Guangdong	367620	894330	156643	1448570
广　西	Guangxi	73749	28623	40090	150984
海　南	Hainan	39193	570	2377	55282
重　庆	Chongqing	260820	266390	152913	679779
四　川	Sichuan	372842	149359	99888	695539
贵　州	Guizhou	40405	16689	12260	65505
云　南	Yunnan	318056	111756	170853	605717
西　藏	Tibet	6965	172	131	12572
陕　西	Shaanxi	31080	17173	34216	51765
甘　肃	Gansu	86943	28371	16159	132451
青　海	Qinghai	34877	60	76	52394
宁　夏	Ningxia	108480	19941	13169	158193
新　疆	Xinjiang	206520	33918	53480	337603

continued

(person)

按训练期限分组 Grouped by Duration		按获取证书分组 Grouped by Certification Level				就业人数（人） Employment (person)
六个月至一年 Half to One Year	一年以上 More than One Year	初级职业资格 Primary Certificates	中级职业资格 Medium Certificates	高级职业资格 Senior Certificates	技师和高级技师资格 Technicians and Senior Technicians Certificates	
816676	**551168**	**3328063**	**1791042**	**490772**	**66539**	**10523200**
19077	3285	92491	56845	18887	2606	137447
12948		58774	49701	30311	4411	143928
20105	9485	53688	45102	8510	1498	208710
39177	3202	29627	37765	4142	267	140752
15395	2636	39328	11334	3143	1487	70689
20935	8388	44615	43470	6022	520	162619
10238	1697	37704	11746	1373	316	119458
12096	2811	40147	13914	1964	245	92236
5519	271	102665	77081	33362	6656	415708
57884	45396	225979	149236	39319	6334	935333
9459	5691	193966	151115	22718	4203	235349
62396	16293	125184	88248	7091	558	258782
10611	2863	71989	17011	7413	794	135997
45407	24050	98945	81159	17827	1896	176388
42840	57689	174083	66538	25822	2124	3227265
74923	60169	123140	69480	14883	2979	890126
76086	152174	186456	149167	81229	13684	35950
81033	33618	172767	60705	4236	913	308795
49282	26522	228692	111141	43515	3165	516353
6582	7216	70831	18906	2134	1791	100354
1421		9320	4883	3689	72	35732
35990	13151	124824	67381	15481	2154	616232
46770	20929	228646	175673	16595	1542	536208
6313	2560	37653	5946	952	151	48604
1801	4430	376895	118132	58847	2910	362605
170	46	2334	126	158		9928
23918	38150	40122	50167	15161	948	101270
18861	8069	65103	29070	1723	920	117549
		17549				41669
6241	377	62877	12802	4031	1395	120325
3198		191669	17198	234		220839

8-5 历年全国职业技能鉴定综合情况

单位：个,人

年 份	Year	职业技能鉴定机构数 Numbe of Testing Agencies	鉴定所数 Testing Agencies	鉴定站数 Testing Stations	工考委和中央企业试点单位数 The Units of Workers Assessing Committees & the Central Enterprises Pilot	考评人员人数 Number of the Assessors	本年鉴定考核人数 Number of the Candidates	初级 Primary
1996		5682	2369	794	2519	37859	2685695	932642
1997		5752	3012	1030	1710	50779	3141832	1044325
1998		6878	3690	1263	1925	70466	3194218	1185862
1999		6916	4202	1336	1378	73068	3377990	1460889
2000		8179	4440	2824	915	128033	4421880	1818534
#行业合计	Subtotal of Industrial Administrations	1445		1443	2	48383	762909	241359
地方合计	Subtotal of Local Governments	6734	4440	1381	913	79650	3658971	1577175
2001		8336	4702	2837	797	143068	5348001	2057575
#行业合计	Subtotal of Industrial Administrations	1501		1464	37	48455	892499	285684
地方合计	Subtotal of Local Governments	6835	4702	1373	760	94613	4455502	1771891
2002		8517	4448	3617	452	175247	6619012	2373190
#行业合计	Subtotal of Industrial Administrations	1776		1770	6	69230	1318097	347894
地方合计	Subtotal of Local Governments	6741	4448	1847	446	106017	5300915	2025296
2003		7252	4780	2293	179	155971	6875444	2461777
#行业合计	Subtotal of Industrial Administrations	1131		1128	3	56821	1105420	249368
地方合计	Subtotal of Local Governments	6121	4780	1165	176	99150	5770024	2212409
2004		9438	4305	5059	74	197821	8796272	3144495
#行业合计	Subtotal of Industrial Administrations	3559	4	3554	1	81539	1700147	482348
地方合计	Subtotal of Local Governments	5879	4301	1505	73	116282	7096125	2662147
2005		7567	4144	3260	163	161458	9577395	3222564
#行业合计	Subtotal of Industrial Administrations	1848	5	1824	19	59974	1595369	362360
地方合计	Subtotal of Local Governments	5719	4139	1436	144	101484	7922895	2842964
中央企业	The Central						59131	17240
试点	Enterprises Pilot						11821552	4140894
2006		7998	3860	4002	136	161596		
#行业合计	Subtotal of Industrial Administrations	2020	12	2008		65571	2473429	916021
地方合计	Subtotal of Local Governments	5823	3848	1839	136	91729	9279660	3212161

STATISTICS OF OCCUPATIONAL SKILL TESTING

(unit,person)

中 级 Medium	高 级 Senior	技 师 Technicians	高级技师 Senior Technicians	本年获取证书人数 Number of the Candidates Got the Certificates	初 级 Primary	中 级 Medium	高 级 Senior	技 师 Technicians	高级技师 Senior Technicians
1318141	360490	69132	5290	2146895	727215	1094809	271346	51262	2263
1625749	427603	39478	4677	2786360	949828	1439046	364024	30506	2956
1670410	278862	51799	7285	2858782	1071270	1491968	244529	44995	6020
1564307	305589	42684	4521	2924206	1280322	1356103	249480	35165	3136
2050863	505685	43794	3004	3726619	1553035	1743885	393201	34175	2323
343589	167271	10125	565	521288	157155	239573	118036	6132	392
1707274	338414	33669	2439	3205331	1395880	1504312	275165	28043	1931
2571508	645644	67688	5586	4570081	1756881	2236967	523010	49689	3534
367182	223536	14192	1905	645636	195946	280851	161054	7082	703
2204326	422108	53496	3681	3924445	1560935	1956116	361956	42607	2831
3204580	965404	69379	6459	5562607	2036748	2712382	761195	48852	3430
577791	369192	20071	3149	1019654	269218	453267	286133	9718	1318
2626789	596212	49308	3310	4542953	1767530	2259115	475062	39134	2112
3338421	969477	96653	9116	5839222	2124504	2870097	768890	69501	6230
486792	345449	20515	3296	892494	208524	401194	267989	12867	1920
2851629	624028	76138	5820	4946728	1915980	2468903	500901	56634	4310
4161612	1229130	212037	48998	7360975	2691946	3516786	975155	140816	36272
731856	440143	35862	9938	1346661	390280	583697	345424	20988	6272
3429756	788987	176175	39060	6014314	2301666	2933089	629731	119828	30000
4552986	1456750	290637	54458	7857292	2732405	3756905	1133278	195577	39127
686936	489903	48197	7973	1233171	278809	551073	372000	27357	3932
3852384	948018	234071	45458	6575037	2438276	3194681	745632	162062	34386
13666	18829	8369	1027	49084	15320	11151	15646	6158	809
5269104	1909269	432423	65401						
				9252416	3124130	4390924	1440591	260830	35384
826698	629978	86015	14717	1576857	377737	660904	488129	43178	6909
4422694	1257031	338287	49487	7619774	2734026	3712773	933739	211694	27542

8-5 续表

单位：个,人

年 份 Year		职业技能鉴定机构数 Numbe of Testing Agencies	鉴定所数 Testing Agencies	鉴定站数 Testing Stations	工考委和中央企业试点单位数 The Units of Workers Assessing Committees & the Central Enterprises Pilot	考评人员人数 Number of the Assessors	本年鉴定考核人数 Number of the Candidates	初 级 Primary
中央企业试点	The Central Enterprises Pilot	155		155		4296	68463	12712
2007		7794	4251	3378	165	158186	12231413	4389064
#行业合计	Subtotal of Industrial Administrations	1938	6	1932		56673	1622348	465248
地方合计	Subtotal of Local Governments	5845	4245	1446	154	98395	10515051	3873553
中央企业试点	The Central Enterprises Pilot	11			11	3118	94014	50263
2008		9933	4096	4662	1175	203883	13374707	5104213
#行业合计	Subtotal of Industrial Administrations	1477	1	1476		72503	1736592	468497
地方合计	Subtotal of Local Governments	8441	4095	3186	1160	124902	11560949	4598473
中央企业试点	The Central Enterprises Pilot	15			15	6478	77166	37243
2009		9538	4825	4486	227	232060	14920761	6029998
#行业合计	Subtotal of Industrial Administrations	2241	9	2188	44	80116	2049033	663297
地方合计	Subtotal of Local Governments	7281	4816	2298	167	143719	12674516	5279691
中央企业试点	The Central Enterprises Pilot	16			16	8225	197212	87010
2010		9803	4612	5058	133	210497	16575457	6768836
#行业合计	Subtotal of Industrial Administrations	2137	12	2125		70109	2831683	949906
地方合计	Subtotal of Local Governments	7647	4600	2933	114	130977	13495340	5704143
中央企业试点	The Central Enterprises Pilot	19			19	9411	248434	114787
2011		10677	5533	4977	167	194795	17459327	7254275
#行业合计	Subtotal of Industrial Administrations	2574	12	2562		75206	3129020	1059714
地方合计	Subtotal of Local Governments	8084	5521	2415	148	110545	14101095	6087176
中央企业试点	The Central Enterprises Pilot	19			19	9044	229212	107385

continued

(unit,person)

中 级 Medium	高 级 Senior	技 师 Technicians	高级技师 Senior Technicians	本年获取证书人数 Number of the Candidates Got the Certificates	初 级 Primary	中 级 Medium	高 级 Senior	技 师 Technicians	高级技师 Senior Technicians
19712	22260	8121	1197	55785	12367	17247	18723	5958	933
5422375	1907654	442715	69605	9956079	3687419	4518674	1429235	274176	46575
619235	461074	65822	10969	1284859	384585	499805	361828	32760	5881
4788802	1424504	370444	57748	8593861	3259275	4007337	1050805	236480	39964
14338	22076	6449	888	77359	43559	11532	16602	4936	730
5758542	2029246	403738	78968	11372105	4492273	4891989	1606473	318047	63323
633514	535833	86649	12099	1448203	393277	514497	440977	86369	13083
5108105	1477855	311085	65431	9863382	4069230	4363967	1152734	227947	49504
16923	15558	6004	1438	60520	29766	13525	12762	3731	736
6110523	2126028	544210	110002	12320051	5251357	5134383	1516357	336623	81331
806706	460363	98550	20117	1636149	562781	673659	335144	55143	9422
5234031	1634315	438111	88368	10556864	4636816	4414218	1158564	276470	70796
69786	31350	7549	1517	127038	51760	46506	22649	5010	1113
6531792	2722092	453762	98975	13929377	5899097	5544598	2097432	316663	71587
951227	766652	129482	34416	2285392	801645	770516	626959	72822	13450
5495732	1918827	314609	62029	11489343	5028937	4718723	1446776	238171	56736
84833	36613	9671	2530	154642	68515	55359	23697	5670	1401
6579593	3098462	428247	98750	14820504	6533022	5464700	2464290	286769	71723
1094106	816296	132899	26005	2578410	1067480	724459	686101	84163	16207
5408072	2246836	288493	70518	12091861	5396177	4689411	1753472	198785	54016
77415	35330	6855	2227	150233	69365	50830	24717	3821	1500

8-6 各地区职业技能鉴定综合情况(2011年)

单位：个,人

地　区	Region	职业技能鉴定机构数 Numbe of Testing Agencies	鉴定所数 Testing Agencies	鉴定站数 Testing Stations	工考委和中央企业试点单位数 The Units of Workers Assessing Committees & the Central Enterprises Pilot	考评人员人数 Number of the Assessors	本年鉴定考核人数 Number of the Candidates	初　级 Primary
全　国	National	**10677**	**5533**	**4977**	**167**	**194795**	**17459327**	**7254275**
行业合计	Subtotal of Industrial Administrations	2574	12	2562		75206	3129020	1059714
地方合计	Subtotal of Local Governments	8084	5521	2415	148	110545	14101095	6087176
中央企业试点单　位	The Central Enterprises Pilot	19			19	9044	229212	107385
北　京	Beijing	84	56	4	24	841	216271	62490
天　津	Tianjin	114	80	23	11	2345	258923	140944
河　北	Hebei	150	150			1094	393346	111071
山　西	Shanxi	158	119	39		3913	315613	70947
内蒙古	Inner Mongolia	205	4	201		4099	193666	111606
辽　宁	Liaoning	231	200	31		929	377355	159585
吉　林	Jilin	22	21	1		194	243010	131577
黑龙江	Heilongjiang	49	36	13		761	281393	121285
上　海	Shanghai	303	303			3823	429413	187537
江　苏	Jiangsu	196	162	7	27	519	1211519	462392
浙　江	Zhejiang	189	81	108		2080	929502	557283
安　徽	Anhui	414	1	413		6208	573236	240732
福　建	Fujian	553	541	12		1356	466043	153427
江　西	Jiangxi	330	257	73		600	374019	80311
山　东	Shandong	167	15	152		460	899491	379478
河　南	Henan	581	356	181	44	2676	533361	212221
湖　北	Hubei	734	734			8210	441486	190314
湖　南	Hunan	242	234	6	2	200	548163	244710
广　东	Guangdong	853	418	435		35124	1664175	654482
广　西	Guangxi	86	44	3	39	628	381233	148487
海　南	Hainan	86	80	6		92	45409	11807
重　庆	Chongqing	175	175			2811	360607	127899
四　川	Sichuan	480	263	217		9010	780402	258125
贵　州	Guizhou	125	125			2971	123343	55180
云　南	Yunnan	687	482	205		8690	669197	414111
西　藏	Tibet	10	10			240	10139	5275
陕　西	Shaanxi	316	182	134		4656	489715	194318
甘　肃	Gansu	106	106			2600	228188	114202
青　海	Qinghai	63	30	32	1	573	40510	26353
宁　夏	Ningxia	57	56	1		1698	63652	42764
新　疆	Xinjiang	267	169	98		406	460607	394409
新疆兵团	Xinjiang Production and Construction Crops	51	31	20		738	98108	21854

STATISTICS OF OCCUPATIONAL SKILL TESTING BY REGION (2011)

(unit,person)

中级 Medium	高级 Senior	技师 Technicians	高级技师 Senior Technicians	本年获取证书人数 Number of the Candidates Got the Certificates	初级 Primary	中级 Medium	高级 Senior	技师 Technicians	高级技师 Senior Technicians
6579593	**3098462**	**428247**	**98750**	**14820504**	**6533022**	**5464700**	**2464290**	**286769**	**71723**
1094106	816296	132899	26005	2578410	1067480	724459	686101	84163	16207
5408072	2246836	288493	70518	12091861	5396177	4689411	1753472	198785	54016
77415	35330	6855	2227	150233	69365	50830	24717	3821	1500
91401	55617	5015	1748	188993	54170	78842	50434	3989	1558
63293	35172	11424	8090	243392	131417	59900	33878	10834	7363
162255	103453	7850	8717	354852	103856	145845	90692	6961	7498
169646	64861	9081	1078	265275	60370	146170	52520	5547	668
61457	15123	3052	2428	178848	103314	57366	13792	2445	1931
141415	56548	17682	2125	322202	143118	125393	42787	9229	1675
69099	40868	1237	229	122978	66464	38610	16949	804	151
67243	72842	17628	2395	268753	113012	65634	70760	17120	2227
141790	69134	26191	4761	277687	138281	90898	36613	10048	1847
538385	188549	20985	1208	996619	383482	447880	145864	18387	1006
260753	95068	15014	1384	836620	506861	233359	83083	12169	1148
237885	82037	11515	1067	480365	209149	204416	61296	5380	124
190267	109170	10847	2332	395153	141664	167054	79480	5432	1523
242912	45108	5194	494	325528	79536	212557	29884	3228	323
276625	215539	23527	4322	834040	362575	255093	189897	22252	4223
199015	104233	14769	3123	475815	187460	190616	84260	11115	2364
151758	84701	5835	8878	430536	186456	149167	81229	5338	8346
182722	105670	10567	4494	477842	228902	162800	76752	7113	2275
690695	289282	24437	5279	1284421	544067	546987	178689	11407	3271
181707	46232	4061	746	320465	129216	158567	29308	2808	566
24146	7861	1299	296	35869	10141	20093	4875	628	132
184126	39110	8231	1241	320157	118805	166649	29424	4430	849
431517	72950	15408	2402	720118	247361	406244	56503	8427	1583
55541	12268	272	82	112205	50914	49658	11349	216	68
144858	104130	5762	336	595620	376620	124754	89219	4756	271
3111	1753			6590	3400	2025	1165		
224326	65548	5124	399	416056	167992	186278	57205	4245	336
100702	11638	1422	224	208823	105052	93096	9507	1005	163
6853	6840	388	76	31578	21558	5083	4648	239	50
15247	4836	737	68	43534	29657	9848	3487	499	43
59559	5483	845	311	431469	371735	53991	4658	781	304
37763	35212	3094	185	89458	19572	34538	33265	1953	130

九、劳动关系

LABOUR RELATION

9-1　历年劳动争议处理情况

单位：件

项　　目	Item	1996	1997	1998	1999	2000
上期未结案件数	Number of Cases Left from Last Year-end	2634	2864	3475	3840	6374
案件受理情况	Cases Accepted					
当期案件受理数	Cases	48121	71524	93649	120191	135206
#集体劳动争议案件数	Number of Collective Labour Disputes	3150	4109	6767	9043	8247
劳动者申诉案件数	Number of Cases Left from Last Year-end	41697	68773	84829	114152	120043
劳动者当事人数(人)	Number of Laborers Involved(person)	189120	221115	358531	473957	422617
#集体劳动争议劳动者当事人数	Number of Laborers Involved in Collective Labour Disputes	92203	132647	251268	319445	259445
争议原因	Disputes Reasons					
劳动报酬	Labour Remuneration					
社会保险	Social Insurances					
变更劳动合同	Change the Labour Contract		2992	2840	3469	3829
解除、终止劳动合同	Relieve or End the Labour Contract		10337	13069	18108	21149
其　他	Others		8917	9515	8626	12549
案件处理情况	Cases Settled					
结案数	Number of Cases Settled	46543	70792	92288	121289	130688
处理方式	by Manners of Settlement					
仲裁调解	by Mediation	24223	32793	31483	39550	41877
仲裁裁决	by Arbitrition Lawsuit	12789	15060	25389	34712	54142
其他方式	Others	9531	22939	35155	47027	34669
处理结果	by Result of Settlement					
用人单位胜诉	Lawsuit Won by Units	9452	11488	11937	15674	13699
劳动者胜诉	Lawsuit Won by Laborers	23696	40063	48650	63030	70544
双方部分胜诉及其他	Lawsuit Partly Won by Both Parties and Others	13395	19241	27365	37459	37247
案外调解案件数	Cases Mediated					

注：2011年起，将“解除劳动合同”和“终止劳动合同”两项合并统计。

LABOUR DISPUTES ACCEPTED AND SETTLED

(piece)

	2001	2002	2003	2004	2005	2006	2007	2008	2009	2010	2011
	8739	12472	16276	17117	17829	22165	25424	33084	83709	77926	42308
	154621	184116	226391	260471	313773	317162	350182	693465	684379	600865	589244
	9847	11024	10823	19241	16217	13977	12784	21880	13779	9314	6592
	146781	172253	215512	249335	293710	301233	325590	650077	627530	558853	568768
	467150	608396	801042	764981	744195	679312	653472	1214328	1016922	815121	779490
	286680	374956	514573	477992	409819	348714	271777	502713	299601	211755	174785
	45172	59144	76774	85132	103183	103887	108953	225061	247330	209968	200550
	31158	56558	76181	88119	97519	100342	97731				149944
	4254	3765	5494	4465	7567	3456	4695				
	29038	30940	40017	57021	68873	67868	80261	139702	43876	31915	118684
	150279	178744	223503	258678	306027	310780	340030	622719	689714	634041	592823
	42933	50925	67765	83400	104308	104435	119436	221284	251463	250131	278873
	77250	77340	95774	110708	131745	141465	149013	274543	290971	266506	244942
	35096	50479	59954	64550	69974	64880	71581	126892	147280	117404	69008
	31544	27017	34272	35679	39401	39251	49211	80462	95470	85028	74189
	71739	84432	109556	123268	145352	146028	156955	276793	255119	229448	195680
	46996	67295	79475	94041	121274	125501	133864	265464	339125	319565	322954
	63939	77342	58451	70840	93561	130321	151902	237283	185598	163997	194338

9-2 各地区劳动争议处理情况(2011年)

单位：件

地 区	Region	上期未结案件数 Number of Cases Left from Last Year-end	案件受理情况 Cases Accepted：当期案件受理数 Cases	#集体劳动争议案件 Number of Collective Labour Disputes	#劳动者申诉案件 Number of Cases Left from Last Year-end	劳动者当事人数(人) Number of Laborers Involved (person)	#集体劳动争议劳动者当事人数 Number of Laborers Involvedin Collective Labour Disputes	案件受理情况 Cases Accepted 争议原因 Causes of the Disputes：劳动报酬 Labour Remuneration	社会保险 Social Insurance
全 国	National	42308	589244	6592	568768	779490	174785	200550	149944
北 京	Beijing	4090	59465	501	58531	59465	12443	30192	6310
天 津	Tianjin	3114	14450	64	14320	16044	1580	4783	4145
河 北	Hebei	424	18799	341	17996	27818	5570	4333	5814
山 西	Shanxi	567	4310	104	4011	7499	2642	1202	1585
内蒙古	Inner Mongolia	106	4264	113	4095	7867	3084	1263	1661
辽 宁	Liaoning	1440	19449	248	18917	26466	7729	7162	4708
吉 林	Jilin	98	4402	73	4376	6596	1582	995	2114
黑龙江	Heilongjiang	263	7181	79	6731	9729	2192	1520	3837
上 海	Shanghai	4170	54796	96	52442	58687	2662	19837	6656
江 苏	Jiangsu	1566	54009	407	53387	65321	8445	20291	13032
浙 江	Zhejiang	1352	37579	457	36982	55431	17780	11874	14253
安 徽	Anhui	389	8684	64	8595	11705	1832	2396	3095
福 建	Fujian	865	12498	214	11731	19608	6584	4363	3941
江 西	Jiangxi	1640	6650	152	6506	10025	2789	1593	2404
山 东	Shandong	4010	35711	235	34580	47836	8727	13403	6590
河 南	Henan	1230	17118	219	15896	23853	3579	4245	6518
湖 北	Hubei	842	16153	245	14967	24620	3622	3430	6960
湖 南	Hunan	484	13371	263	12497	20139	4392	3062	3729
广 东	Guangdong	10723	93817	1008	91209	145518	51027	38270	11286
广 西	Guangxi	301	10400	24	10330	11250	766	3224	2155
海 南	Hainan	994	3934	57	3908	6708	2330	907	1655
重 庆	Chongqing	442	26419	652	26174	33805	7743	5809	9054
四 川	Sichuan	715	26827	371	22611	31593	5858	5556	10585
贵 州	Guizhou	954	11012	100	10602	13011	1585	2038	5957
云 南	Yunnan	212	5191	71	5149	7845	1750	961	2896
西 藏	Tibet	10	356	104	354	1837	1260	253	60
陕 西	Shaanxi	314	6153	34	5998	7607	556	1373	2274
甘 肃	Gansu	419	2628	56	2541	4930	1582	801	950
青 海	Qinghai	33	746	5	741	937	129	265	307
宁 夏	Ningxia	138	2563	53	2332	3301	1011	768	1128
新 疆	Xinjiang	391	9705	177	9623	11739	1863	4154	4051
新疆兵团	Xinjiang Production and Construction Crops	12	604	5	636	700	91	227	234

LABOUR DISPUTES ACCEPTED AND SETTLED BY REGION (2011)

(piece)

案件受理情况 Cases Accepted		案件处理情况 Cases Settled							案外调解案件数
争议原因 Causes of the Disputes		结案数	处理方式 by Manners of Settlement			处理结果 by Result of Settlement			
#工伤保险 Work Injury Insurance	解除、终止劳动合同 Relieve or End the Labour Contract	Number of Cases Settled	仲裁调解 by Mediation	仲裁裁决 by Arbitration Lawsuit	其他方式 Others	用人单位胜诉 Lawsuit Won by Units	劳动者胜诉 Lawsuit Won by Laborers	双方部分胜诉及其他 Lawsuit Partly Won by Both Parties and Others	Cases Mediated
79487	118684	592823	278873	244942	69008	74189	195680	322954	194338
495	135	60127	30473	25097	4557	9883	4319	45925	9010
910	2022	14655	7537	5373	1745	2311	5199	7145	3853
2271	4134	18805	7829	9535	1441	2183	8844	7778	5895
1103	570	4555	1860	2182	513	407	2921	1227	1645
1242	805	4291	1972	1801	518	474	2260	1557	720
2105	2103	19722	8337	9232	2153	2346	8657	8719	2634
782	297	4172	2503	1287	382	172	2463	1537	3138
2768	486	6955	3568	3038	349	564	4955	1436	2094
1872	16379	55723	16044	24994	14685	11993	6101	37629	5345
9170	12290	54198	35739	12022	6437	5729	19293	29176	27069
9916	7035	36667	22738	9202	4727	2827	9949	23891	3206
1533	1946	8598	4020	3639	939	653	3859	4086	2495
3022	2510	12576	5660	4953	1963	1190	5179	6207	6878
1088	1185	8102	5214	2241	647	840	4436	2826	2732
5071	7378	36017	18526	11927	5564	4682	14864	16471	12123
1571	3319	17359	8433	8358	568	2335	7809	7215	5555
2064	2645	16146	7359	6314	2473	1602	5734	8810	3844
1941	3605	13306	7438	4506	1362	1038	7566	4702	12397
8034	31982	94196	34218	51452	8526	12589	22028	59579	45621
422	3284	10181	3280	6160	741	1291	3632	5258	2545
54	665	3998	1664	1919	415	296	2102	1600	98
7149	5069	26404	14211	9348	2845	3169	8813	14422	11294
6320	4770	26792	12216	11899	2677	2586	13352	10854	12608
3755	1273	11298	6114	4571	613	821	5437	5040	2484
1234	287	5176	2177	2629	370	332	3563	1281	2537
40	12	354	253	82	19	17	226	111	237
772	1148	6100	2179	3148	773	821	2962	2317	254
411	251	3000	1260	1550	190	195	1698	1107	1092
266	100	744	280	395	69	54	552	138	20
391	313	2509	1453	869	187	271	900	1338	1010
1557	595	9494	4106	4901	487	477	5797	3220	3394
158	91	603	212	318	73	41	210	352	511

9-3 劳动保障监察案件结案情况(2011)
CASES SETTLED BY LABOUR AND SOCIAL SECURITY INSPECTION ORGANIZATION(2011)

单位：件 (piece)

项 目	Item	2011
结案数	Cases Settled	**379875**
案件分类	Cases by Caused Reasons	
内部劳动保障规章制度	Inner Institutions on Labour and Social Security	19063
订立和解除劳动合同	Signing or Relieve Labour Contract	61954
女职工特殊劳动保护	Special Protection for Female Workers and employees	1013
未成年工特殊劳动保护	Special Protection for minor Workers and employees	1282
工作时间和休息休假	Working Hours and Vocation	30761
支付工资和最低工资标准	Wage Payment and Minimum Wage Standard	202589
参加社会保险和缴纳社会保险费	Social Insurances	72058
职业介绍	Job Referral	4265
职业技能培训和职业技能考核	Vocational Training and Vocational Qualification	4179
其 他	Others	26917
案件处理情况	Settlement of Cases	
责令限期改正	Orders to Make Corrections	247148
行政处理决定	Decisions of Administrative Settlement	13254
行政处罚决定	Decisions of Administrative Penalty	25266
警 告	Disciplinary Warning	8263
罚 款	Fine	18318
其他行政处罚	Others	653

9-4 劳动保障监察工作情况(2011)
LABOUR AND SOCIAL SECURITY INSPECTION (2011)

项 目	Item	2011
主动监察	Inspection on Initiative	
检查单位数(万户)	Employing Units Inspected (10 000 households)	184.8
涉及劳动者人数(万人)	Labourers Involved (10 000 persons)	10517.4
投诉结案数(万件)	Complaint Cases Settled (10 000 pieces)	29.3
举报结案数(万件)	Cases Settled through Inspection upon Reporting (10 000 pieces)	5.3
审查用人单位报送的书面材料涉及用人单位数(万户)	Employing Units inspected through Examining Documents reported (10 000 households)	210.8
补签劳动合同(万人)	Number of Labour Contracts Signed for Inspection (10 000 persons)	880.1
追发劳动者工资等待遇	Repay Wages and other Benefits	
涉及劳动者人数(万人)	Labourers Involved (10 000 persons)	533.5
金额(亿元)	Amount of Money (100 million yuan)	155.1
督促缴纳社会保险费	Levy of Social Insurance Fees for Inspection	
单位数(万户)	Employing Units Involved (10 000 households)	12.8
金额(亿元)	Amount of Money (100 million yuan)	52.8
督促社会保险登记单位数(万户)	Registeration of Social Insurance for Inspection Employing Units Involved (10 000 households)	8.5
取缔非法职业中介机构(户)	Number of Illegal Occupational Intermediary Agencies(household)	4753
清退风险抵押金金额(万元)	Amount of Money in Pledge Repaid to Employees (10 000 Yuan)	6537.0
审查用人单位规章数(万件)	Number of Regulations of Employing Units Inspected (10 000 pieces)	78.7
纠正用人单位违法规章数(万件)	Number of Regulations of Employing Units Corrected (10 000 pieces)	24.4
向社会公布重大违法行为数(件)	Discolsed Serious Violations of Laws or Rules (piece)	378

十、社会保障

SOCIAL SECURITY

10-1 历年全国社会保险基金收入
REVENUE OF SOCIAL INSURANCE FUNDS

年 份 Year	合 计 Total	城镇职工基本养老保险 Urban Basic Pension Insurance	失业保险 Unemployment Insurance	城镇基本医疗保险 Urban Basic Medical Insurance	工伤保险 Work Injury Insurance	生育保险 Maternity Insurance
绝对数(亿元) Revenue (100 million yuan)						
1989	153.6	146.7	6.8			
1990	186.8	178.8	7.2			
1991	225.0	215.7	9.3			
1992	377.4	365.8	11.7			
1993	526.1	503.5	17.9	1.4	2.4	0.8
1994	742.0	707.4	25.4	3.2	4.6	1.5
1995	1006.0	950.1	35.3	9.7	8.1	2.9
1996	1252.4	1171.8	45.2	19.0	10.9	5.5
1997	1458.2	1337.9	46.9	52.3	13.6	7.4
1998	1623.1	1459.0	68.4	60.6	21.2	9.8
1999	2211.8	1965.1	125.2	89.9	20.9	10.7
2000	2644.9	2278.5	160.4	170.0	24.8	11.2
2001	3101.9	2489.0	187.3	383.6	28.3	13.7
2002	4048.7	3171.5	215.6	607.8	32.0	21.8
2003	4882.9	3680.0	249.5	890.0	37.6	25.8
2004	5780.3	4258.4	290.8	1140.5	58.3	32.1
2005	6975.2	5093.3	340.3	1405.3	92.5	43.8
2006	8643.2	6309.8	402.4	1747.1	121.8	62.1
2007	10812.3	7834.2	471.7	2257.2	165.6	83.6
2008	13696.1	9740.2	585.1	3040.4	216.7	113.7
2009	16115.6	11490.8	580.4	3671.9	240.1	132.4
2010	18822.8	13419.5	649.8	4308.9	284.9	159.6
2011	24043.2	16894.7	923.1	5539.2	466.4	219.8
比上年增长(%) Increase rate						
1990	21.6	21.9	5.9			
1991	20.5	20.6	29.2			
1992	67.7	69.6	25.8			
1993	39.4	37.7	53.0			
1994	41.0	40.5	41.9	119.9	90.4	73.8
1995	35.6	34.3	38.9	206.3	77.5	99.4
1996	24.5	23.3	28.2	96.6	34.7	87.8
1997	16.4	14.2	3.7	175.1	24.6	34.9
1998	11.3	9.0	45.7	15.9	55.9	31.1
1999	36.3	34.7	83.1	48.3	-1.3	10.1
2000	19.6	15.9	28.1	89.2	18.7	3.8
2001	17.3	9.2	16.8	125.7	14.2	23.1
2002	30.5	27.4	15.1	58.4	13.2	58.9
2003	20.6	16.0	15.7	46.4	17.4	18.3
2004	18.4	15.7	16.6	28.1	55.1	24.4
2005	20.7	19.6	17.0	23.2	58.7	36.4
2006	23.9	23.9	18.2	24.3	31.7	41.8
2007	25.1	24.2	17.2	29.2	36.0	34.6
2008	26.7	24.3	24.0	34.7	30.9	36.0
2009	17.7	18.0	-0.8	20.8	10.8	16.4
2010	16.8	16.8	12.0	17.3	18.7	20.5
2011	27.7	25.9	42.1	28.6	63.7	37.8

10-2 历年全国社会保险基金支出

EXPENSES OF SOCIAL INSURANCE FUNDS

年 份 Year	合 计 Total	城镇职工基本养老保险 Urban Basic Pension Insurance	失业保险 Unemployment Insurance	城镇基本医疗保险 Basic Medical Insurance	工伤保险 Work Injury Insurance	生育保险 Maternity Insurance
绝对数(亿元) Expenses (100 million yuan)						
1989	120.9	118.8	2.0			
1990	151.9	149.3	2.5			
1991	176.1	173.1	3.0			
1992	327.1	321.9	5.1			
1993	482.2	470.6	9.3	1.3	0.4	0.5
1994	680.0	661.1	14.2	2.9	0.9	0.8
1995	877.1	847.6	18.9	7.3	1.8	1.6
1996	1082.4	1031.9	27.3	16.2	3.7	3.3
1997	1339.2	1251.3	36.3	40.5	6.1	4.9
1998	1636.9	1511.6	51.9	53.3	9.0	6.8
1999	2108.1	1924.9	91.6	69.1	15.4	7.1
2000	2385.6	2115.5	123.4	124.5	13.8	8.3
2001	2748.0	2321.3	156.6	244.1	16.5	9.6
2002	3471.5	2842.9	186.6	409.4	19.9	12.8
2003	4016.4	3122.1	199.8	653.9	27.1	13.5
2004	4627.4	3502.1	211.3	862.2	33.3	18.8
2005	5400.8	4040.3	206.9	1078.7	47.5	27.4
2006	6477.4	4896.7	198.0	1276.7	68.5	37.5
2007	7887.9	5964.9	217.7	1561.8	87.9	55.6
2008	9925.1	7389.6	253.5	2083.6	126.9	71.5
2009	12302.6	8894.4	366.8	2797.4	155.7	88.3
2010	14818.5	10554.9	423.3	3538.1	192.4	109.9
2011	18054.6	12764.9	432.8	4431.4	286.4	139.2
比上年增长(%) Increase rate						
1990	25.6	25.7	27.0			
1991	15.9	15.9	18.1			
1992	85.7	86.0	70.0			
1993	47.4	46.2	82.4			
1994	41.0	40.5	52.7	118.3	127.4	60.5
1995	29.0	28.2	32.9	150.2	92.4	95.3
1996	23.4	21.7	44.7	122.9	104.1	108.2
1997	23.7	21.3	33.1	149.5	64.5	49.4
1998	22.2	20.8	42.9	31.6	48.6	39.5
1999	28.8	27.3	76.6	29.6	70.5	4.1
2000	13.2	9.9	34.7	80.3	-10.5	17.1
2001	15.2	9.7	26.8	96.0	19.5	14.9
2002	26.3	22.5	19.2	67.7	20.6	33.3
2003	15.7	9.8	7.1	59.7	36.2	5.6
2004	15.2	12.2	5.8	31.9	22.9	39.3
2005	16.7	15.4	-2.1	25.1	42.6	45.7
2006	19.9	21.2	-4.3	18.4	44.2	36.9
2007	21.8	21.8	9.9	22.3	28.3	48.3
2008	25.8	23.9	16.4	33.4	44.4	28.6
2009	24.0	20.4	44.7	34.3	22.7	23.5
2010	20.5	18.7	15.4	26.5	23.6	24.4
2011	21.8	20.9	2.2	25.2	48.8	26.7

10-3 历年全国社会保险基金累计结余

BALANCE OF SOCIAL INSURANCE FUNDS

年 份 Year	合 计 Total	城镇职工基本养老保险 Urban Basic Pension Insurance	失业保险 Unemployment Insurance	城镇基本医疗保险 Basic Medical Insurance	工伤保险 Work Injury Insurance	生育保险 Maternity Insurance
绝对数(亿元) Balance at the Year-end (100 million yuan)						
1989	81.6	68.0	13.6			
1990	117.3	97.9	19.5			
1991	169.7	144.1	25.7			
1992	252.8	220.6	32.1			
1993	303.7	258.6	40.8	0.4	3.1	0.8
1994	365.7	304.8	52.0	0.7	6.8	1.4
1995	516.8	429.8	68.4	3.1	12.7	2.7
1996	696.1	578.6	86.4	6.4	19.7	5.0
1997	831.6	682.8	97.0	16.6	27.7	7.5
1998	791.1	587.8	133.4	20.0	39.5	10.3
1999	1009.8	733.5	159.9	57.6	44.9	13.9
2000	1327.5	947.1	195.9	109.8	57.9	16.8
2001	1622.8	1054.1	226.2	253.0	68.9	20.6
2002	2423.4	1608.0	253.8	450.7	81.1	29.7
2003	3313.8	2206.5	303.5	670.6	91.2	42.0
2004	4493.4	2975.0	385.8	957.9	118.6	55.9
2005	6073.7	4041.0	519.0	1278.1	163.5	72.1
2006	8255.9	5488.9	724.8	1752.4	192.9	96.9
2007	11236.6	7391.4	979.1	2476.9	262.6	126.6
2008	15176.0	9931.0	1310.1	3431.7	384.6	168.2
2009	19006.5	12526.1	1523.6	4275.9	468.8	212.1
2010	22902.7	15365.3	1749.8	5047.1	561.4	261.4
2011	29001.9	19496.6	2240.2	6180.0	742.6	342.5
比上年增长(%) Increase rate						
1990	43.8	44.0	43.1			
1991	44.6	47.2	32.0			
1992	49.0	53.1	24.9			
1993	20.1	17.2	27.1			
1994	20.4	17.9	27.5	63.8	118.1	87.6
1995	41.3	41.0	31.6	335.4	87.3	91.7
1996	34.7	34.6	26.2	107.9	55.8	81.6
1997	19.5	18.0	12.3	157.8	40.1	51.2
1998	-4.9	-13.9	37.6	20.5	42.9	37.1
1999	27.6	24.8	19.8	187.8	13.6	34.9
2000	31.5	29.1	22.6	90.8	28.8	20.6
2001	22.2	11.3	15.5	130.4	19.1	22.7
2002	49.3	52.6	12.2	78.1	17.7	44.5
2003	36.7	37.2	19.6	48.8	12.5	41.3
2004	35.6	34.8	27.1	42.8	30.0	33.1
2005	35.2	35.8	34.5	33.4	37.9	29.0
2006	35.9	35.8	39.7	37.1	18.0	34.4
2007	36.1	34.7	35.1	41.3	36.1	30.7
2008	35.1	34.4	33.8	38.5	46.5	32.9
2009	25.2	26.1	16.3	24.6	21.9	26.1
2010	20.5	22.7	14.8	18.0	19.8	23.2
2011	26.6	26.9	28.0	22.4	32.3	31.0

10-4 历年全国城镇职工基本养老保险情况
URBAN BASIC PENSION INSURANCE

年 份 Year	年末参保人数(万人) Persons Covered at the Year-end (10 000 persons)			基金收支情况(亿元) Revenue and Expenses(100 million yuan)		
	合 计 Total	职工 Workers	离退休人员 Retirees	基金收入 Revenue	基金支出 Expenses	累计结余 Balance at the Year-end
1989	5710.3	4816.9	893.4	146.7	118.8	68.0
1990	6166.0	5200.7	965.3	178.8	149.3	97.9
1991	6740.3	5653.7	1086.6	215.7	173.1	144.1
1992	9456.2	7774.7	1681.5	365.8	321.9	220.6
1993	9847.6	8008.2	1839.4	503.5	470.6	258.6
1994	10573.5	8494.1	2079.4	707.4	661.1	304.8
1995	10979.0	8737.8	2241.2	950.1	847.6	429.8
1996	11116.7	8758.4	2358.3	1171.8	1031.9	578.6
1997	11203.9	8670.9	2533.0	1337.9	1251.3	682.8
1998	11203.1	8475.8	2727.3	1459.0	1511.6	587.8
1999	12485.4	9501.8	2983.6	1965.1	1924.9	733.5
2000	13617.4	10447.5	3169.9	2278.5	2115.5	947.1
2001	14182.5	10801.9	3380.6	2489.0	2321.3	1054.1
2002	14736.6	11128.8	3607.8	3171.5	2842.9	1608.0
2003	15506.7	11646.5	3860.2	3680.0	3122.1	2206.5
2004	16352.9	12250.3	4102.6	4258.4	3502.1	2975.0
2005	17487.9	13120.4	4367.5	5093.3	4040.3	4041.0
2006	18766.3	14130.9	4635.4	6309.8	4896.7	5488.9
2007	20136.9	15183.2	4953.7	7834.2	5964.9	7391.4
2008	21891.1	16587.5	5303.6	9740.2	7389.6	9931.0
2009	23549.9	17743.0	5806.9	11490.8	8894.4	12526.1
2010	25707.3	19402.3	6305.0	13419.5	10554.9	15365.3
2011	28391.3	21565.0	6826.2	16894.7	12764.9	19496.6

10-5 历年全国机关、事业单位城镇职工基本养老保险情况
URBAN BASIC PENSION INSURANCE (INSTITUTION AGENCIES AND ORGANIZATIONS)

年份 Year	年末参保人数(万人) Persons Covered at the Year-end (10 000 persons)			基金收支情况(亿元) Revenue and Expenses(100 million yuan)		
	合计 Total	职工 Workers	离退休人员 Retirees	基金收入 Revenue	基金支出 Expenses	累计结余 Balance at the Year-end
1999	762.5	642.6	119.9	93.2	61.8	89.3
2000	1131.0	977.6	153.4	189.8	145.4	186.1
2001	1278.2	1068.9	209.3	253.0	204.4	233.2
2002	1458.0	1199.4	258.6	387.8	340.1	364.5
2003	1625.3	1322.0	303.3	470.6	405.9	441.7
2004	1674.0	1346.4	327.6	529.9	470.9	475.7
2005	1772.1	1409.8	362.3	601.6	545.0	534.3
2006	1909.7	1512.9	396.8	677.2	609.4	619.8
2007	1902.3	1492.6	409.7	823.6	811.3	633.2
2008	1939.7	1504.1	435.6	940.1	882.0	690.0
2009	1983.0	1524.0	459.0	1070.3	1007.8	751.8
2010	2072.9	1579.6	493.3	1201.1	1145.0	818.1
2011	2108.0	1595.0	513.0	1409.9	1339.3	888.5

10-6 历年全国企业及其他城镇职工基本养老保险情况
URBAN BASIC PENSION INSURANCE(ENTERPRISES AND OTHERS)

年份 Year	年末参保人数(万人) Persons Covered at the Year-end (10 000 persons)			基金收支情况(亿元) Revenue and Expenses(100 million yuan)		
	合计 Total	职工 Workers	离退休人员 Retirees	基金收入 Revenue	基金支出 Expenses	累计结余 Balance at the Year-end
1989	5710.3	4816.9	893.4	146.7	118.8	68.0
1990	6166.0	5200.7	965.3	178.8	149.3	97.9
1991	6740.3	5653.7	1086.6	215.7	173.1	144.1
1992	9456.2	7774.7	1681.5	365.8	321.9	220.6
1993	9847.6	8008.2	1839.4	503.5	470.6	258.6
1994	10573.5	8494.1	2079.4	707.4	661.1	304.8
1995	10979.0	8737.8	2241.2	950.1	847.6	429.8
1996	11116.7	8758.4	2358.3	1171.8	1031.9	578.6
1997	11203.9	8670.9	2533.0	1337.9	1251.3	682.8
1998	11203.1	8475.8	2727.3	1459.0	1511.6	587.8
1999	11722.9	8859.2	2863.7	1871.9	1863.1	644.2
2000	12486.4	9469.9	3016.5	2088.3	1970.0	761.0
2001	12904.3	9733.0	3171.3	2235.1	2116.5	818.6
2002	13278.6	9929.4	3349.2	2783.6	2502.8	1243.5
2003	13881.4	10324.5	3556.9	3209.4	2716.2	1764.8
2004	14678.9	10903.9	3775.0	3728.5	3031.2	2499.3
2005	15715.8	11710.6	4005.2	4491.7	3495.3	3506.7
2006	16856.6	12618.0	4238.6	5632.5	4287.3	4869.1
2007	18234.6	13690.6	4544.0	7010.6	5153.6	6758.2
2008	19951.4	15083.4	4868.0	8800.1	6507.6	9241.0
2009	21567.0	16219.0	5348.0	10420.6	7886.6	11774.3
2010	23634.4	17822.7	5811.6	12218.4	9409.9	14547.2
2011	26284.0	19970.0	6314.0	15484.8	11425.7	18608.1

10-7 历年各地区城镇职工基本养老保险参保人数

CONTRIBUTORS OF URBAN BASIC PENSION INSURANCE BY REGION

单位：万人 (10 000 persons)

地区	Region	2001 合计 Total	2001 #离退休人员 Retirees	2002 合计 Total	2002 #离退休人员 Retirees	2003 合计 Total	2003 #离退休人员 Retirees	2004 合计 Total	2004 #离退休人员 Retirees
全　国	**National**	**14182.5**	**3380.6**	**14736.6**	**3607.8**	**15506.7**	**3860.2**	**16352.9**	**4102.6**
北　京	Beijing	425.9	124.3	436.2	133.2	448.5	141.5	459.7	148.6
天　津	Tianjin	281.4	85.2	296.0	91.4	283.3	97.6	298.1	102.9
河　北	Hebei	641.4	145.3	643.5	154.0	665.5	163.6	683.4	172.0
山　西	Shanxi	365.6	81.8	361.8	85.4	364.4	88.1	376.7	93.3
内蒙古	Inner Mongolia	290.6	65.3	292.9	70.8	300.9	72.6	318.8	82.0
辽　宁	Liaoning	1022.7	288.9	1039.2	302.2	1070.4	315.5	1101.0	333.8
吉　林	Jilin	389.1	99.6	397.7	104.9	427.0	115.5	439.0	123.1
黑龙江	Heilongjiang	692.5	178.5	689.8	187.4	714.3	196.0	738.1	207.3
上　海	Shanghai	683.5	239.9	699.8	246.9	715.6	254.6	770.9	265.3
江　苏	Jiangsu	888.1	212.7	1063.5	252.9	1135.2	271.4	1214.1	288.8
浙　江	Zhejiang	610.4	125.1	701.1	132.6	801.2	144.2	888.0	152.4
安　徽	Anhui	432.7	98.5	432.3	102.8	456.6	113.6	463.9	118.8
福　建	Fujian	242.0	58.4	285.1	61.6	364.2	79.4	377.5	83.7
江　西	Jiangxi	328.8	78.2	339.8	82.6	355.9	93.4	371.8	99.9
山　东	Shandong	1022.6	191.3	1043.0	205.3	1135.9	219.3	1218.7	232.2
河　南	Henan	736.6	141.9	757.8	161.5	751.1	171.0	781.1	181.1
湖　北	Hubei	612.1	137.7	628.8	147.2	732.4	177.9	780.5	195.4
湖　南	Hunan	603.4	148.0	616.5	157.7	636.2	167.5	691.7	185.4
广　东	Guangdong	1370.3	187.0	1405.4	193.5	1482.2	203.8	1588.8	220.4
广　西	Guangxi	248.9	58.7	257.2	63.5	264.8	66.3	279.3	70.2
海　南	Hainan	108.2	30.5	111.2	31.9	116.7	33.6	120.0	35.2
重　庆	Chongqing	270.3	82.3	280.3	87.8	280.0	92.4	283.9	96.8
四　川	Sichuan	578.9	169.4	589.2	178.1	605.5	187.5	668.0	202.7
贵　州	Guizhou	159.0	42.4	168.9	44.9	168.0	48.0	174.9	50.0
云　南	Yunnan	243.1	69.6	252.1	74.1	257.3	77.8	255.3	79.4
西　藏	Tibet	7.1	2.6	7.0	2.6	7.3	2.8	7.6	3.0
陕　西	Shaanxi	345.4	83.4	352.0	90.8	362.4	97.4	369.3	102.5
甘　肃	Gansu	188.4	45.3	188.0	48.1	192.0	51.2	194.5	53.5
青　海	Qinghai	51.9	14.9	54.2	15.0	56.4	15.9	58.5	16.5
宁　夏	Ningxia	57.9	13.2	59.0	13.7	60.7	14.3	62.5	15.2
新　疆	Xinjiang	258.4	77.6	262.1	79.6	269.3	83.0	294.8	87.3
中国人民银行	The People's Bank of China	19.8	3.1	19.8	3.3	19.8	3.4	17.1	3.5
中国农业发展银行	Agricutural Development Bank of China	5.4	0.2	5.5	0.3	5.6	0.4	5.8	0.4

10-7 续表 1 continued

单位：万人 (10 000 persons)

地　区	Region	2005 合计 Total	2005 #离退休人员 Retirees	2006 合计 Total	2006 #离退休人员 Retirees	2007 合计 Total	2007 #离退休人员 Retirees
全　国	**National**	**17487.9**	**4367.5**	**18766.3**	**4635.4**	**20136.9**	**4953.7**
北　京	Beijing	520.0	155.2	603.6	160.9	671.0	171.2
天　津	Tianjin	308.3	107.7	328.2	112.7	344.8	119.2
河　北	Hebei	707.9	184.2	747.5	196.0	795.6	210.2
山　西	Shanxi	383.4	98.2	486.9	112.7	506.7	120.2
内蒙古	Inner Mongolia	338.9	86.1	356.6	91.1	370.9	96.6
辽　宁	Liaoning	1193.6	360.8	1248.8	383.0	1299.7	408.1
吉　林	Jilin	455.9	131.0	480.2	138.9	501.7	147.8
黑龙江	Heilongjiang	768.9	223.2	801.0	236.5	826.8	253.0
上　海	Shanghai	830.0	290.7	891.7	314.4	932.4	340.5
江　苏	Jiangsu	1345.6	307.9	1469.8	328.1	1602.3	353.3
浙　江	Zhejiang	962.3	160.9	1052.6	170.9	1167.1	182.3
安　徽	Anhui	471.7	124.8	495.2	133.8	530.3	144.8
福　建	Fujian	409.6	88.9	456.1	93.6	512.8	98.1
江　西	Jiangxi	387.4	105.5	415.0	111.6	475.0	118.5
山　东	Shandong	1302.4	248.6	1368.0	261.7	1457.1	282.2
河　南	Henan	814.0	194.2	863.8	208.2	912.9	224.7
湖　北	Hubei	804.0	206.4	850.8	220.5	886.8	235.3
湖　南	Hunan	718.6	195.2	751.6	209.9	784.0	227.3
广　东	Guangdong	1796.1	231.2	1972.3	243.5	2226.8	257.2
广　西	Guangxi	288.6	73.3	302.7	77.1	325.5	82.2
海　南	Hainan	120.9	36.5	132.0	38.0	141.7	39.7
重　庆	Chongqing	290.2	100.5	317.3	107.9	344.8	112.7
四　川	Sichuan	793.4	230.7	842.7	244.9	917.4	269.4
贵　州	Guizhou	183.7	51.7	193.2	54.1	205.9	56.5
云　南	Yunnan	258.7	81.9	267.4	83.8	279.4	87.6
西　藏	Tibet	7.7	3.1	7.6	3.1	8.1	3.0
陕　西	Shaanxi	376.1	107.8	391.5	111.4	408.1	117.4
甘　肃	Gansu	197.3	55.1	201.2	57.7	208.4	60.6
青　海	Qinghai	60.0	16.9	62.5	17.4	65.2	18.0
宁　夏	Ningxia	67.5	16.1	72.3	16.7	77.0	17.7
新　疆	Xinjiang	302.1	89.0	313.3	90.9	327.7	93.7
中国人民银行	The People's Bank of China	17.1	3.7	17.2	3.9	17.3	4.1
中国农业发展银行	Agricutural Development Bank of China	5.7	0.5	5.6	0.5	5.6	0.6

10-7 续表 2 continued

单位：万人 (10 000 persons)

地区	Region	2008 合计 Total	2008 #离退休人员 Retirees	2009 合计 Total	2009 #离退休人员 Retirees	2010 合计 Total	2010 #离退休人员 Retirees	2011 合计 Total	2011 #离退休人员 Retirees
全　国	**National**	**21891.1**	**5303.6**	**23549.9**	**5806.9**	**25707.3**	**6305.0**	**28391.3**	**6826.2**
北　京	Beijing	757.2	180.1	826.7	188.2	981.3	195.5	1089.4	201.2
天　津	Tianjin	376.5	129.3	401.5	136.5	431.5	143.6	458.7	148.8
河　北	Hebei	862.5	222.7	919.5	238.0	988.4	259.5	1059.8	285.3
山　西	Shanxi	539.4	128.0	563.8	136.6	591.0	147.3	623.8	158.9
内蒙古	Inner Mongolia	389.5	102.9	410.8	112.8	430.7	119.2	452.4	136.6
辽　宁	Liaoning	1406.2	429.9	1457.4	449.4	1496.9	472.7	1556.6	486.5
吉　林	Jilin	525.3	155.4	554.3	171.1	599.5	206.6	617.5	221.1
黑龙江	Heilongjiang	857.8	276.0	920.3	333.7	952.2	363.0	981.0	380.0
上　海	Shanghai	967.7	357.8	1001.1	376.0	1049.5	392.2	1382.7	406.5
江　苏	Jiangsu	1751.6	378.6	1883.1	415.4	2033.0	449.1	2223.9	483.1
浙　江	Zhejiang	1386.9	194.8	1527.4	209.6	1702.2	223.6	1919.2	253.4
安　徽	Anhui	578.4	158.1	628.2	169.5	669.5	177.5	729.3	191.5
福　建	Fujian	557.2	102.6	585.9	108.1	635.5	113.5	695.1	118.2
江　西	Jiangxi	550.3	128.5	581.9	135.9	607.6	145.5	653.0	168.7
山　东	Shandong	1565.9	305.0	1661.0	326.0	1773.0	345.1	1907.1	373.1
河　南	Henan	972.0	239.1	1019.1	254.5	1079.3	270.3	1168.4	287.9
湖　北	Hubei	932.3	252.0	982.0	273.6	1039.8	301.6	1113.4	341.7
湖　南	Hunan	829.1	235.3	879.1	246.1	938.9	265.4	988.2	277.9
广　东	Guangdong	2444.3	273.0	2716.4	294.2	3215.2	339.6	3800.7	372.6
广　西	Guangxi	368.1	95.0	411.3	118.0	449.3	138.1	483.8	151.5
海　南	Hainan	156.2	42.0	168.1	43.2	180.8	45.4	199.9	47.8
重　庆	Chongqing	406.1	130.7	492.8	176.5	584.4	192.5	647.6	220.1
四　川	Sichuan	1017.9	306.7	1176.2	393.5	1300.9	439.0	1494.2	495.4
贵　州	Guizhou	215.9	59.3	235.6	63.5	257.3	67.0	282.1	71.3
云　南	Yunnan	293.7	89.3	306.5	90.2	317.4	92.3	342.8	104.2
西　藏	Tibet	8.5	3.1	9.2	3.1	9.9	3.2	11.2	3.2
陕　西	Shaanxi	433.4	124.4	458.8	131.0	550.4	150.3	588.6	155.5
甘　肃	Gansu	221.0	64.0	230.9	67.5	242.5	71.3	263.0	85.1
青　海	Qinghai	68.3	18.6	71.3	19.3	74.4	20.0	81.5	25.2
宁　夏	Ningxia	82.6	18.8	89.4	20.0	107.8	30.5	121.4	36.4
新　疆	Xinjiang	346.3	97.6	356.9	100.6	393.8	119.2	431.5	131.9
中国人民银行	The People's Bank of China	17.5	4.2	17.5	4.4	17.7	4.6	17.8	4.8
中国农业发展银行	Agricutural Development Bank of China	5.6	0.7	5.6	0.7	5.7	0.8	5.8	1.0

10-8 各地区城镇职工基本养老保险情况(2011年)

URBAN BASIC PENSION INSURANCE BY REGION(2011)

单位：万人、亿元 (10 000 persons，100 million yuan)

地区	Region	参保职工年末人数 Active Contributors at the Year-end	#企业(含其他) Enterprises (others)	参保离退休人员年末人数 Retirees at the Year-end	基金收支情况 Revenue and Expenses 基金收入 Revenue	基金支出 Expenses	累计结余 Balance at the Year-end
全国	**National**	**21565.0**	**19970.0**	**6826.2**	**16894.7**	**12764.9**	**19496.6**
北京	Beijing	888.2	888.0	201.2	812.8	560.8	869.8
天津	Tianjin	309.9	303.0	148.8	335.8	315.1	223.8
河北	Hebei	774.5	645.0	285.3	684.4	561.7	685.6
山西	Shanxi	464.9	383.0	158.9	483.9	329.3	791.8
内蒙古	Inner Mongolia	315.7	303.0	136.6	355.4	269.6	343.7
辽宁	Liaoning	1070.1	1008.0	486.5	1039.0	883.1	895.1
吉林	Jilin	396.4	396.0	221.1	350.4	308.1	394.1
黑龙江	Heilongjiang	601.0	541.0	380.0	591.9	603.9	467.0
上海	Shanghai	976.2	915.0	406.5	1089.2	993.5	557.6
江苏	Jiangsu	1740.9	1660.0	483.1	1284.9	898.8	1658.0
浙江	Zhejiang	1665.8	1594.0	253.4	901.2	543.2	1520.2
安徽	Anhui	537.7	525.0	191.5	445.3	320.0	478.3
福建	Fujian	576.9	522.0	118.2	266.2	229.9	177.5
江西	Jiangxi	484.3	466.0	168.7	276.0	233.4	246.3
山东	Shandong	1534.0	1296.0	373.1	1191.1	886.9	1381.9
河南	Henan	880.5	774.0	287.9	608.2	506.3	600.9
湖北	Hubei	771.7	725.0	341.7	733.9	523.4	638.1
湖南	Hunan	710.3	554.0	277.9	541.6	416.6	580.8
广东	Guangdong	3428.2	3279.0	372.6	1400.3	764.5	3108.2
广西	Guangxi	332.3	332.0	151.5	278.6	243.6	414.0
海南	Hainan	152.1	126.0	47.8	115.7	95.2	85.4
重庆	Chongqing	427.5	416.0	220.1	415.3	336.1	334.8
四川	Sichuan	998.8	882.0	495.4	1085.6	753.9	1260.0
贵州	Guizhou	210.7	201.0	71.3	179.2	127.6	229.5
云南	Yunnan	238.7	230.0	104.2	277.3	170.8	335.9
西藏	Tibet	8.0	7.0	3.2	15.5	10.6	14.5
陕西	Shaanxi	433.1	391.0	155.5	368.1	328.3	256.2
甘肃	Gansu	177.9	178.0	85.1	223.4	154.0	247.6
青海	Qinghai	56.4	56.0	25.2	75.0	53.6	72.0
宁夏	Ningxia	85.0	85.0	36.4	113.2	67.9	153.9
新疆	Xinjiang	299.6	287.0	131.9	352.9	272.8	465.8
中国人民银行	The People's Bank of China	13.0		4.8			
中国农业发展银行	Agricutural Development Bank of China	4.8		1.0	3.3	2.4	8.1

10-9 各地区养老金社会化发放人数(2011年)

NUMBER OF PENSIONERS PAID BY THE SOCIALIZED AGENCIES BY REGION (2011)

地区	Region	社会化发放人数(万人) Pensioners Paid by the Socialized Agencies (10 000 persons)	纳入社区管理的企业退休人数(万人) Community Administer Retirees (10 000 persons)	纳入社区管理的企业退休人数占企业退休人员总数的比例(%) Ratio of Community Administer Retirees (%)
全国	**National**	**5367.0**	**4725.0**	**77.3**
北京	Beijing	201.2	177.0	90.3
天津	Tianjin	144.7	125.0	90.1
河北	Hebei	244.3	185.0	82.2
山西	Shanxi	141.3	102.0	83.8
内蒙古	Inner Mongolia	132.7	94.0	74.4
辽宁	Liaoning	455.5	392.0	89.3
吉林	Jilin	206.0	186.0	95.4
黑龙江	Heilongjiang	357.8	251.0	75.5
上海	Shanghai	360.5	280.0	96.8
江苏	Jiangsu	451.0	392.0	94.6
浙江	Zhejiang	228.0	166.0	83.5
安徽	Anhui	186.8	148.0	85.8
福建	Fujian	92.0	77.0	85.0
江西	Jiangxi	162.7	128.0	93.3
山东	Shandong	290.7	251.0	96.0
河南	Henan	260.2	186.0	76.3
湖北	Hubei	326.2	253.0	82.0
湖南	Hunan	223.4	151.0	71.8
广东	Guangdong	357.3	210.0	68.2
广西	Guangxi	151.4	110.0	79.0
海南	Hainan	39.6	28.0	69.5
重庆	Chongqing	189.2	88.0	74.1
四川	Sichuan	406.6	380.0	96.1
贵州	Guizhou	70.6	38.0	51.0
云南	Yunnan	99.9	65.0	68.9
西藏	Tibet	3.1		
陕西	Shaanxi	140.0	95.0	69.9
甘肃	Gansu	82.9	34.0	75.5
青海	Qinghai	20.0	15.0	60.9
宁夏	Ningxia	35.9	28.0	81.6
新疆	Xinjiang	75.5	52.0	85.7
新疆兵团	Xinjiang Production and Construction Crops	54.6	38.0	78.4

10-10 历年全国城镇基本医疗保险基本情况
PERSONS COVERED BY THE BASIC MEDICAL INSURANCE AT THE YEAR-END

年 份 Year	合计 Total	职工基本医疗参保人数 Persons Covered by the Basic Medical Insurance of Employment	职工人数 Workers	退休人员人数 Rctirces	城镇居民参保人数 Persons Covered by the Basic Medical Insurance of Non-employment
绝对数(万人) Absolute figure (10000 persons)					
1989					
1990					
1991					
1992					
1993	290.1	290.1	267.6	22.5	
1994	400.3	400.3	374.6	25.7	
1995	745.9	745.9	702.6	43.3	
1996	855.7	855.7	791.2	64.5	
1997	1762.0	1762.0	1588.9	173.1	
1998	1878.7	1878.7	1509.7	369.0	
1999	2065.3	2065.3	1509.4	555.9	
2000	3786.9	3786.9	2862.8	924.2	
2001	7285.9	7285.9	5470.7	1815.2	
2002	9401.2	9401.2	6925.8	2475.4	
2003	10901.7	10901.7	7974.9	2926.8	
2004	12403.6	12403.6	9044.4	3359.2	
2005	13782.9	13782.9	10021.7	3761.2	
2006	15731.8	15731.8	11580.3	4151.5	
2007	22311.4	18020.3	13420.3	4600.0	4291.1
2008	31821.6	19995.6	14987.7	5007.9	11826.0
2009	40147.0	21937.4	16410.5	5526.9	18209.6
2010	43262.9	23734.7	17791.2	5943.5	19528.3
2011	47343.2	25227.1	18948.5	6278.6	22116.1
比上年增长(%) Increase over Preceding Year %					
1990					
1991					
1992					
1993					
1994	38.0	38.0	40.0	14.3	
1995	86.3	86.3	87.6	68.0	
1996	14.7	14.7	12.6	49.0	
1997	105.9	105.9	100.8	168.5	
1998	6.6	6.6	-5.0	113.2	
1999	9.9	9.9	0.0	50.7	
2000	83.4	83.4	89.7	66.2	
2001	92.4	92.4	91.1	96.4	
2002	29.0	29.0	26.6	36.4	
2003	16.0	16.0	15.1	18.2	
2004	13.8	13.8	13.4	14.8	
2005	11.1	11.1	10.8	12.0	
2006	14.1	14.1	15.6	10.4	
2007	41.8	14.5	15.9	10.8	
2008	42.6	11.0	11.7	8.9	175.6
2009	26.2	9.7	9.5	10.4	54.0
2010	7.8	8.2	8.4	7.5	7.2
2011	9.4	6.3	6.5	5.6	13.3

10-11 历年各地区城镇基本医疗保险参保人数
BASIC MEDICAL INSURANCE BY REGION

单位：万人 (10000 persons)

地区 Region	2001 职工 Staff	2001 #退休人员 Retirees	2002 职工 Staff	2002 #退休人员 Retirees	2003 职工 Staff	2003 #退休人员 Retirees	2004 职工 Staff	2004 #退休人员 Retirees
全国 National	**7285.9**	**1815.2**	**9401.2**	**2475.4**	**10901.7**	**2926.8**	**12403.6**	**3359.2**
北京 Beijing	240.7	89.4	321.1	113.2	436.1	134.7	483.9	141.7
天津 Tianjin	139.6	46.8	250.2	103.8	254.7	108.5	263.0	104.8
河北 Hebei	282.5	61.5	330.4	73.0	383.2	84.7	472.5	108.9
山西 Shanxi	157.3	34.4	216.7	49.5	245.5	51.3	295.5	63.9
内蒙古 Inner Mongolia	196.9	45.5	221.7	54.2	252.3	66.1	274.2	78.1
辽宁 Liaoning	313.6	90.4	619.0	188.7	697.7	217.2	783.7	247.3
吉林 Jilin	124.2	27.8	176.9	39.8	230.8	55.3	270.0	67.5
黑龙江 Heilongjiang	308.3	89.2	392.8	108.2	435.2	122.1	544.1	151.7
上海 Shanghai	680.5	238.9	694.8	245.9	709.6	250.6	714.1	260.9
江苏 Jiangsu	456.0	113.5	690.9	183.2	815.0	227.6	976.7	261.6
浙江 Zhejiang	352.7	100.0	423.4	117.0	510.3	139.5	569.2	150.3
安徽 Anhui	232.8	53.6	273.4	65.6	318.2	79.8	362.2	97.7
福建 Fujian	171.0	38.3	230.0	54.7	247.8	61.8	285.9	69.5
江西 Jiangxi	71.6	12.2	106.6	22.7	188.2	45.7	250.4	65.8
山东 Shandong	490.2	86.0	625.6	119.5	691.1	138.0	771.9	153.5
河南 Henan	460.3	94.8	537.4	115.2	567.9	126.9	590.0	136.8
湖北 Hubei	255.4	54.5	338.1	80.6	416.6	110.1	466.8	132.5
湖南 Hunan	351.6	83.7	398.1	108.3	423.5	116.1	477.0	133.9
广东 Guangdong	544.8	84.4	717.7	118.8	877.0	146.4	1034.2	168.9
广西 Guangxi	150.1	33.4	201.8	54.1	235.0	66.1	272.2	77.8
海南 Hainan	40.9	8.5	52.6	11.5	63.1	15.4	78.6	22.3
重庆 Chongqing	36.8	9.7	58.7	18.0	121.8	41.7	206.3	76.2
四川 Sichuan	437.6	128.3	480.6	150.1	531.2	173.8	587.6	196.5
贵州 Guizhou	31.1	6.9	94.6	26.6	134.1	38.2	152.6	44.0
云南 Yunnan	185.7	45.6	238.4	65.0	281.5	81.4	302.3	89.6
西藏 Tibet					6.0	1.8	7.1	2.8
陕西 Shaanxi	231.4	49.4	261.8	65.1	301.0	77.4	325.6	86.8
甘肃 Gansu	109.9	23.6	124.1	26.0	146.0	32.8	165.8	40.6
青海 Qinghai	38.3	12.6	51.1	16.3	56.4	17.8	60.2	19.5
宁夏 Ningxia	17.2	4.0	36.8	10.1	48.1	12.7	55.6	14.6
新疆 Xinjiang	177.0	48.1	235.7	70.6	276.7	85.3	304.4	93.2

10-11 续表 1 continued

单位：万人 (10000 persons)

地区	Region	2005 职工 Staff	2005 #退休人员 Retirees	2006 职工 Staff	2006 #退休人员 Retirees	2007 合计 Total	2007 #职工 Staff	2007 #退休人员 Retirees	2007 #城镇居民 Urban Staff
全国	**National**	**13782.9**	**3761.2**	**15731.9**	**4151.5**	**22311.4**	**18020.3**	**4600.0**	**4291.1**
北京	Beijing	574.8	155.1	679.5	163.9	929.4	783.0	172.9	146.4
天津	Tianjin	299.1	118.3	344.2	126.0	403.8	382.5	133.2	21.3
河北	Hebei	562.1	139.6	615.9	158.6	746.3	686.3	183.9	60.0
山西	Shanxi	324.9	73.0	353.8	82.2	460.6	405.7	98.3	54.9
内蒙古	Inner Mongolia	292.0	86.0	316.2	93.1	451.6	352.7	103.8	98.9
辽宁	Liaoning	864.2	280.0	959.3	307.4	1200.2	1087.8	346.5	112.4
吉林	Jilin	283.0	73.9	376.3	101.2	767.2	427.8	118.2	339.4
黑龙江	Heilongjiang	602.9	170.4	708.2	192.9	826.7	752.2	202.3	74.5
上海	Shanghai	728.6	275.9	1023.3	291.0	1096.8	1096.8	306.4	
江苏	Jiangsu	1124.1	303.0	1274.3	338.5	2136.6	1435.8	365.4	700.8
浙江	Zhejiang	639.6	163.1	730.6	172.9	946.2	855.0	185.5	91.2
安徽	Anhui	387.1	112.7	441.2	124.7	953.3	486.2	137.1	467.1
福建	Fujian	333.0	77.2	370.1	85.2	477.4	406.1	91.0	71.3
江西	Jiangxi	276.7	75.0	313.3	86.5	784.7	403.4	121.6	381.3
山东	Shandong	861.5	176.7	996.1	199.9	1292.3	1115.9	227.8	176.4
河南	Henan	641.5	154.1	704.1	173.3	897.7	781.0	197.4	116.8
湖北	Hubei	502.0	147.2	565.3	166.6	870.5	644.5	196.3	226.0
湖南	Hunan	503.4	146.6	560.5	162.4	724.5	620.6	181.9	103.9
广东	Guangdong	1235.3	180.3	1421.1	197.9	2281.6	2022.2	218.0	259.4
广西	Guangxi	285.9	82.3	302.0	88.7	361.4	339.3	99.2	22.1
海南	Hainan	87.2	24.5	91.0	25.6	155.3	107.5	29.9	47.9
重庆	Chongqing	237.7	91.9	257.5	97.4	327.5	284.7	104.7	42.8
四川	Sichuan	647.0	220.2	734.5	247.8	1020.0	815.0	270.6	205.0
贵州	Guizhou	180.5	51.5	199.2	57.8	293.8	228.2	66.1	65.6
云南	Yunnan	320.7	95.5	331.5	98.8	400.3	345.8	101.8	54.5
西藏	Tibet	15.2	4.8	16.5	5.0	19.2	19.2	5.8	
陕西	Shaanxi	348.8	101.3	377.1	111.4	459.3	410.1	123.2	49.3
甘肃	Gansu	176.6	46.2	195.8	51.7	449.5	221.5	61.6	228.0
青海	Qinghai	62.0	20.4	64.5	22.0	95.8	70.1	23.0	25.7
宁夏	Ningxia	64.5	17.2	73.1	19.9	114.0	78.3	21.4	35.7
新疆	Xinjiang	321.1	97.5	335.8	101.2	367.9	355.1	105.1	12.7

10-11 续表 2 continued

单位：万人 (10000 persons)

地区	Region	2008 合计 Total	2008 #职工 Staff	2008 #退休人员 Retirees	2008 #城镇居民 Urban Staff	2009 合计 Total	2009 #职工 Staff	2009 #退休人员 Retirees	2009 #城镇居民 Urban Staff
全国	**National**	**31821.7**	**19995.6**	**5007.9**	**11826.1**	**40147.0**	**21937.4**	**5526.9**	**18209.6**
北京	Beijing	1017.1	871.0	182.4	146.1	1083.9	938.4	191.8	145.5
天津	Tianjin	484.5	399.1	141.8	85.4	605.3	444.1	150.6	161.2
河北	Hebei	1083.1	738.5	199.5	344.5	1421.1	802.1	219.7	619.0
山西	Shanxi	593.9	441.8	108.8	152.1	879.0	534.6	128.5	344.5
内蒙古	Inner Mongolia	612.5	373.7	108.6	238.8	805.3	410.4	117.8	394.9
辽宁	Liaoning	1507.5	1209.3	386.5	298.1	1895.6	1347.0	444.5	548.6
吉林	Jilin	937.4	450.9	131.8	486.5	1242.8	486.4	147.4	756.4
黑龙江	Heilongjiang	1056.3	788.3	216.0	268.1	1544.3	851.3	256.5	693.0
上海	Shanghai	1355.2	1171.7	320.9	183.5	1583.8	1329.6	372.5	254.2
江苏	Jiangsu	2837.6	1604.3	390.3	1233.3	3031.0	1701.1	418.6	1329.9
浙江	Zhejiang	1322.6	1053.9	198.3	268.7	1784.4	1173.7	211.8	610.7
安徽	Anhui	1323.8	528.8	148.1	795.0	1435.8	570.2	160.4	865.6
福建	Fujian	796.5	435.7	101.4	360.7	1137.2	503.7	114.7	633.5
江西	Jiangxi	1207.1	503.2	149.4	704.0	1300.4	515.1	151.6	785.3
山东	Shandong	1847.0	1266.2	256.2	580.8	2540.2	1428.6	287.8	1111.6
河南	Henan	1549.4	840.9	220.8	708.6	1970.1	920.1	243.7	1050.0
湖北	Hubei	1435.7	714.9	210.9	720.8	1811.7	820.4	236.2	991.3
湖南	Hunan	1321.6	682.0	206.5	639.6	1831.9	746.4	225.6	1085.5
广东	Guangdong	3551.8	2370.7	240.3	1181.1	4568.5	2556.4	259.4	2012.1
广西	Guangxi	568.2	361.4	103.8	206.8	850.0	388.8	110.6	461.2
海南	Hainan	249.7	121.8	34.0	127.9	283.8	152.7	41.5	131.0
重庆	Chongqing	550.6	326.2	115.1	224.4	769.5	362.5	120.8	407.0
四川	Sichuan	1413.8	893.5	296.7	520.4	1912.7	958.5	317.3	954.2
贵州	Guizhou	404.3	257.4	73.0	146.9	567.0	279.5	85.1	287.5
云南	Yunnan	618.2	356.8	103.6	261.4	762.5	397.4	118.3	365.0
西藏	Tibet	32.4	20.1	5.3	12.3	36.0	22.6	6.4	13.5
陕西	Shaanxi	717.3	432.7	132.8	284.6	890.0	463.3	145.2	426.8
甘肃	Gansu	522.2	248.9	68.8	273.2	557.4	272.2	77.7	285.2
青海	Qinghai	93.6	72.1	24.5	21.5	104.8	75.7	24.6	29.1
宁夏	Ningxia	158.7	83.2	22.7	75.4	186.0	87.0	23.8	99.0
新疆	Xinjiang	652.1	376.6	109.0	275.5	755.0	397.5	114.7	357.4

10-11 续表 3 continued

单位：万人 (10000 persons)

地区	Region	2010 合计 Total	2010 #职工 Staff	2010 #退休人员 Retirees	2010 #城镇居民 Urban Staff	2011 合计 Total	2011 #职工 Staff	2011 #退休人员 Retirees	2011 #城镇居民 Urban Staff
全　国	**National**	**43262.9**	**23734.7**	**5943.5**	**19528.3**	**47343.2**	**25227.1**	**6278.6**	**22116.1**
北　京	Beijing	1207.3	1063.7	215.1	143.7	1347.8	1188.0	232.8	159.8
天　津	Tianjin	960.9	470.0	157.5	490.9	972.8	474.5	162.5	498.3
河　北	Hebei	1518.1	848.0	238.0	670.0	1562.2	875.5	248.2	686.6
山　西	Shanxi	923.5	562.0	140.0	361.5	1005.1	595.8	150.8	409.3
内蒙古	Inner Mongolia	886.4	433.5	124.7	452.8	907.3	438.0	124.3	469.3
辽　宁	Liaoning	2056.2	1408.7	464.1	647.5	2120.1	1499.4	494.1	620.7
吉　林	Jilin	1333.8	550.1	179.9	783.7	1350.6	557.2	188.2	793.4
黑龙江	Heilongjiang	1560.8	873.7	278.4	687.1	1578.0	881.0	293.6	697.0
上　海	Shanghai	1665.2	1405.9	388.8	259.2	1591.8	1342.1	404.1	249.7
江　苏	Jiangsu	3249.4	1848.3	443.2	1401.2	3500.5	2012.4	470.9	1488.1
浙　江	Zhejiang	1963.8	1344.4	226.8	619.4	2244.1	1514.4	243.3	729.7
安　徽	Anhui	1529.3	598.5	169.3	930.9	1612.9	659.3	181.9	953.6
福　建	Fujian	1200.6	546.6	120.7	654.0	1217.2	579.3	126.2	637.8
江　西	Jiangxi	1326.4	532.1	166.5	794.3	1329.7	535.9	170.9	793.8
山　东	Shandong	2770.6	1541.3	316.7	1229.3	2947.8	1637.1	337.5	1310.7
河　南	Henan	2043.7	957.4	258.7	1086.4	2122.3	1016.4	272.2	1105.8
湖　北	Hubei	1860.0	847.8	239.8	1012.3	1932.5	902.8	254.6	1029.7
湖　南	Hunan	1894.5	777.4	236.9	1117.2	1941.2	789.5	242.9	1151.7
广　东	Guangdong	5043.2	3000.0	314.5	2043.2	6767.1	3234.3	340.5	3532.8
广　西	Guangxi	935.2	413.5	123.0	521.7	981.3	437.2	128.8	544.1
海　南	Hainan	323.3	166.9	43.2	156.4	352.4	186.2	45.3	166.1
重　庆	Chongqing	830.8	406.2	125.6	424.6	1324.8	458.5	133.1	866.3
四　川	Sichuan	2063.1	1051.9	348.3	1011.2	2248.4	1169.1	366.0	1079.3
贵　州	Guizhou	602.5	293.5	88.2	309.0	629.0	314.1	93.3	314.9
云　南	Yunnan	820.5	414.8	121.4	405.7	865.8	443.4	126.6	422.4
西　藏	Tibet	38.6	23.5	6.6	15.1	43.7	24.9	6.6	18.7
陕　西	Shaanxi	947.2	474.2	151.2	473.1	1090.4	540.3	172.8	550.2
甘　肃	Gansu	588.8	290.2	85.9	298.6	590.8	291.1	88.2	299.8
青　海	Qinghai	140.3	78.7	25.2	61.6	151.6	82.4	25.9	69.2
宁　夏	Ningxia	188.3	94.1	26.4	94.2	188.8	100.2	27.1	88.5
新　疆	Xinjiang	790.5	417.7	119.0	372.7	825.2	446.6	125.2	378.5

10-12 各地区城镇基本医疗保险基本情况(2011年)
BASIC MEDICAL INSURANCE BY REGION(2011)

地　区	Region	年末参保人数(万人) Persons Covered at the Year-end (10 000 persons)	基金收支情况(亿元) Revenue and Expenses(100 million yuan)		
			基金收入 Revenue	基金支出 Expenses	累计结余 Balance at the Year-end
全　国	**National**	**47343.2**	**5539.2**	**4431.4**	**6180.0**
北　京	Beijing	1347.8	386.7	381.9	200.7
天　津	Tianjin	972.8	131.3	123.4	58.4
河　北	Hebei	1562.2	188.0	143.3	234.6
山　西	Shanxi	1005.1	114.3	89.0	139.9
内蒙古	Inner Mongolia	907.3	99.8	85.5	101.9
辽　宁	Liaoning	2120.1	257.4	227.9	281.3
吉　林	Jilin	1350.6	90.6	68.1	123.5
黑龙江	Heilongjiang	1578.0	165.3	129.7	225.1
上　海	Shanghai	1591.8	429.0	335.6	297.9
江　苏	Jiangsu	3500.5	459.1	367.5	553.2
浙　江	Zhejiang	2244.1	371.1	271.7	472.9
安　徽	Anhui	1612.9	132.3	105.9	151.7
福　建	Fujian	1217.2	137.8	107.8	204.8
江　西	Jiangxi	1329.7	79.6	60.6	103.5
山　东	Shandong	2947.8	343.0	279.3	326.3
河　南	Henan	2122.3	165.7	132.3	201.2
湖　北	Hubei	1932.5	176.3	136.4	199.2
湖　南	Hunan	1941.2	146.1	127.6	167.0
广　东	Guangdong	6767.1	596.7	429.8	872.6
广　西	Guangxi	981.3	103.1	76.6	158.0
海　南	Hainan	352.4	36.1	26.8	39.1
重　庆	Chongqing	1324.8	103.2	80.6	115.1
四　川	Sichuan	2248.4	295.8	219.6	363.2
贵　州	Guizhou	629.0	64.3	48.7	71.1
云　南	Yunnan	865.8	119.4	96.7	130.3
西　藏	Tibet	43.7	10.9	7.7	15.9
陕　西	Shaanxi	1090.4	101.9	78.4	128.6
甘　肃	Gansu	590.8	62.1	50.7	64.3
青　海	Qinghai	151.6	29.9	24.1	39.9
宁　夏	Ningxia	188.8	22.9	19.0	26.8
新　疆	Xinjiang	825.2	119.5	99.2	111.9

10-13 各地区职工基本医疗保险基本情况(2011年)
BASIC MEDICAL INSURANCE OF EMPLOYMENT BY REGION(2011)

地 区 Region	年末参保人数(万人) Persons Covered at the Year-end (10000 persons)			基金收支情况(亿元) Revenue and Expenses (100 million yuan)				
	合 计 Total	职 工 Workers	退休人员 Retirees	基金收入 Revenue	基金支出 Expenses	累计结余 Balance at the Year-end	统筹基金 Mutual Assistance Fund	个人账户 Personal Accounts
全 国 National	**25227.1**	**18948.5**	**6278.6**	**4945.0**	**4018.3**	**5683.2**	**3517.8**	**2165.3**
北 京 Beijing	1188.0	955.2	232.8	375.3	374.5	192.4	188.7	3.7
天 津 Tianjin	474.5	312.0	162.5	117.5	109.4	56.9	24.5	32.4
河 北 Hebei	875.5	627.3	248.2	172.4	133.0	216.7	130.3	86.5
山 西 Shanxi	595.8	444.9	150.8	106.3	84.1	128.7	57.2	71.4
内蒙古 Inner Mongolia	438.0	313.7	124.3	89.1	77.0	92.3	62.8	29.5
辽 宁 Liaoning	1499.4	1005.3	494.1	242.8	219.4	265.4	181.4	84.0
吉 林 Jilin	557.2	369.0	188.2	72.6	57.9	105.1	74.4	30.6
黑龙江 Heilongjiang	881.0	587.4	293.6	147.1	118.5	203.5	131.9	71.5
上 海 Shanghai	1342.1	937.9	404.1	406.0	312.8	296.6	3.5	293.1
江 苏 Jiangsu	2012.4	1541.5	470.9	421.7	337.8	523.5	308.2	215.3
浙 江 Zhejiang	1514.4	1271.1	243.3	335.9	242.0	455.7	333.5	122.2
安 徽 Anhui	659.3	477.5	181.9	107.9	89.1	124.1	77.8	46.3
福 建 Fujian	579.3	453.1	126.2	126.8	99.6	197.2	96.8	100.4
江 西 Jiangxi	535.9	365.0	170.9	59.4	50.5	79.4	48.9	30.5
山 东 Shandong	1637.1	1299.6	337.5	315.3	262.2	301.9	220.4	81.5
河 南 Henan	1016.4	744.3	272.2	141.3	118.6	177.1	96.8	80.3
湖 北 Hubei	902.8	648.2	254.6	150.3	123.1	165.4	104.4	61.0
湖 南 Hunan	789.5	546.6	242.9	122.1	110.9	144.4	71.1	73.3
广 东 Guangdong	3234.3	2893.8	340.5	494.8	362.0	810.6	604.8	205.8
广 西 Guangxi	437.2	308.4	128.8	91.9	71.4	143.0	72.8	70.2
海 南 Hainan	186.2	141.0	45.3	31.5	23.7	34.0	30.2	3.9
重 庆 Chongqing	458.5	325.4	133.1	91.8	70.7	110.7	67.5	43.3
四 川 Sichuan	1169.1	803.0	366.0	247.8	182.1	323.5	231.4	92.0
贵 州 Guizhou	314.1	220.7	93.3	57.4	44.9	64.0	35.5	28.6
云 南 Yunnan	443.4	316.8	126.6	108.2	88.1	120.1	61.8	58.3
西 藏 Tibet	24.9	18.3	6.6	10.2	7.0	15.2	11.9	3.3
陕 西 Shaanxi	540.3	367.4	172.8	90.4	71.8	115.3	67.0	48.3
甘 肃 Gansu	291.1	202.8	88.2	54.8	45.8	55.9	40.1	15.8
青 海 Qinghai	82.4	56.6	25.9	27.2	22.2	37.2	17.2	19.9
宁 夏 Ningxia	100.2	73.1	27.1	20.1	16.6	24.7	14.4	10.4
新 疆 Xinjiang	446.6	321.4	125.2	109.0	91.9	102.6	50.8	51.9

10-14 各地区城镇居民基本医疗保险基本情况(2011年)
BASIC MEDICAL INSURANCE OF NONEMPLOYMENT BY REGION(2011)

地 区	Region	年末参保居民人数(万人) Non-employment Covered at the Year-end (10 000 persons)	基金收支情况(亿元) Revenue and Expenses(100 million yuan)		
			基金收入 Revenue	基金支出 Expenses	累计结余 Balance at the Year-end
全 国	**National**	**22116.1**	**594.2**	**413.1**	**496.8**
北 京	Beijing	159.8	11.4	7.4	8.3
天 津	Tianjin	498.3	13.8	14.0	1.5
河 北	Hebei	686.6	15.6	10.3	17.9
山 西	Shanxi	409.3	8.0	4.9	11.2
内蒙古	Inner Mongolia	469.3	10.6	8.4	9.6
辽 宁	Liaoning	620.7	14.7	8.5	15.9
吉 林	Jilin	793.4	17.9	10.1	18.4
黑龙江	Heilongjiang	697.0	18.2	11.2	21.6
上 海	Shanghai	249.7	22.9	22.8	1.2
江 苏	Jiangsu	1488.1	37.3	29.7	29.7
浙 江	Zhejiang	729.7	35.2	29.7	17.2
安 徽	Anhui	953.6	24.5	16.8	27.6
福 建	Fujian	637.8	11.0	8.2	7.6
江 西	Jiangxi	793.8	20.2	10.1	24.2
山 东	Shandong	1310.7	27.8	17.1	24.4
河 南	Henan	1105.8	24.4	13.7	24.1
湖 北	Hubei	1029.7	26.0	13.3	33.8
湖 南	Hunan	1151.7	24.0	16.8	22.6
广 东	Guangdong	3532.8	101.9	67.9	62.0
广 西	Guangxi	544.1	11.3	5.2	15.0
海 南	Hainan	166.1	4.6	3.1	5.1
重 庆	Chongqing	866.3	11.5	9.9	4.3
四 川	Sichuan	1079.3	48.0	37.5	39.7
贵 州	Guizhou	314.9	7.0	3.8	7.1
云 南	Yunnan	422.4	11.2	8.6	10.2
西 藏	Tibet	18.7	0.6	0.7	0.7
陕 西	Shaanxi	550.2	11.5	6.6	13.3
甘 肃	Gansu	299.8	7.2	4.9	8.4
青 海	Qinghai	69.2	2.7	2.0	2.7
宁 夏	Ningxia	88.5	2.8	2.4	2.1
新 疆	Xinjiang	378.5	10.5	7.3	9.2

10-15 历年全国失业保险基本情况
UNEMPLOYMENT INSURANCE

年 份 Year	年末参保人数(万人) Contributors at the Year-end (10 000 persons)	年末领取失业保险金人数(万人) Beneficiaries of Unemplo-ment Insurance Funds(10 000 persons)	全年发放失业保险金(万元) Unemployed Relief (10 000 yuan)
绝对数 Absolute figure			
1989			
1990			
1991			
1992	7443		8959
1993	7924		27847
1994	7968		50755
1995	8238		81964
1996	8333		138704
1997	7961		186780
1998	7928		203907
1999	9852	109	318722
2000	10408	190	561984
2001	10355	312	832563
2002	10182	440	1167736
2003	10373	415	1334448
2004	10584	419	1374983
2005	10648	362	1323767
2006	11187	327	1257582
2007	11645	286	1294405
2008	12400	261	1395349
2009	12715	235	1457592
2010	13376	209	1404485
2011	14317	197	1598544
比上年增长(%) Increase over Preceding Year %			
1990			
1991			
1992			
1993	6.5		210.8
1994	0.6		82.3
1995	3.4		61.5
1996	1.2		69.2
1997	-4.5		34.7
1998	-0.4		9.2
1999	24.3		56.3
2000	5.6	74.3	76.3
2001	-0.6	64.2	48.1
2002	-1.7	41.0	40.3
2003	1.9	-5.7	14.3
2004	2.0	1.0	3.0
2005	0.6	-13.5	-3.7
2006	5.0	-9.9	-5.0
2007	4.1	-12.4	2.9
2008	6.5	-8.7	7.8
2009	2.5	-10.0	4.5
2010	5.2	-11.0	-3.6
2011	7.0	-5.8	13.8

10-16 历年各地区失业保险参保人数

UNEMPLOYMENT INSURANCE BY REGION

单位：万人 (10 000 persons)

地区	Region	2001		2002		2003	
		年末参保人数 Contributors at the Year-end	年末领取失业保险金人数 Beneficiaries at the Year-end	年末参保人数 Contributors at the Year-end	年末领取失业保险金人数 Beneficiaries at the Year-end	年末参保人数 Contributors at the Year-end	年末领取失业保险金人数 Beneficiaries at the Year-end
全国	**National**	**10355**	**312**	**10182**	**440**	**10373**	**415**
北京	Beijing	287.2	5.5	299.6	4.8	306.6	5.2
天津	Tianjin	214.3	10.8	196.3	12.4	193.5	9.4
河北	Hebei	513.2	7.3	488.6	7.2	484.2	8.3
山西	Shanxi	286.0	5.9	278.9	4.5	284.1	5.7
内蒙古	Inner Mongolia	217.7	5.4	219.7	7.1	221.6	5.7
辽宁	Liaoning	656.7	20.3	591.2	82.2	622.2	67.0
吉林	Jilin	283.8	13.2	284.0	15.6	292.9	16.2
黑龙江	Heilongjiang	532.6	12.5	466.0	19.6	479.0	12.6
上海	Shanghai	430.7	13.1	436.0	14.4	441.1	14.0
江苏	Jiangsu	766.5	39.5	735.6	49.7	761.6	48.9
浙江	Zhejiang	391.1	33.0	390.0	27.5	396.8	17.4
安徽	Anhui	375.2	11.5	378.8	17.5	380.8	23.4
福建	Fujian	239.6	9.6	249.5	11.1	266.4	10.0
江西	Jiangxi	235.9	2.1	226.7	3.9	215.5	5.9
山东	Shandong	700.2	20.5	701.2	30.1	719.1	30.1
河南	Henan	676.1	10.0	670.4	16.8	680.0	18.7
湖北	Hubei	420.8	26.1	416.1	25.1	390.1	18.7
湖南	Hunan	352.0	4.4	326.6	7.9	347.5	10.5
广东	Guangdong	819.5	21.2	890.2	26.2	954.1	25.9
广西	Guangxi	217.7	5.0	215.5	7.6	219.1	8.9
海南	Hainan	56.1	0.7	60.2	1.7	57.7	1.8
重庆	Chongqing	210.0	7.7	205.3	9.1	199.5	8.1
四川	Sichuan	412.2	11.9	402.9	14.0	400.0	12.6
贵州	Guizhou	136.4	1.2	132.2	1.6	128.0	1.3
云南	Yunnan	190.7	3.6	183.2	4.6	183.0	6.6
西藏	Tibet	6.3		7.1		7.1	
陕西	Shaanxi	304.9	3.5	315.7	7.3	323.3	8.2
甘肃	Gansu	162.7	1.1	161.0	2.7	162.1	3.8
青海	Qinghai	35.7	1.4	32.2	1.0	33.2	1.3
宁夏	Ningxia	34.7	0.7	35.7	0.8	36.3	1.0
新疆	Xinjiang	188.2	3.9	185.2	5.7	186.5	7.4

10-16 续表 1 continued

单位：万人 (10 000 persons)

地 区 Region	2004		2005		2006	
	年末参保人数 Contributors at the Year-end	年末领取失业保险金人数 Beneficiaries at the Year-end	年末参保人数 Contributors at the Year-end	年末领取失业保险金人数 Beneficiaries at the Year-end	年末参保人数 Contributors at the Year-end	年末领取失业保险金人数 Beneficiaries at the Year-end
全 国 National	**10584**	**419**	**10648**	**362**	**11187**	**327**
北 京 Beijing	308.2	3.8	357.5	3.5	482.2	3.1
天 津 Tianjin	195.1	5.1	197.5	3.8	216.7	3.6
河 北 Hebei	479.0	11.0	461.2	13.3	470.8	13.4
山 西 Shanxi	286.5	5.4	288.5	4.8	296.0	5.2
内蒙古 Inner Mongolia	222.3	5.8	222.2	4.9	223.5	5.0
辽 宁 Liaoning	616.2	81.7	607.7	46.5	614.1	25.9
吉 林 Jilin	282.2	12.2	199.4	7.5	224.4	10.2
黑龙江 Heilongjiang	475.8	9.7	459.6	10.3	457.5	17.8
上 海 Shanghai	487.8	15.9	466.1	17.8	476.4	18.5
江 苏 Jiangsu	797.1	43.6	838.3	30.2	901.1	22.7
浙 江 Zhejiang	428.4	11.3	444.7	7.2	504.4	6.5
安 徽 Anhui	371.1	26.4	360.3	24.3	362.6	17.9
福 建 Fujian	266.4	9.5	266.6	8.6	293.1	6.8
江 西 Jiangxi	226.6	7.2	230.7	6.0	241.0	4.9
山 东 Shandong	747.5	30.6	771.1	32.2	789.7	30.3
河 南 Henan	681.6	22.3	681.9	29.2	682.8	28.0
湖 北 Hubei	391.3	17.0	391.5	14.8	395.5	12.0
湖 南 Hunan	380.5	9.8	382.7	11.3	386.3	10.2
广 东 Guangdong	1005.8	23.4	1099.1	20.4	1208.2	16.7
广 西 Guangxi	226.4	9.8	219.9	9.4	222.3	8.1
海 南 Hainan	57.9	2.1	56.7	2.0	59.1	2.3
重 庆 Chongqing	193.4	9.2	188.2	6.4	193.0	4.8
四 川 Sichuan	398.6	12.6	380.5	15.6	400.0	16.3
贵 州 Guizhou	129.9	1.2	129.3	1.3	131.1	1.5
云 南 Yunnan	173.2	10.5	180.3	9.1	183.0	6.4
西 藏 Tibet	6.7		6.7		7.5	
陕 西 Shaanxi	325.5	7.2	326.7	8.6	326.5	14.1
甘 肃 Gansu	161.0	4.3	160.0	5.4	160.5	7.5
青 海 Qinghai	33.1	1.2	33.2	1.1	34.0	1.0
宁 夏 Ningxia	36.4	1.2	37.2	1.2	38.3	1.2
新 疆 Xinjiang	192.4	7.7	202.4	5.6	205.4	4.8

10-16 续表 2 continued

单位：万人 (10 000 persons)

地区	Region	2007		2008		2009	
		年末参保人数 Contributors at the Year-end	年末领取失业保险金人数 Beneficiaries at the Year-end	年末参保人数 Contributors at the Year-end	年末领取失业保险金人数 Beneficiaries at the Year-end	年末参保人数 Contributors at the Year-end	年末领取失业保险金人数 Beneficiaries at the Year-end
全 国	**National**	**11645**	**286**	**12400**	**261**	**12715**	**235**
北 京	Beijing	535.3	3.0	614.3	2.6	675.7	1.8
天 津	Tianjin	221.5	3.3	232.5	3.2	239.2	3.1
河 北	Hebei	473.3	11.6	481.7	9.8	484.4	10.4
山 西	Shanxi	299.0	6.0	312.2	7.3	293.3	6.1
内蒙古	Inner Mongolia	223.7	4.7	225.5	3.1	229.7	2.5
辽 宁	Liaoning	622.1	19.6	622.7	15.7	625.3	13.4
吉 林	Jilin	228.7	13.9	233.7	16.5	241.4	14.3
黑龙江	Heilongjiang	464.1	15.3	467.6	10.3	471.3	9.3
上 海	Shanghai	491.5	14.9	511.8	14.0	523.5	14.6
江 苏	Jiangsu	968.5	21.2	1052.2	21.5	1079.1	19.7
浙 江	Zhejiang	584.7	6.3	731.1	6.3	784.5	5.5
安 徽	Anhui	364.5	14.1	373.1	12.8	377.8	10.5
福 建	Fujian	318.2	5.7	338.7	4.6	348.1	3.6
江 西	Jiangxi	251.5	5.3	266.3	3.4	275.5	3.4
山 东	Shandong	814.9	27.8	864.1	24.9	899.5	23.0
河 南	Henan	682.9	21.6	683.4	18.4	690.2	16.7
湖 北	Hubei	405.7	8.9	422.9	7.4	440.3	7.0
湖 南	Hunan	389.0	8.6	390.1	8.3	392.0	8.3
广 东	Guangdong	1295.5	14.3	1471.9	13.7	1470.7	12.8
广 西	Guangxi	223.8	7.2	234.6	8.0	237.0	7.6
海 南	Hainan	66.2	2.5	84.7	3.3	97.5	2.8
重 庆	Chongqing	196.7	4.1	210.1	4.4	215.9	4.7
四 川	Sichuan	418.2	11.3	436.9	12.2	463.5	10.0
贵 州	Guizhou	134.5	1.4	141.4	1.3	144.6	1.1
云 南	Yunnan	185.8	4.3	191.9	3.7	198.7	3.5
西 藏	Tibet	7.2	0.0	7.8	0.0	8.8	0.0
陕 西	Shaanxi	327.2	13.6	329.3	9.1	331.0	9.3
甘 肃	Gansu	161.8	7.1	162.6	5.6	164.1	3.7
青 海	Qinghai	34.7	2.1	35.4	2.3	36.0	1.0
宁 夏	Ningxia	40.1	1.5	44.4	1.4	44.9	1.1
新 疆	Xinjiang	213.6	4.7	224.8	6.1	231.8	4.9

10-16 续表 3 continued

单位：万人 (10 000 persons)

地 区	Region	2010 年末参保人数 Contributors at the Year-end	2010 年末领取失业保险金人数 Beneficiaries at the Year-end	2011 年末参保人数 Contributors at the Year-end	2011 年末领取失业保险金人数 Beneficiaries at the Year-end
全 国	**National**	**13376**	**209**	**14317**	**197**
北 京	Beijing	774.2	1.6	881.0	2.0
天 津	Tianjin	246.1	3.5	258.8	2.8
河 北	Hebei	493.4	9.0	498.7	8.4
山 西	Shanxi	305.7	4.6	309.4	4.3
内蒙古	Inner Mongolia	230.9	2.1	232.5	2.5
辽 宁	Liaoning	626.9	11.4	632.3	9.7
吉 林	Jilin	245.1	7.8	247.2	5.1
黑龙江	Heilongjiang	472.9	8.8	474.5	7.1
上 海	Shanghai	556.2	11.6	604.2	11.2
江 苏	Jiangsu	1153.8	19.7	1238.2	29.9
浙 江	Zhejiang	875.0	5.8	980.6	7.4
安 徽	Anhui	384.0	7.8	397.7	6.7
福 建	Fujian	374.2	3.2	430.9	3.6
江 西	Jiangxi	265.3	8.2	263.5	5.4
山 东	Shandong	931.2	20.7	964.9	19.8
河 南	Henan	696.7	14.7	701.2	13.3
湖 北	Hubei	469.7	6.4	498.2	5.1
湖 南	Hunan	399.5	6.9	415.6	7.0
广 东	Guangdong	1627.3	10.6	1875.4	10.5
广 西	Guangxi	238.4	6.2	240.8	5.2
海 南	Hainan	112.5	1.6	126.0	1.8
重 庆	Chongqing	237.4	3.7	268.6	2.9
四 川	Sichuan	464.7	9.1	536.8	8.1
贵 州	Guizhou	152.5	1.2	160.5	1.1
云 南	Yunnan	209.6	3.2	216.8	3.3
西 藏	Tibet	9.3	0.0	9.6	0.0
陕 西	Shaanxi	331.6	7.5	332.2	4.5
甘 肃	Gansu	164.2	2.4	163.8	1.5
青 海	Qinghai	36.6	0.4	37.3	0.6
宁 夏	Ningxia	47.6	1.0	60.0	1.2
新 疆	Xinjiang	242.9	8.3	260.2	5.0

10-17 各地区失业保险基金基本情况(2011年)
UNEMPLOYMENT INSURANCE BY REGION(2011)

地 区 Region	参保人数 (万人) Employees Insured (10 000 persons)	基金收入 (亿元) Revenue (100 million yuan)	基金支出 (亿元) Expenses (100 million yuan)	累计结余 (亿元) Balance at the Year-end (100 million yuan)
全 国 National	**14317**	**923.1**	**432.8**	**2240.2**
北 京 Beijing	881.0	36.4	27.7	95.2
天 津 Tianjin	258.8	25.7	14.6	59.8
河 北 Hebei	498.7	32.7	16.8	70.6
山 西 Shanxi	309.4	18.8	5.2	58.7
内蒙古 Inner Mongolia	232.5	15.0	5.8	37.9
辽 宁 Liaoning	632.3	51.6	19.3	94.4
吉 林 Jilin	247.2	15.8	6.1	42.8
黑龙江 Heilongjiang	474.5	22.3	5.7	71.2
上 海 Shanghai	604.2	81.6	61.8	107.2
江 苏 Jiangsu	1238.2	100.8	70.0	203.0
浙 江 Zhejiang	980.6	64.2	33.1	187.3
安 徽 Anhui	397.7	23.4	6.5	45.1
福 建 Fujian	430.9	22.2	6.3	68.1
江 西 Jiangxi	263.5	8.2	4.5	29.5
山 东 Shandong	964.9	65.5	25.9	182.9
河 南 Henan	701.2	27.5	13.5	57.0
湖 北 Hubei	498.2	24.9	5.8	66.1
湖 南 Hunan	415.6	17.7	7.3	47.7
广 东 Guangdong	1875.4	78.9	32.6	233.9
广 西 Guangxi	240.8	17.7	5.9	55.4
海 南 Hainan	126.0	7.4	1.6	20.0
重 庆 Chongqing	268.6	12.0	3.2	36.5
四 川 Sichuan	536.8	61.0	17.2	115.0
贵 州 Guizhou	160.5	12.1	3.4	41.5
云 南 Yunnan	216.8	16.2	2.6	50.0
西 藏 Tibet	9.6	1.7	0.6	5.8
陕 西 Shaanxi	332.2	20.9	5.2	58.4
甘 肃 Gansu	163.8	11.5	3.3	24.8
青 海 Qinghai	37.3	3.6	0.4	12.6
宁 夏 Ningxia	60.0	4.6	1.0	12.5
新 疆 Xinjiang	260.2	21.2	19.8	49.1

10-18　历年全国工伤保险基本情况
WORK INJURY INSURANCE

单位：万人　　(10 000 persons)

年　份 Year	年末参保人数 (万人) Contributors at the Year-end (10 000 persons)	全年享受工伤待遇保险人数(万人) Beneficiaries at the Year-end (10 000 persons)	基金收支情况(亿元) Revenue and Expenses(100 million yuan) 基金收入 Revenue	基金支出 Expenses	累计结余 Balance at the Year-end
绝对数 Absolute figure					
1989					
1990					
1991					
1992					
1993	1103.5		2.4	0.4	3.1
1994	1822.1		4.6	0.9	6.8
1995	2614.8		8.1	1.8	12.7
1996	3102.6		10.9	3.7	19.7
1997	3507.8		13.6	6.1	27.7
1998	3781.3		21.2	9.0	39.5
1999	3912.3		20.9	15.4	44.9
2000	4350.3		24.8	13.8	57.9
2001	4345.3	18.7	28.3	16.5	68.9
2002	4405.6	26.5	32.0	19.9	81.1
2003	4574.8	32.9	37.6	27.1	91.2
2004	6845.2	51.9	58.3	33.3	118.6
2005	8477.8	65.1	92.5	47.5	163.5
2006	10268.5	77.8	121.8	68.5	192.9
2007	12173.4	96.0	165.6	87.9	262.6
2008	13787.2	117.8	216.7	126.9	384.6
2009	14895.5	129.6	240.1	155.7	468.8
2010	16160.7	147.5	284.9	192.4	561.4
2011	17695.9	163.0	466.4	286.4	742.6
比上年增长(%) Increase over Preceding Year %					
1990					
1991					
1992					
1993					
1994	65.1		90.4	127.4	118.1
1995	43.5		77.5	92.4	87.3
1996	18.7		34.7	104.1	55.8
1997	13.1		24.6	64.5	40.1
1998	7.8		55.9	48.6	42.9
1999	3.5		-1.3	70.5	13.6
2000	11.2		18.7	-10.5	28.8
2001	-0.1	-0.6	14.2	19.5	19.1
2002	1.4	41.7	13.2	20.6	17.7
2003	3.8	24.2	17.4	36.2	12.5
2004	49.6	57.8	55.1	22.9	30.0
2005	23.9	25.4	58.7	42.6	37.9
2006	21.1	19.5	31.7	44.2	18.0
2007	18.6	23.4	36.0	28.3	36.1
2008	13.3	22.7	30.9	44.4	27.6
2009	8.0	10.0	10.8	22.7	21.9
2010	8.5	13.8	18.7	23.6	19.8
2011	9.5	10.6	63.7	48.8	32.3

10-19 历年各地区工伤保险基本情况
WORK INJURY INSURANCE BY REGION

单位：万人 (10 000 persons)

地 区	Region	2001		2002		2003	
		年末参保人数 Contributors at the Year-end	享受工伤待遇人数 Beneficiaries of Work Injury Insurance	年末参保人数 Contributors at the Year-end	享受工伤待遇人数 Beneficiaries of Work Injury Insurance	年末参保人数 Contributors at the Year-end	享受工伤待遇人数 Beneficiaries of Work Injury Insurance
全 国	**National**	**4345**	**19**	**4406**	**27**	**4575**	**33**
北 京	Beijing	204.7	0.1	221.1	**0.7**	242.9	1.2
天 津	Tianjin						
河 北	Hebei	163.1	0.8	146.7	0.4	145.7	0.4
山 西	Shanxi	71.8	0.0	46.3	0.1	48.4	0.0
内蒙古	Inner Mongolia	26.7	0.5	23.8	0.2	31.8	0.3
辽 宁	Liaoning	390.6	5.0	390.5	6.0	345.8	7.3
吉 林	Jilin	30.7	1.1	36.6	1.5	37.1	1.2
黑龙江	Heilongjiang	104.4	0.1	119.0	0.9	130.9	1.1
上 海	Shanghai						
江 苏	Jiangsu	473.9	0.7	480.0	1.3	503.0	1.7
浙 江	Zhejiang	219.7	0.6	226.0	1.0	287.7	1.4
安 徽	Anhui	73.4	0.2	69.8	0.3	68.0	0.4
福 建	Fujian	159.0	0.2	170.7	0.3	172.3	0.6
江 西	Jiangxi	137.8	0.2	129.3	0.2	129.7	0.3
山 东	Shandong	285.5	0.6	277.7	1.1	281.8	1.5
河 南	Henan	196.0	0.5	218.8	0.7	210.6	0.5
湖 北	Hubei	182.3	1.3	183.2	1.7	189.2	1.4
湖 南	Hunan					8.6	0.0
广 东	Guangdong	990.1	5.2	1049.9	8.0	1120.0	9.7
广 西	Guangxi	124.1	0.1	117.3	0.2	120.3	0.3
海 南	Hainan	69.5	0.0	68.9	0.1	68.2	0.1
重 庆	Chongqing	25.0	0.1	29.7	0.1	26.5	0.2
四 川	Sichuan	179.3	0.5	167.4	0.6	161.4	1.2
贵 州	Guizhou	1.7	0.0	1.3	0.0	1.3	0.0
云 南	Yunnan	97.3	0.6	89.0	0.9	84.1	1.2
西 藏	Tibet						
陕 西	Shaanxi	24.5	0.1	25.6	0.0	35.1	0.1
甘 肃	Gansu	9.5	0.0	8.7	0.0	8.0	0.0
青 海	Qinghai	7.1	0.0	6.6	0.0	6.6	0.0
宁 夏	Ningxia	11.4	0.0	16.0	0.0	15.2	0.1
新 疆	Xinjiang	86.3	0.1	86.0	0.1	94.6	0.5

10-19 续表 1 continued

单位：万人 (10 000 persons)

地区	Region	2004 年末参保人数 Contributors at the Year-end	2004 享受工伤待遇人数 Beneficiaries of Work Injury Insurance	2005 年末参保人数 Contributors at the Year-end	2005 享受工伤待遇人数 Beneficiaries of Work Injury Insurance	2006 年末参保人数 Contributors at the Year-end	2006 享受工伤待遇人数 Beneficiaries of Work Injury Insurance
全国	**National**	**6845**	**52**	**8478**	**65**	**10268**	**78**
北京	Beijing	258.9	2.5	303.9	3.0	465.3	1.5
天津	Tianjin	147.2	0.1	162.9	0.9	209.7	1.7
河北	Hebei	273.9	0.9	361.4	1.3	402.4	2.4
山西	Shanxi	104.0	0.1	151.4	0.5	201.4	3.3
内蒙古	Inner Mongolia	85.0	0.5	110.2	0.7	131.6	0.8
辽宁	Liaoning	404.2	8.2	474.6	9.1	510.0	8.5
吉林	Jilin	114.3	3.1	136.7	2.2	174.7	3.0
黑龙江	Heilongjiang	202.7	4.3	257.5	3.8	303.0	3.9
上海	Shanghai	488.3	0.1	523.7	0.5	817.7	0.7
江苏	Jiangsu	577.2	2.7	680.2	3.7	812.7	5.6
浙江	Zhejiang	360.4	2.7	453.1	4.8	603.9	7.4
安徽	Anhui	102.0	0.5	148.2	1.7	200.2	2.0
福建	Fujian	205.4	0.8	239.1	1.3	261.0	1.5
江西	Jiangxi	134.7	0.4	153.6	0.8	207.9	1.5
山东	Shandong	476.7	4.7	578.7	5.7	647.3	5.8
河南	Henan	324.7	1.1	404.0	1.5	421.0	1.7
湖北	Hubei	187.2	1.8	230.3	1.1	275.5	1.5
湖南	Hunan	203.3	0.3	228.2	0.7	280.1	2.0
广东	Guangdong	1215.1	11.3	1605.1	12.9	1868.2	13.5
广西	Guangxi	133.5	0.7	144.4	0.8	161.1	0.8
海南	Hainan	64.5	0.1	68.9	0.1	71.5	0.2
重庆	Chongqing	122.6	0.4	154.1	1.2	165.4	1.8
四川	Sichuan	195.6	1.6	270.5	2.0	304.9	2.3
贵州	Guizhou	1.2	0.0	65.8	0.1	90.5	0.6
云南	Yunnan	150.9	1.1	166.9	1.2	173.8	1.1
西藏	Tibet			1.9		2.3	0.0
陕西	Shaanxi	115.1	0.7	149.2	1.8	210.3	0.7
甘肃	Gansu	42.0	0.1	70.1	0.4	86.3	0.3
青海	Qinghai	15.7	0.1	20.5	0.3	23.1	0.4
宁夏	Ningxia	19.1	0.3	23.5	0.3	24.2	0.3
新疆	Xinjiang	119.5	0.7	139.1	0.9	161.3	1.2

10-19 续表 2 continued

单位：万人 (10 000 persons)

地 区	Region	2007 年末参保人数 Contributors at the Year-end	2007 享受工伤待遇人数 Beneficiaries of Work Injury Insurance	2008 年末参保人数 Contributors at the Year-end	2008 享受工伤待遇人数 Beneficiaries of Work Injury Insurance	2009 年末参保人数 Contributors at the Year-end	2009 享受工伤待遇人数 Beneficiaries of Work Injury Insurance
全 国	**National**	**12173**	**96**	**13787**	**118**	**14896**	**130**
北 京	Beijing	609.2	1.6	666.5	1.8	747.1	4.1
天 津	Tianjin	257.2	2.3	274.9	2.7	292.2	3.1
河 北	Hebei	481.3	6.0	520.8	5.3	559.3	6.0
山 西	Shanxi	229.1	3.9	261.0	4.6	280.7	4.3
内蒙古	Inner Mongolia	163.6	1.3	185.4	1.4	199.1	1.6
辽 宁	Liaoning	572.3	9.1	659.6	8.5	695.8	9.0
吉 林	Jilin	206.8	2.6	234.9	4.1	272.2	3.0
黑龙江	Heilongjiang	351.7	4.9	390.9	4.5	401.8	5.6
上 海	Shanghai	884.4	0.9	950.4	1.2	934.0	1.3
江 苏	Jiangsu	921.0	6.6	1056.6	8.4	1118.1	9.3
浙 江	Zhejiang	1002.9	11.2	1261.8	16.9	1331.1	18.0
安 徽	Anhui	248.7	2.2	292.9	2.9	320.6	3.9
福 建	Fujian	294.8	1.9	346.1	2.2	379.3	2.3
江 西	Jiangxi	251.3	1.7	313.6	2.0	340.2	1.9
山 东	Shandong	745.0	7.0	865.0	8.8	1064.6	9.2
河 南	Henan	448.3	2.6	500.2	3.1	521.0	3.2
湖 北	Hubei	327.5	2.0	360.9	2.4	410.7	2.7
湖 南	Hunan	342.4	2.6	403.5	3.9	472.1	5.3
广 东	Guangdong	2113.9	13.8	2302.3	15.2	2435.5	15.0
广 西	Guangxi	182.4	0.9	204.9	1.1	221.7	1.2
海 南	Hainan	78.4	0.2	86.1	0.2	90.1	0.3
重 庆	Chongqing	181.1	1.6	208.2	4.2	226.5	4.7
四 川	Sichuan	397.3	3.2	464.6	4.6	515.8	6.1
贵 州	Guizhou	110.5	0.9	129.0	1.1	143.3	1.4
云 南	Yunnan	188.5	1.6	202.5	2.3	215.1	2.4
西 藏	Tibet	3.7	0.0	5.9	0.0	8.3	
陕 西	Shaanxi	232.0	1.0	247.6	1.4	264.9	1.4
甘 肃	Gansu	98.2	0.4	108.9	0.8	119.7	0.8
青 海	Qinghai	25.3	0.4	29.9	0.5	40.1	0.5
宁 夏	Ningxia	30.5	0.1	37.5	0.2	42.4	0.2
新 疆	Xinjiang	194.1	1.4	214.5	1.6	232.3	1.9

10-19 续表 3 continued

单位：万人 (10 000 persons)

地 区	Region	2010 年末参保人数 Contributors at the Year-end	2010 享受工伤待遇人数 Beneficiaries of Work Injury Insurance	2011 年末参保人数 Contributors at the Year-end	2011 享受工伤待遇人数 Beneficiaries of Work Injury Insurance
全 国	**National**	**16161**	**147**	**17696**	**163**
北 京	Beijing	823.8	4.4	862.4	4.7
天 津	Tianjin	304.5	4.1	320.4	3.8
河 北	Hebei	594.4	7.5	640.4	8.6
山 西	Shanxi	292.4	4.9	337.6	5.5
内蒙古	Inner Mongolia	207.5	1.8	225.3	3.2
辽 宁	Liaoning	730.0	10.0	779.1	11.3
吉 林	Jilin	300.5	3.7	331.6	3.3
黑龙江	Heilongjiang	415.1	6.2	450.0	8.2
上 海	Shanghai	961.0	1.7	939.5	2.5
江 苏	Jiangsu	1205.5	9.8	1327.0	10.7
浙 江	Zhejiang	1475.1	20.2	1610.8	22.2
安 徽	Anhui	351.1	4.4	422.0	5.6
福 建	Fujian	417.7	2.4	496.9	2.8
江 西	Jiangxi	371.7	2.7	387.9	3.0
山 东	Shandong	1211.2	10.2	1276.1	10.8
河 南	Henan	551.7	3.0	655.5	3.5
湖 北	Hubei	444.0	3.1	481.0	4.5
湖 南	Hunan	516.0	7.4	635.5	7.0
广 东	Guangdong	2657.8	14.7	2847.8	15.4
广 西	Guangxi	235.7	1.4	272.5	1.5
海 南	Hainan	95.8	0.3	104.0	0.3
重 庆	Chongqing	266.0	5.6	337.1	6.2
四 川	Sichuan	583.8	6.0	650.8	6.5
贵 州	Guizhou	162.2	1.9	194.0	2.2
云 南	Yunnan	227.4	4.6	243.4	3.6
西 藏	Tibet	8.8	0.0	11.8	0.0
陕 西	Shaanxi	278.6	1.6	326.8	1.9
甘 肃	Gansu	130.1	1.1	150.2	1.4
青 海	Qinghai	43.2	0.5	45.6	0.5
宁 夏	Ningxia	48.9	0.3	58.3	0.3
新 疆	Xinjiang	249.3	2.0	274.6	2.0

10-20 各地区工伤保险基本情况(2011年)

WORK INJURY INSURANCE BY REGION (2011)

单位：人 (person)

地区	Region	参保人数 Contributors at the Year-end	享受伤残待遇人数 Beneficiaries of Work Injury Insurance	#享受职业病待遇人数 Beneficiaries of Occupational Diseases	一至四级 Level 1 to Level 4 Disability	#职业病 Occupational Diseases	五至六级 Level 5 to Level 6 Disability	#职业病 Occupational Diseases
全 国	**National**	**176959436**	**1629985**	**92167**	**154502**	**46221**	**73715**	**14162**
北 京	Beijing	8624360	47198	7593	6717	3632	2575	1573
天 津	Tianjin	3204215	37569	5880	7909	4271	2766	1217
河 北	Hebei	6403925	86464	2863	8746	1537	4788	650
山 西	Shanxi	3375688	55318	3606	8275	1063	982	96
内蒙古	Inner Mongolia	2252934	32198	733	3598	216	2727	159
辽 宁	Liaoning	7790925	112616	18619	20928	9109	14115	4904
吉 林	Jilin	3315997	33072	2798	7836	1977	4735	423
黑龙江	Heilongjiang	4500037	81713	8444	11653	3751	16166	1959
上 海	Shanghai	9395099	24910	1229	3088	748	184	11
江 苏	Jiangsu	13269930	106674	3708	8667	1977	1655	195
浙 江	Zhejiang	16107626	222264	205	2006	48	2002	5
安 徽	Anhui	4220190	56164	5621	8464	5308	495	1
福 建	Fujian	4969357	27704	1038	1338	246	248	41
江 西	Jiangxi	3879284	30169	1876	1982	680	2156	542
山 东	Shandong	12760826	108289	7048	13457	3266	3642	783
河 南	Henan	6555390	34980	2173	3743	801	1075	233
湖 北	Hubei	4809845	45230	1000	5474	675	2030	45
湖 南	Hunan	6354825	69622	4491	1762	299	1100	180
广 东	Guangdong	28478180	153541	790	2667	58	1501	11
广 西	Guangxi	2725161	14828	355	880	119	816	75
海 南	Hainan	1039526	3336	51	182	8	95	13
重 庆	Chongqing	3370949	62318	3343	4743	2053	463	44
四 川	Sichuan	6507590	64977	4300	7181	1747	2533	473
贵 州	Guizhou	1939573	21768	200	879	57	725	2
云 南	Yunnan	2433973	36049	822	2163	388	670	125
西 藏	Tibet	118352	450		35		67	
陕 西	Shaanxi	3268372	18956	388	2669	226	1193	76
甘 肃	Gansu	1501855	13693	403	2078	167	1060	38
青 海	Qinghai	455741	4629	208	701	173	52	6
宁 夏	Ningxia	583413	3219	130	215	54	163	24
新 疆	Xinjiang	2081755	14199	1783	2876	1289	584	187
新疆兵团	Xinjiang Production and Construction Crops	664543	5868	469	1590	278	352	71

注：工伤保险累计结余中含储备金。

a) Balance of work injury insurance includes reserves.

10-20 续表 continued

单位：人、亿元 (person, 100 million yuan)

地区	Region	七至十级 Level 7 to Level 10 Disability	#职业病 Occupational Diseases	其他 Others	#职业病 Occupational Diseases	基金收入 Revenue	基金支出 Expenses	累计结余 Balance at the Year-end
全国	**National**	**381406**	**17101**	**794472**	**14683**	**466.4**	**286.4**	**742.6**
北京	Beijing	13709	2269	16668	119	15.6	14.2	18.6
天津	Tianjin	7175	365	17794	27	7.1	6.6	11.7
河北	Hebei	17493	664	39380	12	21.1	19.2	20.6
山西	Shanxi	4755	227	18346	2220	25.3	11.4	32.3
内蒙古	Inner Mongolia	9162	228	14446	130	10.6	4.4	13.9
辽宁	Liaoning	38899	4290	24428	316	27.9	15.0	36.8
吉林	Jilin	12601	338	5062	60	8.6	4.6	9.3
黑龙江	Heilongjiang	27057	2437	10898	297	25.0	12.7	25.5
上海	Shanghai	12173	53	7231	417	16.5	8.1	46.2
江苏	Jiangsu	28677	400	55491	1136	32.1	24.0	43.4
浙江	Zhejiang	40531	4	172486	148	27.9	22.5	43.0
安徽	Anhui	5843	10	34350	302	12.1	5.9	17.3
福建	Fujian	4407	235	19299	516	9.9	4.4	27.8
江西	Jiangxi	4528	223	17660	431	9.1	5.9	12.4
山东	Shandong	21267	1413	47705	1586	28.4	20.1	35.2
河南	Henan	6084	578	16073	561	16.6	8.2	29.2
湖北	Hubei	7399	274	25669	6	10.6	4.3	16.9
湖南	Hunan	11450	482	48305	3530	21.3	12.9	22.4
广东	Guangdong	47532	108	88363	613	50.8	26.6	151.5
广西	Guangxi	1956	40	7197	121	5.7	2.6	16.5
海南	Hainan	222	13	2211	17	1.9	0.8	5.3
重庆	Chongqing	14581	766	35511	480	13.1	9.5	7.0
四川	Sichuan	18054	1025	24087	1055	20.3	12.3	30.0
贵州	Guizhou	8401	18	9038	123	9.0	6.4	10.0
云南	Yunnan	3485	217	20130	92	12.2	6.8	17.0
西藏	Tibet	266		49		0.5	0.2	1.0
陕西	Shaanxi	4283	79	5508	7	9.4	4.1	16.7
甘肃	Gansu	2416	120	3847	78	5.9	4.3	7.4
青海	Qinghai	424	27	1266	2	2.0	1.5	3.6
宁夏	Ningxia	1271	52	994		2.2	1.3	2.4
新疆	Xinjiang	4098	65	3671	242	6.3	4.4	10.3
新疆兵团	Xinjiang Production and Construction Crops	1207	81	1309	39	1.5	1.4	1.5

10-21 各地区工伤认定情况(2011年)

单位：人

地区	Region	当期认定(视同)工伤人数 合计 Total	认定工伤件数 小计 Sub-total	在工作时间和工作场所内因工作原因受到事故伤害 Injured by the Work Accident at the Workplace During the Work Time	工作时间前后在工作场所内从事与工作有关的预备性或者收尾性工作受到事故伤害 Injured by the Accident Related to the Preparation or Ending of Work at the Workplace During the Work Time	在工作时间和工作场所内因履行工作职责受到暴力等意外伤害 Injured by Non-work Accident such as Violence in Fulfilling Work-related Responsibilities at the Workplace During the Work Time	患职业病 Suffering from the Occupational Disease
全　国	**National**	**1201527**	**1195194**	**1063817**	**8661**	**10793**	**15195**
北　京	Beijing	25263	24989	19785	201	295	1988
天　津	Tianjin	24464	24289	21606	236	193	401
河　北	Hebei	46766	46310	39417	264	485	327
山　西	Shanxi	14666	14380	12369	109	70	919
内蒙古	Inner Mongolia	8647	8491	7336	99	73	172
辽　宁	Liaoning	31569	31268	28348	181	219	237
吉　林	Jilin	12299	12134	10882	103	97	320
黑龙江	Heilongjiang	10960	10859	10496	73	29	81
上　海	Shanghai	66930	66633	57563	724	449	218
江　苏	Jiangsu	102097	101781	88241	589	553	504
浙　江	Zhejiang	234382	234153	224029	482	472	310
安　徽	Anhui	25500	25397	21951	222	218	299
福　建	Fujian	26800	26668	23172	210	171	170
江　西	Jiangxi	15011	14945	12487	210	159	121
山　东	Shandong	66539	66013	50402	769	1172	877
河　南	Henan	20598	20274	16151	195	233	1248
湖　北	Hubei	21396	21227	18637	213	407	209
湖　南	Hunan	49698	49413	40251	1367	1116	1349
广　东	Guangdong	207104	206476	193020	663	1799	587
广　西	Guangxi	10731	10651	8854	90	271	129
海　南	Hainan	2572	2543	2099	22	117	11
重　庆	Chongqing	58769	58645	54943	202	272	1769
四　川	Sichuan	49490	49261	42811	215	1058	1459
贵　州	Guizhou	14607	14515	13135	63	212	453
云　南	Yunnan	21144	20909	18756	158	275	189
西　藏	Tibet	299	295	242	8	6	3
陕　西	Shaanxi	9621	9437	7630	326	120	457
甘　肃	Gansu	4954	4876	4243	38	66	108
青　海	Qinghai	2907	2870	2561	10	31	38
宁　夏	Ningxia	4081	4011	3239	25	44	50
新　疆	Xinjiang	9183	9055	7334	580	81	146
新疆兵团	Xinjiang Production and Construction Crops	2480	2426	1827	14	30	46

WORK INJURY CERTIFICATION BY REGION (2011)

(person)

Cases Certified(Cases Considered) as Suffering Work Injury							不予认定工伤人数 Cases Not be Certified or Considered as Suffering Work Injury	当期不予受理申请人数 Work Injury Certification Applications Not Accepted
Cases Certified as Suffering Work Injury			视同工伤件数 Cases Considered as Suffering Work Injury					
因工外出期间由于工作原因受到伤害或者发生事故下落不明 Injured by Work-related Accident or Missing Due to Accident When Outside the Workplace Due to Work-related Reasons	在上下班途中受到机动车事故伤害 Injured by Automobile Accident on the Road to Work from Home and Back Home from Work	其他应当认定为工伤的情形 Other Circumstances That Shall be Certified as Suffering Work Injury as Stipulated by Laws and Regulations	小计 Sub-total	在工作时间和工作岗位突发疾病死亡或者在48小时之内经抢救无效死亡 Died Immediately or Within 48 Hours after Unsuccessful Salvage Due to Illness Outburst at the Workplace During the	在抢险救灾等维护国家利益、公共利益活动中受到伤害 Injured in Rescue Activities for Protecting the Common Good of the State and the Public in Case of Emergencies or Natural	因战、因公负伤致残到用人单位后旧伤复发 Recrudescing of Previous Injury as a Result of War or Public Activities on the Employee Who Hold an Honorable Disabled Veteran Certificate		
32747	**62261**	**1720**	**6333**	**5750**	**338**	**245**	**10890**	**6701**
1358	1347	15	274	265	2	7	75	54
694	1150	9	175	144	1	30	90	118
1432	4313	72	456	426	8	22	243	134
275	637	1	286	286			71	29
449	362		156	147	9		114	71
1189	942	152	301	295	2	4	192	101
275	435	22	165	150	11	4	134	345
71	105	4	101	94	4	3	23	57
2322	5349	8	297	287	5	5	324	195
2572	9319	3	316	302	7	7	1112	530
2224	6618	18	229	214	9	6	691	1036
764	1941	2	103	100	1	2	303	106
532	2413		132	119	12	1	345	377
749	1216	3	66	62	4		170	158
3041	9591	161	526	437	35	54	581	308
742	1699	6	324	314	3	7	167	151
620	992	149	169	142	8	19	205	115
2301	2292	737	285	181	54	50	391	231
5313	4946	148	628	568	51	9	3413	1295
522	772	13	80	78	2		206	102
97	182	15	29	24	5		65	1
667	778	14	124	116	8		585	301
1601	2075	42	229	205	18	6	467	446
318	325	9	92	77	14	1	176	134
819	704	8	235	185	46	4	201	47
33	3		4	4			9	5
461	408	35	184	184			61	44
185	235	1	78	70	5	3	49	53
147	83		37	34	3		35	22
188	393	72	70	62	8		63	34
564	349	1	128	125	2	1	261	89
222	287		54	53	1		68	12

10-22 分地区因工死亡人员工伤认定情况(2011年)

单位：人

地区 Region	当期认定(视同)工伤人数					
	合计 Total	认定工伤件数				
		小计 Sub-total	在工作时间和工作场所内因工作原因受到事故伤害 Injured by the Work Accident at the Workplace During the Work Time;	工作时间前后在工作场所内从事与工作有关的预备性或者收尾性工作受到事故伤害 Injured by the Accident Related to the Preparation or Ending of Work at the Workplace During the Work Time	在工作时间和工作场所内因履行工作职责受到暴力等意外伤害 Injured by Non-work Accident such as Violence in Fulfilling Work-related Responsibilities at the Workplace During the Work Time	患职业病 Suffering from the Occupational Disease
全国 National	**20721**	**14899**	**8171**	**134**	**199**	**60**
北京 Beijing	595	330	130	2	8	5
天津 Tianjin	385	241	94	1	5	
河北 Hebei	1694	1262	638	5	6	3
山西 Shanxi	700	414	224	3	7	
内蒙古 Inner Mongolia	408	261	151	7	5	
辽宁 Liaoning	713	418	273	5	6	2
吉林 Jilin	330	180	100		4	
黑龙江 Heilongjiang	298	204	165		1	
上海 Shanghai	901	613	301	4	1	
江苏 Jiangsu	1552	1250	552	5	4	3
浙江 Zhejiang	1195	981	517	9	16	
安徽 Anhui	522	421	192	4	2	
福建 Fujian	436	316	175	1		1
江西 Jiangxi	276	214	127	2	3	1
山东 Shandong	1749	1304	512	11	15	2
河南 Henan	825	510	257		2	
湖北 Hubei	532	387	230	2	3	
湖南 Hunan	990	806	590	18	7	9
广东 Guangdong	1759	1189	668	8	18	12
广西 Guangxi	289	211	119	4	2	2
海南 Hainan	71	47	22	1	7	
重庆 Chongqing	681	557	477	4	12	2
四川 Sichuan	1097	890	497	6	35	2
贵州 Guizhou	502	417	330	2	9	
云南 Yunnan	666	462	384	2	9	
西藏 Tibet	12	8	7			
陕西 Shaanxi	366	182	97	15		1
甘肃 Gansu	269	199	130	3	5	
青海 Qinghai	162	128	82	3	4	1
宁夏 Ningxia	187	119	42		1	
新疆 Xinjiang	389	261	34	5	2	13
新疆兵团 Xinjiang Production and Construction Crops	170	117	54	2		1

WORK INJURY CERTIFICATION INVOLVING DEATHS BY REGION

(person)

Cases Certified(Cases Considered) as Suffering Work Injury							不予认定工伤人数 Cases Not be Certified or Considered as Suffering Work Injury	当期不予受理申请人数 Work Injury Certification Applications Not Accepted
Cases Certified as Suffering Work Injury			视同工伤件数 Cases Considered as Suffering Work Injury					
因工外出期间由于工作原因受到伤害或者发生事故下落不明 Injured by Work-related Accident or Missing Due to Accident When Outside the Workplace Due to Work-related Reasons	在上下班途中受到机动车事故伤害 Injured by Automobile Accident on the Road to Work from Home and Back Home from Work	其他应当认定为工伤的情形 Other Circumstances That Shall be Certified as Suffering Work Injury as Stipulated by Laws and Regulations	小计 Sub-total	在工作时间和工作岗位突发疾病死亡或者在48小时之内经抢救无效死亡 Died Immediately or Within 48 Hours after Unsuccessful Salvage Due to Illness Outburst at the Workplace During the	在抢险救灾等维护国家利益、公共利益活动中受到伤害 Injured in Rescue Activities for Protecting the Common Good of the State and the Public in Case of Emergencies or Natural	因战、因公负伤致残到用人单位后旧伤复发 Recrudescing of Previous Injury as a Result of War or Public Activities on the Employee Who Hold an Honorable Disabled Veteran Certificate		
1948	**4371**	**16**	**5822**	**5750**	**62**	**10**	**755**	**45**
87	97	1	265	265				
36	105		144	144			13	3
125	485		432	426	6			
30	150		286	286			22	
53	45		147	147			17	
37	91	4	295	295			34	
31	45		150	150				
9	29		94	94			2	
91	216		288	287	1			
157	528	1	302	302			61	6
94	345		214	214			30	
58	164	1	101	100	1		19	1
31	108		120	119	1			
19	62		62	62			19	
178	581	5	445	437	5	3	58	1
75	176		315	314	1		28	
57	95		145	142	3		22	1
61	120	1	184	181	2	1	12	
176	307		570	568	2		208	
31	52	1	78	78			47	5
6	11		24	24			2	
22	40		124	116	8		26	2
120	230		207	205	2		31	11
37	38	1	85	77	7	1	32	8
33	34		204	185	19		35	2
1			4	4				
13	56		184	184				
25	35	1	70	70			5	
20	18		34	34			8	3
18	58		68	62	2	4	12	
202	5		128	125	2	1		
15	45		53	53			12	2

10-23 各地区劳动能力鉴定情况(2011)
WORK CAPACITY ASSESSMENT BY REGION

单位：人 (person)

地区	Region	申请鉴定人数 Work Capacity Assessment Applicants						评定伤残等级人数 Persons Assessed as Certain Level of Work-related Disable				存在生活自理障碍人数 Persons Assessed as Living-related Disable
		小计 Sub-total	初次申请 First Applications	再次申请 Second Applications	#改变结论 Concusions Changed	复查申请 Reassessment Applications	#改变结论 Concusions Changed	小计 Sub-total	一至四级 Level 1 to Level 4	五至六级 Level 5 to Level 6	七至十级 Level 7 to Level 10	
全国	**National**	**606923**	**586854**	**14622**	**4793**	**5447**	**2165**	**510394**	**26314**	**32069**	**452011**	**11232**
北京	Beijing	14090	13425	47	5	618	579	10732	1169	1179	8384	198
天津	Tianjin	8288	7657	191	86	440	113	7757	403	880	6474	175
河北	Hebei	18205	17661	236	81	308	197	16610	912	1504	14194	373
山西	Shanxi	14266	13920	231	92	115	59	13353	1887	1544	9922	1003
内蒙古	Inner Mongolia	4696	4585	93	40	18	4	4339	378	591	3370	161
辽宁	Liaoning	17958	16987	296	86	675	145	15978	885	1354	13739	389
吉林	Jilin	8165	7615	303	153	247	76	7145	264	456	6425	166
黑龙江	Heilongjiang	20965	20475	411	90	79	42	18150	796	1194	16160	297
上海	Shanghai	51442	49747	996	325	699	13	47287	1271	1766	44250	629
江苏	Jiangsu	53503	51778	1333	186	392	66	45966	767	1782	43417	355
浙江	Zhejiang	59724	57945	1742	610	37	15	55787	970	2121	52696	307
安徽	Anhui	11590	11074	424	141	92	51	9820	646	1014	8160	277
福建	Fujian	10245	9674	548	184	23	8	7804	440	504	6860	136
江西	Jiangxi	9352	8667	625	310	60	17	8742	615	975	7152	359
山东	Shandong	29510	28575	774	223	161	48	26570	1165	1617	23788	521
河南	Henan	21095	20658	364	116	73	46	11775	1038	1144	9593	763
湖北	Hubei	23773	23084	397	154	292	171	18654	883	940	16831	1423
湖南	Hunan	19094	18301	720	268	73	41	15389	707	773	13909	349
广东	Guangdong	79416	78644	581	87	191	46	57089	886	1883	54320	510
广西	Guangxi	7417	7319	67	38	31	17	5246	756	500	3990	113
海南	Hainan	892	864	24	11	4	3	438	85	80	273	41
重庆	Chongqing	32356	31185	1170	486	1		28942	2470	1859	24613	1102
四川	Sichuan	36804	35207	1479	525	118	33	31918	3125	2646	26147	581
贵州	Guizhou	14789	13981	634	332	174	109	13407	725	927	11755	236
云南	Yunnan	10174	10026	110	62	38	29	7205	889	530	5786	248
西藏	Tibet	1012	1008	3	2	1	1	953	70	171	712	53
陕西	Shaanxi	6061	5619	118	31	324	135	5765	601	615	4549	117
甘肃	Gansu	8759	8636	91		32	15	7272	521	589	6162	95
青海	Qinghai	1196	1160	24	11	12	8	1077	115	104	858	47
宁夏	Ningxia	2434	2339	57	14	38	38	2191	538	248	1405	25
新疆	Xinjiang	8027	7474	502	28	51	21	5606	261	476	4869	46
新疆兵团	Xinjiang Production and Construction Crops	1625	1564	31	16	30	19	1427	76	103	1248	137

10-24 历年全国生育保险基本情况
MATERNITY INSURANCE

年　份 Year	年末参保人数(万人) Contributors at the Year-end (10 000 persons)	基金收支情况(亿元) Revenue and Expenses(100 million yuan)		
		基金收入 Revenue	基金支出 Expenses	累计结余 Balance at the Year-end
绝对数 Absolute figure				
1989				
1990				
1991				
1992				
1993	557.2	0.8	0.5	0.8
1994	915.9	1.5	0.8	1.4
1995	1500.2	2.9	1.6	2.7
1996	2015.6	5.5	3.3	5.0
1997	2485.9	7.4	4.9	7.5
1998	2776.7	9.8	6.8	10.3
1999	2929.8	10.7	7.1	13.9
2000	3001.6	11.2	8.3	16.8
2001	3455.1	13.7	9.6	20.6
2002	3488.2	21.8	12.8	29.7
2003	3655.4	25.8	13.5	42.0
2004	4383.8	32.1	18.8	55.9
2005	5408.5	43.8	27.4	72.1
2006	6458.9	62.1	37.5	96.9
2007	7775.3	83.6	55.6	126.6
2008	9254.1	113.7	71.5	168.2
2009	10875.7	132.4	88.3	212.1
2010	12335.9	159.6	109.9	261.4
2011	13892.0	219.8	139.2	342.5
比上年增长(%) Increase over Preceding Year %				
1990				
1991				
1992				
1993				
1994	64.4	73.8	60.5	87.6
1995	63.8	99.4	95.3	91.7
1996	34.4	87.8	108.2	81.6
1997	23.3	34.9	49.4	51.2
1998	11.7	31.1	39.5	37.1
1999	5.5	10.1	4.1	34.9
2000	2.5	3.8	17.1	20.6
2001	15.1	23.1	14.9	22.7
2002	1.0	58.9	33.3	44.5
2003	4.8	18.3	5.6	41.3
2004	19.9	24.4	39.3	33.1
2005	23.4	36.4	45.7	29.0
2006	19.4	41.8	36.9	34.4
2007	20.4	34.6	48.3	30.7
2008	19.0	36.0	28.6	32.9
2009	17.5	16.4	23.5	26.1
2010	13.4	20.5	24.4	23.2
2011	12.6	37.8	26.7	31.0

10-25 历年各地区生育保险基本情况
MATERNITY INSURANCE BY REGION

单位：万人 (10 000 persons)

地区	Region	2001		2002		2003		2004	
		年末参保人数 Contributors at the Year-end	享受待遇人数 Beneficiaries of Maternity Insurance	年末参保人数 Contributors at the Year-end	享受待遇人数 Beneficiaries of Maternity Insurance	年末参保人数 Contributors at the Year-end	享受待遇人数 Beneficiaries of Maternity Insurance	年末参保人数 Contributors at the Year-end	享受待遇人数 Beneficiaries of Maternity Insurance
全国	**National**	**3455**	**24**	**3488**	**28**	**3655**	**36**	**4384**	**46**
北京	Beijing								
天津	Tianjin								
河北	Hebei	131.5	0.8	95.4	0.7	94.1	0.4	114.1	0.4
山西	Shanxi	108.0	0.3	84.3	0.3	84.3	0.2	93.2	0.2
内蒙古	Inner Mongolia	27.9	0.3	23.4	0.1	40.3	0.2	66.7	0.4
辽宁	Liaoning	227.8	1.2	216.1	1.2	199.1	1.5	215.9	2.1
吉林	Jilin	24.0	0.1	32.7	0.1	34.0	0.1	35.1	0.2
黑龙江	Heilongjiang	68.2	0.2	153.2	1.2	167.5	2.7	187.3	3.5
上海	Shanghai	443.7	0.1	452.9	3.7	461.1	4.1	505.6	4.9
江苏	Jiangsu	483.5	4.6	486.1	4.1	504.1	7.2	552.7	9.2
浙江	Zhejiang	187.6	1.7	193.7	1.9	215.0	2.1	239.8	3.0
安徽	Anhui	23.4	0.1	23.6	0.2	23.9	0.2	37.6	0.2
福建	Fujian	118.2	0.9	123.7	1.0	139.4	1.4	146.5	1.7
江西	Jiangxi	120.2	0.8	109.4	0.7	108.7	0.6	107.6	0.5
山东	Shandong	331.8	3.4	322.8	3.8	336.5	4.1	390.8	4.7
河南	Henan	196.4	1.1	205.9	1.1	199.2	1.1	201.2	1.5
湖北	Hubei	182.1	1.1	182.7	0.8	182.1	0.6	179.9	0.6
湖南	Hunan	3.7	0.0	3.4	0.0	3.3	0.0	212.9	0.5
广东	Guangdong	250.1	2.4	258.7	2.5	330.8	3.0	376.7	3.6
广西	Guangxi	113.5	1.2	106.8	1.1	111.1	1.2	134.8	1.6
海南	Hainan	10.8	0.1	23.2	0.2	28.4	0.2	31.7	0.4
重庆	Chongqing	23.6	0.2	19.9	0.1	16.5	0.1	12.9	0.0
四川	Sichuan	178.1	1.6	166.4	1.2	165.1	1.3	187.4	1.4
贵州	Guizhou	1.1	0.0	0.9	0.0	0.9	0.0	2.3	0.0
云南	Yunnan	96.1	1.2	86.9	1.0	82.8	1.4	142.3	2.3
西藏	Tibet								
陕西	Shaanxi	4.6	0.1	5.4	0.1	14.6	0.1	36.2	0.2
甘肃	Gansu	5.0	0.0	5.1	0.0	6.8	0.0	31.0	0.1
青海	Qinghai	6.6	0.1	4.3	0.0	5.2	0.1	5.8	0.1
宁夏	Ningxia	8.7	0.1	15.0	0.2	15.1	0.2	18.4	0.2
新疆	Xinjiang	78.9	1.0	86.4	1.0	85.7	2.0	117.4	2.5

10-25 续表 1 continued

单位：万人 (10 000 persons)

地区 Region	2005		2006		2007	
	年末参保人数 Contributors at the Year-end	享受待遇人数 Beneficiaries of Maternity Insurance	年末参保人数 Contributors at the Year-end	享受待遇人数 Beneficiaries of Maternity Insurance	年末参保人数 Contributors at the Year-end	享受待遇人数 Beneficiaries of Maternity Insurance
全　国 National	**5408**	**62**	**6459**	**108**	**7775**	**113**
北　京 Beijing	226.1	1.1	263.3	6.7	290.6	9.8
天　津 Tianjin	157.4	0.6	180.1	7.7	194.0	3.9
河　北 Hebei	215.9	0.8	264.2	1.7	338.5	2.5
山　西 Shanxi	95.6	0.3	98.1	0.4	104.4	0.3
内蒙古 Inner Mongolia	105.8	1.5	122.1	2.1	139.1	1.7
辽　宁 Liaoning	220.1	2.7	378.7	4.9	423.0	13.2
吉　林 Jilin	35.3	0.8	117.7	0.6	173.6	1.6
黑龙江 Heilongjiang	156.6	2.9	172.7	3.1	216.8	3.1
上　海 Shanghai	539.3	5.8	555.1	16.8	592.0	7.3
江　苏 Jiangsu	630.9	11.2	711.5	12.8	794.1	14.5
浙　江 Zhejiang	284.9	3.7	382.7	6.9	505.0	6.1
安　徽 Anhui	53.5	0.5	78.6	1.0	175.6	1.9
福　建 Fujian	161.8	2.1	173.5	2.0	250.4	2.7
江　西 Jiangxi	117.8	0.8	123.2	1.1	137.8	0.8
山　东 Shandong	461.2	5.5	488.8	10.0	563.3	8.2
河　南 Henan	228.4	1.5	238.4	2.0	279.1	2.2
湖　北 Hubei	175.9	0.6	194.5	0.8	224.6	1.1
湖　南 Hunan	250.2	3.2	308.5	5.2	369.3	5.6
广　东 Guangdong	419.4	4.2	464.8	4.8	659.1	6.6
广　西 Guangxi	141.4	1.9	145.2	1.9	163.5	2.3
海　南 Hainan	34.9	0.5	40.6	0.7	66.7	0.8
重　庆 Chongqing			96.8	0.6	116.9	2.2
四　川 Sichuan	212.5	1.4	274.1	1.9	323.3	3.6
贵　州 Guizhou	52.1	0.0	72.1	0.7	89.1	1.2
云　南 Yunnan	156.1	2.5	159.5	2.6	165.1	2.2
西　藏 Tibet					9.4	0.0
陕　西 Shaanxi	43.1	0.8	86.3	0.5	120.9	0.9
甘　肃 Gansu	40.0	0.3	47.0	0.4	53.3	0.7
青　海 Qinghai	6.5	0.1	7.2	0.2	6.2	0.2
宁　夏 Ningxia	21.6	0.2	18.1	0.4	19.2	0.4
新　疆 Xinjiang	164.1	4.7	195.6	7.5	211.6	5.6

10-25 续表 2 continued

单位：万人 (10 000 persons)

地区	Region	2008 年末参保人数 Contributors at the Year-end	2008 享受待遇人数 Beneficiaries of Maternity Insurance	2009 年末参保人数 Contributors at the Year-end	2009 享受待遇人数 Beneficiaries of Maternity Insurance	2010 年末参保人数 Contributors at the Year-end	2010 享受待遇人数 Beneficiaries of Maternity Insurance	2011 年末参保人数 Contributors at the Year-end	2011 享受待遇人数 Beneficiaries of Maternity Insurance
全国	**National**	**9254**	**140**	**10876**	**174**	**12336**	**211**	**13892**	**265**
北京	Beijing	324.1	11.8	346.8	12.8	372.2	12.6	395.3	14.9
天津	Tianjin	196.5	4.7	204.6	4.8	212.0	5.6	234.6	6.6
河北	Hebei	408.5	5.2	489.9	6.7	561.5	5.2	593.1	5.5
山西	Shanxi	148.3	0.7	185.8	0.9	211.6	1.7	253.7	2.1
内蒙古	Inner Mongolia	154.6	1.6	182.9	2.0	233.9	2.2	263.3	4.8
辽宁	Liaoning	460.2	11.7	531.2	13.5	593.0	13.5	664.7	15.1
吉林	Jilin	227.9	2.5	289.9	4.6	310.5	5.6	335.9	6.7
黑龙江	Heilongjiang	241.9	3.2	270.0	3.3	290.1	3.4	350.1	3.6
上海	Shanghai	609.9	7.1	625.1	6.5	657.3	7.7	703.1	8.8
江苏	Jiangsu	907.2	19.5	962.5	23.3	1086.4	24.4	1199.2	44.2
浙江	Zhejiang	690.0	8.1	750.7	10.4	863.7	12.4	979.8	14.9
安徽	Anhui	231.0	3.5	303.6	4.6	346.9	5.0	400.1	6.3
福建	Fujian	273.9	3.2	317.8	4.5	374.4	4.9	451.9	5.7
江西	Jiangxi	156.6	0.6	163.0	0.7	170.0	1.0	200.1	0.8
山东	Shandong	638.0	10.3	703.0	14.4	774.1	18.0	857.8	19.7
河南	Henan	313.4	2.8	379.8	4.0	412.9	5.3	460.7	6.3
湖北	Hubei	278.0	2.9	357.1	6.5	381.8	11.0	420.9	13.6
湖南	Hunan	431.5	6.2	502.4	9.0	527.1	12.1	538.8	15.3
广东	Guangdong	1011.2	9.7	1586.3	12.5	2038.5	24.3	2339.7	32.6
广西	Guangxi	176.5	3.0	199.0	3.2	218.5	3.6	243.8	3.9
海南	Hainan	79.8	1.1	85.0	1.2	92.6	1.5	100.7	2.2
重庆	Chongqing	141.6	2.6	155.5	3.7	175.7	4.9	216.6	5.4
四川	Sichuan	373.0	4.4	426.4	5.8	484.2	5.9	601.7	6.8
贵州	Guizhou	135.9	1.8	152.5	1.9	164.3	2.3	198.1	2.6
云南	Yunnan	168.4	2.6	181.1	2.8	210.2	4.0	216.5	3.5
西藏	Tibet	12.4	0.1	14.2	0.2	14.8	0.3	16.1	0.3
陕西	Shaanxi	147.6	1.6	164.4	2.1	180.1	2.4	211.6	2.8
甘肃	Gansu	59.1	0.6	71.2	0.7	82.0	1.0	110.1	1.7
青海	Qinghai	6.3	0.1	6.3	0.1	6.4	0.1	6.7	0.2
宁夏	Ningxia	25.1	0.4	30.7	0.5	39.8	0.6	59.3	1.0
新疆	Xinjiang	225.4	6.4	236.8	6.6	249.4	8.4	268.1	7.0

10-26 各地区生育保险基本情况(2011年)

MATERNITY INSURANCE BY REGION(2011)

单位：万人、亿元 (10 000 persons, 100 million yuan)

地 区	Region	享受待遇人数 Beneficiaries of Maternity Insurance	基金收入 Revenue	基金支出 Expenses	累计结余 Balance at the Year-end
全 国	**National**	**265**	**219.8**	**139.2**	**342.5**
北 京	Beijing	14.9	14.2	9.8	24.1
天 津	Tianjin	6.6	6.8	4.6	13.0
河 北	Hebei	5.5	5.8	3.4	9.1
山 西	Shanxi	2.1	3.8	1.7	6.1
内蒙古	Inner Mongolia	4.8	3.8	2.1	5.7
辽 宁	Liaoning	15.1	10.6	7.0	12.2
吉 林	Jilin	6.7	2.8	1.4	5.8
黑龙江	Heilongjiang	3.6	4.0	2.4	8.1
上 海	Shanghai	8.8	18.2	17.0	1.9
江 苏	Jiangsu	44.2	25.8	15.8	50.0
浙 江	Zhejiang	14.9	16.1	12.1	18.2
安 徽	Anhui	6.3	5.3	3.1	7.2
福 建	Fujian	5.7	7.5	3.7	11.9
江 西	Jiangxi	0.8	1.1	0.5	3.4
山 东	Shandong	19.7	17.8	11.7	25.2
河 南	Henan	6.3	6.3	3.3	11.1
湖 北	Hubei	13.6	5.1	2.5	10.8
湖 南	Hunan	15.3	5.6	3.4	10.8
广 东	Guangdong	32.6	24.8	15.6	39.8
广 西	Guangxi	3.9	3.5	2.1	7.6
海 南	Hainan	2.2	1.3	0.7	2.7
重 庆	Chongqing	5.4	2.9	2.2	4.7
四 川	Sichuan	6.8	8.7	4.3	15.3
贵 州	Guizhou	2.6	1.6	0.6	3.8
云 南	Yunnan	3.5	4.2	1.9	10.4
西 藏	Tibet	0.3	0.4	0.2	0.7
陕 西	Shaanxi	2.8	3.0	1.5	5.8
甘 肃	Gansu	1.7	1.8	0.7	3.0
青 海	Qinghai	0.2	0.2	0.1	0.6
宁 夏	Ningxia	1.0	1.2	0.7	1.2
新 疆	Xinjiang	7.0	5.6	3.2	12.3

10-27 各地区新型农村社会养老保险试点情况（2011年）

STATISTICS ON NEW RURAL OLD-AGE INSURANCE BY REGION (2011)

地 区	Region	参保人数（万人） Contributors at Year-end (10 000 persons)	#达到领取待遇年龄参保人数 Number of Participants Who Have Reached the Prescribed Age of Benifit Entilement	基金收支情况(亿元) Revenue and Expenses(100 million yuan) 基金收入 Revenue	基金支出 Expenses	累计结余 Balance at Year-end
全 国	**National Total**	**32643.5**	**8921.8**	**1069.7**	**587.7**	**1199.2**
北 京	Beijing	173.4	22.1	22.5	10.2	75.4
天 津	Tianjin	85.0	67.0	31.0	11.4	56.0
河 北	Hebei	2317.7	511.3	52.5	25.6	47.8
山 西	Shanxi	949.5	214.4	23.1	10.0	27.2
内蒙古	Inner Mongolia	290.0	71.7	10.9	6.7	13.2
辽 宁	Liaoning	755.9	213.9	19.4	10.2	13.2
吉 林	Jilin	389.5	264.2	10.2	6.1	5.6
黑龙江	Heilongjiang	279.0	74.7	14.4	5.2	12.3
上 海	Shanghai	75.9	39.6	18.6	15.4	69.9
江 苏	Jiangsu	2060.6	632.2	55.5	41.1	174.9
浙 江	Zhejiang	813.1	360.1	44.5	30.2	61.6
安 徽	Anhui	2178.0	572.7	54.6	29.6	37.3
福 建	Fujian	767.2	182.6	18.8	9.7	15.7
江 西	Jiangxi	1298.7	288.9	31.1	12.3	23.2
山 东	Shandong	3546.0	988.1	116.9	57.0	161.5
河 南	Henan	3305.9	747.9	59.6	30.2	62.8
湖 北	Hubei	1684.3	402.9	42.6	20.7	32.7
湖 南	Hunan	2137.2	617.0	43.7	28.4	25.7
广 东	Guangdong	806.6	182.2	58.9	17.8	39.9
广 西	Guangxi	796.1	275.6	25.2	14.4	16.7
海 南	Hainan	191.0	43.6	3.9	2.6	4.1
重 庆	Chongqing	1125.1	347.7	87.7	82.7	14.9
四 川	Sichuan	1514.4	623.1	66.6	38.5	69.1
贵 州	Guizhou	834.5	310.7	30.4	21.3	15.7
云 南	Yunnan	1247.9	253.3	23.0	11.4	24.1
西 藏	Tibet	119.1	20.1	2.5	1.5	1.1
陕 西	Shaanxi	1277.5	283.5	34.7	16.9	35.2
甘 肃	Gansu	781.6	159.1	42.5	10.0	36.3
青 海	Qinghai	177.0	33.1	4.7	2.5	5.1
宁 夏	Ningxia	175.1	33.7	5.3	1.9	5.9
新 疆	Xinjiang	490.6	84.7	14.5	6.0	15.1

注：本年度新农保数据是指经国务院批准开展新农保试点地区的数据，不包含老农保和地方自行开展新农保试点地区数据。

a)Annual statistics for new rural old-age insurance only cover areas where new rural old insurance pilot programs are launched under the state counsil's approval. They do not cover areas which still keep endowment insurance systems or areas which launched

十一、工会工作

TRADE UNION WORKS

11-1 各地区基层工会组织数(2011年)

NUMBER OF GRASSROOTS TRADE UNION BY REGION (2011)

单位：个 (unit)

地 区	Region	总 计 Total	内资企业 Enterprises of Domestic Funded 国有企业 State-owned	集体企业 Urban Collective-owned	股份合作企业 Coopera-tive	联营企业 Joint-owned	国有独资公司 State Funded Corporations	有限责任公司 Limited Liability Corporations	国有控股公司 State-holding	股份有限公司 Share-holding Corporations Ltd.
全 国	**National**	**2319546**	**80130**	**75382**	**38878**	**7152**	**7781**	**132540**	**14685**	**38787**
北 京	Beijing	28399	1805	1593	779	41	377	6437	423	923
天 津	Tianjin	31005	1759	1086	405	107	275	1444	416	394
河 北	Hebei	119670	3785	5459	1166	391	217	3059	539	1277
山 西	Shanxi	57564	4120	4116	527	109	227	2342	330	1196
内蒙古	Inner Mongolia	56074	1669	621	476	151	75	2704	240	537
辽 宁	Liaoning	86152	2549	1935	753	119	227	4862	523	1315
吉 林	Jilin	37417	1623	626	364	41	151	2297	261	790
黑龙江	Heilongjiang	59092	5470	1585	766	63	137	2611	384	800
上 海	Shanghai	54571	2260	2340	1321	73	599	2574	750	743
江 苏	Jiangsu	125683	2366	2781	3681	560	425	8243	617	2910
浙 江	Zhejiang	132213	1870	1376	6097	244	526	13045	730	4154
安 徽	Anhui	81569	3483	5808	1602	412	392	3625	876	1472
福 建	Fujian	101640	3032	2370	1224	485	305	2343	636	928
江 西	Jiangxi	64810	3122	1480	1531	375	165	2604	322	679
山 东	Shandong	185577	4787	6768	2931	308	509	12970	1018	5010
河 南	Henan	148692	4959	7114	2091	359	195	5837	639	2318
湖 北	Hubei	107995	2771	5058	1800	561	255	5623	862	1042
湖 南	Hunan	100977	3802	5553	3467	370	205	3825	422	2476
广 东	Guangdong	213389	5644	5871	1781	332	723	11104	1026	1617
广 西	Guangxi	65794	3471	2085	361	908	133	1683	432	547
海 南	Hainan	14675	1059	634	194	64	108	4284	223	357
重 庆	Chongqing	45828	869	981	934	270	221	3484	208	1236
四 川	Sichuan	124902	2557	1349	1398	151	376	8665	590	2964
贵 州	Guizhou	50935	2161	1178	518	194	210	2447	482	410
云 南	Yunnan	66416	1363	1006	570	85	211	4092	495	528
西 藏	Tibet	2297	229	74	11	6	9	28	25	7
陕 西	Shaanxi	78994	3590	3442	1120	264	201	6826	420	1349
甘 肃	Gansu	30411	1266	583	609	58	114	820	332	298
青 海	Qinghai	13088	399	130	114	28	54	375	99	90
宁 夏	Ningxia	11903	390	115	72	5	19	690	103	143
新 疆	Xinjiang	21023	1844	261	214	18	134	1584	258	276

11-1 续表 continued

单位：个 (unit)

地 区	Region	私营企业 Private	其他企业 Others	个体经营户 Individuals	港澳台商投资企业 Funded by Entrepreneurs from HongKong, Macao & Taiwan	外商投资企业 Foreign Funded	事业单位 Institutions	机关 Agencies and Organizations	其他 Others
全 国	**National**	**1109124**	**12919**	**99466**	**34583**	**54518**	**298252**	**172585**	**142764**
北 京	Beijing	6421	115	644	319	751	4015	1323	2433
天 津	Tianjin	15315	129	1476	320	1787	3075	1122	1895
河 北	Hebei	55334	4344	4812	237	654	12543	10456	15397
山 西	Shanxi	21130	22	2325	125	358	11304	5622	3711
内蒙古	Inner Mongolia	30442	60	2997	37	175	8455	6578	857
辽 宁	Liaoning	44544	199	4967	345	1883	10587	5167	6177
吉 林	Jilin	21897	18	379	36	193	5727	1997	1017
黑龙江	Heilongjiang	25724	70	2632	80	382	8512	5670	4206
上 海	Shanghai	26831	492	727	2752	5974	5664	1471	
江 苏	Jiangsu	66389	241	2820	3644	7218	11847	5691	6250
浙 江	Zhejiang	72932	237	1366	2194	3366	11855	6457	5764
安 徽	Anhui	37595	134	4869	171	402	10610	5771	4347
福 建	Fujian	64330	1706	2063	3251	2951	8642	5166	2208
江 西	Jiangxi	29634	133	2354	285	1245	11847	7027	2007
山 东	Shandong	98236	750	10559	906	6981	16715	9575	7554
河 南	Henan	73940	262	11298	139	282	23214	10097	5948
湖 北	Hubei	50533	507	6023	606	880	15269	6978	9227
湖 南	Hunan	48378	667	5090	124	234	13269	9027	4068
广 东	Guangdong	113998	1129	11399	17956	15753	17168	7888	
广 西	Guangxi	32541	282	2298	238	501	10572	6587	3155
海 南	Hainan	3079	16	479	89	182	2097	1281	529
重 庆	Chongqing	21500	34	1791	76	236	6373	3650	3965
四 川	Sichuan	36853	1096	5797	360	863	22393	14367	25123
贵 州	Guizhou	15587	110	1437	30	69	8678	5555	11869
云 南	Yunnan	38077	45	1143	128	343	8300	8172	1858
西 藏	Tibet	114	1	35			264	1197	297
陕 西	Shaanxi	31473	69	4191	75	683	12433	6333	6525
甘 肃	Gansu	11223	32	851	29	55	7037	5211	1893
青 海	Qinghai	4641	4	1183	5	26	2087	1904	1949
宁 夏	Ningxia	5558	2	716	6	34	1687	1145	1218
新 疆	Xinjiang	4875	13	745	20	57	5402	4019	1303

11-2 各地区工会会员人数(2011年)
TRADE UNION MEMBERS IN GRASSROOTS TRADE UNION BY REGION (2011)

单位：人 (person)

地 区	Region	总 计 Total	内资企业 Enterprises of Domestic Funded 国有企业 State-owned	集体企业 Urban Collective-owned	股份合作企业 Coopera-tive	联营企业 Joint-owned	国有独资公司 State Funded Corporations	有限责任公司 Limited Liability Corporations	国有控股公司 State-holding	股份有限公司 Share-holding Corporations Ltd.
全 国	**National**	**258850741**	**26842213**	**9050601**	**6445837**	**1225917**	**3121908**	**14235437**	**6862465**	**6125087**
北 京	Beijing	4270692	716467	151735	115202	3187	153937	657932	271377	109953
天 津	Tianjin	3685006	676078	204007	112369	29747	72817	162179	158781	52454
河 北	Hebei	13711797	1189640	694608	204848	59598	159006	516665	259473	267418
山 西	Shanxi	7552222	1656812	456675	142966	27769	186266	314388	246252	196952
内蒙古	Inner Mongolia	5837557	934240	116475	105194	134202	40322	324443	74782	148008
辽 宁	Liaoning	9114672	1436862	449432	115746	13590	152708	444975	359929	156394
吉 林	Jilin	4952436	744279	94220	92120	8610	120116	290231	143554	182780
黑龙江	Heilongjiang	8001033	2472536	246841	110001	12312	65178	283528	278648	86890
上 海	Shanghai	8247038	661247	284248	126343	8248	239378	397917	520966	135642
江 苏	Jiangsu	17431540	1143691	454066	692403	88117	202314	1032057	283863	552135
浙 江	Zhejiang	16687727	429845	191721	856666	75401	129594	1712223	233246	773601
安 徽	Anhui	6943609	819261	547654	210282	54043	64344	396197	295254	163092
福 建	Fujian	8666933	441664	165251	160641	77564	80007	226213	178669	130918
江 西	Jiangxi	6468291	671553	133300	375043	75770	73247	176236	61384	143732
山 东	Shandong	21354061	1484630	1117311	686706	53458	255823	2006477	450921	918934
河 南	Henan	14404592	1688130	912188	383862	43874	118971	597293	317401	268558
湖 北	Hubei	12672820	791013	723178	422302	105549	127976	868632	391895	290370
湖 南	Hunan	10690279	1414691	590170	362555	71924	73851	319796	205169	303487
广 东	Guangdong	22619326	977712	562973	393113	46103	168240	867655	394146	374053
广 西	Guangxi	5608746	754948	171879	70720	101739	51574	190492	131845	75273
海 南	Hainan	1050155	177088	34867	20040	5660	22637	155724	125271	38179
重 庆	Chongqing	6392319	302285	98397	125021	39676	109105	430765	116032	97831
四 川	Sichuan	16190662	984364	104756	184747	15827	111158	639970	322165	279328
贵 州	Guizhou	5771126	459779	88434	77442	16143	81492	146202	210257	36163
云 南	Yunnan	4384866	497923	66369	53655	4464	48327	238745	242643	76697
西 藏	Tibet	234913	21031	7981	2238	226	1220	2592	9476	683
陕 西	Shaanxi	6276196	1112516	263864	98113	36107	100882	448773	275735	121866
甘 肃	Gansu	3358449	570389	63554	75026	12085	41387	123731	146342	47988
青 海	Qinghai	977724	149760	8274	15548	3415	18188	31189	14448	9890
宁 夏	Ningxia	1197217	133499	8446	16323	413	8073	70122	23312	33650
新 疆	Xinjiang	3557852	1306980	37192	38450	1096	43027	160647	118336	52135

11-2 续表 continued

单位：人 (person)

地 区	Region	私营企业 Private	其他企业 Others	个 体 经营户 Individuals	港澳台商 投资企业 Funded by Entrepreneurs from HongKong Macao&Taiwan	外 商 投资企业 Foreign Funded	事业单位 Institutions	机 关 Agencies and Organization	其他 Others
全 国	**National**	**82572255**	**1635001**	**9942231**	**7256190**	**11418301**	**31876128**	**14861808**	**25079362**
北 京	Beijing	645160	8713	30730	76432	230412	555033	206552	337870
天 津	Tianjin	978959	18173	156348	39518	297415	422253	126815	177093
河 北	Hebei	5075910	487758	395286	71391	160502	1435820	852352	1881522
山 西	Shanxi	1908033	2671	208352	77839	76401	1057582	476068	517196
内蒙古	Inner Mongolia	2395183	6224	131143	7262	61934	716620	473867	167658
辽 宁	Liaoning	2600673	19634	324981	51292	397177	1170131	517597	903551
吉 林	Jilin	1961059	3846	195578	9006	47186	615198	225105	219548
黑龙江	Heilongjiang	1988010	10282	286697	34930	96096	875560	515438	638086
上 海	Shanghai	3239855	152491	147609	479498	1052963	658127	142506	
江 苏	Jiangsu	6514591	26960	382495	749796	1495584	1572488	646048	1594932
浙 江	Zhejiang	7632427	41335	246719	486856	784141	1121513	435383	1537056
安 徽	Anhui	2008707	25485	240013	32546	88332	992016	390741	615642
福 建	Fujian	4196435	151028	78493	796402	543623	713926	350740	375359
江 西	Jiangxi	2744709	9367	91009	62216	182114	987397	532882	148332
山 东	Shandong	7079883	133542	1321032	196797	1120720	2386765	893502	1247560
河 南	Henan	4162061	23165	827818	115972	96976	2896096	1246921	705306
湖 北	Hubei	3969481	78639	567203	123126	216941	1603179	705582	1687754
湖 南	Hunan	4040560	80920	480036	37127	51852	1289911	628834	739396
广 东	Guangdong	7695794	170999	931274	3586265	3968052	1798268	684679	
广 西	Guangxi	1820618	9044	151051	38691	76741	1065357	497857	400917
海 南	Hainan	95820	1130	10980	8544	26816	189712	86784	50903
重 庆	Chongqing	1714235	1468	869231	11771	43961	589826	490051	1352664
四 川	Sichuan	2418942	150788	1099423	110013	118136	2915964	1253927	5481154
贵 州	Guizhou	1083063	6685	119829	4638	21560	629375	484990	2305074
云 南	Yunnan	1235009	2555	114776	17077	47044	845951	611673	281958
西 藏	Tibet	37881	90	2512			53528	72607	22848
陕 西	Shaanxi	1400156	5905	300109	16791	85674	1009551	375124	625030
甘 肃	Gansu	910630	2845	79508	4659	10540	646084	340427	283254
青 海	Qinghai	207342	72	28497	1210	5074	138467	75768	270582
宁 夏	Ningxia	408214	89	32050	401	4390	153464	69193	235578
新 疆	Xinjiang	402855	3098	91449	8124	9944	610048	399567	274904

11-3 分地区基层单位建立职工代表大会制度情况(2011年)
EMPLOYEE CONGRESS SYSTEM IN GRASSROOTS TRADE UNION BY REGION (2011)

地 区	Region	建立职工(代表)大会制度的企事业单位(个) Number of Establishments with Employee Congress (unit)	本年度召开过职工(代表)大会的企事业单位(个) Number of Establishments with Congress Held (unit)	职工(代表)大会的职工代表(人) Congress Members (person)	#女职工代表 Female	实行厂务公开的企事业单位(个) Number of Establishments with Publishing Management Affairs (unit)
全 国	**National**	**1335582**	**2276167**	**16388903**	**5053875**	**1268189**
北 京	Beijing	11256	18128	214400	79904	10916
天 津	Tianjin	20614	35823	248218	78797	18264
河 北	Hebei	55563	72147	639192	191334	55887
山 西	Shanxi	45208	94008	591786	122782	44795
内蒙古	Inner Mongolia	32759	29403	469779	112139	31149
辽 宁	Liaoning	43623	53062	522205	147478	37184
吉 林	Jilin	28665	41780	348690	101693	27020
黑龙江	Heilongjiang	18670	30530	335168	96879	16749
上 海	Shanghai	39202	160830	629916	235461	32177
江 苏	Jiangsu	70131	163791	1351777	508011	60405
浙 江	Zhejiang	100183	184391	1406833	526344	101823
安 徽	Anhui	38837	35819	541045	144232	39831
福 建	Fujian	70554	93570	830903	286262	64519
江 西	Jiangxi	47745	51396	557652	170370	47118
山 东	Shandong	130259	312396	1823249	507648	125423
河 南	Henan	87642	88389	951715	259211	61645
湖 北	Hubei	66491	104952	556205	156111	63319
湖 南	Hunan	51480	61504	564365	150870	46678
广 东	Guangdong	75952	207086	811164	283439	97120
广 西	Guangxi	49837	61547	525663	164228	50215
海 南	Hainan	8736	7919	62244	19057	8736
重 庆	Chongqing	23620	42449	222297	72285	22250
四 川	Sichuan	57665	115623	589622	173428	54856
贵 州	Guizhou	29032	45925	244605	64071	29113
云 南	Yunnan	38349	40882	279236	92532	36125
西 藏	Tibet	255	369	11735	3650	282
陕 西	Shaanxi	53231	51552	445907	115424	45465
甘 肃	Gansu	17921	35559	243979	61656	17388
青 海	Qinghai	5605	4682	70694	16511	5483
宁 夏	Ningxia	7119	12976	72605	23726	7028
新 疆	Xinjiang	9093	17325	214477	83379	8996
国家机关		283	292	11084	4737	228
中直机关		2	62	493	226	2

11-4 各地区基层以上工会职业培训机构情况(2011年)

VOCATIONAL TRAINING ORGANIZATIONS ABOVE GRASSROOTS TRADE UNION BY REGION (2011)

地 区	Region	工会开办的职业培训机构(个) Number of Vocational Training (Organizations)	本年度工会职业培训机构培训人次(人次) Trained Persons (person-time)	#农民工 Migrant workers	#下岗失业人员人次数 Laid-off and Unemployment Persons	#经培训实现再就业人次数 Reemployees
全 国	**National**	**3788**	**1853525**	**1081546**	**599910**	**313993**
北 京	Beijing	5	6868	3042	105	15
天 津	Tianjin	13	29984	18957	6646	4935
河 北	Hebei	123	71981	38433	28911	14261
山 西	Shanxi	885	64245	41022	13414	6114
内蒙古	Inner Mongolia	59	42410	19427	27681	23265
辽 宁	Liaoning	242	98574	36768	55357	28721
吉 林	Jilin	38	17452	7835	9288	4903
黑龙江	Heilongjiang	79	45809	6281	35364	11486
上 海	Shanghai	10	13019	4519	3231	723
江 苏	Jiangsu	86	71547	32435	29376	15398
浙 江	Zhejiang	80	92567	64382	14798	7361
安 徽	Anhui	69	65352	32057	22759	14770
福 建	Fujian	61	28850	19080	7225	4122
江 西	Jiangxi	35	30870	14013	15124	7991
山 东	Shandong	120	119179	66322	40108	22683
河 南	Henan	211	214581	133199	48033	28733
湖 北	Hubei	112	69506	35018	29647	12767
湖 南	Hunan	84	43142	23948	15083	6374
广 东	Guangdong	27	146065	116865	18529	3403
广 西	Guangxi	551	89153	60905	23302	13009
海 南	Hainan	1	1889	335	1074	766
重 庆	Chongqing	47	27404	17748	8837	6802
四 川	Sichuan	609	203664	135071	70855	30030
贵 州	Guizhou	43	59161	40697	19248	16182
云 南	Yunnan	28	21171	17567	3519	1497
西 藏	Tibet		1036	843	96	45
陕 西	Shaanxi	54	68385	40983	16845	6405
甘 肃	Gansu	54	31582	17937	12188	8168
青 海	Qinghai	9	2635	1732	813	430
宁 夏	Ningxia	25	29471	20259	8207	3192
新 疆	Xinjiang	28	45973	13866	14247	9442

11-5 各地区基层工会开展合理化建议和劳动竞赛活动情况(2011年)
CONDITION OF CARRYING OUT RATIONALIZED PROPOSALS AND LABOR EMULATION IN GRASSROOTS TRADE UNION BY REGION (2011)

地 区	Region	本年度职工提出合理化建议件数(件) Rationalized Proposals Put Forward by the Staff and Workers This Year (case)	本年度已实施的合理化建议件数(件) Rationalized Proposals Practiced This Year (case)	本年度开展了劳动竞赛的基层工会(个) Grassroots Trade union Participating in Labor Emulation This Year (unit)	本年度参加劳动竞赛的职工(人次) Person/Time of Staff and Workers Participating in Labor Emulation (person-time)
全 国	**National**	**9785556**	**5124616**	**469871**	**73255501**
北 京	Beijing	440518	208520	5511	1981257
天 津	Tianjin	433752	228617	11017	3102108
河 北	Hebei	712175	250496	35029	4744822
山 西	Shanxi	461680	298151	10543	2043350
内蒙古	Inner Mongolia	76980	34606	26167	3825077
辽 宁	Liaoning	477505	221004	9371	1984888
吉 林	Jilin	123743	58548	3503	649025
黑龙江	Heilongjiang	144150	70946	7526	1610711
上 海	Shanghai	1268994	1010440	10590	2206167
江 苏	Jiangsu	604019	271022	33784	6516079
浙 江	Zhejiang	357586	154445	34075	4506866
安 徽	Anhui	163422	60897	9716	1760805
福 建	Fujian	140310	62460	13054	1293825
江 西	Jiangxi	42866	20953	4648	785374
山 东	Shandong	1396394	707753	69712	9084475
河 南	Henan	212468	117054	19244	3093726
湖 北	Hubei	293768	144141	18342	2463045
湖 南	Hunan	181203	75670	19034	1907464
广 东	Guangdong	782870	347049	21571	3531608
广 西	Guangxi	89689	30011	11321	1619272
海 南	Hainan	20586	14190	6276	592982
重 庆	Chongqing	586801	400207	10278	1825043
四 川	Sichuan	303379	150633	34454	3734294
贵 州	Guizhou	50912	24723	5796	840906
云 南	Yunnan	58498	29103	12692	1353861
西 藏	Tibet	613	284	115	14190
陕 西	Shaanxi	167494	55689	11538	1823739
甘 肃	Gansu	96519	35791	5686	1029308
青 海	Qinghai	6617	2734	1161	238689
宁 夏	Ningxia	54307	20363	4461	509088
新 疆	Xinjiang	33748	17328	3606	2573458
国家机关		1990	788	49	9849
中直机关				1	150

11-6 各地区基层工会参与调节劳动争议工作情况(2011年)
CONDITION OF GRASSROOTS TRADE UNION PATICIPATING IN MEDIATION LABOR DISPUTE BY REGION (2011)

地区 Region	建立劳动争议调解委员会的基层单位(个) Units with Labor Dispute Mediation Committee (unit)	劳动争议调解委员会委员(人) Member of Labor Dispute Mediation Committee (person)	#工会成员(职工代表) Delegates of Trade Union and Staff and Workers	本年度劳动争议调解委员会受理劳动争议件数(件) Cases Accepted by Labor Dispute Mediation Committee This Year (case)	#集体劳动争议 Collective Labor Dispute	本年度劳动争议调解委员会调解成功劳动争议件数(件) Cases Successfully Madiated by Labor Dispute Mediation Committee This Year (case)	#集体劳动争议 Collective Labor Dispute
全 国 National	**660319**	**2213137**	**1081704**	**192641**	**24407**	**98443**	**6609**
北 京 Beijing	5567	25275	13946	2744	214	590	49
天 津 Tianjin	14226	50814	23945	1116	292	667	122
河 北 Hebei	54065	161455	75659	4806	2099	2533	451
山 西 Shanxi	18077	71924	35226	1614	227	1099	125
内蒙古 Inner Mongolia	28336	115060	55803	1957	39	194	9
辽 宁 Liaoning	9212	36108	17870	4100	451	1889	60
吉 林 Jilin	4558	17308	8406	1296	10	108	3
黑龙江 Heilongjiang	7829	28514	14948	2593	187	1069	62
上 海 Shanghai	31958	98095	46854	5249	760	1182	119
江 苏 Jiangsu	49521	169378	82341	13802	2040	8411	433
浙 江 Zhejiang	60556	203901	101707	31238	2051	14219	1240
安 徽 Anhui	5007	19994	10573	1271	247	940	16
福 建 Fujian	26988	89083	44542	6901	283	2543	137
江 西 Jiangxi	25098	64724	32120	2190	499	1104	420
山 东 Shandong	75983	259936	127206	10796	548	6672	213
河 南 Henan	14163	49439	24389	6058	682	1616	314
湖 北 Hubei	16632	52648	25395	12474	6195	4264	168
湖 南 Hunan	6045	24176	12341	6441	976	4960	465
广 东 Guangdong	65220	187487	93000	28352	1782	22863	381
广 西 Guangxi	21733	65636	33746	3036	92	863	21
海 南 Hainan	2779	12190	6389	354	53	297	26
重 庆 Chongqing	8034	33331	16109	2157	458	1594	116
四 川 Sichuan	54299	183928	86495	8390	1637	6409	1112
贵 州 Guizhou	8909	29925	15733	1552	269	703	22
云 南 Yunnan	9994	36822	17683	5276	744	3226	70
西 藏 Tibet	83	570	298	93		23	
陕 西 Shaanxi	18008	57626	25821	15559	232	740	211
甘 肃 Gansu	7429	26669	11823	3655	586	2652	146
青 海 Qinghai	658	3091	1600	166	29	75	2
宁 夏 Ningxia	4253	15041	7177	1283	44	1167	27
新 疆 Xinjiang	5016	22381	12200	5740	681	3767	69
国家机关	82	530	315	381		3	
中直机关	1	78	44	1		1	

11-7 各地区基层以上工会职业介绍机构情况(2011年)

JOB EXCHANGES ABOVE GRASSROOTS TRADE UNION BY REGION (2011)

地区	Region	工会开办职业介绍机构(个) Number of job Exchanges (unit)	#获得政府有关部门资质认定的机构 Qualificated by Labor and Security Bureau	本年度工会职业介绍机构成功介绍人次数(人次) Placed Jobseekers (person-time)	#农民工 Migrant workers	#下岗失业人员人次数 Laid-off and Unemployed Persons
全国	**National**	**2128**	**1150**	**2223824**	**1022024**	**638392**
北京	Beijing	8	5	9580	5087	4089
天津	Tianjin	10	3	21692	12968	5218
河北	Hebei	134	94	50635	26311	18092
山西	Shanxi	152	91	31207	17028	12064
内蒙古	Inner Mongolia	55	27	12330	5446	5502
辽宁	Liaoning	226	82	76929	24353	45560
吉林	Jilin	43	14	44432	15322	22176
黑龙江	Heilongjiang	93	41	34564	11020	19836
上海	Shanghai	13	10	10086	4156	4956
江苏	Jiangsu	64	39	49226	24904	21103
浙江	Zhejiang	44	20	29602	18366	8424
安徽	Anhui	62	28	67443	31133	30603
福建	Fujian	315	288	40871	22729	12246
江西	Jiangxi	42	21	189294	134312	23163
山东	Shandong	91	44	156478	81075	45494
河南	Henan	119	71	355701	200014	116750
湖北	Hubei	83	53	75035	36273	28530
湖南	Hunan	117	44	49035	18875	9032
广东	Guangdong	41	25	50703	6079	39375
广西	Guangxi	54	20	421687	110898	13543
海南	Hainan	1		964	165	899
重庆	Chongqing	19	13	34543	19654	9917
四川	Sichuan	104	41	228518	125062	61939
贵州	Guizhou	69	18	44754	19169	17910
云南	Yunnan	21	7	7041	3741	2942
西藏	Tibet			797	712	59
陕西	Shaanxi	44	17	62492	21046	23565
甘肃	Gansu	32	11	19897	11373	7107
青海	Qinghai	4	2	541	91	205
宁夏	Ningxia	39	4	16943	7677	7222
新疆	Xinjiang	29	17	30804	6985	20871

十二、香港资料

MAIN INDICATORS OF HONG KONG

12-1 劳动人口及失业状况
LABOUR FORCE AND UNEMPLOYMENT

项　目	Item	2007	2008	2009	2010	2011
劳动人口数目(万人)	Labour Force (10 000 persons)	362.2	363.7	366.0	363.1	370.3
男	Male	195.4	194.4	194.4	193.1	194.3
女	Female	166.9	169.3	171.6	170.0	176.0
劳动人口参与率 (%)	Labour Force Participation Rate (%)	61.2	60.9	60.8	59.6	60.1
就业人口 (万人)	Employed Persons (10 000 persons)	347.7	350.9	346.8	347.4	357.6
失业人口 (万人)	Unemployed Persons (10 000 persons)	14.5	12.8	19.3	15.7	12.7
失业率 (%)	Unemployment Rate (%)	4.0	3.5	5.3	4.3	3.4

注：数字是根据每年1月至12月进行的“综合住户统计调查”结果，以及由政府统计处与跨部门人口分布推算小组共同编制按区议会分区划分年中人口估计数字而编制。

统计数字在编制过程中涉及应用人口数字。2007年至2010年的年度数字已就2011年人口普查的结果而作出了修订。

2011年人口普查的结果提供了一个基准，用作修订自2006年中期人口统计以来编制的人口数字。

Notes: Figures are compiled based on data collected in the General Household Survey from January to December of the year concerned as well as the mid-year population estimates by District Council district compiled jointly by the Census and Statistics Department and an inter-departmental Working Group on Population Distribution Projections.

Statistics involve the use of the population figures in the compilation process. Annual figures of 2007-2010 have been revised to take into account the results of the 2011 Population Census which provided a benchmark for revising the population figures compiled since the 2006 Population By-census.

12-2 按行业划分的就业人数

EMPLOYED PERSONS BY INDUSTRY

单位：万人 (10 000 persons)

行　业（按香港标准行业分类1.1版分类）	Industry (based on HSIC Version 1.1)	2005	2006	2007
制造业	Manufacturing	22.4	21.7	20.0
建筑业	Construction	26.4	26.9	27.5
批发、零售、进出口贸易、饮食及酒店业	Wholesale, Retail and Import/Export Trades, Restaurants and Hotels	109.4	110.5	114.2
运输、仓库及通讯业	Transport, Storage and Communications	35.7	36.9	37.2
金融、保险、地产及商用服务业	Financing, Insurance, Real Estate and Business Services	50.3	52.6	54.6
社区、社会及个人服务业	Community, Social and Personal Services	87.0	89.2	92.0
其它	Others	2.4	2.3	2.2
总计	**Total**	**333.7**	**340.1**	**347.7**

行　业（按香港标准行业分类2.0版分类）	Industry (based on HSIC Version 2.0)	2008	2009	2010	2011
制造	Manufacturing	16.6	15.0	13.3	13.3
建筑	Construction	26.5	26.2	26.5	27.7
进出口贸易及批发	Import/Export Trade and Wholesale	58.9	56.2	54.7	53.9
零售、住宿①及膳食服务	Retail, Accommodation① and Food Services	55.2	54.5	55.8	57.8
运输、仓库、邮政及速递服务、资讯及通讯	Transportation, Storage, Postal and Courier Services, Information and Communications	43.4	42.3	42.2	43.4
金融、保险、地产、专业及商用服务	Financing, Insurance, Real Estate, Professional and Business Services	63.9	63.7	64.1	67.6
公共行政、社会及个人服务	Public Administration, Social and Personal Services	84.3	86.7	88.5	91.5
其它	Others	2.2	2.1	2.3	2.4
总计	**Total**	**350.9**	**346.8**	**347.4**	**357.6**

注：数字是根据每年1月至12月进行的“综合住户统计调查”结果，以及由政府统计处与跨部门人口分布推算小组共同编制按区议会分区划分年中人口估计数字而编制。
统计数字在编制过程中涉及应用人口数字。2007年至2010年的年度数字已就2011年人口普查的结果而作出了修订。
2011年人口普查的结果提供了一个基准，用作修订自2006年中期人口统计以来编制的人口数字。
由2009年开始，数字是按“香港标准行业分类2.0版”编制，其数列已向前估计至2008年。
①住宿服务包括酒店、宾馆、旅舍及其他提供短期住宿服务的机构单位。

Notes : Figures are compiled based on data collected in the General Household Survey from January to December of the year concerned as well as the mid-year population estimates by District Council district compiled jointly by the Census and Statistics Department and an inter-departmental Working Group on Population Distribution Projections.
Statistics involve the use of the population figures in the compilation process. Annual figures of 2007-2010 have been revised to take into account the results of the 2011 Population Census which provided a benchmark for revising the population figures compiled since the 2006 Population By-census.
Starting from 2009, figures are compiled based on the Hong Kong Standard Industrial Classification Version 2.0 and the series has been backcasted to 2008.
①Accommodation services cover hotels, guesthouses, boarding houses and other establishments providing short term accommodation.

12-3 按每月收入划分的就业人数
EMPLOYED PERSONS BY MONTHLY EARNINGS

单位：万人，另有注明除外 (10 000 persons, unless otherwise specified)

每月收入(港元) Monthly Earnings (HKD)	2007	2008	2009	2010	2011
< 3000	13.8	12.8	13.3	11.3	10.1
3000 - 3999	26.8	26.7	27.5	27.3	28.2
4000 - 4999	11.2	9.4	9.2	8.1	6.8
5000 - 5999	16.9	14.6	13.2	11.6	8.5
6000 - 6999	23.6	22.6	22.0	20.3	16.5
7000 - 7999	24.2	23.8	23.1	23.2	22.2
8000 - 8999	26.0	26.2	27.7	27.2	28.9
9000 - 9999	22.6	23.0	21.4	21.0	21.3
10000 - 11999	31.5	32.4	32.8	35.9	38.2
12000 - 13999	27.5	28.5	27.7	29.6	33.0
14000 - 15999	24.1	25.2	25.2	25.6	26.0
16000 - 17999	9.0	9.5	8.7	8.8	9.8
18000 - 19999	9.8	9.8	9.5	9.5	10.1
20000 - 24999	25.1	26.5	27.6	27.0	30.1
25000 - 29999	13.5	14.3	12.8	13.1	14.7
30000 - 34999	12.6	13.7	13.9	14.6	17.1
35000 - 39999	5.2	5.5	5.5	5.7	6.4
40000 - 44999	5.8	5.6	5.9	6.0	6.0
45000 - 49999	2.8	3.2	3.2	3.7	3.8
50000 - 59999	5.6	6.0	5.8	6.3	6.8
60000 - 79999	4.5	5.3	4.7	5.2	5.8
80000 - 99999	2.2	2.3	2.3	2.5	2.6
≧ 100000	3.4	4.0	3.9	4.1	4.8
总计 Total	347.7	350.9	346.8	347.4	357.6
每月收入中位数(港元) Monthly **Median Earnings (HKD)**	**10 000**	**10 600**	**10 500**	**11 000**	**11 300**

注：数字是根据每年1月至12月进行的“综合住户统计调查”结果，以及由政府统计处与跨部门人口分布推算小组共同编制按区议会分区划分年中人口估计数字而编制。
统计数字在编制过程中涉及应用人口数字。2007年至2010年的年度数字已就2011年人口普查的结果而作出了修订。
2011年人口普查的结果提供了一个基准，用作修订自2006年中期人口统计以来编制的人口数字。

Notes: Figures are compiled based on data collected in the General Household Survey from January to December of the year concerned as well as the mid-year population estimates by District Council district compiled jointly by the Census and Statistics Department and an inter-departmental Working Group on Population Distribution Projections.
Statistics involve the use of the population figures in the compilation process. Annual figures of 2007-2010 have been revised to take into account the results of the 2011 Population Census which provided a benchmark for revising the population figures compiled since the 2006 Population By-census.

12-4 按行业划分管理级(不包括经理级与专业雇员)以下雇员工资指数 WAGE INDICES FOR EMPLOYEES UP TO SUPERVISORY LEVEL (MANAGERIAL AND PROFESSIONAL EMPLOYEES ARE NOT INCLUDED) BY INDUSTRY

(1992年9月=100) (September 1992=100)

行业主类	Industry Section	2008	2009	2010	2011
名义工资指数	**Nominal Wage Index**				
制造	Manufacturing	159.9	155.3	153.7	170.0
进出口贸易、批发及零售	Import/Export, Wholesale and Retail Trades	165.1	166.2	173.5	188.1
运输	Transportation	149.1	151.6	153.9	161.8
住宿①及餐饮服务活动	Accommodation① and Food Service Activities	131.6	131.4	135.8	150.6
金融及保险活动	Financial and Insurance Activities	170.3	174.0	177.9	190.3
地产租赁及保养管理	Real Estate Leasing and Maintenance Management	162.0	164.0	167.1	186.6
专业及商业服务	Professional and Business Services	153.0	156.4	162.0	185.8
个人服务	Personal Services	188.1	187.9	196.3	222.0
所有选定行业②	All Selected Industries②	156.6	157.9	163.1	178.3
实际工资指数③	**Real Wage Index③**				
制造	Manufacturing	117.8	111.6	107.0	112.4
进出口贸易、批发及零售	Import/Export, Wholesale and Retail Trades	121.6	119.5	120.7	124.3
运输	Transportation	109.8	109.0	107.1	106.9
住宿①及餐饮服务活动	Accommodation① and Food Service Activities	96.9	94.4	94.5	99.6
金融及保险活动	Financial and Insurance Activities	125.4	125.1	123.8	125.8
地产租赁及保养管理	Real Estate Leasing and Maintenance Management	119.3	117.9	116.3	123.3
专业及商业服务	Professional and Business Services	112.7	112.5	112.8	122.8
个人服务	Personal Services	138.5	135.1	136.6	146.7
所有选定行业②	All Selected Industries②	115.3	113.5	113.5	117.9

注：指有关年度12月份的数字。由2009年的统计期开始，工资统计数字是按“香港标准行业分类2.0版”编制，其数列已作出后向估计至2004年3月。

①住宿服务包括酒店、宾馆、旅舍及其他提供短期住宿服务的机构单位。

②指“劳工收入统计调查”内工资统计调查所涵盖的所有行业，包括并没有列出其统计数字的电力及燃气供应业、污水处理及废弃物管理业与出版活动业。

③实际工资指数是以名义工资指数扣除以2009至10年为基期的甲类消费价格指数而计算出来。

Notes: Figures refer to December of the year. Starting from the reference year of 2009, the statistics are compiled based on the Hong Kong Standard Industrial Classification (HSIC) Version 2.0 and the series has been revised and backcasted to March 2004.

①Accommodation services cover hotels, guesthouses, boarding houses and other establishments providing short term accommodation.

②Figures refer to all industries covered by the wage enquiry of the Labour Earnings Survey, including the electricity and gas supply industry, sewerage and waste management activities industry and publishing activities industry, the statistics of which are not separately shown.

③The Real Wage Indices are derived by deflating the Nominal Wage Indices by the 2009/10-based Consumer Price Index (A).

12-5 消费价格指数

CONSUMER PRICE INDICES

(2009年10月-2010年9月=100) (Oct. 2009-Sep. 2010=100)

项　目	Item	2008	2009	2010	2011
综合消费价格指数	**Composite Consumer Price Index**				
总指数	**All Items**	**97.8**	**98.4**	**100.7**	**106.0**
食品	Food	97.3	98.6	100.9	108.0
外出用膳	Meals Bought away from Home	97.4	99.0	100.6	105.9
食品(不包括外出用膳	Food(Excluding Meals Bought away from Home)	97.1	98.0	101.4	111.4
住房①	Housing①	96.6	100.3	100.6	107.8
私人房屋租金	Private Housing Rent	96.1	99.6	100.5	107.7
公营房屋租金	Public Housing Rent	100.4	110.0	101.3	113.4
电力、燃气及水	Electricity, Gas and Water	96.9	72.2	103.6	99.2
烟酒	Alcoholic Drinks and Tobacco	81.6	96.9	100.1	117.2
衣履	Clothing and Footwear	96.2	98.6	100.5	107.3
耐用物品	Durable Goods	104.7	101.7	98.7	95.0
杂项物品	Miscellaneous Goods	96.1	98.3	100.6	104.4
交通	Transport	99.6	98.8	100.8	105.2
杂项服务②	Miscellaneous Services②	100.8	98.7	100.7	104.2
教育服务	Educational Services	103.0	99.2	100.5	103.0
资讯及通讯服务	Information and Communications Services	103.6	101.0	100.4	97.9
医疗服务	Medical Services	96.9	99.3	100.7	104.5

注：2009年10月起的消费价格指数是根据2009至2010年住户开支统计调查所得的开支权数编制。较早的指数则是根据旧的开支权数而经过按比例换算与新基期的指数拼接。

①除“私人房屋租金”及“公营房屋租金”外，“住房”类别还包括“管理费及其他住房杂费”和“保养住所材料”。而丙类消费物价指数中的“住房”类别并不包括“公营房屋租金”。

②“杂项服务”类别包括“教育服务”、“资讯及通讯服务”、“医疗服务”及其他杂项服务。

Notes: The CPIs from October 2009 onwards are compiled based on expenditure weights obtained from the 2009/10 Household Expenditure Survey. The CPIs for earlier periods are compiled based on old weights and have been re-scaled to the new base period for linking with the new index series.

①Apart from "Private Housing Rent" and "Public Housing Rent", the "Housing" section also includes "Management Fees and Other Housing Charges" and "Materials for House Maintenance". For CPI(C), the "Housing" section does not include "Public Housing Rent".

②"Miscellaneous Services" section includes "Educational Services", "Information and Communications Services", "Medical Services" and other miscellaneous services.

[illegible]

[illegible]

[illegible]	[illegible]	[illegible]	[illegible]	[illegible]	[illegible]
[illegible]	Public Order and Safety	[illegible]	[illegible]	[illegible]	[illegible]
[illegible]	[illegible]	[illegible]	[illegible]	[illegible]	[illegible]
[illegible]	[illegible]	[illegible]	[illegible]	[illegible]	[illegible]
[illegible]	[illegible]	[illegible]	[illegible]	[illegible]	[illegible]
[illegible]	[illegible]	[illegible]	[illegible]	[illegible]	[illegible]
[illegible]	[illegible]	[illegible]	[illegible]	[illegible]	[illegible]
[illegible]	[illegible]	[illegible]	[illegible]	[illegible]	[illegible]
[illegible]	[illegible]	[illegible]	[illegible]	[illegible]	[illegible]
[illegible]	General public services	[illegible]	[illegible]	[illegible]	[illegible]
[illegible]	[illegible]	[illegible]	[illegible]	[illegible]	[illegible]
[illegible]	[illegible]	[illegible]	[illegible]	[illegible]	[illegible]
[illegible]	[illegible]	[illegible]	[illegible]	[illegible]	[illegible]

[illegible]

十三、澳门资料

MAIN INDICATORS OF MACAO

13-1 经济活动人口及失业状况
LABOUR FORCE AND UNEMPLOYMENT

项 目	Item	2007	2008	2009	2010	2011
劳动人口 (万人)	Labour Force (10 000 persons)	31.0	32.7	32.3	32.4	33.6
男	Male	16.6	17.3	16.6	16.5	17.1
女	Female	14.4	15.4	15.7	15.9	16.5
就业人口 (万人)	Employed Population (10 000 persons)	30.0	31.7	31.2	31.5	32.8
失业人口 (万人)	Unemployed Population (10 000 persons)	0.9	1.0	1.1	0.9	0.9
劳动力参与率 (%)	Labour Force Participation Rate (%)	69.2	70.7	72.3	72.0	72.5
失业率 (%)	Unemployment Rate (%)	3.1	3.0	3.5	2.8	2.6
就业不足率 (%)	Underemployment Rate (%)	1.0	1.6	1.8	1.7	1.1

13-2 按行业划分的就业人口
EMPLOYED POPULATION BY INDUSTRY

单位：万人 (10 000 persons)

行 业	Industry	2009	2010	2011
总数	**Total**	**31.19**	**31.48**	**32.76**
农业、捕渔业 及采矿工业	Agriculture, Fishing, Mining & Quarrying	0.11	0.06	0.08
制造业	Manufacturing	1.64	1.52	1.28
水电及气体生产供应业	Electricity, Gas & Water Supply	0.09	0.09	0.13
建筑业	Construction	3.18	2.71	2.82
批发及零售业	Wholesale & Retail Trades	4.08	4.14	4.34
酒店及饮食业	Hotels, Restaurants & Similar Activities	4.32	4.28	4.61
运输、仓储及通信业	Transport, Storage & Communications	1.62	1.82	1.60
金融业	Financial Intermediation	0.73	0.73	0.81
不动产及工商服务业	Real Estate & Business Activities	2.53	2.75	2.80
公共行政及社保事务	Public Administration & Social Security	1.97	2.14	2.30
教育	Education	1.18	1.15	1.23
医疗卫生及社会福利	Health & Social Welfare	0.75	0.81	0.85
文娱博彩及其他服务业	Recreational, Cultural, Gaming & Other Services	7.37	7.54	8.20
家务工作	Domestic Work	1.60	1.74	1.68
其他及不详	Others and Unknown	0.01	0.01	0.02

13-3 按行业划分的每月工作收入中位数
MEDIAN MONTHLY EMPLOYMENT EARNINGS BY INDUSTRY

单位：澳门元 (MOP)

行业	Industry	2009	2010	2011
总数	**Total**	**8500**	**9000**	**10000**
制造业	Manufacturing	5000	5700	6500
水电及气体生产供应业	Electricity, Gas & Water Supply	15000	16000	17500
建筑业	Construction	9000	9500	10100
批发及零售业	Wholesale & Retail Trades	7000	7500	8000
酒店及饮食业	Hotels, Restaurants & Similar Activities	6500	7000	7500
运输、仓储及通信业	Transport, Storage & Communications	8500	8500	10000
金融业	Financial Intermediation	12000	13000	12000
不动产及工商服务业	Real Estate & Business Activities	6000	6500	7000
公共行政及社保事务	Public Administration & Social Security	19500	19500	20700
教育	Education	13000	14000	15000
医疗卫生及社会福利	Health & Social Welfare	10300	10000	12000
文娱博彩及其他服务业	Recreational, Cultural, Gaming & Other Services	12000	12000	13000
家务工作	Domestic Work	2800	2900	3000

13-4 消费物价指数
CONSUMER PRICE INDEX

2008年4月至2009年3月=100 (04/2008-03/2009=100)

项目	Items	2008	2009	2010	2011
综合消费价格指数	**Composite Consumer Price Index**				
总指数	**Global Index**	**100.23**	**101.40**	**104.25**	**110.30**
食品及非酒精饮料	Food and Non-alcoholic Beverages	97.19	102.57	107.41	116.16
烟酒	Alcoholic Beverages and Tobacco	99.34	109.08	114.23	115.59
服装、鞋	Clothing and Footwear	95.04	104.07	110.84	118.30
住房及燃料	Housing and Fuels	99.05	97.80	98.21	101.58
家居设备及用品	Household Goods and Furnishings	99.26	101.44	102.94	107.60
医疗	Health	98.68	102.08	106.57	113.04
交通	Transport	102.82	96.87	102.97	111.97
通讯	Communications	97.32	95.64	92.30	82.45
康乐及文化	Recreation and Culture	97.41	100.55	104.56	109.95
教育	Education	119.84	107.21	99.42	100.93
其他商品及服务	Miscellaneous Goods and Services	99.78	104.22	110.61	120.63

十四、台湾资料

MAIN INDECATORS OF TAIWAN

14-1 劳动力和就业状况
LABOUR FORCE AND EMPLOYMENT

项　　目	Item	2007	2008	2009	2010	2011
劳动力人口　(万人)	Labour Force　(10 000 persons)	1071.3	1085.3	1091.7	1107.0	1120.0
男	Male	611.6	617.3	618.0	624.2	630.4
女	Female	459.7	468.0	473.7	482.8	489.6
就业人数　(万人)	Employment　(10 000 persons)	1029.4	1040.3	1027.9	1049.3	1070.9
男	Male	586.8	590.2	577.6	588.0	600.6
女	Female	442.6	450.1	450.2	461.3	470.2
就业者行业构成　(%)	Distribution of Employment by Industry(%)	100.0	100.0	100.0	100.0	100.0
农、林、渔、牧业	Agriculture, Forestry, Fishery and Animal Husbandry	5.3	5.1	5.3	5.2	5.1
工业	Industry	36.8	36.8	35.8	35.9	36.3
矿业及土石采取业	Mining and Quarrying	0.06	0.06	0.05	0.04	0.04
制造业	Manufacturing	27.6	27.7	27.1	27.3	27.5
电力及燃气供应业	Electricity, Gas	0.3	0.3	0.3	0.3	0.3
用水供应及污染整治业	Water Supply and Pollution Management	0.6	0.7	0.7	0.7	0.7
建筑业	Construction	8.2	8.1	7.7	7.6	7.8
服务业	Services	57.9	58.0	58.9	58.8	58.6
批发及零售业	Wholesale and Retail Trades	17.3	17.0	16.9	16.6	16.5
运输及仓储业	Transport, Storage, Communications	4.0	4.0	3.9	3.9	3.8
金融及保险业	Finance, Insurance	3.9	4.0	4.0	4.1	4.0
咨讯及通讯传播	Information and Communication	2.0	2.0	2.0	2.0	2.0
住宿及餐饮业	Hotels and Restaurants	6.6	6.6	6.7	6.9	6.8
教育服务业	Education	5.7	5.8	6.0	5.9	5.9
公共行政	Public Administration	3.2	3.3	3.7	3.7	3.6
失业人数　(万人)	Unemployment　(10 000 persons)	41.9	45.0	63.8	57.7	49.1
劳动力参与率　(%)	Labour Force Participation Rate　(%)	58.3	58.3	57.9	58.1	58.2
男	Male	67.2	67.1	66.4	66.5	66.7
女	Female	49.4	49.7	49.6	49.9	50.0
失业率　(%)	Unemployment Rate　(%)	3.9	4.1	5.8	5.2	4.4

14-2 居民消费价格分类指数
CONSUMER PRICE INDICES

2006=100　　(year of 2006=100)

年　份 Year	总指数 General Index	食品 Food	服装 Clothing	居住 Housing	交通 Transportation	医药保健 Medicines and Medical Care	教育娱乐 Education and Entertainment	杂项 Miscellaneous
2004	97.2	93.8	102.5	98.8	97.1	93.1	100.1	96.1
2005	99.4	100.6	102.5	99.2	98.4	96.8	99.8	95.8
2006	100.0	100.0	100.0	100.0	100.0	100.0	100.0	100.0
2007	101.8	102.9	103.0	100.9	101.7	103.9	100.6	101.9
2008	105.4	111.7	104.9	102.4	104.1	106.2	101.9	103.5
2009	104.5	111.2	104.8	102.1	99.9	106.8	100.1	106.5
2010	105.5	111.8	107.3	102.6	102.7	107.5	100.1	109.4
2011	107.0	114.4	110.9	103.4	104.2	109.5	100.6	110.5

附录一、国外有关资料

MAIN INDICATORS OF OTHER COUNTRIES

附录1-1 全部就业人数
A1-1 EMPLOYMENT

单位：千人 (1000 persons)

国 别	Country	2009	2010	2011
阿根廷	Argentina	10371.0	10547.0	
澳大利亚	Australia	10952.9	11247.0	11435.5
加拿大	Canada	16813.1	17041.0	17306.2
埃 及	Egypt	22775.5	23832.5	
法 国	France	25651.8	25692.3	
德 国	Germany	38471.1	38737.9	
匈牙利	Hungary	3781.8	3781.3	
印度尼西亚	Indonesia	104678.1	107806.7	
意大利	Italy	23025.0	22872.3	
日 本	Japan	62878.3	62563.3	
韩 国	Korea, Republic of	23505.7	23828.8	
马来西亚	Malaysia	11020.2	11291.4	
墨西哥	Mexico	43678.1	44143.9	
荷 兰	Netherlands	8596.1	8370.2	
新西兰	New Zealand	2164.4	2180.3	
挪 威	Norway	2499.5	2500.8	
菲律宾	Philippines	35061.3	36034.8	
葡萄牙	Portugal	5054.1	4978.2	
罗马尼亚	Romania	9243.5	9239.4	
俄罗斯	Russian Federation	69305.1	69803.3	
瑞 典	Sweden	4499.1	4545.3	4641.7
泰 国	Thailand	37706.3	38037.3	
英 国	United Kingdom	28922.7	28941.5	
美 国	United States	139877.5	139063.9	139869.3

注：1)资料来源:国际劳工组织劳动统计数据库(下同)。
a)Date resources:ILO Labour Statistics Database (same as below).

附录1-2 全部女性就业人数
A1-2 FEMALE EMPLOYMENT

单位：千人 (1000 persons)

国别	Country	2009	2010	2011
阿根廷	Argentina		4389.0	
澳大利亚	Australia	4994.6	5099.3	5204.2
加拿大	Canada	8052.4	8129.4	8221.1
埃及	Egypt	4549.5	4674.5	
法国	France	12178.9	12194.2	
德国	Germany	17655.2	17846.2	
匈牙利	Hungary	1737.0	1758.6	
印度尼西亚	Indonesia		41090.7	
意大利	Italy	9235.8	9238.3	
日本	Japan	26421.7	26414.2	
韩国	Korea, Republic of	9771.4	9913.8	
马来西亚	Malaysia			
墨西哥	Mexico	16464.0	16615.6	
荷兰	Netherlands	3947.7	3844.3	
新西兰	New Zealand	1015.9	1018.9	
挪威	Norway	1190.2	1186.0	
菲律宾	Philippines	13657.3	14113.3	
葡萄牙	Portugal	2366.5	2333.6	
罗马尼亚	Romania	4143.0	4127.9	
俄罗斯	Russian Federation	34295.5	34303.4	
瑞典	Sweden	2140.0	2144.5	2198.4
泰国	Thailand	17217.1	17384.9	
英国	United Kingdom	13474.5	13450.7	
美国	United States	66207.8	65704.9	65578.8

附录1-3　全部男性就业人数

A1-3 MALE EMPLOYMENT

单位：千人　　(1000 persons)

国别	Country	2009	2010	2011
阿根廷	Argentina		6157.9	
澳大利亚	Australia	5958.2	6147.7	6231.3
加拿大	Canada	8760.7	8911.6	9085.1
埃及	Egypt	18226.0	19158.0	
法国	France	13472.9	13498.1	
德国	Germany	20815.9	20891.7	
匈牙利	Hungary	2044.9	2022.7	
印度尼西亚	Indonesia		66716.0	
意大利	Italy	13789.2	13634.0	
日本	Japan	36455.0	36150.8	
韩国	Korea, Republic of	13734.1	13915.0	
马来西亚	Malaysia			
墨西哥	Mexico	27214.1	27528.3	
荷兰	Netherlands	4648.4	4525.9	
新西兰	New Zealand	1148.5	1161.5	
挪威	Norway	1309.3	1314.8	
菲律宾	Philippines	21403.5	21921.3	
葡萄牙	Portugal	2687.6	2644.6	
罗马尼亚	Romania	5100.5	5111.4	
俄罗斯	Russian Federation	35063.1	35500.0	
瑞典	Sweden	2359.1	2400.8	2443.3
泰国	Thailand	20489.3	20652.5	
英国	United Kingdom	15448.2	15490.9	
美国	United States	73669.7	73359.2	74290.3

附录1-4 非农行业有酬就业人数

A1-4 PAID-EMPLOYMENT IN NON-AGRICULTURAL ACTIVITIES

单位：千人 (1000 persons)

国 别	Country	2009	2010	2011
阿根廷	Argentina			
澳大利亚	Australia	10556.2	10842.1	
加拿大	Canada	16496.9	16740.3	17000.6
埃 及	Egypt			
法 国	France	24898.5	24942.5	
德 国	Germany	37823.9	38104.7	
匈牙利	Hungary	3607.9	3612.6	
印度尼西亚	Indonesia	62358.0	65645.9	
意大利	Italy	22175.7	22005.6	
日 本	Japan	60386.7	60220.8	
韩 国	Korea, Republic of	21857.4	22262.5	
马来西亚	Malaysia	9512.2	9717.8	
墨西哥	Mexico	37877.2	38309.8	
荷 兰	Netherlands	8378.0	8137.5	
新西兰	New Zealand	2021.4	2031.1	
挪 威	Norway	2432.0	2437.1	
菲律宾	Philippines	23018.5	24079.3	
葡萄牙	Portugal	4489.3	4436.0	
罗马尼亚	Romania	6554.4	6459.5	
俄罗斯	Russian Federation	63498.9	64275.1	
瑞 典	Sweden	4401.6	4449.8	
泰 国	Thailand	23013.8	23475.6	
英 国	United Kingdom	28601.8	28591.2	
美 国	United States	137774.4	136857.9	137615.0

附录1-5　制造业有酬就业人数

A1-5 PAID-EMPLOYMENT IN MANUFACTURING

单位：千人　　(1000 persons)

国　别	Country	2009	2010	2011
阿根廷	Argentina	1151.7	1166.6	1205.0
澳大利亚	Australia	1014.9	997.4	1033.8
加拿大	Canada	1781.8	1744.3	1760.2
埃　及	Egypt			
法　国	France	3510.6	3368.5	
德　国	Germany	7848.0	7746.5	
匈牙利	Hungary	792.7	785.2	
印度尼西亚	Indonesia	12727.6	13438.4	
意大利	Italy	4448.0	4265.3	
日　本	Japan	10723.3	10484.2	
韩　国	Korea, Republic of	3836.3	4027.5	
马来西亚	Malaysia	1815.7	1898.8	
墨西哥	Mexico	6581.0	6801.3	
荷　兰	Netherlands	847.5	800.6	
新西兰	New Zealand	249.5	247.5	
挪　威	Norway	248.4	236.7	
菲律宾	Philippines	2893.5	3033.3	
葡萄牙	Portugal	851.7	826.6	
罗马尼亚	Romania	1751.3	1646.7	
俄罗斯	Russian Federation	10529.0	10582.0	
瑞　典	Sweden	611.2	601.7	612.0
泰　国	Thailand	5373.9	5349.6	
英　国	United Kingdom	2792.6	2850.9	
美　国	United States	14202.3	14081.4	14336.3

附录1-6 失业人数

A1-6 UNEMPLOYMENT

单位：千人 (1000 persons)

国别	Country	2009	2010	2011
阿根廷	Argentina	985.5	881.8	833.5
澳大利亚	Australia	648.8	620.8	614.5
加拿大	Canada	1516.0	1484.1	1393.1
埃及	Egypt	2359.5	2350.3	
法国	France	2580.7	2640.0	2612.1
德国	Germany	3228.2	2945.5	2501.5
匈牙利	Hungary	420.7	474.7	467.9
印度尼西亚	Indonesia	9110.8	8456.1	7910.0
意大利	Italy	1944.9	2102.4	2107.8
日本	Japan	3355.8	3335.0	2911.7
韩国	Korea, Republic of	888.8	918.1	854.7
马来西亚	Malaysia	413.7	387.7	389.1
墨西哥	Mexico	2521.3	2572.3	2561.1
荷兰	Netherlands	303.7	389.9	388.6
新西兰	New Zealand	141.4	152.2	154.6
挪威	Norway	80.1	91.3	84.2
菲律宾	Philippines	2830.5	2858.8	2814.0
葡萄牙	Portugal	528.6	602.6	706.1
罗马尼亚	Romania	680.7	725.2	730.2
俄罗斯	Russian Federation	6403.2	5644.9	5020.2
瑞典	Sweden	407.5	415.3	376.6
泰国	Thailand	572.3	402.2	264.3
英国	United Kingdom	2363.1	2440.2	2533.8
美国	United States	14264.6	14824.8	13747.4

附录1-7 消费价格指数

A1-7 CONSUMER PRICE INDEX

2000年=100 (year of 2000=100)

国别	Country	2002	2003	2004	2005	2006	2007	2008	2009	2010
阿根廷	Argentina	124.5	141.3	147.5	161.7	179.4	195.2	211.9	225.5	248.8
澳大利亚	Australia	107.6	110.5	113.1	116.1	120.2	123.1	128.3	130.7	134.4
加拿大	Canada	104.8	107.8	109.8	112.2	114.4	116.9	119.6	119.9	122.1
埃及	Egypt	105.0	109.5	127.4	133.7	143.9	157.6	186.4	208.4	231.6
法国	France	103.6	105.8	108.0	109.9	111.8	113.4	116.6	116.7	118.5
德国	Germany	103.4	104.5	106.2	108.3	110.1	112.5	115.4	115.9	117.2
匈牙利	Hungary	115.0	120.3	128.5	133.1	138.3	149.3	158.4	165.0	173.1
印度尼西亚	Indonesia	124.7	133.0	141.3	156.0	176.5	187.8	207.2	216.1	227.2
意大利	Italy	105.4	108.2	110.5	112.4	114.7	116.9	120.7	121.6	123.3
日本	Japan	98.4	98.1	98.1	97.8	98.1	98.1	99.5	98.1	97.4
韩国	Korea, Rep	106.9	110.7	114.7	100.0	102.2	104.8	109.7	112.8	116.1
马来西亚	Malaysia	103.2	104.4	105.9	109.1	113.0	115.3	121.5	122.3	124.4
墨西哥	Mexico	111.7	116.8	122.3	127.2	131.8	137.0	144.0	151.6	157.9
荷兰	Netherlands	107.6	109.9	111.2	113.1	114.4	116.2	119.1	120.6	122.1
新西兰	New Zealand	105.4	107.2	109.7	113.0	116.8	119.6	124.4	127.0	129.9
挪威	Norway	104.4	106.9	107.4	109.1	111.6	112.4	116.7	119.2	122.0
菲律宾	Philippines	110.1	113.9	120.6	129.8	137.9	141.8	155.0	160.0	166.1
葡萄牙	Portugal	108.0	111.6	114.2	116.7	120.4	123.3	126.4	125.2	126.8
罗马尼亚	Romania	164.8	189.9	212.5	231.7	246.9	258.8	279.1	294.7	312.7
俄罗斯	Russian Fed.	140.6	159.9	177.3	199.7	219.1	238.8	272.5	304.3	325.2
瑞典	Sweden	104.6	106.6	107.0	107.5	109.0	111.4	115.2	114.7	116.0
泰国	Thailand	102.3	104.1	107.0	111.8	117.0	119.6	126.1	125.0	129.2
英国	United Kingdom	103.5	106.5	109.6	112.7	116.3	121.3	126.1	125.5	131.3
美国	United States	104.5	106.9	109.7	113.4	117.1	120.4	125.0	124.6	126.6

附录二、主要统计指标解释

EXPLANATORY NOTES ON MAIN STATISTICAL INDICATORS

主要统计指标解释

就业人员 指从事一定社会劳动并取得劳动报酬或经营收入的人员。就业人员包括：（1）职工；（2）再就业的离退休人员；（3）私营业主；（4）个体户主；（5）私营企业和个体就业人员；（6）乡镇企业就业人员；（7）农村就业人员；（8）其他就业人员（包括现役军人）。

单位就业人员 指在各级国家机关、政党机关、社会团体及企业、事业单位中工作，取得工资或其他形式劳动报酬的全部人员。包括：在岗职工、再就业的离退休人员、民办教师以及在各单位中工作的外方人员和港澳台方人员、兼职人员、借用的外单位人员和第二职业者。不包括离开本单位仍保留劳动关系的职工。

职工 指在国有、城镇集体、联营、股份制、外商和港、澳、台投资、其他单位及其附属机构工作，并由其支付工资的各类人员。不包括下列人员：（1）乡镇企业就业人员；（2）私营企业就业人员；（3）城镇个体劳动者；（4）离休、退休、退职人员；（5）再就业的离、退休人员；（6）民办教师；（7）在城镇单位中工作的外方及港、澳、台人员；（8）其他按有关规定不列入职工统计范围的人员。（1998 年以后的数据均为在岗职工数据，其他相关指标如职工工资总额，职工平均工资等指标也从 1998 年按此口径进行了相应调整）。

在岗职工 指在本单位工作并由单位支付工资的人员，以及有工作岗位，但由于学习、病伤产假等原因暂未工作仍由单位支付工资的人员。

离开本单位仍保留劳动关系的职工（不在岗职工） 指由于各种原因，已经离开本人的生产或工作岗位，并已不在本单位从事其他工作，但仍与用人单位保留劳动关系的职工。

其他就业人员 各单位其他就业人员是指劳动统计制度规定不作职工统计，但实际参加各单位生产或工作并取得劳动报酬的人员。包括：再就业的离退休人员、民办教师以及在各单位中工作的外方人员和港、澳、台方人员。但不包括在各单位中工作并领取劳动报酬的在校学生。单位其他就业人员与在岗职工之和为该单位全部单位就业人员。

年末人数 指年末最后一天的实有人数。

国有单位 指资产归国家所有的经济组织。包括按《中华人民共和国企业法人登记管理条例》规定登记注册的非公司制的经济组织，以及中央、地方各级国家机关、事业单位和社会团体。

集体单位 指生产资料归集体所有，并按《中华人民共和国企业法人登记管理条例》规定登记注册的经济组织。

其他单位 包括股份合作单位、联营单位、有限责任公司、股份有限公司、港澳台商投资单位以及外商投资单位等其他登记注册类型单位。

使用的农村劳动力 指户粮关系在农村的职工。

第一产业 指农业（包括林、牧、渔业等）。

第二产业 指采掘业、制造业、电力、煤气及水的生产和供应业、建筑业。

第三产业 指上述第一、第二产业以外的其他行业。

企业 指从事商品生产、流通、经营和服务性经济活动，以营利为目的并在工商行政管理部门登记的独立核算单位。包括：农业企业，工业企业，建筑企业，交通运输和邮电通讯企业，商业企业，公共饮食企业，物资供销和仓储企业，房地产企业、居民服务企业和市内公共交通企业、文化企业，金融、保险企业（不包括中国人民银行总行），其他企业。

事业 指从事为生产和生活服务以及提高人民科学、文化水平和素质服务的独立核算单位。包括：农、林、牧、渔、水利事业，地质普查和勘探事业，勘察、建筑设计事业，交通运输事业，房地产管理、公用事业和咨询服务事业，卫生、体育和社会福利事业，教育、文化艺术和广播电影电视事业，科学研究和综合技术服务事业，其他事业。

机关 指具有代表国家权力和行使国家行政、检察、审判职能，组织协调社会、政治、经济、科技等活动的独立核算单位。包括：国家机关，政党机关和社会团体。

城镇单位就业人员工资总额 指各单位在一定时期内直接支付给本单位全部就业人员的劳动报酬总额。包括职工工资总额和其他就业人员工资总额。

工资总额 指各单位在一定时期内直接支付给本单位全部就业人员的劳动报酬总额。工资总额的计算应以直接支付给就业人员的全部劳动报酬为根据。各单位支付给就业人员的劳动报酬以及其他根据有关规定支付的工资，不论是计入成本的还是不计入成本的，不论是以货币形式支付的还是以实物形式支付的，均应列入工资总额的计算范围。工资总额包括计时工资、计件工资、奖金、津贴和补贴、加班加点工资、特殊情况下支付的工资。

其他就业人员工资总额 指各单位在一定时期内直接支付给本单位其他就业人员的全部劳动报酬。

平均工资 指企业、事业、机关等单位的就业人员在一定时期内平均每人所得的货币工资额。

计算公式为：

$$\text{平均工资}=\frac{\text{报告期实际支付的全部就业人员工资总额}}{\text{报告期全部就业人员平均人数}}$$

平均实际工资 指扣除物价变动因素后的就业人员平均工资。计算公式为：

$$\text{平均实际工资}=\frac{\text{报告期就业人员平均工资}}{\text{报告期城市居民消费价格指数}}$$

城镇失业人员 指城镇常住人口中一定年龄以上，有劳动能力，在调查期间无工作，当前有就业可能并以某种方式寻找工作的人员。在城镇劳动力调查中对城镇 1 6 岁及以上，具有劳动能力并同时符合以下各项条件的人员列为失业人员：

（1）在调查周内未从事为取得劳动报酬或经营利润的劳动，也没有处于就业定义中的暂时未工作状态；

（2）在某一特定期间内采取了某种方式寻找工作；

（3）当前如有工作机会可以在一个特定期间内应聘就业或从事自营职业。

城镇登记失业人员 是指有非农业户口，在劳动年龄(16 周岁至退休年龄)内，有劳动能力，无业而要求就业，并在当地就业服务机构进行求职登记的人员。不包括：(1)正在就读的学生和等待就学的人员；(2)已经达到国家规定的退休年龄或虽未达到国家规定的退休年龄但已经办理了退休(含离休)、退职手续的人员；(3)其他不符合失业定义的人员。

城镇失业率 指城镇失业人数同城镇就业人数、城镇失业人数之和的比。计算公式为：

$$\text{城镇失业率}=\frac{\text{城镇失业人数}}{\text{城镇就业人数}+\text{城镇失业人数}}\times 100\%$$

城镇登记失业率 城镇登记失业人员与城镇单位就业人员（扣除使用的农村劳动力、聘用的离退休人员、港澳台及外方人员）、城镇单位中的不在岗职工、城镇私营业主、个体户主、城镇私营企业和个体就业人员、城镇登记失业人员之和的比。计算公式为：

$$\text{城镇登记失业率}=\frac{\text{城镇登记失业人数}}{\begin{array}{l}\text{（城镇单位就业人员}-\text{使用的农村劳动力}-\text{聘用的离退休}\\\text{人员}-\text{聘用的港澳台及外方人员）}+\text{不在岗职工}+\text{城镇}\\\text{私营业主}+\text{城镇个体户主}+\text{城镇私营企业及个体就业人}\\\text{员}+\text{城镇登记失业人数}\end{array}}\times 100\%$$

城镇职工基本养老保险

1.（参保）职工人数 指报告期末按照国家法律、法规和有关政策规定参加基本养老保险并在社保经办机构已建立缴费记录档案的职工人数，包括中断缴费但未终止养老保险关系的职工人数，不包括只登记未建立缴费记录档案的人数。

2.（参保）离退休人员人数 指报告期末参加基本养老保险的离休、退休和退职人员的人数。

3. 基金收入 指根据国家有关规定，由纳入基本养老保险范围的缴费单位和个人按国家规定的缴费基数和缴费比例缴纳的养老保险基金，以及通过其他方式取得的形成基金来源的收入。包括单位和职工个人缴纳的基本养老保险费、基本养老保险基金利息收入、上级补助收入、下级上解收入、转移收入、财政补贴和其他收入。

4 基金支出 指按照国家政策规定的开支范围和开支标准从养老保险基金中支付给参加基本养老保险的个人的养老金、丧葬抚恤补助，以及由于保险关系转移、上下级之间调剂资金等原因而发生的支出。包括离休金、退休金、退职金、各种补贴、医疗费、死亡丧葬补助费、抚恤救济费、社会保险经办机构管理费、补助下级支出、上解上级支出、转移支出、其他支出等。

5. 基金累计结余 指截止报告期末基本养老保险基金收支相抵后的累计余额。

基本医疗保险

1. 参保人数 指报告期末按国家有关规定参加相应基本医疗保险的人数。

2. 基金收入 指由用人单位和个人按照国家规定的缴费基数、缴费比例或缴费标准缴纳的基本医疗保险基金，财政补助资金以及通过其他方式取得的形成基金来源的款项，包括：单位缴纳收入、个人缴纳收入、财政补助收入（含医疗救助补助个人收入）、财政补贴收入、利息收入和其他收入。

3. 基金支出 指按照国家政策规定的开支范围和开支标准，从基本医疗保险基金中支付给参保人员的医疗保险待遇支出，以及其他支出。包括住院医疗费用支出、门急诊医疗费用支出、个人账户基金支出、其他支出。

4. 基金累计结余 指截止报告期末基本医疗保险基金累计结余金额。

失业保险

1. 参保人数 指报告期末按照国家法律、法规和有关政策规定参加了失业保险的城镇企业、事业单位的职工及地方政府规定参加失业保险的其他人员的人数。

2. 基金收入 指报告期内筹集的失业保险基金的总额，包括失业保险费收入、利息收入、财政补贴收入、其他收入、转移收入、上级补助收入、下级上解收入。

3. 基金支出 指报告期内为保障失业人员基本生活、促进其再就业等支出的基金总额，包括失业保险金支出、医疗补助金支出、丧葬补助金和抚恤金支出、职业培训和职业介绍补贴支出、农民合同制工人一次性生活补助支出、其他支出、转移支出、上级补助支出、下级上解支出。

4. 基金累计结余 指截止报告期末失业保险基金收支相抵后的累计余额。

工伤保险

1. 参加保险人数 指报告期末依据国家有关规定参加工伤保险的职工人数和有雇工的个体工商户的雇工数。

2. 享受保险待遇人数 指年初至报告期末因工伤或职业病而享受工伤保险待遇的人数。为享受工伤医疗待遇中未评定等级的人数、享受伤残待遇人数以及享受因工死亡待遇人数之和。

3. 基金收入 指根据国家有关规定，由参加工伤保险的单位按国家规定的缴费基数和缴费比例缴纳的工伤保险基金，以及通过其他形式取得的形成基金来源的款项。包括：单位缴纳的社会统筹基金收入、财政补贴收入、利息收入、其他收入。

4. 基金支出 指按照国家政策规定的开支范围和开支标准从工伤保险基金中支付给参加工伤保险的人员及供养直系亲属工伤保险待遇支出及其他支出。包括工伤医疗费、伤残补助金、工亡补助金、护理费、丧葬补助费、工伤预防费用、职业康复费用和其他支出。

5. 基金累计结余 指截止报告期末工伤保险基金累计结余金额。

生育保险

1. 参保人数 指报告期末依据有关规定参加生育保险的人数。

2. 基金收入 指根据国家有关规定，由参加生育保险的单位按照国家规定的缴费基数和缴费比例缴纳的生育保险基金，以及通过其他方式取得的形成基金来源的款项，包括：单位缴纳的基金收入、利息收入和其他收入。

3. 基金支出 指按照国家政策规定的开支范围和开支标准，从生育保险基金中支付给参加生育保险的职工，因妊娠、分娩和计划生育手术而享受的待遇及其他支出。包括：生育津贴、医疗费用支出及其他支出。

4. 基金累计结余 指截止报告期末生育保险基金累计结余金额。

Explanatory Notes on Main Statistical Indicators

Employment refers to total number of persons engaged in social economic activities that generate income, including:

(1) Total formal employees

(2) Reemployed retirees

(3) Employers in urban private enterprises

(4) Urban individual laborers

(5) Employment in urban private enterprises and individual households

(6) Employment in township and village enterprises

(7) Rural laborers

(8) Other social laborers（Servicemen included）

Staff and Workers refers to those who work in (and receive income there from) units with state ownership, urban collective ownership, joint ownership, share holding stock ownership, limited liability corporations, foreign and Hong Kong, Macao, and Taiwan Chinese fund or other ownership and their affiliated units.

On-post Staff and Workers refer to those who are practically working in a certain urban unit, including those who are temporarily absent because of study, disease, vocation or other reasons.

Not-on-post Staff and Workers refer to those who have left his/her post and not engaged in other works the same unit, but still keep the labor relationships with the unit which he/she worked for.

Year-end Number refers to those who are employed on the last day of the year.

State-owned Units refers to various enterprises, institutions, and government administrative organizations at various levels, social organizations, etc., with state ownership of production means.

Collective-owned Units refers to various enterprises and institution with collective ownership of production means, including various rural economic organizations engaging in agriculture, forestry, animal husbandry and fishery, enterprises and institutions run by townships and villages; collective enterprises and institutions run by cities, counties, towns, and neighborhood committees.

Other Ownership Units involve joint ownership, share holding stock ownership, limited liability corporations, foreign and Hong Kong, Macao, and Taiwan Chinese fund or other ownership.

Employment in Urban Private Enterprises and Individual units refers to those who have their population records in urban area and take part in productions or operations in urban private enterprises or individual units, and get earnings from the units, including helpers, apprentices and employees.

Primary Industry refers to farming, forestry, animal husbandry and fishery.

Secondary Industry refers to mining and quarrying, manufacturing, electricity, gas and water production and supply and construction.

Tertiary Industry refers to the sectors except primary industry and secondary industry.

Enterprises refer to those units engaged in economic activities such as production, circulation, operation or service, etc.

Institutions refer to those units engaged in service activities for production and daily life, such as transportation, real estate, public affairs, health care, sports, education, social welfare, communication, science research, etc.

Organizations refer to those units engaged in organizing and coordinating activities on society, politics, economics and science, such as government and Party agencies, communities, social and personal services, etc.

Total wages refer to total remuneration payment to all employment in various units in urban area (excluded urban private sectors and individuals) during a certain period of time, including staff and workers and other employment (i.e., reemployed retirees or those who are from Hong Kong, Macao, Taiwan or other countries).

Total Wage Bill of employees refers to total remuneration payment to all employees in various units in urban area (excluded urban private sectors and individuals) during a certain period of time. The calculation of total wage bill is based on the total remuneration payment. Therefore, wages and salaries and other payments to employees should be included at all and regardless of its resource, category, both in kind or cash.

Average Wage of employees refers to the average wage level in money terms per employee during a certain period of time, it is calculated as follows:

$$\text{Average Wage of Employees} = \frac{\text{Total Wage Bill of employees Average Wage of in Reference Period}}{\text{Average Number employees in Reference Period}}$$

Average Real Wage of employees refers to the average wage of employees after deducting consumer price index, which is calculated as follows:

$$\text{Average Real Wage of Employees} = \frac{\text{Average Wage of Employees in Reference Period}}{\text{Urban Consumer Price Index in Reference Period}}$$

Urban Unemployment refers to those urban inhabitants who (1) aged 16 or above, (2)be able to but not work, (3)meanwhile looking for a job, and (4)available for work within two weeks.

Urban Registered Unemployment refers to those who (1) with nonagricultural residence cards, (2) within a certain working age scope (16 to retired age), (3)be able to but not work, (4)want to work and have registered in the local labor exchanges for looking for jobs.

Urban Unemployment Rate refers to the ratio of unemployment in urban area to total employment and unemployment in urban area, which is calculated as follows:

$$\text{Urban Unemployment Rate} = \frac{\text{Urban Unemployment}}{\text{Urban Employment} + \text{Urban Unemployment}} \times 100\%$$

Urban Registered Unemployment Rate refers to the ratio of urban registered unemployment to the sum of employment in urban units (excluded those who have agricultural residence cards, reemployed retirees, and those who are from Hong Kong, Macao, Taiwan or other countries) and not-on-post staff and workers and employment in urban private sectors and individuals and urban registered unemployment. It is calculated as follows:

$$\text{Urban Registered Unemployment Rate} = \frac{\text{urban registered unemployment}}{\begin{array}{l}\text{(employment in urban units - those who have agricultural}\\ \text{residence cards - reemployed retirees - those who are from}\\ \text{Hong Kong, Macal, Taiwan or other countries + not - on - post}\\ \text{staff and workers + employment in urban private sectors and}\\ \text{individuals + urban registered unemployment.}\end{array}} \times 100\%$$

Basic Pension Insurance

1. Number of staff and workers covered refer to staff and workers participating in the basic pension insurance programme according to national laws, regulations and related policies at the end of the reference period, who have already had payment records in social security management agencies, including those who have interrupt payment without terminating the insurance programme. Those who have registered in the programme but with no payment records are not included.

2. Number of retirees participating in the basic pension insurance programme refer to the number of retirees participating in basic pension insurance programmes by the end of the reference period.

3. Revenue of the basic pension insurance programme refers to payments made by employers and individuals participating in the pension insurance programme in accordance with the basis and proportion stipulated in State regulations, and income from other sources that become source of pension insurance fund, including the premium paid by employers and staff and workers, interest income, subsidies from higher level agencies, income as transfer from subordinate agencies, transferred income, government financial subsidies and other income.

4. Expenditure of basic pension insurance programme refer to payment made on pensions and funeral subsidies to those retired and resigned people covered in pension insurance programmes according to related national policies on scope and standard of expenditure. Also included are expenditure which arises due to shift of the insurance relationship or adjustment of funds among agencies. More specifically, included are pensions for resigned people, pensions for retired people, pension for people quitting jobs, various subsidies, medical fees, funeral subsidies, compensation payments, management fees for social security agencies, expenses on subsidies to lower subordinates, expenses as transfer to agencies at higher level, transferred expenditure and other expenditure.

5. Balance of basic pension insurance programme refers to the balance of basic pension insurance funds at the end of the reference period after deducting expenses from revenue.

Basic Medical Care Insurance

1. Number of people participating in the insurance programme refers to people participating in the basic medical care insurance programme according to related regulations as at the end of reference period.

2. Revenue of the insurance programme refers to payments made by employers and individuals participating in the medical care insurance programme in accordance with the basis and proportion stipulated in State regulations, and income from other sources that become source of medical insurance fund, including income paid by units, individual paid income, financial assistance's income (including individual income from medicaid), financial subsidies' income, interest income and other income.

3. Expenditure of the insurance programme refers to payment made to people covered in basic medical care insurance programme within the scope and standards of expenditure according to related national policies, and medical care payment and other expenses, including medical expenses of hospital inpatients, medical expenses for outpatients and emergency patients, payment from individual accounts and other expenditure.

4. Balance of the basic medical care insurance programme refers to the balance of medical care insurance funds at the end of the reference period.

Unemployment Insurance

1. Number of people covered refers to staff and workers in urban enterprises or institutions who have participated in the unemployment insurance programme according to relevant policies and regulations, and other people who have participated according to local government regulations, as at the end of reference period.

2. Revenue of the unemployment insurance programme refers to the total unemployment insurance funds raised in the reference period, including unemployment insurance premium, interest income, financial subsidies, other income, transferred income, subsidies from higher level agencies and income as transfer from subordinate agencies..

3. Expenditure of the unemployment insurance programme refers to total expenses during the reference period to guarantee the basic livelihood of unemployed people, and to encourage their re-employment. Included are unemployment relief, medical fees, funeral subsidies, compensation payments, training expenses, management fees for unemployment insurance agencies, subsidies to lower level agencies, expenses as transfer to higher level agencies, transferred expenditure and other expenditure.

4. Balance of the unemployment insurance programme refers to the balance of revenue of the programme after deducting expenses at the end of the reference period.

Work Injury Insurance

1. Number of people covered refers to staff and workers who have participated in the work injury insurance programme and number of employees in private business according to relevant national regulations at the end of the reference period.

2. Number of beneficiaries refers to number of people benefited from work injury insurance, as a result of work injury or occupational disease. It is the sum of beneficiaries from the work injury medical treatment withut rating, disabilities and deaths at work places.

3. Revenue of the work injury insurance programme refers to payments made by employers participating in the work injury insurance programme in accordance with the basis and proportion stipulated in State regulations, and income from other sources that become source of work injury insurance fund, including income of social comprehensive funds paid by employers, government financial subsidies, interest income and other income.

4. Expenditure of the work injury insurance programme refers to payments made from work injury insurance funds to those who participated in the work injury insurance programme and their direct dependents within the scope and standards of expenditure according to related national policies, and other expenditure, including medical fees for work injury, injury and disability subsidies, death subsidies, nursing fees, funeral subsidies, injury prevention fees, occupational rehabilitation fees and other expenditure.

5. Balance of the work injury insurance programme refers to the balance of the work injury funds at the end of the reference period.

Maternity Insurance

1. Number of people covered refers to people who have participated in the maternity insurance programme according to relevant regulation at the end of the reporting period.

2. Revenue of maternity insurance refers to payments made by employers participating in the maternity insurance programme in accordance with the basis and proportion stipulated in State regulations, and income from other sources that become source of maternity insurance fund, including income of funds paid by employers, interest income and other income.

3. Expenditure of the maternity insurance programme refers to payments made from maternity insurance funds to staff and workers who participate in the maternity insurance programme within the scope and standards of expenditure in accordance with related national policies, expenses paid for pregnancy, child delivery or surgeries related to family planning, and other expenditure, including allowance for child bearing, medical fees and other expenditure.

4. Balance of the maternity programme refers to the balance of the maternity insurance funds at the end of reference period.